Geschiedenis & Samenleving

Kennisbasis Inhoud en Didactiek

Cees van der Kooij

Marjan de Groot-Reuvekamp

Derde druk

Noordhoff Uitgevers Groningen/Houten

Onwerp omslag: Marjan Landman, Amsterdam
Omslagillustratie: Peter Hilz / Hollandse Hoogte, Den Haag

Eventuele op- en aanmerkingen over deze of andere uitgaven kunt u richten aan:
Noordhoff Uitgevers bv, Afdeling Hoger Onderwijs, Antwoordnummer 13,
9700 VB Groningen, e-mail: info@noordhoff.nl

3 / 18

ISBN 978-90-01-86638-9
NUR 846

Woord vooraf

Op de basisschool maken leerlingen kennis met geschiedenis, maatschappelijke verhoudingen, waaronder staatsinrichting, en geestelijke stromingen. Studenten van Pedagogische Academies voor het Basisonderwijs (pabo) bereiden zich voor op het verzorgen van lessen in deze vakgebieden. In dit boek zijn geschiedenis, maatschappelijke verhoudingen, waaronder staatsinrichting, en geestelijke stromingen bijeengebracht onder de titel *Geschiedenis & Samenleving*.

In deze derde druk zijn nieuwe wetenschappelijke inzichten op het gebied van geschiedenisinhoud en geschiedenisdidactiek verwerkt. Het inhoudelijke deel is tevens aangepast aan de eisen van de Toelatingstoets voor de pabo. Dat betekent dat meer informatie over de wereldgeschiedenis in het boek opgenomen is, die voorheen bekend verondersteld werd bij de gebruiker.

Geschiedenis & Samenleving bestaat uit een studieboek en uitgebreide digitale ondersteuning via www.geschiedenisensamenleving.noordhoff.nl. Het boek bestaat uit twee onderdelen, die voorafgegaan worden door twee inleidende hoofdstukken: een hoofdstuk over de *Kennisbasis Geschiedenis* voor de pabo (*Een goede basis*) en een hoofdstuk over archeologie en geschiedenis en de bronnen van het verleden.

In deel 1 *Kennisbasis Inhoud* gaat het over de wat-vraag: het geschiedenisverhaal vanaf de *Tijd van Jagers en Boeren* tot en met de *Tijd van Televisie en Computer.* Dit geschiedenisverhaal is gericht op de Lage Landen / Nederland, maar dat verhaal wordt steeds geplaatst in een internationale context. In deel 2 *Kennisbasis Didactiek* staat de hoe-vraag centraal. Systematisch komen alle didactische aspecten van geschiedenisonderwijs in het basisonderwijs aan de orde.

Aan het eind van het boek is een bijlage toegevoegd met de kerndoelen Basisonderwijs. Mochten deze doelen wijzigen, dan komt de nieuwe tekst op www.geschiedenisensamenleving.noordhoff.nl.

Aan de hand van dit boek kun je je als pabo-student een duidelijk beeld vormen van de tien tijdvakken, waarin de geschiedenis onderverdeeld is: voor de studie tijdens de opleiding en ook daarna om ter voorbereiding op een les over een tijdvak het desbetreffende hoofdstuk nog eens door te nemen om de belangrijkste zaken weer even op een rij te zetten. En tegelijkertijd beschik je over een uitgebreid repertoire aan didactische aanwijzingen voor het geven van lessen. Naast de inhoud biedt een register de mogelijkheid om snel iets op te zoeken in het boek (deel 1 en deel 2 hebben elk een eigen register). Ieder hoofdstuk bevat een beknopte literatuuropgave. Bij de hoofdstukken over de *Kennisbasis didactiek* staan voor de verschillende fasen in de pabo-opleiding studie- en onderzoeksopdrachten.

Op www.geschiedenisensamenleving.noordhoff.nl vind je per hoofdstuk uitgebreidere opgaven van (jeugd)literatuur. Daar staan een uitgebreide toetsenbank, verwerkings- en toetsopdrachten, verwijzingen naar websites en musea en samenvattingen van alle hoofdstukken. De combinatie van boek en website maakt het mogelijk om actuele informatie en bronnen aan *Geschiedenis & Samenleving* toe te voegen.

Geschiedenis & Samenleving is tijdens het schrijfproces op onderdelen door verschillende mensen van kritisch commentaar voorzien. Het voert te ver om ze hier allemaal met naam te noemen, maar we willen ze bij dezen wel hartelijk danken. Eén uitzondering is op zijn plaats: Ingrid Sjouken – zelf werkzaam in het primair onderwijs – leverde kritisch, opbouwend commentaar en was verantwoordelijk voor de uiteindelijke tekstuele versie van het manuscript. Daarvoor zijn wij haar zeer erkentelijk.

Roden – 's Hertogenbosch, augustus 2015
Cees van der Kooij – Marjan de Groot-Reuvekamp

Inhoud

Inleiding *Kennisbasis Geschiedenis* voor de pabo

In deze inleiding wordt een aantal belangrijke uitgangspunten en achtergronden bij dit boek toegelicht.

In 2012 is door de HBO-raad het rapport *Een goede basis, advies van de commissie Kennisbasis PABO* gepubliceerd. Dit rapport bevat voor een tiental vakken beschrijvingen van de essentiële vakkennis die leraren in het basisonderwijs als bagage nodig hebben om hun beroep te kunnen uitoefenen. Een van die vakken is geschiedenis.
De kennisbasis voor geschiedenis is, net als die van de overige vakken, opgebouwd uit een beknopte schets van het vak, een kerndeel en een profieldeel. In dit hoofdstuk lichten we de bouwstenen van deze kennisbasis nader toe en leggen we uit hoe deze bouwstenen in deel 1 en 2 van dit boek zijn verwerkt:

1 het belang van geschiedenis
2 de structuur van het vak geschiedenis
3 geschiedenis en de leerlingen
4 het kerndeel en het profieldeel

1 Het belang van geschiedenis

In iedere schoolklas zijn er leerlingen die zich afvragen waarom je geschiedenis zou moeten leren, want, zo redeneren zij: het gaat over mensen en gebeurtenissen in het verleden, terwijl wij ons willen bezighouden met wat nu en in de toekomst van belang is.
Dat lijkt een logische gedachte, maar deze leerlingen beseffen (nog) niet, dat ontwikkelingen in het heden historisch bepaald zijn en dat de toekomst afhankelijk is van keuzes die wij in het heden maken. Het begrijpen van deze samenhang tussen verleden, heden en toekomst wordt ook wel historisch besef genoemd. Dankzij historisch besef kunnen mensen begrijpen dat hedendaagse verschijnselen historisch bepaald en tijdsgebonden zijn en kunnen zij deze meer afstandelijk en op een relativerende wijze beoordelen. De ontwikkeling van historisch besef is een belangrijke doelstelling van geschiedenisonderwijs. Door geschiedenisonderwijs verwerven leerlingen de kennis die hen helpt zich te oriënteren in de hedendaagse en historische werkelijkheid.

Historisch besef

Naast de betekenis van het geschiedenisonderwijs voor het inzicht in de wording van het heden, levert het vak ook een belangrijke bijdrage aan de overdracht van cultuur, de overdracht van waarden en normen en burgerschapsvorming: historische kennis is een van de bouwstenen die leerlingen nodig hebben om als volwaardig staatsburger in de Nederlandse democratie te kunnen functioneren.

Burgerschapsvorming

De kennis en vaardigheden die leerlingen opdoen bij geschiedenisonderwijs worden in onze snel veranderende samenleving met alle technologische ontwikkelingen steeds belangrijker. Informatie over hedendaagse en historische

gebeurtenissen en ontwikkelingen is voortdurend beschikbaar. Voor het interpreteren van deze informatie is historisch besef noodzakelijk. Ook hierdoor is het vak geschiedenis van cruciaal belang en levert het een belangrijke bijdrage aan de '21st century skills'.
Omdat de sporen van het verleden niet altijd gestructureerd en zichtbaar in het heden aanwezig zijn, is het belangrijk dat leerlingen door geschiedenisonderwijs leren om zich een beeld te vormen van het verleden.

Beeldvorming

Het begrip beeldvorming en de didactische mogelijkheden voor beeldvorming door middel van geschiedenisonderwijs komen uitgebreid aan de orde in deel 2 van dit boek: de *Kennisbasis Didactiek.*

2 De structuur van het vak geschiedenis

In het rapport *Een goede basis* worden drie kernconcepten van het vak geschiedenis onderscheiden. Deze concepten hebben zowel betrekking op het leren van de student in de opleiding als op het leren van kinderen in het basisonderwijs. Deze drie kernconcepten worden hierna kort besproken:

1 de ontwikkeling van tijdsbesef
2 kennis van en inzicht in de historische werkelijkheid
3 historisch denken en redeneren

Ad 1 De ontwikkeling van tijdsbesef

Tijdsbesef

Geschiedenis gaat over verloop van tijd, over dingen die zijn veranderd of relatief hetzelfde zijn gebleven. Tijdsbesef is een noodzakelijke voorwaarde voor historisch besef. In het basisonderwijs leren de leerlingen verschillende soorten tijdsbesef te hanteren met de daarbij behorende terminologie.
Bij tijdsbesef onderscheiden we besef van cyclische tijd (biologische en dagelijkse tijd) en het denken in historische, lineaire tijd: historisch tijdsbesef. Zie hiervoor paragraaf 12.3 in dit boek.

Periodisering

Bij dit kernconcept hoort ook de kennis van de verschillende manieren waarop geprobeerd is het verleden onder te verdelen in perioden: de traditionele indeling (oudheid, middeleeuwen, vroegmoderne tijd, moderne tijd), de indeling in samenlevingsvormen (nomadisch, agrarisch, industrieel en postindustrieel) en de indeling in tien tijdvakken. Zie hiervoor paragraaf 16.5 in dit boek.

Ad 2 Kennis van en inzicht in de historische werkelijkheid

Kennisbasis Inhoud

Historisch besef veronderstelt naast kennis van tijd en periodisering ook inhoudelijke kennis van het verleden in relatie tot het heden: van de historische werkelijkheid in samenhang met de hedendaagse werkelijkheid.
Door de overheid zijn verschillende commissies ingesteld die hebben nagedacht over het geschiedenisonderwijs. Eerst resulteerde dat in een voorstel om het verleden onder te verdelen in tien tijdvakken met bij elk tijdvak een aantal kenmerkende aspecten. Vervolgens stelde een andere commissie de Canon van Nederland op, een lijst met vijftig onderwerpen (vensters) uit het vaderlands verleden.

Tien tijdvakken

Canon van Nederland

In het eerste deel van *Geschiedenis & Samenleving, Kennisbasis Inhoud* zijn de resultaten van die commissies verwerkt. Deze kennisbasis bestaat uit tien hoofdstukken, voor elk tijdvak een hoofdstuk. De tijdvakken komen in chronologische volgorde aan de orde. In elk tijdvak is een plaats gegeven aan de canonvensters die in dat tijdvak thuishoren, geïllustreerd met de afbeelding van het venster op de canonwandplaat.

Een tijdvakhoofdstuk begint steeds met enkele centrale vragen, die in het hoofdstuk uitgewerkt worden. In een kader zijn de kenmerkende aspecten van het tijdvak en de bijbehorende canonvensters weergegeven. Verder zijn in de hoofdstukopening op een tijdbalk de belangrijkste jaartallen uit het tijdvak opgenomen samen met een beknopte literatuuropgave. Na de hoofdstukopening volgen de belangrijkste politieke, sociaaleconomische en culturele ontwikkelingen uit het desbetreffende tijdvak. Meer uitgebreide overzichten van literatuur – naslagwerken, monografieën, tijdgenoten, jeugdliteratuur en verhalenbundels – en museumcollecties zijn te vinden op de website www.geschiedenisensamenleving.noordhoff.nl.
Een belangrijke competentie voor een leraar basisonderwijs is vakinhoudelijke kennis. De hoofdstukken in de *Kennisbasis Inhoud* zijn zo opgezet, dat je als pabostudent tijdens je studie (hernieuwd) kennismaakt met alle tien tijdvakken en met alle vijftig canonvensters.

Ad 3 Historisch denken en redeneren
Kennis van de tien tijdvakken is een onmisbaar hulpmiddel bij de ontwikkeling van historisch besef. Maar historisch besef gaat verder. Het heeft te maken met de manier waarop iemand de werkelijkheid interpreteert en zijn positie ten opzichte van die werkelijkheid bepaalt. Het gaat dan om een historisch verantwoorde wijze van benaderen van kwesties en om historisch redeneren. Daarbij gaat het enerzijds om informatie- en onderzoeksvaardigheden (zoals het verzamelen, beoordelen en interpreteren van bronnen), en anderzijds om beeldvormende vaardigheden (zoals het onderscheiden van continuïteit en verandering of van oorzakelijke verbanden). Zie hiervoor paragraaf 13.8 in dit boek.

Historisch redeneren

Voor het vak geschiedenis is de vraag naar de basis van onze kennis van essentieel belang.
Het verleden bestaat niet meer. Om een beeld van het verleden te kunnen vormen, zijn we aangewezen op bronnen: alles wat uit dat verleden bewust of onbewust bewaard gebleven is. Deze bronnen worden door de historicus verzameld en geordend. Aan die bronnen ontleent de historicus gegevens, die samengebracht worden in een reconstructie van het verleden: een beeld. Daarbij is een kritisch onderzoek van de bronnen van essentieel belang. Deze werk- en benaderingswijze van de historische wetenschap heeft ook zijn weg gevonden naar het klaslokaal. Voor het basisonderwijs is dit verwoord in kerndoel 51: *De leerlingen leren gebruik te maken van eenvoudige historische bronnen.* Aan de methoden van de historische wetenschap besteden we aandacht in hoofdstuk 0, dat voorafgaat aan de hoofdstukken over de tien tijdvakken in deel 1 *Kennisbasis Inhoud*.

Historische wetenschap

3 Geschiedenis en de leerlingen

Naast de vakinhoudelijke competentie zijn er verschillende competenties die te maken hebben met het lesgeven, het werken met leerlingen en het werken in een schoolteam. Die competenties komen aan de orde in het tweede deel van dit boek, de *Kennisbasis Didactiek*.
De *Kennisbasis Didactiek* start met drie verkennende hoofdstukken. Wat moet er aan de orde komen op het gebied van geschiedenis en samenleving (geschiedenis, maatschappelijke verhoudingen, staatsinrichting en geestelijke stromingen) op basis van wet- en regelgeving? Voor wie zijn de lessen bestemd (informatie over de ontwikkeling van leerlingen in de basis-

Kennisbasis Didactiek

schoolperiode)? Ook wordt het kernbegrip uit de geschiedenisdidactiek 'beeldvorming' geïntroduceerd: hoe kunnen leerlingen van een basisschool zich beelden vormen van het verleden?
Vervolgens komt het hele proces van lesgeven in *Geschiedenis & Samenleving* aan de orde in de hoofdstukken *Van lesdoel tot evaluatie* en *Werken met lesmaterialen*. De *Kennisbasis Didactiek* bevat ten slotte een hoofdstuk over een schoolprogramma voor geschiedenis en samenleving.

4 Het kerndeel en het profieldeel

In het rapport *Een goede basis* worden competenties onderscheiden voor het kerndeel van de opleiding. Dat betreft de inhouden die alle studenten moeten beheersen. In een profilering, bijvoorbeeld in een minor, kunnen studenten zich in de hogere jaren naar keuze verder verdiepen in een of meer vakken.
In het kerndeel voor geschiedenis moeten studenten de drie kernconcepten, die hiervoor onder *De structuur van het vak geschiedenis* worden genoemd, kunnen beschrijven en toelichten. Tevens moeten ze een beeld hebben van de ontwikkeling van leerlingen ten aanzien van geschiedenis en op basis daarvan geschiedenislessen kunnen verzorgen. Daarnaast moeten zij in staat zijn om het vak geschiedenis in samenhang met andere vakken te kunnen onderwijzen met een verantwoorde inzet van erfgoed, omgeving, mediadidactiek en methoden.
In de profilering wordt voorgaande kennis verder verdiept en gekoppeld aan onderwijskundige visies en concepten en aan praktijkgericht onderzoek. Daarnaast verdiept de student zich in het opstellen van een jaarprogramma voor geschiedenis en in het bewaken van leerlijnen (ook vakoverstijgend) over verschillende leerjaren heen.
Voor een volledige beschrijving van het kern- en het profieldeel verwijzen we naar het rapport *Een goede basis, advies van de commissie Kennisbasis PABO.*

Dit boek kan zowel voor het kern- als het profieldeel worden gebruikt.
De *Kennisbasis Inhoud*, deel 1 van dit boek, behoort tot het kerndeel van de opleiding. Vanuit deel 2, *Kennisbasis Didactiek*, kunnen docenten en studenten een keuze maken die aansluit bij de inhouden van het kerndeel. In de profilering kunnen studenten delen van de inhouden van deel 1 en 2 van dit boek verdiepen.
De studie- en onderzoeksopdrachten in de *Kennisbasis Didactiek* voor de propedeuse behoren tot het kerndeel. De opdrachten voor de hoofdfase kunnen naar keuze van de opleiding worden ingezet voor het kerndeel of voor de profilering. De opdrachten voor de afstudeerfase zijn bij uitstek geschikt voor de profilering.

DEEL 1
Kennisbasis Inhoud

De geschiedenis van de mensheid is de meest uitgebreide staalkaart van het menselijk (on)vermogen

0
Bronnen van het verleden

Als inleiding op het geschiedenisverhaal, dat geordend in tien tijdvakken in de volgende hoofdstukken beschreven wordt, behandelen we eerst de vraag hoe zo'n verhaal tot stand kan komen. Waarop is kennis van het verleden gebaseerd?

De volgende vragen komen aan de orde:
- Wat is het verleden?
- Hoe weten we wat er zich in het verleden afgespeeld heeft?
- Wat zijn bronnen?
- Hoe gaat een archeoloog te werk?
- Hoe gaat een historicus te werk?

Basisschoolleerlingen kunnen uitermate gefascineerd zijn door het idee dat de bodem schatten bevat. Dan zijn de leerlingen het liefst archeoloog in de dop. In verschillende musea en op markten zijn zandbakken ingericht, waar ze zelf het schatgraven kunnen beoefenen. Een introductie op het werk van een archeoloog naar aanleiding van een actueel onderwerp (een krantenbericht, bijvoorbeeld: *Opnieuw belangrijke vondst in ....*) of gecombineerd met een les over de *Tijd van Jagers en Boeren* is dan ook op zijn plaats in de basisschool. Maar ook het werkterrein van de historicus hoort daar al een beetje thuis: wat zijn bronnen en wat kunnen bronnen ons vertellen?

Het voorgaande is als volgt verwoord in de kerndoelen tijd (geschiedenis) voor het primair onderwijs: *De leerlingen leren gebruik te maken van eenvoudige historische bronnen.*

0.1 Terreinverkenning

Verleden

Het verleden bestaat niet meer. Alles wat plaatsgevonden heeft tot het moment van nu behoort tot het verleden. Het verleden begint bij het ontstaan van de aarde en meer specifiek voor historici bij het verschijnen van de eerste mens op aarde. Voor dit boek is gekozen om aan beide beginpunten aandacht te besteden in hoofdstuk 1.

Aspecten van het verleden zijn te reconstrueren. Zo zijn er prehistorische boerderijen nagebouwd, waar je kunt leven als vroeger. Zo'n reconstructie is een nabootsing, waarin geprobeerd wordt de historische werkelijkheid – het moment van vroeger – zo dicht mogelijk te benaderen. Het blijft een benadering. Het is niet mogelijk, zoals regelmatig in historische jeugdliteratuur gebeurt, om met een tijdmachine terug te gaan in de tijd.

Beeldvorming

Om een beeld te vormen van een historisch onderwerp – bijvoorbeeld het leven in het Hollandse dorp Graft in de zeventiende eeuw – kan gebruikgemaakt worden van historische studies, zoals het boek *Een dorp in de polder. Graft in de 17*^{de} *eeuw* van A. Th. van Deursen. De auteur heeft materiaal verzameld en geordend en op basis daarvan een beschrijving gegeven van het zeventiende eeuwse Graft: onder meer het dorp, de bewoners, de opvoeding, de standen en de normen en waarden. Dankzij dat boek gaat het zeventiende eeuwse dorp op papier leven. Maar het is en blijft een reconstructie, waarvoor de auteur een omvangrijke speurtocht ondernomen heeft in landelijke, regionale en lokale archieven. Het boek eindigt dan ook met *Bronnen en literatuur*, waarin alle bestudeerde primaire bronnen, zoals onder meer de doop-, trouw- en begraafboeken en notariële archieven, en alle geraadpleegde literatuur (secundaire bronnen) opgesomd worden.

Bronnen in soorten

Voor een reconstructie van het verleden kan alles wat uit dat verleden bewust of onbewust bewaard gebleven is, gebruikt worden. Voor die reconstructie zijn er verschillende soorten bronnen.
Voor de vroegste geschiedenis, de prehistorie oftewel de tijd waaruit geen schriftelijke bronnen bewaard gebleven zijn, gaat het om datgene wat in het bodemarchief te vinden is, bijvoorbeeld gebruiksvoorwerpen als vuurstenen messen, verkleuringen in de grond (de sporen van houten palen), afbeeldingen op grotwanden en grafgiften. Aan de hand van dit soort materiële bronnen moet een beeld gevormd worden van het leven in de prehistorie.
De tijd waarin schriftelijke bronnen aanwezig zijn, heet de historie. Tussen de tijd zonder geschreven berichten en de tijd met volop geschreven berichten is er een overgangstijd, die de protohistorie wordt genoemd. Voor de beeldvorming van de protohistorie zijn er naast bodemvondsten wel enige schriftelijke bronnen, maar het beeld van het leven in die tijd – heel globaal de tijd van 300 na Christus tot 1100 na Christus – moet toch grotendeels uit bodemvondsten gereconstrueerd worden.
Na de protohistorie zijn er verschillende schriftelijke bronnen, bijvoorbeeld stadsrekeningen, beschikbaar. De beeldvorming wordt dan in toenemende mate bepaald door de schriftelijke bronnen, aangevuld met bodemvondsten in de vorm van in musea en oudheidkamers verzamelde voorwerpen, cultureel erfgoed. Voor de meer recente geschiedenis zijn er dan nog de audiovisuele bronnen, zoals geluidsopnames, films, video's en dvd's. En voor de meest recente geschiedenis zijn er de mensen die het meegemaakt hebben en die erover kunnen vertellen (oral history).

Verzamelplaats van het verleden

Bronnen van het verleden worden bewaard op verschillende plaatsen. Een belangrijke bewaarplaats is het bodemarchief. Wat reeds prijsgegeven is door dat bodemarchief – bij toeval of door gerichte opgravingen – wordt bewaard in musea en oudheidkamers. Een landelijke verzamelplaats is het Rijksmuseum voor Oudheden in Leiden, opgericht in 1818. Maar vondsten uit het bodemarchief zijn ook te vinden in provinciale en lokale musea of ter plekke als de sporen in het bodemarchief zichtbaar bewaard gebleven zijn voor het nageslacht, zoals de blootgelegde fundamenten van het verdwenen kasteel van West-Souburg (zie figuur 0.1).

FIGUUR 0.1 Sporen in het bodemarchief: de fundamenten van het kasteel West-Souburg

De schriftelijke bronnen worden bewaard in archieven: landelijk in het Nationaal Archief in 's-Gravenhage, provinciaal in de rijksarchieven in de provinciehoofdsteden, op veel plaatsen al met stedelijke archieven gecombineerd tot Regionale Historische Centra. Daarnaast zijn er speciale archieven, zoals de kerkelijke archieven en de waterschapsarchieven.

Onderzoek naar het verleden

Er zijn twee beroepen, die nadrukkelijk gericht zijn op beeldvorming van het verleden: het beroep van de archeoloog en het beroep van de historicus. De archeoloog houdt zich bezig met het bodemarchief, de historicus met het archief.

0.2 Archeologie: het werk van de archeoloog

Archeologie

Archeologie is te omschrijven als 'de studie van alles wat de mensen in en op de grond hebben achtergelaten'. Het gaat om een speurtocht naar wat in materiële zin nagelaten is door vroegere generaties in een poging om via de vondsten een reconstructie van hun leefwijze te maken. Bij opgravingen van een grafveld uit de tijd van de Bandkeramiekers, een middeleeuwse stadskern of de restanten van Het Behouden Huys op Nova Zembla gaat het erom via de vondsten, die gedaan zijn bij de opgravingen, meer te weten te komen over het leven van de mensen in die tijd (zie het krantenartikel, figuur 0.2). Die kennis blijft onvolmaakt, want door het ontbreken van veel gegevens kan de reconstructie alleen maar onvolledig blijven.

FIGUUR 0.2 Krantenartikel: *Belangrijke vondst*

Belangrijke vondst rond eeuwenoud Deventer gasthuis

DEVENTER, 21 OKT. Archeologen hebben in Deventer grote delen blootgelegd van het Elizabeth Gasthuis, een inrichting voor ouderen, geestelijk gehandicapten en psychiatrische patiënten. De vondsten in de Smedenstraat dateren uit de negende tot begin twintigste eeuw en geven een beeld van de ontwikkeling van het gasthuis en de burgerlijke bewoning eromheen. De oudste vondsten zijn resten van houten woningen uit de negende eeuw. Rond het gasthuis zijn bijgebouwen aangetroffen met resten van ambachtelijke activiteiten zoals van een bronsgieterij en van een kacheltegelbouwer. Ook zijn er resten gevonden van een huis dat begin vijftiende eeuw vermoedelijk toebehoorde aan een hoogwaardigheidsbekleder. De afgravingen duren tot half december. Daarna wordt er een nieuw verpleeghuis gebouwd. (ANP)

Bij archeologie gaat het om:
- het vinden van archeologisch interessante plekken
- het zorgvuldig volgens bepaalde methoden opgraven
- het conserveren van de vondsten
- het bestuderen van de vondsten (gevolgd door een publicatie)

Bodemarchief

Het bodemarchief is een rijke en, als het om de prehistorie gaat, de enige bron van gegevens over het verleden. Vandaar dat met het bodemarchief uitermate zorgvuldig omgegaan moet worden: eenmaal verstoord is het archief verdwenen. Zo zijn in de negentiende eeuw heel wat terpen – deels – afgegraven omdat de grond uitermate vruchtbaar is (zie figuur 0.3). Daardoor is het bodemarchief definitief verdwenen.

FIGUUR 0.3 Afgraving van de terp van Eenum in 1916

Het bodemarchief wordt voortdurend bedreigd door uitbreidingsplannen, wegenaanleg en dergelijke. Op die manier wordt het eigen verleden vernietigd en zijn er steeds noodopgravingen nodig in een poging te redden wat er te redden valt. In de tweede helft van de twintigste eeuw is in Nederland een derde deel van het bodemarchief verdwenen.
Op Europees niveau zijn maatregelen genomen om het archeologisch erfgoed beter te beschermen. Dit gebeurt via het Verdrag van Malta, dat in 1992 vastgesteld is. Een concreet resultaat van de discussies over het Verdrag van Malta is in Nederland onder meer dat in een groot project als de aanleg van de Betuwespoorlijn, meer tijd en ruimte gereserveerd is voor archeologisch onderzoek dan voorheen in Nederland gebruikelijk was (figuur 0.4).

In Nederland waakt de Rijksdienst voor Cultureel Erfgoed over het bodemarchief. Belangrijke vondsten worden gemeld bij deze dienst, waarna in samenwerking met de provinciaal archeoloog (en de stadsarcheoloog) bekeken wordt of er gegraven moet worden.

Opgravingen

Het bodemarchief geeft bij toeval herhaaldelijk schatten prijs. Schatten die aan de oppervlakte komen door natuurlijke ontwikkelingen, bijvoorbeeld aardverschuivingen, of door menselijke activiteiten, bijvoorbeeld door ploegen. Bij toevalsvondsten is het voor de archeoloog van groot belang dat vastgesteld wordt waar en onder welke omstandigheden de vondst gedaan is.
De vondsten kunnen voorwerpen zijn, die de tand des tijds doorstaan hebben. In zandgrond blijven andere zaken bewaard dan onder het wateroppervlak. Het kunnen ook sporen van de voorwerpen zijn, zoals verkleuringen in de grond waar houten palen gestaan hebben en afdrukken van lijken in de grond (lijksilhouetten). Het is het werk van de archeoloog om al deze grondsporen vast te leggen en op basis daarvan tot verklaringen c.q. interpretaties te komen.

FIGUUR 0.4 Tijdens archeologisch onderzoek bij de aanleg van de Betuweroute werden menselijke resten gevonden, het oudste skelet ooit opgegraven (7.000 jaar oud). Het skelet kreeg de naam Trijntje

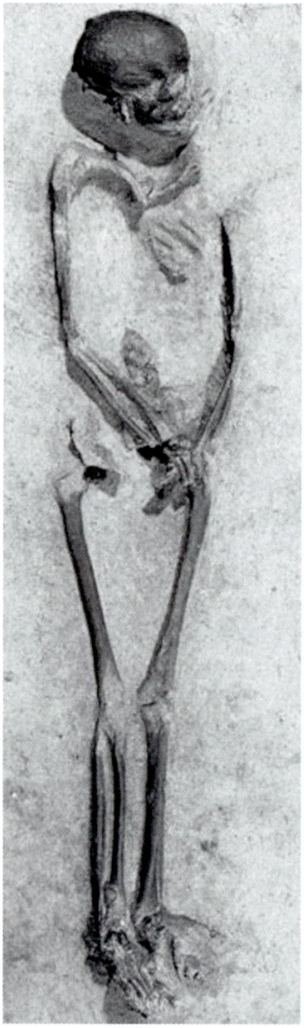

Het op te graven gebied wordt daartoe in segmenten verdeeld, die de basis vormen voor het intekenen van de vondsten. Vanzelfsprekend worden er ook voortdurend foto's gemaakt. Belangrijk bij opgravingen in de diepte zijn doorsneden, die in de vorm van het bodemprofiel de bodemgeschiedenis prijsgeven. Zo zijn op verschillende plaatsen langs de Rijn in het bodemprofiel de sporen teruggevonden van de verbranding van Romeinse verdedigingswerken tijdens de Bataafse Opstand in 69 na Christus (zie figuur 0.5).

FIGUUR 0.5 In Valkenburg aan de Rijn is een 15 cm dikke brandlaag aangetroffen, die verband houdt met de vernietiging van het Romeinse fort tijdens de Bataafse Opstand in 69 na Christus

Opgraven, conserveren en bestuderen is heden ten dage een multidisciplinaire activiteit. Er zijn specialisten op het gebied van stuifmeelkorrelonderzoek, specialisten voor botten en beenderen, specialisten voor aardewerk, maar ook specialisten voor ouderdomsbepaling.

Dateren

Een belangrijk onderdeel van het werk van de archeoloog is het vaststellen van de ouderdom van een vondst. In de archeologie wordt een onderscheid gemaakt tussen relatieve en absolute ouderdomsbepalingen. Bij relatieve ouderdomsbepalingen gaat het om de onderlinge tijdsverhouding tussen vondsten, waarbij de bodemlaag waarin de vondst gedaan is, de vormgeving (stijl) en het gebruikte materiaal een rol spelen. Daarbij wordt onder meer aangenomen dat de werktuigen in de loop van de tijd professioneler worden. Relatieve ouderdomsbepaling zegt niet iets over de precieze ouderdom. Daarvoor moeten methoden van absolute ouderdomsbepaling toegepast worden.
Twee elkaar aanvullende methoden zijn de jaarringenmethode en de C14-methode. Het is gelukt om een tijdrekening te koppelen aan de jaarringen in

hout, een tijdrekening, die teruggaat tot het einde van de laatste IJstijd. Bij de C14-methode gaat het om organisch materiaal, dat voor het afsterven uit de lucht radiokoolstof in de vorm van C14 opgenomen heeft. Deze C14-radiokoolstof zendt straling uit, die na het afsterven van het organisch materiaal geleidelijk minder wordt en na 5.568 jaar gehalveerd is. De C14-tijdschaal kan teruggaan tot zo'n 70.000 jaar geleden.

Archeologie

Archeologie of oudheidkunde, zoals het lange tijd heette, gaat terug tot in de zeventiende eeuw. Uit die tijd bestaan enige beschrijvingen van archeologische objecten, zoals de hunebedden. In de negentiende eeuw wordt de aandacht serieuzer in de vorm van de eerste hoogleraar archeologie, provinciale genootschappen en de oprichting van musea. In de eerste helft van de twintigste eeuw is er sprake van een snelle ontwikkeling van de archeologie met onder meer het werk van bioloog-archeoloog Van Giffen. De nadruk ligt dan op het opgraven van grafheuvels, grafvelden en hunebedden.
Tijdens de wederopbouw na de Tweede Wereldoorlog wordt in 1947 de Rijksdienst voor het Oudheidkundig Bodemonderzoek (nu: Rijksdienst voor Cultureel Erfgoed) opgericht. Samen met instituten aan de universiteiten, met archeologiebedrijven en met amateur-archeologen wordt het bodemarchief bewaakt, waarbij de aandacht zich verplaatst heeft van de doden naar de levenden: nu wordt de hele samenleving onderzocht en zo mogelijk gereconstrueerd.

0.3 Geschiedenis: het werk van de historicus

Geschiedenis

Geschiedenis is datgene wat geschied is, ook wel het historisch proces genoemd. Het begrip 'historie' is van een andere orde. Het Griekse woord *historia* betekent 'onderzoek'. Soms komen we het woord in die betekenis nog tegen, bijvoorbeeld in 'natuurlijke historie'. Historie betekent dus eigenlijk het onderzoek naar het historisch proces. Maar in de loop van de tijd zijn beide begrippen inhoudelijk naar elkaar toe gegroeid en inwisselbaar geworden. Als het gaat om kennis van het historisch proces – geschiedkennis – is het de historicus die deze kennis verzamelt en vormgeeft: het historisch proces als object en de historicus als subject.
In schema ziet het er als volgt uit (zie figuur 0.6).

FIGUUR 0.6 Van gebeurtenis naar beeld: links het schema van Harmsen, rechts het schema van Bosch

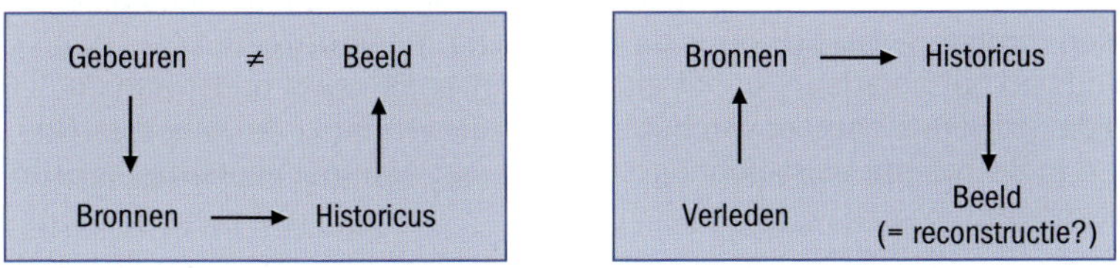

Bron: Harmsen, blz. 13, en Bosch, blz. 5

Van iets wat in het verleden gebeurd is, zijn verschillende zaken overgebleven: de bronnen. Deze bronnen worden door de historicus verzameld en geordend. Aan die bronnen worden gegevens ontleend – de historische feiten – die samengebracht worden in een verhaal: een beeld. Ook dit beeld is – net als de reconstructie van de archeoloog – onvolmaakt ten gevolge van de kwantiteit van de bronnen (hoeveel is er bewaard gebleven?), van de kwaliteit van de bronnen (wat zeggen de bronnen?) en vanwege de persoon (en de werkwijze) van de historicus.

Naast de materiële overblijfselen, waarmee de archeoloog zijn werk moet doen, maakt de historicus gebruik van schriftelijke documenten, overleveringen (volksgebruiken, plaats- en persoonsnamen, zegswijzen en streekverhalen), audiovisueel materiaal en nog levende mensen, die geïnterviewd kunnen worden. Er zijn bronnen, die bewust bewaard gebleven zijn en bronnen, die onbewust, meer toevallig bewaard zijn. Al naar gelang de relatie tussen de bronnen en de gebeurtenis worden de bronnen wel onderverdeeld in primaire bronnen en secundaire bronnen. Zo is het geschiedenisverhaal in de volgende hoofdstukken van dit boek gebaseerd op secundaire bronnen.

Bronnen

Lang niet alle bronnen zijn door de historicus direct te lezen. Zo hebben zich hulpwetenschappen ontwikkeld, waaronder trouwens ook de archeologie wel gerekend wordt. Andere hulpwetenschappen zijn onder meer de toponomie (studie van de plaatsnamen), de numismatiek (studie van munten en penningen), de epigrafie (studie van de inscripties) en de paleografie (studie van het oude schrift).
Voor historisch onderzoek is het belangrijk de aard van de bronnen kritisch te onderzoeken. Tot de bewust bewaarde bronnen behoren de bronnen van de overwinnaars. Van de verliezers is meestal alles verloren gegaan, denk maar eens aan de boekverbrandingen. Onderzoek is nodig omdat er mogelijk sprake is van vervalste bronnen, zoals de dagboeken van Hitler, die niet echt bleken te zijn.
Op basis van de studie van de beschikbare bronnen – onder meer in de archieven – komt de historicus tot een verzameling van gegevens, de historische feiten.

Historische feiten

Welke historische feiten zijn er uit de bronnen te halen? In het bewuste bronmateriaal overheersen eerst de dynastieke gegevens: de geschiedenis van het vorstenhuis in de vorm van een genealogie. In de loop van het historisch proces krijgt in de bewuste bronnen de natie – samen met het militaire aspect – een belangrijke plaats naast de vorst. Wie van deze tijden iets wil weten over de leefomstandigheden van het volk is aangewezen op onbewuste bronnen. Historisch gezien komen de sociaaleconomische geschiedenis en de culturele geschiedenis pas veel later in beeld na de politieke geschiedenis.
In de geschiedeniswetenschap bestaat de traditie dat de historicus de vindplaatsen (bronnen) van de vermelde historische feiten opgeeft, ofwel aan het eind van het hoofdstuk of het eind van het boek, ofwel onder aan de bladzijde. Zo verschenen er van het standaardwerk van L. de Jong over Nederland in de Tweede Wereldoorlog twee versies: één met voetnoten en één vrijwel zonder.

Rol van de historicus

Het verhaal – het beeld – van het verleden wordt door de historicus samengesteld op basis van de verzamelde historische feiten. Daarbij speelt de persoon van de historicus een grote rol. In hoeverre is of kan een historicus objectief zijn in de beeldvorming van het verleden? Die objectiviteit staat onder druk van enerzijds bewuste en anderzijds onbewuste factoren.

Tot de bewuste factoren behoren de partijdigheid uit persoonlijke motieven, bijvoorbeeld de partijdige publicaties ter ere van het vorstenhuis, de kerk of een partij, of de partijdigheid ten opzichte van opdrachtgevers, die zelf eerst bepalen welke historische feiten wel of niet een plaats in de publicatie krijgen.
Tot de onbewuste factoren behoren maatschappelijke factoren ofwel de ideologische bevangenheid, waar ieder mens mee te maken heeft: het nationale en het Europacentrische denkkader of het denkkader van de eigen groep.

Beeld

In het uiteindelijke beeld dat ontstaat uit het werk van de historicus speelt een groot aantal niet op historische feiten gebaseerde bouwstenen een rol. Het idee bijvoorbeeld over de ontwikkeling van staten en culturen: een cyclisch proces van ondergaan en geboren worden of een rechtlijnig vooruitgaan? Of het idee dat er samenhang is in de geschiedenis van de hele aarde, bijvoorbeeld vanuit de christelijke opvatting over universaliteit, de christelijke religie als samenbindend element voor de hele wereld of vanuit Europa gedacht: de wereldgeschiedenis met Europa als centrum van alle ontwikkelingen.
Het historisch proces vertoont een voortdurende afwisseling van continuïteit en verandering. Er zijn allerlei verklaringsgronden voor deze afwisseling bedacht, die uiteindelijk van invloed zijn op het gepubliceerde beeld: de rol van God, de rol van ideeën, zoals het vooruitgangsidee, de rol van grote mannen, de rol van biologisch bepaalde groepen als rassen en generaties en de rol van de sociaaleconomische structuur.

Literatuur, een selectie

Beker, Th. & Kooij, C. van der (2002). *Bewaard verleden. Cultureel erfgoed in het primair onderwijs en de lerarenopleiding basisonderwijs.* Enschede: SLO.

Ginkel, E. van & Verhart, L. (2009). *Onder onze voeten. De archeologie van Nederland.* Amsterdam: Bert Bakker.

Harmsen, G. (1998). *Inleiding tot de geschiedenis.* Amsterdam: Sun.

Ondersteuning via de website

Een uitgebreidere literatuurlijst en een selectie van museumcollecties bij dit hoofdstuk zijn te vinden op www.geschiedenisensamenleving.noordhoff.nl, evenals een samenvatting van dit hoofdstuk en een interactieve toetsenbank.

1 Tijd van Jagers en Boeren

(tot 3000 v. Chr. in het algemeen en voor de Lage Landen tot 50 v. Chr.)

De *Tijd van Jagers en Boeren* – verreweg het langste tijdvak uit de geschiedenis – omvat de hele prehistorie van de Lage Landen tot aan de komst van de Romeinen naar de Lage Landen omstreeks 50 v. Chr.
Centrale vragen in dit hoofdstuk zijn:

- Hoe ziet de geschiedenis van de aarde, de planten, de dieren en de mens eruit?
- Wat zijn de kenmerken van de nomadische levenswijze van jagers-verzamelaars in het algemeen en van Rendierjagers in het bijzonder?
- Hoe is de overgang van de nomadische naar de agrarische levenswijze ontstaan (Agrarische Revolutie)?
- Wat zijn de kenmerken van de agrarische levenswijze van de eerste boeren in de Lage Landen: de Bandkeramiekers en de Hunebedbouwers?

Voor het primair onderwijs zijn uit de *Tijd van Jagers en Boeren* de belangrijkste onderwerpen:

Kenmerkende aspecten	**Canonvensters**
• De levenswijze van jagers en verzamelaars • Het ontstaan van landbouw en landbouwsamenlevingen	• Hunebedden. *Vroege landbouwers*

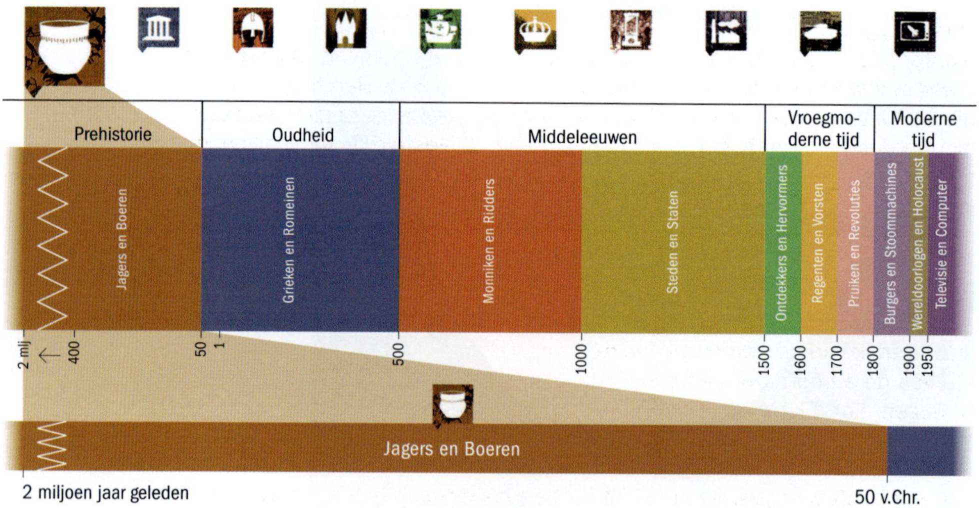

Nomadische samenleving - (5300 v. Chr.) - Agrarische samenleving - (50 v. Chr.)	
Ontstaan	
5 miljard jaar geleden	De aarde ontstaat
65 miljoen jaar geleden	Dinosauriërs sterven uit
3 à 2 miljoen jaar geleden	De mens
Nomadische samenleving	
250.000 jaar geleden	Jagers-verzamelaars laten sporen na bij Maastricht
40.000 jaar geleden	Homo sapiens komt naar Europa
35.000 jaar geleden	Neanderthalers sterven uit
8000 v. Chr.	Einde laatste IJstijd; Rendierjagers trekken weg
Agrarische samenleving	
9000 v. Chr.	Oudste sporen van akkerbouw in het Nabije Oosten
7500 v. Chr.	Oudste sporen van veeteelt in het Nabije Oosten
5300-4900 v. Chr.	Bandkeramiekers
3400-2850 v. Chr.	Hunebedbouwers
2100 v. Chr.	Einde Steentijd (voor de Lage Landen)
2100-700 v. Chr.	Bronstijd (voor de Lage Landen)
700-50 v. Chr.	IJzertijd (voor de Lage Landen)
50 v. Chr.	Romeinen veroveren het noorden van Gallië
50 v. Chr.: einde van de *Tijd van Jagers en Boeren* en van de Prehistorie, begin van de *Tijd van Grieken en Romeinen* en van de Oudheid.	

1.1 Ooit is alles begonnen

Ooit is de aarde ontstaan. Op die aarde ontwikkelt zich leven: de eerste planten, de eerste dieren en ten slotte ook de eerste mensen. Over dat ontstaan zijn theorieën ontwikkeld met daaraan gekoppelde dateringen. Door nieuwe ontdekkingen worden deze theorieën herhaaldelijk herzien en door nieuwe dateringsmethoden worden de getallen bijgesteld. In verschillende publicaties staan dan ook uiteenlopende dateringen voor de geschiedenis van de aarde, de planten, de dieren en de mensen.

Aarde

De aarde is zo'n vijf miljard jaar geleden als een hete gas- en stofwolk in het heelal ontstaan. Deze wolk is in elkaar gedrukt tot een harde kern. Na afkoeling is zo de aarde ontstaan, een van de planeten in het zonnestelsel. Het uiterlijk van de aarde is in de loop van de tijd veranderd. Op het binnenste van de aarde drijven aardkorstplaten, die per jaar enkele centimeters bewegen. Eerst is er één groot supercontinent, de pangaea (de hele aarde). In de loop van de tijd zijn delen daarvan uit elkaar geschoven en zijn de huidige continenten ontstaan. Aan de vorm van Zuid-Amerika is nog te zien dat het ooit heeft vastgezeten aan Afrika. Die loskoppeling is omstreeks 200 miljoen jaar geleden begonnen (zie figuur 1.1).

FIGUUR 1.1 Verschuiving van de continenten: 225 miljoen jaar geleden, 135 miljoen jaar geleden, 65 miljoen jaar geleden, nu

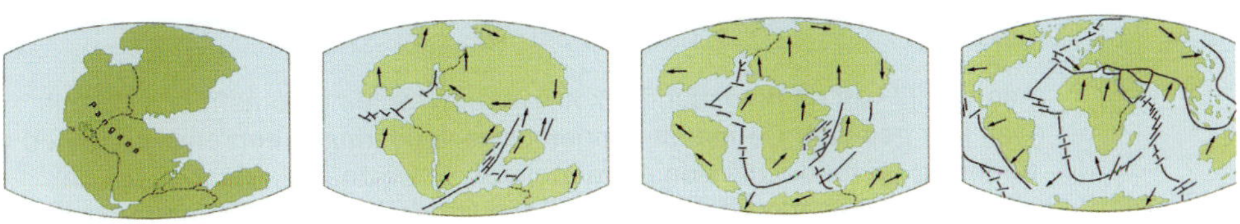

Planten en dieren

Het eerste leven op aarde is ontstaan in de zeeën. Algen zijn de eerste planten. Op het land is er dan nog geen enkel teken van leven: de aarde bestaat uit een volstrekt leeg rotslandschap. Vanaf 400 miljoen jaar geleden komt daar verandering in. Er ontstaat leven op het land: planten zonder bladeren, zoals varens en paardenstaarten.
Ook de eerste dieren leven in het water: onder meer kwallen die vanaf 400 miljoen jaar geleden gezelschap krijgen van de eerste vissen. Dan volgen de eerste amfibieën: dieren die eerst alleen in het water leven en zich vervolgens ontwikkelen tot landdieren, dankzij vier poten voor de voortbeweging en longen voor de opname van zuurstof. Van de amfibieën stammen de eerste reptielen af. Vanaf 220 miljoen jaar geleden behoren tot de dierenwereld onder meer kikkers, schildpadden, krokodillen, hagedissen en dinosauriërs. Ook zijn er zeereptielen als de Maashagedis met een lengte van vijftien meter, waarvan een skelet opgegraven is bij Maastricht.

Dinosauriërs

'Dinosaurus' betekent letterlijk 'verschrikkelijke hagedis' en is een verzamelnaam voor een groot aantal, zeer uiteenlopende dieren. Lange tijd vormen zij de meest opvallende diergroep op aarde. Zij leven tussen 220 miljoen en 65 miljoen jaar geleden. Ze variëren in grootte: van de omvang van een kip tot een reuzenmonster als de langnekdino, de diplodocus. Er zijn plantenetende en vleesetende dino's. In de tijd van dinosauriërs drijven de continenten uit elkaar, wat wel als verklaring aangevoerd is voor de grote aantallen verschillende dinosoorten. Dank zij de vondsten van fossiele botten, eieren, keutels en pootafdrukken worden nog regelmatig nieuwe soorten ontdekt. Inmiddels zijn er al meer dan zevenhonderd soorten bekend. Maar veel blijft nog onduidelijk. Vragen als 'welk geluid maken de dinosauriers?', 'welke geur hebben ze?' en 'hoe oud worden ze?' zijn niet te beantwoorden. Zij leefden immers ver voordat er mensen op aarde rondliepen (zie figuur 1.2).

FIGUUR 1.2 Een diplodocus en de mens: zij hebben elkaar nooit ontmoet

Aan de tijd van de dinosauriërs komt abrupt een einde omstreeks 65 miljoen jaar geleden. De meest aannemelijke verklaring is een enorme meteorietinslag op aarde, die een grote stofwolk veroorzaakte. Maar er zijn ook wel andere verklaringen bedacht als een kouder wordend klimaat, een ziekte

onder de dino's of vulkaanuitbarstingen in Azië. Feit is dat krokodillen, schildpadden en hagedissen deze ramp wel overleefd hebben.

Zoogdieren

Al ten tijde van de dinosauriërs leven er kleine zoogdieren. Vanaf 65 miljoen jaar geleden ontwikkelen deze zich echter op grote schaal, zowel op het land als in het water: onder meer olifanten, neushoorns, ratten, apen, kamelen, konijnen, koeien, paarden, potvissen en zeerobben. En vanaf ongeveer 3 miljoen jaar geleden leven er mammoeten, wolharige neushoorns, reuzenherten, dolfijnen en ... de mens. In figuur 1.3 is deze ontwikkeling in beeld gebracht.

FIGUUR 1.3 De ontwikkeling van het leven op de aarde

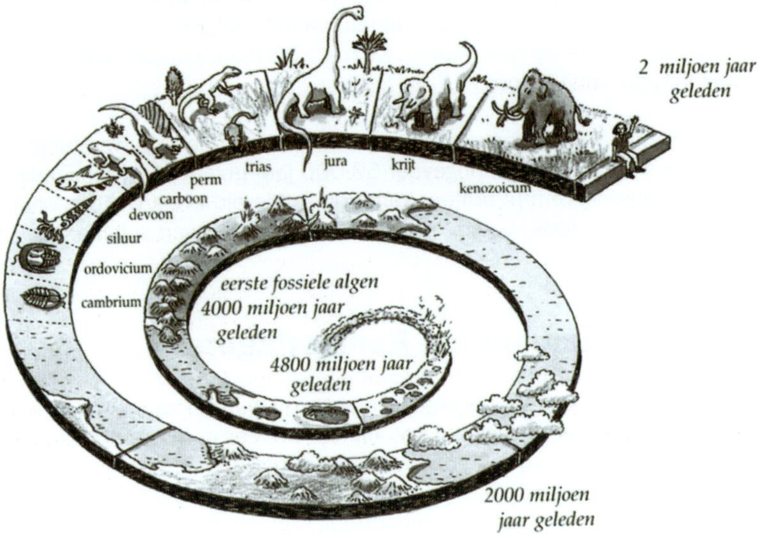

Mensen

Iedere religie en iedere cultuur heeft een eigen verhaal over de schepping van de mens, het werk van de goden of van God. Op basis van de teksten in de Bijbel worden in de zeventiende eeuw de eerste mensen, Adam en Eva, door aartsbisschop Usher gedateerd op 4004 v. Chr., om precies te zijn op 23 oktober 4004 v. Chr. om 9 uur 's ochtends. Gelovigen die de Bijbel letterlijk als een historische bron hanteren, houden aan die datering vast. Vondsten met een oudere datering zijn in strijd met de Bijbel en volgens hen dus onmogelijk.

Stamboom van de mens

Het ontstaan van de mens ligt veel verder terug in de tijd dan 4000 v. Chr.. Over de menselijke stamboom bestaat nog veel onduidelijkheid. De wetenschap die zich hiermee bezighoudt, de paleo-antropologie, staat nog in de kinderschoenen. De reconstructie van de stamboom van de mens vindt plaats aan de hand van fossielen van (delen van) het menselijk lichaam, zoals schedels. Op basis van deze vondsten zijn door paleo-antropologen theorieën ontwikkeld, die voortdurend getoetst worden aan nieuwe vondsten en op basis daarvan verworpen of bijgesteld worden. Alle theorieën gaan uit van het ontstaan van de mens in Afrika, dankzij de oudste fossiele vondsten in Oost- en Zuid-Afrika.

Hominiden

Ooit moet er een aapachtige stamvader geweest zijn van de Mensachtigen (Hominiden). Tot mensachtigen behoren de mensen, de chimpansees en de gorilla's. Het DNA van de mens en van de chimpansee lijkt voor 99% op elkaar. Een afsplitsing van mensen en mensapen moet zo'n zeven à vijf miljoen jaar geleden plaatsgevonden hebben.
Mensapen worden opgevolgd door de Handige Mens (Homo habilis), die zelf al werktuigen maakt (omstreeks twee miljoen jaar geleden) en de Rechtopgaande Mens (Homo erectus), die al vuistbijlen hanteert en zich ook buiten Afrika verspreidt.

Homo sapiens

In Afrika ontstaat tussen 200.000 en 100.000 jaar geleden de huidige mens, de Denkende Mens (Homo sapiens). Deze 'anatomisch moderne mens' onderscheidt zich van de vorige menssoorten door de herseninhoud en door de ontwikkeling van de handen. Vanuit Afrika verspreidt de Denkende Mens zich over de hele wereld. Zo'n 40.000 jaar geleden komt de Homo sapiens naar West-Europa.

De Denkende Mens is een goede jager en maakt prachtige werktuigen. Aangenomen wordt dat vanaf ongeveer 50.000 jaar geleden de Denkende Mens over taal beschikt om te praten. Vanaf diezelfde tijd is deze mens in staat kunst te maken, zowel beeldjes als kunst in de vorm van schilderingen op grotwanden.

1.2 Jagers-verzamelaars: Rendierjagers

IJstijden

Flora, fauna en de mens (jagers-verzamelaars) worden zo'n twee miljoen jaar lang door veranderingen in het klimaat beheerst. In deze tijd zijn er koude perioden (glacialen) van gemiddeld 100.000 jaar, de IJstijden, afgewisseld door warmere perioden (interglacialen) van gemiddeld zo'n 20.000 jaar. Tijdens de glacialen daalt de temperatuur, breiden de ijskappen zich uit en daalt de zeespiegel. De boomgrens verplaatst zich in zuidelijke richting. Het landschap dat aan het ijs grenst, verandert in een steppetoendra. In warmere perioden verschuift de boomgrens weer in noordelijke richting. De verklaring voor deze afwisseling van koude en warmere perioden moet gezocht worden in een drietal astronomische factoren: schommelingen van de aardas, wisselingen in de baan van de aarde om de zon en verschillen in stralingsintensiteit van de zon.

Voorlaatste ijstijd

In de voorlaatste ijstijd bedekt omstreeks 140.000 jaar geleden het ijs Noord-Europa tot een lijn Düsseldorf, Nijmegen en Haarlem. Het ijs is verantwoordelijk voor de huidige niveauverschillen in de bodem van Nederland, zoals de stuwwallen aan de rand van de Veluwe en de Holterberg. Met het ijs zijn ook grote hoeveelheden stenen aangevoerd, die afkomstig zijn uit het Scandinavische bergland.
De steppetoendra gebieden, grenzend aan het ijs, bestaan uit grassen en kruiden met zo hier en daar dwergberken en jeneverbessen. Hier voelen zich de wolharige mammoeten, wolharige neushoorns, wisenten, rendieren en paarden thuis. Verder naar het zuiden gaat de steppetoendra achtereenvolgens over in berken-, naald- en ten slotte loofbossen (zie figuur 1.4). Daar is plaats voor onder meer bosolifanten, neushoorns, nijlpaarden, oerossen, edelherten en everzwijnen.

FIGUUR 1.4 Steppetoendra links. Hetzelfde landschap rechts na de komst van van het ijs

Laatste ijstijd

Tijdens de laatste ijstijd reikt het ijs ongeveer 20.000 jaar geleden tot waar nu Hamburg ligt. De Noordzee, inclusief Het Kanaal, is voor een belangrijk deel drooggevallen, het Noordzeeland. Dit komt door de daling van de zeespiegel met ongeveer 120 meter.
Omstreeks 10.000 jaar geleden stijgt de temperatuur opnieuw en begint het interglaciaal dat tot op de dag van vandaag voortduurt. De bossen en dieren verplaatsen zich opnieuw in noordelijke richting. Het rendier trekt mee met de ijsgrens naar het noorden van Scandinavië. Om nog onbekende redenen sterft de wolharige neushoorn uit. De wolharige mammoeten verdwijnen uit Europa en leven nog enige millennia in het Arctisch deel van Azië. In de bevroren bodem aldaar worden nog regelmatig overblijfselen van dit uitgestorven dier gevonden, soms zelfs complete exemplaren.

Bevolking Europa

De oudste sporen van menselijke activiteiten in Europa dateren van ongeveer 700.000 jaar geleden. Het gaat om sporen in Italië. Voor Noord-Europa gaan de oudste menselijke sporen terug tot 400.000 jaar geleden. In Noord-Europa is het een komen en gaan van mensen, gekoppeld aan de wisselingen van glacialen en interglacialen. Op het huidige Nederlandse grondgebied zijn sporen van kampementen gevonden in een grindgroeve bij Maastricht: de Belvédère-groeve. Het gaat om een oude Maasoever, waar in de loop van de tijd grind en löss afgezet zijn en botten van dieren en menselijke werktuigen achtergelaten zijn. De opgravingen hebben de wisselingen in de dierenpopulatie tijdens de glacialen en interglacialen duidelijk aangetoond. Er zijn in verschillende lagen zowel botresten van wolharige mammoeten en neushoorns gevonden als botresten van bosolifanten en nijlpaarden. Op een diepte van ongeveer tien meter zijn verschillende sporen van kampementen aangetroffen, een bewijs dat in die tijd regelmatig groepen mensen aan de Maasoever bivakkeren. De vondsten bestaan uit vuurstenen werktuigen – messen en schaven – en afslagen (figuur 1.5). Bij het skelet van een jonge steppeneushoorn is een vuurstenen mes gevonden, dat gebruikt moet zijn bij het slachten. Deze vondsten zijn gedateerd op 250.000 jaar geleden,

Steentijd

een interglaciale periode. Steen zal lange tijd naast hout het belangrijkste materiaal voor de mens zijn, vandaar de naam Steentijd.

FIGUUR 1.5 Vuurstenen mes gevonden in de Belvédère-groeve bij Maastricht

Neanderthalers

In een grot in het Neanderthal bij Düsseldorf zijn in 1856 de fossiele resten van mensen gevonden, die de naam Neanderthaler gekregen hebben. Ze moeten geleefd hebben van ongeveer 130.000 jaar geleden tot omstreeks 35.000 jaar geleden. De Neanderthalers lijken goed aangepast aan het koude noordelijke klimaat (figuur 1.6). Hun woongebied strekt zich uit van Frankrijk tot in Eurazië (Israël). Het zijn vooral grotbewoners. Lange tijd zijn de Neanderthalers gezien als de voorouders van de moderne mens. Recentelijk heeft DNA-onderzoek echter uitgewezen, dat er grote verschillen zijn tussen de Neanderthalers en de Homo sapiens.

FIGUUR 1.6 Reconstructie van een Neanderthaler

Over het verdwijnen van de Neanderthalers omstreeks 35.000 jaar geleden bestaan verschillende theorieën, maar nog steeds geen bewijzen. Een van die theorieën gaat ervan uit dat de Neanderthalers voorbijgestreefd zijn door de nieuwkomers en zo uitgestorven zijn.

De geschiedenis van Europa vanaf 40.000 jaar geleden is de geschiedenis van de Homo sapiens, De komst van de Denkende Mens wordt geassocieerd met een aantal ingrijpende culturele veranderingen: een andere vuursteentechniek (afslagen in de vorm van lange, smalle spanen, de klingen, geschikt voor allerlei soorten werktuigen), nieuwe werktuigtypen als harpoenen en naalden, ook van andere materialen, zoals been, ivoor en gewei, sieraden (schelp en ivoor), graven voor de doden met grafgiften en kunst (beeldjes en grot- en rotsschilderkunst).

Nomadische levenswijze

De oudste mensen zijn jagers-verzamelaars en leven als nomaden. De kenmerken van de nomadische levenswijze zijn:

- Het voedsel wordt verkregen door verzamelen, jagen en vissen.
- De mensen wonen in tijdelijke kampementen in de nabijheid van voedsel.
- De mensen volgen kudden dieren.
- De enige sporen die de mensen achterlaten, zijn sporen van hun kampementen.

Tot 10.000 jaar geleden is de nomadische leefwijze de enige op de hele wereld. In het begin van de eenentwintigste eeuw leeft nog geen eenduizendste procent van de wereldbevolking op deze manier. De nomadische leefwijze laat weinig sporen na: datgene wat de mensen in hun kampementen achterlaten, is lang niet altijd archeologisch vast te stellen. Op twee manieren is geprobeerd toch een invulling te geven aan aspecten van het leven van prehistorische jagers-verzamelaars. Enerzijds door observatie van chimpansees en bavianen, anderzijds door studie van hedendaagse nomadische samenlevingen. In beide gevallen zijn de uitkomsten niet direct vergelijkbaar: chimpansees en bavianen hebben een evolutie doorgemaakt en hedendaagse jagers-verzamelaars zijn op allerlei manieren beïnvloed door andere, latere samenlevingsvormen.

Groep / stam

De volgende gegevens zijn uit voornoemde studies naar voren gekomen. Jagers-verzamelaars opereren in groepen van ongeveer vijfentwintig mensen. Die omvang heeft te maken met de mogelijkheden om te overleven, zowel bij de mensapen als bij de hedendaagse jagers-verzamelaars. Zo'n groep maakt deel uit van een groter geheel, een stam, die gemiddeld bestaat uit zo'n 500 leden. Er is sprake van splitsing van groepen die te groot worden en van fusie van groepen die te klein worden. Splitsing en fusie hangen samen met de aanwezigheid van voedsel. Aangenomen wordt dat de groepen van dezelfde stam met elkaar kunnen communiceren en elkaar ook met een zekere regelmaat treffen op gezamenlijke bijeenkomsten, onder meer voor uitwisseling van huwelijkspartners.

Voedsel en verzamelen

De manier van het verzamelen van voedsel berust op een zekere planning. Er wordt niet in het wilde weg rondgetrokken. Dank zij het voortdurend rondtrekken op zoek naar voedsel bouwen de jagers-verzamelaars een grote hoeveelheid kennis van de natuur op. Tijdens hun tochten hebben ze weinig uitrusting bij zich, zodat ze ook weinig sporen achterlaten. Berekend is dat voor het verzamelen van voedsel op de toendra één mens de beschikking moet hebben over 200 km^2 en dat voor Zuid-Frankrijk en Spanje één mens voldoende heeft aan 20 km^2.

Voedsel

De naam 'jagers-verzamelaars' wil niet zeggen dat jagen belangrijker is voor de voedselvoorziening dan verzamelen. Via het verzamelen wordt het basisvoedselpakket verworven: bladeren, wortels, zaden, bessen, noten, insecten en andere kleine dieren, gemiddeld zo'n 70% van het totale voedsel. Voor Noord-Europa is de wisseling van de seizoenen van belang: onder meer de oogsttijd, het trekgedrag van de dieren en de noodzaak om een wintervoorraad aan te leggen. In Zuid-Europa is altijd wel voedsel voorhanden en is het leefpatroon gelijkmatiger en daardoor ook minder nomadisch.

Arbeidsverdeling

Aangenomen wordt dat de arbeidsverdeling bij de jagers-verzamelaars seksegebonden is: de vrouwen verzamelen en de mannen jagen. De nomadische leefwijze kenmerkt zich door de voortdurende strijd om te overleven. Het bemachtigen van het noodzakelijke voedsel en het daarmee samenhangende voortbestaan van de groep bepalen alle aspecten van het dagelijks leven.

Kunst

Vanaf ongeveer 30.000 jaar geleden blijkt de Homo sapiens in staat afbeeldingen te maken van de werkelijkheid. Die afbeeldingen zijn onder te verdelen in twee groepen: beeldjes (draagbare kunst) en schilderingen op grot- en rotswanden. De afbeeldingen hebben enerzijds te maken met de dagelijkse zorg voor voedsel en anderzijds met de zorg voor het voortbestaan van de groep in de toekomst (vruchtbaarheid). Tot de draagbare kunstvoorwerpen behoren beeldjes van ivoor, been of hertshoorn van dieren waarop gejaagd wordt, zoals de mammoet en het paard. Ook veel schilderingen in grotten beelden jachtdieren uit, soms voorzien van een speer. Zulke schilderingen zijn vooral in Zuid-Frankrijk (de Dordogne), Noord-Spanje en Indonesië aangetroffen. De beroemdste zijn die van het Franse Lascaux en het Spaanse Altamira. De schilderingen stammen uit de periode van 30.000 jaar tot 12.000 jaar geleden, met een bloeitijd vanaf 17.000 jaar geleden. Het merendeel van de afbeeldingen stelt dieren voor: onder meer paarden, mammoeten, bizons, wolharige neushoorns, herten, steenbokken, rendieren en oerossen. In enkele grotten bevinden zich naast de dieren afbeeldingen van mensenhanden (zie figuur 1.7).

De schilderingen zijn zo knap gemaakt, dat de ontdekkers ervan niet konden geloven dat het gaat om kunst uit de prehistorie. De schilderingen zijn aangebracht met kwast en blaaspijp. Verpulverd rotsgesteente – ijzeroxide (rood) en mangaanoxide (zwart), vermengd met dierlijke vetten – vormen de aardkleurige verfstoffen. De makers gebruiken holle stenen gevuld met vet als lampen.

Omstreeks 12.000 jaar geleden lopen bij een stijgende temperatuur in de Lage Landen waarschijnlijk nog wolharige mammoeten rond, maar dat zijn dan wel de laatste. Vanaf ongeveer 10.000 jaar geleden begint het ijs op grote schaal te smelten. Met de stijging van de temperatuur komen ook de mensen terug naar de Lage Landen. Deze mensen worden Rendierjagers genoemd.

Rendierjagers

FIGUUR 1.7 Handafdruk van een grotschilder

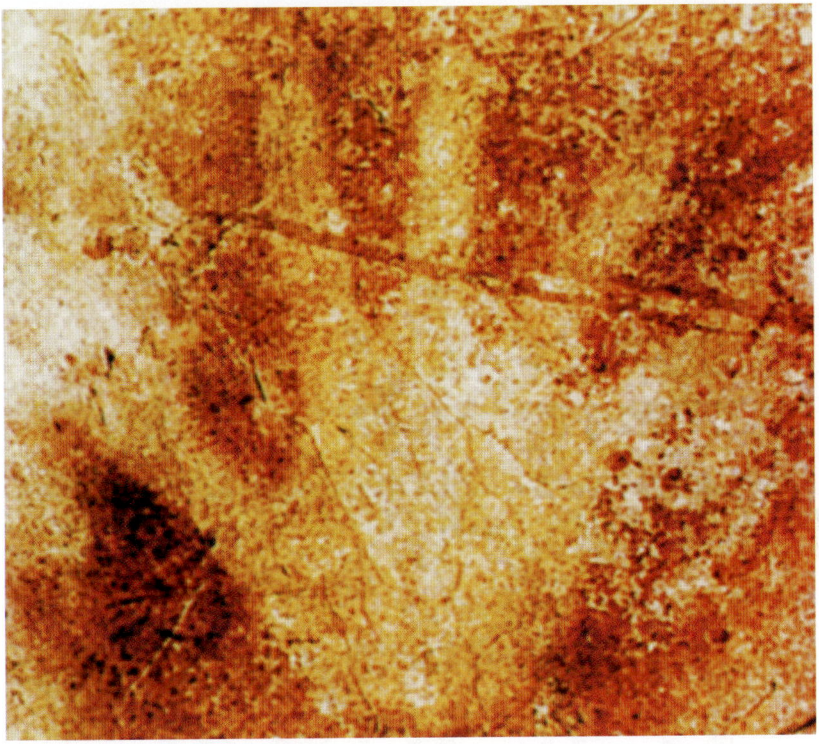

Dagelijks leven

De naam 'Rendierjagers' is bedacht omdat het dagelijks leven van deze mensen volledig afgestemd is op het rendier. Het rendier is het hoofdvoedsel waarop gejaagd wordt. Rendieren leven in deze tijd in heel Noord-Europa (inclusief het 'Noordzeeland'). In de winter verblijven ze in zuidelijke streken, waar ook de jongen geboren worden. Daarna trekken ze in noordelijke richting naar de toendra's langs de ijsrand. In het najaar gaan ze weer zuidwaarts. Zo hebben de Rendierjagers geen vaste woonplaats: ze volgen in de winter en de zomer de kudden. Aangenomen wordt dat de Rendierjagers in tenten wonen, bestaande uit stokken met daarover heen rendierhuiden, die vastgezet zijn met stenen en botten.
Rendierjagers gebruiken alles van het rendier, zoals blijkt uit figuur 1.8: de huiden voor kleding en tenten en de geweien, botten en darmen voor gereedschap. Het rendiervlees is het belangrijkste voedsel van de rendierjagers, aangevuld met klein wild, vissen en wilde vruchten. Ook de maaginhoud van de rendieren – verteerd toendragras – staat vermoedelijk op het menu van de Rendierjagers.

De Rendierjagers beschikken over vuurstenen werktuigen: schrabbers en stekers om de huiden te bewerken. Voor de jacht hanteren ze geen vuistbijlen meer, maar harpoenen (werpsperen), pijl en boog en bijlen, gemaakt van geweien. Het dagelijks leven wordt bepaald door het volgen van de rendierkudden: het opbreken van het kamp, het verzamelen van voedsel (jagen, vissen, verzamelen) en het uitkiezen van een geschikte plaats voor het opbouwen van een nieuw kamp (zie figuur 1.9).

FIGUUR 1.8 Alles van het rendier wordt gebruikt

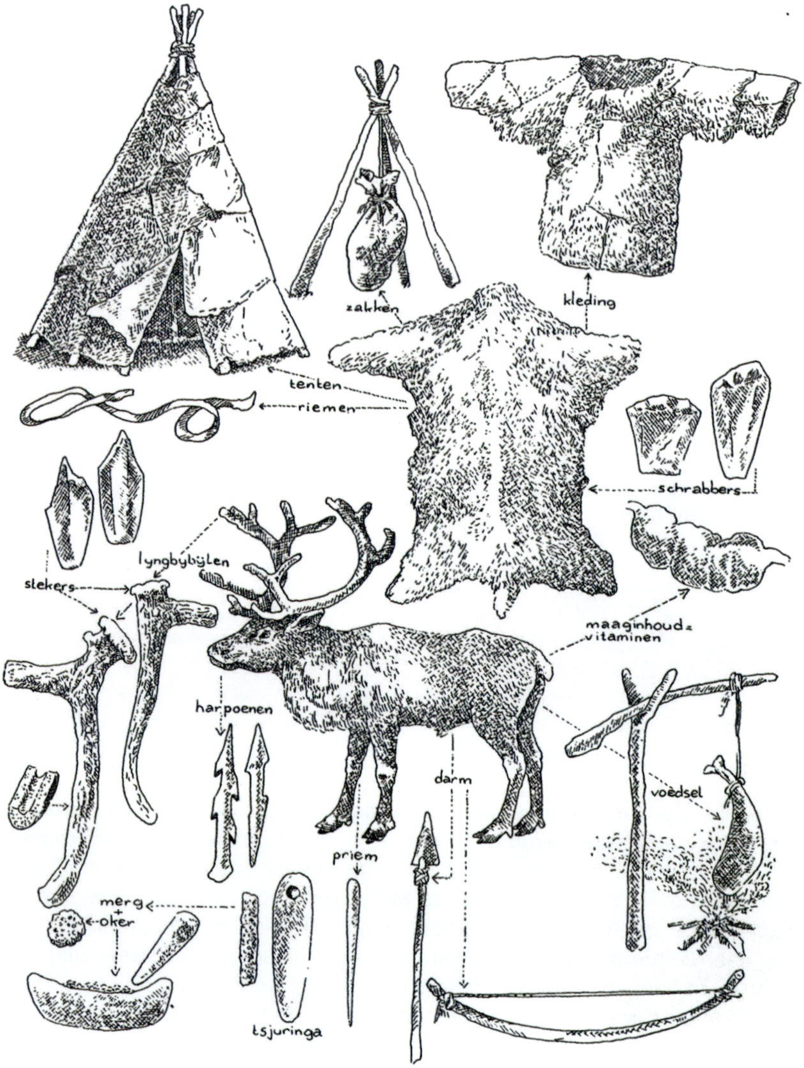

Einde Rendierjagerstijd

Wanneer omstreeks 8000 v. Chr. de temperatuur stijgt, trekken de rendierkudden met de ijsrand naar het noorden. De toendra verdwijnt en in het huidige Nederland komt weer plaats voor bomen. Het wordt het woongebied van jagers-verzamelaars die leven van jagen op wild, vissen en verzamelen.

Sporen

De belangrijkste sporen die de Rendierjagers nagelaten hebben, zijn de sporen van hun kampementen die meestal in de buurt van water liggen: een vuurplaats omgeven met vuurstenen werktuigen en afslagen. In het huidige Nederland zijn kampementsporen gevonden in Friesland, Drenthe en Brabant, waar een platte steen is gevonden met de afbeelding van een danseres: de 'Venus van Mierlo' (zie figuur 1.10), nu in het Rijksmuseum van Oudheden in Leiden.

FIGUUR 1.9 Rendierjagers in de buurt van hun kamp op jacht

FIGUUR 1.10 De Venus van Mierlo

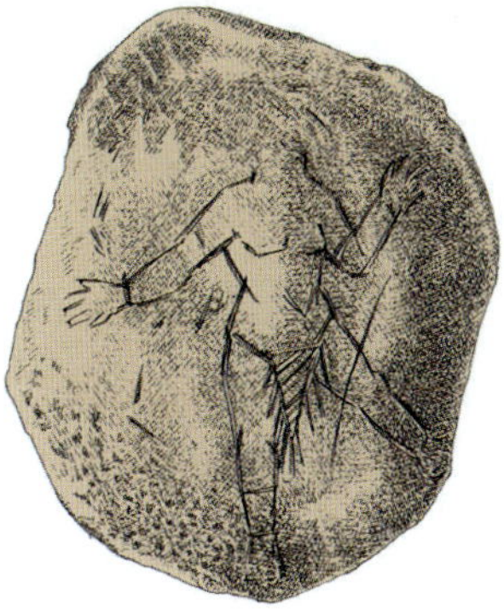

Door de stijgende temperaturen smelt er steeds meer ijs en stijgt de zeespiegel, uiteindelijk met meer dan honderd meter. Daardoor loopt tussen 7600 en 6000 v. Chr. het 'Noordzeeland' onder water. Geleidelijk ontstaat zo de kustlijn van het huidige Nederland: strandwallen met forse zee-inhammen en achter die strandwallen wadden, kwelders en veen. In het landschap rukt eerst de berk op, gevolgd door de den. Vanaf ongeveer 6000 v. Chr. volgen loofbossen: eiken, linden, iepen, essen en elzen. Ook de hazelaar is enige tijd prominent aanwezig. In de bossen leven elanden, oerrunderen, wilde paarden, everzwijnen, herten en bruine beren.

Landschap

Jagers-verzamelaars in de Lage Landen

In dit landschap trekken jagers-verzamelaars rond, niet langer achter de kudden aan, maar in hun eigen jachtgebied. Gekoppeld aan de seizoenen trekken ze langs een aantal kampen. Sporen van deze jagers-verzamelaars zijn dan ook kampementssporen, onder meer opgegraven bij het Bergumermeer, Swifterbant en Bergschenhoek. Uit deze tijd stamt het oudste skelet dat in Nederland is opgegraven: Trijntje uit 7000 v. Chr. (zie figuur 0.4). Een bijzondere vondst is de kano, die in Drenthe bij toeval ontdekt is bij de aanleg van een weg. Op basis van de vindplaats staat deze kano bekend als de Kano van Pesse (zie figuur 1.11).

FIGUUR 1.11 De Kano van Pesse uit ongeveer 7600 voor Chr.

Het gaat om een boomstamkano van dennenhout, ongeveer drie meter lang en bijna 45 cm breed. De ouderdom is bepaald op ongeveer 7600 v. Chr. Daarmee behoort deze kano, die zich nu in het Drents Museum in Assen bevindt, tot de oudst bekende schepen.
Aangenomen wordt dat vanaf 1500 v. Chr. het jagen-verzamelen als zelfstandige levenswijze in de Lage Landen geen rol van betekenis meer speelt.

1.3 De eerste boeren: Bandkeramiekers en Hunebedbouwers

Agrarische Revolutie

Een ontwikkeling met verstrekkende gevolgen voor de mensheid is de overgang van jagen en verzamelen naar landbouw. Jagers-verzamelaars gaan hun eigen voedsel produceren en zo ontstaat de landbouw: eerst de akkerbouw door de verbouw van granen, daarna de veeteelt door het temmen van vee. Deze ontwikkeling wordt wel de Agrarische Revolutie genoemd. Een andere benaming is de Neolithische Revolutie, omdat deze revolutie de start is van de Jonge Steentijd, het Neolithicum.

1.3.1 Jagers-verzamelaars worden boeren

De overgang van jagen-verzamelen naar landbouw is een proces dat zich over verschillende millennia uitstrekt en dat vrijwel tegelijkertijd plaatsvindt op verschillende plaatsen in de wereld. De oudste sporen van akkerbouw stammen uit ongeveer 9000 v. Chr., die van veeteelt uit ongeveer 7500 v. Chr. De voorwaarden voor het overgangsproces zijn aanwezig in het Nabije Oosten, in het gebied dat wel de Vruchtbare Halve Maan genoemd wordt: het gebied dat zich uitstrekt van de Perzische Golf via de noordpunt van Syrië tot aan de grens met Egypte (zie figuur 1.12). In de heuvels en de aangrenzende graslanden in dit gebied groeien wilde granen, onder meer gerst en de tarwesoorten emmer en eenkoorn. Ook komen in deze gebieden in het wild runderen, schapen, geiten en varkens voor.

Voorwaarden

FIGUUR 1.12 De vruchtbare halve maan, het gebied waar wilde granen groeien

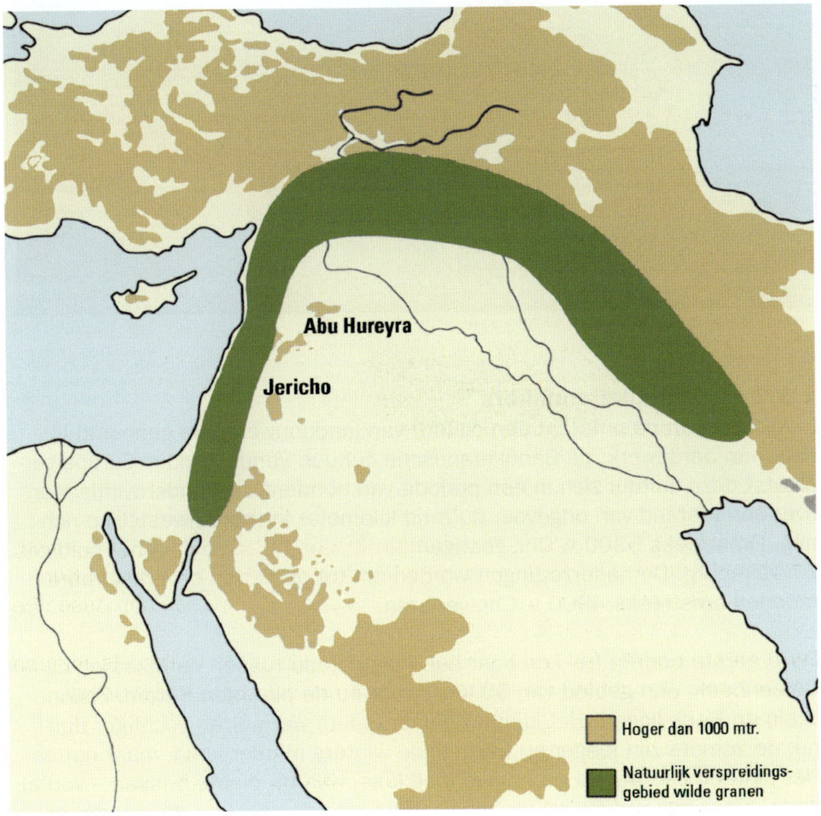

De aanwezigheid op grote schaal van granen en dieren maakt het mogelijk dat jagers-verzamelaars minder nomadisch gaan leven. Een belangrijke factor in het ontwikkelingsproces is het ontstaan van (semi)permanente nederzettingen. Dankzij de voedselproductie via de landbouw wordt het mogelijk dat mensen zich gaan specialiseren en dat de samenleving op een geheel andere wijze georganiseerd wordt.

1

Verbreiding

Vanuit het Nabije Oosten verbreidt de landbouw zich in westelijke richting, ofwel door migratie van volkeren ofwel door overname van de technieken. Via Turkije (ongeveer 6500 v. Chr.) naar Griekenland (ongeveer 6000 v. Chr.) en verder via de kusten van de Middellandse Zee naar Noord-Afrika en Zuid-Europa en vanuit Griekenland noordwaarts naar Midden-Europa (zie figuur 1.13). In al deze gebieden ontbreken de wilde granen, zodat het graan voor de akkerbouw geïmporteerd moet worden.

FIGUUR 1.13 De verbreiding van de landbouw in Europa

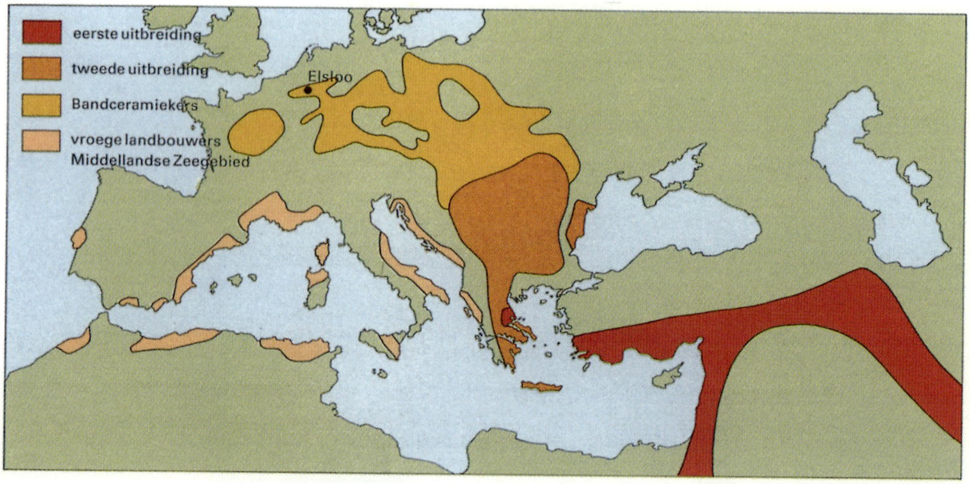

1.3.2 Bandkeramiekers

Bandkeramiekers

In Midden-Europa ontstaat een cultuur van landbouwers, die genoemd is naar hun aardewerk: de Bandkeramische cultuur. Vanuit Midden-Europa verplaatst deze cultuur zich in een periode van honderd tot honderdvijftig jaar over een afstand van ongeveer duizend kilometer in (noord)westelijke richting. Omstreeks 5300 v. Chr. vestigen Bandkeramiekers zich in het huidige Zuid-Limburg. De nederzettingen worden om tot op heden onverklaarbare redenen omstreeks 4900 v. Chr. verlaten.

Lössplateau Zuid-Limburg

Deze eerste boeren trekken naar een lössplateau tussen de Maas en de Geleenbeek, een gebied van 50 km^2, waar nu de plaatsen Sittard, Elsloo, Stein en Beek liggen. Het klimaat aldaar is iets warmer en vochtiger dan nu; de zomers zijn langer en warmer, de winters minder koud, maar natter. Het plateau bestaat uit een flinke laag löss, waarop dichte bossen – vooral linde, maar ook wel eik en iep met aan de randen hazelaar en sleedoorn – groeien. Het plateau is omgeven door beek- en rivierdalen met een meer afwisselend bos: els, eik, es, esdoorn en iep. De eerste boeren vestigen zich op de grens van het plateau met de dalen. Zij stichten hun dorpen met daarbij de akkers op het plateau en halen water uit de dalen (zie figuur 1.14). In totaal zijn er in Nederland op 28 plaatsen woonsporen van deze eerste boeren gevonden.

FIGUUR 1.14 Reconstructie van het Bandkeramische dorp Elsloo

Huizen

De Bandkeramiekers bouwen lange, rechthoekige huizen, waarvan de plattegronden teruggevonden zijn dankzij de verkleuringen in de grond (zie figuur 1.15). De lengte varieert tussen de twintig en de dertig meter; de breedte tussen vijf en zeven meter. Bij de start omvat een nederzetting ongeveer vijf boerderijen, later uitgroeiend tot vijftien à twintig.

FIGUUR 1.15 Huisplattegrond, opgraving Stein

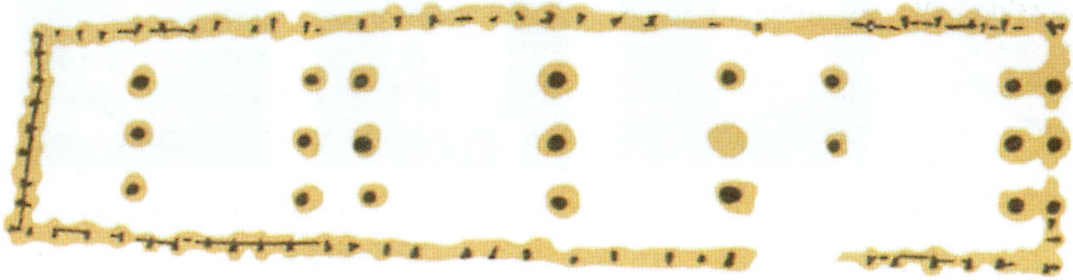

Agrarische levenswijze

De agrarische levenswijze is door de Bandkeramiekers naar het huidige Nederland gebracht. Ruim vier eeuwen lang wordt op vrijwel dezelfde wijze landbouw bedreven. Van groot belang is de grondsoort löss, vruchtbaar en makkelijk te bewerken. In de nabijheid van de boerderijen worden delen van het bos omgehakt om plaats te maken voor (tijdelijke) akkers. Hier verbouwen de Bandkeramiekers graansoorten als emmer en eenkoorn, erwten en linzen. Hun voedsel is voor gemiddeld 65% plantaardig. Het vee – vooral runderen, maar ook varkens, schapen en geiten – graast zomers een eind buiten de dorpen. In andere seizoenen loopt het vee op de akkers of in de bossen. Het vee is vooral bedoeld voor de vleesproductie. Maar de Bandkeramiekers jagen en verzamelen ook nog. Dat bewijzen de botten en de stuifmeelkorrels, die gevonden zijn in de afvalkuilen naast de boerderijen.

Seizoensarbeid van de Bandkeramiekers

Voorjaar. Het vee leeft van het onkruid op de akkers. Daarna worden de akkers klaargemaakt voor het zaaigoed. Er moet voortdurend gewied worden. Nadat de kalfjes en de lammeren geboren zijn, gaat het vee naar het zomerweidegebied.
Zomer. Wilde vruchten en groenten worden verzameld. Aan het einde van de zomer wordt het graan geoogst.
Herfst. Het vee komt terug naar het dorp, nu levend van de akkers en het bos (boombladeren). Het is de tijd voor het bouwen van nieuwe huizen.
Brandhout en noten worden verzameld en de wintervoedselvoorraad wordt opgeslagen.
Winter. Er wordt gejaagd, hout gehakt, de gebruiksvoorwerpen worden hersteld of vernieuwd en er is tijd voor werkzaamheden in en om het huis.

Gebruiksvoorwerpen

Voor het omhakken van de bomen worden dissels gebruikt, voor de bewerking van de akkers graafstokken en hakken, voor de oogst vuurstenen sikkels (soms zijn de mesjes, geplaatst in een onderkaak van een rund of een deel van een gewei) (zie figuur 1.16) en voor het malen van het graan maalstenen. Ze jagen met pijlen met driehoekige pijlspitsen.

FIGUUR 1.16 Drie dissels, drie vuurstenen messen en een gereconstrueerde sikkel van hertengewei met messen

De meeste grondstoffen vinden de Bandkeramiekers in de directe omgeving: hout en leem. Vuursteen komt uit de hellingen in de buurt van het huidige Rijckholt. Daar wordt later – omstreeks 3800 v. Chr. – voor het eerst vuursteen in de vorm van mijnbouw gewonnen.

Cultuur

De belangrijkste cultuuruiting van de Bandkeramiekers vormen hun bolvormige potten met versieringen in de vorm van banden (zie figuur 1.17).

FIGUUR 1.17 Bandkeramische potten uit het grafveld van Elsloo

Het oudst gevonden grafveld in het huidige Nederland is het Bandkeramische grafveld, dat opgegraven is bij Elsloo. Dit grafveld wijst op nadenken over het leven na de dood. Er zijn zowel bijgezette doden als gecremeerde doden aangetroffen. De graven bevatten grafgiften in de vorm van potten voor voedsel, botten en gebruiksvoorwerpen. Deze giften wijzen op het idee van een reis naar een leven na de dood.

1.3.3 Hunebedbouwers

De jagers en verzamelaars in het Westen van het huidige Nederland worden naar vindplaatsen van hun nederzettingen genoemd: zo'n 4000 v. Chr. de Swifterbant mensen en zo'n 3000 v. Chr. de Vlaardingen mensen. Opgravingen hebben uitgewezen dat deze jagers-verzamelaars steeds langer in hun basiskampen verblijven en dat zij ook vee houden en al beschikken over kleine akkertjes.
De eerste echte agrarische samenleving ten noorden van de grote rivieren is die van de Hunebedbouwers met als kerngebied de huidige provincie Drenthe (3400 tot 2850 v. Chr.). Zij zijn genoemd naar de oudste monumenten, waarover Nederland beschikt: de hunebedden (figuur 1.18).

Hunebedbouwers

FIGUUR 1.18 Canon van Nederland: Hunebedden

Het woord 'hunebed' komt voor het eerst voor in de zeventiende eeuw. Er wordt dan ook wel gesproken van steenhopen of steenbergen (nu nog de naam van een dorp met een hunebed in de gemeente Noordenveld). 'Hunen' slaat mogelijkerwijs op 'huijnen' of reuzen, die eerst voor de bouwers zijn aangezien. Een andere schrijfwijze is 'hunnebed', verwijzend naar de hypothese dat de Hunnen de bouwers zijn.

Een andere naam voor de cultuur van de Hunebedbouwers is Trechterbekercultuur. Deze naam verwijst naar een kenmerkende vorm van een veelvuldig voorkomende pot: de trechterbeker (zie figuur 1.19).

Trechterbekercultuur

De Trechterbekercultuur heeft een groot verspreidingsgebied: Zuid-Scandinavië, Polen, Noord-Duitsland en Noord-Nederland. De cultuur van de Hunebedbouwers is vermoedelijk geïntroduceerd vanuit Zuid-Scandinavië en Noord-Duitsland en heeft zich lokaal verder ontwikkeld. De hunebedden zijn

FIGUUR 1.19 Aardewerk van de Trechterbekercultuur

gebouwd in de periode 3400 v. Chr. tot 3200 v. Chr. Daarna zijn ze nog geruime tijd – zeker wel tot 2000 v. Chr. – als grafkamers in gebruik. Omstreeks 2850 v. Chr. verdwijnt binnen de cultuur een groot aantal oude tradities, waaronder de trechterbekervorm. Vanaf dat moment wordt de cultuur de Standvoetbekercultuur genoemd.

Drents plateau

De Hunebedbouwers wonen op de zandgronden van het Drents plateau. De bodem is gevormd tijdens de voorlaatste ijstijd toen het noordelijk deel van het huidige Nederland bedekt was met ijs. Uit deze tijd stamt de vorming van de Hondsrug en de loop van de rivieren en beken. Als herinneringen aan deze tijd is Drenthe bezaaid met door het ijs uit Scandinavië aangevoerde stenen, de zwerfkeien. Het klimaat is nog steeds iets warmer dan nu. De zandgronden zijn begroeid met een open bos, vooral bestaand uit eik en beuk, maar er groeien ook hazelaars, lijsterbes, iep, linde en els. Rondom de zandgronden bevinden zich veenmoerassen. De belangrijkste overblijfselen van de Hunebedbouwers zijn de hunebedden. In de Drentse zandgrond zijn weinig sporen van de Hunebedbouwers bewaard gebleven. De meeste vondsten komen uit de hunebedden en uit het veengebied.

Huizen

Er zijn verschillende locaties van nederzettingen van Hunebedbouwers in Drenthe bekend. Er wordt uitgegaan van kleine nederzettingen van drie huizen met zo'n twintig bewoners. Maar de woningen van de Hunebedbouwers hebben – anders dan bij de Bandkeramiekers – geen sporen achtergelaten in de Drentse zandgronden. Gegevens over de woningen zijn afkomstig van opgravingen in Duitsland, waar onder meer bij Flögeln een duidelijke huisplattegrond gevonden is (lengte 12,75 m, breedte 4,85 m). Op grond van deze plattegrond is een reconstructie gemaakt (zie figuur 1.20).

FIGUUR 1.20 Reconstructie van een huis uit de tijd van de Hunebedbouwers (Hunebedcentrum – Borger)

Agrarische levenswijze

Hunebedbouwers leggen rond hun huizen akkers aan, die 'veroverd' worden op het bos. Bomen worden omgehakt met een geslepen stenen bijl. De bodem wordt in brand gestoken zodat een vruchtbare aslaag ontstaat. Naast de graafstok kennen de Hunebedbouwers ook een soort ploeg: het eergetouw (zie figuur 1.21), dat de grond losmaakt, waarna er gezaaid kan worden.

FIGUUR 1.21 Eergetouw

Als de bodem uitgeput is worden nieuwe akkers aangelegd. De Hunebedbouwers verbouwen vooral emmer en gerst, maar ook eenkoorn, vlas (voor de olie uit de zaden) en peulvruchten. Daarnaast houden ze runderen, schapen en geiten. Deze dieren leveren vlees en als bijproducten huiden, botten, pezen en hoorns. Het belang van het rund blijkt uit in het veen geofferde hoorns. Ossen worden gebruikt voor het trekken van het eergetouw en vermoedelijk ook van wagens. Het vee vindt voedsel op de braakliggende akkers – en zorgt zo voor bemesting – en langs de bosranden (bladeren).

De vele trapeziumvormige pijlpunten die gevonden zijn, bewijzen dat er nog steeds gejaagd wordt. Ook vissen en verzamelen gebeurt nog steeds, maar duidelijk is dat de akkerbouw het meeste voedsel oplevert.
Op de wandplaat van Jouke Nijman, gemaakt voor het geschiedenisonderwijs, is een nederzetting van de Hunebedbouwers gereconstrueerd (zie figuur 1.22).

FIGUUR 1.22 Reconstructie van een nederzetting van de Hunebedbouwers (J. Nijman, geschiedeniswandplaat)

Voedsel van de Hunebedbouwers

Zetmeel. Meelkoeken en graanpap
Vetten.
Runder- en varkensvet
Vitaminen. Wild fruit (appels, frambozen, bramen) en hazelnoten
Eiwitten. Vlees van vee, wild en gevogelte, melkproducten

Gebruiksvoorwerpen

Veel gebruiksvoorwerpen zijn van vuursteen. Het gaat om importvuursteen uit Denemarken en Helgoland en om vuursteen dat tijdens de ijstijden in Drenthe achtergelaten is. Van vuursteen worden onder meer bijlen, mesjes (voor de sikkels om het graan te oogsten), schrabbers en pijlpunten gemaakt.

Handel

De bodemvondsten wijzen op handelscontacten met Scandinavië, Helgoland, Noord-Duitsland, Bohemen en de noordelijke Franse kust: vuurstenen bijlen, barnsteen, koperen sieraden, gitkralen en donkerrode vuursteenknollen. In het veen zijn wegen van boomstammetjes gevonden en ook een houten wiel. De veenwegen overbruggen het veenmoeras tussen de zandgronden.

Cultuur

De Hunebedbouwers maken fraai versierd aardewerk in verschillende vormen (zie figuur 1.19). Zij beschikken niet over een draaischijf. De potten worden opgebouwd uit rolletjes klei. Naast trechterbekers zijn er emmers, kommen, schalen, kruiken, kraaghalsflesjes en lepels met een holle steel.

Het aardewerk is voornamelijk afkomstig uit de hunebedden en is gevuld met voedsel, dat is meegegeven aan de doden. In het hunebed van Havelte zijn 660 bekers en schalen gevonden, in het hunebed van Drouwen zo'n 400 en in een hunebed in het Duitse Emmeln maar liefst 1.200! Deze zijn gevonden te midden van andere grafgiften als bijlen en pijlpunten.
Naast het aardewerk – en dan vooral de trechterbeker – zijn de hunebedden zelf de belangrijkste cultuuruiting. Van grote zwerfstenen wordt een plattegrond van draagstenen – met een gladde binnenkant – opgebouwd, waar overheen de dekstenen komen. In het hunebed wordt een keienvloer gelegd. De oriëntering van het hunebed is veelal oost-west, met een ingang aan de zuidkant. Het hunebed is afgedekt met een dekheuvel, waarbij vermoedelijk de bovenkant van de dekstenen nog net zichtbaar blijft. Aan de voet van de dekheuvel staan kransstenen (zie figuur 1.23). In het hunebed, dat afgesloten kan worden met een steen of een deur, worden de doden met hun geschenken bijgezet.

FIGUUR 1.23 Zij- en bovenaanzicht van een hunebed

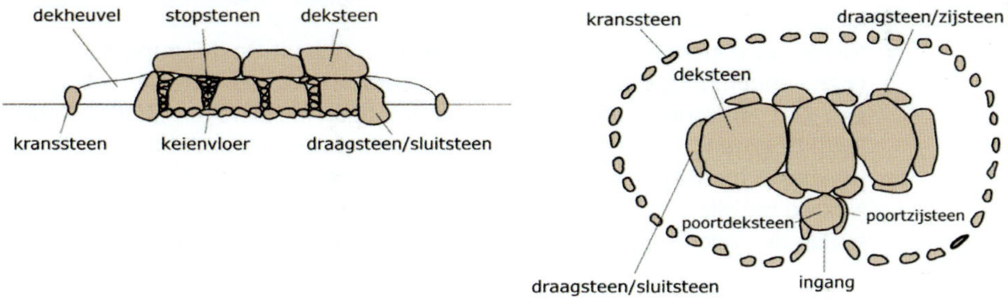

Het hunebed wordt niet meer gezien als het graf voor de hele dorpsgemeenschap. Geschat wordt dat wel de helft van de doden begraven is buiten de hunebedden. Maar wie zijn er dan wel in de hunebedden begraven? Gaat het om een exclusieve groep Hunebedbouwers, om 'opperhoofden'? Een sluitend antwoord op deze vraag is nog niet gevonden. Hunebedden zijn vermoedelijk meer dan alleen maar grafkamers: het zijn rituele centra, waar contact onderhouden wordt met de voorouders. Ook worden ze wel beschouwd als merktekens voor een territorium.

Hunebedden vormen een onderdeel van de megalithische (grotestenen)cultuur, die zich vanaf 4600 v. Chr. in het Westen van Europa manifesteert in Spanje, Portugal, Ierland, Groot-Brittannië, Noordwest-Frankrijk en het Nederlands-Duits hunebeddengebied. Tot deze cultuur horen onder meer de zonnetempel Stonehenge in Engeland, de rijen stenen in het Franse Carnac en de vele dolmens (steengraven). Lange tijd is gedacht dat deze bouwwerken van de megalithische cultuur naar het voorbeeld van de piramiden in Egypte gebouwd zijn, maar meer nauwkeurige dateringen hebben uitgewezen dat de megalithische cultuur ouder is dan de Egyptische piramiden.
In het huidige Nederland zijn er nog 54 hunebedden. Vrijwel alle zijn eigendom van het Rijk of van de provincie Drenthe. Er zijn er veel meer geweest, maar in de loop van de tijd zijn de stenen van hunebedden gebruikt voor versterking van de zeedijken en voor de aanleg van wegen. De Drentse hunebed-

den zijn vanaf 1734 door een resolutie van de Drentse Staten beschermd, maar bij voortduring wordt het oudste cultureel erfgoed van Nederland bedreigd door klimpartijen op de stenen of door vuurtjes, die onder de stenen gestookt worden.
Een intrigerend aspect van de cultuur van de Hunebedbouwers zijn de offers die teruggevonden zijn in het veen (de poort naar een andere wereld?): bijlen – zowel halffabrikaten als eindproducten –, potten met voedsel en botten van dieren en zelfs van mensen.

1.3.4 Latere bewoners van de Lage Landen tot de komst van de Romeinen

Neolithische culturen

Na de Bandkeramiekers en Hunebedbouwers wonen in de Lage Landen mensen, die eveneens op grond van specifieke bodemvondsten een naam krijgen of genoemd worden naar een vindplaats. Ongeveer in dezelfde tijd als de Hunebedbouwers leven in de kuststrook van 3000 tot 2700 v. Chr. mensen van de Vlaardingen cultuur. Het zijn landbouwers, die ook jagen en vissen. Zij wonen in rechthoekige houten huizen op strandwallen. Hun cultuur is genoemd naar de belangrijkste vindplaats van een nederzetting: het huidige Vlaardingen. Maar ook op andere plaatsen langs de kust zijn bewoningssporen van deze cultuur gevonden.
Nieuwe bewoners komen omstreeks 3000 v. Chr. uit Oost-Europa naar de Lage Landen. Zij hebben de naam Strijdhamer- of Standvoetbekervolk gekregen. Het zijn vooral veeboeren, die zich vestigen in Noord- en Midden-Nederland. Ongeveer 2300 v. Chr. begint de bloeitijd van een ander bekervolk: de Klokbeker mensen, die vooral in Midden- en West-Nederland wonen.
Nieuwe ontwikkelingen zijn het gebruik van massief eikenhouten wagenwielen en de import van koperen voorwerpen uit Centraal-Europa.

Bronstijd

Van koper wordt overgeschakeld op brons, bestaande uit 90% koper en 10% tin. Brons is sterker dan koper en dus beter geschikt voor bijlen, dolken, sikkels, maar ook wel voor armbanden en kledingspelden. Zo maakt de Steentijd plaats voor de Bronstijd, die voor de Lage Landen duurde van 2100 tot 700 v. Chr.
Voorwerpen van brons of de grondstoffen ervoor moeten geïmporteerd worden. Dit wijst op een levendige handel in Europa. Het maken van bronzen voorwerpen vereist specifieke vakkennis en specifiek gereedschap. Zo ontstaat er een gespecialiseerd ambacht: de bronsgieter. Zulke specialisten – onder meer uit Ierland – trekken door Europa.

Vanaf 700 v. Chr. overheersen in de bodemvondsten in de Lage Landen ijzeren voorwerpen: de IJzertijd van 700 tot 50 v. Chr. IJzer is op verschillende plaatsen in Europa te vinden, zelfs als moerasijzererts in de Lage Landen. Het is moeilijker te bewerken dan koper en tin.

IJzertijd

Tijdens de IJzertijd verlaten bewoners Drenthe en gaan zich vestigen in de Fries-Groningse kleistreek. Daar houden ze vee en verbouwen ze gewassen die geschikt zijn voor de zoute grond, onder meer gerst, vlas en tuinbonen. Omdat delen van het land geregeld overstromen, zorgen de bewoners voor verhogingen, waarop ze hun boerderijen bouwen.

Terpen

Zo ontstaan in het landschap terpen of wierden, eerst voor één boerderij en later uitgroeiend tot een dorpsterp (zie figuur 1.24). De terpentijd in Noord-Nederland duurt tot ongeveer 1000 na Christus. Daarna wordt door de aanleg van dijken het land voor het eerst beschermd tegen de zee.

FIGUUR 1.24 Reconstructie van het terpengebied in Noord-Nederland omstreeks de derde eeuw v. Chr.

Germanen en Kelten

Tegen het einde van de IJzertijd – het begin van de historie – wonen in de Lage Landen Germaanse stammen, zoals in het Noorden de Friezen en in het Oosten de Tubanten. In het zuiden vestigden zich Kelten, een volk met een eigen taal, het Keltisch. De Kelten waren goed in het bewerken van ijzer.

Einde prehistorie

Een exact jaartal voor het einde van de prehistorie is niet voor ieder gebied te geven. Zodra er geschriften zijn die we kunnen lezen, eindigt de prehistorie en begint de historie. Het schrift is ontwikkeld in het Nabije Oosten waar teksten vastgelegd werden op kleitabletten. De Romeinen ontwikkelden zelf een schrift. Voor de Lage Landen is het einde van de prehistorie vastgelegd op ongeveer 50 v. Chr. vanwege de vermelding van de Lage Landen in Romeinse geschriften uit die tijd. De *Tijd van Jagers en Boeren* gaat dan over in de *Tijd van Grieken en Romeinen*.

Literatuur, een selectie

Naslagwerken

Ginkel, E. van & Verhart, L. (2009). *Onder onze voeten. De archeologie van Nederland.* Amsterdam: Bert Bakker.

De Bosatlas van de Geschiedenis van Nederland. (2011). *Prehistorie tot 50 v. Chr.* (hoofdstuk 1, blz. 12-35). Groningen: Noordhoff Uitgevers bv.

Wilschut, A. (2009). *De Tijd van Jagers en Boeren. (Kleine Geschiedenis van Nederland).* Zwolle: Waanders.

Canonvenster

Sanden, W. van der (2012). *Gids voor hunebedden in Drenthe en Groningen.* Zwolle: WBOOKS.

www.entoen.nu/hunebedden
www.hunebedden.nl
www.hunebeddeninfo.nl
www.hunebeddenwijzer.nl

Ondersteuning via de website

Op www.geschiedenisensamenleving.noordhoff.nl vind je een samenvatting van dit hoofdstuk en een interactieve toetsenbank bij dit hoofdstuk. Je vindt daar ook een uitgebreidere literatuurlijst en een selectie van museumcollecties.

2

Tijd van Grieken en Romeinen

(3000 v. Chr. tot 500 n. Chr. in het algemeen en voor de Lage Landen van 50 v Chr. tot 500 n. Chr.)

De *Tijd van Grieken en Romeinen* heeft voor de Lage Landen betrekking op de periode 50 v. Chr. tot 500 na Christus. Belangrijke ontwikkelingen in de *Tijd van Grieken en Romeinen* zijn het ontstaan van steden, de overgang naar een agrarisch-stedelijke samenleving en de ontwikkeling van het Romeinse wereldrijk. Die ontwikkelingen vinden ver van de Lage Landen plaats. Met de komst van de Romeinen naar de Lage Landen omstreeks 50 v. Chr. komen deze ontwikkelingen ook naar deze streken.
Centrale vragen in dit hoofdstuk zijn:

- Hoe ontwikkelde de agrarische samenleving zich tot een agrarisch-stedelijke?
- Hoe bouwden de inwoners van Rome een wereldmacht op?
- Wat betekende de Romeinse tijd voor de Lage Landen?

Voor het primair onderwijs zijn uit de *Tijd van Grieken en Romeinen* de belangrijkste onderwerpen:

Kenmerkende aspecten	**Canonvensters**
• De verspreiding van de Grieks-Romeinse cultuur en de confrontatie met de Germaanse cultuur • Het Christendom en het Romeinse Rijk	• De Romeinse limes. *Op de grens van de Romeinse wereld*

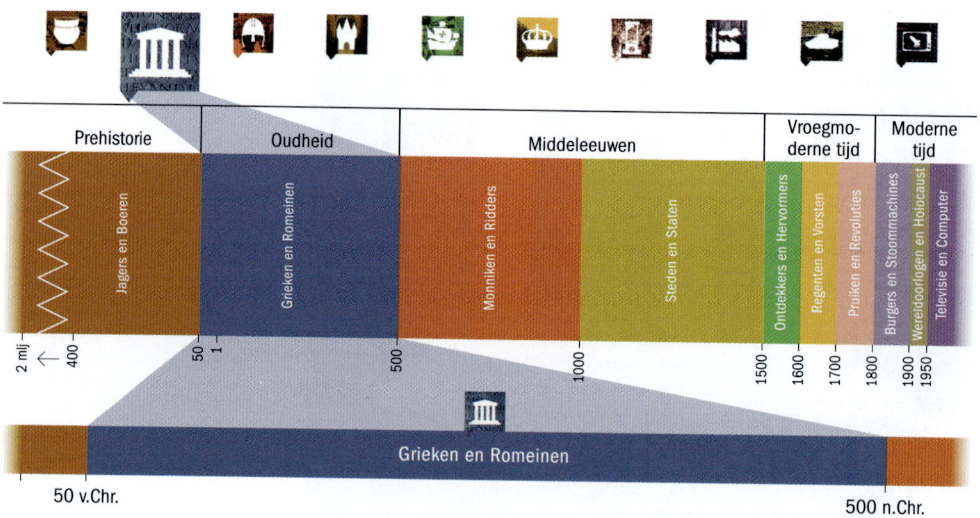

Romeins wereldrijk: agrarisch-stedelijke samenleving	
753 v. Chr.	Stichting Rome (Romulus en Remus)
200 v. Chr.	De Romeinen beheersen het Middellandse Zeegebied
50 v. Chr.	Caesar verovert het noorden van Gallië
27 v. Chr.	Augustus wordt de eerste Romeinse keizer
1 n. Chr.	Geboorte van Jezus, begin van de christelijke jaartelling
tot 250 n. Chr.	Pax Romana
vanaf 250 n. Chr.	Invallen van Germanen in het Romeinse Rijk
313 n. Chr.	Erkenning christelijke godsdienst door keizer Constantijn
380 n. Chr.	Christendom wordt staatsgodsdienst (keizer Theodosius)
395 n. Chr.	Het Romeinse Rijk wordt verdeeld in twee rijken
476 na Chr.	Einde West-Romeinse rijk
1453 na Chr.	Einde Oost-Romeinse rijk
De Romeinen in de Lage Landen	
50 voor Chr.	Caesar verovert Gallië
12 voor Chr.	Drusus onderwerpt de Friezen
28 na Chr.	Opstand van de Friezen
47 na Chr.	De Rijn wordt definitief de rijksgrens
69-70 na Chr.	Bataafse opstand
350 na Chr.	Bisschop Servatius in Maastricht
406 na Chr.	Romeinen vertrekken definitief uit de Lage Landen
500 n. Chr.: einde van de *Tijd van Grieken en Romeinen* en van de Oudheid. Begin van de *Tijd van Monniken en Ridders* en van de (vroege) Middeleeuwen.	

2

2.1 Het verschijnsel stad

Stad

In de *Tijd van Grieken en Romeinen* neemt de stad een steeds belangrijker plaats in de samenleving in. De agrarische samenleving gaat over in een agrarisch-stedelijke samenleving. Er bestaan zeer uiteenlopende omschrijvingen van wat een stad is. Bij een juridische benadering gaat het om de rechten: een stad heeft stadsrechten. In geografische benaderingen gaat het onder meer om inwoneraantallen, spreiding van beroepen en van functies.
Een stad kan zich van het omringende platteland onderscheiden door:

- de aanwezigheid van stadsrechten (o.m. eigen bestuur, eigen rechtspraak)
- de concentratie van grote aantallen mensen op een klein grondgebied
- de samenstelling van de beroepsbevolking, waarbij handelaren en ambachtslieden ver in de meerderheid zijn ten opzichte van de landbouwers
- de veelheid aan functies:
  bestuurlijke, economische, culturele (inclusief religieuze) en militaire functies, met aan die functies gekoppelde openbare gebouwen en ruimten als het bestuurscentrum (stadhuis, gerechtsgebouw), de markten, de werkplaatsen, de theaters, de heilige plaatsen en de kazernes de woonfunctie, vormgegeven in de woonwijken
- de afbakening ten opzichte van het platteland in de vorm van een stadsmuur of -wal met toegangspoorten

2.1.1 De oudste steden

Stedelijke ontwikkeling

Vanaf 9000 v. Chr. ontwikkelen zich steden. Hier volgt een kort overzicht van hoogtepunten uit die stedelijke ontwikkeling tot aan de stichting van Rome.

Jericho

Vlakbij het huidige Jericho in Israël liggen de overblijfselen van een van de oudste steden ter wereld: Tell es Sultan, het oude Jericho. Omstreeks 9000 v. Chr. vestigen zich nomaden op deze plaats vanwege de aanwezigheid van water en voedsel. Tweeduizend jaar later heeft de stad een omvang van 1,6 ha. Jericho ligt aan de handelsroute van Egypte naar Turkije. Door de handel wordt Jericho een welvarende stad, beschermd door stenen muren, torens en grachten.

Catal Hüyük

In Turkije is bij opgravingen de stad Catal Hüyük ontdekt. Tussen 6500 en 5650 v. Chr. maakt de stad een bloeiperiode door. Er wonen dan 5.000 à 6.000 mensen. De ongeveer duizend huizen liggen tegen elkaar aan, zonder straten of stegen (figuur 2.1).

FIGUUR 2.1 Catal Hüyük nu: een stad zonder straten

Het bebouwde oppervlak bedraagt uiteindelijk 13 hectare. Bijzonder is dat de ingang van de huizen – vermoedelijk om veiligheidsredenen – op het platte dak zit. Men komt er binnen via een ladder.

In het gebied tussen de rivieren Eufraat en Tigris – Mesopotamië, het huidige Irak – ontstaan omstreeks 5000 v. Chr. bloeiende landbouwnederzettingen. Het is een droog gebied met een heet klimaat, waar de rivieren regelmatig overstromen en zo voor vruchtbare grond zorgen. In de periode 5000 tot 2000 v. Chr. ontwikkelen de Soemeriërs hier een hoogstaande beschaving, onder meer door een doordacht systeem van irrigatie van de landerijen. Daarvoor is een goede organisatie nodig gebaseerd op onderlinge afspraken. De dorpen van de Soemeriërs groeien uit tot stadstaten, zoals Oer en Oeroek. Iedere stadstaat heeft een eigen bestuur onder leiding van een vorst. Centraal in een Soemerische stad staat de tempel, de zigurrat. Sommige ziggurats zijn wel twintig meter hoog. Om de ziggurat bouwen de Soemeriërs hun huizen. Het geheel is omgeven door muren. Het bouwland ligt buiten de muren. De tempels ontvangen van de bewoners giften. Om alle bezittingen te registreren, ontstaat de behoefte aan schrift. Vanuit een beeldschrift ontstaat het spijkerschrift. Als schrijfmateriaal dienen kleitabletten, waarvan hele 'bibliotheken' opgegraven zijn. Omstreeks 1700 v. Chr. is Babylon de grootste stad in het Tweestromenland, een volledig ommuurd regerings- en handelscentrum.

Soemerische stadstaten

Spijkerschrift

Dank zij de overstromingen van de Nijl is op beide oevers een vruchtbare strook land ontstaan. Dit is de basis voor de hoogontwikkelde cultuur van het oude Egypte met een bloeitijd van 2800 tot 700 v. Chr. De geschiedenis

Oude Egypte

van het oude Egypte wordt ingedeeld in rijken. Tijdens het Oude Rijk (2800 tot 2200 voor Chr.) is Memphis de hoofdstad. Vanuit die stad wordt Egypte bestuurd door de koning, de farao, die niet alleen koning, maar ook god is. De oppergod van de Egyptenaren is Re (of Ra), de zonnegod. Osiris is de heerser over de onderwereld, zijn vrouw is Isis en hun zoon is Horus. In de buurt van Memphis bij Gizeh worden farao's begraven in piramiden. Thebe is de hoofdstad van het Middenrijk (2100 tot 1650 voor Chr.). Tijdens het Nieuwe Rijk (1600 tot 700 voor Chr.) wonen de farao's in El Amarna. In deze tijd worden de grote tempels in Karnak en Luxor gebouwd en worden de farao's begraven in graven, die uitgehakt zijn in het Dal van de Koningen (tegenover Thebe).

Hiërogliefen

Net als de Soemeriërs hebben de Egyptenaren voor de organisatie van hun rijk een schrift nodig en ook zij ontwikkelen een beeldschrift: het hiërogliefenschrift. Dankzij de Steen van Rosette met dezelfde tekst in drie talen lukte het de Fransman Champollion in het begin van de negentiende eeuw het hiërogliefenschrift te ontcijferen (figuur 2.2).

FIGUUR 2.2 Steen van Rosette

2.1.2 De verspreiding van het verschijnsel stad

Verspreiding

In het Midden-Oosten ontstaan steeds meer steden en stadstaten zowel in de richting van het huidige India als rondom het Middellandse Zeegebied: onder meer in het huidige Griekenland en Italië.

Stadstaten in Griekenland ontwikkelen zich in de achtste eeuw v. Chr. De verklaring moet vooral gezocht worden in de groei van de bevolking, gekoppeld aan uitbreiding en intensivering van de landbouw. Een groeiende bevolking vraagt om steeds meer voedsel, wat zorgt voor uitbreiding van de landbouwgronden en leidt tot een intensiever gebruik. De landeigenaren zoeken voor de afzet van hun producten een marktplaats. Zo ontstaan steden met een eigen bestuursvorm.

Griekse stadstaten

Omdat in het bergachtige Griekenland landbouwgrond maar in beperkte mate aanwezig is, leidt overbevolking tot emigratie in de vorm van stichting van stadstaten elders (o.m. op Sicilië en in Zuid-Italië). Deze nieuwe steden bevorderen de handel in het Middellandse Zeegebied.
Verreweg de belangrijkste stadstaat is Athene, waar ook een nieuwe politieke bestuursvorm – een vorm van democratie – zich ontwikkelt. In het begin hebben vrijwel alle stadstaten een oligarchische regeringsvorm: een kleine groep aanzienlijken bestuurt. Alleen de stadstaat Sparta heeft koningen. In Athene ontstaat een bestuursvorm, waarbij de inwoners burgerrecht hebben, met uitzondering van de vrouwen en de slaven. Slaven spelen een belangrijke rol in de samenleving: zij doen huishoudelijk werk, ze werken op het land, verrichten allerlei beroepswerkzaamheden en werken in de mijnen. De Grieken vereren een groot aantal goden, die onder leiding staan van oppergod Zeus.

Alfabet

De Grieken beschikken over een letterschrift, dat gebaseerd is op een alfabet: α, β, γ... Dit alfabet is geen Griekse uitvinding, maar gaat terug op de Phoeniciërs, een zeevarend volk aan de oostkust van de Middellandse Zee. In de tweede eeuw v. Chr. onderwerpen de Romeinen Griekenland. Zij nemen op cultureel gebied veel van de Grieken over, vandaar dat wel gesproken wordt van de Grieks-Romeinse cultuur.

Rome

Volgens de overlevering is op 21 april 753 v. Chr. Rome gesticht door Romulus en Remus, twee broers, die grootgebracht zijn door een wolf. De stad Rome wordt het hart van het grote Romeinse Rijk, een rijk waarin het verschijnsel stad een centrale plaats inneemt.

2.2 Van stadstaat tot wereldmacht

Rome is een stad gebouwd op zeven heuvels. Rome is eerst een boerennederzetting, later de hoofdstad van een koninkrijk en vanaf ongeveer 510 v. Chr. de hoofdstad van een republiek. Vanuit Rome en de omgeving Latium (waar het woord 'Latijn' van afgeleid is) onderwerpen de Romeinen heel Italië. De Romeinse legers trekken verder en slagen erin om de hele kustlijn van het Middellandse Zeegebied te veroveren. Figuur 2.3 toont het Romeinse Rijk in zijn grootste omvang met heel Noord-Afrika en Egypte, Israël en Mesopotamië, Turkije, Griekenland, ook een gebied in Roemenië ten noorden van de Donau en verder de Donau en Rijn als grens, Spanje, Frankrijk en Engeland met als grens met Schotland een muur, die gebouwd is in opdracht van keizer Hadrianus. De Middellandse Zee is een binnenzee en heet bij de Romeinen dan ook Mare Nostrum (onze zee).

Wereldrijk

Caesar

Het is de stadhouder-legeraanvoerder Julius Caesar, die in de eerste eeuw v. Chr. met legers Gallië binnenvalt en de stammen in dit gebied probeert te onderwerpen (zie verder paragraaf 2.3). Door zijn successen krijgt hij in de Romeinse republiek veel macht. Dat zint anderen in Rome niet en in 44 v. Chr. wordt Caesar vermoord. Aan Caesar is de tijdrekening te danken, die uitgaat van 365 dagen in het jaar (plus de extra dag in het schrikkeljaar) en van 12 maanden. Oorspronkelijk rekenen de Romeinen maar met 10 maanden – hun jaar begon op 1 maart – en dat is nog terug te vinden in de namen van de maanden september (7^e), oktober (8^e), november (9^e) en december (10^e). Toegevoegd worden januari en februari. De oorspronkelijk vijfde en de zesde maand worden later herdoopt in juli (naar Julius Caesar)

en augustus (naar Augustus, de aangenomen zoon van Caesar en de eerste keizer). Van Caesars naam zijn de woorden 'keizer' en 'tsaar' afgeleid.
Uit de machtsstrijd na de dood van Caesar komt zijn aangenomen zoon Augustus in 27 v. Chr. als overwinnaar tevoorschijn. Hij wordt de eerste keizer van het Romeinse Rijk. Onder zijn bewind begint een periode van rust in het rijk, die zal voortduren tot ongeveer 250 na Christus: de tijd van de Pax Romana, de Romeinse vrede.

Pax Romana

FIGUUR 2.3 Het Romeinse Rijk in de tweede eeuw na Christus

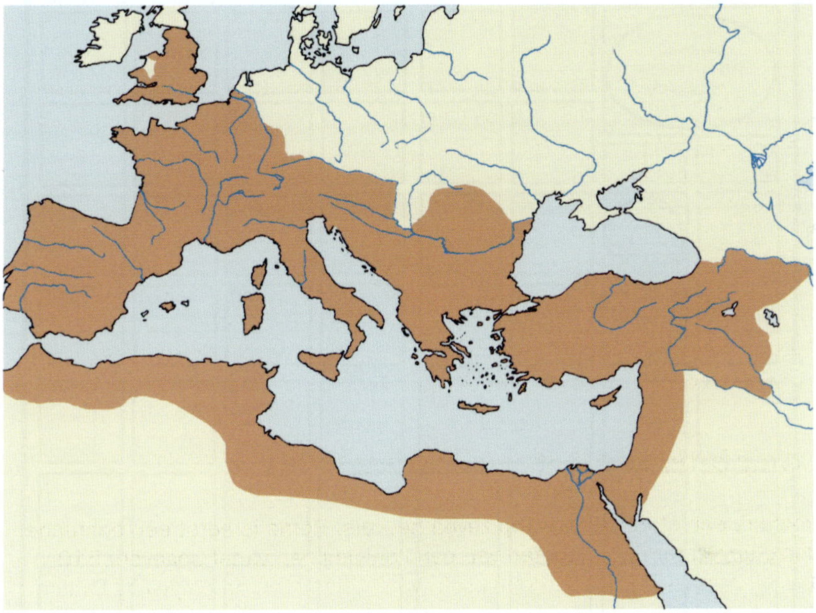

Organisatie

Zo'n enorm uitgestrekt rijk vraagt om een goede organisatie. De legers van de Romeinen zijn in alle opzichten meestal superieur aan die van de andere volken. De veroverde gebieden worden ingedeeld in provincies met Romeinse bestuurders.
Voor snelle transporten door het rijk wordt een enorm wegennet aangelegd van met grind en stenen verharde wegen. Langs deze Romeinse 'snelwegen' staan mijlpalen (grenspalen), die de afstand aangeven met Rome (zie figuur 2.7 in subparagraaf 2.3.1). Over deze wegen wordt ook een soort postdienst onderhouden. Daarnaast gebruiken de Romeinen waar mogelijk ook de vaarwegen, zoals de Rijn, voor vervoer van goederen.
De organisatie van het rijk wordt betaald via heffing van belastingen, waarvoor via een soort kadaster het grondbezit vastgelegd wordt. Ook moeten de provincies soldaten leveren voor het Romeinse leger.

Urbanisatie

Voor de Romeinen is de stad het centrum van de samenleving. Van oudsher zijn het de aanzienlijken, die de macht uitoefenen in de stad, maar zelf veelal er buiten wonen op een agrarisch landgoed (een villa). Bewust zorgen de verschillende Romeinse keizers voor de stichting van steden in gebieden waar geen steden zijn.

In de veroverde gebieden mogen oud-soldaten zich vestigen in een colonia en krijgen daar een stuk land. Zo is bijvoorbeeld Keulen (Colonia Agrippina) ontstaan.

Romeinse steden

Romeinse steden worden aangelegd volgens een vast patroon, dat teruggaat op de stadsplanning van de Grieken (figuur 2.4).

FIGUUR 2.4 De plattegrond van een Romeinse stad

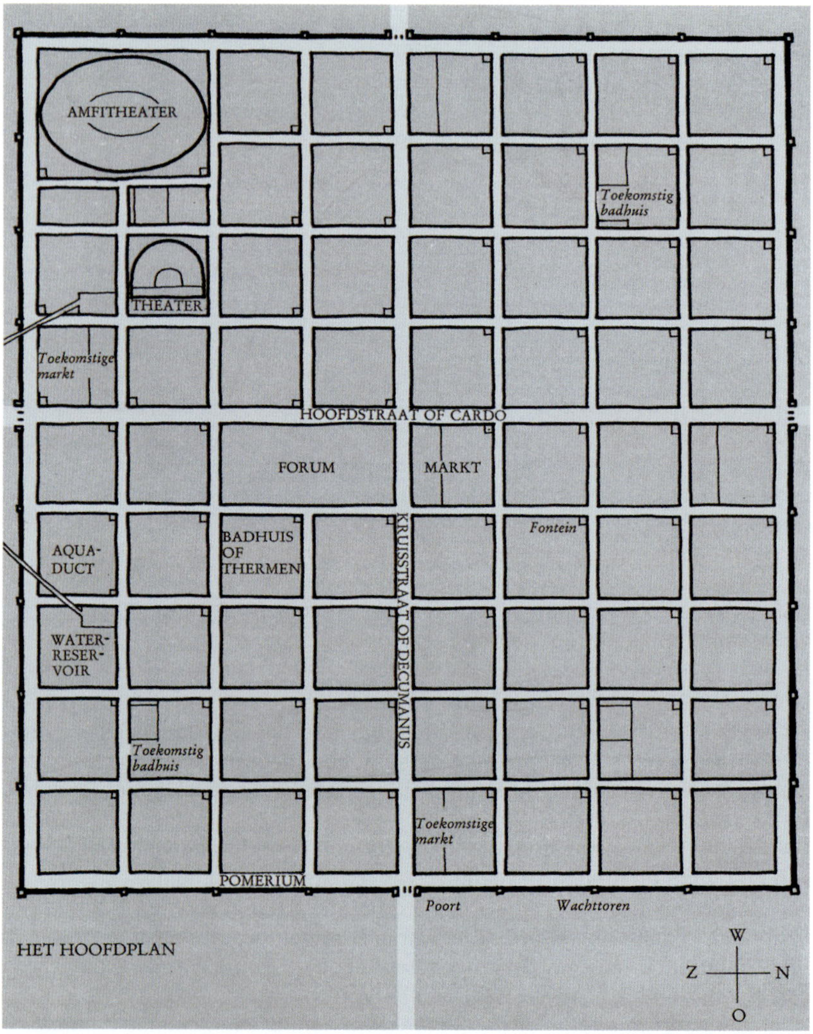

De hoofdstructuur van een Romeinse stad (en van een Romeins legerkamp) bestaat uit twee elkaar kruisende wegen: één in de noord-zuidrichting en de ander in de oost-westrichting. Op het kruispunt van de twee wegen bevindt zich het hart van de stad: het forum met bestuurlijke en gerechtsgebouwen, de tempels voor de goden en godinnen en de markt. Bij de ingang

van het forum is veelal een triomfboog opgericht, herinnerend aan succesvolle veldtochten.
De stad is verder net als een dambord opgebouwd uit rechthoekige blokjes, insulae of eilandjes geheten. Zo'n rechthoek bestaat uit woonhuizen en / of winkels. Bij de aanleg van de stad is van tevoren berekend voor hoeveel mensen er plaats is. Dit in verband met onder meer de watervoorziening. Wateraanvoer vindt in de heuvelachtige streken plaats via waterleidingen of aquaducten. Die leiden het water naar openbare fonteinen in de stad.
Belangrijke gebouwen in een Romeinse stad zijn de badhuizen (de thermen), de theaters, het amfitheater en de renbaan voor de wagenrennen. Het stadsbestuur organiseert spelen in de vorm van gladiatorengevechten en wagenrennen voor het volk. Daaraan herinnert de uitdrukking dat het volk rustig gehouden wordt met 'brood en spelen'.
De Romeinen kennen huizen voor één familie (domus) en huizen voor enkele families, een soort flats (de insulawoningen). De huizen worden verlicht door middel van olielampjes. Verwarming vindt plaats in de vorm van een soort heteluchtverwarming (de hypocaustum): een vuur in de kelder produceert hete lucht, die onder de vloeren door en via speciale buizen langs de wanden circuleert.
De Romeinse samenleving bestaat uit een kleine bovenlaag van rijken. De verschillen tussen de rijken en de armen zijn heel groot. De rijken wonen in villa's en paleizen; de armen in bakstenen flatgebouwen en krotten. Naast rijken en armen zijn er slaven. In de eerste eeuw n. Chr. wonen er ongeveer 1 miljoen mensen in Rome, waaronder 400.000 slaven.
Tijdens de oorlogen, die de Romeinen voeren, worden krijgsgevangenen gemaakt, die als slaven verkocht worden. Uit Griekenland komen goed opgeleide slaven, die konden lezen en schrijven en die voor rijke Romeinen gaan werken als huisleraar of secretaris. Uit in de ogen van Romeinen barbaarse gebieden komen slaven die gaan werken op grote landbouwbedrijven of in mijnen en steengroeven.
Sommigen slaven worden goed behandeld en kunnen geld verdienen om zich vrij te kopen. Maar in feite zijn alle slaven rechteloos en is voor de meesten het leven uitzichtloos. Ze kunnen in opstand komen, maar dat heeft weinig zin omdat ze geen steun krijgen van de vrije Romeinen.
De bekendste opstand van slaven is de Spartacusopstand in 73 voor Chr. Spartacus, afkomstig uit Bulgarije, is als slaaf verkocht aan een gladiatorenschool. Met zo'n tachtig gladiatoren kwam hij in opstand. Spoedig sluiten andere slaven zich bij hen aan en ontstaat een enorm slavenleger. Twee jaar houden ze het vol. Spartacus sneuvelt en uiteindelijk is het slavenleger verslagen en gedood.

De Romeinse stad is omgeven door een muur met poorten en torens. Langs de invalswegen buiten de muur van de stad worden de doden bijgezet, in Rome bijvoorbeeld langs de Via Appia, de weg van Rome naar Zuid-Italië.

Pompeii

Veel van onze kennis van de Romeinse stadsaanleg en huizenbouw is ontleend aan de opgravingen van Pompeii, een Romeinse stad die in 79 na Christus door een uitbarsting van de Vesuvius bedolven raakt onder de lava. Vanaf de achttiende eeuw is de stad herontdekt en systematisch uitgegraven. Nu kun je er rondlopen in de restanten van een Romeinse stad met onder meer de graanmolens van de bakker, het ingangsmozaïek bij een huis met de tekst 'Cave Canem' (Wacht u voor de hond), het badhuis, het marktplein, het bordeel en het theater. Restanten van insulawoningen zijn nog te zien in Ostia, de havenstad van Rome aan de monding van de Tiber.

Voor de Romeinen is overigens maar één stad 'de stad': Rome.

Letters en cijfers

Het Romeinse alfabet bestond eerst uit 21 lettertekens: de I is tevens de J, de V is tevens de U. In verband met de Griekse woorden die door de Romeinen overgenomen worden in het Latijn, worden de Y en de Z toegevoegd. De W is een dubbele V.
De Romeinen geven de cijfers weer door middel van letters (zie tabel 2.1). Een streep boven de letters geeft duizendtallen aan, een omraming honderdduizendtallen.

Tabel 2.1 Romeinse cijfers

I	= 1
II	= 2
III	= 3
IIII of IV	= 4
V	= 5
VIIII of IX	= 9
X	= 10
L	= 50
C	= 100
D	= 500
M	= 1000

Veelgodendom – polytheïsme De Romeinen vereren een groot aantal goden, die over het algemeen vergelijkbaar zijn met de Griekse. Zo heet Zeus bij de Romeinen Jupiter en Hera Juno. Maar ook goden uit andere gebieden worden door de Romeinen overgenomen, zoals uit Egypte de godin Isis en uit het Midden-Oosten de god Mithras. Ook de keizers krijgen een goddelijke status. Iedere god(in) heeft een eigen tempel met de daarbij behorende priesters.

In de eerste eeuw v. Chr. veroveren de Romeinen Judea (Israël / Palestina, het land van de Joden. Dit land is dan een Romeinse provincie. Er zijn voortdurend spanningen tussen de inwoners van Judea en de Romeinse bezetters. In deze provincie trekt rond 30 na Christus een Joodse prediker rond, Jezus van Nazareth. Hij predikt dat er gezorgd moet worden voor zieken en zwakken en dat je zelfs je vijanden lief moet hebben. De Romeinen zien in Jezus een opstandeling. Hij is gevangen genomen en gekruisigd.
Na zijn dood blijft het aantal volgelingen groeien tot ver buiten Judea. Griekssprekende volgelingen noemen hem Christus (Messias). Zo ontstond een nieuwe monotheïstische godsdienst: het christendom met de Bijbel als het heilige boek.

Christendom

Die verbreiding van het christendom vindt onder meer plaats door apostelen als Paulus en Petrus. De Christenen weigeren andere goden te erkennen – inclusief de keizer-god – en worden daarom door de Romeinen streng vervolgd en wreed ter dood gebracht ('voor de leeuwen gegooid'). Ondanks deze onderdrukking groeit het aantal aanhangers van deze nieuwe godsdienst. Keizer Constantijn de Grote verleent in 313 na Christus vrijheid van godsdienst aan de christenen. In 380 na Christus wordt het christendom onder keizer Theodosius uitgeroepen tot de staatsgodsdienst van het Romeinse Rijk.

Verval van het Rijk

Bij voortduring moeten de Romeinen alert blijven op invallen van Germaanse stammen. In tijden van burgeroorlogen over de opvolging van keizers worden de grenstroepen teruggeroepen naar Rome. Germaanse stammen krijgen dan de kans om het Romeinse Rijk plunderend binnen te trekken. Na 250 na Christus gebeurt dit regelmatig.
Bij de dood van keizer Theodosius in 395 na Christus wordt het rijk tussen zijn twee zonen verdeeld en ontstaan het West-Romeinse Rijk met Rome als hoofdstad en het Oost-Romeinse Rijk (ook wel het Byzantijnse Rijk genoemd) met Constantinopel als hoofdstad. Na 400 na Christus verloopt de afbrokkeling van het West-Romeinse Rijk snel. Steeds meer Germaanse stammen voeren plundertochten uit op Romeins grondgebied. Formeel eindigt het West-Romeinse Rijk in 476 na Christus als keizer Romulus Augustus afgezet wordt. Het Oost-Romeinse Rijk zal blijven bestaan tot 1453 na Christus.

2.3 De Lage Landen in de Romeinse tijd

Een deel van de Lage Landen is door de Romeinen bij hun rijk gevoegd. De grens van het Romeinse Rijk liep dwars door het huidige Nederland.

2.3.1 Komst van de Romeinen

Julius Caesar

Julius Caesar, stadhouder van provincies in Noord-Italië en Zuid-Frankrijk (figuur 2.5), trekt in 57 v. Chr. vanuit Zuid-Frankrijk naar het noorden. Zijn doel is heel Gallië te onderwerpen: enerzijds om het Romeinse Rijk beter te beveiligen, maar ook uit het oogpunt van aanzien en roem door het behalen van overwinningen en het veroveren van nieuw gebied. Zelf voert hij zijn legers aan. Hij maakt handig gebruik van de tegenstellingen tussen de verschillende stammen. Met stammen die mee willen werken, sluit hij overeenkomsten. Van stammen die niet mee willen werken, wordt het stamgebied verwoest en worden stamleden gedood of als slaven naar Rome gezonden.

FIGUUR 2.5 Julius Caesar, marmeren portretkop gevonden in Nijmegen

Op zijn tochten raakt Caesar in het zuidelijke deel van de Lage Landen onder meer slaags met de Menapiërs (langs de Noordzeekust van het huidige Vlaanderen en Zeeland) en de Eburonen (vooral tussen Maas en Rijn). Als Caesar in 49 v. Chr. terug moet naar Rome, is er nog geen sprake van Romeins gezag in de Lage Landen. Er is ook nog geen duidelijke grens in het Noorden van Gallië. In feite is zijn werk onaf en door zijn dood in 44 v. Chr. heeft hij dit werk ook niet af kunnen maken.

Geschriften van Romeinse schrijvers zijn de eerste geschreven bronnen over het huidige Nederlandse grondgebied. Vandaar dat omstreeks 50 v. Chr. voor dit gebied de prehistorie eindigt en de historie begint.

Bataven en Cananefaten

Tussen 50 en 12 v. Chr. vestigen zich stammen uit het huidige Duitsland in het ontvolkte gebied. Het kerngebied van de Bataven ligt tussen de Waal en de Rijn, de huidige Betuwe, en het land van Maas en Waal. Het kerngebied van de Cananefaten wordt het huidige Zuid-Holland tussen de Maas en de Oude Rijn.

Noordgrens: Elbeplan

Onder keizer Augustus is de noordgrens van het rijk weer in beeld, onder meer vanwege invallen van Germanen op Romeins grondgebied. Legeraanvoerder Drusus krijgt de taak om heel Germanië tot de Elbe te onderwerpen. Hij kiest voor een aanvalsplan over land en over zee. Voor de zeeroute wordt de basis Fectio (Vechten) aangelegd, daar waar de Rijn en de Utrechtse Vecht met elkaar in verbinding staan. Op transportschepen varen de soldaten via Vecht, Flevomeer en Vlie naar de monding van de Eems. Figuur 2.6 toont zo'n Romeinse soldaat.

FIGUUR 2.6 Romeinse soldaat uit de eerste eeuw na Christus

De operatie duurt vier jaar (12-8 voor Chr.). De onderwerping van de Friezen in Noord-Nederland verloopt vlot en ook de rest van Germanië moet voor de Romeinen buigen, maar niet voor lang. Voortdurend komen Germaanse stammen in opstand. In 9 na Christus lijden de Romeinen een gevoelige nederlaag als maar liefst drie legioenen, aangevoerd door Varus, door Germanen onder leiding van Hermann (Arminius) in het Teutoburgerwoud vernietigd worden. Rome laat Germanië een tijdlang 'met rust'. De onderwerping van Brittannië krijgt voorrang.
In 47 na Christus onderneemt de Romeinse legeraanvoerder Corbulo een nieuwe poging om het Elbe-plan uit te voeren. Hij weet de Friezen, die in 28 na Christus in opstand gekomen waren tegen Romeinse belastinginners, opnieuw te onderwerpen. Vanuit Rome krijgt hij echter opdracht zich terug te trekken. Vanaf 47 na Christus wordt de Rijn de grens van het Romeinse Rijk. Het gaat om de toenmalige noordelijke tak van de Rijn, de Kromme Rijn via het huidige Utrecht en de Oude Rijn, die via het huidige Leiden bij Katwijk in zee uitmondt. De Rijn wordt een deel van de verdedigingslinie: de limes (zie figuur 2.7). Het Elbe-plan wordt voorgoed opgegeven.

FIGUUR 2.7 Canon van Nederland: De Romeinse limes: een mijlpaal

Limes

2.3.2 Het leven aan de zuidkant van de Romeinse limes

Landschap

Het Romeinse deel van de Lage Landen wordt tegen de zee beschermd door strandwallen met duinen. Die kustlijn ligt een paar kilometer verder westwaarts dan in het huidige Nederland: een van de Romeinse verdedigingswerken – de Brittenburg – ligt tegenwoordig in zee. Achter de strandwallen bestaat het landschap uit veenmoerassen overgaand in de gebieden met rivierklei en zand (zie figuur 2.8).

FIGUUR 2.8 De Lage Landen in de Romeinse tijd

De Romeinse legeraanvoerder Corbulo laat in Zuid-Holland omstreeks 47 na Christus een kanaal graven van de Rijn naar de Maas: de Corbulogracht (voor een deel nu de Vliet).

Langs de zuidelijke oever van de Rijn leggen de Romeinen een verdedigingslinie aan: de limes. Er ontstaat vanaf zee langs de zuidelijke Rijnoever een keten van militaire forten (castella, enkelvoud is castellum): Brittenburg, Katwijk, Valkenburg, Roomburg, Alphen aan den Rijn, Zwammerdam, Woerden, De Meern, Utrecht, Vechten en Wijk bij Duurstede. Aan de overzijde van de rivier is een strook land van ongeveer vijftien kilometer om strategische redenen in bezit van de Romeinen. De limes zet zich in het huidige Duitsland voort langs de Rijn. Met een verbindingswal over land gaat de limes verder langs de Donau. Landinwaarts zijn er in de Lage Landen militaire nederzettingen in Nijmegen en Cuijk.
In eerste instantie gaat het om houten forten, maar geleidelijk aan worden deze uit steen opgetrokken. Naast deze vestingwerken ontstaan nederzettingen van handelaren en ambachtslieden (figuur 2.9).

FIGUUR 2.9 Handelaren, ambachtslieden en kroegbazen vestigen zich bij een Romeins legerkamp (geschiedeniswandplaat van J.H. Isings)

Bewoners

Door het optreden van Caesar komt er plaats voor nieuwe bewoners: de Bataven en Cananefaten. Zij sluiten bondgenootschappen met de Romeinen. Zij krijgen een taak in het verdedigingssysteem van het Romeinse Rijk tegen Germaanse invallen en zij leveren soldaten voor het Romeinse leger. In ruil daarvoor krijgen zij een grote mate van zelfbestuur. Ze hoeven – in het begin – geen belasting te betalen. Zowel de Bataven als de Cananefaten blijken goede soldaten. Op zeer uiteenlopende plaatsen in het Romeinse Rijk zijn grafstenen gevonden met Bataafse of Cananefaatse soldatennamen.

Tussen de Germanen vestigen zich de Romeinse legereenheden in de verdedigingswerken, maar ook andere Romeinen komen naar de Lage Landen: handelaren en ambachtslieden (zie figuur 2.9).

Bataafse Opstand

De verhoudingen tussen de Romeinen en de inheemse stammen binnen de limes zijn goed te noemen op één uitzondering na. In 69 na Christus leveren Romeinse legeraanvoerders strijd om de keizerstitel. Op dat moment komen de Bataven tegen de Romeinen in opstand. Zij krijgen steun van andere stammen, waaronder de Cananefaten en de Friezen. De opstand staat onder leiding van een aanzienlijke Bataaf Julius Civilis. Naast persoonlijke ambitie van de leider spelen de weerzin tegen de Romeinse belastingen en de wijze van recrutering van de soldaten een rol.
De opstand verloopt eerst positief voor de Bataven. Het castellum Valkenburg wordt succesvol overvallen en in brand gestoken. Andere castella worden door de Romeinen zelf in brand gestoken voordat ze zich in zuidelijke richting terugtrekken. Bij opgravingen is de brandlaag uit 69 na Christus gevonden (zie figuur 0.5).
Als duidelijk is wie in Rome de keizer wordt, komen er acht legioenen naar het opstandig gebied. Civilis moet zich terugtrekken. Er komt een einde aan de opstand door middel van een nieuw bondgenootschap tussen de Romeinen en de Bataven in 70 na Christus. De limes wordt hersteld.

Sociale structuur

De inheemse stammen kennen een sociale structuur, die gekenmerkt wordt door een kleine bovenlaag – de adel – die het voor het zeggen heeft. De adel bestaat uit grootgrondbezitters, van wie de rest van de bevolking als een soort horigen afhankelijk is. Juist die bovenlaag wordt door de Romeinen gebruikt om invloed te krijgen over hun bondgenoten: de bovenlaag mag de eigen stam blijven besturen en krijgt van de Romeinen voorrechten.

Agrarische levenswijze

De inheemse stammen zijn agrariërs. Voor het rivierengebied ligt de nadruk op veeteelt, voor de zuidelijker streken op de akkerbouw. De opgegraven boerderijen zijn van hout, volgens het traditionele type uit de prehistorie. De meeste opgravingresultaten wijzen op kleine familiebedrijven van de plaatselijke bevolking. Van belang voor de ontwikkeling van de landbouw is de aanwezigheid van het leger. Deels zorgt het leger zelf voor voedsel, deels betrekt het leger voedsel van de plaatselijke markt, ofwel in de vorm van belasting ofwel tegen betaling. Bodemonderzoek heeft aangetoond dat tijdens de Pax Romana de landbouw in Brabant sterk toegenomen is. Vooral in het huidige Zuid-Limburg vestigen zich Romeinse grootgrondbezitters die villa's oprichten: grote landbouwbedrijven. Zo'n landgoed kent een hoofdgebouw, waar de familie van de eigenaar woont, en een aantal bedrijfsgebouwen (figuur 2.10).

Sommige villa's lijken wel een paleis met een eigen badinrichting, vloerverwarming, wandschilderingen, vloermozaïeken, veel marmer en een grote provisiekelder. Overblijfselen van zo'n villa zijn onder meer opgegraven bij Groesbeek. Informatie over het interieur van een villa biedt de binnenzijde van een sarcofaag, die bij het huidige Simpelveld gevonden is (figuur 2.11).

FIGUUR 2.10 Een Romeinse villa

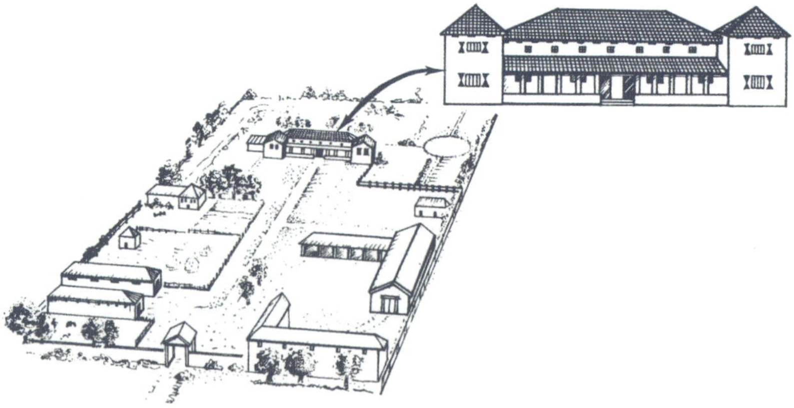

FIGUUR 2.11 Een Romeinse villa van binnen

Er zijn villa's met brouwerijen en smederijen. Het werk op de villa's wordt verricht door pachters en / of slaven, die onder toezicht staan van een bedrijfsleider. In de tweede helft van de derde eeuw zijn de villa's geliefde plunderobjecten voor Germanen die de limes oversteken.

Steden

Bij de komst van de Romeinen zijn er in de Lage Landen geen steden. De Romeinen bevorderen dat er binnen de stamgebieden een soort stad ontstaat, die moet dienen als hoofdstad: voor de Bataven is dat Oppidum Batavorum (Nijmegen), en voor de Cananefaten Forum Hadriani (Voorburg). Beide nederzettingen krijgen van de Romeinen marktrecht.
Naast deze twee steden in de juridische zin van het woord zijn er nog minstens twee nederzettingen, die qua omvang als stad getypeerd kunnen worden: Heerlen – Coriovallum, gelegen op de kruising van twee belangrijke wegen, en Maastricht – Mosa Trajectum, de plek waar de Romeinen in de belangrijke verbindingsweg van Keulen naar Boulogne een brug over de Maas bouwen.
De steden in de Lage Landen zijn bescheiden – niet te vergelijken met Rome, Keulen en Trier. Hun bloeitijd ligt in de tweede eeuw na Christus. Keizer Hadrianus bezoekt in 120 na Christus persoonlijk Voorburg en sindsdien heet de 'stad' Forum Hadriani. Er zijn in de Lage Landen enige badhuizen (thermen) opgegraven. De grootste in Coriovallum (Heerlen) en verder in Maastricht, Voorburg en Nijmegen. De huizen zijn over het algemeen eerst van hout en worden in de tweede eeuw na Christus uit steen opgetrokken (zowel natuur- als baksteen). Ommuringen komen pas in de laat-Romeinse

periode: in Voorburg eind tweede, begin derde eeuw, Heerlen en Maastricht in de vierde eeuw. Net als in Rome liggen de grafvelden langs de toegangswegen.

Vervoer

De Romeinse legers hebben onder meer als taak aan de aanleg van een verhard wegenstelsel te werken: heerbanen. Een belangrijke weg loopt langs de limes via Keulen en Nijmegen naar de Noordzee. Naast een militaire functie hebben deze wegen een grote betekenis voor de stimulering van de handel. Langs de wegen staan mijlpalen, die de afstand naar Rome aangeven (figuur 2.7). Uit de tijd van keizer Augustus stamt een landkaart, waarvan een kopie uit ongeveer 1200 na Christus bewaard gebleven is, de Tabula Peutingeriana.
Naast vervoer over land is er vervoer over water. De Rijn wordt in de Romeinse tijd druk bevaren. Via de Corbulogracht is er een verbinding met de Maasmonding en vandaar varen de schippers naar de Scheldemonding voor de overtocht naar Brittannië, nadat ze eerst in ruil voor een behouden vaart beloften gedaan hebben aan de godin Nehallennia. In de loop van de tijd zijn verschillende Romeinse schepen opgegraven, zoals in 1973 bij Zwammerdam een schip van 34 meter lang, 4,5 meter breed met een laadvermogen van ongeveer 100 ton (figuur 2.12), en vanaf 2003 verschillende schepen bij de aanleg van Leidsche Rijn, een nieuwe wijk van Utrecht.

FIGUUR 2.12 Romeins schip in 1973 ontdekt bij Zwammerdam

Romanisering

In de Romeinse tijd zijn er in de Lage Landen niet alleen bestuurlijk-politieke, en economische invloeden geweest, maar ook culturele. Deze beïnvloeding van de Romeinse cultuur op de cultuur van de hier wonende stammen wordt romanisering genoemd. Duidelijke voorbeelden zijn het verschijnsel stad, het vervaardigen van aardewerk via de draaischijf en het overnemen van het geloof, geld, schrift en woorden uit het Latijn, zoals kelder, zolder, muur en straat. Maar de Lage Landen zijn maar het uiterste puntje van het Romeinse Rijk en de beïnvloeding komt niet verder dan een kleine boven-

laag in de stedelijke samenlevingen. De invloed van de Romeinse cultuur op het platteland is uiterst beperkt gebleven.
De plaatselijke bevolking heeft een eigen godenwereld. Tot die goden behoort Nehallennia, de godin van de vruchtbaarheid van mens, dier en gewas, maar ook de godin van geluk en voorspoed. De Romeinen koppelen deze inheemse goden aan hun godenstelsel.
Het christendom is in het Romeinse Rijk gekoppeld aan de stedelijke cultuur. Daarvoor is in de Lage Landen vrijwel geen voedingsbodem, met uitzondering van Maastricht. Omstreeks 350 na Christus is in Maastricht bisschop Servatius – de Servaaskerk is naar hem genoemd – de leider van de oudste christelijke gemeenschap in de Lage Landen.

2.3.3 Het leven aan de noordkant van de Romeinse limes

Landschap

De kaart van Romeins Nederland boven de limes wijkt enorm af van de huidige landkaart (zie figuur 2.8). Het noorden van Holland is beduidend groter en Texel vormt er een onderdeel van. Tussen Holland en Friesland bevindt zich het stroomgebied van de Utrechtse Vecht en de IJssel, in de Romeinse tijd bekend als het Flevomeer, dat via het Vlie uitmondt in de Noordzee. Omdat er nog geen dijken zijn heeft de zee vrij spel in Friesland en Groningen. De Friese kustlijn is doorbroken door de ver landinwaarts reikende Middelzee. De mensen wonen opterpen (Gronings: wierden). Achter de zeeklei begint een breed veenmoeras, waaraan vervolgens zandgronden grenzen.
De aanleg en verhoging van de terpen, de kanalisering van de Utrechtse Vecht door Drusus in 12 v. Chr. (in verband met zijn militaire expedities richting Germanië) en de Corbulogracht zijn de belangrijkste menselijke ingrepen in het landschap in de *Tijd van Grieken en Romeinen.*

Bewoners

Langs de kust wonen de Germaanse Friezen. De bewoners bestaan uit vrijen en uit slaven. Kort zijn de Romeinen de baas over de Friezen: van 12 v. Chr. tot de opstand van 28 na Christus. Die opstand komt waarschijnlijk voort uit de te hoge belastingen, die de Romeinen afdwingen. Bij de opstand worden nogal wat Romeinen gedood. Corbulo onderwerpt in 47 na Christus de Friezen opnieuw, maar moet van zijn keizer de Friezen daarna de vrijheid teruggeven als besloten wordt dat de Rijn de rijksgrens wordt. Hij beschrijft de Friezen als een ‘vijandig en onbetrouwbaar volk’. Toch telt het Romeinse leger wel Friese soldaten.
Romeinen hebben nauwelijks boven de limes gewoond. De enige uitzondering vormt het militaire steunpunt Velsen, net als Fectio een vlootsteunpunt, maar na 50 na Christus zijn daar vermoedelijk geen Romeinen meer geweest.

Agrarische levenswijze

Boven de limes is de maatschappijvorm een voortzetting van die uit de prehistorie: de agrarische levenswijze. De Friezen zijn welvarende boeren, die zowel veeteelt als akkerbouw beoefenen (figuur 2.13 en figuur 2.14). Ze produceren zuivelproducten (vooral kaas en boter), graan, vlas, erwten en bonen. Voor de jacht zoeken ze de zandgronden op.

Bodemvondsten wijzen op handelscontacten met de Romeinen, vooral op de terpen in de buurt van de route naar zee. Romeinse kooplieden volgen vloot en leger naar het Noorden en ruilen bij de Friezen aardewerk (terra sigillata), sieraden, glas, weefsels, bronzen beeldjes en munten tegen vee, huiden en landbouwproducten.

FIGUUR 2.13 Terpenboerderij uit de Romeinse tijd op basis van de opgravingen in de terp van Ezinge

FIGUUR 2.14 Reconstructie van een wierdennederzetting (Ezinge)

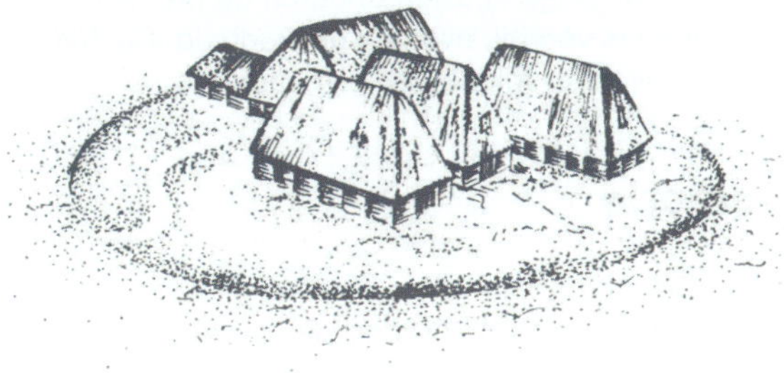

Romanisering

De invloed van de Romeinse cultuur op de eigen levenswijze is echter zeer beperkt gebleven. Zo hebben de Friezen bijvoorbeeld niet de pottenbakkersdraaischijf van de Romeinen overgenomen. Zij blijven ook trouw aan hun eigen goden. Wel zijn bij opgravingen in terpen grote aantallen Romeinse godenbeeldjes gevonden. Het Romeinse verbod om mensen te offeren wordt niet nageleefd. Naast allerlei andere offers zijn in het veen ook geofferde mensen gevonden. Een van hen is beroemd geworden: het meisje van Yde uit het begin van de jaartelling (figuur 2.15).

FIGUUR 2.15 Het meisje van Yde als veenlijk en na een reconstructie van haar hoofd

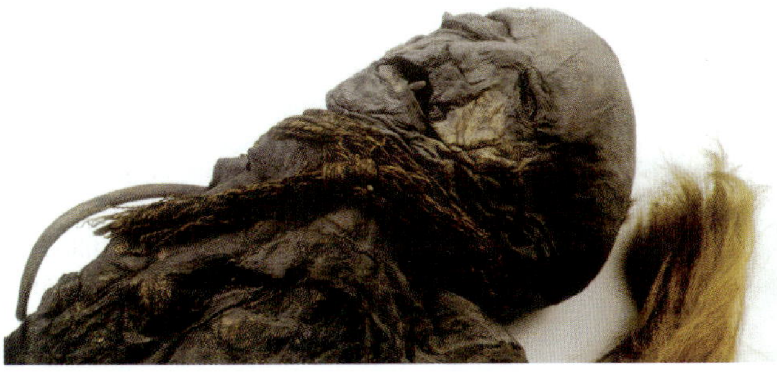

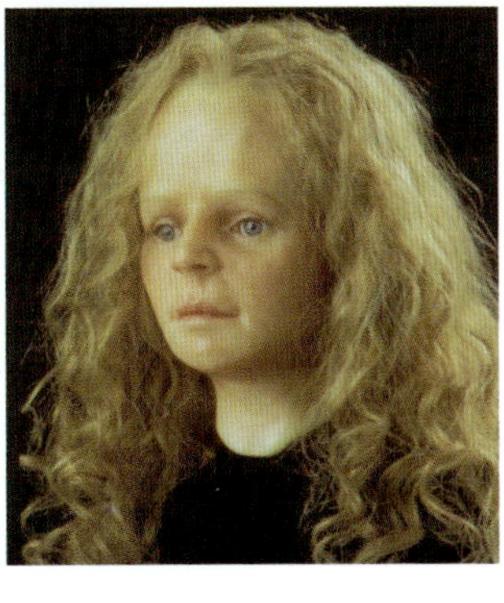

2

2.3.4 De Romeinen trekken zich terug

Germaanse invallen

Na 250 na Christus krijgen de Romeinen bij herhaling te maken met plundertochten van Germaanse stammen. Met name Frankische stammen doorbreken regelmatig de Romeinse limes. Tussen 250 en 275 vinden zware aanvallen plaats en wordt in feite de limes uitgewist. Dan maken de Lage Landen alleen nog maar in naam deel uit van het Romeinse Rijk met uitzondering van de legerplaats in Nijmegen. Daar komt zelfs in 368 nog een keizer op bezoek.
De Germaanse invallen aan het begin van de vijfde eeuw betekenen feitelijk het einde van het West-Romeinse Rijk. Alle troepen worden teruggeroepen om Rome te verdedigen. Het jaartal 406 wordt veelal aangehouden als het einde van de Romeinse aanwezigheid in de Lage Landen. Voortaan zijn de Franken in het zuidelijk deel de baas.

Weer agrarisch

Aan de agrarisch-stedelijke levenswijze komt een einde. Na het definitieve vertrek van de Romeinen in het begin van de vijfde eeuw overheerst in de Lage Landen weer de agrarische levenswijze of zoals een historicus het uitdrukte: 'Nederland dook weer voor enige eeuwen onder in de prehistorie'. De *Tijd van Grieken en Romeinen* is voorbij, evenals de Oudheid. De *Tijd van Monniken en Ridders*, ofwel de (vroege) Middeleeuwen, breekt aan.

Literatuur, een selectie

Naslagwerken

Lendering, J. & Bosman, A. (2010). *De rand van het Rijk. De Romeinen en de Lage Landen.* Amsterdam: Athenaeum – Polak & Van Gennep.

Mostert, M. (2009). *In de marge van de beschaving. De geschiedenis van Nederland 0-1100.* Amsterdam: Bert Bakker.

De Bosatlas van de Geschiedenis van Nederland (2011). *Romeinse tijd 50 v. Chr. - 400 na Chr.* (hoofdstuk 2, blz. 36-67). Groningen: Noordhoff Uitgevers bv.

Speet, B. (2009). *De Tijd van Romeinen en Germanen 0-500.* (Kleine Geschiedenis van Nederland). Zwolle: Waanders.

Canonvenster

Teitler, H. (1998). *De opstand van de 'Batavieren'.* (Verloren verleden). Hilversum: Verloren.

http://entoen.nu/limes

www.limes.nl

Ondersteuning via de website

Een uitgebreidere literatuurlijst en een selectie van museumcollecties bij dit hoofdstuk is te vinden op www.geschiedenisensamenleving.noordhoff.nl, evenals een samenvatting van dit hoofdstuk en een interactieve toetsenbank.

3
Tijd van Monniken en Ridders

(500-1000)

De *Tijd van Monniken en Ridders* – het tijdvak van 500 tot 1000 – is de tijd na het ineenstorten van het Romeinse Rijk.
Centrale vragen in dit hoofdstuk zijn:
- Wat waren de gevolgen van de volksverhuizing?
- Welk volk nam de macht van de Romeinen over?
- Hoe organiseerde Karel de Grote zijn rijk?
- Hoe verbreidde zich het christendom in de Lage Landen?
- Wat waren de hoofdkenmerken van het hofstelsel en de horigheid?

Voor het primair onderwijs zijn uit de *Tijd van Monniken en Ridders* de belangrijkste onderwerpen:

3

Kenmerkende aspecten	Canonvensters
• De verspreiding van het christendom tot in de Lage Landen • Hofstelsel en horigheid	• Willibrord. *Verbreiding van het christendom* • Karel de Grote. *Keizer van het Avondland*

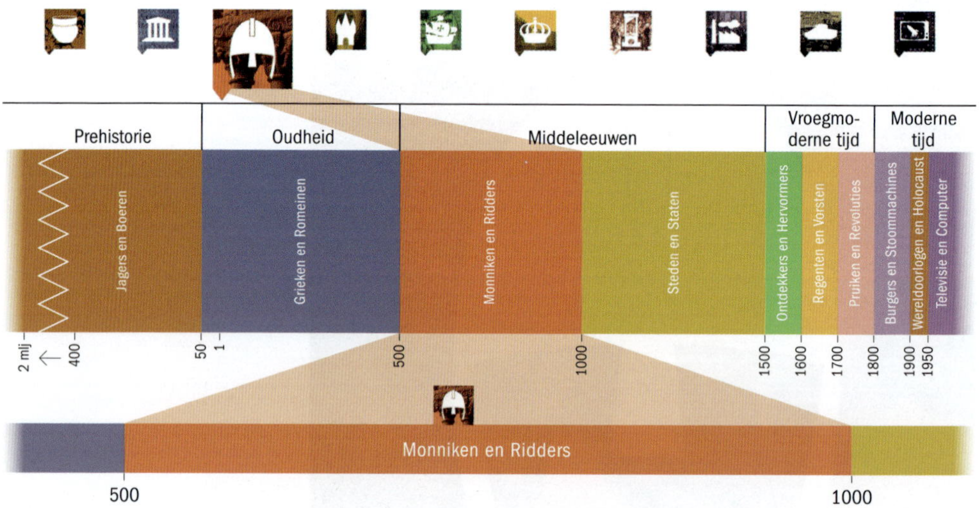

500-1000 Agrarische samenleving	
400-500	Volksverhuizingen: Angelen, Saksen, Franken
500	Clovis eerste christelijke koning van alle Franken
622	Mohammed sticht de wereldgodsdienst de islam
690	Willibrord begint met de kerstening van de Lage Landen
754	Bonifatius bij Dokkum vermoord
800	Karel de Grote keizer
800-1000	Invallen van de Vikingen
843	Frankische rijk verdeeld in drie rijken: Verdrag van Verdun
925	De Lage Landen grotendeels bij het Duitse rijk

1000: einde van de *Tijd van Monniken en Ridders* en van de (vroege) Middeleeuwen. Begin van de *Tijd van Steden en Staten* en van de (late) Middeleeuwen.

3.1 Strijd om de macht

Tijdens de overgang van de *Tijd van Grieken en Romeinen* naar de *Tijd van Monniken en Ridders* blijkt het Romeinse rijk niet meer bestand tegen de komst van grote aantallen stammen. Eerst komen deze stammen over de limes om te plunderen. Later ook om zich in het Romeinse gebied te vestigen. Op termijn verhuizen hele volkeren: de volksverhuizingen. Schriftelijke bronnen daarover zijn schaars. Maar archeologische vondsten wijzen uit dat die verhuizingen geleidelijk plaatsvonden. Germaanse stammen verhuizen in Europa van oost naar west en van noord naar zuid. Zo trekken de Angelen en Saksen door de Lage Landen naar het huidige Engeland om zich daar te vestigen. Dat verklaart de naam Engeland en het woord 'Angelsaksisch'. Andere Saksen vestigen zich in het Westen van het huidige Duitsland (Niedersachsen) en het Oosten van de Lage Landen. De Franken vestigen zich in de zuidelijke Lage Landen en breiden hun woongebied geleidelijk uit tot bijna heel het huidige Frankrijk. Andere stammen reizen door West-Europa richting Spanje en Italië.

Volksverhuizingen

Het resultaat van deze volksverhuizingen voor de Lage Landen is dat langs de kust in het Westen en het Noorden de Friezen wonen, in het Oosten de Saksen en in het Zuiden de Franken (figuur 3.1).

FIGUUR 3.1 De Lage Landen in de Tijd van *Monniken en Ridders*

Franken

Het zijn de Franken die in de *Tijd van Monniken en Ridders* een groot rijk opbouwen dat enigszins op het West-Romeinse Rijk gaat lijken. Aan het hoofd van de Franken staat een koning, die tevens legeraanvoerder is. Het rijk is persoonlijk eigendom van de vorst en wordt bij overlijden overgedragen aan de erfgenamen.
Eerst zijn er verschillende Frankische koningen maar omstreeks 500 weet de Merovingische koning Clovis de macht over alle Frankische stammen te verwerven. Hij laat zich in Reims tot christen dopen. Zo zorgt hij ervoor dat de Germaanse cultuur van de Franken en de cultuur van de oorspronkelijke bevolking in het gebied (de Gallo-Romeinen) dichter bij elkaar komen.
De Merovingische tijd is voor de Lage landen een tijd van bloei en rijkdom dank zij de handel. Hoewel schriftelijke bronnen daarvoor ontbreken wijzen de vele gouden bodemvondsten op rijkdom (zie ook figuur 3.8). De Merovingische jaren (400-700) zijn dan ook wel eens de 'Gouden Middeleeuwen' genoemd.
De Merovingische koning wordt bijgestaan door een hofmeier, die verantwoordelijk is voor de koninklijke hofhouding. In 751 zet hofmeier Pepijn de Merovingische koning af: de Merovingers worden als koningen 'afgelost' door de Karolingers. De belangrijkste Karolinger is Karel de Grote (figuur 3.2), die leeft omstreeks 800.

Karel de Grote

FIGUUR 3.2 Canon van Nederland: Karel de Grote

Hij trekt veelvuldig ten strijde met als doel zijn rijk uit te breiden. Zo voerde hij ongeveer dertig jaar oorlog om de Saksers te onderwerpen en veroverde hij het noordelijk deel van Italië en van Spanje. Zijn leger bestaat vooral uit ruiters en is moeilijk te verslaan. Voor Karel gaat het uitbreiden van zijn rijk en het bekeren van heidense stammen hand in hand. De paus roept verschillende keren de hulp van Karel in. Tijdens zijn verblijf in Rome Kerstmis 800 wordt Karel door de paus tot keizer – *Imperator Romanum* – gekroond. Hij wordt de *Keizer van het Avondland* (= West-Europa) en ook wel de *Vader van Europa* genoemd, omdat zijn rijk vrijwel heel West-Europa – het vroegere West-Romeinse Rijk zonder Spanje, Zuid-Italië en de Balkan – omvat.
Het hof, bestaande uit de koninklijke familie en de dienaren, reist van palts (paleis) naar palts. In de Lage Landen heeft hij zo'n palts in Nijmegen, het Valkhof. De inkomsten van het hof bestaan uit de opbrengsten van de koninklijke landgoederen, de grondbelasting, de markt- en tolgelden en de oorlogsbuit. Dat de paltsen niet omgeven zijn door verdedigingswerken maakt duidelijk dat Karel erin geslaagd is rust te brengen in zijn rijk.

Karel zorgt voor schriftelijke wetten en voor een goede organisatie van het rijk door het in te delen in gouwen, graafschappen en hertogdommen . Zo'n graaf, hertog of bisschop moet het gebied besturen: zorgen voor de openbare orde, de rechtspraak, de belastingheffing en de verdediging in de vorm van een leger bestaande uit ruiters (ridders) en voetknechten. Zo'n graaf krijgt het gebied in leen (feodum) van de leenheer. Dit systeem heet het feodaal stelsel of leenstelsel. Degene die het gebied in leen krijgt is de leenman of vazal. Hij kan zijn werk doen dankzij de inkomsten van de grond. Zo'n leen is niet-erfelijk. Karel stuurt zendgraven rond, die het werk van de graven controleren. Die bestuurders gaan de aristocratie in het Frankische rijk vormen.

Karel bevordert in zijn rijk ook de ontwikkeling van kunsten en wetenschappen. Aan zijn hof verblijven belangrijke intellectuelen, zoals zijn secretaris Einhard. Zelf is hij bijzonder geïnteresseerd in astronomie. Door de herle-

ving van de belangstelling voor cultuur uit de *Tijd van Grieken en Romeinen* wordt wel gesproken van de Karolingische Renaissance.
Uiteindelijk is Aken de meest favoriete palts van de keizer. In Aken zijn geneeskrachtige bronnen en de plaats is omgeven door bossen waar goed gejaagd kan worden. Hier sterft Karel in 814. Hij is in Aken in de paltskerk begraven. Die paltskerk is nu de Domkerk van Aken, waar Karels marmeren troon en zijn grafkist te bezichtigen zijn. Jaarlijks wordt in Aken de Karel de Grote-prijs uitgereikt aan iemand die zich verdienstelijk gemaakt heeft voor een Verenigd Europa. In 1996 kreeg Koningin Beatrix deze prijs.

Karolingische Renaissance

Over Karels leven weten we veel dank zij de biografie die Einhard van hem schreef *Vita Karoli Magni.* Karel is voor zijn tijd niet alleen groot van lichaam – vermoedelijk ongeveer 1.90 meter – maar vooral groot in zijn daden. Hij laat een rijk na met ongeveer vijftien miljoen inwoners. Zelf leeft hij voort in talloze ridderverhalen: bijvoorbeeld in *Karel ende Elegast.*

Einhard

3

Van Karels zonen overleeft alleen Lodewijk hem. Hij is niet geschikt om een rijk te besturen. Liever had hij zijn leven gewijd aan religieuze studie, vandaar zijn naam Lodewijk de Vrome. Hij krijgt te maken met steeds zelfstandiger opererende leenmannen en met nieuwe aanvallen op West-Europa, nu van de Vikingen.

Lodewijk de Vrome

Bij zijn dood in 840 laat hij het rijk na aan drie zonen, die onderling bij het Verdrag van Verdun (843) een verdeling maken in West-Frankenland (de basis voor het huidige Frankrijk), Midden-Frankenland en Oost-Frankenland (de basis voor het huidige Duitsland) (figuur 3.3).

Verdrag van Verdun

De keizerstitel gaat eerst naar het Middenrijk en later naar het Duitse Rijk. De Lage Landen (tot de Schelde) behoren eerst bij het Middenrijk en vanaf 925 bij Oost-Frankenland, het Duitse Rijk, en dat zal zo blijven tot het einde van de Tachtigjarige Oorlog in 1648.

Aan het einde van de achtste eeuw en in de negende eeuw zorgen Vikingen door hun strooftochten opnieuw voor onrust. Ze worden ook wel Noormannen genoemd. Het zijn bewoners van het huidige Noorwegen, Zweden en Denemarken, vermoedelijk boerenzonen, die thuis geen toekomst hadden. Met hun drakenschepen overvallen ze de kusten van Engeland, Schotland, Ierland en het vasteland van West-Europa, maar ook het huidige Rusland, op zoek naar rijkdommen. Ze landen met hun schepen op de kust of varen de rivieren op – in 839 varen 350 Vikingschepen de Theems op naar Londen –, overvallen plaatsen, vermoorden de mensen die ze tegenkomen en nemen waardevolle zaken mee. Zij komen steeds zeer onverwachts, zodat ze lange tijd totaal niet op weerstand stuiten. Herhaaldelijk vallen de Vikingen de Lage Landen binnen. Een geliefd plunderdoel is de handelsstad Dorestad (Wijk bij Duurstede) (figuur 3.4). Ze duiken echter ook op in Antwerpen, Gent, Utrecht, Deventer en Tiel.

Vikingen

In de tiende eeuw wordt het verzet tegen de invallen van de Vikingen succesvoller. Uiteindelijk – net als in de tijd van de volksverhuizingen – gaan groepen Noormannen zich vestigen, onder meer in Normandië. Zo is er sprake van een parallel tussen het begin van de *Tijd van de Monniken en Ridders* en het einde van dat tijdvak.

3

FIGUUR 3.3 Het Frankische Rijk valt uiteen in drie delen

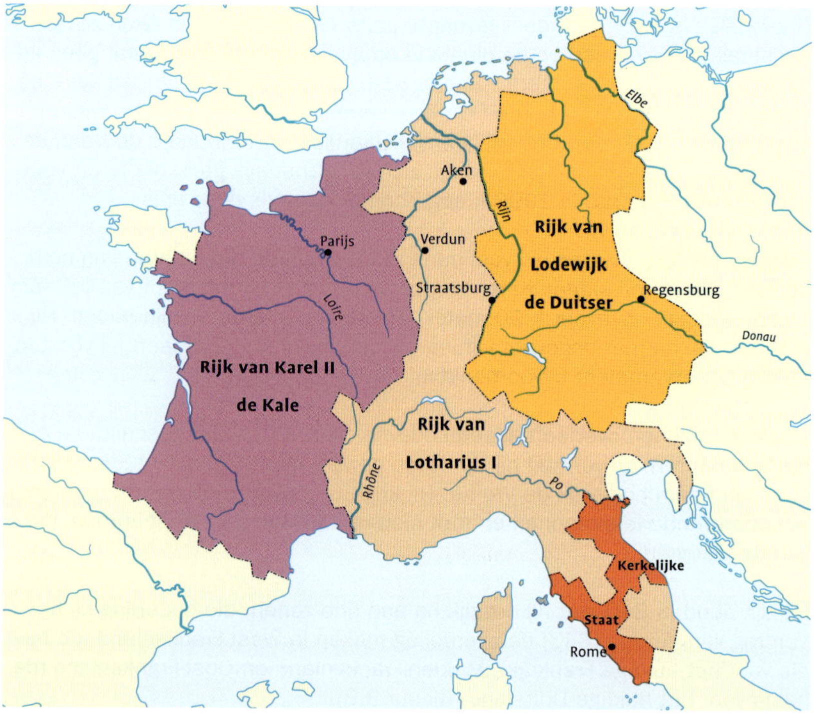

FIGUUR 3.4 De Noormannen voor Dorestad (geschiedeniswandplaat van J.H. Isings)

3.2 Strijd om de ziel

Na het vertrek van de Romeinen uit de Lage Landen zijn er alleen in het zuidelijk deel – met name in Maastricht – nog sporen van het christendom te vinden.

Germaanse goden

De Friezen, Franken en Saksen zijn Germaanse stammen. Zij aanbidden hun eigen Germaanse goden, zoals Wodan de oppergod en de god van de hemel, Freija de godin van de liefde en van de vrouwen, Tyr de god van de oorlog en Donar de god van de donder en de bliksem, de smeden en de boeren. Krijgers die in de strijd gesneuveld zijn, gaan naar het Walhalla. In de namen van de dagen van de week – dinsdag, woensdag, donderdag en vrijdag – zijn de namen van de Germaanse goden nog terug te vinden.

Bekering van Clovis

Omstreeks 500 bekeert de Frankische koning Clovis zich tot het christendom. Hiermee begint een nauwe samenwerking tussen het Frankische vorstenhuis en de kerk: de paus ondersteunt de verbreiding van het christendom onder de heidense volken via missionarissen en de vorst staat, daar waar nodig, de paus bij. Het is het begin van de opvatting die eeuwen van kracht zal blijven: één rijk, één vorst, één geloof. In West-Europa is dat rijk in de *Tijd van Monniken en Ridders* het Frankische rijk met eerst een Merovinger en later een Karolinger aan het hoofd en met het christendom als godsdienst. Oorlogen tegen heidense volkeren als de Saksen zijn dan ook heilige oorlogen. Die heidense volken verzetten zich tegen het christendom omdat bekering onderwerping aan de Franken betekent.

Kerstening

Willibrord

De kerstening (het christelijk maken) van de Lage Landen is verbonden met de namen van twee monniken: Willibrord (figuur 3.5) en Bonifatius.

FIGUUR 3.5 Canon van Nederland: Willibrord

Zij zijn afkomstig uit Engelse kloosters, en beiden zijn gegrepen door de idee het christendom te verbreiden onder heidense volkeren. Willibrord kwam het eerst, omstreeks 690. Van de Frankische koning mag hij aan het werk onder de Friezen vanuit het Romeinse fort in Utrecht, een nederzetting op de grens van het Friese en het Frankische gebied. De paus benoemt hem tot aartsbisschop onder de Friezen. Hij sticht in Utrecht kerken en een school om missionarissen op te leiden. De Friezen maken het hem knap lastig, zodat hij zo nu en dan moet uitwijken naar een klooster in Echternach (Luxemburg), maar uiteindelijk is hij met zijn bekeringsarbeid in de Hollandse kuststreek redelijk succesvol.

Bonifatius

De Angelsaksische monnik Winfrid maakt ongeveer dertig jaar later de oversteek naar het vasteland van Europa. De paus geeft hem de naam Bonifatius (= het ga je goed) en stelt hem aan als missionaris voor Germanië (Duitsland). Daar sticht hij kloosters (o.m. Fulda) en verbetert hij de kerkelijke organisatie. Vandaar dat hij geëerd wordt als de Apostel van Duitsland. Op hoge leeftijd besluit hij nog een poging te ondernemen om de Friezen te bekeren. In 754 – hij is dan 82 jaar – doet hij zendingswerk in de buurt van Dokkum. Daar wordt hij overvallen door Friezen, die hem doden en zijn bezittingen plunderen.

Liudger

Een van de bekendste leerlingen van de kloosterschool in Utrecht is Liudger. Zelf afkomstig uit het Oosten van de Lage Landen krijgt hij als missionaris de opdracht om het christendom te verbreiden in het Saksische gebied, maar hij is ook actief in het Noorden van de Lage Landen. Hij is een groot bewonderaar van Bonifatius en sticht ook kerken en kloosters. Zo verbreidt hij het christendom.

Kerstening is geen eenvoudige zaak. De eerste missionarissen gaan met geweld te werk: heilige eiken worden omgehakt, heidense heilige plaatsen worden vernield. Pas volgende generaties zendelingen pakken het anders aan: ze proberen het eerst met woorden. Van Bonifatius moet de uitspraak zijn: *Ik val aan, niet met wapens maar met woorden.* In aanwijzingen van pausen voor missionarissen wordt dan ook voorgesteld om heilige plaatsen van de heidenen om te bouwen tot christelijke heilige plaatsen en heidense feesten niet af te schaffen, maar te vervangen door christelijke. Uit de heiligenlevens over missionarissen blijkt een groot vertrouwen dat God hen persoonlijk bij hun bekeringsarbeid bijstaat. Zo worden nogal wat wonderen beschreven, zoals de genezing van een blinde zanger door Liudger.

Gevolgen van de kerstening

Door de kerstening verandert onder meer het begraven: het cremeren wordt afgeschaft, er wordt in en om de kerk begraven en dat gebeurt zonder grafgiften. Ook ontstaat de christelijke tijdrekening, in de zesde eeuw ontwikkeld door de monnik Dionysius en overgenomen door het Karolingische hof. In de regeringsstukken wordt voortaan gewerkt met een jaartelling, die begint met de geboorte van Christus.

Kloosters

De kloosters zijn van groot belang geweest voor de verspreiding van het christendom en voor het behoud en het doorgeven van de cultuur uit de *Tijd van Grieken en Romeinen.* Alle hiervoor genoemde missionarissen hebben van vorsten grond gekregen om een klooster te stichten en krijgen zo inkomsten voor hun missiewerk. Monniken en nonnen in de kloosters leven volgens de regels, zoals die in de eerste helft van de zesde eeuw opgesteld zijn door Benedictus van Nursia, de stichter van het klooster Monte Cassino in Italië. Er wordt geleefd volgens het principe Ora et Labora (Bid en Werk): bidden, studeren en werken. Dat houdt in: het maken van fraai versierde handschriften of het overschrijven van geschriften in de schrijfkamer (het scriptorium), het verzorgen van onderwijs in de kloosterschool, de zorg voor zieken, armen en reizigers, het bewerken van het land en het ontginnen van woeste gronden. In deze tijd werden er onder meer kloosters gesticht in Utrecht, St. Odiliënberg, Susteren en Egmond.

Islam

In de zevende eeuw ontstaat een nieuwe wereldgodsdienst, waar men in de Lage Landen totaal geen weet van heeft: de islam. Een koopman uit Mekka, Mohammed, sticht deze godsdienst in 622. Centraal staat de enige god Allah en Mohammed is zijn profeet. De engel Gabriël heeft Mohammed het heilige boek de Koran geopenbaard. Islam betekent onderwerping, de onderwerping aan Allah. Gelovigen moeten vijfmaal daags bidden, een keer in hun leven zo mogelijk Mekka bezoeken, vasten in de Ramadan, aardse middelen ter beschikking stellen van de samenleving en waar mogelijk de godsdienst verbreiden.
De Mohammedanen hebben een eigen tijdrekening die begint op 15 juni 623, de dag dat Mohammed de stad Mekka moest verruilen voor Medina.

Na de dood van Mohammed komt zijn politieke en religieuze macht in handen van kaliefs (opvolgers). De moslims hebben dan al een deel van Arabië in handen. Vervolgens worden heel Arabië, Irak en Syrië veroverd. Perzië, Egypte, en de rest van Noord-Afrika en grote delen van Spanje en Portugal

volgen. Zo ontstaat een groot Arabisch rijk. Arabieren steken ook wel de Pyreneeën over en zo stuiten ze in 732 in de buurt van Poitiers op Frankische legers, waar ze verslagen worden door Karel Martel (de grootvader van Karel de Grote), waarna ze terugkeren naar Spanje.
Het Moorse kalifaat groeide binnen een eeuw uit tot een wereldrijk. Met name op het Iberisch schiereiland ontstond een bloeiende Arabische cultuur, waar een stad als Córdoba nu nog van getuigt (figuur 3.6).

FIGUUR 3.6 Moskee in Córdoba, gebouwd vanaf de 8ste eeuw. UNESCO Werelderfgoed

Christelijke vorsten drongen na 1000 de Moren steeds verder terug richting Afrika. De herovering (reconquista) van heel Spanje en Portugal vond plaats in 1492. De laatste sultan in Spanje werd toen verdreven naar Marokko.

3.3 Strijd om het bestaan

In de *Tijd van Monniken en Ridders* zijn de Lage Landen dunbevolkt. Hele gebieden zijn onbewoond. Omstreeks 800 wonen er naar schatting 100.000 à 150.000 mensen in wat nu Nederland is. Na het vertrek van de Romeinen worden de Lage Landen vooral weer een agrarische samenleving. De akkerbouw staat vrijwel helemaal in het teken van zelfvoorziening. Het dagelijks leven wordt bepaald door de wisseling van de seizoenen.

Agrarische samenleving

Er is een duidelijk verschil tussen de sociale structuur in het noorden en het zuiden van de Lage Landen. In het Friese gebied en in het midden en oosten van de Lage Landen wonen vooral vrije boeren met eigen grondbezit. In het huidige Friesland en Groningen wonen ze op terpen, kunstmatige heuvels, die werden opgeworpen om bij hoogwater een droge plek te hebben. Het Friese gebied is onderdeel van handelsnetwerken, getuige de rijke bodemvondsten (zie figuur 3.8). In het oosten van de Lage Landen wonen de mensen in dorpen bijeen en hebben veelal weinig contact met de buitenwereld. Op de akkers worden landbouwproducten verbouwd, daarnaast zijn er de weiden voor het vee en is er de meent, de gronden die van iedereen in het dorp zijn.

Het zuidelijk deel van de Lage Landen kent een toplaag van aanzienlijken, die dankzij grondbezit de macht in handen heeft. Het aantal vrije boeren neemt in deze tijd af, omdat zij zich onder bescherming stellen van die aanzienlijken in ruil voor hun grondbezit. Op de grote landgoederen – de domeinen of villa's – werken horigen of lijfeigenen, die wel een stukje grond voor zichzelf hebben, maar een groot deel van de week voor de heer moeten werken en net als de slaven het domein niet mogen verlaten. Slavernij komt in de Lage Landen op grote schaal voor. Het gaat vooral om slaven, die op het land werken en daarnaast komen er huisslaven voor. Er wordt in deze tijd druk gehandeld in slaven: krijgsgevangenen en nakomelingen van slaven. Onder invloed van de christelijke kerk verdwijnt de slavernij tegen het einde van deze tijd, al trekken dan nog steeds handelaren met slaven door deze streken op weg naar de slavenmarkt in Verdun.

Slavernij

In het zuidelijk deel van de Lage Landen, daar waar de landgoederen liggen, ontwikkelt zich een hofstelsel. Het centrum van een domein wordt gevormd door de vroonhoeve (of villa): een woning met bijgebouwen, omgeven door akkers, weiden, bossen (jachtgebied) en woeste gronden. Een deel van de gronden is in eigen beheer van de grondeigenaar, een ander deel wordt bewerkt door pachters, die bij de grond horen (horigen). Zij mogen hun grond niet verlaten.De pacht wordt betaald in natura. Daarnaast moeten de horigen diensten op het land van de grondeigenaar verrichten: de herendiensten: hand- en spandiensten, zoals ploegen, zaaien, oogsten, dorsen en karrendiensten. Horigen werken veelal drie dagen van de week op de landerijen van hun heer en betalen van de opbrengst van het stukje land dat ze zelf bewerken, een deel van de opbrengst in natura in de vorm van varkens, kippen, eieren, boter en graan. Op de domeinen wonen en werken ook ambachtslieden, zoals timmerlieden, smeden, bakkers, brouwers, wagenmakers, leerlooiers en schoenmakers.

Hofstelsel

Horigen

Heer

De heer heeft speciale rechten, de zogenaamde heerlijke rechten: alleen de heer mag jagen in het bos (jachtrecht), alleen in de molen van de heer mag graan gemalen worden (maalrecht) en alleen in de brouwerij van de heer mag bier gebrouwen worden (brouwrecht).

De domeinen zijn eigendom van vorsten, van aristocraten (grootgrondbezitters) en van kerken en kloosters. De vorsten hebben het grondgebied van de Romeinse keizers in bezit genomen en delen ervan in leen gegeven aan aanzienlijken, die hen in ruil daarvoor met raad en daad en met soldaten moeten bijstaan. Tijdens de verbreiding van het christendom in West-Europa is veel grond geschonken aan kerken en kloosters.

Drieslagstelsel

De opbrengst van de landerijen is laag. Daar komt enige verbetering in met de overschakeling van een tweeslagstelsel naar een drieslagstelsel. In het tweeslagstelsel wisselen bebouwing en braak liggen elkaar jaarlijks af. In het drieslagstelsel wordt in het eerste jaar wintergraan (tarwe of rogge) gezaaid, in het tweede jaar zomergraan (gerst of haver) en in het derde jaar ligt het land braak.

Dank zij dit drieslagstelsel wordt meer haver geproduceerd dan voor de mensen nodig is. Daardoor wordt het mogelijk om ossen als trekdieren te vervangen door paarden. Paarden trekken de ploegen sneller en ze zijn wendbaarder. De invoering van een betere wijze van bespanning van de paarden via een houten halsjuk (het haam) maakt het paard nog beter inzetbaar voor het ploegen. Aan de menskracht, de trekkracht van de ossen en de waterkracht van de watermolens wordt nu de paardenkracht toegevoegd. Ook de ploeg wordt verbeterd.

Friese handel

Door het hofstelsel vervangen goederen het geld. Alleen voor het handelsverkeer is geld nog van belang. Juist uit deze tijd zijn heel wat munten uit Friesland in Europa gevonden. De Friezen ontwikkelen zich tot de handelaars van West-Europa, die goederen uit de Maas- en Rijnstreek en eigen goederen als het Friese laken transporteren naar Engeland en Scandinavië. Knooppunt van deze West-Europese handel wordt vanaf de zevende eeuw Dorestad, gelegen op de plek waar de Lek en de Kromme Rijn samenkomen. In de bocht in de rivier bouwen kooplieden over een afstand van wel twee kilometer hun opslagplaatsen, met daarvoor grote houten kaden naar de rivieroever (figuur 3.7).

Handel: Dorestad

3

FIGUUR 3.7 De handelskade van Dorestad

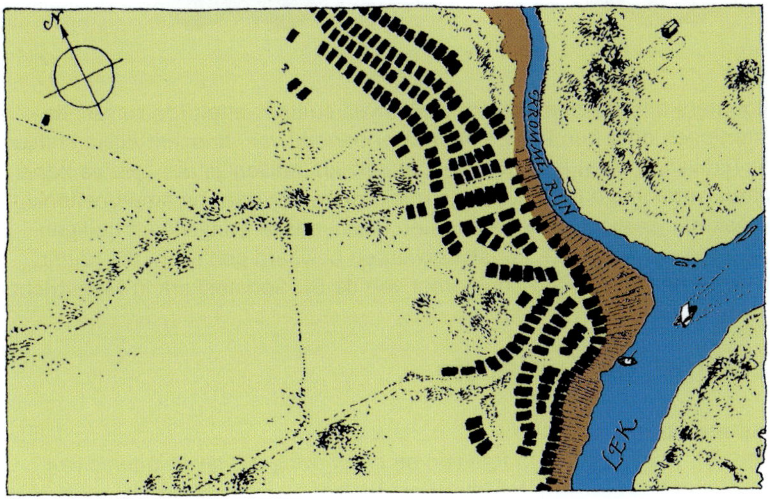

Dorestad is zowel vanuit de Noordzee als vanuit het Flevomeer goed bereikbaar. De handelaren in Dorestad zijn Friezen. Het gaat vooral om luxeproducten als wijn, aardewerk, glas, wapens, textiel, slaven, honing en barnsteen. In Dorestad worden eigen munten geslagen. De rijke uitstraling van Dorestad roept de begeerte op van de Vikingen, die in de negende eeuw maar liefst acht keer deze handelsplaats overvallen.

Het uiteenvallen van het grote Frankische rijk als achterland van Dorestad en de verzanding van de Kromme Rijn maken dat Dorestad in de negende eeuw geleidelijk verandert in een kleine boerennederzetting. De handel concentreert zich – overigens op kleinere schaal – in plaatsen als Utrecht, Tiel en Deventer.

Cultuur

Dat ook in onzekere tijden mensen in staat zijn om fraaie kunstvoorwerpen te maken, blijkt uit in de bodem gevonden sieraden, staaltjes van voortreffelijke edelsmeedkunst. Bijvoorbeeld een in een waterput in Dorestad gevonden broche en een mantelspeld, opgegraven in de terp van Wijnaldum. Het gaat om een stuk metaal, waarop randjes gezet zijn, waarin edelstenen geplaatst worden in de vorm van geometrische figuren en / of christelijke motieven (figuur 3.8).

FIGUUR 3.8 Een broche uit Dorestad en een mantelspeld uit Wijnaldum

De kloosters ontwikkelen zich tot centra van cultuur: enerzijds zorgen de kloosterlingen door hun kopieerwerk voor behoud van de schriftelijke cultuur uit de *Tijd van Grieken en Romeinen*, anderzijds maken zij zelf nieuwe handschriften, verluchtigd met prachtige miniaturen. Het gaat om kerkboeken, maar ook om jaarboeken, kronieken en levensbeschrijvingen van heiligen. Uit deze tijd zijn religieuze kunstvoorwerpen bewaard gebleven, die onder meer nu te zien zijn in de Schatkamer van de St. Servaaskerk in Maastricht.

Literatuur, een selectie

Naslagwerken

Mostert, M. (2009). *In de marge van de beschaving. De geschiedenis van Nederland 0–1100.* Amsterdam: Bert Bakker.

De Bosatlas van de Geschiedenis van Nederland (2011). *Merovingen en Karolingen 400-950* (hoofdstuk 3, blz. 68-95). Groningen: Noordhoff Uitgevers bv.

Speet, B. (2007). *De Tijd van Monniken en Ridders 500-1000* (Kleine Geschiedenis van Nederland). Zwolle: Waanders.

Canonvensters

Mostert, M. (1999). *754: Bonifatius bij Dokkum vermoord.* Hilversum: Verloren.

www.entoen.nu/willibrord

Mostert, M. (2004). Karel de Grote 747-814. In Kloek, E. (Ed.), *Verzameld verleden.* Hilversum: Verloren.

www.entoen.nu/kareldegrote

Ondersteuning via de website

Een uitgebreidere literatuurlijst en een selectie van museumcollecties bij dit hoofdstuk is te vinden op www.geschiedenisensamenleving.noordhoff.nl, evenals een samenvatting van dit hoofdstuk en een interactieve toetsenbank.

4

Tijd van Steden en Staten

(1000–1500)

De *Tijd van Steden en Staten* beslaat de periode van 1000 tot 1500, een belangrijk deel van de Middeleeuwen (500–1500). In deze tijd ontwikkelen zich steden tot belangrijke plaatsen van handel en nijverheid en wordt de samenleving weer agrarisch-stedelijk. In deze tijd ontstaan verschillende staten en staatjes.
Centrale vragen in dit hoofdstuk zijn:
- Welke politieke ontwikkelingen vinden in dit tijdak in de Lage Landen plaats?
- Hoe ziet de standenmaatschappij eruit?
- Wat zijn kenmerkende aspecten van het leven van geestelijken, edelen, ridders, stedelingen en plattelanders?
- Wat zijn kenmerkende aspecten van de cultuur in deze tijd?

Voor het primair onderwijs zijn uit de *Tijd van Steden en Staten* de belangrijkste onderwerpen:

Kenmerkende aspecten	Canonvensters
• Opkomst van handel en ontstaan van steden • Opkomst van stedelijke burgerij en toenemende zelfstandigheid van steden	• Hebban olla vogela. *Het Nederlands op schrift* • Floris V. *Een Hollandse graaf en ontevreden edelen* • De Hanze. *Handelssteden in de Lage Landen*

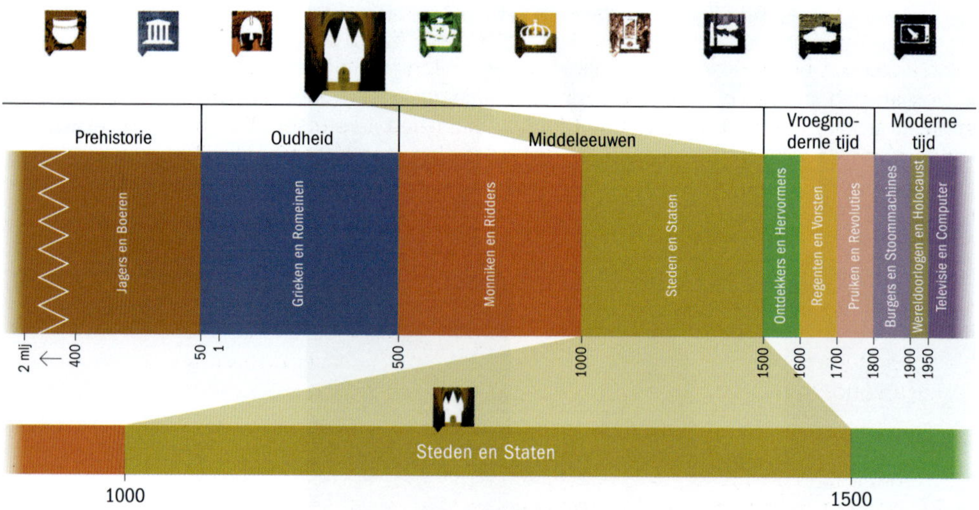

1000–1500 Agrarisch-stedelijke samenleving	
Vanaf tiende eeuw	Romaanse bouwstijl
Vanaf elfde eeuw	Ontwikkeling van steden in Europa Eerste Kruistocht
Omstreeks 1100	*Hebban olla vogala*
Vanaf midden twaalfde eeuw	Gotische bouwstijl
1296	Hollandse graaf Floris V door edelen vermoord
1302	Guldensporenslag (Kortrijk): een ridderleger wordt verslagen door voetvolk
1340	De Zwarte Dood, de pest slaat toe in Europa
Vijftiende eeuw	Bloei van de Hanze
1421	Elisabethsvloed: ontstaan van de Biesbosch
1428	Lage Landen worden geregeerd door het Bourgondische Huis onder Filips de Goede
Einde vijftiende eeuw	Het Habsburgse Huis regeert over de Lage Landen én over Spanje
1500: einde van de *Tijd van Steden en Staten* en van de Middeleeuwen en startpunt van de *Tijd van Ontdekkers en Hervormers* en van de Vroegmoderne Tijd	

4

4.1 De Lage Landen onder Bourgondiërs en Habsburgers

Twee staten

Aan het begin van de *Tijd van Steden en Staten* bestaat de erfenis van Karel de Grote en zijn zonen uit twee grote staten in Europa: het Westfrankenland en het Oostfrankenland. De Schelde is de grensrivier. Westfrankenland ontwikkelt zich tot het koninkrijk Frankrijk en Oostfrankenland tot het Duitse keizerrijk. In beide rijken geven de vorsten in ruil voor trouw en bescherming stukken grond in leen aan ridders: het leenstelsel (feodale stelsel). De ontvangers van de grond, de leenmannen, gedragen zich steeds onafhankelijker en zelfstandiger en gaan hun grondbezit niet langer meer als leen maar als privégrondbezit beschouwen. Formeel blijven ze trouw aan de leenheer, maar in feite worden ze onafhankelijke vorsten over een eigen staatje. Leenmannen zijn voortdurend uit op vergroting van hun grondbezit door middel van verovering, aankoop en door middel van huwelijken. In hun rijken ontwikkelen ze eigen vormen van bestuur en rechtspraak, eigen muntstelsels en eigen rechten voor de steden. Figuur 4.1 toont de verschillende staatjes in de Lage Landen omstreeks 1300.

Leenstelsel

De vorm van het huidige Nederland is al duidelijk aanwezig. Maar het beeld van Nederland in de *Tijd van Steden en Staten* wijkt nogal af van Nederland in de *Tijd van Grieken en Romeinen* (zie hiervoor figuur 2.8). Door de stijgende zeespiegel is Texel een eiland geworden, zijn grote delen van Holland en Zeeland onder water gekomen en is het Flevomeer uitgegroeid tot de Zuiderzee. Een grote stormvloed in 1421, de Elisabethsvloed, is verantwoordelijk voor het ontstaan van de Biesbosch. In figuur 4.1 zijn in verschillende kleuren de belangrijkste lenen in de Lage Landen aangegeven, die hierna kort de revue zullen passeren.

Sticht en Oversticht

Aan het begin van de *Tijd van Steden en Staten* is in de Lage Landen de bisschop van Utrecht als wereldlijk leider de machtigste leenman-vorst. Hij wordt benoemd door de Duitse keizer, die hem grote stukken grond in leen geeft. Naast het Sticht (Utrecht) is de bisschop leenman van het Oversticht, bestaande uit Overijssel, Drenthe en de stad Groningen. Wanneer de paus in 1122 de keizer verbiedt voortaan nog bisschoppen te benoemen, verliest de keizer zijn belangstelling voor zijn leenman in Utrecht.

FIGUUR 4.1 De Lage Landen omstreeks 1300

Friesland en de Groningse Ommelanden

Friesland en Groningen kennen in deze tijd geen eigen vorst, maar wel een aantal machtige edelen: de hoofdelingen. Zij bouwen versterkte huizen, die in het Friese gebied stinsen heten en in het Groningse gebied borgen.

Gelre en Brabant

Gelre is een graafschap met als belangrijkste steden Arnhem, Nijmegen en Zutphen. De graaf heeft flinke inkomsten uit de Rijntol bij Lobith. In Gelre wonen veel ridders, wat heden ten dage nog te zien is aan de vele, bewaard gebleven kastelen.
Brabant is een hertogdom met als belangrijke steden Leuven, Brussel, Antwerpen en 's-Hertogenbosch. De hertog stimuleert de handel van Antwerpen. Hij profiteert van de handelsroute van Keulen naar Antwerpen over land.

Holland en Zeeland

Rondom het klooster Egmond ligt het kerngebied van de graven van Holland. Zij proberen voortdurend hun gebied uit te breiden: naar het noorden in

West-Friesland, naar het oosten richting het Sticht en naar het zuiden richting Zeeland. Aan het einde van de dertiende eeuw lukt het graaf Floris V de West-Friezen te onderwerpen. Hij laat in zijn nieuwe gebieden burchten bouwen. Daarvan zijn nu nog kasteel Radboud in Medemblik en het Muiderslot over. Floris V is ook de graaf die – voortbouwend op het werk van zijn vader – 's-Gravenhage tot residentie maakt met een paleis, de Ridderzaal en het Binnenhof, waaromheen zich de nederzetting 's-Gravenhage ontwikkelt (figuur 4.2). Hij raakt in conflict met enkele leenmannen over de rechten die hij aan boeren had gegeven en wordt daarbij in 1296 vermoord.

FIGUUR 4.2 Canon van Nederland: Floris V: De Ridderzaal

Na verschillende graven en een gravin (Jacoba van Beieren) komen Holland en Zeeland in 1428 in bezit van een Frans vorstengeslacht: hertog Filips de Goede van het Bourgondische Huis. De Bourgondiërs streven naar een groot rijk tussen Frankrijk en het Duitse Rijk. Filips de Goede slaagt erin om een rijk op te bouwen dat behalve zijn stamland Bourgondië en het aangrenzende Franche-Comté bestaat uit Luxemburg, Limburg, Brabant, Henegouwen, Artois, Vlaanderen, Zeeland en Holland (zie figuur 4.4). Daardoor wordt hij formeel zowel leenman van de Franse koning als van de Duitse keizer. De vrij zelfstandige staatjes worden gewesten van het Bourgondische rijk centralisatie.

Filips de Goede
Bourgondiërs

4

Gewesten

Filips maakt tegen het einde van zijn regering Brussel tot hoofdstad. Figuur 4.3 toont het hof van Filips de Goede in 1448. Hij maakt er de gewoonte van om, als hij geld nodig heeft, de afgevaardigden van de verschillende gewesten een verzoek of bede te doen om belasting te mogen heffen. Wanneer deze afgevaardigden op één plaats bijeenkomen, ontstaat een vergadering van de afgevaardigden van de verschillende gewesten: de Staten-Generaal, die in 1464 voor het eerst bijeenkomt in Brugge.

FIGUUR 4.3 Het Bourgondische hof in 1448 met links van het midden Filips de Goede en rechts van hem zijn zoon Karel de Stoute (miniatuur uit Chroniques de Hainaut)

Filips de Goede probeert ook de edelen in zijn rijk aan zich te binden. Daartoe richt hij een speciale orde op, de Orde van het Gulden Vlies. Alleen de aanzienlijkste edelen kunnen lid van de Orde worden. De leden van de Orde mogen zich met het beleid van de hertog bemoeien en moeten geraadpleegd worden door de hertog als die een oorlog wil beginnen.

Karel de Stoute

Zijn zoon Karel de Stoute zet de uitbreidingspolitiek voort. Hij verovert Lotharingen, waardoor de rijksdelen beter op elkaar aansluiten (zie figuur 4.4). Hij hoopte van de Duitse keizer de koningskroon te krijgen, maar dat ging niet door. Zijn pogingen om ook Zwitserland aan zijn rijk toe te voegen mislukken.

FIGUUR 4.4 Het Bourgondische rijk van Filips de Goede (links) en van Karel de Stoute (rechts)

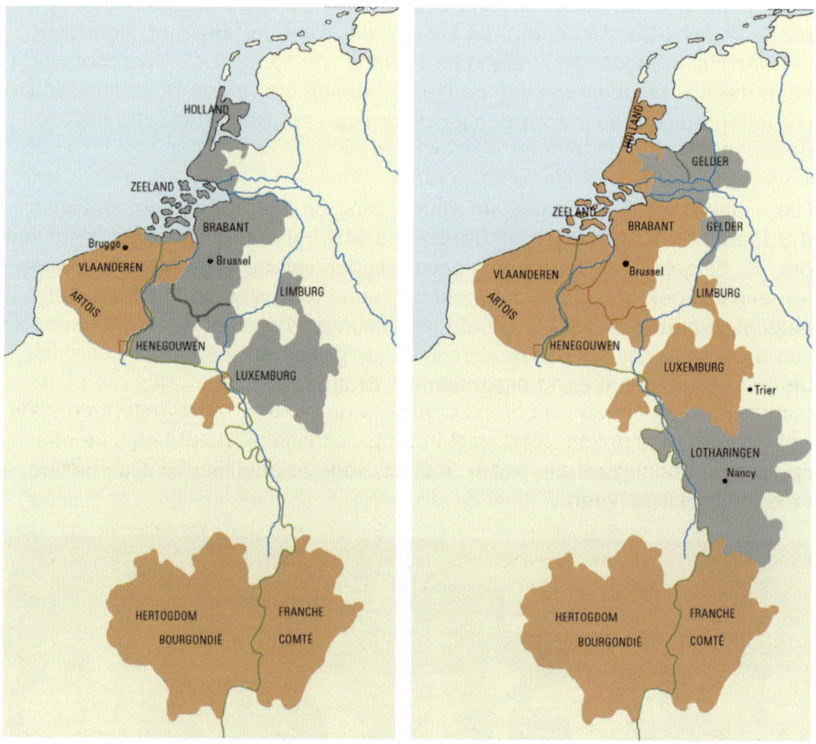

Tijdens zijn oorlog met de Zwitsers komen de Lotharingers in opstand en tijdens de hernieuwde strijd sneuvelt Karel de Stoute in 1477 bij Nancy.
Hij wordt opgevolgd door zijn dochter Maria, die door haar huwelijk met Maximiliaan, een zoon van de Duitse keizer, de Bourgondiërs verbindt met het

Habsburgse Huis

Habsburgse Huis. Hun zoon Filips de Schone neemt in 1494 het bestuur over het Bourgondische rijk over. Hij trouwt met de Spaanse Johanna en wordt zo tevens koning van Spanje. Door dit huwelijk worden het Bourgondische rijk – en dus een groot deel van de Lage Landen – verbonden met Spanje. Uit het huwelijk van Filips en Johanna wordt in 1500 een zoon geboren, die als Karel V een belangrijke rol zal spelen in de *Tijd van Ontdekkers en Hervormers*.

4.2 Geestelijken, edelen en ridders

De samenleving in de *Tijd van Steden en Staten* wordt gekenmerkt door de groei van steden, waardoor de samenlevingsvorm weer overgaat van een agrarische in een agrarisch-stedelijke. In die maatschappij ontstaat de indeling van de bevolking in standen, een indeling die het beeld van de samenleving tot omstreeks 1800 zal bepalen. Omdat het christendom een belangrijke samenbindende factor is in de Middeleeuwse samenleving, is de geestelijkheid de eerste stand (ongeveer 2% van de bevolking), de adel de tweede stand (ongeveer 3%) en de rest van de bevolking de derde stand.

Standen

4.2.1 Geestelijken

De kerkelijke macht is in handen van de eerste stand: de geestelijken. De leenheren en leenmannen vormen de wereldlijke macht. In de Middeleeuwse samenleving zijn de wereldlijke én de kerkelijke macht voortdurend aanwezig. Soms vallen ze zelfs samen: de bisschop van Utrecht is in deze tijd zowel geestelijk als wereldlijk leider en gaat zelfs gewapend met een zwaard te paard op veldtocht.

Geestelijken in soorten

De bekleders van de hoogste kerkelijke ambten als de abt en de abdis (de leiders van de kloosters), de bisschop en de aartsbisschop zijn veelal van adel. De priesters, de monniken en de nonnen komen veelal uit de vrijen voort. De opleiding van geestelijken vindt plaats op scholen, die verbonden zijn aan kerken en kloosters. Omdat geestelijken de kunst van het lezen en schrijven machtig zijn, verbinden vorsten geestelijken als klerk (schrijver, secretaris) aan hun hof.

Parochies

De belangrijkste kerkelijke organisatievormen in de samenleving zijn de parochies en de kloosters. In de parochies is de pastoor de vertegenwoordiger van de kerkelijke macht. Hij draagt in de parochiekerk in het Latijn de mis op. In de parochiekerk zijn aparte banken voor de adellijke familie en eventueel andere notabelen.
De parochiekerk wordt onderhouden via de bijdragen van de bewoners, de zogenaamde tienden. De kerk ontvangt jaarlijks een tiende deel van de opbrengsten, eerst in de tijd van de productenhuishouding in natura en later tijdens de geldhuishouding in geld. Van die opbrengsten worden de kerken en kapellen onderhouden, wordt er aan armenzorg gedaan en moeten de pastoor en zijn huishouding leven.

Kloosters

In kloosters trekken mensen zich terug die God willen dienen. Het kloosterlijk motto is Ora et Labora: bid en werk. Kloosterlingen besteden veel tijd aan bidden en studeren, maar ze werken ook. Zij zijn gebonden aan strenge regels en aan een strenge dagindeling. Figuur 4.5 toont een plattegrond van de benedenverdieping van een klooster.

Het hart van het klooster is de kloostertuin met in het midden veelal een waterput. Rondom de kloostertuin bevindt zich een overdekte kloostergang (figuur 4.6).

FIGUUR 4.5 Plattegrond van een klooster uit de *Tijd van Steden en Staten*

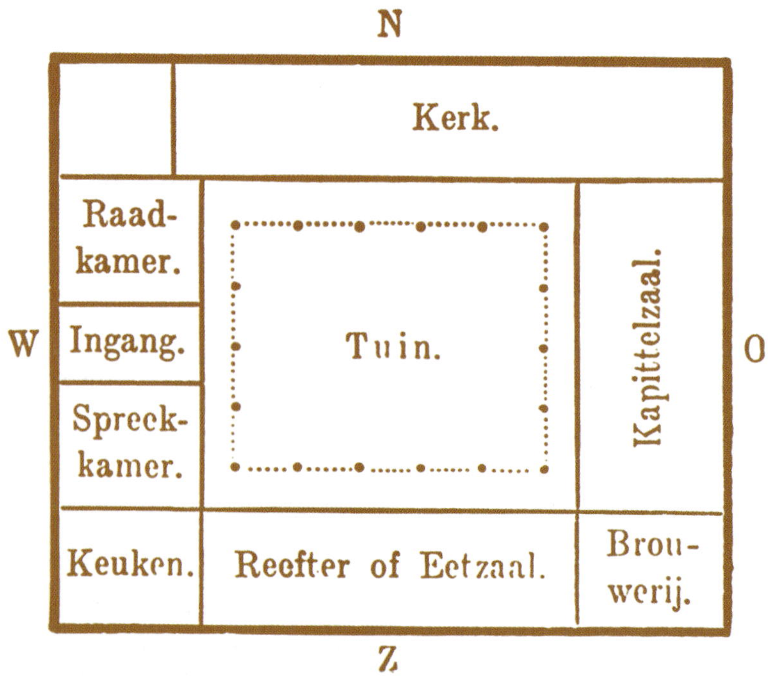

FIGUUR 4.6 Veertiende-eeuwse kloostergang van het klooster Ter Apel

Aan de zuidzijde op de plattegrond – de windrichting kan per klooster verschillen – bevinden zich de keuken, de eetzaal en de brouwerij, aan de oostzijde de vergaderzaal, aan de noordzijde de kerk en aan de westzijde de ingang en kamers met speciale bestemmingen als een spreek- en raadkamer. De tweede verdieping bevat naast de slaapzalen en de ziekenzaal de bibliotheek (de librije) en de schrijfkamer (het scriptorium). Omstreeks 1500 zijn er – zowel op het platteland als in de steden – ongeveer 500 kloosters in de noordelijke Lage Landen.

Naast bidden en studeren in de librije verrichten de monniken een grote variatie aan werkzaamheden. Ze werken in de kloostertuin, waar onder meer geneeskrachtige kruiden verbouwd worden. Monniken werken in de keuken en de brouwerij om te zorgen voor eten en drinken voor de kloosterlingen. Andere monniken werken in de schrijfzaal aan het afschrijven van handschriften op perkament. Dat is een moeilijk en tijdrovend werk. Zo is bekend dat aan een in Utrecht gemaakte bijbel veertien jaar gewerkt is! Ook zijn monniken bezig met het verzorgen van gasten en zieken en met godsdienstonderwijs voor de jeugd uit de omgeving van het klooster. Bij menig klooster kunnen de verschoppelingen van de samenleving – onder anderen blinden, kreupelen en melaatsen – een maaltijd krijgen.
Binnen de kloosters wordt in toenemende mate een handwerk beoefend dat producten oplevert die ook voor de verkoop zijn. Zo zijn er kloosters met weverijen en ontwikkelen kloosterbrouwerijen een verkooplijn van hun (abdij) bier. Er is ook het nodige handwerk te doen buiten het klooster dank zij de vele schenkingen in de vorm van landerijen, die de kloosters ontvangen. Monniken hebben de leiding over het landbouwbedrijf (de uithof) en over de ontginnings- en bedijkingswerkzaamheden. Plaatsnamen als Monnikendam en Kloosterburen herinneren hier nog aan. De uitvoering van de werkzaamheden is in handen van lekenbroeders en pachters.

4.2.2 Edelen en ridders

Het machtigste deel in de samenleving vormen de edelen. Uit hun midden komen de vorsten voort. Het merendeel van de edelen is ook ridder. In feite is een ridder een ruiter, die met zijn paard ingezet kan worden voor oorlogvoering en om bescherming te bieden. Niet alle edelen zijn ridder: er zijn ook edelen die geestelijke zijn of herenboer. En niet alle ridders zijn edelen. Edele word je door geboorte, ridder word je via een opleiding, en die opleiding is vooral weggelegd voor zonen van edelen.

Page en schildknaap

Het opleidingstraject kent twee fasen: vanaf ongeveer zeven jaar de fase van dienaar (page) en vanaf ongeveer het veertiende jaar de fase van schildknaap. Een page werkt op een kasteel voor de kasteelheer. Daar leert hij paardrijden en oefenen in het steekspel. Maar ook bedienen aan tafel, soms een beetje lezen en schrijven en in ieder geval zich ridderlijk gedragen met name tegenover vrouwen.
Als schildknaap zorg je voor het paard van de heer en voor zijn wapenrusting. Een schildknaap gaat mee op de jacht en naar het slagveld. Als de schildknaap na ongeveer vier jaar zich moedig in de strijd getoond heeft, kan hij tot ridder geslagen worden. De heer geeft de knielende schildknaap met zijn zwaard de ridderslag (op de schouder). De aanstaande ridder legt een eed van trouw af. Ten slotte wordt hij gezegend door een priester.

Uitdrukkingen

Aan het ridderleven in de Middeleeuwen danken we een groot aantal uitdrukkingen:

- met open vizier strijden
- de handschoen opnemen
- voor iemand in het strijdperk treden
- voor iemand een lans breken
- voor iemand in de bres springen
- iets in zijn schild voeren
- hoog van de toren blazen

Kastelen

De edelen en ridders wonen in kastelen. De oudste vorm van een kasteel is de woontoren, eerst van hout en later van steen (donjon). In verschillende kastelen is de oorspronkelijke woontoren nog terug te vinden, bijvoorbeeld in het kasteel Bergh in 's-Heerenberg (figuur 4.7).

FIGUUR 4.7 Kasteel Bergh in 's-Heerenberg met duidelijk herkenbaar de donjon

Andere woorden voor kasteel zijn steen, stein en stins, wat terug te vinden is in namen als Loevestein. Het kasteelterrein is omgeven door grachten met ophaalbruggen. Via zo'n brug kom je door de poort – veelal met een valhek. Die poort is onderdeel van de verdedigingsmuur rondom het kasteel, een borstwering met kantelen. Een wachter speurt constant het omliggende terrein af. Op de binnenhof bevindt zich een waterput en rondom de binnenhof liggen de woongedeelten en de stallen. De burchtzaal is het belangrijkste vertrek met bij de ramen zitbanken (vensterbanken). Aan de muren hangen wandtapijten, de voorgangers van het behang. Gegeten wordt van ruwhouten tafels. Als bestek is er naast een mes alleen een lepel. Eten doe je met de handen en de botten zijn voor de honden. De verlichting vindt plaats via olielampen en vanaf de veertiende eeuw met kaarsen. 's Winters is de verwarming een probleem. De open haarden, met hout en turf als brandstof, geven maar voor een beperkt deel van de ruimten warmte. Gevangenen krijgen veelal een plaats in de kelderruimten. Mooie voorbeelden van kastelen in de Lage Landen met een geschiedenis die teruggaat tot in de Middeleeuwen zijn onder meer het Muiderslot, slot Loevestein en kasteel Bergh (figuur 4.7).

Ontspanning

In een kasteel is – zeker in de winter – weinig te beleven. De meeste bewoners kunnen niet lezen. Daarom zijn gasten welkom, gasten die iets kunnen vertellen over de wereld buiten het kasteel: marskramers, berenleiders, rondreizende zangers (minstreels en troubadours) en jongleurs. Meer vertier is buiten het kasteel te vinden in de vorm van de jacht en in de vorm van toernooien. De edelen gaan regelmatig in hun jachtdomeinen op jacht op herten, wolven, vossen, beren en wilde zwijnen. Het vlees van de dieren wordt opgegeten, want vlees is in deze tijd het hoofdvoedsel. De rijksten onder de edelen jagen met afgerichte valken: de valkenjacht.
Een geliefde sport is het houden van wapenoefeningen in de vorm van steekspelen en toernooien. Een toernooi is een hele gebeurtenis, waar ridders uit de directe omgeving tegen elkaar ten strijde trekken tot er uiteindelijk één winnaar overblijft. Die overwinnaar gaat naar huis met een nieuwe wapenrusting, met een paard of met goud (figuur 4.8).

FIGUUR 4.8 Een toernooi in de Middeleeuwen (geschiedeniswandplaat van J.H. Isings)

Oorlog voeren

Oorlog voeren is de belangrijkste bezigheid van de ridders. Er zijn ook ridders die zich specialiseren als roofridders. Voor de strijd is een goede wapenrusting van groot belang. Over een hemd draagt een ridder een maliënkolder, bestaande uit ijzeren ringetjes. Zo'n maliënkolder reikt tot aan de knieën. Vanaf de veertiende eeuw dragen ridders een harnas, bestaande uit

een halsstuk, borst-, arm- en beenplaten. Op het hoofd draagt de ridder een helm, veelal met een fraaie pluim. Die helm is met een helmklep of vizier te sluiten, waardoor de tegenstander niet meer kan zien wie hij tegenover zich heeft. Verder behoren bij de uitrusting een zwaard, een lans, een dolk en een schild, waarop het wapen van de ridder geschilderd is.
In oorlogstijd belegeren de legers kastelen en steden. Er wordt geprobeerd de gracht over te komen via een houten brug of een dam. Met een katapult (een blijde) worden grote stenen of brandende fakkels over de kasteel- of stadsmuur geworpen. Ook wordt een stormram (een grote, zware balk met een metalen kop) opgesteld. Ter plekke wordt een belegeringstoren (een evenhoghe) gebouwd, soms wel drie verdiepingen hoog, van buiten bekleed met natte huiden. Vanaf iedere verdieping wordt dan aangevallen: vanuit de onderste lagen wordt geprobeerd een bres te slaan in de muur en vanaf de bovenste laag wordt geprobeerd over de borstwering het kasteel binnen te komen.
Vanaf de vijftiende eeuw zijn er dank zij de uitvinding van het buskruit kanonnen, die gevuld worden met buskruit, een dot katoen en een stenen of ijzeren kogel. Een lont zorgt voor de ontploffing van het buskruit, waardoor het kanonschot afgaat. Kanonnen hebben al snel zoveel kracht, dat stenen muren er niet meer tegen bestand zijn.

Achteruitgang

De achteruitgang in macht van de adelstand in de late Middeleeuwen heeft vooral te maken met de verdere ontwikkeling van de geldeconomie. Voortaan huren de vorsten soldaten en betalen deze met geld: de huurlegers. Financiers van de vorsten worden kooplieden en bankiers.

4.3 Stedelingen en plattelanders

De bewoners van de steden en van het platteland vormen samen na de geestelijkheid en de adel de derde stand.

4.3.1 Stedelingen

In de *Tijd van Steden en Staten* is er in toenemende mate sprake van groei van de inwonersaantallen in de steden: de stedelingen. Voortdurend vindt er migratie plaats van het platteland naar de stad. Veelal voor geld kopen steden van hun landsheer voorrechten in de vorm van stadsrechten:

Stadsrecht

- een eigen bestuur
- eigen verdedigingswerken
- het recht om markten te houden
- vrijstelling van tol
- horigen die naar de stad trekken, worden na een jaar én een dag vrije burgers (poorters)

Zo ontstaan in het landschap zelfstandige bestuurlijke eenheden, die ook zo vorm krijgen, dat ze te verdedigen zijn: omgeven met grachten, ophaalbruggen, stadsmuren en poorten. Hun rechten worden op schrift gesteld. De oudste stadsrechten zijn die van Hoei uit 1066 in de zuidelijke Lage Landen. In de noordelijke Lage Landen zijn er enkele stadsrechten uit de twaalfde eeuw, maar de meeste stammen uit de dertiende eeuw of later (zie tabel 4.1).

Tabel 4.1 Enkele steden en het jaar van hun stadsrechten

Utrecht	1122
's-Hertogenbosch	1185
Deventer (ongeveer)	1200
Maastricht	1204
Geertruidenberg	1213
Middelburg	1217
Dordrecht	1220
Zwolle	1230
Nijmegen	1230
Harderwijk	1231
Arnhem	1233
Lochem	1233
Haarlem	1245
Delft	1246
Alkmaar	1254
Vlaardingen	1273
Hattem	1299
Amsterdam (ongeveer)	1300
Appingedam	1327
Rotterdam	1340
Assen	1809
's-Gravenhage	1811

Stedennamen

In een aantal gevallen verraadt de naam van de stad iets van de oorsprong. IJsselstein – stadsrecht in 1331 – is ontstaan bij een kasteel (stein). Utrecht (1122) en Amersfoort (1259) zijn ontstaan bij een doorwaadbare plaats: een trecht of een voorde. En plaatsen op -dam, zoals Amsterdam (1300), Edam (1357) en Rotterdam (1340), zijn ontstaan bij een dam.

Leven in een stad

De inwoners van een stad komen van het platteland. 'Stadslucht maakt vrij' is een uitdrukking die betrekking heeft op de Middeleeuwen: een gevluchte horige kan een vrije burger worden als niemand hem of haar binnen een jaar en een dag opeist. Nog steeds wordt de uitdrukking 'sinds jaar en dag' gebruikt.
Dat een stad niet alleen maar gericht is op handel en nijverheid, maar ook nog een agrarische functie heeft, blijkt uit de varkens die rondlopen in de straten en uit de namen die nog herinneren aan agrarische activiteiten, namen als de Koepoort en de Kalverstraat.
Het grondoppervlak binnen de verdedigingsmuren van een stad is beperkt en stadsuitbreiding is kostbaar. Zo wordt de stadsruimte, die eerst nog wel open stukken kent, volledig volgebouwd, wat resulteert in smalle straatjes. De hoofdstraat is veelal geplaveid, maar de verdere straten en stegen zijn modderpaden. De gewoonte om het huisvuil op straat te gooien, maakt dat een wandeling door de stad tot onaangename verrassingen kan leiden. Gebrek aan hygiëne en slecht drinkwater maken de stadsbevolking kwetsbaar voor besmettelijke ziekten. Bij herhaling komen er hongersnoden voor in de veertiende en vijftiende eeuw, gevolgd door epidemieën.

Zwarte Dood

Daar komt in het midden van de veertiende eeuw de Zwarte Dood bij: de uiterst besmettelijke ziekte de pest. Vanaf 1347 verbreidt deze ziekte zich vanuit Centraal-Azië langs de handelsroutes naar Europa. In drie jaar sterven in West-Europa ongeveer 25 miljoen mensen aan deze ziekte (ongeveer een derde van het totaal). Ook in later tijden zijn er pestepidemieën. Pestlijders krijgen zwarte builen in de oksels en een zwarte huid, lijden vreselijke pijnen en overlijden vrij snel na de besmetting. Die besmetting wordt vooral door vlooien van de ene op de andere mens overgebracht. In 1349 worden in de Lage Landen de eerste gevallen van pest geconstateerd en al snel trekt de ziekte van streek naar streek, slachtoffers makend onder alle standen. De ziekte veroorzaakt een enorme paniek in Europa; niemand heeft een idee wat de oorzaak van al die sterfgevallen is. Een van de theorieën in die tijd is dat de lucht bedorven is en er gezorgd moet worden voor frisse lucht. Een andere verklaring wordt gezocht in bedorven drinkwater.

Brandgevaar

Naast ziektes is brand het andere grote gevaar voor stedelingen. In vrijwel alle Middeleeuwse steden is wel eens brand geweest. De huizen zijn uiterst brandbaar met hun rieten daken en houten wanden. Vervanging van deze huizen door stenen huizen met pannen op het dak is een kostbare zaak. Daar herinnert de uitdrukking 'hij is onder de pannen' nog aan. Het verstenningsproces van de steden komt in de veertiende eeuw goed op gang, onder meer door het beleid van stadsbesturen. Toch kent iedere stad nog heel lang een torenwachter, die 's avonds – met name met het oog op brandgevaar – in de kerktoren de wacht houdt over de stad.

Veiligheid

Voor de veiligheid gaat 's avonds na het luiden van de klok de ophaalbrug omhoog en de poorten worden gesloten. Reizigers kunnen de stad dan niet meer in. Vandaar dat er vaak buiten de stad niet ver van de poort een herberg te vinden is. De stedelingen moeten hun stad ook tegen gevaren van buitenaf kunnen verdedigen. Dat is de taak van de schutterij, stadssoldaten, die zich in de Doelen – een naam die nog op veel plaatsen voorkomt onder meer als hotelnaam – oefenen, eerst met bogen en later met vuurwapens.

Bestuur

Een onderdeel van het stadsrecht is het eigen stadsbestuur, dat zowel voor bestuur als rechtspraak te zorgen heeft. Het bestuurscollege, dat in eerste instantie verantwoordelijk is voor de handhaving van de orde en rust, wordt gevormd door de schepenen, onder leiding van een schout. Voor dit bestuur bouwt de stad een stadhuis. Hier wordt door de schepenen vergaderd. Al gauw worden deze bijgestaan door raden, die zich in de vijftiende eeuw ontwikkelen tot de vroedschap (een college van wijze mannen). Deze vroedschap wordt geraadpleegd in belangrijke stedelijke aangelegenheden. De schepenen zorgen voor het opstellen van de keuren, de stedelijke voorschriften op het gebied van recht, orde en veiligheid. Uitvoerende taken worden in handen gegeven van burgemeesters, die uit de schepenen en raden gekozen worden.
De belangrijkste taken van een stadsbestuur zijn:

- de handhaving van recht, vrede en veiligheid door middel van stedelijke keuren
- de regeling van het marktwezen (prijzen, maten en gewichten, de kwaliteit van onder meer brood en bier)
- bevorderen van de handel via een waag, een goederenkraan en verkoophallen (vleeshallen, lakenhallen, vishallen)
- de instandhouding van de verdedigingswerken (figuur 4.9) en de organisatie van de schutterij

FIGUUR 4.9 De Helpoort in Maastricht, onderdeel van de stadsommuring in de dertiende eeuw

Om die taken uit te voeren heeft de stad schrijvers in dienst en een stedelijk secretaris (veelal een juridisch raadsman).
De inkomsten van de stad bestaan vooral uit accijnzen, indirecte belastingen op onder meer brood, bier, vlees, boter en zout. Daarnaast zijn er inkomsten uit stadsbezittingen en de opbrengsten van de waag, de kraan en de verkoophallen.
De financiën worden vastgelegd in stadsrekeningen.

Handel

Een belangrijk aspect van het stedelijk leven is de handel. Tot de belangrijkste stedelingen behoren de kooplieden. Die handel speelt zich op lokaal niveau af rondom de Waag en op de week- en jaarmarkten, die de stad mag organiseren. Maar in de *Tijd van Steden en Staten* vindt er in toenemende mate handel op internationaal niveau plaats, waarbij de Lage Landen een belangrijke tussenhandelpositie gaan innemen. Een stad als Kampen is in deze tijd een belangrijke handelsplaats, waar goederen uit heel Europa op de kade te vinden zijn (figuur 4.10).

Ommelandvaart

Die handel heeft betrekking op het Rijnland (zandsteen en wijn), op Frankrijk (wijn en zout), op Engeland (wol), maar bovenal op het Oostzeegebied – met name het Zweedse schiereiland Schonen – voor graan, hout en haring. De vaart op het Oostzeegebied heet de Ommelandvaart, de vaart rondom Jutland naar de Oostzee. Als vrachtschip fungeert de kogge, een scheepstype dat geschikt is om een behoorlijke lading te vervoeren (figuur 4.11). Bij het droogleggen van de Flevopolders zijn enkele wrakken van koggeschepen tevoorschijn gekomen.

FIGUUR 4.10 Hanzestad Kampen in 1441 (geschiedeniswandplaat van J.H. Isings)

FIGUUR 4.11 Een koggeschip uit de vijftiende eeuw

In de dertiende eeuw sluit een groot aantal handelssteden in het Duitse rijk (inclusief de noordoostelijke Lage Landen) zich aaneen tot een grote handelsorganisatie de (Duitse) Hanze (figuur 4.12).

Hanze

De belangrijkste Duitse handelssteden van de Hanze zijn Bremen, Hamburg en het hoofdkwartier van de Duitse Hanze Lübeck. Hanzekooplieden stichten in verschillende handelssteden in Europa handelsnederzettingen: in Rusland (Novgorod), in Zweden (Schonen), in Vlaanderen (Brugge en Antwerpen), in Engeland (Londen) en in Noorwegen (Bergen). Bij de Duitse Hanze sluiten zich onder meer de volgende steden in de noordelijke Lage Landen aan: Nijmegen, Zwolle, Groningen, Arnhem, Roermond, Kampen en Zutphen. Jaarlijks sturen deze steden hun afgevaardigden naar de Hanzevergaderingen in Lübeck. Naast onderlinge belangenbehartiging is de veiligheid van de schippers een voortdurend onderwerp van gesprek op de Hanzevergaderingen. Zo moeten de Hanzesteden een vloot uitrusten om Oost-Friese zeerovers, onder leiding van Claus Stortebeker, te bestrijden.

FIGUUR 4.12 Canon van Nederland: Een Hanzestad

Nijverheid

In de steden woont en werkt een groot aantal ambachtslieden. Een handschrift uit 1340 uit Brugge geeft een enorme opsomming van handwerkers en neringdoeners, zoals wolwevers, volders, scheerders, ververs, beenhouwers, vishandelaren, schrijnwerkers, metselaars, leidekkers, loodgieters, stukadoors, strodekkers, smeden, goudsmeden, tingieters, schoenmakers, leerbereiders, beurzenmakers, handschoenmakers, sokkenmakers, kleermakers, bakkers, houtwerkers, molenaars, hoedenmakers, zadelmakers, prententekenaars, kuipers, wagenmakers, houtdraaiers, meubelmakers, kaarsenmakers, behangers, linnenwevers, barbiers, pottenbakkers, wijnlossers, touwslagers en schippers.

Gilde

Om een van die beroepen uit te kunnen oefenen, moet je poorter (vrije burger) zijn en lid van de organisatie van beroepsbeoefenaren, het gilde. Gildelid word je na een leerproces: van leerling bij een meester, via gezel en het afleggen van een meesterproef naar het meesterschap, oftewel het volwaardig lidmaatschap van het gilde. Gildeleden verlenen elkaar – onder meer bij overlijden – onderling steun, komen voor elkaars belangen op en hebben in de plaatselijke kerk een eigen kapel voor hun beschermheilige. Een gilde kan zelf bepalen hoeveel plaats er is voor gildeleden, omdat het zelf de meestertitels uitdeelt. Veelal wonen de beoefenaren van één beroep in dezelfde straat of wijk. Straatnamen als de Smedenstraat of de Stoeldraaierstraat herinneren hier nog aan.

Guldensporenslag

Steden ontwikkelen zich al snel tot een machtsfactor waarmee rekening gehouden moet worden. Dat komt tot uitdrukking in een veldslag, die in 1302 plaatsvindt bij Kortrijk tussen een ridderleger en een leger bestaande uit stedelijk voetvolk. De ridders trekken aan het kortste eind: na de door hen verloren slag ligt het strijdperk bezaaid met gesneuvelde ridders en hun sporen schitteren in de ondergaande zon. Die sporen zijn in de plaatselijke kerk opgehangen. Met deze slag, die bekend staat als de Guldensporenslag, loopt de Riddertijd ten einde.

4.3.2 Plattelanders

De plattelanders maken deel uit van de derde stand. Zij zorgen voor het voedsel van de andere standen.

Van horigheid naar vrije pachters

De adel heeft voor de bewerking van de grond mensen nodig. In het begin van de *Tijd van Steden en Staten* is dat geregeld in de vorm van de horigheid. De horige families behoren bij de grond: ze mogen niet weg, ze hebben toestemming van de heer nodig om te trouwen, ze mogen niet op eigen initiatief een ambacht leren, ze moeten herendiensten verrichten voor de heer en een deel van de opbrengst van hun eigen stukje land en van hun eigen dieren afdragen aan de heer. Hun koren moeten ze laten malen in de molen van de heer. Jagen in de bossen is het voorrecht alleen van de heer, die ook hun rechter is. Wanneer een horige boer overlijdt gaat zijn bezit over

naar de heer. In latere tijd wordt dit aangepast en krijgt de heer de helft en nog weer later mag de heer een keuze maken.
De overschakeling van de productenhuishouding naar de geldhuishouding, gekoppeld aan de ontwikkeling van steden met vrije burgers, maakt dat het systeem van horigheid geleidelijk verdwijnt. In Brabant wordt omstreeks 1200 het vervolgingsrecht afgeschaft: ontvluchte horigen hoeven niet meer teruggebracht te worden. De Hollandse graaf Floris V heeft de bijnaam 'der keerlen god' vanwege zijn maatregelen ten gunste van de horigen in het laatste kwart van de dertiende eeuw: horigen mogen voortaan verhuizen en hun zoons mogen erven bij het overlijden van hun vader. In de ontginning van nieuwe gebieden vinden ex-horigen werk en grond: niet meer als horige, maar als vrije pachter.

Dorpen

In de buurt van kastelen ontstaan dorpen, waar eerst nog zowel vrijen als onvrijen wonen. De onvrijen verzorgen onder leiding van een rentmeester het voedsel voor de heer, die met zijn gevolg vaak rondtrekt van landgoed naar landgoed. Soms bestaat zo'n gezelschap wel uit honderd mensen. Er zijn landerijen die bewerkt moeten worden, vee dat verzorgd moet worden, visvijvers, herten- en konijnenparken en duivenhokken. Ook zijn er ambachtslieden die zowel voor de heer als voor de vrijen werken, zoals de smid, de timmerman, de wagenmaker, de mandenmaker en de kuiper. Wekelijks is er in het dorp een markt en één keer per jaar een grote jaarmarkt met ook handelslieden van buiten het dorp.

4.4 Cultuur in de *Tijd van Steden en Staten*

In de *Tijd van Steden en Staten* groeit in Europa het beschavingsniveau, neemt het alfabetisme toe en ontwikkelen de volkstalen zich naast het Latijn. De cultuur wordt gestimuleerd door opdrachten van de kerken, de vorsten en de steden.

Onderwijs

Onderwijs wordt verzorgd op scholen bij de kerken. Bij de grotere kerken zijn dat de Latijnse scholen, waarvan in de vijftiende eeuw de scholen van Zwolle, Deventer en 's-Hertogenbosch enige faam hebben. Wie verder wil studeren moet op reis.
Universiteiten – scholen waar de universitas (het geheel) bestudeerd kan worden: theologie, kerkelijk recht, wereldlijk recht en medicijnen – ontstaan in de twaalfde eeuw in Parijs en Bologna. In de dertiende eeuw volgen onder meer universiteiten in Oxford, Padua en Siena. Voor de Lage Landen zijn in de vijftiende eeuw belangrijke universiteiten in Keulen en Leuven.

Volkstaal

Handschriften in volkstalen zijn bewaard gebleven vanaf de twaalfde eeuw. De oudst bekende regel in het Middel-Nederlands of het Diets luidt: '*Hebban olla vogala nestas hagunnan hinase hic anda thu, wat unbidan we nu?* (figuur 4.13) – Hebben alle vogels nesten begonnen behalve ik en jij, wat wachten we nu?' Die volkstaal wordt ook gebruikt als administratietaal in de steden en bij de vorsten.

De literatuur bestaat onder meer uit heiligenlevens als het levensverhaal van *Sint Servaes* van Heinric van Veldeke (omstreeks 1170), Karelverhalen, liefdesliederen, ridder- en Arthurromans.

In het midden van de vijftiende eeuw wordt een manier uitgevonden om boeken te drukken. Die eer komt de Duitser Gutenberg toe, al is in de Lage Landen Laurens Jansz. Coster in dezelfde tijd aan het experimenteren met losse letters.
Omstreeks 1475 kennen de Lage Landen al verschillende drukkerijen, onder meer in Deventer, Haarlem en Delft. De elites blijven nog geruime tijd de voorkeur geven aan vooral uit Utrecht afkomstige handschriften met fraai versierde miniaturen.

FIGUUR 4.13 Canon van Nederland: Hebban olla vogala

Boekdrukkunst

Schilder- en beeldhouwkunst

De schilder- en beeldhouwkunst zijn bij uitstek de kunst van de kerk: de miniaturen in de handschriften, de beeldhouwwerken, de muurschilderingen en de altaarstukken in de kerken. Vanaf de veertiende eeuw wordt een schilderstijl ontwikkeld, die bekend geworden is als die van de Vlaamse primitieven met als belangrijkste representant Jan van Eijck. Een belangrijke ontwikkeling binnen de schilderkunst is in deze tijd de toepassing van het perspectief.

Architectuur

De architectuur wordt bepaald door de opdrachtgevers: de kerkelijke autoriteiten laten steeds grotere kerken, de kathedralen, bouwen, edelen en vorsten laten kastelen en paleizen bouwen en de stedelingen zijn de opdrachtgevers van verdedigingswerken (poorten en muren), stadhuizen en koopmanshuizen.
In de architectuur van de kerken ontwikkelt zich aan het einde van tiende eeuw de Romaanse stijl met als belangrijkste kenmerken massiviteit en geslotenheid. Bouwtechnisch overheerst de halfronde boog. De kerken kennen een iets hoger middenschip en een halfrond koor. Een mooi voorbeeld van deze Romaanse bouwstijl in de Lage Landen is de O.L. Vrouwekerk in Maastricht.
Het grondpatroon van de kerk blijft grotendeels bestaan als vanaf omstreeks 1150 in Frankrijk de Gotische stijl ontwikkeld wordt. Kerken in deze stijl zijn niet meer zo massief, maar luchtig met veel ruimte voor licht. De halfronde boog maakt plaats voor de spitsboog. Om hoger – naar de hemel reikend – te kunnen bouwen wordt gewerkt met spitsbogen, steunberen en ook met luchtbogen. Er is nu minder plaats voor muurschilderingen, wat opgelost wordt met rosetten met gekleurd glas, zoals in de Notre Dame in Parijs en met altaarstukken (figuur 4.14).

Mooie voorbeelden in de Lage Landen zijn de Domkerk in Utrecht (met een voor die tijd indrukwekkend hoge toren) en de St. Jan in 's-Hertogenbosch.

Rooms-katholicisme

Het rooms-katholicisme is de enige godsdienst in West-Europa in deze tijd. Doordat de kerken en kloosters voortdurend schenkingen ontvangen, blijkt het moeilijk om de evangelische idealen te handhaven. De *Tijd van Steden en Staten* kent daarom voortdurend hervormingsbewegingen. Nieuwe kloosterorden, zoals de Franciscanen en de Dominicanen, vestigen zich als bedelorden in de steden. De kritiek op de kerk blijft groeien. Een hervormingsbeweging in de Lage Landen als de Moderne Devotie, ontstaan in het laatste kwart van de veertiende eeuw krijgt een enorme aanhang: omstreeks 1500 zijn er 97 kloosters aangesloten bij de overkoepelende Congregatie van Windesheim. Een belangrijke representant van deze hervormingsbeweging is Geert Grote, een zoon van een koopman in Deventer. Zijn boete- en zedenpreken trekken veel aandacht. Hij pleit voor terugkeer naar de zorg voor de naaste in plaats van geld, tijd en energie te steken in objecten als de bouw

FIGUUR 4.14 Bouwelementen uit de Gotiek

van de Domtoren in Utrecht. Ook keert hij zich tegen de handel in aflaten, brieven die na aanschaf het verblijf in het vagevuur zullen verkorten.

Pelgrims

De behoefte aan een persoonlijke vorm van devotie blijkt uit het groeiend aantal bedevaartgangers. Pelgrims maken lange voettochten naar Rome, Santiago de Compostella (Spanje) en Jeruzalem (het Heilige Land). Ze doen dat vrijwillig of als boetedoening. Pelgrims die naar het Heilige Land trekken, krijgen het moeilijk als na 1050 islamitische heersers daar de baas worden. De paus roept in 1095 op tot bevrijding van de heilige plaatsen. Die oproep

Kruistochten

leidt tot de kruistochten, die onder het motto 'God wil het' vanaf 1096 plaatsvinden. Legers trekken naar het Heilige Land met het doel de gewijde plaatsen te bevrijden van de Mohammedanen, al trekken er ook avonturiers mee belust op buit. De leider van de eerste kruistocht Godfried van Bouillon verkoopt een deel van zijn bezittingen om op kruistocht te kunnen. Wanneer het lukt om in 1099 Jeruzalem te veroveren wordt hij de eerste Beschermer van het Heilige Graf. Steeds nieuwe legers moeten oostwaarts. In 1187 gaat Jeruzalem weer verloren. In 1217 gaat Willem I, graaf van Holland, op kruistocht en verovert Damiate in Egypte. Er zijn verschillende kruistochten geweest, waaronder ook een Kinderkruistocht, die overigens het Heilige Land niet bereikt heeft.
In 1291 gaat het laatste christelijke steunpunt in het Heilige Land verloren. Het oorspronkelijke doel wordt op de lange termijn dus niet bereikt. Maar dank zij de Kruistochten ontstaat er wel een levendige handel tussen Venetië en Genua en het oostelijk deel van het Middellandse-Zeegebied in producten als zijde, specerijen, suiker en rijst.

Literatuur, een selectie

Naslagwerken

Blockmans, W. (2010). *Metropolen aan de Noordzee 1100-1560.* Amsterdam: Bert Bakker.

De Bosatlas van de Geschiedenis van Nederland. (2011). *Graven en hertogen 950-1350* (hoofdstuk 4, blz. 96-135) en *Bourgondische en Habsburgse tijd 1350-1555* (hoofdstuk 5, blz. 136-179). Groningen: Noordhoff Uitgevers bv.

Speet, B. (2008). *De Tijd van Steden en Staten 1000-1500* (Kleine Geschiedenis van Nederland). Zwolle: Waanders.

Canonvensters

Oostrom, F. van (2006). *Stemmen op schrift. Geschiedenis van de Nederlandse literatuur vanaf het begin tot 1300* (blz. 93-107). Amsterdam: Bert Bakker.

http://entoen.nu/hebbanollevogala

Cordfunke, E.P.H. (2011). *Floris V. Een politieke moord in 1296.* Zutphen: Walburg Pers.

http://entoen.nu/florisv

Brand, H. & Knol, E. (red). (2009). *Koggen, Kooplieden en Kantoren. De Hanze een praktisch netwerk.* (Groninger Hanze Studies, 4). Hilversum: Verloren.

http://entoen.nu/hanze

Ondersteuning via de website

Een uitgebreidere literatuurlijst en een selectie van museumcollecties bij dit hoofdstuk is te vinden op www.geschiedenisensamenleving.noordhoff.nl, evenals een samenvatting van dit hoofdstuk en een interactieve toetsenbank.

5
Tijd van Ontdekkers en Hervormers

(1500-1600)

De *Tijd van Ontdekkers en Hervormers* – het tijdvak van 1500 tot 1600 – is een overgangstijd tussen traditie en vernieuwing. Traditionele ideeën leven voort, maar botsen met vernieuwende inzichten. Die inzichten zijn veelal individuele inzichten: individuen, die zich verzetten tegen wat gangbaar is, daar vraagtekens bij zetten en alternatieven bedenken. De naam voor de tijd brengt dit tot uitdrukking.
Centrale vragen in dit hoofdstuk zijn:

- Wie ondernamen ontdekkingsreizen en wat waren daarvan de consequenties?
- Hoe is de kerkscheuring ontstaan?
- Hoe is uit de Zeventien Nederlanden onder Habsburgs bestuur de onafhankelijke Republiek der Zeven Verenigde Nederlanden ontstaan?

Voor het primair onderwijs zijn uit de *Tijd van Ontdekkers en Hervormers* de belangrijkste onderwerpen:

5

Kenmerkende aspecten	Canonvensters
• Het begin van de Europese overzeese expansie • De Opstand en het ontstaan van een onafhankelijke Nederlandse staat	• Erasmus. *Een internationaal humanist* • Karel V. *De Nederlanden als bestuurlijke eenheid* • De Beeldenstorm. *Godsdienststrijd* • Willem van Oranje. *Van rebelse edelman tot 'vader des vaderlands'* • De Republiek. *Een staatkundig unicum*

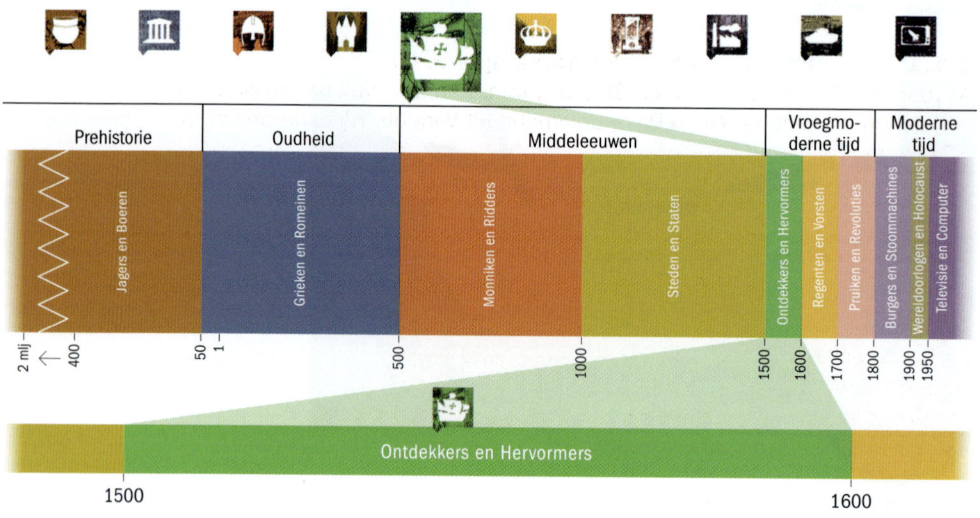

1500-1600 Agrarisch-stedelijke samenleving	
1492	Columbus ontdekt Amerika
1498	Vasco da Gama bereikt India
1515-1555	Karel V Heer der Nederlanden
1517	Hervorming
1548	Bourgondische Kreits: Zeventien Nederlanden
1555-1581	Filips II Heer der Nederlanden
1566	Smeekschrift van Edelen
1566	Beeldenstorm
1568-1648	Tachtigjarige Oorlog
1568	Slag bij Heiligerlee
1572	Inname Den Briel
1579	Unie van Atrecht en Unie van Utrecht
1580	Willem van Oranje in de ban
1581	Plakkaat van Verlatinge: afzetting Filips II
1584	Willem van Oranje vermoord
1588-1795	Republiek der Zeven Verenigde Nederlanden
1595-1597	Eerste reis naar Indië via de Kaap: De Houtman
1596-1597	Mislukte reis om de Noord van Barentsz: overwintering op Nova Zembla

1600: einde van de *Tijd van Ontdekkers en Hervormers* en begin van de *Tijd van Regenten en Vorsten*, een vervolg van de Vroegmoderne Tijd.

5

5.1 Europeanen op ontdekkingsreis

De wereld was voor de Middeleeuwer beperkt tot Europa en de kusten van de Middellandse Zee. Dat de wereld veel groter is, daar hadden de Middeleeuwers weinig idee van.

5.1.1 Eerste fase van de ontdekkingsreizen

Al voor de *Tijd van de Steden en Staten* waren er initiatieven om de wereld te verkennen. Bekend is Marco Polo, afkomstig uit Venetië. Hij onderneemt in 1271 een reis naar Cathay oftewel China, heen over land en terug deels over zee. Hij verblijft 26 jaar aan het hof van de Mongoolse keizer en reist diens hele rijk door. Eenmaal terug doet hij verslag van zijn reizen en zo is hij de eerste Europeaan, die bericht heeft over het Verre Oosten. **Marco Polo**

In de late vijftiende en de vroege zestiende eeuw vinden de eerste initiatieven voor echte ontdekkingsreizen plaats. Het doel is een weg te vinden naar Indië en daar zelf – onafhankelijk van Arabische kooplieden – de zo begeerde specerijen te halen. Die eerste initiatieven om een bevaarbare route naar Indië te vinden, komen uit Portugal en Spanje.

Portugezen varen zuidwaarts. Daar zijn de Canarische eilanden en de Azoren de laatst bekende gebieden. Er is veel moed voor nodig om verder langs onbekende kusten van Afrika te varen. In 1486 bereikt Bartholomeus Diaz de meest zuidelijke punt van Afrika: Kaap de Goede Hoop. Er kan om Afrika heen gevaren worden, een nieuwe oceaan ligt daar om ontdekt te worden. **Diaz**

Ook aan het Spaanse hof bestaat interesse in het vinden van een scheepvaartroute naar Indië. Daar meldt zich de Genuees Christophorus Columbus, die er heilig van overtuigd is dat de wereld rond is en dat je Indië ook kunt bereiken door naar het westen te varen. Zijn ideeën worden weggewuifd in Genua. De Portugese koning ziet er geen heil in. Koningin Isabella **Columbus**

van Castilië is bereid hem een kans te geven om de juistheid van zijn ideeen aan te tonen.
Met drie schepen, de Pinta, de Niña en de Santa Maria, 120 opvarenden en proviand voor een jaar vertrekt Columbus in augustus 1492. Op 12 oktober 1492 is er land in zicht.
Columbus neemt het in bezit en noemt het San Salvator. Het gaat om het eiland Guanahani. Columbus noemt de bewoners van het eiland Indianen. Hij is er heilig van overtuigd dat hij Indië ontdekt heeft.
Na zeven maanden en twaalf dagen zet Columbus weer voet op Spaanse bodem.
Koningin Isabella maakt hem tot Don Christophorus Columbus, onderkoning en gouverneur van de in Indië ontdekte eilanden. In Barcelona krijgt Columbus een zegetocht door de straten. Meegevoerd worden allerlei exotische goederen als kokosnoten, gouden kronen, maar ook enkele dieren en roodwit beschilderde Indianen (figuur 5.1).

FIGUUR 5.1 Columbus met zijn schatten aan het Spaanse hof

Nog driemaal reist Columbus naar het westen, naar West-Indië. Zijn hele leven blijft hij ervan overtuigd, dat hij Indië ontdekt heeft. Een Italiaanse ontdekkingsreiziger Amerigo Vespucci, in Spaanse en Portugese dienst, reist na Columbus westwaarts en beschrijft wat hij daar aantreft. Naar hem wordt het land 'Amerika' genoemd. De Spanjaarden vestigen hun gezag in de nieuw ontdekte gebieden. Naar het moederland gaan scheepsladingen goud en zilver, maar ook allerlei voor Europa nieuwe producten als maïs, aardappelen, tomaten en tabak.

Da Gama

De Portugezen zetten na de ontdekking van Kaap de Goede Hoop hun ontdekkingsreizen voort en het is Vasco da Gama die in 1498 in India landt. De Portugezen stichten handelsposten en weten zo de Arabische tussenhandelaren uit te schakelen. Voortaan gaan de specerijen rechtstreeks vanuit Azië naar Lissabon en vandaar verder naar West-Europa.

De paus regelt op basis van de ontdekkingsreizen de grenzen tussen de Portugese en Spaanse gebieden. Die regeling wordt vastgelegd in het Verdrag van Tordesillas, dat gesloten wordt in 1494. Er wordt een grens getrokken op 1.750 km ten westen van de Kaapverdische Eilanden. Westelijk van deze lijn is het gebied Spaans, ten oosten ervan Portugees. Daardoor ligt Brazilië – als enige gebied in Zuid-Amerika – in het Portugese deel.

Verdrag van Tordesillas

De Portugees Fernao Magelhaes – in eigen land miskend – meldt zich aan het Spaanse hof van Karel V. Hij is ervan overtuigd dat er in de Nieuwe Wereld een doorgang is en dat via die doorgang de specerijeneilanden makkelijk te bereiken zijn. Karel V is uitermate sceptisch over het plan, maar laat zich uiteindelijk in 1518 overhalen om aan Magelhaes vijf schepen ter beschikking te stellen met 256 opvarenden en voor twee jaar proviand. De vloot vertrekt in september 1519 en vaart zuidwaarts. Magelhaes krijgt te maken met ernstige muiterij en verlies van schepen. Maar de (nauwe) straat, die later naar hem Straat Magelhaes genoemd zal worden, wordt ontdekt en na een lange reis worden in maart 1521 de Filippijnen bereikt. In de strijd met bewoners sneuvelen Magelhaes en een groot aantal van zijn mannen. Maar één schip bereikt Spanje in september 1522 met nog maar achttien manschappen. Deze achttien opvarenden zijn de eerste mensen die een reis om de wereld gemaakt hebben.

Magelhaes

5.1.2 Tweede fase van de ontdekkingsreizen

In de late zestiende en vroege zeventiende eeuw vindt de tweede fase van de ontdekkingsreizen plaats. Nu zijn het de Hollanders en de Engelsen die voor zichzelf een weg naar Indië willen zoeken, echter in noordelijke richting (‘om de Noord’). Daarnaast staat ook het vinden van de route die de Portugezen volgen om naar Indië te varen op het wensenlijstje van de kooplieden. Spanje heeft in 1580 Portugal ingenomen. Daardoor wordt de handel in specerijen via Lissabon weliswaar niet onmogelijk, maar vanwege de oorlogssituatie in de Lage Landen (zie paragraaf 5.3) wel heel risicovol.

De Portugezen houden alle gegevens over hun route naar de Oost geheim. Dat de Hollanders toch de beschikking krijgen over deze gegevens hebben zij te danken aan Jan Huygen van Linschoten uit Enkhuizen, die geruime tijd in Portugese dienst was. Bij zijn terugkeer naar de Lage Landen in 1592 heeft hij een pakket aantekeningen bij zich van alles wat hij – door eigen aanschouwing – te weten gekomen is: *Itinerario ofte Schipvaert naer Oost ofte Portugaels Indiën.* Hij adviseert overigens om niet naar India maar naar Indië te varen omdat de Portugezen zich daar nauwelijks vertonen.

Van Linschoten

Van Linschotens beschrijving van de reis om Kaap de Goede Hoop betekent niet dat de plannen, die gemaakt worden om een eigen weg te vinden om de Noord, in de ijskast gaan. Het idee is dat er ten noorden van Nova Zembla een ijsvrije zee moet zijn. De kust van Siberië wordt een stuk kleiner ingeschat dan hij in werkelijkheid is, zodat er gerekend wordt op een kortere en snellere reis naar Indië dan via Kaap de Goede Hoop. Twee reizen, waarbij steeds de Terschellinger Willem Barentsz (figuur 5.2) betrokken is, lopen op niets uit: een vrije doorgang door het ijs is niet gevonden.

Barentsz

Een derde poging start in mei 1596 onder leiding van opnieuw Barentsz. Hij zoekt bij Nova Zembla naar een doorgang, maar die is niet te vinden. Het schip raakt ingesloten door het ijs en de bemanning moet overwinteren in een zelf gebouwd onderkomen Het Behouden Huys (figuur 5.3).

FIGUUR 5.2 Standbeeld Willem Barentsz op Terschelling

FIGUUR 5.3 Het Behouden Huys op Nova Zembla 1596-1597

Bij het vertrek in juni 1597 wordt in de schoorsteen een brief achtergelaten, die als volgt begint:

> 'Alzoe wij van borgemeestern van Amsterdam uytghesonden sijn Anno 1596 om bij Noerden naer de landen van China te varen (...)'.

Met twee sloepen verlaten de mannen Nova Zembla. Onderweg overlijdt Barentsz. De overige bemanningsleden weten de kust te bereiken en uiteindelijk terug te keren naar de Lage Landen. Duidelijk is geworden dat een noordoostelijke doorvaart destijds niet mogelijk is. Een van de bemanningsleden, Gerrit de Veer, heeft een dagboek bijgehouden, waarin verslag gedaan wordt van de moeizame overwintering. De restanten van Het Behouden Huys zijn in later tijd archeologisch onderzocht. Veel geografische namen, zoals de Barentszee, herinneren aan de Hollandse pogingen om via de Noord naar Indië te reizen.
De speurtocht naar een noordelijke doorvaart wordt in 1609 voortgezet door de Engelsman Hudson in dienst van de Verenigde Oost-Indische Compagnie. **Hudson** Ook hij stuit op ijs in de buurt van Nova Zembla. Daarna beproeft hij zijn geluk in noordwestelijke richting. Hij ontdekt de Hudson Baai en de Hudsonrivier, alwaar een handelspost uit zal groeien tot Nieuw-Nederland. Maar een bevaarbare doorvaart naar Indië om de Noord is (nog) niet gevonden.

Amsterdamse kooplieden besluiten gezamenlijk een poging te wagen Indië te bereiken langs de Portugese weg om Kaap de Goede Hoop. Zij richten daartoe een Compagnie van Verre op om het risico van zo'n verre reis te delen. Voorjaar 1595 vertrekken vier schepen onder leiding van De Houtman. **De Houtman** De reisjournalen maken melding van windstiltes, bedorven eten, ondrinkbaar bier en scheurbuik, een vreselijke ziekte, die heel wat slachtoffers vergt. Maar Indië wordt bereikt in de zomer van 1596. Het komt zelfs tot een overeenkomst met een inlandse vorst voor de levering van peper. Voor de terugreis is er te weinig bemanning en een van de schepen wordt verbrand. In 1597 komen de drie overgebleven schepen bij Texel aan (figuur 5.4 en figuur 5.5). Duidelijk is nu dat de reis om de Kaap mogelijk is en in het volgende jaar vertrekken verschillende schepen richting Indië.

FIGUUR 5.4 De eerste reis om Kaap de Goede Hoop onder leiding van De Houtman, 1595-1596

De eerste reis naar Indië.

Waarmee Cornelis de Houtman in 1595 de reis ondernam.

Waarmee hij in 1597 terugkwam.

Elk figuur stelt 10 zeelieden voor

Een van die reizen in 1598 wordt georganiseerd door de Magelhaese Compagnie. Die reis gaat niet in de richting van de Kaap maar naar de zuidpunt van Zuid-Amerika. Met vier schepen vertrekt de Rotterdamse zeeman-kaper

Olivier van Noort

Olivier van Noort om via Straat Magelhaes naar Indië te varen. Met maar één schip en een kleine lading specerijen keert Van Noort via Kaap de Goede Hoop in 1601 terug naar de Lage Landen. De eerste 'Nederlanders' hebben een reis om de wereld gemaakt (figuur 5.5).

FIGUUR 5.5 Kaart van de ontdekkingsreizen vanuit de Lage Landen tijdens de tweede fase van de ontdekkingsreizen

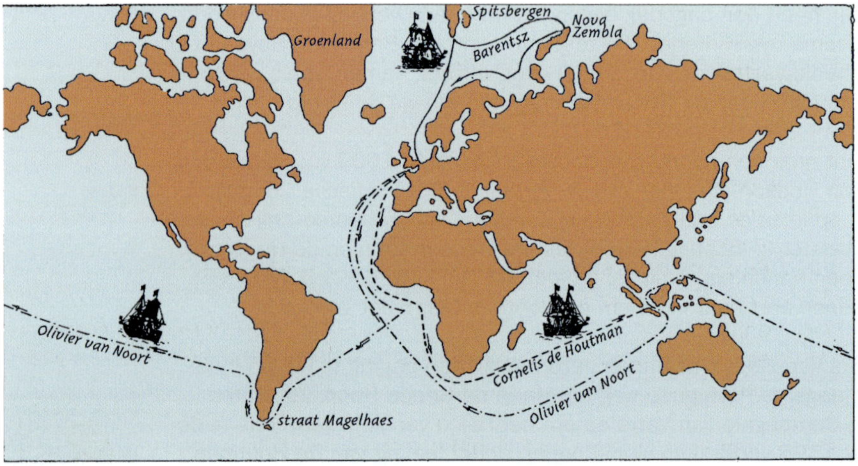

5

5.1.3 De basis voor het kolonialisme

De eerste en de tweede fase van de ontdekkingsreizen hebben ervoor gezorgd dat Afrika, Amerika en delen van Azië hun plaats gekregen hebben op de wereldkaart. Witte vlekken – terra incognita – in het noordpoolgebied worden ingevuld via de zoektochten naar de noordelijke doorvaart. Hoewel de handel de hoofddoelstelling is, zijn door deze ontdekkingsreizen de fundamenten gelegd voor het kolonialisme.

Kolonialisme

Na de ontdekkingsreizigers komen Spaanse veroveraars naar Amerika, eerst naar Cuba, vervolgens naar Mexico. De bewoners van deze gebieden, Inca's en Azteken, worden onderworpen en veelal tot slaven gemaakt. Omdat ze niet beschikken over paarden, staal en vuurwapens kunnen ze niet tegen de Spaanse legers op. De gebieden worden koloniën van Spanje en leveren goud en zilver. De Indianen zijn niet bestand tegen ziekten als griep, mazelen en pokken die door de Spanjaarden meegebracht worden. Daardoor sterven ze massaal.
Portugezen en Spanjaarden stichten plantages, grote landbouwbedrijven, waar één product verbouwd wordt. Eerst is dat suiker, later ook tabak, cacao of koffie. Op die landbouwbedrijven en ook in de mijnen worden Indianen gedwongen aan het werk gezet. De Spaanse priester Las Casas weet keizer Karel V zover te krijgen dat deze Indianenslavernij verboden wordt. De Spaanse en Portugese kolonisten gaan dan zwarte slaven uit Afrika halen. Die blijken beter geschikt te zijn voor het werk in de mijnen en op de plantages.
De Portugezen vestigen zich ook in delen van Afrika en Azië. De Engelsen richten zich eerst vooral op Noord-Amerika. Het gaat de Hollanders vooral om de handel. Zij vestigen buiten Europa handelskantoren, onder meer in Indië.

5.2 Het ware geloof als inzet

Aan het begin van de *Tijd van Ontdekkers en Hervormers* is er in Europa één kerk, de rooms-katholieke kerk, aan het einde van die tijd (omstreeks 1600) kent Europa verschillende kerkgenootschappen. Dit proces van scheuring van de kerk heet de Hervorming of de Reformatie: de inzet is steeds het ware geloof.

Hervorming

Vanuit Italië via de vorstenhoven van Europa komen nieuwe ideeën naar de Lage Landen: de Renaissance. De naam betekent letterlijk 'wedergeboorte' en staat voor de herleving van het gedachtegoed van de klassieke Oudheid. De Renaissance betekent terug naar de bronnen: de klassieke schrijvers, de oorspronkelijke Bijbelteksten en de cultuur van de Oudheid (onder meer de bouwkunst). Renaissance betekent: afzetten tegen wat er geweest is in de periode tussen de Oudheid en het toenmalige heden: de barbaarse tussenperiode, de Media Aetas oftewel de Middeleeuwen. En zo is de naam voor een historische periode ontstaan.

Renaissance

Europa kent in deze tijd internationaal georiënteerde geleerden, de humanisten. Zij reizen veel en geven onderweg colleges. Zij corresponderen met elkaar in het Latijn. En zij maken studie van de oorspronkelijke geschriften van de klassieken in het Latijn, Grieks en Hebreeuws. Hun uitgangspunt is terug naar de bronnen. Op basis daarvan verzorgen ze nieuwe uitgaven van teksten uit de Oudheid. Een vooraanstaand humanist in Europa is Desiderius Erasmus van Rotterdam, zoon van een priester (1469-1536) (figuur 5.6).

Humanisten

FIGUUR 5.6 Canon van Nederland: Erasmus

Humanisme is voor hem bovenal een speurtocht naar de zuivere kennis van het evangelie. Daarom werkt hij aan Bijbelvertalingen. Zo verzorgt hij een nieuwe uitgave van de Griekse tekst van het Nieuwe Testament, met daarbij een Latijnse vertaling. Daarnaast publiceert hij verschillende andere geschriften, waaronder het satirische *Lof der Zotheid*, waarin allerlei menselijke dwaasheden, ook van hooggeplaatste personen, bekritiseerd worden.

Van groot belang voor de humanisten is de uitvinding van de boekdrukkunst en het ontstaan van drukkerijen, zoals die van Christoffel Plantijn in Antwerpen.

Drukkerij Plantijn

Zijn drukkerij ontwikkelt zich tot een wetenschappelijk centrum. Met vele Europese geleerden onderhoudt Plantijn een briefwisseling. De drukkerij groeit uit tot een groot bedrijf met 22 drukpersen en 160 werklieden. Sinds 1877 is de drukkerij een museum.

Wetenschappers stellen de mens en de wereld centraal vanuit een kritische houding. Dit resulteert onder meer in nieuwe ideeën over de relatie tussen de zon en de aarde. De gangbare opvatting in Middeleeuws Europa is dat de aarde het middelpunt van het heelal is en dat de zon om de aarde draait (het geocentrisch wereldbeeld). Dat is ook de opvatting van de kerk.
De Poolse geleerde Copernicus publiceert vlak voor zijn dood in 1543 zijn visie op het heelal: niet de zon draait om de aarde, maar de aarde om de zon (het heliocentrische wereldbeeld). Zijn ideeën leiden tot ernstige discussies als die door de Italiaanse wetenschapper Galilei worden uitgewerkt. Galilei doet waarnemingen met een telescoop, die hij overgenomen heeft van de uitvinder, de Middelburger Lipperhey. En hij concludeert: wat Copernicus heeft geformuleerd over het heelal klopt. De kerk zet Galilei sterk onder druk om zijn steun aan de ideeën van Copernicus te laten vallen. Uiteindelijk krijgt Galilei levenslang huisarrest vanwege zijn visie dat de aarde om de zon draait (en niet andersom). Pas in 1992 heeft de RK-kerk in de persoon van paus Johannes Paulus II Galilei's naam gezuiverd.

5

Kritiek op de kerk

Aan het einde van de *Tijd van Steden en Staten* neemt binnen de rooms-katholieke kerk de kritiek toe. Leefgewoonten van kerkelijke functionarissen roepen weerzin op. Een veelgehoorde stelling is dat de kerk veel te veel bezig is met materiële zaken en daardoor geestelijke zaken verwaarloost. De pleidooien voor verinnerlijking van het geloof door navolging van Christus worden steeds sterker. In toenemende mate wordt de kerk geconfronteerd met gelovigen, die zelf de Bijbel bestuderen en die zelf nadenken: individualisten accepteren niet langer het kerkelijk collectivisme van het Middeleeuwse katholicisme. Dit leidt tot oproepen om de kerk van binnen uit te hervormen en als daarvoor onvoldoende steun is, tot scheuring en oprichting van aparte kerkgenootschappen.

Discussiepunten

Studie van de Bijbel leidt onder meer tot de volgende discussiepunten:
- Kunnen met geld zonden afgekocht worden?
- Kun je door goede werken in de hemel komen?
- Kunnen vorsten voor hun onderdanen het geloof voorschrijven?
- Kan de kerk wel optreden als de bemiddelaar tussen God en de gelovige?
- Hebben gelovigen Maria en de heiligen wel nodig voor contact met God?
- Is het juist om kinderen te dopen?

Antwoorden op deze vragen leiden tot scheuring in de kerk. In de jaren twintig en dertig van de zestiende eeuw komen de hervormingsbewegingen op gang. In het Duitse Wittenberg bevestigt op 31 oktober 1517 de monnik

Luther

Maarten Luther 95 stellingen op de deur van de kerk. De stellingen zijn in het Latijn, want hij wil een wetenschappelijke discussie. Al snel worden ze vertaald en via de drukpers verspreid. Luther verzet zich vooral tegen de groeiende praktijk om een aflaatbrief te verkopen zonder dat de koper een tegenprestatie moet leveren anders dan het geven van geld. Hij wijst het idee dat je door goede werken zielenheil kunt verwerven af.

Enkele van de 95 stellingen van Maarten Luther

4 Alle predikers, die verkondigen, dat door de aflaat van de paus de mens van alle straf ontslagen en zalig wordt, dwalen.

36 Iedere christen ontvangt, wanneer hij oprecht berouw heeft, volkomen vrijspraak van straf en schuld, een vrijspraak, die hem ook zonder aflaatbrief toekomt.

43 Men lere de christenen, dat, wie de arme geeft of de nooddruftige leent, beter handelt, dan wie een aflaat koopt.

Discussies over zijn standpunt leiden tot niets en de paus doet in 1520 Luther in de ban, wat wil zeggen dat hij uit de kerk gezet is. Keizer Karel V verklaart Luther een jaar later op de rijksdag vogelvrij door hem in de rijksban te doen, maar Luther heeft invloedrijke beschermers, waaronder de keurvorst van Saksen (figuur 5.7).

FIGUUR 5.7 Maarten Luther op de Rijksdag in 1520 Ik kan niet anders. God helpe mij! Amen! (geschiedeniswandplaat van J.H. Isings)

Luthers leer krijgt vooral in het Duitse rijk aanhangers en zo ontstaat de Lutherse kerk. In de Lage Landen is die niet sterk vertegenwoordigd, maar wel wordt algemeen aangehouden dat 31 oktober Hervormingsdag is.

In de jaren zestig van de zestiende eeuw verbreiden zich in Europa de ideeen van Johannes Calvijn, een Fransman, die vanuit Genève een hervormingsbeweging opzet. Op jonge leeftijd publiceert hij een boek in het Latijn met de titel *Onderwijzing in de christelijke godsdienst*. Ook hij wijst net als Luther de leer van de goede werken af. Het eeuwige leven is zijns inziens niet te verdienen, maar is een geschenk van God. Of iemand dat geschenk krijgt, staat al vast bij de geboorte (de leer van de predestinatie, of voorbeschikking). Gehoorzaamheid aan God staat centraal in zijn denken en die gehoor-

Calvijn

zaamheid gaat boven die aan de vorst. Wanneer de vorst niet het ware geloof nastreeft, mogen de onderdanen zich tegen de vorst verzetten. Daarmee wijkt Calvijn af van het in zijn tijd nog steeds aangehangen principe 'wiens gebied, diens godsdienst'.
De eerste calvinistische gemeenten in de Lage Landen zijn te vinden in de zuidelijke Lage Landen en verder naar het Noorden in Middelburg en Breda. De godsdienstbijeenkomsten vinden in het open veld plaats in de vorm van hagenpreken. Het zijn calvinisten, die – mede ingegeven door slechte sociaaleconomische omstandigheden – in 1566 in Vlaanderen in kerken de beelden neerhalen en kapot slaan. Deze beeldenstorm gaat van plaats naar plaats, ook in de noordelijke Lage Landen (figuur 5.8 en figuur 5.9).

Hagenpreken

Beeldenstorm

Op verschillende plaatsen zijn de sporen van de beeldenstorm tot op de dag van vandaag zichtbaar. Uit deze acties spreekt enerzijds de afkeer van de verering van Maria en de heiligen en anderszins de behoefte aan gezuiverde gebouwen voor de eredienst van God. De reactie van de regering is bijzonder fel. Verschillende plaatsen krijgen inkwartiering van Spaanse soldaten, die de orde moeten herstellen.

5

FIGUUR 5.8 De Beeldenstorm verbreidt zich tot in het Noorden van de Lage Landen

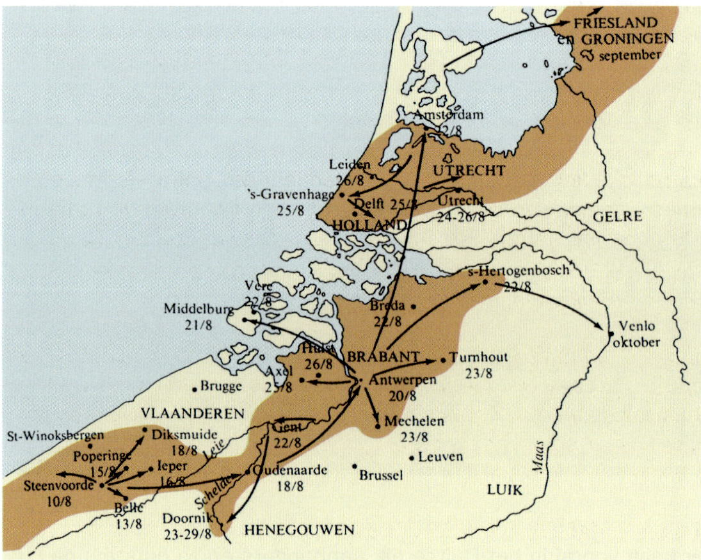

FIGUUR 5.9
Canon van Nederland: Beeldenstorm

Hervormde kerk

De calvinisten stellen een algemeen aanvaarde geloofsbelijdenis en een leerboek op, de *Heidelberger Catechismus*. Van onderaf bouwen ze aan een kerkorganisatie. Eerst de gemeenten met een kerkenraad (de consistorie), bestaande uit de predikant en de ouderlingen en met een diaken voor de armenzorg, dan een regionaal overleg, de classis, en daarboven een generale synode. Op de Synode van Emden in 1571 worden deze organisatorische zaken vastgelegd. Dit is het startpunt van de Nederduitse Hervormde kerk. In Holland – en spoedig volgen andere gewesten in de noordelijke Lage Landen – wordt in 1573 deze Nederduitse Hervormde kerk de officiële kerk, die overal voormalige rooms-katholieke kerkgebouwen ter beschikking krijgt. Desalniettemin wordt het aantal leden van de kerk omstreeks 1600 nog maar op 10% van de bevolking geschat.

Protestanten

Op de Rijksdag in 1529 vaardigt keizer Karel V een verbod uit op verbreiding van de ideeën van Luther. Een aantal aanwezigen protesteert hiertegen. Van hun protest is de naam 'protestant' afgeleid, een naam die later als verzamelnaam gehanteerd zal worden voor alle nieuwe kerkgenootschappen, die in de zestiende eeuw zijn ontstaan.

Reactie van de vorst: plakkaten

Karel V is de mening toegedaan dat zijn onderdanen allemaal het rooms-katholieke geloof moeten aanhangen en zijn reactie op de hervormingsbewegingen is het uitvaardigen van plakkaten, waarin ketters en drukkers van ketterse boeken bedreigd worden met strenge straffen. Ook worden er ketterse boeken in het openbaar verbrand. In 1523 sterven in de zuidelijke Lage Landen de eerste twee ketters, ex-monniken, op de brandstapel: in 1525 belanden in de noordelijke Lage Landen de eerste ketters op de brandstapel: een kuiper en een pastoor. Zij zullen gevolgd worden door een lange rij lotgenoten, vooral na de uitvaardiging van het bloedplakkaat van 1550, waarin bepaald wordt dat ketters 'metten vyere' gestraft zullen worden (op de brandstapel). Indien zij berouw tonen zullen mannelijke ketters met het zwaard gedood en vrouwelijke ketters levend begraven worden. De bezittingen van ketters vervallen aan de staat. Het is ook strafbaar contact te hebben met ketters. Wie ketters aangeeft bij de inquisitie kan rekenen op een deel van de verbeurd verklaarde bezittingen. In een plakkaat van 1566 worden bezoekers van hagenpreken met straf bedreigd, de predikanten zelfs met de doodstraf.

Reactie van de kerk; contra-reformatie

De rooms-katholieke kerk gaat over tot tegenacties: de contrareformatie. Het doel is het uitroeien van de ketterij en het terugwinnen van de verloren gelovigen. De uitroeiing van de ketterij wordt een taak voor de inquisitie. Deze spoort de ketters op, probeert ze te bekeren en als dat niet lukt worden ze voor bestraffing overgedragen aan de wereldlijke overheid.

Het eindresultaat van deze op religieus gebied zo roerige eeuw is dat er een splitsing komt in de Lage Landen. De zuidelijke Lage Landen komen in de greep van de rooms-katholieke contrareformatie, de noordelijke kiezen voor de Nederduits Hervormde kerk als de officiële kerk.

5.3 Van centralisatie naar afscheiding

De Bourgondische politiek van de vorming van een staat tussen het Franse en het Duitse rijk (zie paragraaf 4.1) wordt in het begin van de *Tijd van Ontdekkers en Hervormers* door de Habsburger Karel V (figuur 5.10) succesvol afgerond: hij wordt Heer van de Zeventien Nederlanden.

FIGUUR 5.10 Canon van Nederland: Karel V

Dit gebied lijkt een centraal geleide staat met een absolute vorst te worden. Het zal echter anders lopen. Tegen het eind van de eeuw hebben zeven gewesten zich aaneengesloten, hun vorst afgezet en zelf de macht in handen genomen: de Republiek der Zeven Verenigde Nederlanden.

5.3.1 Zeventien Nederlanden: centralisatie

Op 15-jarige leeftijd wordt de Habsburger Karel – in 1500 in Gent geboren – Heer der Nederlanden. Zijn gebied in de Lage Landen, die steeds vaker 'Nederlanden' genoemd worden, omvat de zuidelijke Lage Landen, Holland en Zeeland. Zijn lijfspreuk *Plus oultre* (*Steeds verder*) zal werkelijkheid worden, want uiteindelijk zullen de Lage Landen maar een zeer klein deel van zijn rijk uitmaken. In 1516 wordt hij koning van Spanje, waartoe ook uitgebreide delen van Italië en de bezittingen in Amerika horen. Drie jaar later erft hij de Habsburgse bezittingen in Oostenrijk en wordt hij gekozen tot Duits keizer.

Karel V

Als Duits keizer krijgt hij de naam Karel V. In zijn enorme rijk gaat de zon nooit onder (figuur 5.11)!

Met beide benen staat Karel nog in de Middeleeuwen. Zijn ideaal is de leider te worden van Christelijk Europa. Hij is de laatste keizer die zich door de paus laat kronen en de laatste keizer die op kruistocht gaat (naar Tunis). Voor hem is er maar één godsdienst en hij eist van zijn onderdanen dat zij deze godsdienst trouw blijven. Voortdurend is hij op reis van residentie naar residentie, maar hij is ook de legeraanvoerder tijdens talloze veldtochten, met name tegen Frankrijk.

5

FIGUUR 5.11 Het rijk van Karel V in Europa

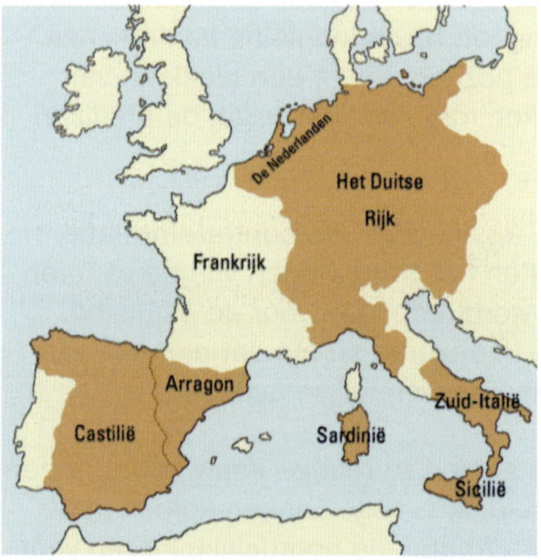

Van de noordelijke Lage Landen voert Karel in 1515 alleen de titels van graaf van Holland en graaf van Zeeland. Zijn streven om alle andere noordelijke Lage Landen onder zijn leiding te brengen lukt, al heeft hij in hertog Karel van Gelre een lastige tegenstander. Alle gebieden van de noordelijke Lage Landen weet hij samen te brengen onder zijn leiding: Holland en Zeeland, Friesland, Utrecht (met Overijssel), Groningen (en Ommelanden) en ten slotte in 1543 Gelre. Samen met de zuidelijke Lage Landen vormen ze de

Zeventien Nederlanden

Zeventien Nederlanden. Het getal zeventien slaat op de titels die Karel in de loop van de tijd verzameld heeft:

Titels van Karel V in de Zeventien Nederlanden

Hertog van Brabant	Graaf van Zeeland	Hertog van Limburg
Graaf van Zutphen	Hertog van Luxemburg	Markgraaf van Antwerpen
Hertog van Gelre	Heer van Mechelen	Graaf van Vlaanderen
Heer van Utrecht	Graaf van Artois	Heer van Overijssel
Graaf van Henegouwen	Heer van Friesland	Graaf van Namen
Heer van Groningen	Graaf van Holland	

Karel weet de gebieden, die hij formeel in leen heeft van de Franse koning, zoals Vlaanderen, los te koppelen van het Franse rijk. De lenen, die tot het Duitse rijk behoren, worden verenigd in de Bourgondische Kreits en onderhouden nog slechts een losse band met het Duitse rijk: wel bescherming, maar een bescheiden financiële bijdrage. De Zeventien Nederlanden zijn hard op weg naar een onafhankelijke staat tussen het Franse en het Duitse rijk.

Gewestelijk bestuur

Ieder gebied van de Zeventien Nederlanden heeft eigen instellingen. Karel V laat de bestaande gewestelijke bestuursstructuur in tact. Hij heeft in ieder gewest een plaatsvervanger, de stadhouder. Deze is verantwoordelijk voor onder meer orde en rust, het beheer van de domeinen van de heer, het verlenen van gratie, het benoemen van stadsbestuurders en – in de functie van kapitein-generaal – aanvoerder van het gewestelijke leger. De stadhouders komen over het algemeen uit de hoge adel.
Ieder gewest heeft een Statenvergadering. Deze is samengesteld uit de standen en komt onregelmatig bijeen, bijvoorbeeld als het gaat om oorlog en vrede, om troonsopvolging of om een belasting (bede).
De stadhouder wordt bijgestaan door een gewestelijk secretaris, die ook wel raadpensionaris of landsadvocaat heet.

Bestuur over de Nederlanden

Dit gewestelijk model wordt door Karel voor de Nederlanden gekopieerd op centraal niveau. Ook hij is regelmatig afwezig en heeft behoefte aan een plaatsvervanger, de landvoogd of landvoogdes. Daarvoor wordt meestal een familielid aangetrokken.
Afgevaardigden van de gewestelijke staten komen bijeen voor de vergadering van de Staten-Generaal. Het hoofdonderwerp zijn de beden, de vraag van de heer om geld met name voor het voeren van oorlogen. De afgevaardigden nemen zo'n verzoek mee terug naar hun eigen Statenvergadering voor het voeren van ruggespraak.
De landsheer en zijn vervanger, de landvoogd, worden bijgestaan door drie raden:

1 *De Raad van State*. Deze is belast met de advisering over het totale beleid. De Raad bestaat uit hoge edelen en juristen.
2 *De Geheime Raad*. Deze is belast met wetgeving en onder meer verantwoordelijk voor het opstellen van de plakkaten tegen de Hervorming. De Raad bestaat uit juristen.
3 *De Raad van Financiën*. Deze is belast met de financiële zaken. Daaronder vallen het beheer over de domeinen van de vorst, de begrotingen voor de bedes, maar ook de inning en de besteding ervan. In deze raad zitten edelen en burgers.

Afstand

In 1555 doet Karel V afstand van de regering over de Nederlanden. Zijn omvangrijke takenpakket wordt hem te veel. Hij maakt zich ernstig zorgen over de toenemende ketterij. Tegen zijn zin in wordt in het Duitse rijk in 1555 afgesproken dat de vorsten zelf mogen beslissen over de religie in hun gebied. Dit besluit ziet hij als een persoonlijke nederlaag voor het door hem gevoerde beleid op kerkelijk gebied.
In een plechtige vergadering in Brussel doet hij afstand van de Nederlanden, een unieke daad, alleen eerder uitgevoerd door een Romeins keizer. Zijn zoon Filips wijst hij aan als zijn opvolger (figuur 5.12).

In 1556 doet hij ook afstand van het koningschap van Spanje, dat hij eveneens aan zoon Filips overdraagt. Daarna trekt hij zich terug in Spanje, waar hij in 1558 overlijdt. De bezittingen in Oostenrijk en de Duitse keizerstitel gaan naar Karels broer Ferdinand. Vanaf dit moment zijn de Habsburgse bezittingen verdeeld tussen de Spaanse Habsburgers en de Oostenrijkse Habsburgers.

Filips II

Karels zoon Filips is opgegroeid in Spanje. Hij is een vroom katholiek en een groot voorstander van verdergaande centralisatie van het bestuur in de Nederlanden. Hij treedt in het voetspoor van zijn vader door de kettervervolgingen met harde hand voort te zetten. Hij bestuurt de Nederlanden vanuit Spanje, waardoor zijn plaatsvervangers in de Lage Landen in spannende tijden niet adequaat kunnen reageren omdat ze meestal lang op antwoord moeten wachten.

FIGUUR 5.12 Karel V doet in 1555 afstand van de Nederlanden ten gunste van zijn zoon Filips II

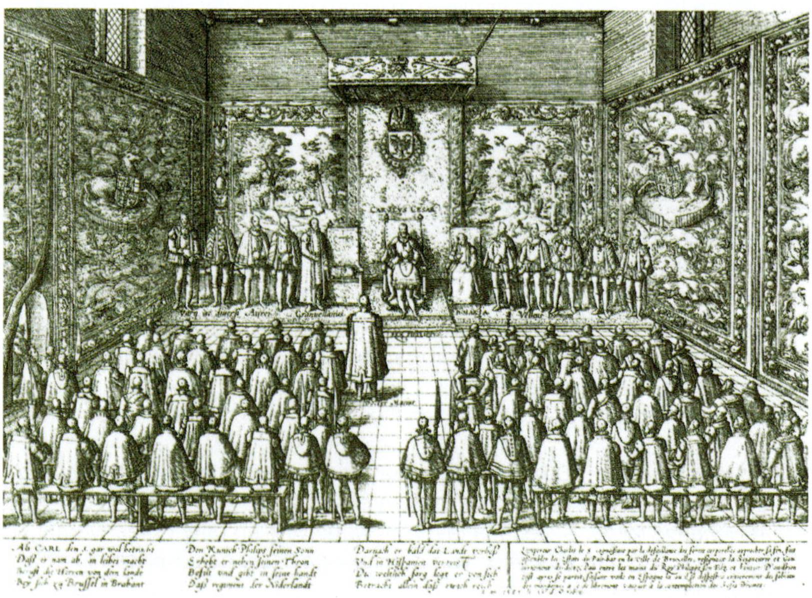

Plakkaten

De plakkaten ter bestrijding van de ketterij stuiten in de Nederlanden op veel verzet. Hoge edelen, die zitting hebben in de Raad van State dringen aan op verzachting. Een van die hoge edelen is Willem van Oranje, stadhouder van Holland, Zeeland en Utrecht. Hij is geboren uit het Duitse geslacht Nassau op de Dillenburg en heeft naast de bezittingen van de Nassaus in de Nederlanden het Franse prinsdom Oranje door erfenis verkregen. Zijn opvoeding kreeg hij aan het Brusselse hof, waar hij tot de favorieten van Karel V behoort. Dank zij zijn bezittingen is hij een van de rijkste edelen in de Lage Landen. Zijn visie op de godsdienstkwestie is: *Hoezeer ik aan het katholieke geloof gehecht ben, ik kan niet goedkeuren, dat vorsten over het geweten van hun onderdanen willen heersen en hun de vrijheid van geloof en godsdienst ontnemen.*

Een groot gezelschap edelen overhandigt de landvoogdes in 1566 een smeekschrift om de geloofsvervolgingen te staken. Bij die gelegenheid worden deze edelen betiteld als 'gueux' (bedelaars), een betiteling die weldra in de vorm van 'geuzen' een erenaam wordt van al diegenen, die tegen het Spaans bewind zijn. De landvoogdes stuurt het smeekschrift naar Spanje en laat intussen openlijke prediking van de nieuwe leer toe. Het antwoord op de brief laat lang op zich wachten en de onvrede neemt toe, zich uitend in de Beeldenstorm in 1566 (zie paragraaf 5.2).
Het antwoord van Filips is het sturen van een leger onder leiding van de hertog van Alva. Na de aankomst neemt hij de Raad van State-leden Egmond en Hoorne gevangen. Willem van Oranje is op tijd uitgeweken naar de Dillenburg, maar Alva neemt hem zijn bezittingen af. Er komt een aparte rechtbank, de Raad van Beroerten, die de oproerkraaiers van 1566 moet berechten. In de volksmond heet deze rechtbank al snel de Bloedraad. Tot de eerste slachtoffers behoren de graven van Egmond en Hoorne, die op de Grote Markt van Brussel worden onthoofd. Naar schatting volgt 2% van de bevolking het voorbeeld van Oranje en vlucht het land uit:

'De beste raad om te betrachten
Is: loopen en niet langer wachten;
Veel beter beed'len buiten 't land,
Dan hier gehangen of verbrand.'

5

5.3.2 Zeven Nederlanden: afscheiding

Hoe nu verder? Wie kan tegen de Spaanse troepen onder leiding van Alva op en wie wil de leiding op zich nemen? Het wordt de familie Nassau, Willem van Oranje (figuur 5.13) voorop, gesteund door zijn broers Lodewijk, Hendrik en Adolf.

Nassau-familie

Willem wil de Nederlanden bevrijden van de Spaanse overheersing, of zoals het in het *Wilhelmus* (ontstaan einde 1568, begin 1569) heet: 'Die Tyranny verdrijven, die mij mijn hert doorwondt.'

FIGUUR 5.13 Canon van Nederland: Willem van Oranje

Willem van Oranje bindt vanuit Duitsland de strijd aan met de hertog van Alva. 1568: Begin De eerste oorlogshandelingen vinden plaats in 1568 en dat jaar wordt aangehouden als het beginjaar van de Tachtigjarige Oorlog. Lodewijk van Nassau trekt met een leger Groningen binnen, verslaat het Spaanse leger bij Heiligerlee en belegert Groningen. In de slag bij Heiligerlee sneuvelt Adolf van Nassau. Alva trekt met zijn leger naar het noorden en verslaat Lodewijk bij het Oostfriese Jemmingen.

1568: Begin Tachtigjarige Oorlog

Tachtigjarige Oorlog

Onverwacht, want niet gepland wordt succes geboekt doordat de Watergeuzen in 1572 Den Briel innemen. Andere Hollandse en Zeeuwse steden kiezen nu – gedwongen of vrijwillig – de kant van de opstand. Alleen Amsterdam en Middelburg blijven het Spaanse bewind trouw. Zo wordt Holland het centrum van de opstand. De Staten van Holland komen in 1572 in Dordrecht bijeen, nemen het bestuur over Holland op zich en stellen Willem van Oranje (weer) aan als stadhouder. Willem van Oranje vestigt zich nu in Holland.

1572-1574: Eerste successen

Alva stuurt zijn leger op strafexpeditie: Mechelen, Zutphen en Naarden worden streng gestraft voor hun ontrouw. Haarlem biedt fel verzet en kan pas na een belegering van zeven maanden met verlies van vele Spaanse soldaten ingenomen worden. De Spaanse belegering van Alkmaar in 1573 mislukt: bij Alkmaar begint de victorie. De Watergeuzen weten op de Zuiderzee een Spaanse vloot te verslaan. En de belegering van Leiden van 1573 tot 1574 eindigt dank zij inundaties (onder water zetten van de omliggende polders) en de komst van Watergeuzen in een Spaanse nederlaag. Op 3 oktober wordt nog steeds Leidens ontzet herdacht (met haring, wittebrood en hutspot). Middelburg komt in hetzelfde jaar in handen van de opstandelingen. Een inval van een prinselijk leger in de zuidelijke Nederlanden mislukt: in een veldslag bij Mook sneuvelen Lodewijk en Hendrik van Nassau.
Inmiddels is Filips II akkoord gegaan met de ontslagaanvraag van Alva: het doel door snelle harde acties de orde te herstellen, is mislukt.
Steeds meer gebied komt in handen van de opstandelingen. Utrecht sluit zich aan bij de opstand, de Vredenburg, de Spaanse dwangburcht, wordt door de burgers gesloopt. De laatste steden in Holland en Zeeland aan de Spaanse kant, Haarlem, Zierikzee en Amsterdam, erkennen nu Willem van Oranje als stadhouder.

5

1579: Unie van Utrecht

In 1578 benoemt Filips II de hertog van Parma tot de nieuwe landvoogd. Hij is zowel een goed veldheer als een ervaren diplomaat. Hij weet het vertrouwen van een aantal katholieke gewesten te winnen. Zij sluiten de Unie van Atrecht. De noordelijke Nederlanden – met Vlaanderen en de Brabantse steden – richten de Unie van Utrecht op: de gewesten blijven zelfstandig, maar treden gezamenlijk op in zake oorlog en vrede, de verdediging, de financiën en de toelating van bondgenoten. Er wordt wel onderhandeld met Spanje over vrede, maar die onderhandelingen mislukken uiteindelijk.

Willem in de ban

De definitieve breuk komt na een nieuwe stap, die Filips II zet: hij verklaart in 1580 zijn grootste tegenstrever Willem van Oranje vogelvrij door hem in de ban te doen.

1581: Plakkaat van Verlatinge

Wie Willem van Oranje doodt, kan rekenen op 25.000 goudstukken en verheffing in de adelstand. De Staten-Generaal antwoordt met het Plakkaat van Verlatinge: op 26 juli 1581 wordt besloten om Filips af te zetten omdat hij zijn bevoegdheden ver te buiten gegaan is.

1581-1588: Buitenlandse landheren

Er moet volgens de opvattingen van die tijd wel weer een vorst komen en die wordt gezocht in het buitenland, bij voorkeur een buitenland dat ook militaire steun kan leveren in de strijd tegen Spanje. Eerst wordt dat de Franse hertog van Anjou als Heer der Nederlanden en na zijn overlijden de Engelse graaf van Leicester als landvoogd. Leicester voldeed niet aan de verwachtingen en in 1588 zijn de noordelijke Nederlanden weer terug bij af: geen landsheer en geen landvoogd.

Dan komt het na de afzwering van Filips II tot een tweede revolutionaire daad: er komt geen nieuwe landsheer of landvoogd. Voortaan bekleden de gewestelijke staten de vorstelijke macht. De Republiek der Zeven Verenigde Nederlanden is geboren (figuur 5.14).

FIGUUR 5.14 Canon van Nederland: De Zeventien Nederlanden als Leo Belgicus in 1609. Het is in de Canon van Nederland de afbeelding voor de Republiek der Zeven Verenigde Nederlanden

Na de vogelvrijverklaring wordt tot tweemaal toe een aanslag gepleegd op Willem van Oranje. Bij de eerste aanslag in 1582 in Antwerpen raakt hij ernstig gewond, bij de tweede in Delft in 1584 wordt hij dodelijk getroffen (figuur 5.15).

Dood Willem van Oranje

FIGUUR 5.15 Stomme getuigen van de moord op Willem van Oranje in 1584: de kogelgaten in het Prinsenhof in Delft

Zijn laatste woorden – in het Frans – zijn: 'Mijn God ontferm U over dit arme volk.' Zijn moordenaar wordt terechtgesteld en het lichaam van Willem wordt begraven in de Nieuwe Kerk in Delft, waar een grafmonument opgericht wordt voor de 'Vader des Vaderlands'.

Parma versus Maurits

De grens tussen de zuidelijke en noordelijke Nederlanden ligt nog allerminst vast en wordt uiteindelijk vooral bepaald door de vestingoorlogen van de twee legeraanvoerders landvoogd Parma en stadhouder Maurits, de zoon van Willem van Oranje. Hierna zijn de belangrijkste veroveringen aangegeven: zie ook figuur 5.16 en figuur 5.17.

Als Parma Duinkerken inneemt, krijgen de daar actieve kapers vrij spel tegen de Hollandse koopvaardijschepen. Omgekeerd besluiten de opstandige gewesten na de inname van Antwerpen door Parma de toegang over zee voor de stad af te sluiten (1585). Vanwege die sluiting van de Schelde verlaten kooplieden Antwerpen en vestigen zich in de Noordelijke Nederlanden met name in Amsterdam.

FIGUUR 5.16 De Republiek der Zeven Verenigde Nederlanden in 1588

FIGUUR 5.17 De Republiek der Zeven Verenigde Nederlanden in 1598

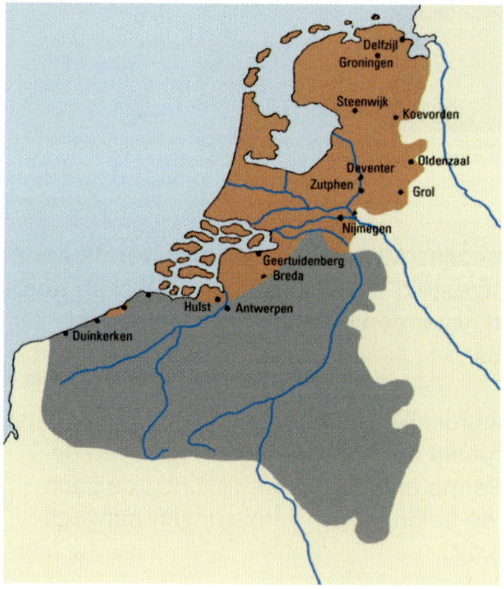

Filips II probeert de veroveringsacties van Parma kracht bij te zetten door het sturen van een grote vloot in 1588, de Armada. Deze zogenaamde onoverwinnelijke vloot van zo'n 150 schepen is zowel gericht tegen Engeland als tegen de opstandige Nederlanders. Het komt tot enkele zeegevechten, maar het uiteindelijke resultaat is dat de Spanjaarden grote verliezen lijden. De inname van Groningen in 1594 door Maurits leidt tot de vorming van het zevende gewest, een combinatie van de Stad Groningen en de Ommelanden. De Republiek der Zeven Verenigde Nederlanden bestaat voortaan uit Holland, Zeeland, Utrecht, Gelre, Friesland, Groningen en Overijssel. Ook

Drenthe hoort erbij, maar is als Landschap niet vertegenwoordigd in de Staten-Generaal. De vorstelijke macht – en dat is uniek voor Europa in die tijd – ligt bij de gewestelijke statenvergadering.

Parma versus Maurits

Veroveringen van Parma	Veroveringen van Maurits
1579 Maastricht 1580 Breda 1583 Duinkerken en Zutphen 1584 Gent, Brugge en Ieper 1585 Nijmegen, Brussel en Antwerpen 1586 Grave, Venlo en Deventer	
	1590 Breda 1591 Zutphen, Deventer, Delfzijl, Hulst en Nijmegen 1592 Steenwijk en Coevorden 1593 Geertruidenberg 1594 Groningen 1597 Oldenzaal en Grol (Groenlo)

5

Filips II heeft die vorstelijke macht niet erkend. Hij is nog altijd de Heer der Nederlanden en in 1598 draagt hij die Nederlanden over aan zijn dochter Isabella, die gehuwd is met Albertus van Oostenrijk. Zij voeren de titel van aartshertog en aartshertogin.

Literatuur, een selectie

Naslagwerken

Blockmans, W. (2010). *Metropolen aan de Noordzee. Geschiedenis van Nederland 1100-1560.* Amsterdam: Bert Bakker.

De Bosatlas van de Geschiedenis van Nederland. (2011). *Bourgondische en Habsburgse tijd 1350-1555* (hoofdstuk 5, blz. 136-179) en *De Opstand 1555-1609* (hoofdstuk 6, blz. 180-217). Groningen: Noordhoff Uitgevers bv.

Deursen, A. Th. van. (2004). *De last van veel geluk. De geschiedenis van Nederland 1555-1702* (blz. 11-169). Amsterdam: Bert Bakker.

Wilschut, A. (2007). *De Tijd van Ontdekkers en Hervormers 1500-1600 (Kleine Geschiedenis van Nederland).* Zwolle: Waanders.

Canonvensters

Bange, P. (2007). *Desiderius Erasmus. Portret van een humanist.* Amersfoort: Blekking & Blitz.

http://entoen.nu/erasmus

Blockmans, W.P. (2012). *Karel V. Keizer van een wereldrijk 1500-1558.* Utrecht: Omniboek.

http://entoen.nu/karelv

Blokker, J. (2006). *Waar is de Tachtigjarige Oorlog gebleven?* Amsterdam: De Harmonie.

http://entoen.nu/republiek

Deursen, A.Th. van (1995). *Willem van Oranje: een biografisch portret.* Amsterdam: Bakker.

http://entoen.nu/willemvanoranje

Kaptein, H. (2002). *De Beeldenstorm.* (Verloren verleden). Hilversum: Verloren.

http://entoen.nu/beeldenstorm

Ondersteuning via de website

Een uitgebreidere literatuurlijst en een selectie van museumcollecties bij dit hoofdstuk is te vinden op www.geschiedenisensamenleving.noordhoff.nl, evenals een samenvatting van dit hoofdstuk en een interactieve toetsenbank.

6 Tijd van Regenten en Vorsten

(1600-1700)

De *Tijd van Regenten en Vorsten* – de zeventiende eeuw – staat bekend als de Gouden Eeuw, een tijd van bloeiende handel, maar ook van grote culturele bloei van kunsten en wetenschappen.
Centrale vragen in dit hoofdstuk zijn:

- Hoe was het verdere verloop en de afloop van de Tachtigjarige Oorlog?
- Welke positie nam de Republiek in tussen de andere Europese mogendheden?
- Wat wordt bedoeld met de term 'Gouden Eeuw'?

Voor het primair onderwijs zijn uit de *Tijd van Regenten en Vorsten* de belangrijkste onderwerpen:

Kenmerkende aspecten	**Canonvensters**
• Ontstaan van handelskapitalisme en begin van de wereldeconomie	• De Verenigde Oostindische Compagnie. *Overzeese expansie* • De Beemster. *Nederland en het water* • De grachtengordel. *Stadsuitbreiding in de zeventiende eeuw* • Hugo de Groot. *Pionier van het moderne volkenrecht* • De Statenbijbel. *Het boek der boeken*
• Burgerlijk bestuur en stedelijke cultuur in Nederland	• Rembrandt. *De grote schilders* • De *Atlas Major* van Blaeu. *De wereld in kaart* • Michiel de Ruyter. *Zeehelden en de brede armslag van de Republiek* • Christiaan Huygens. *Wetenschap in de Gouden Eeuw* • Spinoza. *Op zoek naar waarheid*

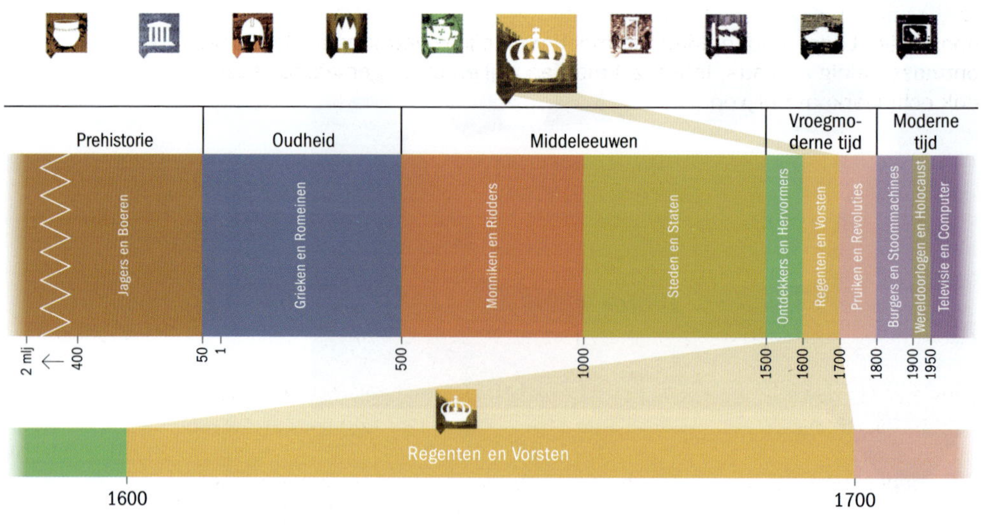

1600-1700 Agrarisch-stedelijke samenleving	
1602	Verenigde Oost-Indische Compagnie
1609-1621	Twaalfjarig Bestand
1621	West-Indische Compagnie
1628	Piet Hein verovert de zilvervloot
1634	Verovering Antillen
1648	Vrede van Münster Republiek der Zeven Verenigde Nederlanden onafhankelijk
1650-1672	Eerste stadhouderloze tijdperk - Johan de Witt
1652	Jan van Riebeeck sticht een nederzetting op Kaap de Goede Hoop
1667	Nieuw-Nederland geruild tegen Suriname
1672	Rampjaar
1672-1702	Willem III stadhouder
1689-1702	Willem III koning van Engeland
1700: einde van de *Tijd van Regenten en Vorsten* en begin van de *Tijd van Pruiken en Revoluties.* Vervolg van de Vroegmoderne Tijd.	

6.1 Strijd, onafhankelijkheid en grote mogendheid

In de zeventiende eeuw moet het bestuur van de Republiek der Zeven Verenigde Nederlanden vorm krijgen. Er wordt oorlog gevoerd met Spanje tot de Vrede van Münster in 1648. Daarna speelt de Republiek als een grote mogendheid in Europa een belangrijke internationale rol.

6

6.1.1 Door eendracht worden kleine zaken groot

Eerst een vorst afzetten en daarna ervoor kiezen om geen nieuwe landsheer te benoemen: in Europa heerst alom verbazing over de ontwikkelingen in de noordelijke Lage Landen. Maar de moed om geijkte patronen te doorbreken, ontmoet weinig applaus. Intern zal moeten blijken of de gemaakte keuzes ook echt werkbaar blijven.

Gewestelijke zelfstandigheid

Vanuit de middeleeuwse structuur is er nog steeds sprake van een grote gewestelijke zelfstandigheid en als de bewoners in de Republiek zich al ergens mee verbonden voelen dan is het met hun gewest. Vanuit de Bourgondisch-Habsburgse periode zijn er de centraliserende aanzetten, maar die zijn lang niet zo diep ingeslepen als de gewestelijke politieke tradities. Het politieke thema van de zeventiende eeuw wordt dan ook: waar ligt de macht? Bij de zelfstandige gewesten of bij de Staten-Generaal (centralisatie)?

Centralisatie

Unie van Utrecht

Voor de hele periode vanaf de afzetting van Filips II in 1581 tot het einde van de Republiek der Zeven Verenigde Nederlanden in 1795 is er maar één officieel document als basis voor het staatsbestel: de Unie van Utrecht met het hoopgevende devies: ‘Concordia res parvae crescent – Door eendracht worden kleine zaken groot.’ De Unie is gesloten ‘ten ewygen daeghen, als off syluyden maer één provincie waren’. In de Unieregelingen komen enige centraliserende maatregelen voor, die echter niet uitgevoerd zijn:

- Er komt geen algemene munt voor de Republiek: alle gewesten houden hun eigen munthuis.
- Er komt geen belastingstelsel op landsniveau: de inkomsten op centraal niveau komen via de gewestelijke staten.
- Er komt geen volksleger: de Republiek houdt een huurleger.

Statenbond

De Republiek manifesteert zich bepaald niet als een eenheidsstaat, maar veeleer als een statenbond, waarbij de gewesten de afzonderlijke staten vormen.

Gewestelijke Staten

De Gewestelijke Staten hebben een wetgevende en uitvoerende taak. De Statenleden – met als titel de Groot-Mogenden – vergaderen maar één of twee keer per jaar veelal veertien dagen achter elkaar. Alleen in Holland komen de Staten vier keer per jaar bijeen. De lopende zaken, als het voorbereiden van de Statenvergaderingen, het beheer van de domeinen en het uitvoeren van besluiten, gebeurt door een dagelijks bestuur: de Gedeputeerde Staten. De Staten van Holland hebben hun vergaderzaal op het Binnenhof in 's-Gravenhage. Staten van andere gewesten, zoals die van Utrecht, Zeeland en Drenthe houden hun vergaderingen in leeggekomen kloostergebouwen. De Gewestelijke Staten kennen twee belangrijke ambtenaren: de stadhouder en een jurist in de functie van landsadvocaat of raadpensionaris.

Stadhouder

De stadhouder heeft bevoegdheden op het gebied van de rechtspraak – onder meer het recht van gratie – en op het gebied van benoemingen in de stadsbesturen. Verder is hij in de functie van kapitein-generaal en admiraal-generaal aanvoerder van leger en vloot van het gewest. Onder stadhouder Frederik Hendrik (1625-1647) worden deze militaire functies generaliteitsfuncties: opperbevelhebber van alle legertjes en vlooteenheden van de Republiek.
Het stadhouderschap krijgt onder Frederik Hendrik vorstelijke allures door zijn paleizen (nieuwbouw van het Huis ten Bosch in Den Haag), het hofleven, zijn aanspreektitel *Zijne Hoogheid*, de huwelijken van zijn kinderen – zijn zoon Willem trouwt met Maria Stuart, de dochter van de Engelse koning – en ten slotte door de regeling dat zijn zoon hem automatisch opvolgt als stadhouder en als kapitein-generaal.

6

Raadpensionaris

De raadpensionaris van Holland onderhoudt op grond van het feit dat Holland en Zeeland in het begin van de Opstand alleen stonden, de contacten met de gezanten in het buitenland en speelt daardoor een belangrijke rol in de buitenlandse politiek. Tevens is hij voorzitter van de Staten van Holland. Op basis hiervan kan een raadpensionaris – bijvoorbeeld Johan van Oldenbarnevelt of Johan de Witt – een belangrijke politieke rol in de Republiek vervullen.

Staten-Generaal

De Gewestelijke Staten sturen hun afgevaardigden naar de Staten-Generaal, die in 's-Gravenhage vergadert (figuur 6.1).

De leden van de Staten-Generaal hebben als titel de Hoog-Mogenden. Het aantal afgevaardigden van een gewest is niet vastgelegd, wel dat ieder gewest één stem heeft. De afgevaardigde naar de Staten-Generaal heeft vanuit de Gewestelijke Staten een lastbrief meegekregen en over daarin niet vermelde onderwerpen moet ruggespraak gehouden worden. Gelet op de reistijden is dat een tijdrovende zaak. Vanaf 1593 vergadert de Staten-Generaal permanent en zorgen tussenpersonen voor het contact tussen de Gewestelijke Staten en hun afgevaardigden.
Voor een aantal onderwerpen is eenstemmigheid vereist:
- het sluiten van vrede
- het afsluiten van verdragen
- het verklaren van oorlog
- het opleggen van financiële verplichtingen

FIGUUR 6.1 's-Gravenhage in de zeventiende eeuw

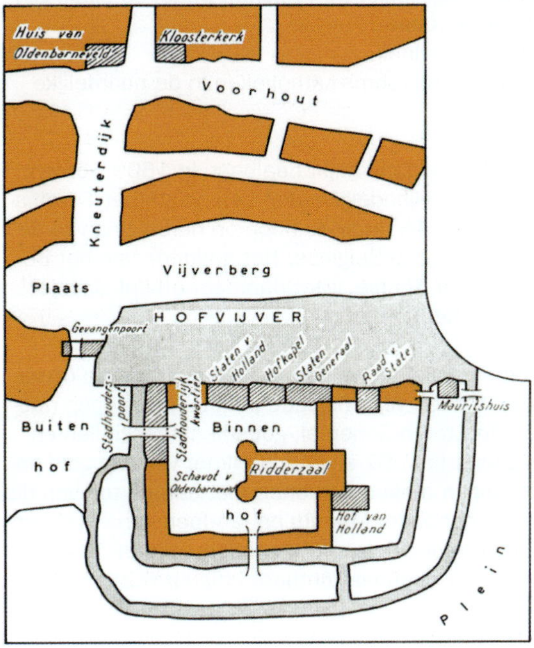

Voor deze onderwerpen heeft ieder gewest dus het vetorecht. Duidelijk is dat er nog weinig oog is voor het staatsbelang en dat de afgevaardigden het gewestelijk belang steeds voorop stellen.
Holland draait als het belangrijkste gewest voor de meeste kosten van de Republiek op: 58%. Het landschap Drenthe draagt minder dan 1% bij en op grond daarvan mogen de Staten van Drenthe geen afgevaardigde sturen naar de Staten-Generaal. De gebieden die in de eerste helft van de zeventiende eeuw op de Spanjaarden veroverd worden, komen rechtstreeks onder het bestuur van de Staten-Generaal en worden dan ook Generaliteitslanden genoemd. Het gaat om Staats-Vlaanderen (Zeeuws-Vlaanderen), Staats-Brabant, Staats-Limburg en een deel van Oost-Groningen.

6.1.2 Eindelijk onafhankelijk

Het einde van de *Tijd van Ontdekkers en Hervormers*, het jaartal 1600, is voor wat betreft de Tachtigjarige Oorlog geen belangrijk keerpunt, al is 1600 een van de bekendste jaartallen uit de vaderlandse geschiedenis. De Staten-Generaal willen, dat stadhouder Maurits (1585-1625) de uitermate gevaarlijke Duinkerker kapers uitschakelt. Met tegenzin begint hij aan de actie en tot zijn teleurstelling krijgt hij geen steun van de Vlaamse bevolking. Het loopt uit op een strijd met het leger van aartshertog Albertus bij het plaatsje Nieuwpoort, een strijd die door het leger van Maurits gewonnen wordt, maar het doel, uitschakeling van de Duinkerker kapers, blijkt onhaalbaar. Hoe gevaarlijk deze vijand is, blijkt uit de cijfers over de jaren 1626-1633: 305 schepen van de Republiek tot zinken gebracht en 1.305 schepen buitgemaakt.

Duinkerker kapers

Steeds duidelijker wordt dat het doel, hereniging van de zuidelijke en noordelijke Lage Landen, niet haalbaar is. Nadat de Spanjaarden de vestingen

Oostende, Oldenzaal en Grol weten in te nemen komen de partijen om de tafel om te kijken of een vrede mogelijk is. De volgende Spaanse eisen zijn voor de Staten-Generaal onaanvaardbaar:

- de Republiek vaart niet langer op Indië
- er komt godsdienstvrijheid voor de rooms-katholieken in de noordelijke Lage Landen

Twaalfjarig Bestand

Een vrede zit er niet in, maar een bestand blijkt haalbaar. In 1609 worden voor een periode van twaalf jaar de vijandelijkheden beëindigd (het Twaalfjarig Bestand). Figuur 5.14 toont nog één keer de hoop op hereniging van de zeventien Nederlanden in 1609: de Leo Belgicus. Het afsluiten van het Bestand betekent gezichtsverlies voor Spanje, want daardoor erkent Spanje als het ware het bestaan van de Republiek.

Interne twisten

De twaalf bestandsjaren worden gekenmerkt door onderlinge twisten op velerlei gebied: politieke twisten tussen verschillende polititieke groepen (facties) in steden, gewesten en de Staten-Generaal, godsdienstgeschillen en onenigheid over gewestelijke legertjes. Dit alles met elkaar verstrengeld en sterk bepaald door tegenstellingen tussen personen met aan de top van dit alles de tegenstelling tussen stadhouder Maurits en raadpensionaris Oldenbarnevelt. De strijd wordt hard gespeeld. Na 43 dienstjaren wordt de 72-jarige Oldenbarnevelt in 1619 in het openbaar onthoofd (figuur 6.2).

6

FIGUUR 6.2 De terechtstelling van Oldenbarnevelt in 1619 in 's-Gravenhage

In het resolutie(besluiten)boek van de Staten van Holland is op 13 mei 1619 over Oldenbarnevelt genoteerd: 'een man van grote activiteit, besogne, memorie en wijsheid, ja singulier in alles'.
De stadhouder heeft de strijd tegen een al te machtig raadpensionaris gewonnen. Een medestander van Oldenbarnevelt, de geleerde Hugo de Groot, krijgt levenslange opsluiting op slot Loevestein. Hij weet in een boekenkist te ontsnappen maar moet verder als balling leven.

Hervatting van de strijd

Als in 1621 het Twaalfjarig Bestand afloopt, kiest de Republiek eerst voor een defensieve politiek. Wanneer de Spanjaarden in 1625 Breda innemen besluit de Republiek Frederik Hendrik, de nieuwe kapitein-generaal, de mogelijkheid te geven om in het offensief te gaan. Er volgt dan een wisselende strijd die vanwege geldnood bij de Spanjaarden in het voordeel van Frederik Hendrik uitvalt, zeker na de verovering van de zilvervloot met een waarde van ruim 5 miljoen euro door Piet Hein in 1628. Een groot aantal steden wordt veroverd, waarbij vooral de inname van 's-Hertogenbosch indruk maakt, doordat Leeghwater de omringende polders droogmaalt (zie tabel 6.1). Frederik Hendrik verwerft zich zo de bijnaam de Stedendwinger (figuur 6.3).

FIGUUR 6.3 Frederik Hendrik, de Stedendwinger, stadhouder en kapitein-generaal 1625-1647

Ook op zee wordt nog gevochten: in 1639 verslaat vlootvoogd Maarten Tromp een Spaanse vloot, die met soldaten op weg is naar de Zuidelijke Nederlanden onder de Engelse kust bij Duins.

TABEL 6.1 Veroveringen na 1600

Spaanse veroveringen		Staatse veroveringen	
1604	Oostende		
1605	Oldenzaal		
1606	Grol / Groenlo		
		1609–1621	Bestand
1625	Breda		
		1626	Oldenzaal

TABEL 6.1 Veroveringen na 1600 (vervolg)

Spaanse veroveringen		**Staatse veroveringen**	
		1627	Grol / Groenlo
		1629	's-Hertogenbosch
		1632	Venlo
		1632	Roermond
		1632	Maastricht
1637	Venlo	1637	Breda
1637	Roermond		
		1644	Sas van Gent
		1645	Hulst

De Staten van Holland dringen aan op vrede. Ondanks verzet van Frederik Hendrik besluit de Republiek in 1646 onderhandelingen te beginnen over een vrede. Die onderhandelingen worden gevoerd in de Duitse plaats Münster. In 1648 worden de partijen het eens, de Vrede van Münster (figuur 6.4):

- de Republiek wordt een zelfstandige staat
- de grens wordt bepaald door de frontlinie van dat moment
- de Schelde blijft afgesloten voor handelsverkeer naar Antwerpen

FIGUUR 6.4 De Vrede van Münster, 15 mei 1648, geschilderd door Gerard ter Borch

Ook de Duitse keizer erkent de onafhankelijkheid van de Republiek. De band tussen de Nederlanden en het Duitse rijk wordt nu volledig verbroken. De Zuidelijke Nederlanden blijven Spaans.

Frederik Hendrik overlijdt een jaar voor de vrede in 1647. Zijn zoon Willem II volgt hem op en probeert de vrede met Spanje tegen te houden, maar tevergeefs. Als Willem II overlijdt wordt besloten dat er geen nieuwe stadhouder komt: het Eerste Stadhouderloze Tijdperk (1650-1672).

6.1.3 Een grote speler op het Europese politieke toneel

De Republiek der Zeven Verenigde Nederlanden gaat een belangrijke rol in Europa spelen. De andere 'spelers' zijn Engeland, dat uit is op verdere ontwikkeling van de Engelse handel ten koste van de Hollandse, en Frankrijk, dat in de persoon van koning Lodewijk XIV streeft naar een steeds grotere macht in Europa. Lodewijk XIV is het duidelijkste voorbeeld van een absoluut vorst. Hij is koning in Frankrijk van 1643 tot 1715. Hij is van mening dat hij zijn macht als koning van God heeft gekregen en dat alleen God kan oordelen over zijn handelen. Op basis hiervan neemt hij alleen alle beslissingen en eist hij van zijn onderdanen onvoorwaardelijke gehoorzaamheid. Een absoluut vorst als Lodewijk is dus niet gebonden aan wetten; hij maakt zelf de wetten. Tevens is hij legeraanvoerder. Een dergelijke vorm van koningschap wordt absolutisme genoemd.

Evenwichts-politiek

Aan de lopende band sluiten de mogendheden onderling zogenaamde evenwichtsverdragen, die overigens even snel weer gebroken worden. De drijvende kracht achter al deze diplomatieke acties is raadpensionaris Johan de Witt. Spanningen op zee tussen Nederlandse en Engelse schepen leiden kort achter elkaar tot twee handelsoorlogen, de zogenaamde Engelse oorlogen. In de Tweede Engelse Oorlog dwingt Michiel de Ruyter (figuur 6.5) als vlootvoogd een vrede af door zijn vloot de Theems op te laten varen (tocht naar Chatham) en daar de Engelse vloot te vernietigen. Bij de vrede in 1667 komt het tot een ruil van Nieuw-Nederland tegen Suriname.

FIGUUR 6.5 Canon van Nederland: Michiel de Ruyter

Het Rampjaar

De Republiek lijkt van de kaart te verdwijnen als in 1672 een nieuwe Europese oorlog uitbreekt onder leiding van Frankrijk, waaraan Engeland en de Duitse bisschoppen van Münster en Keulen meedoen. Franse troepen vallen Gelre, Overijssel en Utrecht binnen. Ze worden tegengehouden door de Hollandse Waterlinie. De bisschop van Münster, Bernard van Galen, trekt met zijn leger naar het noorden en belegert de stad Groningen. Daar verwerft hij de bijnaam Bommen Berend, maar hij weet de stad niet in te nemen. Op 28 augustus vieren de Groningers nog altijd het einde van het beleg (Gronings Ontzet).
De ernstige situatie van de Republiek vraagt om een sterke leiding. Willem III wordt stadhouder (1672-1702). Johan de Witt geeft zijn functie van raadpensionaris op, maar het volk ziet in hem de hoofdschuldige en hij wordt samen met zijn broer Cornelis in Den Haag op een gruwelijke wijze vermoord.
In 1674 wordt de oorlog met Engeland, Münster en Keulen beëindigd. De oorlog met Frankrijk, die zich vooral afspeelt in de zuidelijke Nederlanden, loopt door tot 1678. Dan heeft Willem III al een belangrijke huwelijkskandidaat gevonden: Mary Stuart. Via dit huwelijk kan hij zich met de troonopvolging in Engeland bemoeien. Met steun van de Republiek onderneemt hij in 1688 een privéactie om de Stuarts (weer) op de Engelse troon te krijgen.

Willem III

Deze actie wordt met succes afgesloten en in 1689 worden William en Mary koning en koningin van Engeland. Hierdoor is Engeland geen bedreiging meer voor de Republiek en moet Frankrijk ten opzichte van de Republiek ook wat voorzichtiger opereren. Aan deze situatie komt plotseling een einde als Willem III zonder opvolger in 1702 na een val van zijn paard komt te overlijden.

6.2 Een spin in een wereldhandelsweb

De Republiek wordt het centrum van de handel in Europa en via de handelscompagnieën ook in de wereld.

6.2.1 Handel in Europa

Amsterdam: centrum wereldhandel

Er komt in 1585 een einde aan de economische machtspositie van Antwerpen als de stad is ingenomen door de Spanjaarden en de Nederlandse opstandelingen de Schelde afsluiten. De aanvoer stopt, de Antwerpse beurs wordt stil en ondernemende kooplieden verlaten de stad en vestigen zich in Amsterdam. Die stad wordt nu het centrum van de wereldhandel.
Er is een groot verschil tussen Antwerpen en Amsterdam. De Amsterdammers slaan niet alleen de goederen in hun pakhuizen langs de grachten op, maar zij zijn ook de vrachtvaarders van Europa. Zij vervoeren de opgeslagen voorraden naar waar maar vraag naar die goederen is. Basis van al deze handelsactiviteiten is de verstrengeling van de handel en scheepvaart met de landbouw en de nijverheid in Holland. Hollandse kooplieden beheersen met hun exportproducten de handelsroutes in Europa, waarbij Amsterdam de functie van stapelmarkt vervult. In navolging van Antwerpen en London krijgt Amsterdam in 1611 ook een handelsbeurs.

Stapelmarkt

De Zaanstreek ontwikkelt zich tot het centrum van de scheepsbouw: vissersschepen en vrachtvaarders, maar ook oorlogsschepen. De vraag naar allerlei producten stimuleert de vestiging van nevenbedrijven voor de productie van zeildoek, spijkers, ankers, scheepsbeschuit en touw. Aan het einde van de zeventiende eeuw verblijft de Russische tsaar Peter de Grote incognito in de Zaanstreek om de economische bedrijvigheid aldaar te bestuderen. Het huisje in Zaandam, waar hij in die tijd woont, is bewaard gebleven en is nu een museum.

6

Oostzeehandel

Verreweg het belangrijkst is de Oostzeehandel. Daarvoor moeten de Hollandse schepen door de Sonttol, die eigendom is van de Deense koning. In de tolboeken is nauwgezet bijgehouden wie de tol passeert. In de eerste helft van de zeventiende eeuw is het Nederlandse aandeel maar liefst 70%. Met aan boord zout, haring, wijn, laken en edelmetaal (geld) varen de schepen uit Holland weg en ze komen terug met onder meer graan, hout, pelzen, ijzer, vlas en hennep.

Engeland en Frankrijk

De goederen worden meestal opgeslagen in pakhuizen langs de Amsterdamse grachten. Belangrijk is ook de handel met Engeland: daar worden haring, zout, specerijen en wijn geruild tegen laken. Zowel voor de visserij als voor de handel zoekt de Engelse koning naar mogelijkheden om delen van de zee voor de Hollanders af te sluiten: de gesloten zee, mare clausum. Hugo de Groot antwoordt met de publicatie *Mare liberum*, de vrije zee. Ook de handel met Frankrijk is in handen van de Republiek, omdat Frankrijk maar een kleine handelsvloot heeft (figuur 6.6). De belangrijkste producten zijn wijn, zout en granen.

Spanje en Portugal

Vrachtvaarders varen verder naar Spanje en Portugal, waarvandaan ook zout, wijn en graan gehaald worden en natuurlijk de producten uit Indië en uit Amerika. Ook als Portugal ingenomen is door Spanje (1580-1640) blijven Hollandse schepen in Lissabon aanleggen, soms onder valse vlag of met valse Duitse passen. Het is de enige manier om aan de Indische waren te komen. Voor deze handel met de vijand moet een Hollandse koopman wel toestemming vragen aan de Staten-Generaal en hij moet er ook belasting voor betalen.

FIGUUR 6.6 Scheepstypen uit de Gouden Eeuw: een Straetvaerder en een Fransvaerder

Vanaf 1590 varen Hollandse schepen ook door de Straat van Gibraltar eerst naar het door misoogsten hongerende Italië en later verder naar de Levant (het gebied ten oosten van de Middellandse Zee). Deze route wordt de Straatvaart genoemd (figuur 6.6). Amsterdam is de graanschuur van Europa en als er ergens schaarste is kan er in Amsterdam besteld worden. Uit de Levant komen angorawol en tapijten. De terugreis door de Middellandse Zee vindt veelal gezamenlijk plaats vanwege de Barbarijse zeerovers in Algiers, die niet alleen uit zijn op goederen, maar ook op blanke slaven. Vlak bij huis is de zee onveilig door de Duinkerker kapers. En ontmoetingen met Spaanse schepen in oorlogstijd kunnen ook heel vervelend aflopen, maar dat is vanaf 1648 met de Vrede van Münster voorbij.

Straatvaart

Met recht kunnen de Hollandse zeelieden de vrachtvaarders van Europa genoemd worden. Amsterdam fungeert als de spin in het web. Door de economische activiteiten trekt de stad steeds meer mensen aan en groeit enorm: van ongeveer 30.000 inwoners in 1568 naar ongeveer 160.000 in 1648. Met als gevolg dat de stad in de zeventiende eeuw drie keer moet uitbreiden: eerst de Herengracht, dan de Keizersgracht en ten slotte de Prinsengracht. Zo ontstaat de Amsterdamse grachtengordel (figuur 6.7).

FIGUUR 6.7 Canon van Nederland: Amsterdamse grachtenhuizen, onderdeel van de grachtengordel

De bevolkingsgroei leidt tot een grotere vraag naar voedsel en om daaraan te voldoen beleggen de regenten-kooplieden in inpolderingen, de droogmakerijen. Omstreeks 1650 zijn de grote droogmakerijen ten noorden van Amsterdam – goed voor ongeveer 27.000 hectare – gereed: eerst de Beemster (1612) (figuur 6.8), gevolgd door de Purmer (1622), de Wormer (1626) en de Schermer (1635). Een belangrijke rol speelt de molenbouwer Leeghwater. Hij maakt ook een plan voor de droogmaking van de Haarlemmermeer, maar dat wordt in deze tijd niet uitgevoerd. Ook wordt veen afgegraven om turf, in deze tijd een belangrijke brandsof, te winnen: turf is gedroogd veen.

Droogmakerijen

Maar de Hollanders willen meer dan Europa: het liefst halen ze de lucratieve specerijen zelf, in plaats van in Lissabon.

6.2.2 Handel met de Oost

Specerijen

FIGUUR 6.8 Canon van Nederland: De Beemster

Specerijen of kruiden zijn in Europa geliefd om het eten smakelijker te maken en ook wel als medicijn. Zo worden aan nootmuskaat de volgende eigenschappen toegedicht: 'Die Muscaten stercken die hersenen, scherpen die memorie, verwermen ende stercken die maghe; in somma sijn goet tegen allerley gebreken des hoofts ende der harsenen, der magen, der lever (...)'. Nadat de reis van De Houtman via Kaap de Goede Hoop naar Indië met succes verlopen is, varen in 1598 al 22 schepen naar Indië. Om het risico te delen richten reders een compagnie op. Zo ontstaan verschillende Compagnieën van Verre, die zich in 1602 aaneensluiten tot de Verenigde Oost-Indische Compagnie (VOC) (figuur 6.9).

FIGUUR 6.9 Canon van Nederland: Een VOC-schip

Monopolie

Heren XVII

Het doel van de VOC is handel drijven. De kooplieden zijn niet – zoals de Spanjaarden – uit op verovering van gebieden om er kolonies van te maken. Voor die handel krijgt de VOC het monopolie op het gebied ten oosten van Kaap de Goede Hoop en ten westen van de Straat Magelhaes. Formeel staat de VOC onder de Staten-Generaal maar de compagnie krijgt grote bevoegdheden om zelf te handelen: het sluiten van verdragen, het bouwen van forten, het plaatsen van garnizoenen en ambtenaren naar behoefte, waar nodig strijd leveren met Portugezen, Spanjaarden en Engelsen en het aanstellen van bestuurders in de Oost.
Het VOC-bestuur in de Republiek wordt gevormd door een college met zeventien leden, de Heren XVII. De schepen voor de reis naar de Oost worden uitgerust door de zes Kamers van de VOC in respectievelijk Amsterdam, Middelburg, Hoorn, Enkhuizen, Delft en Rotterdam. Het kapitaal voor de uitrusting van de schepen wordt verkregen door participaties: in principe kan ieder een aandeel in de VOC nemen op grond waarvan er rechten zijn op winstuitkeringen. De VOC is daarmee het eerste bedrijf dat aandelen uitgeeft en tevens de eerste multinational.

Coen

Op Java wordt een handelskantoor bij Jakatra opgericht dat onder Gouverneur-Generaal Jan Pietersz Coen uit zal groeien tot de nieuwe residentie. Coen ziet grote mogelijkheden in Indië en heeft daarbij geen boodschap aan de inlanders. Of zij werken goedschiks mee met zijn plannen of hij neemt harde maatregelen om ze zover te krijgen, wat onder meer de bevolking op het eiland Banda aan den lijve ondervonden heeft. Aan de Heren XVII schrijft hij: 'Dispereert niet, ontziet Uw vyanden niet, daer can in Indiën wat groots verricht worden.' Coen wil dat de nieuwe residentie naar zijn geboorteplaats Nieuw-Hoorn gaat heten, maar de Heren XVII kiezen voor Batavia.

Routes

In het begin van de zeventiende eeuw nemen de schepen op weg naar Indië om de ergste hitte te ontlopen een meer zuidelijke route door de Indische Oceaan en varen daarna in noordelijke richting naar Indië (figuur 6.10).

Maar op welk moment moeten ze de koers wijzigen? Verschillende namen op de westkust van Australië herinneren aan strandingen van VOC-schepen, die te laat omgebogen zijn naar het noorden. Gouverneur-Generaal Anthonie van Diemen wil meer weten over dit nog volledig onbekende Zuidland en stuurt in de jaren veertig van de zeventiende eeuw Abel Tasman op onderzoek uit. Tasman verkent de zuidkust van wat al gauw Nieuw-Holland genoemd wordt, ontdekt een eiland dat hij naar zijn Gouverneur-Generaal Van Diemensland noemt, maar dat later omgedoopt wordt in Tasmanië, en vaart langs andere eilanden, die hij Nieuw-Zeeland noemt. Bij die ontdekkingen blijft het: de VOC ziet geen heil in het nieuw ontdekte land: het is dor en onvruchtbaar en heeft geen interessante handelsproducten te bieden.

FIGUUR 6.10 Routes naar Indië in de Gouden Eeuw: via Mauritius en later eerst richting Australië

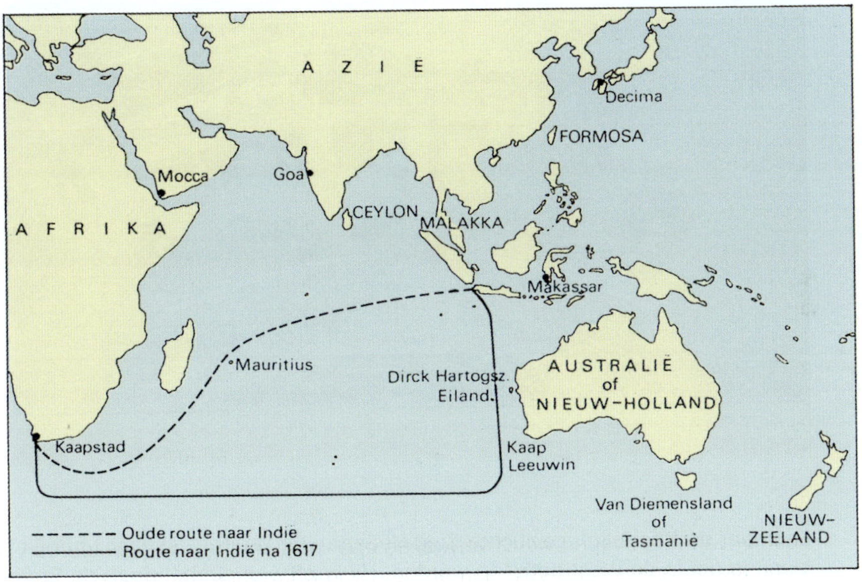

Veel interessanter blijkt het Aziatisch gebied. De VOC sticht handelskantoren in Voor-Indië, op Ceylon (nu Sri Lanka), op Formosa en krijgt als enige Europese organisatie toestemming voor een handelsnederzetting op een klein eilandje voor de Japanse kust, Decima (figuur 6.11).

Via deze handelskantoren vervoeren de VOC-schepen niet alleen kruidnagelen en nootmuskaat naar Europa, maar ook kaneel, zijde, heel veel porselein, en thee. Tijdens die reizen zijn ook VOC-schepen vergaan en zo nu en dan wordt de lading van deze scheepswrakken opgedoken en op veilingen verkocht.

Kaap de Goede Hoop

In 1652 sticht Jan van Riebeeck een verversingsstation op Kaap de Goede Hoop. Schepen op weg naar Indië kunnen hier groenten, fruit en vers water inslaan om de vreselijke scheurbuikziekte voor te zijn. Uit dit station ontstaat een nederzetting op Afrika's zuidpunt.

6.2.3 Handel in de West

Verdrag van Tordesillas

De West is sinds het Verdrag van Tordesillas (1494, zie paragraaf 5.1) met uitzondering van Brazilië het monopoliegebied van de Spanjaarden. Zij halen uit mijnen in Mexico scheepsladingen vol zilver. In Brazilië hebben zich de Portugezen gevestigd en zijn daar suikerplantages begonnen. Zowel voor de mijnen als voor de plantages zijn arbeidskrachten nodig en die worden uit Afrika gehaald. Zo ontstaat de slavenhandel tussen Afrika en Amerika.

FIGUUR 6.11 De Nederlanders mogen zich vestigen op Decima en onderhouden van daaruit contacten met Japan

6

Een naar de Republiek gevluchte Zuid-Nederlander Willem Usselincx maakt plannen om in de West actief te worden. Hij heeft een dubbel doel: de Spanjaarden in de West het leven zuur maken en zelf koloniën gaan opzetten in dit gebied. Pas als in 1621 de oorlog van de Republiek met Spanje hervat wordt, valt het besluit om een West-Indische Compagnie (WIC), op te richten. Naar analogie van de VOC krijgt de WIC een monopolie in een afgeperkt gebied: de Oostkust van Amerika aan de ene kant en de Westkust van Afrika aan de andere kant. De WIC, bestuurd door de Heren XIX, krijgt voor dit gebied vergelijkbare bevoegdheden als de VOC in de Oost: verdragen sluiten, forten bouwen en zelf besturen en rechtspreken.

WIC en Heren XIX

Het begrip handel mag – zeker zo lang de oorlog met Spanje duurt – ruim uitgelegd worden: handel en kaapvaart blijken bijna synoniem. Zo weet in 1628 Piet Hein een Spaanse vloot met zilver te kapen, een tot op de dag van vandaag veel bezongen heldendaad. Maar na de Vrede van Münster is het met deze activiteiten afgelopen.

Kaapvaart

De WIC gaat de strijd aan met Portugal, zowel op de Afrikaanse als op de Zuid-Amerikaanse kust. Via de steunpunten op de Afrikaanse kust gaat de WIC deelnemen aan de slavenhandel tussen Afrika en Amerika. Korte tijd worden delen van Brazilië in bezit genomen, maar uiteindelijk komen die weer in Portugese handen.

Slavenhandel

Voor de vloot van de WIC wordt een steunpunt in het Caribische gebied gezocht.

Antillen

Hier ligt het startpunt van de verbinding van de Republiek met de Antillen. In 1634 wordt Curaçao veroverd, waar fort Amsterdam gebouwd wordt. Bij dat

fort ontwikkelt zich de nederzetting Willemstad. Ook andere eilanden als Aruba, Bonaire, St. Eustatius en een deel van St. Maarten komen in bezit van de WIC. Het bestuur over deze eilanden wordt gevestigd in Nieuw-Nederland, een handelspost, die door de Nederlanders na de ontdekkingsreis van Hudson opgericht is aan de monding van de Hudsonrivier.
In een oorlog met Engeland verovert Abraham Crijnssen voor de Republiek Suriname en bij de vrede in 1667 blijft dit gebied in het bezit van de Republiek in ruil voor Nieuw-Nederland. Sindsdien houdt de WIC zich vooral bezig met de slavenhandel tussen Afrika en Amerika en met de suikerteelt in Suriname. De opbrengsten voor de participanten in de WIC steken mager af bij die van de aandeelhouders van de VOC.

Suriname

6.3 Een Gouden Eeuw

De *Tijd van Regenten en Vorsten* is niet alleen een tijd van economische bloei, maar ook een tijd van culturele bloei (de Gouden Eeuw). Dat geldt voor de schilder- en beeldhouwkunst, de architectuur, de literatuur en onderwijs en wetenschappen.

Culturele bloei

Een belangrijke rol op cultureel gebied vervullen de stadhouders en de stadsbestuurders, de regenten-kooplieden. Aan het begin van de zeventiende eeuw combineren ze veelal nog hun bedrijf met het besturen van de stad. Na 1650 worden die zaken steeds meer gescheiden. Dan gaat de regentengroep een steeds meer gesloten groep van bestuurders vormen: een oligarchie. De beeldend kunstenaars in de Republiek zijn voor hun opdrachten afhankelijk van de regenten. De officiële kerk – de Nederduits Hervormde Kerk – is wars van beeldcultuur en neemt de taak van opdrachtgever voor beeldende kunst niet van de rooms-katholieke kerk over.

Regenten

In de schilderkunst blijven Bijbelse en historische thema's in trek, maar daarnaast leiden opdrachten tot portretten en schuttersstukken en – voor de inrichting van de regentenwoningen – landschappen en stillevens. Wereldberoemd zijn geworden Rembrandt van Rijn, geboren in Leiden, werkzaam in een atelier in Amsterdam, met onder meer zijn wereldberoemde schuttersstuk de *Nachtwacht* (figuur 6.12) en zijn regentenstuk *De Staalmeesters*, de Haarlemmer Frans Hals met zijn portretten en schilderijen van het dagelijks leven, de Leidenaar Jan Steen met zijn huiselijke taferelen ('een huishouden van Jan Steen') en de Delftse schilder Jan Vermeer met *Het Straatje van Vermeer.*

Schilderkunst

FIGUUR 6.12
Canon van Nederland: Rembrandt: fragment van de Nachtwacht

Bijzondere kunstwerken zijn de kaarten van de Amsterdamse boekdrukkersfamilie Blaeu. De Blaeu-atlassen zijn in deze tijd van wereldreizen zeer gevraagd, met name de *Atlas Major* van 1662 (figuur 6.13), die overigens nog altijd als herdruk te koop is.

De ontwikkeling van de architectuur wordt door opdrachten van de stadsbesturen gestimuleerd. Het stadsbestuur van Amsterdam geeft bouwmeester Jacob van Campen de opdracht een nieuw stadhuis te bouwen op de Dam, het huidige koninklijk paleis. De bouw start in 1648 en is gereed in 1655. Een tijdgenoot spreekt van *Werelds Achtste Wonder*. Beeldhouwwerk op het gebouw toont een vrouw met een palmtak, het teken van vrede, en de staf van Mercurius, het teken van de handel: vrede en handel zijn de zaken waar het stadbestuur van Amsterdam de hoogste prioriteit aan geeft. Bouwmeester Hendrick de Keijzer krijgt de opdracht enkele nieuwe kerken in Amster-

Architectuur

FIGUUR 6.13
Canon van Nederland: De *Atlas Major* van Blaeu

dam te bouwen (de Zuider-, de Noorder- en de Westerkerk). Hij maakt ook de graftombe voor Willem van Oranje in Delft.

Literatuur

In de literatuur is Joost van den Vondel de prins onder de dichters. Veel van zijn werk gaat over Amsterdam, in zijn eigen woorden 'Sy die als Keyserin de kroon draeght van Europe'. De Amsterdamse schouwburg wordt in 1638 geopend met zijn toneelstuk *Gijsbrecht van Amstel*. Van Jacob Cats zijn diens wijze lessen in de vorm van spreuken en zegswijzen over deugden en ondeugden bekend gebleven. Zijn werk wordt naast de *Statenbijbel* in deze tijd het meest gelezen. Die Statenbijbel is de officiële Bijbelvertaling, die op kosten van de Staten-Generaal in 1637 tot stand kwam (figuur 6.14) en van grote betekenis is geweest voor de Nederlandse taalontwikkeling.

FIGUUR 6.14 Canon van Nederland: De Statenbijbel

Onderwijs

Het onderwijs is per gewest geregeld: ieder gewest kent dan ook zijn eigen onderwijsreglement. Lezen, schrijven en rekenen staan voorop, gevolgd door goede manieren en de christelijke religie. Schoolmeesters moeten lid zijn van de Nederduits Hervormde Kerk. Het magere salaris maakt de uitoefening van bijbaantjes noodzakelijk, bijvoorbeeld als koster, voorzanger en brievenschrijver. De bekendste schoolmeester uit deze tijd is Willem Bartjens, de ontwerper van een rekenmethode.
De Latijnse school geeft toegang tot de universiteit, waar Latijn de enige voertaal is. Naast Leiden en Franeker, beide gesticht in de *Tijd van Ontdekkers en Hervormers,* komen er in deze tijd universiteiten in Groningen, Utrecht en Harderwijk. In Deventer, Middelburg en Amsterdam kunnen aanstaande studenten zich op het Atheneum voorbereiden op een universitaire studie.

Wetenschap

Naast de bloei op het gebied van de kunsten kent de zeventiende eeuw een groot aantal wetenschappers, die baanbrekend werk verricht hebben: de wetenschappelijke revolutie. Zo publiceert Hugo de Groot (figuur 6.15) een studie over hoe volken met elkaar om moeten gaan, het begin van het volkenrecht.

FIGUUR 6.15 Canon van Nederland: Hugo de Groot

Filosoof Spinoza pleit voor een voor zijn tijd heel modern vrijheidsbegrip, onder meer voor vrijheid van meningsuiting (figuur 6.16).

FIGUUR 6.16 Canon van Nederland: Spinoza

Er is veel discussie over de rol van God in de wereld, gekoppeld aan studie van de wereld door middel van eigen waarneming (empirisme) en gebruik van het eigen verstand (rationalisme). Anthonie van Leeuwenhoek ontdekt met een door hem verbeterde microscoop kleine diertjes in water en legt zo de basis voor bacteriologie. Christiaan Huygens (figuur 6.17), onderzocht het heelal met door hem verbeterde telescopen en ontdekte de ring van Saturnus. Daarnaast zijn er allerlei praktische uitvindingen, zoals het ontwerp van een slingeruurwerk van Christiaan Huygens, dat nauwkeuriger de tijd aangeeft dan een zandloper, de brandspuit van Jan van der Heyden, de molens van Jan Adriaansz. Leeghwater en de ideeën over vesting- en stedenbouw van Simon Stevin. Een rijk geschakeerd palet aan wetenschappers dat groot aanzien geniet in heel Europa.

Verdraagzaamheid

Dit alles ontwikkelt zich in een samenleving, waarin weliswaar één kerk de officiële is (de Nederduits Hervormde Kerk), maar waar ruimte is voor verdraagzaamheid ten opzichte van andere opvattingen en stromingen (tolerantie). Oogluikend worden andere geloven gedoogd. De rooms-katholieken

kunnen ter kerke in zogenaamde schuilkerken, waarvan er in Amsterdam nog een mooi exemplaar bewaard gebleven is: Ons' Lieve Heer op Solder (Museum Amstelkring).
Ook de Joden, die in deze eeuw vanuit Spanje, Portugal en Duitsland vanwege vervolgingen in hun land naar Amsterdam komen, krijgen de gelegenheid synagoges te bouwen. Aanhangers van Calvijn uit Frankrijk, de Hugenoten, moeten vluchten en vestigen zich in de Republiek in Amsterdam, Leiden en Groningen.

FIGUUR 6.17 Canon van Nederland: Christiaan Huygens

Aan het alom in Europa nog aanwezige geloof in hekserij wordt in de Republiek getornd: gebruik van de pijnbank bij heksenprocessen wordt verboden en in heel Europa is bekend dat de heksenwaag in Oudewater eerlijk weegt. Van de Fransman Descartes is de volgende uitspraak over de zeventiende eeuwse Republiek: 'Welk ander land zou men ter wereld kunnen kiezen, waar men een zo volledige vrijheid genieten kan?'.

Literatuur, een selectie

Naslagwerken

De Bosatlas van de Geschiedenis van Nederland. (2011). *Bestuur en vrede 1609-1648* (hoofdstuk 7, blz. 218-253) en *De Republiek: soevereine staat 1648-1780* (hoofdstuk 8, blz. 254-287). Groningen: Noordhoff Uitgevers bv.
Deursen, A.Th. van. (2004). *De last van veel geluk. De geschiedenis van Nederland 1555-1702.* Amsterdam: Bert Bakker.
Emmer, P. & Gommers, J. (2012). *Rijk aan de rand van de wereld. De geschiedenis van Nederland overzee 1600-1800.* Amsterdam: Bert Bakker.
Wilschut, A. (2007). *De Tijd van Regenten en Vorsten 1600-1700* (Kleine Geschiedenis van Nederland). Zwolle: Waanders.

Canonvensters

Bakker, B. (2004). De zichtbare stad 1578-1813. In Frijhoff, W. & Prak, M. (red.). *Geschiedenis van Amsterdam, centrum van de wereld.* Amsterdam: Bert Bakker.
http://entoen.nu/grachtengordel
Donkersloot-De Vrij, M. (1992). *Drie generaties Blaeu.* Amsterdam: Rijksmuseum Nederlands Scheepvaart Museum.
http://entoen.nu/atlasmajor
Gaastra, F.S. (2012). *De geschiedenis van de VOC.* Zutphen: Walburg Pers.
http://entoen.nu/voc
Ham, G. van der (2004). De Boekenkist van Hugo de Groot. In: Kloek, E. (red.). *Verzameld verleden.* Hilversum: Verloren.
http://entoen.nu/hugodegroot
Henderson, J. & Schiferli, V. (2012). *Rembrandt. Leven en werk van een meesterschilder.* Amsterdam: Nieuw Amsterdam.
http://entoen.nu/rembrandt
Icke, V. (2009). *De ruimte van Christiaan Huygens.* Groningen: Historische Uitgeverij.
http://entoen.nu/christiaanhuygens
Prud'homme van Reine, R. (2007). *Rechterhand van Nederland. Biografie van Michiel Adriaenszoon de Ruyter.* Amsterdam: De Arbeiderspers.

6

http://entoen.nu/michielderuyter
Steenbakkers, P. Rijnsburg: Spinozahuis. Filosoferen over God en Natuur. In: Prak, M. (red.). (2006) *Plaatsen van herinnering. Nederland in de zeventiende en achttiende eeuw.* Amsterdam: Bert Bakker.
http://entoen.nu/spinoza
Vries, J.W. de (2006). Utrecht: Museum Catharijneconvent. De Statenbijbel en de Nederlandse taal. In: Prak, M. (red.). *Plaatsen van herinnering. Nederland in de zeventiende en achttiende eeuw.* Amsterdam: Bert Bakker.
http://entoen.nu/statenbijbel
Zanden, J.L. van (2006). De Beemster. Een voorbeeldige inpoldering. In: Prak, M. (red.). *Plaatsen van herinnering. Nederland in de zeventiende en achttiende eeuw.* Amsterdam: Bert Bakker.
http://entoen.nu/beemster

Ondersteuning via de website

Een uitgebreidere literatuurlijst en een selectie van museumcollecties bij dit hoofdstuk is te vinden op www.geschiedenisensamenleving.noordhoff.nl, evenals een samenvatting van dit hoofdstuk en een interactieve toetsenbank.

7

Tijd van Pruiken en Revoluties

(1700-1800)

De *Tijd van Pruiken en Revoluties* is de tijd dat uiterlijk nog veel op de oude voet voortgaat. Onderhuids vinden grote veranderingen plaats, die in het laatste kwart van de achttiende eeuw een belangrijke rol gaan spelen.
De centrale vragen in dit hoofdstuk zijn:

- Hoe werken de ideeën van de Verlichting in Nederland door?
- Hoe ontwikkelen zich de machtsposities van de Oranjes, van de regenten en van de patriotten?
- Wat zijn de grondbeginselen van de Bataafse Republiek?
- Hoe ontwikkelt de economie zich in de achttiende eeuw?

Voor het primair onderwijs zijn uit de *Tijd van Pruiken en Revoluties* de belangrijkste onderwerpen:

Kenmerkende aspecten	Canonvensters
• Slavenarbeid op plantages en de opkomst van het abolitionisme • Het streven naar grondrechten en naar politieke invloed van de burgerij in de Franse en de Bataafse revolutie	• Slavernij. *Mensenhandel en gedwongen arbeid in de Nieuwe Wereld* • Buitenhuizen. *Rijk wonen buiten de Stad* • Eise Eisinga. *De Verlichting in Nederland* • De Patriotten. *Crisis in de Republiek*

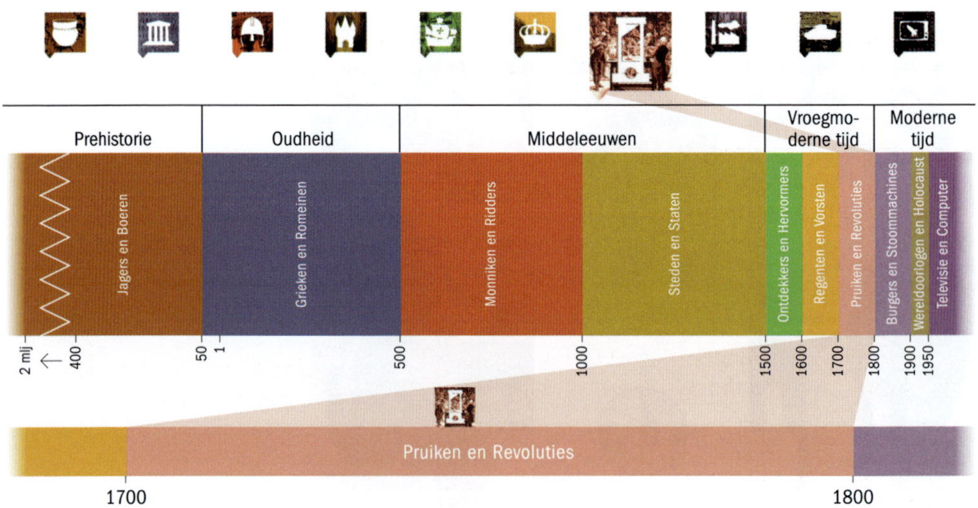

1700-1800 Agrarisch-stedelijke samenleving	
1702	Willem III overlijdt kinderloos
1747-1751	Stadhouder Willem IV, erfstadhouder over alle gewesten
1748	Pachtersoproer
1751-1795	Stadhouder Willem V
1784	Oprichting Maatschappij tot Nut van het Algemeen
1787	Wilhelmina aangehouden bij Goejanverwellesluis Pruisen stuurt een leger om de Oranjes te steunen
1789	Bestorming van de Bastille in Frankrijk: Franse Revolutie
1794	Franse troepen vallen de Republiek binnen
1795	Willem V vlucht naar Engeland
1795-1806	Bataafse Republiek
1799	Napoleon aan de macht in Frankrijk

1800: einde van de *Tijd van Pruiken en Revoluties* en begin van de *Tijd van Burgers en Stoommachines*. Begin van de Moderne Tijd.

7.1 Verdeeldheid in de Republiek

De plotselinge dood van stadhouder-koning Willem III geeft de regenten de kans om hun eigen positie weer te versterken door – met uitzondering van het gewest Friesland – geen nieuwe stadhouder te benoemen: het Tweede Stadhouderloze Tijdperk van 1702-1747. De regenten spreken van de Ware Vrijheid: zonder toezicht van de stadhouder kunnen ze hun eigen gang gaan. In het testament van Willem III gaan zijn bezittingen naar de Friese stadhouder Johan Willem Friso. De erfenis wordt echter betwist door de koning van Pruisen. Pas na dertig jaar wordt deze kwestie geregeld: de Friese Nassaus krijgen de bezittingen in de Nederlanden en de titel van Prins van Oranje en Pruisen krijgt de bezittingen buiten de Nederlanden en óók de titel van Prins van Oranje.

Ware Vrijheid

In de eerste helft van de achttiende eeuw geldt de Republiek nog steeds als een grote mogendheid. Als zodanig speelt de Republiek ook een rol in het onrustige Europa, waar voortdurend verbonden worden gesloten en om de macht oorlogen worden gevoerd. De Republiek is hier vaak bij betrokken.

Ambities

Opvolgingskwesties in Spanje en in Oostenrijk leiden tot oorlogen, waarbij de Zuidelijke Nederlanden vaak het strijdtoneel zijn. Bij een van de vredes, de Vrede van Utrecht (1713), verwerft de Republiek zelfs nog enige gebiedsuitbreiding: Venlo en omgeving. Deelname aan deze Europese conflicten verzwakt de positie van de Republiek door de enorme spanning die groeit tussen enerzijds de ambities en anderzijds de financiële mogelijkheden.

Een regentenbestuur zonder stadhouder wordt steeds meer een familieregering of een regering van weinigen, een oligarchie. Openvallende functies worden ingevuld door de zittende leden en zij benoemen familie en vrienden 'voor het leven'. Dat betekent dat het bestuur gevormd wordt door een steeds kleinere groep mensen, die niet openstaat voor nieuwkomers. Onderling worden de winstgevende ambten verdeeld. Daarover worden afspraken gemaakt in de vorm van contracten en toerbeurtsystemen. De grens tussen algemeen belang en eigenbelang wordt steeds vager. Zo is er ruimte voor uitwassen, bijvoorbeeld dat baby's in de wieg of 'nietsnutten' een goed betaalde functie hebben, die door een stroman voor een karig loon uitgevoerd wordt. De regenten krijgen op deze manier zoveel inkomsten dat zij geen andere activiteiten uit hoeven te voeren.

Oligarchie

De regenten meten zich een Franse levensstijl aan. Zij laten prachtige buitenhuizen bouwen bij voorkeur langs de Amstel en de Vecht (figuur 7.1 en 7.2).

Buitenhuizen

De buitenhuizen worden omgeven door prachtige tuinen – veelal naar Frans ontwerp – met daarin een tuinkoepel. De regenten gaan in eigen kring Frans spreken. Zij dragen pruiken, waardoor het goede tijden voor de pruikenmaker zijn. De vrouwen dragen hoepelrokken en via aangeklede modepoppen zijn ze steeds op de hoogte van de nieuwste mode in Parijs. Zo is de achttiende eeuw een eeuw van deftigheid (zie figuur 7.3). Die levensstijl is tegen het einde van de achttiende eeuw moeilijk te handhaven als de tijden economisch slechter worden.

FIGUUR 7.1
Canon van Nederland: Buitenhuizen

FIGUUR 7.2 Een buitenplaats aan de Vecht (geschiedenisplaat van J.H. Isings)

FIGUUR 7.3 Pruikentijd, verbeeld door Cornelis Troost

Maar er moet ook bestuurd worden en de balans van de bestuursperiode van de oligarchie is dat de regenten niet in staat zijn om problemen, die op hen afkomen, op te lossen. Tijdens de strijd om de opvolging in Oostenrijk probeert de Republiek neutraal te blijven, maar door Frankrijk raakt de Republiek in de strijd betrokken. Franse legers vallen in 1747 Staats-Vlaanderen binnen. De paniek is groot, want de tijden lijken op die in 1672. De roep om een Oranje – en er is er maar één, de Friese stadhouder Willem – begint in

Zeeland. Andere gewesten volgen, waarbij in het gewest Holland de stad Rotterdam het voortouw neemt en de steden Amsterdam en Enkhuizen zich het langst verzetten. Willem wordt als Willem IV stadhouder over alle gewesten en dat stadhouderschap wordt erfelijk. **Willem IV**

Verwachtingen

Er zijn grote verwachtingen van het aanstellen van opnieuw een stadhouder. Allereerst natuurlijk zo snel mogelijk de Fransen verslaan. Maar dat lukt niet. Integendeel, de Franse legers nemen Bergen op Zoom en Maastricht in. Zo lukt het Willem IV niet als redder van het vaderland op te treden. Bij de Vrede van Aken in 1748 krijgt de Republiek overigens wel alle verloren gebieden terug.

Maar er zijn ook grote verwachtingen op binnenlands gebied: onder meer het inperken van de macht van de oligarchische regenten én een herziening van het belastingsysteem. Een stroom van pamfletten verschijnt over deze kwesties. Voor de prins staat boven aan zijn wensenlijst herstel van zijn bevoegdheden om bestuurders te benoemen en dat wordt in verschillende gewesten – met de nodige weerstand overigens – geregeld. De stadhouder kan zich weer gaan bemoeien met de benoeming van de stadsbestuurders. Maar echt de oligarchie aanpakken doet Willem IV niet. Plannen om voortaan de ambten in het openbaar te verkopen ten behoeve van de staatskas houdt hij tegen.

Willem IV krijgt met grote onrust te maken over de belastingen. Het gaat – in een tijd dat het economisch niet zo goed gaat – om de vele belastingen op eerste levensbehoeften en om de manier van inning. Die belastinginning wordt voor een bepaald bedrag verpacht aan belastingpachters, die vervolgens hun gang kunnen gaan. Wat ze meer weten te innen dan de door hen betaalde pacht zijn hun inkomsten. Dat systeem leidt makkelijk tot misbruiken. In 1748 komt het tot rellen, waarbij huizen van belastingpachters (en van stadsbestuurders) geplunderd worden, het Pachtersoproer (figuur 7.4). De schutterijen grijpen niet in, behalve in Amsterdam. Daar leidt de executie van raddraaiers tot nieuwe onlusten. Uiteindelijk wordt de verpachting afgeschaft. De inning wordt voortaan verzorgd door ambtenaren, die een vast salaris krijgen.

Internationaal aanzien verwerft Willem IV door zijn huwelijk met de dochter van de Engelse koning. In vergelijking met zijn voorgangers gaat zijn positie steeds meer op die van een vorst lijken. Mogelijkheden om te komen tot een absoluut bewind van de Oranjes zijn volop aanwezig. Dit is echter niet de verdienste van Willem IV. Hij profiteert vooral van de omstandigheden en dat profiteren duurt maar kort, want in 1751 komt hij te overlijden. Zijn zoon Willem volgt hem automatisch op, maar kan pas in functie treden in 1766 omdat hij nog te jong is. Als Willem V zal hij in toenemende mate te maken krijgen met interne tegenstand tegen zijn stadhouderschap, tegenstand waar hij door zijn besluiteloosheid geen antwoord op weet te geven. Die tegenstanders noemen zich de patriotten en zij beschouwen zich als de echte vaderlandslievenden.

Patriotten

De Patriotten zijn teleurgesteld over het optreden van de Oranjes en gaan zich manifesteren als anti-Orangisten (figuur 7.5).

FIGUUR 7.4 Het huis De Drie Haringen in Leiden wordt geplunderd

FIGUUR 7.5 Canon van Nederland: De patriotten

Zij pleiten voor een vorm van democratie met invloed van het volk op de samenstelling van de regering. Die samenstelling van het bestuur wordt het onderwerp van heftige discussies, die gevoerd worden in koffiehuizen, kranten en pamfletten. Hier toont zich de kritische geest van de Verlichting (zie subparagraaf 7.3.2), zich uitend in een hervormingsbeweging, die uiteindelijk revolutionaire trekken krijgt.

Aan het volk van Nederland

In 1781 verschijnt anoniem het geschrift *Aan het volk van Nederland* van de hand van een Gelders edelman Joan Derk van der Capellen tot den Pol. In dit geschrift bepleit hij dat de stadhouder weer de oorspronkelijke positie moet krijgen van dienaar van de Staten zonder de bevoegdheid om bestuurders te benoemen. Zijn ideeën vinden weerklank en uiteindelijk wordt het belangrijkste patriotse uitgangspunt: regeren is een opdracht en geen aangeboren recht. De opdracht moet vervuld worden door 'eene Volksregering bij Representatie', een regering bestaande uit gekozen vertegenwoordigers van het volk. In hun ideeën is nog wel een plaats voor de stadhouder, zelfs wel erfelijk, maar alleen als hoofd van de uitvoerende macht.

Revoluties

Het denken over de meest wenselijke politieke organisatie wordt beïnvloed door de strijd van de Engelse kolonisten in Amerika tegen hun moederland (de Amerikaanse Vrijheidsoorlog 1775-1783) en de Franse Revolutie (1789). De onafhankelijkheidsverklaring van Amerika, waarin sprake is van vrijheid en gelijkheid van de mensen, volkssoevereiniteit en het recht van verzet, maakt diepe indruk in de Republiek en al in 1782 wordt het onafhankelijke Amerika erkend. In 1789 breekt de revolutie uit in Frankrijk met de bestorming van de Bastille. Centraal staan de ideeën van vrijheid, gelijkheid en broederschap. De voorrechten van de adel worden afgeschaft en op papier worden voor het eerst de rechten van de mens vastgelegd: de 'Déclaration des droits de l'homme et du citoyen'.

De ideeën van de Patriotten krijgen steeds meer aanhang. Bij voortduring vinden er in Holland ongeregeldheden plaats: verzoekschriften aan de regering, betogingen en tegenbetogingen, vaak op touw gezet door belangengroepen. Het stadhouderlijk hof investeert fors in pro-Oranjebetogingen. De patriotten richten vrijkorpsen, gewapende legertjes, op. Die vrijkorpsen hebben programmatische namen, zoals het Utrechtse vrijkorps: 'Pro Patria et Libertate', voor vaderland en vrijheid. De situatie in Den Haag wordt door Willem V als zo onveilig ervaren, dat hij zich terugtrekt op het Valkhof in Nijmegen.

Vrijkorpsen

Ook Willem V slaagt erin om een huwelijkspartner met Europees aanzien te vinden: Wilhelmina, een zus van de koning van Pruisen. Aan het hof bestaat niet een duidelijk idee over de te volgen strategie ten opzichte van de patriotten. Het land lijkt in een burgeroorlog terecht te komen als de stadhouder met een leger optreedt tegen patriotse vrijkorpsen in Elburg en Hattem, waarbij flink geplunderd wordt. In 1787 wordt een plan gemaakt voor de terugkeer van Willem V naar 's-Gravenhage. Uiteindelijk gaat Wilhelmina alleen, maar het plan lekt uit en ze wordt door een vrijkorps tegengehouden bij Goejanverwellesluis. De koning van Pruisen grijpt in en stuurt een leger, dat Willem V in zijn positie herstelt (figuur 7.6).

Willem V

FIGUUR 7.6 Gevechten tussen vrijkorpsen en Oranje-aanhangers in Amsterdam in 1787

Veel patriotten vluchten het land uit, vooral naar Frankrijk. Willem V vervangt een groot aantal regenten. Vanwege hun houding ten opzichte van de Oranjes verliezen sommigen ook hun bezittingen. In de winter van 1794 valt een Frans leger onder leiding van Pichegru de Republiek binnen. Dank zij de bevroren grote rivieren kunnen de Franse soldaten snel oprukken. Patriotten verwelkomen de Fransen als bevrijders: Willem V vlucht in januari 1795 per vissersschip vanuit Scheveningen naar Engeland. Hij zal niet meer terugkeren in Nederland.

7.2 De Bataafse Republiek

Bataafse Republiek

Met het vertrek van Willem V eindigt in 1795 de Republiek der Zeven Verenigde Nederlanden. De omwenteling heet de Bataafse Revolutie en de nieuwe naam voor Nederland wordt 'Bataafse Republiek'. De omwenteling vindt plaats zonder bloedvergieten en wordt dan ook wel een Fluwelen Revolutie genoemd. Regenten worden vervangen. De geestdrift uit zich in festiviteiten rondom de Vrijheidsboom (figuur 7.7), in het omdopen van de Dam in Amsterdam in het Plein van de Revolutie, in het opnieuw tellen van de jaren met 1795 als jaar 1 en in een nieuwe indeling van de provincies in departementen.

FIGUUR 7.7 De Vrijheidsboom op de Grote Markt in Groningen

Vazalstaat

Nederland wordt niet door de Fransen geannexeerd, maar wordt een soort vazalstaat. Frankrijk presenteert de rekening voor de hulp bij de revolutie. Nederland moet:

- afstand doen van Maastricht, Venlo en Staats-Vlaanderen
- meedoen met de oorlogen van Frankrijk
- Franse soldaten op Nederlands grondgebied toestaan en deze ook voeden en kleden

De nieuwe patriotse machthebbers stellen:'het Bataafsche volk is één en ondeelbaar'. Maar dat is makkelijker neergeschreven dan gerealiseerd. Het stadhouderschap, de ridderschap en de functie van raadpensionaris worden afgeschaft. In de Bataafse Republiek is ieder gelijk en spreekt men elkaar voortaan ongeacht stand of klasse aan met 'burger' of 'burgeres'.

Grondwet

Iedereen is ervan overtuigd dat er een grondwet moet komen, waarin de idealen vrijheid, gelijkheid en broederschap uitgewerkt worden. Daartoe wordt een Nationale Vergadering ingesteld, die verkozen wordt via getrapte verkiezingen (figuur 7.8). De basis voor het kiesrecht wordt: mannen van twintig jaar en ouder zijn kiesgerechtigd indien ze voldoen aan criteria van 'gegoedheid' en voorstanders zijn van de nieuwe orde. Zo worden prinsgezinden en vrouwen uitgesloten van het kiesrecht.

FIGUUR 7.8 De Nationale Vergadering bijeen in 's-Gravenhage in 1796

Federalisten en unitarissen

Het samenstellen van een grondwet blijkt een uitermate moeilijke klus. Duidelijk zijn er twee stromingen: de federalisten willen de bestaande staatsvorm met gewestelijke zelfstandigheid behouden, de unitarissen willen van de Republiek een eenheidsstaat maken. Een groot aantal voorstellen voor grondwetten volgt elkaar zo snel op, dat de kleine groep kiezers de moed opgeeft en de politiek beu wordt. Om een grondwet aangenomen te krijgen, worden zelfs de stemmen van de thuisblijvers meegeteld met de ja-stemmers.

Emancipatie

In de discussies over de staatsvorm worden enkele belangrijke stappen gezet op het gebied van emancipatie:
- Het platteland – voorheen veelal vertegenwoordigd door de ridderschap – krijgt eigen vertegenwoordigers in de besturen.
- Staats-Brabant wordt toegelaten als het volwaardig gewest Brabant.
- Het Landschap Drenthe wordt toegelaten als het volwaardig gewest Drenthe.
- Er komt een scheiding van kerk en staat en vrijheid van godsdienst voor niet-calvinisten, die nu ook officieel benoembaar zijn in alle ambten.
- De Joden worden erkend als burgers met dezelfde rechten als alle andere Nederlanders.

7

7.3 Economische achteruitgang en nieuwe ideeën

Economisch gaat het in de *Tijd van Pruiken en Revoluties* langzaam achteruit. Eerst is er sprake van relatieve achteruitgang ten opzichte van andere handelslanden. In het laatste kwart van de eeuw is er sprake van absolute achteruitgang.
De achttiende eeuw is de eeuw van de Verlichting, de tijd waarin het verstand – de ratio – een centrale plaats krijgt. Al het bestaande wordt aan een kritisch onderzoek onderworpen.

7.3.1 Economische ontwikkelingen

Handelspositie Republiek

In de *Tijd van Pruiken en Revoluties* loopt de handel achteruit en moet de Republiek op de handelsranglijst Engeland en Frankrijk voor laten gaan. Daar zijn verschillende factoren voor aan te geven. Engeland en Frankrijk gaan op eigen kracht vooruit en in beide landen worden op handelsgebied beschermende maatregelen genomen, die ervoor moeten zorgen dat die landen beter kunnen concurreren met de Republiek. Daardoor gaan ook de handelsstromen zich verplaatsen. Niet langer is Amsterdam de stapelplaats voor het West-Europese gebied. Die stapelmarkt wordt overbodig door de zogenoemde voorbijlandvaert: de producten gaan Amsterdam voorbij, rechtstreeks naar hun bestemming. Belangrijke handelscentra in Europa worden Londen en Hamburg. Zo ontstaat de situatie dat op wereldniveau de handel groeit, maar dat het Nederlandse aandeel gelijk blijft en zelfs enigszins daalt. De Sonttollijsten (zie subparagraaf 6.3.2) bevestigen dit beeld: in 1720 bedraagt het aantal Nederlandse schepen dat de tol passeert 50% van het totale aantal schepen en dat getal is in 1780 gedaald tot 28%.

7

Geldhandel

Wel is er sprake van de groei van een nieuwe handelstak: de geldhandel. De Republiek ontwikkelt zich in de tweede helft van de achttiende eeuw tot de geldschieter-bankier van Europa.

In deze algemene economische teruggang delen ook de twee grote handelscompagnieën. Gemiddeld gaan er in de achttiende eeuw jaarlijks nog twintig à dertig schepen naar Indië. De jaaromzetten en de dividenden zijn in de eerste helft van de achttiende eeuw nog uitstekend, maar na 1780 dalen deze snel.

VOC

De VOC concentreert zich steeds meer op Oost-Indië en wordt zo van een handelsmacht een territoriale macht. Parallel daaraan stijgt daar het belang van de landbouw, zoals de verbouw van koffie en suiker. De balans tussen de met geleend geld betaalde heenlading van de schepen en de opbrengsten van de retourlading raakt zoek en zo belandt de VOC in de schulden. Bij de opheffing in 1799 komt die schuldenlast overeen met maar liefst 45 miljoen euro. Het grondbezit van de VOC gaat bij de opheffing over naar de staat.

FIGUUR 7.9 Canon van Nederland: Slavernij

Verschillende Europese landen, waaronder de Republiek, hebben delen van de (Zuid-)Amerikaanse kust en Caribische eilanden in bezit genomen en stichten daar plantages. Voor die plantages zijn werkkrachten nodig. Die zijn aldaar niet voldoende aanwezig en worden gehaald uit Afrika. De West-Indische Compagnie is één van de deelnemers aan die handel in slaven (figuur 7.9). De WIC heeft op Curaçao een vrijhaven en moet aan inkomsten komen

WIC

door de slavenhandel tussen Afrika en Amerika en via de producten van de plantages in Suriname.

Vanuit de Republiek vertrekken schepen met geweren, textiel, glas en sieraden. Die goederen worden op de kust van Afrika gebruikt om er vooral slaven voor te kopen. Slavernij is in Afrika een normale zaak. Overwonnen volken worden daar slaaf gemaakt. De Europeanen tonen op de kust belangstelling voor slaven en deze worden in Afrikaanse kustplaatsen te koop aangeboden. De WIC heeft onder meer in het huidige Ghana het fort Elmina, waar slaven verzameld worden voor de overtocht naar Amerika.
Tijdens die overtocht worden de slaven opgesloten in het ruim van de schepen. Eenmaal aangekomen in Amerika (in bijvoorbeeld Suriname of op Curaçao) worden de slaven op een slavenmarkt verkocht aan plantagehouders. De schepen laden de producten in, die in Amerika verbouwd zijn, zoals suiker, koffie, tabak en katoen. En daarna gaat de reis huiswaarts: de driehoekshandel: van Europa naar Afrika, van Afrika naar Amerika en van Amerika terug naar Europa.
De levensomstandigheden na hun reis over de Atlantische Oceaan en hun verkoop aan een plantagehouder zijn dusdanig dat heel wat slaven de bossen van Suriname in vluchten en daar als Bosnegers leven. De waarde van een slaaf is in die tijd gelijk aan die van 300 pond suiker.

Door een tijdgenoot wordt de slavernij omschreven als 'noodzakelijk en geoorloofd'. Bij de discussies over Vrijheid, Gelijkheid en Broederschap wordt weinig aandacht besteed aan de slavernij. De acceptatie van de slavernij als iets wat normaal is, wordt veelal gebaseerd op een geschrift dat in 1742 verschenen is in Leiden en Amsterdam: *Staatkundig-Godgeleerd Onderzoekschrift over de Slavernij, Als Niet-Strijdig tegen de Christelijke Vrijheid.* De auteur is J.E.J. Capiteyn, de eerste negerslaaf, die het in de Republiek tot dominee heeft gebracht. Vrijlating van slaven zou volgens Capiteyn een daad van christelijke goedertierenheid zijn, maar fijntjes voegt hij eraan toe 'Eene Vryheid zonder Goederen raad niet altijd tot eerlyke daden'.

Er zijn in Europa voor- en tegenstanders van de slavernij, die zich beiden beroepen op de Bijbel. In de achttiende eeuw komen er steeds meer aanhangers van het idee dat alle mensen gelijk zijn. Op basis daarvan ontstaat een beweging om de slavernij af te schaffen: het abolitionisme (zie figuur 7.10). Die beweging begint in Engeland in 1787 met de Society for the Abolition of the Slave Trade. Groot-Brittannië verbiedt in 1807 de slavenhandel voor eigen onderdanen, de Verenigde Staten doen dat in 1808 en Nederland in 1814. Groot-Brittannië schaft in 1833 in alle Britse kolonies de slavernij af. In 1852 verschijnt in Amerika van Harriet Beecher Stowe de roman *Uncle Tom's Cabin* over het onrecht van de slavernij. De beweging voor afschaffing van de slavernij groeit door haar boek. Maar in de zuidelijke staten van de Verenigde Staten is afschaffing onbespreekbaar omdat dan de hele plantage-economie zou instorten. Pas na een burgeroorlog wordt in 1865 in de Verenigde Staten de slavernij afgeschaft.
Nederland schaft de slavernij af op 1 juli 1863. Die dag wordt nog altijd herdacht als Keti Koti, de dag van de verbroken ketenen.

Het octrooi van de WIC wordt in 1791 niet verlengd. De territoriale bezittingen gaan net als bij de VOC naar de staat.

Armoede

De economische omstandigheden maken dat steeds meer mensen onder de armoedegrens komen. Naast de toenemende werkloosheid speelt daarbij ook de stijgende belastingdruk – vooral op eerste levensbenodigdheden

– een belangrijke rol. Zo raken veel inwoners van de Republiek in bittere armoede. Groepen bedelaars en landlopers trekken door het land, of zoals een tijdgenoot het omschrijft: 'onze steden grimmelen van schoijers'.

FIGUUR 7.10 Am I not a man and a brother, het zegel van de Society for the Abolition of the Slavetrade (1771)

7.3.2 De tijd van de Verlichting

Rede

De Verlichting wordt gekenmerkt door een optimistische visie. Via optimale inzet van de rede moet zowel de mens als de samenleving te verbeteren zijn. Ideeën uit de Verlichting gaan terug op die van de Franse filosoof Descartes. De twee belangrijkste bouwstenen voor zijn filosofie zijn algehele twijfel aan alles – met uitzondering van de almacht van God – én zijn eigen waarneming. Op basis van zijn ideeën komen theorie en praktijk dichter bij elkaar en wordt er op universiteiten voor het eerst geëxperimenteerd. Genootschappen worden opgericht waar gediscussieerd wordt over alle mogelijke onderwerpen. Daarmee hangt ook samen het aanleggen van verzamelingen van natuurkundige instrumenten, fossielen, schelpen en andere objecten. Een beroemde collectie is die van de Haarlemse koopman Pieter Teyler. Zijn verzameling is de basis voor Teylers Museum in Haarlem (figuur 7.11).

Eisinga

In 1774 verschijnt een boekje, waarin voorspeld wordt dat de aarde uit haar baan zal geraken. Dit boekje veroorzaakt de nodige paniek. Als antwoord op de onrust over die voorspelling bouwt de wolkammer Eise Eisinga in 1781 in zijn eigen huis in Franeker een planetarium (figuur 7.12). Zo toont hij aan dat er geen reden tot paniek is. Zijn unieke, nog altijd werkende bouwwerk is bewaard gebleven en is als het Koninklijke Eise Eisinga Planetarium te bezichtigen.

FIGUUR 7.11 De ovale zaal voor natuurkundige instrumenten van Teylers Museum in Haarlem

FIGUUR 7.12 Canon van Nederland: Eise Eisinga

7

Gelijkheid

De nadruk ligt in deze tijd op het individu, met als grondprincipe de fundamentele gelijkheid van de mensen. In het Verlichtingsdenken is er geen plaats voor bijgeloof. Tegen het einde van de eeuw komt er oog voor de positie van vrouwen en kinderen. In romans en jeugdliteratuur krijgen zij een meer natuurlijke plaats, zoals de plaats van de kinderen in de kindergedichten van Hieronymus van Alphen.
De Verlichting leidt tot het ideaal van verheffing van het volk, een ideaal dat vorm krijgt binnen de Maatschappij tot Nut van het Algemeen. De Maatschappij, in 1784 opgericht door dominee Jan Nieuwenhuyzen, ijvert voor meer beschaving voor de volksklasse, onder meer door verbetering van het lager onderwijs. De Maatschappij richt overal plaatselijke afdelingen op, die aan deze doelstellingen proberen te werken. Landelijk wordt geijverd voor een nationaal onderwijsstelsel. In de Bataafse Republiek wordt hiervoor een agent, een soort minister, aangesteld, J.H. van der Palm, die de eerste nationale onderwijswet gereed heeft in 1801. Deze wet maakt een splitsing tussen openbaar en bijzonder onderwijs, regelt het staatstoezicht op de scholen, stelt eisen aan de bekwaamheid van onderwijzers en voert klassikaal onderwijs in.
Vanzelfsprekend worden niet alle Verlichtingsideeën door de hele bevolking omarmd. Het idee van de Verlichtingsdenkers om niet langer doden in en om de kerk te begraven, wordt door de gemeente Tiel omgezet in de vorm van de aanleg van een begraafplaats buiten het centrum. Dat kerkhof krijgt het volgende opschrift: 'De menschenliefde door 't gezond verstand verlicht, heeft deez' begraafplaats tot een voorbeeld hier gesticht', maar door tegenstanders wordt de begraafplaats al snel vernield.

Zo komen in de achttiende eeuw aanzetten voor nieuwe ideeën naar voren, die in de *Tijd van Burgers en Stoommachines* niet alleen doorwerken maar vooral ook verder uitgewerkt worden.

Cultuur

In vergelijking met de Gouden Eeuw biedt de *Tijd van Pruiken en Revoluties* niet zo'n rijke oogst aan schrijvers, schilders en wetenschappers. Naast de al genoemde schrijver Van Alphen zijn vermeldenswaard uit deze tijd de dichter Poot en de schrijvers Elizabeth (Betje) Wolff en Agatha (Aagje) Deken. De belangrijkste schilder is Cornelis Troost (figuur 7.3). Van de wetenschappers leeft – veelal via straatnamen – nog voort Herman Boerhaave, de Leidse hoogleraar in de geneeskunde en plantkunde, destijds een van de bekendste mannen van Europa wiens faam zelfs tot in China was doorgedrongen. Hij gaat nauwkeurig het verloop van verschillende ziekten na en bestudeert medicinale planten in de kruidentuin van de Hortus Botanicus, waarvan hij later ook directeur wordt.

Literatuur, een selectie

Naslagwerken

De Bosatlas van Geschiedenis van Nederland (2011). *De Republiek: soevereine staat 1648-1780* (hoofdstuk 8, blz. 254-287) en *Van republiek tot koninkrijk 1780-1840* (hoofdstuk 9, blz. 288-327). Groningen: Noordhoff Uitgevers bv.

Emmer, P. & Gommers, J. (2012). *Rijk aan de rand van de wereld. De geschiedenis van Nederland overzee 1600-1800.* Amsterdam: Bert Bakker.

Wilschut, A. (2007). *De Tijd van Pruiken en Revoluties 1700-1800* (Kleine Geschiedenis van Nederland). Zwolle: Waanders.

Canonvensters

Boos, C. (2011). *De slavernij. Mensenhandel van de koloniale tijd tot nu.* Amsterdam: Balans.

http://entoen.nu/slavernij

Israel, J.I. (2011). *Revolutie van het denken. Radicale Verlichting en de wortels van onze democratie.* Franeker: Van Wijnen.

http://entoen.nu/eiseeisinga

Laméris, B. (2012). *De buitenplaats en het Nederlandse landschap.* Zwolle: WBooks.

http://entoen.nu/buitenhuizen

Wilschut, A. (2000). *Goejanverwellesluis. De strijd tussen patriotten en prinsgezinden 1780-1787.* Hilversum: Verloren.

http://entoen.nu/patriotten

Ondersteuning via de website

Een uitgebreidere literatuurlijst en een selectie van museumcollecties bij dit hoofdstuk is te vinden op www.geschiedenisensamenleving.noordhoff.nl, evenals een samenvatting van dit hoofdstuk en een interactieve toetsenbank.

8
Tijd van Burgers en Stoommachines

(1800-1900)

De *Tijd van Burgers en Stoommachines* – de negentiende eeuw – is een tijd van grote veranderingen in de samenleving door de Industriële Revolutie. Centrale vraagstukken in dit hoofdstuk zijn:

- Wat betekende de Franse Tijd voor Nederland?
- Welke ontwikkelingen waren er in de eerste helft van de negentiende eeuw?
- Wat veranderde er in de samenleving door de Industriële Revolutie?
- Welke ontwikkelingen waren er in de tweede helft van de negentiende eeuw?

Voor het primair onderwijs zijn uit de *Tijd van Burgers en Stoommachines* de belangrijkste onderwerpen:

Kenmerkende aspecten

- Het ontstaan van een parlementair stelsel en de toename van volksinvloed
- De industriële revolutie en de opkomst van de emancipatiebewegingen

Canonvensters

- Napoleon Bonaparte. *De Franse tijd*
- Koning Willem I. *Het Koninkrijk van Nederland en België*
- De eerste spoorlijn. *De versnelling*
- De Grondwet. *De belangrijkste wet van een staat*
- Max Havelaar. *Aanklacht tegen wantoestanden in Indië*
- Verzet tegen kinderarbeid. *De werkplaats uit, de school in*
- Vincent van Gogh. *De moderne kunstenaar*
- Aletta Jacobs. *Vrouwenemancipatie*

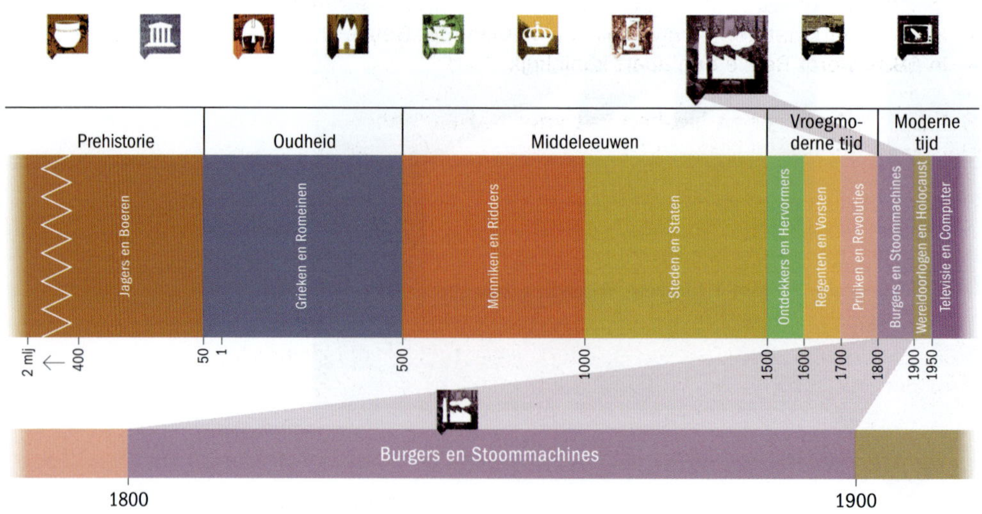

1800 Agrarisch-stedelijke samenleving - 1850 Industriële samenleving	
1804	Napoleon Bonaparte keizer van de Fransen
1806	Invoering Continentaal Stelsel
1806-1810	Koninkrijk Holland onder leiding van Lodewijk Napoleon
1810-1813	Nederland deel van het Franse keizerrijk
1813	Franse nederlaag bij Leipzig – Terugkeer Oranje
1813-1840	Willem I, eerst soeverein vorst, daarna koning
1815-1839	Koninkrijk der Nederlanden (Nederland, België en Luxemburg)
1830-1870	Cultuurstelsel in Oost-Indië
1830-1839	Belgische Opstand
1839	De eerste trein rijdt in Nederland: van Amsterdam naar Haarlem
1840-1849	Willem II koning van Nederland
1848	Nederland wordt een parlementaire democratie (Grondwet van 1848)
1849-1890	Willem III koning van Nederland
1863	Nederland schaft de slavernij af
1873-1903	Atjeh-oorlog
1874	Wet op de kinderarbeid (Van Houten)
1890-1948	Emma, regentes tot 1898, daarna koningin Wilhelmina
1900: einde van de *Tijd van Burgers en Stoommachines* en begin van de *Tijd van Wereldoorlogen en Holocaust* en van vervolg van de Moderne Tijd.	

8.1 Ontwikkelingen in de eerste helft van de negentiende eeuw

In de jaren na 1800 volgen de veranderingen elkaar snel op:
- in 1806 wordt de Bataafse Republiek Koninkrijk Holland,
- in 1810 wordt dat koninkrijk een deel van het Franse keizerrijk
- in 1815 ontstaat een nieuw koninkrijk samen met België
- in 1839 wordt België een apart koninkrijk

8

8.1.1 De Fransen hebben het voor het zeggen

Het zijn de Fransen die vanaf 1795 een belangrijke stem hebben in Nederland en die stem wordt steeds sterker de stem van Napoleon: de Franse Tijd.

Napoleon en Europa

Napoleon is geboren op Corsica. Hij volgt een militaire opleiding en is al op zijn 24ste generaal. Hij verovert delen van Italië, de Zuidelijke Nederlanden, de Bataafse Republiek en delen van Duitsland. Hij is in het Franse rijk een alleenheerser, die zich in 1804 tot keizer kroont.
Zijn poging om Groot-Brittannië in te nemen mislukt, maar vanaf 1805 zijn grote delen van Europa in zijn macht. In 1812 besluit hij op te trekken naar Moskou. Hij wist die stad te bereiken met zijn troepen, maar slaagde er niet in om de stad in te nemen. Door de invallende winter moet hij terugtrekken. Op de terugtocht worden zware verliezen geleden.
Met een nieuw leger vecht Napoleon in 1813 bij Leipzig tegen de troepen van Pruisen, Rusland, Oostenrijk en Zweden (de geallieerden). Hij wordt verslagen. Het geallieerde leger trekt Parijs binnen. Napoleon wordt verbannen naar het eilandje Elba. Daar weet hij in 1815 te ontsnappen en met een leger trekt hij de Zuidelijke Nederlanden binnen. Daar wordt hij verslagen bij Waterloo en opnieuw verbannen, nu naar het Engelse eiland St. Helena. Daar sterft hij in 1821.

FIGUUR 8.1 Canon van Nederland: Napoleon

In 1805 vraagt keizer Napoleon Bonaparte (figuur 8.1) de patriot Rutger Jan Schimmelpenninck om de leiding op zich te nemen over de Bataafse Republiek. De oude functienaam 'raadpensionaris' herleeft.

Schimmelpenninck

Schimmelpenninck neemt zijn intrek in het voormalige Oranjepaleis Huis ten Bosch in Den Haag en weet in de korte tijd van zijn bestuur – 1805-1806 – wetten op het gebied van de belastingen, de posterijen en het onderwijs door te voeren. In 1806 leest hij in een Franse krant: 'Het schijnt dat de heer Schimmelpenninck (...) voorgoed zijn gezichtsvermogen heeft verloren.' Het is de aankondiging van zijn vertrek: Napoleon benoemt zijn broer Lodewijk Napoleon tot koning van het Koninkrijk Holland. Nederland heeft een koning maar één, die geen binding heeft met het land. Lodewijk Napoleon neemt eerst zijn intrek in 's-Gravenhage in Huis ten Bosch, verlegt daarna zijn hoofdkwartier naar Utrecht en trekt in 1808 in het Amsterdams stadhuis, dat voortaan een koninklijk paleis is. Dat stadhuis – 'het achtste wonder' – wordt volgens het volgende versje niet met enthousiasme aan de enigszins mank lopende koning afgestaan:

Koninkrijk Holland

> 'Het achtste wonder
> Is naar de donder,
> Nu is het de woning
> Van de lamme koning.'

Lodewijk Napoleon kijkt wel naar de belangen van Nederland. Hij neemt zijn taak zo serieus, dat hij taallessen neemt bij schrijver en hofdichter Willem Bilderdijk om het Nederlands onder de knie te krijgen. Hij probeert maatregelen van zijn broer in de strijd om de macht in Europa, die ongunstig zijn voor Holland, tegen te houden. Lodewijk heeft grote moeite met de uitvaardiging van de algemene dienstplicht (conscriptie). Het verbod op handel met Engeland – het Continentaal Stelsel – probeert hij zo soepel mogelijk te laten verlopen, omdat hij de gevolgen ervan voor de Nederlandse handel zeer goed aanvoelt. Aan hem zijn de instelling van de Koninklijke Bibliotheek en het Koninklijk Museum (het latere Rijksmuseum) te danken.
Wanneer in 1809 Engelsen Zeeland binnenvallen en Lodewijk Napoleon niet direct een antwoord heeft, is voor Napoleon de maat vol. Teleurgesteld doet Lodewijk Napoleon afstand. In 1810 houdt het Koninkrijk Holland op te bestaan en wordt het ingelijfd bij het Franse keizerrijk. Een deel van het grondgebied moet worden afgestaan: Zeeland, Brabant en het land van Maas en Waal. De rest vormt – onderverdeeld in zeven departementen – een apart deel van het Franse keizerrijk. Tegen deze inlijving vindt vrijwel geen verzet plaats en in alle rust kan keizer Napoleon in 1811 zijn intocht in Nederland maken. In figuur 8.2 worden hem door de burgemeester de gouden sleutels van de stad Amsterdam aangeboden.

Deel van het Franse keizerrijk

Napoleon kan nu het Continentaal Stelsel streng doorvoeren. Daarvoor komen Franse douaniers de hele kust bewaken. Alleen door middel van smokkelhandel is hieraan nog te ontkomen. Dit betekent het einde van de Nederlandse handel. Producten als koffie, suiker, thee, tabak en specerijen worden zeldzaam. De Nederlandse overzeese gebieden – onder meer Ceylon (het huidige Sri Lanka), de Kaapkolonie, Suriname, West-Guyana en Oost-Indië – worden alle door de Engelsen ingenomen.

FIGUUR 8.2 De intocht van keizer Napoleon in Amsterdam in 1811

Naar Frans voorbeeld wordt het bestuur centralistisch gereorganiseerd en ook de rechtspraak wordt voortaan centraal geregeld, wat zeker een vooruitgang is. In 1811 worden de drie Franse wetboeken – Code Civil, Code Pénal en Code de Commerce – ingevoerd. In hetzelfde jaar moeten alle inwoners zich melden voor de burgerlijke stand en als ze nog geen achternaam hebben, moeten ze een naam kiezen. Iets wat niet iedereen destijds even serieus gedaan heeft, zodat tot op heden nakomelingen met namen als 'Naaktgeboren' rondlopen. Ook introduceert Napoleon het decimale stelsel van maten en gewichten, gebaseerd op de meter en de kilogram.
De invoering van de algemene dienstplicht stuit wel op verzet. Rijke lieden krijgen de mogelijkheid om hieraan te ontkomen door een vervanger (remplaçant) aan te trekken: iemand die in hun plaats de dienstplicht vervult. Dat verzet neemt toe als duidelijk is dat Napoleon het leger wil gebruiken voor zijn Europese veldtochten: op zijn veldtocht tegen Rusland moeten maar liefst 15.000 Nederlandse soldaten mee.
Die veldtocht betekent voor Napoleon het begin van het einde. Na de moeizame terugtocht uit Rusland wordt in 1813 bij Leipzig de beslissende slag geleverd. Deze eindigt in een nederlaag voor Napoleon. Hij wordt verbannen naar Elba en zijn rijk valt uiteen. Napoleon komt nog één keer terug aan de macht in Frankrijk, maar hij wordt in 1815 beslissend verslagen bij Waterloo. De rest van zijn leven verblijft hij op het eiland St. Helena, waar hij zijn memoires schrijft.

Op weg naar een eenheidsstaat

De Franse tijd (1795-1813) is een hectische tijd, waarin in hoog tempo vernieuwende besluiten genomen worden, die veelal maar van korte duur zijn en vervangen worden door nieuwe. Het is de tijd van moeizame overschakeling van gewestelijke zelfstandigheid naar een nationale staat. Het blijkt moeilijk om op eigen kracht die ontwikkeling door te maken; de centraliserende maatregelen uit de inlijvingsperiode leggen de basis voor de latere eenheidsstaat.

8.1.2 Terugkeer van de Oranjes

Pruisische en Russische legers trekken in 1813 Nederland binnen en drijven de Franse bezetters voor zich uit in de richting van Frankrijk. Een regenten driemanschap vormt een voorlopig bestuur: Van Hogendorp, Van Limburg Stirum en Van der Duyn van Maasdam. Van Hogendorp komt met de Oranje Boven-proclamatie *Oranje Boven! Holland is vrij* (figuur 8.3).

FIGUUR 8.3 De Oranje Boven-proclamatie van G.K. van Hogendorp uit 1813

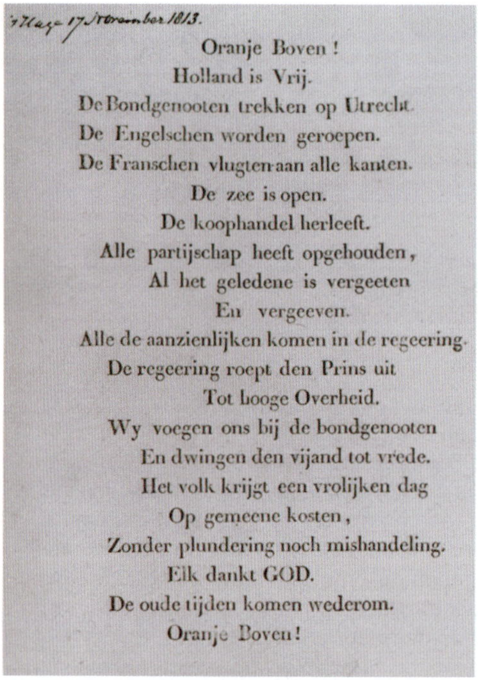
's Hage 17 November 1813.

Oranje Boven!
Holland is Vrij.
De Bondgenooten trekken op Utrecht.
De Engelschen worden geroepen.
De Franschen vlugten aan alle kanten.
De zee is open.
De koophandel herleeſt.
Alle partijschap heeſt opgehouden,
Al het geledene is vergeeten
En vergeeven.
Alle de aanzienlijken komen in de regeering.
De regeering roept den Prins uit
Tot hooge Overheid.
Wy voegen ons bij de bondgenooten
En dwingen den vijand tot vrede.
Het volk krijgt een vrolijken dag
Op gemeene kosten,
Zonder plundering noch mishandeling.
Elk dankt GOD.
De oude tijden komen wederom.
Oranje Boven!

Een speurtocht naar de verblijfplaats van de erfprins, de zoon van erfstadhouder Willem V, wordt ingezet. Erfprins Willem blijkt bereid om als Soeverein Vorst de leiding van Nederland op zich te nemen. Hij komt per schip op 30 november 1813 aan in Scheveningen, op de plaats waar hij met zijn zijn vader destijds het land uit vluchtte. Een week later neemt hij in Amsterdam het bestuur van het driemanschap over.

Na het vertrek van de Fransen is de grote vraag hoe met de vele besluiten uit de Franse tijd, die veelal nog nauwelijks in de maatschappelijke werkelijkheid doorgewerkt hebben, omgegaan zal worden: terug naar de situatie van vóór 1795 – naar een Republiek met vrij zelfstandige gewesten – of verder op basis van de centraliserende maatregelen uit de Franse tijd in de richting van een eenheidsstaat?
In de Oranje Boven-proclamatie uit 1813 (figuur 8.3 hiervoor) staat: 'De oude tijden komen wederom.' Wordt daarmee de volledige terugkeer naar de situatie van vóór 1795 bedoeld?
De eerste helft van de negentiende eeuw staat in het teken van het zoeken naar een balans tussen het oude en het nieuwe. Hierbij speelt de gegoede

burgerij een steeds belangrijkere politieke rol. De vraag 'restauratie of vernieuwing?' staat centraal. Er wordt niet een eenduidige keuze gemaakt: naast behoud en herstel – Oranje krijgt bijvoorbeeld een grote machtspositie – is er ook plaats voor voortzetting van ontwikkelingen uit de Franse tijd: een grondwet is inmiddels een onomstreden onderdeel van het staatsbestel.

FIGUUR 8.4 Canon van Nederland: Willem I

Soeverein vorst met grondwet

Erfprins Willem krijgt in 1813 niet als Willem VI de titel van erfstadhouder over alle gewesten, maar als Willem I (figuur 8.4) de titel van Soeverein Vorst van de Verenigde Nederlanden.

Hij accepteert deze functie op voorwaarde dat er een grondwet komt. Voor een grondwet had Van Hogendorp al voorwerk gedaan, zodat Nederland in 1814 een nieuwe grondwet heeft: de Grondwet van de Staat der Verenigde Nederlanden. Deze grondwet wordt voorgelegd aan een groep notabelen (aanzienlijke burgers), die in grote meerderheid instemmen met deze nieuwe grondwet. De Staten-Generaal wordt in ere hersteld. De 55 leden vertegenwoordigen niet meer een gewest, maar het hele land: een ingrijpende wijziging. De leden worden verkozen door de Provinciale Staten. In plaats van zeven zijn er nu negen provincies. Nieuwe provincies zijn Brabant en Drenthe. Aan het hoofd van een provincie staat een door de koning benoemde gouverneur, die alleen aan de koning verantwoording verschuldigd is. Amsterdam is voortaan de hoofdstad waar de vorst ingehuldigd wordt; 's-Gravenhage blijft de plaats waar de regering gevestigd is.

Staten-Generaal

De ministers staan in letterlijke zin als dienaren de koning bij. Ze zijn dan ook alleen aan de koning verantwoording verschuldigd en niet aan de Staten-Generaal.

Ministers

Onder leiding van Engeland ontstaat in 1814 het idee, dat ten noorden van Frankrijk een sterke staat nieuwe uitbreidingsplannen van Frankrijk tegen moet gaan. Daarom wordt besloten de negen provincies samen te voegen met de Zuidelijke Nederlanden en Luxemburg. Zo ontstaat het 'Koningrijk der Nederlanden' (de officiële naam in die tijd) onder leiding van koning Willem I. De grenzen van dit nieuwe rijk worden in 1815 op het Wener Congres, waar Nederland zelf niet vertegenwoordigd is, vastgelegd. Twee miljoen Nederlanders worden samengevoegd met drie miljoen Belgen. De in de Franse tijd door Engeland in bezit genomen Nederlandse koloniën worden weer teruggegeven, behalve de Kaapkolonie, Ceylon en West-Guyana in Zuid-Amerika. Het Nederlands gezag in Oost-Indië – met name op Java – en in Suriname wordt hersteld.

Koningrijk der Nederlanden: 1815-1839

8

Koning Willem I heeft twee doelen voor ogen:
1 herstel van de economie van het rijk
2 de vorming van één natie

Doelen Willem I

In voorwaardelijke zin worden er voor het herstel van de economie vele initiatieven genomen die op termijn positief uitpakken (zie subparagraaf 8.1.3). De plannen voor de natievorming hebben echter veel minder succes.

In 1830 is de situatie in de Zuidelijke Nederlanden uitermate gespannen als gevolg van de slechte sociaaleconomische toestanden. Arbeiders nemen het voortouw: zij eisen arbeid en brood. De prijzen van de levensmid-

Belgische kwestie

delen zijn hoog door mislukte oogsten en een strenge winter; de werkloosheid groeit doordat arbeiders vervangen worden door machines. De burgerij neemt de acties over met als inzet een aantal liberale eisen als ministeriële verantwoordelijkheid en vrijheid van drukpers. Noord en Zuid zijn te lang gescheiden geweest om weer samen verder te kunnen. In de Zuidelijke Nederlanden gaan steeds meer stemmen op om te komen tot een administratieve scheiding of zelfs tot een afscheiding: de Belgische Opstand.
Willem I roept de grote mogendheden te hulp, maar die besluiten in Londen dat scheiding het beste is. Militair vertoon – een tiendaagse veldtocht van een noordelijk leger onder leiding van de Prins van Oranje – draagt niets bij aan een oplossing. Het 'Koningrijk der Nederlanden' blijkt niet meer te redden. België verklaart zichzelf onafhankelijk en kiest een eigen koning: Leopold van Saksen-Coburg.

Afscheiding

Pas in 1839 wordt de afscheiding een feit. Twistpunten zijn Limburg (met name Maastricht) en Luxemburg. Het is vooral koning Willem I, die zich – hopend op een wonder – blijft verzetten tegen deze afscheiding. Al die tijd blijft het Nederlandse leger op oorlogssterkte. De kwestie komt tot een oplossing via een door beide partijen geaccepteerd eindverdrag: Limburg wordt toegewezen aan Nederland en België krijgt het Waalse deel van Luxemburg. Het resterende deel van Luxemburg blijft voor de Oranjes.

8.1.3 Een koning-koopman

Jacob van Lennep noteert in 1823 in zijn dagboek over zijn bezoek aan Enkhuizen:

> 'Toen we door de stad wandelden, vonden we dat ze in een bedroevend verval verkeerde. Overal waren de mooiste huizen gesloopt, en die er nog overgebleven waren dreigden in te storten of stonden alleen. Waar zich vroeger trotse gebouwen verhieven, zagen wij nu grote grasweiden.'

8

De grote opdracht voor de nieuwe koning Willem I is om de economie na de Franse Tijd weer op gang te krijgen. Daarvoor zet hij zich enorm in en daarmee verdient hij de naam 'koning-koopman'.
Dat herstel gaat niet vanzelf. Weliswaar getuigt de Oranje Boven-proclamatie (figuur 8.3) nog van optimisme: *de zee is open, de koophandel herleeft.* Maar de werkelijkheid is dat de handelsstromen zich verlegd hebben, buiten Nederland om. Herstel van de stapelmarktfunctie zit er niet in. Koning Willem I probeert de handel te stimuleren door de aanleg van waterstaatswerken (kanalen en sluizen), waardoor provincies – voor het eerst! – met elkaar via waterwegen verbonden worden. Amsterdam en Rotterdam krijgen nieuwe verbindingen met zee, respectievelijk via het Noord-Hollands Kanaal en het Voornse Kanaal. Maastricht en 's-Hertogenbosch krijgen een verbinding door de aanleg van de Zuid-Willemsvaart.

Waterstaatswerken

Nederlandsche Handel Maatschappij

Willem steunt in 1824 de oprichting van de Nederlandsche Handel Maatschappij (NHM). Deze maatschappij heeft tot doel de handel te stimuleren. Via indirecte steun zorgt de NHM voor herleving van de scheepsbouw. Daardoor groeit de Nederlandse handelsvloot snel. De schepen worden ingezet voor de handel op Java, een reis van ongeveer vier maanden heen en vier maanden terug. Op de heenweg vervoeren de schepen katoenen stoffen, die geproduceerd worden door de textielindustrie in Vlaanderen en later in Twente. Op de terugweg zijn Oosterse producten, zoals koffie, suiker, thee, tabak en kruiden aan boord. Deze producten worden in opdracht van het Nederlands bestuur in ruil voor een (gering) plantloon door de Javanen verbouwd op 20% van hun grond. Deze verplichte verbouw van producten voor de Europese markt staat bekend als het Cultuurstelsel, in 1830 ingevoerd door gouverneur-generaal J. van den Bosch. De NHM zorgt voor vervoer naar Nederland, alwaar de producten verkocht worden. De winsten van de verkoop komen ten goede aan de Nederlandse schatkist.

Cultuurstelsel

Tot de erfenis van de Franse tijd behoren armoede en werkloosheid. Het aantal bedeelden is zo omvangrijk, dat armoede 'de quaestie van de dag' is. In 1816 gaat het in Amsterdam om één op de drie inwoners, die steun nodig hebben om te overleven. In verschillende plaatsen worden bedelaars- of armenwerkhuizen opgericht, waar armen aan het werk gehouden worden. De werkzaamheden in deze werkhuizen bestaan onder meer uit het pluizen van touw, het boeten van netten en het maken van tapijten en tafelkleden.

Armoede

De Maatschappij van Weldadigheid, in 1819 opgericht door J. van den Bosch (de latere gouverneur-generaal in Indië), pretendeert een meer structurele oplossing voor het armoedeprobleem te hebben: het stichten van landbouwkolonies. De grondgedachte achter de Maatschappij van Weldadigheid is dat er niet te veel Nederlanders zijn, maar te weinig landbouwers. En zo ontstaat het plan om woeste gronden op de grens van Friesland en Drenthe te laten ontginnen door armen uit de zeegewesten.
Vijftig gezinnen maken een nieuwe start in Frederiksoord, de eerste kolonie genoemd naar prins Frederik, de tweede zoon van koning Willem I en de voorzitter van de Maatschappij. Zij krijgen een huis, kleding, een koe en een stukje grond. Naast gezinnen is er ook plaats voor weeskinderen. Andere kolonies volgen: Wilhelminaoord, Willemsoord (figuur 8.5) en Veenhuizen. Het voormalige fort Ommerschans wordt een strafkolonie voor bedelaars en landlopers.

Maatschappij van Weldadigheid

8

FIGUUR 8.5 De kolonie Willemsoord van de Maatschappij van Weldadigheid in het midden van de negentiende eeuw

De kolonies van de Maatschappij van Weldadigheid maken de verwachtingen niet waar. De hoofdoorzaak blijkt de ongeschiktheid van de stedelijke paupers voor het zware landwerk. Het Rijk neemt uiteindelijk Ommerschans en Veenhuizen over. Deze kolonies dienen daarna als tuchthuizen (gevangenissen): Ommerschans tot 1890 en Veenhuizen tot op de dag van vandaag.

Vervoer

Reizen in deze tijd betekent lopen. De afstand tussen twee plaatsen wordt uitgedrukt in 'uren gaans', waarbij één uur gaans ongeveer vijf kilometer is. Onderweg moet de reis voortdurend onderbroken worden om tol te betalen: een vergoeding om gebruik te maken van een stuk weg.
De meest ideale wijze van vervoer is het vervoer over water. Nederland kent een uitgebreid net van trekschuitdiensten. Een trekschuit is geschikt voor vervoer van mensen en goederen en wordt getrokken door één (of meer) paard(en). Dat paard loopt onder begeleiding van het jagertje over het jaagpad. Een trekschuit legt per uur zeven à acht kilometer af.

Niet overal in Nederland zijn er voor trekschuiten geschikte waterwegen. In die gebieden is men aangewezen op vervoer over land per diligence of postkoets. Reizen per diligence is lang niet voor iedereen betaalbaar. Een enkele reis van Groningen naar Leeuwarden kost € 1,63, oftewel minstens het loon van 3,5 dag werken.

De eerste trein

Een revolutionaire ontwikkeling op vervoersgebied is de trein. In 1830 werd de eerste reguliere spoorlijn in Engeland van Liverpool naar Manchester in gebruik genomen. Drie particulieren richten in 1837 de Hollandsche IJzeren Spoorweg Maatschappij (HIJSM) op en krijgen toestemming voor de aanleg van de eerste spoorlijn in Nederland: van Amsterdam naar Haarlem (figuur 8.6).

FIGUUR 8.6 Canon van Nederland: De eerste spoorlijn

In 1839 wordt deze spoorlijn officieel ingewijd (figuur 8.7). Later wordt deze lijn doorgetrokken naar Leiden, Den Haag en Rotterdam. De volgende spoorlijn is die van Amsterdam naar Utrecht, aangelegd door de Nederlandse Rijnspoorwegmaatschappij en officieel geopend in 1843. Deze lijn wordt later doorgetrokken naar Arnhem.

FIGUUR 8.7 Opening van de spoorlijn Amsterdam-Haarlem in 1839

De trein kent drie klassen: één voor de grote burgerij, één voor de kleine burgerij, één voor de arbeidende klasse. De eerste klasse is in diligencevorm en de rijtuigen heten dan ook diligences. De derdeklasrijtuigen hebben geen dak. Treinreizigers mogen tijdens de rit hun plaats niet verlaten. De komst van de trein wordt met gemengde gevoelens ontvangen. Veel boeren langs de spoorlijnen vrezen teruggang in de melkproductie van hun koeien als het rokende, ijzeren monster voorbijkomt.

8.1.4 De burgerij, een politieke factor van betekenis

De afscheiding van België vereist een grondwetsherziening, die in 1840 gereedkomt. Het gaat om een beperkte herziening: **Grondwet van 1840**

1 *De invoering van de ministeriële verantwoordelijkheid*. Voortaan moeten ministers koninklijke besluiten mede ondertekenen.
2 *Het aantal provincies verandert*. Limburg komt erbij en Holland wordt gesplitst in Noord-Holland en Zuid-Holland. Dat brengt het aantal provincies op elf.

Koning Willem I besluit in 1840 om zijn koningschap te beëindigen. Kritiek op zijn opstelling tijdens de Belgische kwestie, de eisen van de liberalen om het staatsbestel te wijzigen en het onbegrip van zijn onderdanen over zijn voornemen om met een katholieke Belgische hofdame te trouwen, liggen ten grondslag aan zijn besluit. Hij draagt het koningschap over aan zijn zoon, de Prins van Oranje, die negen jaar het land als koning Willem II zal leiden. **Willem II**
Die negen jaren zijn moeilijke jaren: enerzijds door een verlammende twijfel over een bestaansrecht voor een onafhankelijk Nederland in Europa – is het niet beter aansluiting te zoeken bij Pruisen? –, anderzijds door de onrust in heel Europa, uitlopend op de revoluties in 1848 in Parijs, Wenen en Berlijn. Nederland blijft Nederland en kiest bewust voor een neutrale opstelling in Europa, die tot 1940 in stand gehouden kan worden.

In 1848 vinden in Frankrijk, Oostenrijk en Pruisen revolutionaire ontwikkelingen plaats. Ook in Nederland maakt men zich ernstig zorgen over de toekomst. 'Bedenk wel wat gij doet, mannen des bestuurs! Bedenk het wel, hoofden van dynastieën: de Ure komt; Hervorming of Revolutie' staat te lezen in de *Arnhemsche Courant*. **1848**
Onder invloed van al deze ontwikkelingen gaat Willem II akkoord met de plannen voor een grondwetswijziging, die nog in 1848 gerealiseerd wordt. Volgens zijn eigen woorden is Willem in 24 uur van zeer conservatief zeer liberaal geworden!

De grondwetsherziening van 1848 is vooral het werk van de liberale voorman Johan Rudolf Thorbecke (figuur 8.8). **Grondwet van 1848**

Deze grondwet (figuur 8.9) verplaatst de politieke macht van de koning en zijn ministers naar de Staten-Generaal. De koning is voortaan onschendbaar, de ministers zijn verantwoordelijk.

Een van de uitgangspunten van Thorbecke is de betrokkenheid van burgers bij de staat. Op basis daarvan krijgt de gegoede burgerij belangrijke invloed op de regering in de vorm van rechtstreekse verkiezingen voor de gemeenteraden, Provinciale Staten en de Tweede Kamer. Wie een bepaald bedrag aan belasting betaalt, mag rechtstreeks meedoen aan de verkiezingen (censuskiesrecht). **Censuskiesrecht**

FIGUUR 8.8 Johan Rudolf Thorbecke

FIGUUR 8.9 Canon van Nederland: De grondwet

Tweede Kamer

De Tweede Kamer krijgt een aantal nieuwe rechten: het recht op interpellatie (vragen stellen aan de verantwoordelijke ministers), het recht op enquête (het zelf doen van onderzoek) en het recht op amendement (de bevoegdheid om wijzigingen aan te brengen in voorstellen). De begroting moet voortaan jaarlijks vastgesteld worden in plaats van tweejaarlijks.

8

Rechten

In de grondwet worden enige rechten en vrijheden van de burgers vastgelegd: onder meer het recht op vereniging en vergadering – vóór 1848 moest voor een vergadering van meer dan twintig mensen toestemming gevraagd worden – en vrijheid van drukpers. De vergaderingen van gemeenteraden, Provinciale Staten, Tweede en Eerste Kamer zijn voortaan openbaar.

Provincie en gemeente

De vertegenwoordiger van de koning in de provincies heet voortaan Commissaris van de Koning in plaats van gouverneur. Zowel de provincies als de gemeenten krijgen een dagelijks bestuur:
- de gemeente: het College van Wethouders onder leiding van de Burgemeester
- de provincie: de Gedeputeerde Staten onder leiding van de Commissaris van de Koning

Willem III

Willem II overlijdt plotseling in 1849. Zijn zoon neemt als koning Willem III zijn taak over.

8.2 Industriële Revolutie

Industrialisering, het ontstaan van fabrieken, waarin op grote schaal producten gemaakt worden, is een proces dat afhankelijk is van de beschikbaarheid van energiebronnen. In de achttiende eeuw ontstaan fabrieken in de buurt van water- en windenergie. In diezelfde achttiende eeuw wordt in

Groot-Brittannië geëxperimenteerd met energie uit stoom. In 1776 slaagt James Watt erin om een stoommachine te ontwikkelen, die bruikbaar blijkt te zijn in de industrie.

Stoommachine

Aanwending van stoomkracht in het productieproces vindt eerst voornamelijk plaats in de textiel- en ijzerindustrie en in de mijnbouw. In de loop van de negentiende eeuw wordt stoomkracht de energiebron bij uitstek voor de industriële productie, de landbouw en voor het vervoer over land (de trein) en water (de stoomboot).

Industriële Revolutie

De toepassing van de stoommachine in de samenleving wordt wel de Industriële Revolutie genoemd, een verwarrende term want de veranderingen vinden niet in een hoog tempo plaats. Een van de recentere studies over de Industriële Revolutie is dan ook getiteld *De trage revolutie*.

Naast stoomkracht komen als nieuwe energiebronnen in het laatste kwart van de negentiende eeuw de verbrandingsmotor en de elektromotor beschikbaar. Nieuwe industrietakken – dank zij de voortgaande Industriële Revolutie – zijn de staalindustrie, de chemische industrie en de elektronische industrie. Tabel 8.1 bestaat uit een selectie van uitvindingen die gedaan zijn in de negentiende eeuw.

TABEL 8.1 Een selectie van uitvindingen in de negentiende eeuw

1803	Stoomlocomotief	Engeland
1827	Fotografie	Frankrijk
1830	Naaimachine	Frankrijk
1832	Elektrische dynamo	Frankrijk
1838	Elektrische telegraaf en Morse-code	Verenigde Staten
1845	Pneumatische banden	Schotland
1849	Veiligheidsspeld	Verenigde Staten
1856	Verbrandingsmotor	Italië
1856	Staalproductieproces	Engeland
1866	Typemachine	Verenigde Staten
1867	Dynamiet	Zweden
1876	Telefoon	Verenigde Staten
1878 / 1879	Gloeilamp	Engeland / Verenigde Staten
1883	Benzinemotor	Duitsland
1884	Vulpen	Verenigde Staten
1884	Stoomturbine	Engeland
1885	Automobiel	Duitsland
1886	Coca-Cola	Verenigde Staten
1888	Grammofoon	Verenigde Staten
1891	Zweefvliegtuig	Duitsland
1892	Dieselmotor	Duitsland
1893	Ritssluiting	Verenigde Staten
1894	Lift	Verenigde Staten
1895	Radio	Italië

Deze lijst geeft een idee van de ontwikkelingen in de industrie en maakt duidelijk hoe in de loop van de negentiende eeuw de communicatiemogelijkheden vergroot worden.

In vergelijking met water- en windenergie bieden de nieuwe energiebronnen de vrijheid van de keuze van de vestigingsplaatsen en is de energie 24 uur per dag in alle seizoenen beschikbaar, op voorwaarde van voldoende aanwezige energiebronnen: steenkool, olie, gas en elektriciteit.

Grondstoffen

In de fabrieken worden producten gemaakt, waarvoor grondstoffen, kennis van het productieproces en de beschikbaarheid van machines met een energiebron nodig zijn. Kapitaal en kennis als voorwaarden voor de industriele ontwikkeling. De consequentie hiervan is dat mensen niet meer in staat zijn hun eigen producten te maken, maar afhankelijk worden van het werk van anderen. Productie wordt massaproductie met verregaande standaardisering.

Modern imperialisme

De behoefte aan grondstoffen en afzetgebieden leidt in de laatste decennia van de negentiende eeuw tot een wedloop tussen de industriële mogendheden om handelsroutes veilig te stellen en om gebieden in Afrika en Azië in bezit te nemen: de tijd van het modern imperialisme.
In de loop van de negentiende eeuw groeit in Europa het gevoel van verbondenheid met het eigen land: het nationalisme. Er ontstaan nieuwe staten als België, Italië en Duitsland. Dit nationalisme is tevens de basis – naast economische motieven – voor het streven naar wereldrijken: het modern imperialisme. Het Europese kolonialisme bereikt aan het einde van de negentiende eeuw zijn hoogtepunt. Europese landen onderwerpen en verdelen onderling Afrika en grote delen van Azië. Met name Groot-Brittannië weet in deze tijd bijna een kwart van de aarde in bezit te nemen. Ook de Fransen verwerven grote koloniale bezittingen overzee. Onderling wordt soms gevochten om 'de buit' of er wordt onderhandeld over de grenzen. Op een conferentie in Berlijn in 1884 wordt Afrika verdeeld tussen de Europese staten, zonder dat daar Afrikanen bij zijn. De expedities naar de binnenlanden van onbekende gebieden, met onder anderen Livingstone en Stanley actief in Afrika, zijn de derde fase van de ontdekkingsreizen.

In de eerste helft van de negentiende eeuw zijn er in Nederland voorzichtige aanzetten tot aanwending van de stoommachine. Eerst gebeurt dat voor het spinnen en weven. De stoommachine vervangt de huisnijverheid. Tilburg ontwikkelt zich tot een industrieel centrum voor de textielindustrie met in 1827 de eerste stoommachine (figuur 8.10). Met Engelse steun starten in 1830 in Almelo de eerste katoenspinnerij en in Goor een weefschool, de basis voor de textielindustrie in Twente. In 1839 rijdt de eerste stoomtrein. De toepassing van de nieuwe energiebronnen verandert de samenleving ingrijpend.

Voor de fabrieken zijn grote aantallen arbeiders nodig. Die arbeiders komen van het platteland naar de stad (urbanisatie, verstedelijking). Ze leven daar op het ritme van de machines. Ze maken lange werkdagen, krijgen lage lonen, hun kinderen moeten mee naar de fabriek en hun woonomstandigheden zijn slecht. De werkende klasse leeft op de rand van het bestaan, waarvoor de term 'Verelendung' (armoede) van toepassing is. De sociale kwestie vraagt om bezinning en om maatregelen. Met als kernvraag: wat is in deze de taak van de staat?

8

FIGUUR 8.10 Textielfabriek in Tilburg, omstreeks 1890

8.3 Ontwikkelingen in de tweede helft van de negentiende eeuw

In de tweede helft van de negentiende eeuw verandert Nederland in een industriële samenleving. De Haarlemmermeer wordt in 1852 drooggemalen en er komen nieuwe, snellere verbindingen van Rotterdam en Amsterdam naar de zee: de Nieuwe Waterweg (1872) en het Noordzeekanaal (1876). Voor het vervoer binnen Nederland blijft de trekschuit nog lange tijd in gebruik. Om de aanleg van spoorwegen te bevorderen besluit de regering in 1860 dat de staat voortaan de nieuwe spoorlijnen zal aanleggen, waardoor geleidelijk aan ook de provincies Groningen, Friesland, Brabant en Zeeland aansluiting krijgen op het spoorwegnet. Daarnaast ontstaan er voor lokaal vervoer stoomtramlijnen en paardentramdiensten.
De fiets, als loopfiets ontwikkeld door Von Drais, wordt in de tweede helft van de negentiende eeuw steeds populairder. In Deventer wordt de fietsenfabriek Burgers opgericht en in 1883 besluiten fietsclubs een overkoepelende vereniging op te richten: de voorloper van de Algemene Nederlandsche Wielrijdersbond, de ANWB. De eerste auto rijdt in Nederland in 1896.

Na 1870 ontwikkelen zich in Nederland bedrijven, die uit zullen groeien tot wereldconcerns:

- Van den Bergh en Jurgens (Oss), vanaf de jaren zeventig, met als hoofdproducten margarine en zeep en later uitgroeiend tot Unilever
- Philips vanaf 1892 (Eindhoven), met eerst alleen maar gloeilampen
- de Koninklijke Nederlandsche Maatschappij tot Exploitatie van Petroleumbronnen in Nederlandsch-Indië, later samengevoegd met een Engels bedrijf tot Shell (Den Haag en Londen)

Tevens ontstaan er grootwinkelbedrijven, zoals C&A Brenninckmeijer (kleding) en Albert Heijn, P. de Gruijter en Simon de Wit (kruidenierswinkels).

Bij het enige grote Europese conflict in deze periode – de oorlog tussen Frankrijk en Duitsland in 1870 – weet Nederland de neutraliteit te handhaven, zodat alle politieke energie ingezet kan worden voor het oplossen van binnenlandse kwesties. Daartoe behoren de kiesrechtkwestie en de koloniale kwestie, maar bovenal de sociale kwestie. Door de ontwikkeling van de industrie en de daarmee verbonden trek naar de steden ontstaan er ernstige sociale problemen als lage lonen, lange werkdagen, kinder- en vrouwenarbeid en slechte huisvesting. De sociale kwestie wordt door sommige mensen beschouwd als een maatschappelijk gegeven, of zoals een fabrikant het tijdens een arbeidsenquête formuleert: 'Alle menschen zijn in de wereld niet even gelukkig; de een heeft het harder dan de ander.' Maar anderen, overtuigd van de onrechtvaardigheid van de sociale kwestie zoeken naar oplossingen langs politieke weg door middel van sociale wetten. De centrale vraag in de politiek wordt dan ook: wat is nu eigenlijk precies de taak van de staat?

8.3.1 Van politieke stromingen naar politieke partijen

Stromingen

Tegen het einde van de eerste helft van de negentiende eeuw zijn er onder de nog beperkte groep kiezers twee stromingen te onderscheiden:

1 de conservatieven, die de nadruk leggen op het behoud van de bestaande situatie
2 de liberalen, die uitgaan van het vrije spel van de krachten op basis van de afspraken in de grondwet

Liberalen

De Grondwet van 1848 is een overwinning voor de liberalen onder leiding van Thorbecke. Zij hebben een duidelijk idee over de taak van de staat: de staat is de handhaver van recht en orde. Thorbecke is dan ook huiverig om de staat meer taken te geven. Andere liberalen – eerst jong-liberalen en later links-liberalen genoemd – willen de staatstaak uitbreiden. De staat heeft volgens hen ook taken op het gebied van gezondheid, onderwijs en welvaart voor allen. De eerste sociale wetten komen dan ook uit deze links-liberale hoek.

De politieke stem van de protestanten en de rooms-katholieken klinkt nog maar beperkt door vanwege het ontbreken van kiesrecht voor de 'kleine luyden'. Alleen via een petitie aan de koning kunnen ze opkomen voor hun belangen. Door de geleidelijke uitbreiding van het censuskiesrecht kunnen zij echter ook hun stem laten horen. Het verenigingsleven is in deze tijd al sterk op de eigen kring gericht. De samenleving verzuilt en deze verzuiling gaat nu ook op politiek gebied doorwerken. Deze ontwikkeling wordt gestimuleerd door kwesties als de schoolstrijd: de strijd om de financiële gelijkstelling van het openbaar en het bijzonder onderwijs.

Verzuiling

Partijvorming

De eerste echte politieke partij in Nederland is de Anti-Revolutionaire Partij (ARP), in 1879 opgericht door Abraham Kuyper op basis van een door hem geschreven *Ons Program*. In katholieke kring wordt onder leiding van H. Schaepman gewerkt aan samenwerking van de katholieke kiesverenigingen. De liberalen stichten geen partij, maar sluiten zich aaneen tot een unie, de Liberale Unie (1885). In navolging van ontwikkelingen in het buitenland richten de socialisten de Sociaal-Democratische Bond (SDB) op. De voorman van de SDB, Ferdinand Domela Nieuwenhuis, zit korte tijd in de Tweede Kamer, maar wordt door zijn collega-kamerleden volledig genegeerd. Op basis hiervan wordt door zijn aanhangers afgezien van verdere deelname aan verkiezingen: via die weg is er geen verbetering van de situatie van de arbeiders te bereiken. Andere socialisten blijven wel in die weg geloven en richten in 1894 onder leiding van Pieter Jelles Troelstra, een advocaat uit Leeuwarden, de Sociaal-Democratische Arbeiderspartij (SDAP) op, die al spoedig enige Kamerzetels verwerft.

Kabinetten

De kabinetten in de tweede helft van de negentiende eeuw wisselen elkaar snel af: conservatieve en liberale kabinetten en vanaf 1888 – na kiesrecht-uitbreidingen – ook kabinetten met confessionele (anti-revolutionaire en rooms-katholieke) ministers (de Coalitie). In 1897 behalen de liberalen voor het laatst de absolute meerderheid bij de verkiezingen. In latere jaren zullen ze alleen nog maar kunnen regeren met medewerking van andere partijen.

Koningschap

Koning Willem III probeert in de beginperiode van zijn koningschap nog wel een stempel op de politieke ontwikkeling te drukken. Tot tweemaal toe ontbindt hij de Tweede Kamer in plaats van dat het ministerie naar huis gestuurd wordt. In 1868 aanvaardt hij het ontslag van het ministerie en is het parlementaire stelsel definitief gevestigd: een ministerie kan alleen maar bestaan dank zij de volksvertegenwoordiging.
In 1890 overlijdt Willem III. Zijn zonen zijn al overleden en zijn dochter Wilhelmina is nog maar tien jaar. Haar moeder Emma wordt voor haar de regentes, totdat Wilhelmina achttien jaar is. Omdat in Luxemburg alleen maar mannelijke opvolgers mogelijk zijn, worden Nederland en Luxemburg van elkaar losgekoppeld.

8.3.2 De kiesrechtkwestie

Een nieuwe grondwet vereist een nadere uitwerking in de vorm van wetten, de organieke wetten. Een van de organieke wetten op basis van de Grondwet van 1848 is de Kieswet, die in 1850 gereedkomt. In die wet wordt bepaald wie wel en wie geen kiesrecht hebben. De minimumleeftijd is 23 jaar. Bij de verkiezingen voor de Tweede Kamer in 1850 mogen 81.000 mannen kiezen (10,7%). Er is dus sprake van een vertegenwoordiging van nog maar een klein deel van het Nederlandse volk.
De Kieswet van 1850 maakt dan ook geen einde aan de discussies over het kiesrecht.

Grondwetsherziening 1887

In 1887 wordt de Grondwet herzien. Onder meer de volgende zaken worden vastgelegd:

- Het ledental van de Kamers wordt nu vastgesteld op 50 voor de Eerste Kamer en 100 voor de Tweede Kamer.
- De Tweede Kamer wordt voortaan voor vier jaar gekozen; alle leden treden tegelijk af.
- De opening van de Staten-Generaal is voortaan op de derde dinsdag in september.

Over het kiesrecht bevat de nieuwe grondwet een vage formulering. Het kiesrecht is voorbehouden aan alle volwassen mannelijke Nederlanders, die beschikken over 'kenteekenen van geschiktheid' en over 'maatschappelijke welstand'.

FIGUUR 8.11 Canon van Nederland: Aletta Jacobs

Voor het eerst worden – wat voorheen voor zichzelf sprak – vrouwen nadrukkelijk uitgesloten van het kiesrecht. Dit vormt een extra prikkel voor vrouwen om zich in de strijd voor kiesrecht te gaan organiseren. In 1894 wordt de Vereeniging voor Vrouwenkiesrecht opgericht. Onder leiding van Aletta Jacobs (figuur 8.11) vraagt deze Vereeniging onder meer door middel van demonstraties aandacht voor kiesrecht voor vrouwen (figuur 8.12).

FIGUUR 8.12 Vrouwen demonstreren voor vrouwenkiesrecht

Aletta Jacobs is de eerste vrouw in Nederland die een universitaire studie volgt, de eerste vrouw die arts wordt en de eerste vrouw die promoveert. Daarnaast maakt zij zich sterk voor het recht op hoger onderwijs voor vrouwen en staat zij zo'n kwart eeuw lang aan het hoofd van de Vereniging voor Vrouwenkiesrecht. In haar missie voor wereldvrede bezoekt ze de toenmalige Amerikaanse president Woodrow Wilson.

De hiervoor genoemde formuleringen over het kiesrecht in de Grondwet moeten uitgewerkt worden in een organieke wet. Er wordt een voorstel gemaakt om 'geschiktheid' te vertalen in 'kunnen lezen en schrijven' en 'maatschappelijke welstand' en in het 'kunnen voorzien in eigen onderhoud en in dat van het huisgezin'. Toepassing van deze criteria zou het kiesrecht verlenen aan 74% van de meerderjarige mannelijke Nederlanders. Dat is nog even een station te ver en er wordt een compromis gevonden bij bijna 50%. Zo komen naast de burgers langzamerhand de 'kleine luyden' in beeld, maar daarmee is de kiesrechtkwestie niet opgelost. De pleidooien voor verdere uitbreiding in de richting van algemeen kiesrecht en voor kiesrecht voor vrouwen worden steeds krachtiger.

8.3.3 De sociale kwestie

Kinderarbeid

Heeft de staat een taak op het gebied van sociale wetgeving? In Engeland wordt daarmee in 1833 een begin gemaakt: via een wet wordt kinderarbeid in fabrieken verboden. Een staatscommissie in Nederland komt na zes jaar studeren tot de conclusie dat de staat geen taak heeft op dit gebied. Bij een verbod lopen de kinderen maar bij de straat en zijn er geen verdiensten voor het gezin. Thorbecke deelt de mening, dat hier geen staatstaak ligt. Het links-liberale Tweede-Kamerlid Van Houten is het hier niet mee eens en komt in 1874 met een wetsvoorstel met een tweeledig karakter:

1 een verbod op kinderarbeid (figuur 8.13) in fabrieken voor kinderen jonger dan twaalf jaar
2 leerplicht voor kinderen van acht tot twaalf jaar

FIGUUR 8.13 Canon van Nederland: Verzet tegen kinderarbeid

Het eerste onderdeel wordt aangenomen, het tweede wordt weggestemd. Geen kinderarbeid in fabrieken, overigens zonder enige controle, maar ook geen leerplicht.

Nieuwe sociale wetten volgen, zoals de Drankwet, die de verkoop van sterke drank koppelt aan vergunningen, en de Rijkspostspaarbankwet, waardoor er op het postkantoor geld ingelegd kan worden op een spaarbankboekje.

Sociale wetten

Een parlementaire enquête naar de effecten van de Wet op de Kinderarbeid toont aan dat die wet nog maar weinig effect heeft. De Arbeidswet (1889) regelt dat kinderen tot zestien jaar en vrouwen maximaal elf uur achtereen in de fabriek mogen werken. Tevens wordt een arbeidsinspectie ingesteld om na te gaan of de werkgevers zich wel houden aan de bepalingen.
Die Arbeidswet wordt aan het einde van de negentiende en het begin van de twintigste eeuw gevolgd door een hele serie sociale wetten:

- de Bedrijfsongevallenwet (financiële uitkeringen bij een ongeval op het werk)
- een nieuwe Arbeidswet, die het maximum aantal uren voor kinderen en vrouwen beperkt tot tien uur
- een Woningwet, die eisen stelt aan een woning
- een Ziektewet, die uitbetaling bij ziekte regelt
- een Invaliditeitswet voor uitkeringen bij invaliditeit

Arbeiders gaan zich organiseren in vakverenigingen om zo gezamenlijk voor hun belangen – bijvoorbeeld een algemeen geldend minimumloon en een achturige werkdag – op te komen. De eerste landelijke vakbond is de Algemeene Nederlandsche Typografen Bond (ANTB) (1866).

Arbeidersorganisaties

8.3.4 Koloniale kwesties

Wat is de staatstaak overzee? Met het Cultuurstelsel (zie subparagraaf 8.1.3), gekoppeld aan het monopolie van de Nederlandsche Handel Maatschappij, heeft de Nederlandse overheid een grote invloed op het dagelijks leven in Oost-Indië. Moet dat zo blijven? En hoe moet het met de slavernij in West-Indië?
Dat het Cultuurstelsel voor de bevolking in Oost-Indië uiterst nadelige effecten heeft, wordt pas geleidelijk duidelijk. In zijn *Max Havelaar* (figuur 8.14) veroordeelt Multatuli dit Nederlands optreden in de Oost. In zijn slotwoord richt hij zich tot koning Willem III met de vraag of het de wil van de koning is dat 'dertig millioen onderdanen worden mishandeld en uitgezogen in Uwen naam?'.

FIGUUR 8.14
Canon van Nederland: Max Havelaar

In 1870 wordt de Agrarische Wet aangenomen, die geleidelijk de gedwongen verbouw van bepaalde producten afschaft met als laatste die van de koffie in 1915. In plaats daarvan krijgen Europeanen de mogelijkheden om op woeste gronden plantages te beginnen: 'de vrije cultures'. De NHM verliest zo een belangrijk monopolie en zal zich verder ontwikkelen als een bankinstelling.
De opening van het Suezkanaal in 1869 betekende een enorme tijdsbesparing op de reis naar Indië voor passagiers, post en goederen.

Einde Cultuurstelsel

Omdat handel steeds de doelstelling van de Nederlandse aanwezigheid in Oost-Indië was, is er weinig aandacht besteed aan de buitenbezittingen. In de tijd van de verdeling van de wereld tussen de grote mogendheden – de tijd van het modern imperialisme – wordt het belangrijk vast te stellen welke bezittingen bij Nederland horen. Met Groot-Brittannië worden afspraken gemaakt waardoor Malakka en Singapore Brits worden. Nederland krijgt de taak om de zeeroverij in Noord-Sumatra (Atjeh) aan te pakken. Bezittingen op de Afrikaanse kust – de Goudkust – worden aan het Britse rijk verkocht.

Buitenbezittingen

8

De strijd tegen de zeeroverij van de sultan van Atjeh blijkt geen eenvoudige. Dertig jaar lang sleept het bloedige conflict zich voort (figuur 8.15).

FIGUUR 8.15 Oorlog in Atjeh (1877)

In 1903 weet Van Heutsz Atjehse vorsten een verklaring te laten ondertekenen, waardoor er een einde aan de strijd komt, maar het gebied blijft bij voortduring licht ontvlambaar. Die verklaring, bekend geworden als de Korte Verklaring, wordt nu ook in de andere Indische gebieden voorgelegd aan de vorsten en zo wordt het Indische bezit afgebakend. Het noordelijk deel van Borneo (Kalimantan) blijft in Britse handen en het oostelijk deel van Timor blijft Portugees.

8

In 1899 verschijnt in *De Gids* (een algemeen cultureel en literair tijdschrift) een artikel van advocaat C. van Deventer onder de titel *Een Eereschuld*. Daarin stelt hij dat Nederland een ereschuld aan Oost-Indië heeft door de hoge verdiensten via het Cultuurstelsel. Hij bepleit aflossing van deze schuld door gelden ter beschikking te stellen voor het onderwijs in Oost-Indië. Zijn pleidooi is het startpunt van de 'ethische politiek', een politiek die uitgaat van de belangen van de bevolking aldaar.

Ethische politiek

Met name op onderwijsgebied werkt de ethische politiek door: er worden grote aantallen dorpsschooltjes gesticht, waardoor het aantal kinderen dat onderwijs volgt geleidelijk stijgt.

Afschaffing slavernij

In Suriname liggen grote plantages, waar het werk gedaan wordt door slaven. Onder koning Willem I is de handel in slaven verboden en is er geen nieuwe aanvoer van slaven meer. Maar in het afschaffen van de slavernij loopt Nederland niet voorop. In het Britse rijk wordt de slavernij afgeschaft in 1833 en in het Franse rijk in 1848. Pas op 1 juli 1863 is de afschaffing van de slavernij door Nederland een feit. Tien jaar lang moeten de slaven echter op hun plantages blijven werken en pas in 1873 zijn ze vrij om te gaan. De eerste juli wordt nog steeds gevierd als de emancipatiedag.

Om te zorgen dat er vanaf 1873 toch voldoende arbeidskrachten voor de plantages beschikbaar zijn, worden uit Brits-Indië Hindoestanen en uit Oost-

Indië Javanen als contractarbeiders aangetrokken, waardoor de bevolking in Suriname ingrijpend van samenstelling verandert.

8.4 Culturele ontwikkelingen in de negentiende eeuw

De eerste helft van de negentiende eeuw wordt wel getypeerd als de tijd van de Romantiek, de tijd waarin het gevoel meer nadruk krijgt als reactie op het primaat van het verstand tijdens de Verlichting (zie hoofdstuk 7). Kenmerkend voor de Romantiek is het benadrukken van het eigene tegenover het andere met daarbij een levendige belangstelling voor het (eigen) verleden, op de manier zoals de dichter W. Bilderdijk het verwoordt:

Romantiek

'In 't voorleden ligt het heden, in het nu wat worden zal.'

Aandacht voor het eigene leidt in 1817 tot een prijsvraag voor een volkslied. Het winnende lied is *Wien Neerlandsch bloed* van de dichter J. Tollens (figuur 8.16), op muziek gezet door J.F. Wilms. Tot 1932 zal dit lied het Nederlandse volkslied blijven; daarna is het vervangen door het *Wilhelmus*.

FIGUUR 8.16 Neêrlands volkslied: Wien Neêrlandsch bloed

Aandacht voor het eigen verleden is er in de schilderkunst, de beeldhouwkunst en de literatuur. In de schilderkunst blijkt dat uit de historiestukken van J.W. Pieneman, zoals *De Slag bij Waterloo* en *Het Driemanschap van 1813*, beide in het bezit van het Rijksmuseum te Amsterdam. In de literatuur komt het verleden aan de orde in gedichten als *Tafereel van de overwintering der Hollanders op Nova Zembla in de jaren 1596 en 1597* van J. Tollens en in het nieuwe genre de historische romans.
Aandacht voor het hedendaagse eigene biedt de schets van de Nederlandse samenleving: *Camera Obscura* van N. Beets uit 1839.

Jan Saliegeest

De belangstelling voor het verleden heeft ook een eigentijds doel: het verleden als inspiratiebron voor het heden. In *Jan, Jannetje en hun jongste kind* (1842) bekritiseert J. Potgieter – een van de oprichters in 1837 van het nog steeds bestaande tijdschrift *De Gids* – de heersende Jan Saliegeest (afwachten en niets doen) en bepleit hij de zestiende en zeventiende eeuw als voorbeeld te nemen.
Historische figuren uit die tijd krijgen een standbeeld: Michiel Adriaanszoon de Ruyter in 1842 en Willem van Oranje in 1848. In de volgende decennia komen er standbeelden voor Rembrandt, Laurens Jansz. Coster en Joost van den Vondel.

Onderwijs

De schoolwet uit de Franse tijd (zie hoofdstuk 7) wordt in 1814 ongewijzigd gehandhaafd. Lager onderwijs is er voor zes- tot twaalfjarigen. Onderscheid wordt er gemaakt tussen openbaar onderwijs (gemeentescholen) en bijzonder onderwijs (scholen van instellingen en van particulieren, vaak katholiek of protestant). De openbare scholen zijn in de meerderheid: Nederland telt omstreeks 1850 zo'n 3.400 openbare en 900 bijzondere scholen.
Een groot deel van de openbare scholen zijn de armenscholen voor kinderen van minder bedeelden, die overigens verplicht zijn hun kinderen naar school te sturen. De armenscholen zitten vol leerlingen, soms wel tachtig per onderwijzer (figuur 8.17).

8

FIGUUR 8.17 Een armenschool in Amsterdam omstreeks 1850

Voor alle andere scholen moet schoolgeld betaald worden. Er bestaat nog geen leerplicht. Het is moeilijk vast te stellen hoeveel kinderen naar school gaan. Dat aantal varieert per seizoen: grote aantallen in de winter en kleinere aantallen in de andere seizoenen, wanneer de kinderen op het land moeten helpen.
De wet schrijft voor dat er onderwijs gegeven moet worden in lezen, schrijven, rekenen en de Nederlandse taal, maar bovenal in 'christelijke en maatschappelijke deugden'. Andere schoolvakken zoals geschiedenis, aardrijkskunde, biologie en zingen zijn niet verplicht, maar wel gewenst. De aandacht voor die vakken is sterk afhankelijk van de onderwijzers. Tijdens zijn voetreis door Nederland in 1823 noteert Jacob van Lennep naar aanleiding van zijn bezoek aan de kolonies van de Maatschappij van Weldadigheid in zijn dagboek: 'Wat het onderwijs betreft: men zegt in de school dat de lessen zich beperken tot schrijven, rekenen en lezen en dat aardrijkskunde, vaderlandse geschiedenis en stijl alleen gegeven wordt als er tijd over is. Maar uit gesprekken met kolonisten heb ik opgemaakt dat deze bijvakken heel veel tijd in beslag nemen. Wat voor nut hebben die voor de mensen die bestemd zijn om achter de ploeg te lopen of de schop in de hand te nemen? Maken deze vakken hen niet ontevreden met hun lot? Brengen ze hun gedachten niet op zaken die voor hen onnodig zijn?'

De tweede helft van de negentiende eeuw wordt gekenmerkt door een nieuw cultureel elan. Het zelfgenoegzame beeld van de cultuur uit de eerste helft van de negentiende eeuw wordt doorbroken. Naast vernieuwing is er een groeiende aandacht voor het behoud van het Nederlands cultureel erfgoed en voor het vastleggen van kennis in de vorm van encyclopedieën, woordenboeken en atlassen.

Schilderkunst

De schilderkunst gaat voorop in het vernieuwingsproces. Schilders trekken naar buiten en leggen hun impressies van de werkelijkheid vast op het doek: het impressionisme. Rond 1870 gaat het om een groep schilders in 's-Gravenhage en omgeving, schilders als onder meer Hendrik Mesdag, Jozef Israëls en Jan Weissenbruch (figuur 8.18).

FIGUUR 8.18 Een Haagse School-landschap van J.H. Weissenbruch: Gezicht op de Trekvliet bij Den Haag (1870)

Zij zijn bekend geworden onder de naam Haagse School. Hun favoriete thema's zijn het vissersleven en landschappen, met de nadruk op de onbedorven natuur. Opvallend afwezig op de schilderijen van de Haagse School is de industrialisering van de samenleving. De schilders vinden hun inspiratie op het strand, in de natuur in de omgeving van Oosterbeek en in het ongerepte Drenthe.

FIGUUR 8.19 Canon van Nederland: Vincent van Gogh

Vincent van Gogh (figuur 8.19) begint ook met schilderen in het Haagse School-milieu, maar maakt daarna een heel eigen ontwikkeling door met zijn sterk sociaal bewogen landlevenscènes uit Drenthe en Brabant (*De Aardappeleters*) en zijn kleurrijke Franse korenvelden, zonnebloemen en portretten. Na zijn dood krijgt hij de erkenning als een van de grootste schilders aller tijden met in Amsterdam een eigen museum.

De veranderingen in de samenleving zijn beter waar te nemen bij Amsterdamse navolgers van de Haagse School: de Amsterdamse School met schilders als Georg Hendrik Breitner en Willem Witsen. In hun werk zijn het drukke stadsleven en de nieuwe stadsuitbreidingen terug te vinden.

Literatuur

Ook in de literatuur is er sprake van vernieuwing in de vorm van de Tachtigers, dichters die willen schrijven zoals de schilders schilderen. Herman Gorter met zijn gedicht *Mei* uit 1889 is een belangrijke vertegenwoordiger van deze beweging.
Tot de klassieke schrijvers uit de Nederlandse literatuur worden gerekend Eduard Douwes Dekker en Louis Couperus. Van Douwes Dekker verscheen in 1860 onder het pseudoniem Multatuli *Max Havelaar of de koffieveilingen van de NHM* met felle kritiek op de Nederlandse burgerlijke maatschappij en op het Nederlandse bestuur in Oost-Indië (figuur 8.14). Mooie tijdsbeelden biedt het uitgebreide oeuvre van Louis Couperus, romans over het leven van kolonisten in Oost-Indië en van de gegoede burgerij in 's-Gravenhage. Beiden hebben een eigen museum, respectievelijk in Amsterdam en 's-Gravenhage.

8

Bouwkunst

In de jaren tachtig van de negentiende eeuw wordt de bouwkunst gekenmerkt door inspiratie, die gehaald wordt uit bouwstijlen uit vroeger tijd: de neostijlen, vooral de gotiek en de renaissance. De grote bouwmeester van deze tijd is P. Cuypers, architect van onder meer het Amsterdams Centraal Station, het Rijksmuseum in Amsterdam en een groot aantal rooms-katholieke kerken, allemaal gebouwen uit de jaren tachtig (figuur 8.20).

Echte vernieuwing komt er via de ideeën van H.P. Berlage over het nieuwe bouwen: architectuur als een kunstvorm voor en van de gemeenschap. Zijn beroemdste bouwwerk is de Amsterdamse Koopmansbeurs (1903).

Behoud cultureel erfgoed

Nieuw is ook de groeiende aandacht voor het behoud van het cultureel erfgoed, een uiting van groeiend nationaal besef. Met dit cultureel erfgoed is in de negentiende eeuw bepaald niet zorgvuldig omgesprongen. Historische gebouwen worden na een tijd van verwaarlozing gesloopt en kunstschatten worden verkocht aan het buitenland. Het tij keert echter, vooral dank zij acties van Victor de Stuers, die in een artikel *Holland op zijn smalst* de noodklok luidt. Het bewaren van het cultureel erfgoed wordt langzamerhand (weer) gezien als een belangrijke taak, ook van de overheid. Het Muiderslot, voor de sloop verkocht, wordt op het nippertje gered. Dank zij restauraties kan de Utrechtse Domtoren behouden blijven. De Haagse Ridderzaal, door het slechte dak zelfs niet meer geschikt als opslagplaats, wordt in oude glorie hersteld en vanaf 1904 wordt daar met de troonrede het nieuwe parlementaire jaar ingeluid. De belangrijkste collectie op het gebied van de Nederlandse geschiedenis verhuist in 1885 in Amsterdam van een te klein, historisch pand naar het speciaal als museum gebouwde Rijksmuseum.

FIGUUR 8.20 De St. Bonifatiuskerk in Leeuwarden, gebouwd door Cuypers in 1884

Vastleggen van kennis

Ook nieuw in deze periode is het vastleggen van kennis. Omstreeks 1870 is de eerste Nederlandse encyclopedie gereed, samengesteld door A. Winkler Prins, dominee te Veendam. Tot op heden draagt die encyclopedie zijn naam: de *Winkler Prins*. Onderwijzers stellen Nederlandse woordenboeken samen: het *Nieuw Groot Woordenboek der Nederlandsche Taal* van J.H. van Dale (uit Sluis) en het *Verklarend Woordenboek der Nederlandsche taal* van H.J. Koenen (uit Maastricht). De *Van Dale* en de *Koenen* zijn nog steeds bekende begrippen. Dat geldt ook voor de verzameling van topografische en geografische kennis: de *Bosatlas*, in 1877 voor het eerst verschenen, samengesteld door de Groningse HBS-leraar P.R. Bos.

Onderwijs

De Lager-Onderwijswet van 1857 blijkt het startpunt te zijn voor de schoolstrijd. In het wetsvoorstel wordt de mogelijkheid geboden om vanuit de staatskas bijzondere scholen te subsidiëren, maar door de liberalen wordt dit onderdeel geschrapt. Katholieken en protestanten vinden elkaar in de strijd voor subsidiëring van hun eigen scholen. Dit wordt nog versterkt door de Lager-Onderwijswet van 1878, waarin kwaliteitseisen geformuleerd worden voor schoolgebouwen en lokalen, de klassen qua leerlingenaantal kleiner worden en de opleiding en de salariëring van onderwijsgevenden verbeterd worden. Onderwijzer vervangt het begrip ‘ondermeester’ en wordt een beroepsomschrijving met status. De opleiding gaat plaatsvinden in kweekscholen (‘de universiteit van de armen’). Naast onderwijzers komen er aan het eind van de negentiende eeuw ook onderwijzeressen, eerst veelal uit de ‘betere standen’.

De onderwijswet van 1857 introduceert een aantal nieuwe schoolvakken, waaronder aardrijkskunde en geschiedenis. In de wet van 1878 wordt 'de vaderlandsche geschiedenis' verplicht en wordt 'de algemeene geschiedenis' facultatief.
Op de overgang van de negentiende naar de twintigste eeuw wordt door de Nieuwe Schoolbeweging gepleit voor een onderwijs, dat meer uitgaat van de leerlingen: *vom Kinde aus.* Een van de uitgangspunten is het aanschouwelijk onderwijs, wat leidt tot hele series wandplaten om de werkelijkheid in de klas te halen en tot pleidooien voor onderwijs buiten de school. De grote voorman van deze Nieuwe Schoolbeweging is de Haagse onderwijzer Jan Ligthart, een van zijn medestanders is de Drentse schoolmeester Hendrik Scheepstra (figuur 8.21). Samen schrijven ze leesboekjesseries als *Ot en Sien*, *Buurkinderen* en *De wereld in.* In diezelfde tijd ontstaat de beroemd geworden leesplank *Aap, noot, mies* van Hoogeveen.

FIGUUR 8.21 Standbeeld van H. Scheepstra in Roden

8

Literatuur, een selectie

Naslagwerken

De Bosatlas van de Geschiedenis van Nederland (2011). *Van republiek tot koninkrijk 1780-1840* (hoofdstuk 9, blz. 288-327) en *Naar een nationale identiteit 1840-1914* (hoofdstuk 10, blz. 328-377). Groningen: Noordhoff Uitgevers bv.

Doel, W. van den (2011). *Zo ver de wereld strekt. De geschiedenis van Nederland overzee vanaf 1800.* Amsterdam: Bert Bakker.
Goedkoop, H. & Zandvliet, K. (2015). *De IJzeren Eeuw.* Zutphen: Walburg Pers.
Speet, B. (2007). *De Tijd van Burgers en Stoommachines 1800-1900* (Kleine Geschiedenis van Nederland). Zwolle: Waanders.

Canonvensters
Amsenga, J. & Dekker, G. (2004). *'Wat nu?' De Franse Tijd in Nederland (1795-1813).* Hilversum: Verloren.
http://entoen.nu/napoleon
Rovers, F. (2000). *'Dan liever de lucht in!' Jan van Speijk en de Belgische opstand.* Hilversum: Verloren.
http://entoen.nu/koningwillem1
Veenendaal, G. (2006). Haarlem: Centraal Station: De eerste spoorweg in Nederland. In: Bank, J. & Mathijsen, M. (2006). *Plaatsen van herinnering. Nederland in de negentiende eeuw.* Amsterdam: Bert Bakker.
http://entoen.nu/eerstespoorlijn
Drentje, J. (2006). Den Haag: het Plein. De grondwetswijziging van 1848, liberaal onder Oranjes hoede. In: Bank, J. & Mathijsen, M. (2006). *Plaatsen van herinnering. Nederland in de negentiende eeuw.* Amsterdam: Bert Bakker.
http://entoen.nu/grondwet
Meulen, D. van der (2003). *Multatuli. Leven en werk van Eduard Douwes Dekker.* Amsterdam: SUN.
http://entoen.nu/maxhavelaar
Schenkeveld, W. (2003). *Het Kinderwetje van Van Houten. Sociale wetgeving in de negentiende eeuw.* Hilversum: Verloren.
http://entoen.nu/kinderarbeid
Jansen, L. (2006). Nuenen: Gerwenseweg 4. In: Bank, J. & Mathijsen, M. (2006). *Plaatsen van herinnering. Nederland in de negentiende eeuw.* Amsterdam: Bert Bakker.
http://entoen.nu /vincentvangogh
Bosch, M. (2005). *Een onwrikbaar geloof in rechtvaardigheid. Aletta Jacobs 1854-1929.* Amsterdam: Balans.
http://entoen.nu/alettajacobs

Ondersteuning via de website

Een uitgebreidere literatuurlijst en een selectie van museumcollecties bij dit hoofdstuk is te vinden op www.geschiedenisensamenleving.noordhoff.nl, evenals een samenvatting van dit hoofdstuk en een interactieve toetsenbank.

8

9

Tijd van Wereldoorlogen en Holocaust

(1900-1950)

De *Tijd van Wereldoorlogen en Holocaust* beslaat de eerste helft van de twintigste eeuw en wordt gerekend tot de zwartste bladzijden uit de geschiedenis.
Centrale vragen in dit hoofdstuk zijn:
- Wat waren de internationale achtergronden van de Eerste Wereldoorlog en welke kwesties speelden toen in Nederland?
- Welke ontwikkelingen vonden plaats tijdens het Interbellum (de periode tussen de wereldoorlogen)?
- Wat waren de internationale achtergronden van de Tweede Wereldoorlog en wat betekende deze periode voor Nederland?
- Hoe verliep de dekolonisatie van Indonesië?

Voor het primair onderwijs zijn uit de *Tijd van Wereldoorlogen en Holocaust* de belangrijkste onderwerpen:

Kenmerkende aspecten	**Canonvensters**
• De economische wereldcrisis	• De Eerste Wereldoorlog. *Oorlog en neutraliteit*
• De Duitse bezetting en de Jodenvervolging	• De Stijl. *Revolutie in de vormgeving*
	• De crisisjaren. *Samenleving in depressie*
	• De Tweede Wereldoorlog. *Bezetting en bevrijding*
	• Anne Frank. *Jodenvervolging*
	• Indonesië. *Een kolonie vecht zich vrij*

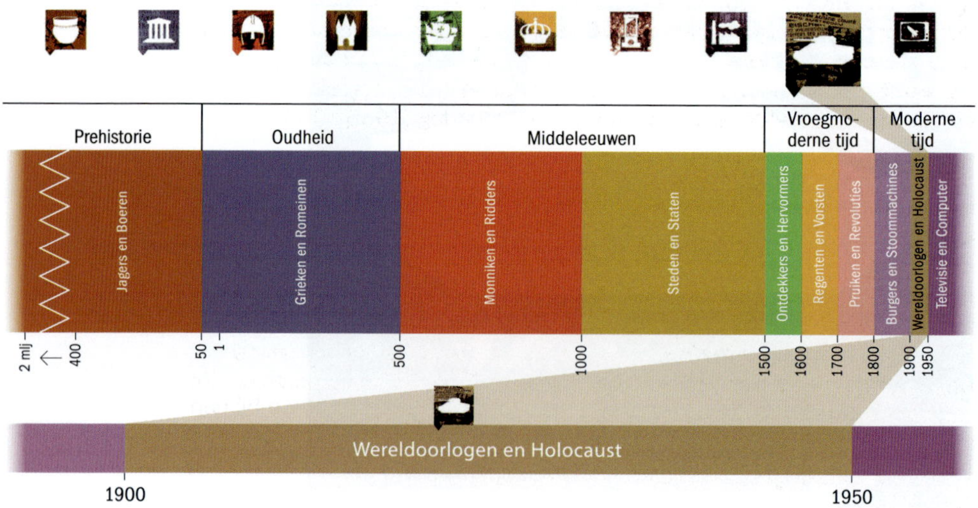

1900-1950 Industriële samenleving	
1900	Leerplichtwet (ingangsdatum 01-01-1901)
1914-1918	Eerste Wereldoorlog
1917	Algemeen kiesrecht voor mannen in Nederland
1919	Algemeen kiesrecht voor vrouwen in Nederland
1920	Onderwijswet maakt een einde aan de schoolstrijd in Nederland
1929	Begin van een economische wereldcrisis
1939-1945	Tweede Wereldoorlog
1940	Duitse inval in Nederland
1941	Februaristaking
1942	Japan verovert Oost-Indië
1944	Het zuidelijk deel van Nederland wordt bevrijd
1944-1945	Hongerwinter in het westen van Nederland
1945	Capitulatie van Duitsland en Japan Oprichting Verenigde Naties
1945-1949	Strijd in Indonesië
1948	Afstand koningin Wilhelmina
1948-1980	Koningin Juliana

1950: einde van de *Tijd van Wereldoorlogen en Holocaust* en het begin van de *Tijd van Televisie en Computer*. Vervolg van de Moderne Tijd.

9.1 De Eerste Wereldoorlog (1914-1918)

De eerste helft van de twintigste eeuw is een van de zwartste bladzijden uit de geschiedenis. Na de redelijk opgewekte beginjaren van de eeuw met onder meer de opening van het Vredespaleis in 1913 in Den Haag belandt Europa in een vreselijke oorlog, de Eerste Wereldoorlog (1914-1918). Die oorlog wordt gevolgd door een tijd van economische crisis, met daarna opnieuw een oorlog op wereldniveau, de Tweede Wereldoorlog (1939-1945).

9.1.1 Oorlog in Europa

Ontwapening of bewapening?

Na de door Duitsland gewonnen Frans-Duitse oorlog (1870-1871) zijn er decennialang in Europa geen oorlogen meer. Er wordt zelfs gediscussieerd over algehele ontwapening, maar uit angst voor andere naties worden tegelijkertijd leger en vloot uitgebreid. Die wederzijdse angst lijdt tot het afsluiten van bondgenootschappen: enerzijds tussen de twee keizerrijken Duitsland en Oostenrijk-Hongarije (de centrale mogendheden) en anderzijds tussen Frankrijk en Rusland, waarbij zich later Groot-Brittannië aansluit (de geallieerden). Het zijn bondgenootschappen van wederzijdse steun bij een aanval van buitenaf.

28 Juni 1914

Tot Oostenrijk-Hongarije behoort het noordelijke deel van de Balkan, een gebied dat door nationalistische bewegingen voortdurend onrustig is. De Oostenrijkse troonopvolger Frans Ferdinand brengt op 28 juni 1914 een bezoek aan Sarajevo en wordt in zijn auto doodgeschoten. De spanning in Europa stijgt, al wordt niet verwacht dat deze aanslag tot een oorlog zal leiden: 'Neen, waarlijk, het zal zo'n vaart niet loopen' meldt een Nederlandse krant. Een maand later stelt Oostenrijk-Hongarije Servië verantwoordelijk voor de moord en verklaart het Servië de oorlog.

Dan beginnen de bondgenootschappen te werken: Rusland steunt Servië, Duitsland verklaart Rusland de oorlog, Frankrijk steunt Rusland en Duitsland verklaart Frankrijk de oorlog. Het Duitse leger begint aan een tweefrontenoorlog: aanvallen op Rusland en aanvallen op Frankrijk via het neutrale België. Engeland heeft de Belgische neutraliteit gegarandeerd en verklaart

Duitsland de oorlog. Andere landen worden erbij betrokken: Italië, Griekenland en Portugal aan de geallieerde kant, Turkije en Bulgarije aan de kant van de centrale mogendheden.

Eerste Wereldoorlog

De oorlog krijgt eerst de naam 'Europese oorlog', daarna 'de Grote Oorlog' en ten slotte na deelname van de Verenigde Staten de naam 'Wereldoorlog'. 'Eerste' wordt er pas later aan toegevoegd: Eerste Wereldoorlog (figuur 9.1).

Loopgravenoorlog

Aan het westfront houden Engelse en Franse legers stand en er ontstaan lange loopgraaf- en prikkeldraadlinies van de kust in Vlaanderen tot achter Verdun, in figuur 9.2 verbeeld door kunstenaar Otto Dix.

FIGUUR 9.1 Canon van Nederland: De Eerste Wereldoorlog

FIGUUR 9.2 Loopgravenoorlog (Otto Dix)

Jarenlang bestrijden de beide legers elkaar om elke vierkante meter grond met als resultaat enorme verliezen aan manschappen en vrijwel geen territoriale winst. De cavalerie is tijdens de Eerste Wereldoorlog nog een belangrijk onderdeel. Geleidelijk aan wordt echter duidelijk dat deze soldaten te paard geen partij zijn voor tegenstanders met machinegeweren. Vandaar dat tijdens de oorlog tanks ontwikkeld worden. De oorlog wordt gestreden met alle mogelijke middelen, zelfs met gifgas.
Rusland sluit in 1917 – na de Russische revolutie – vrede met de centrale mogendheden. Die kunnen zich nu concentreren op het westfront, maar daar krijgen de geallieerden steun van Amerikaanse troepen.
Het enthousiasme waarmee de soldaten in 1914 bij alle strijdende partijen de oorlog ingegaan zijn, is dan allang omgeslagen in grote weerzin tegen het oorlogsgebeuren. Op 11 november 1918 wordt een wapenstilstand gesloten.

Wapenstilstand en vrede

Tot een vrede komt het in 1919 in Versailles. Duitsland wordt aangewezen als de hoofdschuldige en heeft de vredesbepalingen maar te accepteren:

- afstand van grondgebied aan Frankrijk, België, Tsjechië en Litouwen
- verlies van de Duitse koloniën en van de Oostzeehaven Danzig (het tegenwoordige Gdansk)

- herstelbetalingen aan de geallieerden (3 miljard goudmark)
- demilitarisering: het Duitse leger mag nog maar 100.000 soldaten tellen en niet beschikken over vliegtuigen, tanks en zware wapens

De Eerste Wereldoorlog betekent het einde van grote vorstenhuizen in Rusland (1917), in Oostenrijk-Hongarije (1918) en in Duitsland (1918). En het ontstaan van nieuwe landen: Oostenrijk, Tsjecho-Slowakije, Polen, Hongarije en Joegoslavië.

Oorlogsslachtoffers

Nog nooit heeft er een oorlog in deze omvang plaatsgevonden. In de Eerste Wereldoorlog vechten ongeveer 70 miljoen soldaten, waarvan er bijna 9,5 miljoen sneuvelen. Grote erebegraafplaatsen langs de vroegere loopgraven in België en Frankrijk herinneren tot op de dag van vandaag aan de vele slachtoffers van de loopgravenoorlog aan het westfront.

Volkenbond

De oorlog laat diepe sporen na. De roep om voortaan zulke oorlogen te voorkomen wordt steeds sterker. Op voorstel van de Amerikaanse president Wilson wordt in Genève de Volkenbond opgericht. Deze organisatie moet door bevordering van samenwerking tussen de landen vrede en veiligheid zien te waarborgen. De Volkenbond heeft echter geen sanctiemogelijkheden bij conflicten. Al gauw is duidelijk dat de Volkenbond niet meer dan een papieren tijger is.

9.1.2 Nederland en de Eerste Wereldoorlog

Neutraal

Bij het uitbreken van de oorlogshandelingen in 1914 stelt Nederland zich neutraal op. Na de oorlogsverklaring van Oostenrijk aan Servië wordt door burgemeesters vanaf het bordes van de gemeentehuizen de algehele mobilisatie afgekondigd. Overal hangen aanplakbiljetten met de tekst: ‘Alle miliciens met spoed opkomen’. Op 1 augustus trekken de soldaten naar de Nederlandse grenzen.
De aanwezigheid van het Nederlandse leger is geen doorslaggevende factor in de handhaving van de neutraliteit. Het leger is nauwelijks voorbereid op oorlog en stelt qua uitrusting met sterk verouderd geschut en zeer beperkte voorraden munitie militair weinig voor. Of Nederland de neutraliteit kan handhaven, ligt in de handen van de oorlogvoerenden. Waarmee zijn zij het meest gediend: een veroverd of een neutraal Nederland? De balans slaat door naar het laatste. Een Duits aanvalsplan richting Frankrijk uit het begin van de eeuw loopt nog dwars door Nederland. In 1914 is het gewijzigd: de Duitse legers laten Nederland rechts liggen en marcheren door België richting Frankrijk. De Nederlandse neutraliteit wordt gerespecteerd, maar de Belgische niet.

Belgische vluchtelingen

Een direct gevolg van de oorlogshandelingen in 1914 is de komst van meer dan een half miljoen Belgen, die voor het oorlogsgeweld naar Nederland vluchten. Ze worden opgevangen in kampen en gastgezinnen. Ongeveer 100.000 van die vluchtelingen blijven de hele oorlogsperiode in Nederland.

Gevolgen voor de handel

Tijdens de oorlogsjaren moeten voortdurend de belangen van de oorlogvoerenden tegen elkaar afgewogen worden. Daarbij ging het om de definitie van oorlogsgoederen, die niet verhandeld mochten worden. Die lijst van oorlogsgoederen wordt steeds langer, wat zeer nadelig is voor de Nederlandse handel. De Engelsen volgen kritisch welke goederen Nederland binnenkomen: zijn die voor Nederland bestemd of worden deze doorgevoerd naar Duitsland? De Duitse vloot maakt in het kader van de onbeperkte duikbootoorlog geen onderscheid meer tussen vijandige en neutrale schepen. Zo worden ook Nederlandse schepen getroffen: op zee vallen de Nederlandse oorlogsslachtoffers.

Distributie

De regering moet ingrijpen in het economisch leven als allerlei producten, zoals boter, vet, brood en brandstof schaars worden. Deze producten komen op de bon. Via die bonnen regelt de regering dat ieder in de gelegenheid komt deze producten te kopen: de regering zorgt voor distributie (verdeling van goederen). De schaarste leidt in de zomer van 1917 tot ernstige onlusten in Amsterdam: het Aardappeloproer (figuur 9.3). Winkels en pakhuizen worden geplunderd. Er vallen negen doden en vele gewonden.

FIGUUR 9.3 Aardappeloproer in Amsterdam, 1917

9

Duitse keizer

De Duitse keizer Wilhelm II bevindt zich in november 1918 bij zijn troepen in België en kan door de revolutie in Duitsland niet terug naar Duitsland. Hij meldt zich in Nederland en wordt toegelaten. Wilhelm krijgt het Huis Doorn toegewezen en daar zal hij de rest van zijn leven in ballingschap doorbrengen. Verzoeken tot uitlevering van Wilhelm door de geallieerden – zij beschouwen de keizer verantwoordelijk voor de Eerste Wereldoorlog – worden door de Nederlandse regering afgewezen.

Nederland en de Volkenbond

Nederland is erin geslaagd tijdens de Eerste Wereldoorlog neutraal te blijven. Toch wordt besloten om in 1920 lid te worden van de Volkenbond, maar duidelijk op voorwaarde dat Nederland ook in de toekomst een neutraal land kan blijven.

9.1.3 De binnenlandse politiek tijdens de Eerste Wereldoorlog

Grondwetsherziening van 1917

In augustus 1914 besluiten de politieke partijen om de strijdbijl (tijdelijk) te begraven. Over defensie en buitenlandse politiek bestaan geen grote meningsverschillen. Met betrekking tot de binnenlandse politiek is de toestand anders. Kwesties, zoals de invoering van algemeen kiesrecht en de financiele gelijkstelling van openbaar en bijzonder onderwijs, slepen al sinds de negentiende eeuw. Uiteindelijk worden deze kwesties in 1917 afgerond in de vorm van een Grondwetsherziening.

Nadat in 1900 de Leerplichtwet is aangenomen (voor kinderen van zes tot twaalf jaar) komt er door deze grondwetsherziening een einde aan de schoolstrijd. Voortaan wordt het bijzonder onderwijs op dezelfde wijze door het Rijk bekostigd als het openbaar onderwijs. Deze bepaling wordt uitgewerkt in de Lager-Onderwijs-wet van 1920. Door de financiële gelijkstelling stijgen de onderwijsuitgaven van het Rijk fors.

Einde schoolstrijd

Ook de kiesrechtkwestie krijgt door de Grondwetsherziening een definitieve regeling. In de Grondwet van 1917 wordt het algemeen kiesrecht van mannen vastgelegd (met opkomstplicht) (figuur 9.4), terwijl vrouwen passief kiesrecht krijgen, dat wil zeggen ze mogen niet kiezen, maar wel verkozen worden. Sommige politici moeten er niet aan denken: een vrouw in de Kamer! Actief vrouwenkiesrecht kan in de toekomst bij wet geregeld worden en dat gebeurt in 1919.

Algemeen kiesrecht

FIGUUR 9.4 Uitbreiding van het mannenkiesrecht 1848-1917

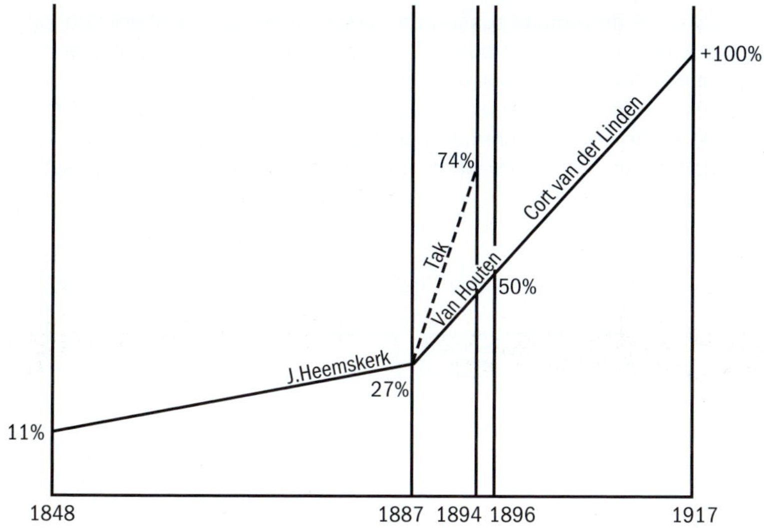

Het gevolg van deze spectaculaire uitbreiding van het kiesrecht is dat de liberalen voortaan getalsmatig in de minderheid zijn. Een Kamermeerderheid is er in de tijd tussen de beide wereldoorlogen voor de confessionele partijen (katholieken en protestanten), de Coalitie. In 1918 krijgt Nederland voor het eerst een rooms-katholieke minister-president: Jonkheer Ruys de Beerenbrouck.

Revolutiedreiging

Na de Russische Revolutie in 1917 breekt in Duitsland in 1918 een revolutie uit. De rode vlag wordt gehesen op het keizerlijk paleis in Berlijn. Het SDAP-Kamerlid Troelstra spreekt de verwachting uit dat deze revolutie niet bij de grens zal stoppen. Op 11 november 1918, de dag van de wapenstilstand, roept hij tijdens een redevoering in Rotterdam de arbeiders op de macht over te nemen. De volgende dag spreekt hij de Tweede Kamer toe en kondigt hij aan dat het tijdperk van de burgerij voorbij is. Hij krijgt geen steun en moet zijn verkeerde inschatting – ‘ik liet mij door de grootheid van

9

het oogenblik (...) meeslepen' – toegeven: de revolutie stopt wel bij de grens. Op 18 november vindt in Den Haag een grote pro-Oranje manifestatie plaats. Aan een week van grote zorgen over de toekomst komt dan voor koningin Wilhelmina een einde. Zij dankt hiervoor God: 'Wij zijn veilig geweest in Gods hand. Wij voelen dat Zijne leiding aan onze historie gegeven, opnieuw is bevestigd. Wat was en is, zal ook in de toekomst zijn.'

Sociale wetgeving

De angst voor een revolutie resulteert in de bereidheid om nieuwe sociale wetgeving te accepteren. In 1919 neemt het parlement het wetsvoorstel aan om de werkweek voor fabrieksarbeiders te beperken tot 45 uur: vijf dagen van acht uur en de zaterdagmorgen. Zondagsarbeid wordt verboden. Deze Arbeidswet is een groot succes voor de socialisten, die jarenlang, onder meer met een *Acht Urenmars*, voor een beperking van de arbeidstijd gejiverd hebben.

9.2 Het Interbellum (1918-1939)

Zuiderzeewerken

Het Interbellum – de periode tussen de Eerste en de Tweede Wereldoorlog – is de tijd waarin de plannen om de Zuiderzee aan te pakken uitgevoerd worden. De eerste plannen daarvoor zijn al uit 1886: drooglegging van de Zuiderzee en van de Waddenzee. Drooglegging van de Waddenzee wordt vanwege de zandbodem geschrapt. Ingenieur Lely maakt een plan voor vier polders in de Zuiderzee: Noord-West, Noord-Oost, Zuid-Oost en Zuid-West (figuur 9.5).

FIGUUR 9.5 Zuiderzee wordt IJsselmeer: de Zuiderzee en de plannen van Lely

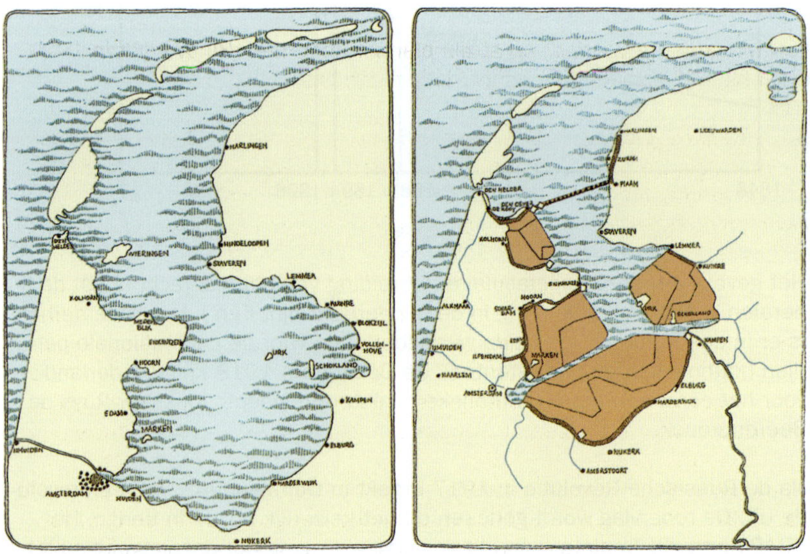

Door het groeiend gebrek aan levensmiddelen tijdens de Eerste Wereldoorlog stijgt de vraag naar landbouwgrond. Een grote watersnood in 1916 eist mensenlevens onder meer op het eiland Marken en zorgt voor overstromin-

gen doordat Zuiderzeedijken doorbreken. Door deze ontwikkelingen is de tijd rijp voor het wetsontwerp, dat door Lely als minister van Waterstaat in 1916 ingediend wordt. De wet wordt in 1918 van kracht.
De werkzaamheden starten in 1920 met het afsluiten van het Amsteldiep tussen Noord-Holland en het eiland Wieringen. In 1930 valt de Wieringermeer droog. De Afsluitdijk wordt afgesloten in 1932 (figuur 9.6), het eiland Marken krijgt een vaste verbinding met Noord-Holland en in 1942 valt de Noordoostpolder droog.

FIGUUR 9.6 Afsluiting van de Zuiderzee: 28 mei 1932 om 12.45 uur

Lely maakt de uitvoering van al zijn plannen niet mee. Hij overlijdt in 1929, maar hij leeft voort als standbeeld op de Afsluitdijk.

Vervoer

De ontwikkelingen van het vervoer in Nederland tijdens het Interbellum zijn spectaculair. De fiets, de auto en de autobus zorgen voor verbindingen tussen de steden en het platteland. En voor reizen over grotere afstand komt er een nieuwe keuzemogelijkheid: naast over het land en over het water nu ook door de lucht, dank zij de ontwikkeling van de luchtvaart.

Luchtvaart

Tijdens de Eerste Wereldoorlog worden er voor het eerst vliegtuigen voor oorlogsdoeleinden ingezet. Onder de druk van deze omstandigheden worden allerlei verbeteringen aangebracht in de vliegtuigen. In 1919 vindt in Nederland de Eerste Luchtvaart Tentoonstelling plaats, waar Albert Plesman de historische woorden spreekt: 'Wij staan aan den ingang eener nieuwe phase van het wereldverkeer.'
Mede dank zij zijn inzet ontstaat in Nederland een burgerluchtvaartorganisatie, de KLM, opgericht in 1919. De KLM krijgt als thuisbasis een deel van de drooggelegde Haarlemmermeer, bekend onder de naam Schiphol. Hiervandaan start in 1920 een proefdienst op Londen in nog open vliegtuigen. De passagiers krijgen voor onderweg een leren jas, een warmwaterstoof, handschoenen en een windbril mee. De proef slaagt en in 1921 start de eerste geregelde lijndienst ter wereld op de route Amsterdam-Londen, nu ook met gesloten vliegtuigen. Het lukt om met een KLM-toestel in 1924

Nederlands-Indië te bereiken met als gevolg vanaf 1930 een geregelde lijndienst Amsterdam-Batavia. In Nederland begint Anthonie Fokker met de bouw van vliegtuigen. Al snel is Fokker een gevestigde naam in de luchtvaartwereld.

Socialisten

Samen met de socialisten hebben de rooms-katholieken – georganiseerd in de Rooms-Katholieke Staatspartij (RKSP) – tijdens het Interbellum de meerderheid in de Staten-Generaal. Een coalitie tussen deze twee partijen behoort niet tot de mogelijkheden. Van de strijd van de socialisten tegen de K's – koning, kapitaal, kerk, kazerne en kroeg – zijn het vooral de actiepunten afschaffing van de monarchie en ontwapening, die de SDAP buiten spel doen staan. Nadat deze twee programmapunten aan het einde van de jaren dertig geschrapt zijn, mag de SDAP in 1939 voor het eerst meedoen in een regering.

Coalitie-kabinetten

De kabinetten tijdens het Interbellum zijn coalitiekabinetten van de rooms-katholieken met de anti-revolutionairen (ARP), de Christelijke Historische Unie (CHU, aan het einde van de negentiende eeuw afgesplitst van de ARP) en liberalen (georganiseerd in de Vrijheidsbond en in de Vrijzinnig Democratische Bond). De minister-presidenten komen respectievelijk uit de RKSP (Ruys de Beerenbrouck, driemaal), de ARP (Colijn, figuur 9.7, vijfmaal) en de CHU (De Geer, tweemaal).

FIGUUR 9.7 Colijn is de eerste politicus die via de radio het Nederlandse volk toespreekt (1924)

9

Grondwets-herziening 1922

Begin jaren twintig zijn er opnieuw plannen voor een grondwetsherziening. Discussiepunten zijn onder meer de opheffing van de Eerste Kamer en het houden van volksstemmingen – een referendum – over wetsvoorstellen, wanneer 20.000 kiezers erom vragen. Deze punten komen uiteindelijk niet in de Grondwet van 1922. De belangrijkste wijzigingen zijn:

- Verdragen met andere landen en oorlogsverklaringen zijn geen zaak meer van de koning, maar behoeven de toestemming van de Staten-Generaal.
- Actief vrouwenkiesrecht wordt nu in de Grondwet opgenomen.
- Het woord 'koloniën' is uit de Grondwet geschrapt: het Koninkrijk der Nederlanden bestaat uit Nederland, Oost-Indië, Suriname en Curaçao (de Nederlandse Antillen).

Oost-Indië

Het schrappen van het woord 'koloniën' getuigt van de groei van een andere visie op de gebieden overzee. Voortaan bestaat het Koninkrijk uit vier onderdelen. Door de ethische politiek komt er meer aandacht voor onderwijs en gezondheidszorg voor de bevolking in Oost-Indië. Er wordt ook nagedacht over meer politieke betrokkenheid op termijn. In Oost-Indië wordt in 1918 een Volksraad opgericht, een adviserend orgaan voor de gouverneur-generaal, met Nederlandse en Indonesische leden. In 1925 krijgt deze Volksraad ook wetgevende taken.
De Nederlandse regering onder leiding van Colijn wil het ontwikkelingsproces richting Indonesische zelfstandigheid niet versnellen. Een voorstel van Soetardjo in 1933 om in een periode van tien jaar toe te werken naar Indonesische zelfstandigheid wordt afgewezen. De Nationale Partij Indonesia, geleid door Soekarno, ziet geen heil meer in verder overleg met de Nederlandse regering en streeft volledige onafhankelijkheid na.

Economische crisis

In de zomer van 1929 begint de wereldeconomie achteruit te gaan. Op 24 oktober – de Zwarte Donderdag – dalen de koersen in New York catastrofaal: de beurskrach. De wereldwijde crisis, de grote Depressie, die daarop volgt, treft ook Nederland: de crisisjaren (figuur 9.8).

FIGUUR 9.8
Canon van Nederland: De crisisjaren

Bedrijven gaan failliet en werknemers worden aan de lopende band ontslagen. Het aantal werklozen stijgt snel. Er zijn – al naar gelang de definitie van werkloze en het telmoment – verschillende cijfers in omloop. De volgende aantallen geven een indicatie voor de winter:

- winter 1930-1931: ongeveer 250.000
- winter 1932-1933: ongeveer 450.000
- winter 1934-1935: ongeveer 500.000
- winter 1936-1937: ongeveer 525.000

Daarna zet de daling in. In 1940 zijn er in Nederland ongeveer 250.000 werklozen.

Regeringsmaatregelen

De regering moet iets doen voor deze grote groep werklozen en probeert met overheidsprojecten de werkgelegenheid te stimuleren: via werkverruiming (meer werk tegen hetzelfde loon), werkverschaffing (werk tegen een lager loon, onder meer ontginningswerkzaamheden) en werklozensteun, waarvoor verplicht gestempeld moet worden (figuur 9.9).

Grote aantallen Nederlanders worden afhankelijk van financiële steun van de overheid. Dat kost de regering veel geld en dat geld moet komen uit hogere belastingen en bezuinigingen, onder meer op de salarissen van het overheidspersoneel. De extra uitgaven en de extra inkomsten passen niet op elkaar, waardoor de staatsschuld snel stijgt.

FIGUUR 9.9 Stempelen voor het verkrijgen van werklozensteun in het stempellokaal

9

De SDAP stelt een plan op om de werkloosheid te bestrijden: het Plan van de Arbeid. Maar de SDAP is (nog) geen regeringspartij en het Plan blijft een plan. Er vinden demonstraties plaats voor meer steun voor de werklozen. In 1934 is er een korte, heftige opstand van werklozen in de Amsterdamse Jordaan, als reactie op verlaging van de werklozensteun. Even lijkt het oorlog: met groot materieel wordt de opstand de kop in gedrukt. Daarbij verliezen zes mensen het leven.

Opkomst fascisme

De parlementaire democratie is tijdens het Interbellum weinig populair. De discussies over de aanpak van de crisis getuigen hiervan. Het parlement wordt getypeerd als een *nutteloos praatcollege*. Deze onvrede is de basis voor de opkomst van het fascisme in Nederland, onder meer via een nieuwe politieke beweging de Nationaal-Socialistische Beweging (NSB), opgericht in 1931 met als voorman A. Mussert. Even lijkt het erop, dat deze nieuwe partij een flinke aanhang krijgt. Maar doordat Mussert steeds meer aansluiting zoekt bij Hitler-Duitsland, waardoor ook het NSB-programma anti-Joodse trekken krijgt – de jood als schuldige van de crisis –, blijft de aanhang beperkt: in 1937 4,2% van de stemmen.

De crisisjaren vormen achteraf gezien het sombere voorspel voor nog veel slechtere tijden. Angst voor een nieuw wereldconflict is volop aanwezig. Vanaf 1935 probeert de regering-Colijn door uitgaven op militair terrein de handhaving van de neutraliteit ook in de toekomst te versterken.

Steeds duidelijker wordt – onder meer uit de snelle bewapening – dat Duitsland opnieuw aanstuurt op oorlog. Gelet op de gespannen situatie worden in Nederland op 28 augustus 1939 leger en vloot gemobiliseerd. Op 1 september valt Duitsland Polen binnen, op 3 september verklaren Engeland en Frankrijk Duitsland de oorlog. Een nieuwe, grote oorlog die zal uitgroeien tot de Tweede Wereldoorlog, is begonnen. Het Nederlandse leger is paraat langs de grenzen om opnieuw te proberen de oorlog buiten de landsgrenzen te houden.

Mobilisatie

9.3 De Tweede Wereldoorlog (1939-1945)

Kan Nederland opnieuw een beroep doen op neutraliteit en zo buiten het conflict blijven? Dat is vanaf september 1939 de klemmende vraag. Uiteindelijk blijkt dat Duitsland geen boodschap heeft aan zo'n neutraliteitsverklaring en wordt Nederland ingelijfd bij het Duitse rijk.

9.3.1 Opnieuw een wereldoorlog

Duitsland

Duitsland maakt na de Eerste Wereldoorlog een hele moeilijke tijd door, waarin geleidelijk aan de ideeën van het nationaal-socialisme de overhand krijgen. Na de Eerste Wereldoorlog wordt Duitsland een democratische republiek. In Weimar wordt een grondwet opgesteld, vandaar dat gesproken wordt over de Republiek van Weimar. In Duitsland is gebrek aan alles, maar bovenal aan werk. De democratie krijgt hiervan de schuld. Er heerst sterke onvrede over de armoede, de werkloosheid en de bepalingen van de Vrede van Versailles. Duitsland moet weer een sterke staat worden met een sterk, herbewapend leger (voor revanche op 1918) en met meer grondgebied.

Nationaal-socialisme

In dat klimaat ontstaat de Nationaal-Socialistische Duitse Arbeiderspartij, de NSDAP. Kenmerken van het nationaal-socialisme zijn nationalisme, afkeer van de democratie, voorstander van geweld en het principe van één dictatoriale leider, de Führer. Hitler, de leider van de NSDAP, belandt in 1923 in de gevangenis en schrijft daar zijn boek *Mein Kampf*, waarin hij aangeeft dat een nieuwe oorlog nodig is, een rassenoorlog, waardoor er levensruimte (Lebensraum) moet komen voor het superieure Germaanse ras. De NSDAP groeit in ledental tijdens de grote economische crisis. De schuld daarvoor krijgen de democraten en de Joden. Naast de vele overeenkomsten tussen fascisme en nationaal-socialisme is een essentieel verschil tussen beide ideologieën de Duitse rassenleer. Het Germaanse ras is superieur en moet ruimte krijgen om zich verder te ontwikkelen door minderwaardige rassen als Joden uit te bannen en Slaven te verdrijven.
In 1933 weet Hitler na de brand in het Rijksdaggebouw alle macht in Duitsland aan zich te trekken. Hij wordt de Führer, de Leider. Hij zet de industrie in om – tegen de bepalingen van 'Versailles' in – te gaan herbewapenen, waardoor de werkloosheid afneemt. De hele samenleving wordt doordrongen van de nationaal-socialistische ideologie. De jeugd wordt in die geest opgevoed (geïndoctrineerd) via de Hitlerjeugd (HJ) voor jongens en voor meisjes de Bund Deutsche Mädel (BDM). Er worden rassenwetten ingevoerd, waardoor met name Joden uitgesloten worden uit de samenleving (antisemitisme), maar ook Roma en Sinti, verstandelijk gehandicapten en homofielen. Joden en tegenstanders van het nationaal-socialistisch bewind worden opgesloten in concentratiekampen als Dachau en Sachsenhausen.

Tweede Wereldoorlog

De Tweede Wereldoorlog begint in 1939 als een conflict in Europa, maar groeit net als de oorlog van 1914-1918 uit tot een wereldoorlog. Opnieuw doet het systeem van afspraken en garanties zijn werk: Duitsland verklaart de oorlog aan Polen en valt dat land binnen op 1 september 1939. Het is een verassingsaanval, een Blitzkrieg, waar Duitsland het patent op heeft. Als de Duitse regering niet antwoordt op een ultimatum van Engeland en Frankrijk om de troepen terug te trekken en de strijd te staken, verklaren Engeland en Frankrijk op 3 september de oorlog aan Duitsland.
Duitsland valt op 9 april 1940 Denemarken binnen en voert tegelijk landingen uit in Noorwegen. De bedoelingen van Duitsland zijn duidelijk geworden voor landen als Engeland en Frankrijk. Italië, onder leiding van duce Mussolini, staat aan de Duitse zijde. De Sovjet-Unie houdt zich afzijdig.

Op 10 mei 1940 volgt een Duitse aanval op Nederland en vervolgens rukken de Duitse legers op richting Frankrijk. Op 17 juni 1940 geven de Fransen zich gewonnen en kan Duitsland zich concentreren op de 'Battle of Britain': een luchtoorlog met Engeland, die gevolgd moet worden door een invasie (de operatie Seelöwe). Het lukt de Duitse luchtmacht ondanks zware bombardementen niet om Engeland klein te krijgen en van de invasieplannen komt niets terecht. Op 22 juni 1941 vallen de Duitse legers – 150.000 soldaten, 1.800 tanks en 1.500 vliegtuigen – de Sovjet-Unie binnen. De oorlog wordt een tweefrontenoorlog. Zo krijgt Groot-Brittannië een onverwachte bondgenoot.

Als Japan op 7 december 1941 de Amerikaanse vloot in Pearl Harbor bombardeert en Duitsland en Italië de Verenigde Staten de oorlog verklaren, wordt ook dit land in de oorlog betrokken. Zo wordt de oorlog opnieuw een wereldoorlog. Japan verovert in snel tempo een groot aantal gebieden in Azië, waaronder Nederlands-Indië.

Verloop van de oorlog

De oorlog wordt uitgevochten in Noord-Afrika, waar de geallieerden vanaf eind 1942 winst boeken op de Duitse en Italiaanse troepen, aan het Oostfront, waar in februari 1943 een Duits legerkorps zich moet overgeven bij Stalingrad, en in de Stille Oceaan, waar de Verenigde Staten eiland voor eiland op de Japanners heroveren. Italië sluit een wapenstilstand in september 1943.

Capitulatie

De eindstrijd begint met de landing van de geallieerden in Normandië op 6 juni 1944: D(ecision)-day, waarna na hevige strijd Duitsland zich – nadat Hitler zelfmoord heeft gepleegd – op 8 mei 1945 gewonnen geeft. De strijd tegen Japan gaat dan nog door. De Amerikanen gebruiken op 6 augustus 1945 voor het eerst in de geschiedenis een atoombom, die Hiroshima totaal verwoest, gevolgd door een tweede bom op Nagasaki (figuur 9.10). Op 15 augustus 1945 capituleert Japan.

Oorlogsslachtoffers

Door de inzet op grote schaal van vliegtuigen, zwaardere bommen en tanks is de Tweede Wereldoorlog van een andere orde dan de Eerste, met nog grotere aantallen slachtoffers, niet alleen onder de soldaten, maar ditmaal ook onder de burgerbevolking. De schattingen van de oorlogsslachtoffers komen uit op 45.000.000!

FIGUUR 9.10 Nagasaki na de atoombomaanval (1945)

9.3.2 Nederland aangevallen

Neutraal

Op 28 augustus 1939 spreekt koningin Wilhelmina het volk via de radio toe:

> 'De toestand is ernstig in die zin, dat ernstig rekening moet worden gehouden met de mogelijkheid, dat een conflict zal uitbreken. Mocht deze afschuwelijke mogelijkheid werkelijkheid worden [...] dan zal Nederland in dat conflict naar alle zijden en met inspanning van alle krachten en middelen waarover ons land beschikt, een strikte onzijdigheid in acht nemen en handhaven.'

Het leger is paraat, maar voorlopig gebeurt er niets. De neutraliteit van Nederland wordt in de nacht van 9 op 10 mei 1940 geschonden: de Tweede Wereldoorlog (figuur 9.11).

FIGUUR 9.11 Canon van Nederland: De Tweede Wereldoorlog

Duitse vliegtuigen vliegen boven Nederland en laten parachutisten neer rondom Den Haag, Rotterdam en Dordrecht en schakelen via bombardementen de Nederlandse luchtmacht uit. Duitse troepen trekken over de grens en stuiten op weerstand op de Afsluitdijk bij Kornwerderzand en bij de Grebbelinie. Tegen de verwachting in moet het Nederlandse leger echter ook van het begin af aan strijd leveren in het westen van Nederland tegen de Duitse parachutisten.

Duitse aanval

Koningin Wilhelmina komt met een proclamatie waarin ze de Duitse aanval – 'zonder de minste waarschuwing' – bekendmaakt: 'Ik richt hierbij een vlammend woord van protest tegen deze voorbeeldeloze schending van wat tussen beschaafde staten behoorlijk is. Ik en mijn regering zullen ook thans onze plicht doen.'
Op 13 mei verlaat koningin Wilhelmina met de regering aan boord van een Engels oorlogsschip vanuit Hoek van Holland Nederland. Londen wordt het nieuwe regeringshoofdkwartier. Een dag later bombarderen de Duitsers het

centrum van Rotterdam (figuur 9.12). De Duitsers dreigen ook Utrecht te bombarderen.

FIGUUR 9.12 Rookwolken boven Rotterdam na het Duitse bombardement (1940)

Die dreiging geeft de doorslag en generaal Winkelman geeft op 14 mei 1940 de strijd op (capitulatie), met uitzondering van Zeeland, waar nog enige dagen doorgevochten wordt. Het Nederlandse leger wordt krijgsgevangen gemaakt, maar keert al snel terug naar huis.

9.3.3 Nederland onder Duits bestuur

Hitler bepaalt dat het Nederlandse volk verwant is aan het Germaanse ras en op grond daarvan een burgerlijk bestuur krijgt. Dit in tegenstelling tot België dat voortaan door militairen bestuurd wordt. De Oostenrijkse nationaalsocialist Seyss-Inquart wordt rijkscommissaris. Hij krijgt de opdracht om Nederland warm te maken voor de Nieuwe Orde in Europa. Enerzijds moet Nederland bijdragen aan de Duitse oorlogsinspanning, anderzijds moeten de nationaalsocialistische ideeën centraal komen te staan in de Nederlandse samenleving. Seyss-Inquart legt het politieke leven lam door alle politieke partijen – met uitzondering van de NSB – te verbieden en door de activiteiten van de Staten-Generaal, de Provinciale Staten en de gemeenteraden stop te zetten. Het ledental van de NSB groeit van 30.000 naar 80.000. Mussert legt een eed van trouw aan Hitler af.

Seyss-Inquart

Duitse politiek: drie fasen

De Duitse politiek ten opzichte van Nederland in de jaren 1940-1945 is te verdelen in drie fasen. Eerst de fase van de toenadering, de poging om Nederland te winnen voor de nazi-ideeën. Maar dit beleid heeft weinig succes en met harde hand vindt vervolgens – ongeveer vanaf de inval in Rusland in juni 1941 – de nazificering van de Nederlandse samenleving plaats. De derde en laatste fase vanaf de april-mei-stakingen in 1943 wordt gekenmerkt door Duitse terreur en plundering.

De bijdrage van Nederland aan de Duitse oorlogsinspanning bestaat uit mensen, geld en materialen. Duitsland heeft grote behoefte aan arbeidskrachten. Eerst worden werklozen geworven voor werk in Duitsland. Dit gebeurt onder dreiging van het intrekken van hun steun. Daarna zijn alle mannen, die kunnen werken, welkom. In april-mei 1943 moeten de Nederlandse soldaten, die in 1940 uit krijgsgevangenschap vrijgelaten zijn, zich opnieuw melden, nu om in Duitse fabrieken te gaan werken. Dit besluit wordt beantwoord met stakingen, die door de Duitsers met geweld neergeslagen worden. Vervolgens loopt iedere man het risico opgepakt te worden voor de Arbeitseinsatz. Meer dan 600.000 Nederlanders zijn zo gedwongen tewerkgesteld in Duitsland. Een kleiner aantal weet door onderduiken dit lot te ontlopen.

Arbeitseinsatz

9.3.4 Collaboratie of verzet?

Collaboratie

Na de verbijstering over de Duitse inval moeten de Nederlanders zich bezinnen op een houding ten opzichte van de bezetters. Een grote groep probeert te leven alsof er niets aan de hand is met om hen heen mensen die de Duitsers steunen, de collaborateurs, en mensen die het Duitse gezag niet willen accepteren, de verzetsstrijders. Tot de collaborateurs behoren de 30.000 mannen, die vrijwillig dienst nemen in het Duitse leger. Van hen overleeft uiteindelijk slechts een derde deel de oorlog.

Verzet

Verzetsstrijders komen vooral uit gereformeerde kring en vanaf de Duitse inval in de Sovjet-Unie in juni 1941 ook uit communistische kring. Omdat de kranten alleen maar mogen berichten wat de bezetters welgevallig is, ontstaat er een illegale pers. Deze zorgt voor de verspreiding van het nieuws over de geallieerde zaak in de tijd dat radio's ingeleverd moeten worden en er dus alleen nog maar illegaal naar Radio Oranje (uit Londen) en naar de BBC geluisterd kan worden. Onder grote inspanningen en met enorme risico's verschijnen de verzetskranten *Je Maintiendrai*, *Het Parool*, *Vrij Nederland*, *Trouw* en *De Waarheid*.
Reeds op 15 mei 1940 start de eerste verzetsbeweging, opgericht door de Schiedammer Bernard IJzerdraat, met een eigen Geuzenactiebericht. Dit bericht wordt rondgegeven met het verzoek het over te schrijven en verder te verspreiden. Vijftien leden van deze verzetsbeweging worden door de bezetters in de duinen bij 's-Gravenhage op de Waalsdorpervlakte terechtgesteld.

Naast het drukken en verspreiden van illegale kranten bestaat het verzetswerk uit het helpen van onderduikers – Joods en niet-Joods – onder meer aan distributiebonnen en onderduikadressen en het begeleiden van neergeschoten geallieerde vliegeniers. Tot het verzetswerk behoren ook het overvallen van distributiekantoren, het vervalsen van persoonsbewijzen, het plegen van sabotage, het liquideren van bezetters en van Nederlandse collaborateurs en het verzamelen van militaire gegevens over de Duitsers, die doorgegeven worden aan Londen.

9.3.5 Ariërmaatregelen

In de ogen van de bezetter is er geen plaats voor de Joden in de Nederlandse samenleving. Zij behoren niet tot het Germaanse ras, de Ariërs, en worden verantwoordelijk gehouden voor alle problemen van het Duitse volk. Stap voor stap worden de Joden geïsoleerd. Eerst wordt bepaald dat zij niet meer betrokken mogen zijn bij de luchtbescherming. Vervolgens wordt het overheidspersoneel gescheiden in Ariërs en niet-Ariërs doordat ieder een

Isolering van de Joden

verklaring moet invullen over zijn familie. De niet-Ariërs – Joden, Sinti en Roma – worden ontslagen. De Joden krijgen een J in hun paspoort. Op steeds meer plaatsen – winkels, parken, cafés, zwembaden – is hun aanwezigheid verboden. In februari 1941 zijn er in Amsterdam ongeregeldheden, waarbij een lid van de NSB omkomt. De Duitsers drijven Joodse mannen en jongens bijeen op het Jonas Daniël Meyerplein en voeren ze af naar concentratiekamp Mauthausen. Uit protest hiertegen leggen arbeiders en trampersoneel, vooral in Amsterdam, het werk neer: de Februaristaking van 1941. Dit protest tegen het Duitse optreden tegen de Joden wordt nog jaarlijks herdacht bij het standbeeld *De Dokwerker* in Amsterdam (figuur 9.13).

FIGUUR 9.13 De dokwerker in Amsterdam, monument voor de Februaristaking

9

De Joden worden in mei 1942 verplicht een gele ster op de kleding te dragen, mogen niet meer met de auto, de fiets of het openbaar vervoer, gebruik van de telefoon wordt verboden, kinderen moeten naar aparte Joodse scholen en als laatste – naar later blijkt – tussenstap moeten Joden bij elkaar in afgescheiden wijken – getto's – wonen. Daar worden ze via razzia's opgepakt en afgevoerd naar kampen.
Collaborateurs maken voor geld (kopgeld) jacht op ondergedoken Joden.

Zowel Joden als Sinti en Roma worden gedeporteerd – veelal eerst naar Kamp Westerbork – vlak voor de oorlog gebouwd om Joodse vluchtelingen uit Duitsland op te vangen – en vandaar naar concentratiekampen in Duitsland, Polen, Oostenrijk en Tsjechië: onder meer Bergen-Belsen, Dachau, Auschwitz, Mauthausen, Sobibor en Theresienstadt: de Holocaust. Ruim zes miljoen Joden worden omgebracht, waaronder honderdduizend Nederlandse Joden. Een van hen is Anne Frank (figuur 9.14 en 9.15), ondergedoken met

Holocaust

haar familie in het Achterhuis in Amsterdam, maar verraden en afgevoerd naar Westerbork en vandaar naar Auschwitz en ten slotte overleden in Bergen-Belsen. Zij leeft voort via haar dagboek, dat in Amsterdam achtergebleven is.

FIGUUR 9.14 Canon van Nederland: Anne Frank

FIGUUR 9.15 Anne Frank vertrekt uit Kamp Westerbork (geschiedeniswandplaat Herinneringscentrum Kamp Westerbork)

9.3.6 De regering in Londen en de oorlog

De regering in Londen

Koningin Wilhelmina en de regering wijken in mei 1940 uit naar Londen. Serieus is overwogen om zich in Batavia te vestigen, maar uiteindelijk valt de keus op samen optrekken met de Britse geallieerden. Wilhelmina wordt het nationale symbool van het verzet. Zij ontvangt alle Nederlanders die weten te ontsnappen naar Engeland, de Engelandvaarders, en hoort hen uit over de situatie in het bezet gebied. Zij is te horen op Radio Oranje en weet zo in deze moeilijke tijden een bindend element voor het Nederlandse volk te zijn. Het Koninkrijk bestaat nog uit stukken onbezet grondgebied: de gebiedsdelen in Zuid-Amerika en in Azië. Nederlands-Indië wordt echter ook betrokken bij de Tweede Wereldoorlog. Japan rukt in 1942 op in zuidelijke richting. In februari 1942 capituleert Singapore. Een geallieerde vloot bestaande uit Amerikaanse, Australische, Engelse en Nederlandse schepen onder leiding van de Nederlandse schout-bij-nacht Doorman vaart in de Javazee zonder enige luchtsteun de Japanse vloot tegemoet en gaat ten onder. De weg voor de Japanners naar Java ligt open en de Nederlandse strijdkrachten moeten in maart 1942 capituleren. Radio Bandoeng eindigt bij de nadering van de Japanners de uitzending met de woorden: 'Wij sluiten nu. Vaarwel tot betere tijden! Leve de Koningin!' Vrijwel heel Nederlands-Indië – met uitzondering van een stukje van de zuidkust van Nieuw-Guinea – wordt door de Japanners bezet.

Japanse aanval Indië

De West

De regering regeert alleen nog over de gebiedsdelen in de West. Suriname levert bauxiet, een belangrijke grondstof voor de geallieerde oorlogsindustrie. De olie-industrie op de Antillen is zo belangrijk dat de Duitsers – overigens tevergeefs – proberen deze uit te schakelen.

Radiorede 1942

Vanuit Londen maakt koningin Wilhelmina via de radio op 7 december 1942 plannen bekend over de toekomst van het Koninkrijk. Zij kondigt aan dat na de oorlog op een rijksconferentie nieuwe verhoudingen tussen de delen van het Koninkrijk besproken zullen worden met als kern een grote mate van zelfbestuur voor de Koninkrijksdelen in de West en de Oost.

9.3.7 Japanners de baas in Nederlands-Indië

Japanse maatregelen

Japan isoleert de West-Europese elementen in de Indische samenleving: het Nederlands wordt als officiële taal vervangen door het Maleis, Nederlandse krijgsgevangenen worden bijeen gedreven in kampen en tewerkgesteld onder meer bij de aanleg van spoorlijnen op Sumatra en in Thailand (de Birmaspoorlijn). Het luisteren naar buitenlandse radiozenders wordt verboden op straffe van de dood. Alle Nederlanders worden in 1942 en 1943 in kampen bijeengebracht, waarbij de mannen gescheiden worden van de vrouwen en kinderen. De toestanden in die kampen zijn met het vorderen van de oorlog zeer slecht: Japanse terreur, gebrek aan voedsel en ziektes eisen veel slachtoffers onder de kampbewoners (figuur 9.16). Ongeveer 8.000 krijgsgevangenen en 13.000 burgers beleven het einde van de oorlog niet.

FIGUUR 9.16 Buigen voor de Japanners

De Japanse bezetters maken gebruik van Indonesische nationalisten, zoals Soekarno. Maar ze maken ook misbruik van de bevolking door hen dwangarbeid te laten verrichten. Nadat er een einde komt aan de Japanse militaire successen doen de Japanners beloftes aan de Indonesische nationalisten: onafhankelijkheid in de toekomst met een eigen vlag en een eigen volkslied.

9.3.8 Bevrijding in etappes

Na D-day rukken de geallieerden in noordelijke richting op en bereiken in september 1944 Zuid-Limburg. Maastricht is op 15 september 1944 de eerste bevrijde stad in Nederland. Nog diezelfde maand proberen de geallieerden, via een geforceerde mars door Brabant via Eindhoven en Nijmegen en door het droppen van parachutisten aan de andere zijde van de Rijn, de Rijnbrug in bezit te nemen: de operatie Market Garden. De Slag om Arnhem wordt door de geallieerden verloren. De Duitse tegenstand is veel groter dan van tevoren berekend is. Het lukt niet om de bruggen in Nijmegen en Arnhem in bezit te krijgen. Zo stagneert het front: Nederland ten zuiden van de grote rivieren is bevrijd, Nederland ten noorden van die rivieren blijft bezet. **Zuiden**

Door een staking van de spoorwegen probeert het verzet de geallieerde strijd te ondersteunen. De Duitsers reageren met een verbod om goederen naar Holland te vervoeren. Dit resulteert in een uiterst moeilijke winter 1944-1945 in de grote steden in Holland met een enorm gebrek aan brandstof – alles wat brandbaar is en gemist kan worden wordt opgestookt – en een enorm gebrek aan voedsel, de Hongerwinter. Op zogenaamde hongertochten (figuur 9.17) gaan de hongerende mensen de boerderijen af om hun laatste bezittingen van enige waarde te ruilen tegen voedsel. Eind april 1945 zorgen geallieerden voor voedseldroppingen boven Holland. **Hongerwinter**

FIGUUR 9.17 Op hongertocht winter 1944-1945

Het front komt weer op gang in het voorjaar 1945. Canadese troepen rukken op in het oosten van Nederland en sluiten de Duitse legers in het westen af van hun moederland. Het einde van de oorlog komt nabij. Op 5 mei 1945 vindt de capitulatie plaats in hotel De Wereld in Wageningen. Koningin Wilhelmina, reeds op 13 maart 1945 in Zeeland geland, spreekt voor de radio: 'Eindelijk zijn we weer baas op eigen erf en aan eigen haard (...) Voorbij is de nameloze druk van de vervolger welke vijf jaar u heeft gekweld; voorbij is de verschrikking van de hongersnood.' 5 mei wordt gevierd als de Dag van de Vrijheid, nadat op 4 mei de doden van de oorlog herdacht zijn. **Capitulatie**

In de Oost duurt de oorlog nog voort. Pas na de atoombommen op Hiroshima en Nagasaki zijn de Japanners bereid tot capitulatie op 15 augustus 1945. Op dat moment zijn er voor de Nederlanders in de kampen nog geen **De Oost** bevrijders. Zij blijven daar – veelal onder Japanse bewaking – in afwachting van Britse troepen. Buiten de kampen is het voor hen gevaarlijk, omdat er heel wat anti-Nederlandse Indonesiërs rondlopen.

9.4 Wederopbouw en dekolonisatie (1945-1950)

Tijdens de Tweede Wereldoorlog wordt bij voortduring gepraat over hoe rampen als zo'n wereldoorlog te voorkomen zijn. Dat is niet gelukt aan de Volkenbond en deze wordt in 1945 vervangen door een nieuwe wereldorganisatie: de Verenigde Naties (United Nations – UN – of United Nations Organization – UNO) met als hoofdzetel New York. Hoofddoel van de organisatie is de vrede in de wereld te handhaven door oorlog te voorkomen. Daarom staat op het VN-gebouw in New York de volgende tekst: 'Dan zullen zij hun zwaarden tot ploegscharen omsmeden; Geen volk zal tegen een ander volk het zwaard opheffen en zij zullen de oorlog niet meer leren.'

Verenigde Naties

Veiligheidsraad

Het belangrijkste orgaan van de VN is de Veiligheidsraad met permanente leden, die een vetorecht hebben en wisselende niet-permanente leden zonder vetorecht. Door middel van resoluties probeert de raad de situatie in de wereld te reguleren. Al snel na de Tweede Wereldoorlog ontstaan scherpe tegenstellingen tussen de Verenigde Staten en de Sovjet-Unie – twee permanente leden met vetorecht –, die het werk van de Veiligheidsraad lange tijd verlammen. In het Vredespaleis in Den Haag is het Internationaal Gerechtshof van de VN gevestigd.

Rechten van de Mens

In 1948 wordt door de Algemene Vergadering van de Verenigde Naties de *Universele Verklaring van de Rechten van de Mens*, de meest fundamentele mensenrechtencatalogus – later nog aangevuld met *de Rechten van het Kind* (1989) – vastgesteld.

Andere taken

De VN heeft naast vredeshandhaving nog een groot aantal andere taken, zoals hulp aan vluchtelingen, bestrijding van honger, ziekte en kindersterfte, bevordering van onderwijs en wetenschap (onder meer bestrijding van het analfabetisme in de wereld) en hulp bij rampen. Daarvoor zijn gespecialiseerde organisaties opgericht als de UNESCO (onderwijs, wetenschap en cultuur) en UNICEF (kinderfonds).

Nederland en de VN

Nederland wordt direct bij de oprichting in 1945 lid van de Verenigde Naties. Nederland hoopt voor de nabije toekomst dat een aanpak op wereldniveau ook Nederland het beste kan beschermen.

Nederland staat er in mei 1945 slecht voor. Er zal veel moeten gebeuren om het leven weer een normale loop te laten krijgen. In het laatste oorlogsjaar is in de illegale pers een manifest gepubliceerd, waarin de volgende passage voorkomt:

Herstel

'Herstel van Nederland van vóór 1940 met vermijding van de uitwassen en grove fouten achten wij onvoldoende. Met de bevrijding van ons vaderland is het moment aangebroken voor een radicale verandering van ons volksleven in staatkundige, sociale, economische en culturele zin.'
In discussies tijdens de oorlog in het gijzelaarskamp St. Michielsgestel is de noodzaak van een ethisch reveil bepleit, waardoor individualisme en gemeenschapszin aan elkaar verbonden worden. Op politiek gebied wordt een

herschikking van de oude partijen bepleit met als scheidslijn niet de religies maar een tweedeling in progressief en conservatief. Deze ideeën blijken alleen te bestaan bij enige intellectuelen. Van een doorbraak is geen sprake, wel veranderen partijen van naam, sommige met nadrukkelijk 'volk' in de nieuwe naam:

Partijen

• Rooms-Katholieke Staatspartij	Katholieke Volks Partij
• Sociaal-Democratische Arbeiderspartij	Partij van de Arbeid
• Liberale groeperingen omgedoopt in 1948 in	Partij van de Vrijheid Volkspartij voor Vrijheid en Democratie

Taken

Koningin Wilhelmina zet zich persoonlijk in om een regering – het kabinet-Schermerhorn-Drees – in te stellen die tot daden over kan gaan. Deze regering staat voor een omvangrijke taak, met als kernpunten:
- sanering van de financiën
- het bestuur op alle niveaus weer op gang brengen
- herstel van woningen en de infrastructuur
- distributie van voedsel en grondstoffen

Dossier Indië

Daarnaast wacht een belangrijke taak in Nederlands-Indië, het moeilijkste dossier in de naoorlogse jaren. In eerste instantie gaat het om de uitwerking van de plannen die koningin Wilhelmina in 1942 in een radiorede heeft aangekondigd.
Met deze rede speelde Wilhelmina in op algemene denkbeelden in die tijd, waarin het begrip 'zelfbeschikking' veelvuldig gebruikt wordt en waarin alle koloniale mogendheden nadenken over hoe het na de oorlog verder moet met de relatie moederland-koloniën. Het is de vraag of de inhoud van de rede van de koningin bekend geworden is bij alle betrokkenen, een feit is dat het proces bepaald niet alleen via de weg verlopen is die zij zich voorstelde.

FIGUUR 9.18
Canon van Nederland: Indonesië

In Nederlands-Indië roepen op 17 augustus 1945 Soekarno en Hatta de onafhankelijke republiek Indonesië uit (figuur 9.18).

Republikeinen

Deze republikeinen weten partijen wapens van de Japanners te verkrijgen en hun republiek omvat al snel grote delen van Java en Sumatra. Djokjakarta – midden op Java – is hun hoofdstad. Echte tegenstand hebben ze niet: de Japanners hebben na de capitulatie niets meer te zeggen en er zijn alleen nog maar Britse troepen om de orde te handhaven. Om dat doel te bereiken werken de Britten samen met de Indonesische republikeinen, die op die manier voor het eerst als het ware erkend worden.

Strijd

In maart 1946 landen de eerste Nederlandse soldaten op Java. In dat jaar komt een overeenkomst tussen de Indonesische republiek en Nederland tot stand, die uitgaat van de status quo: er komen afgebakende gebieden respectievelijk onder Nederlands gezag en onder gezag van de republikeinen. Maar deze overeenkomst blijkt geen fundament voor een vredesproces. De guerrillaoorlog van de Indonesiërs tegen de Nederlanders blijft doorgaan (figuur 9.19 en figuur 9.20).

FIGUUR 9.19 EN 9.20 Botsende visies: Nederland wil Indië bevrijden, maar Indië eist het recht op zelfbeschikking op

Nederland stuurt meer dan 100.000 soldaten naar de Oost. Tot tweemaal toe proberen de Nederlandse troepen de Indonesische republiek onder de voet te lopen. Deze pogingen staan bekend als 'politionele acties', maar in feite was het oorlog. De eerste, die plaatsvindt in 1947, wordt stopgezet na ingrijpen van de Verenigde Naties. Bij de tweede in 1948 worden Soekarno en Hatta gevangengenomen, maar onder internationale druk, met name van de Verenigde Staten, moet ook deze actie beëindigd worden.
Zo loopt het in de Oost heel anders dan men zich in Nederland voorgesteld had. Geen herstel, geen herleving van vroegere tijden met alle consequenties van dien, samengevat in de opvatting van die tijd 'Indië verloren, rampspoed geboren'. De gang van zaken heeft zeker ook een rol gespeeld bij het besluit van koningin Wilhelmina om in 1948 afstand te doen van de troon.

Erkenning

In 1949 wordt in de Ridderzaal in Den Haag een rondetafelconferentie (figuur 9.21) gehouden met als belangrijkste uitkomst de onafhankelijkheid van Indonesië:

- De Nederlandse regering erkent Indonesië als een onafhankelijke staat.
- Indonesië vormt een federatieve staat: de Verenigde Staten van Indonesië.
- Indonesië en Nederland blijven verbonden in een Unie, waarin samenwerking zal plaatsvinden op het gebied van defensie, buitenlandse betrekkingen en handelspolitiek. Die Unie wordt geleid door de koning of koningin van Nederland.
- Nederland houdt op handelsgebied een voorkeurspositie in Indonesië.

Eind december 1949 vindt de soevereiniteitsoverdracht plaats in Amsterdam in het Paleis op de Dam en in het tot Djakarta omgedoopte Batavia. Nieuw-Guinea vormt geen onderdeel van de overeenkomst. Over dit gebied wordt later apart onderhandeld, maar uiteindelijk komt het in 1969 definitief bij Indonesië.

FIGUUR 9.21 Slotzitting van de rondetafelconferentie in de Ridderzaal in 's-Gravenhage in 1949 onder leiding van minister-president Drees

De Verenigde Staten van Indonesië hebben maar kort bestaan. De deelstaten worden stuk voor stuk opgeheven, omdat de regering in Djokja naar een eenheidsstaat wil. De deelstaat Oost-Indië verzet zich tegen deze ontwikkeling maar moet militair de meerdere erkennen in de troepen van de republiek. Zo worden de Zuid-Molukken, inclusief Ambon, gevoegd bij de eenheidsstaat. Ongeveer 13.000 Zuid-Molukkers – voornamelijk oud-strijders uit het Koninklijk Nederlandsch-Indisch Leger (KNIL) – verlaten hun woonplaatsen en reizen in afwachting van betere tijden naar Nederland. Daar worden ze opgevangen in kampen – zoals Kamp Westerbork, dat omgedoopt wordt in Schattenberg, en Kamp Vught – en later in woonwijken.

Eenheidsstaat

9.5 Cultuur in de eerste helft van de twintigste eeuw

In 1923 vinden vanuit Hilversum de eerste radio-uitzendingen plaats. Na die introductie worden er omroepverenigingen opgericht:

Radio

- de Nederlandse Christelijke Radio Vereniging (NCRV)
- de Katholieke Radio Omroep (KRO)
- de Vereniging van Arbeiders Radio Amateurs (VARA)
- de Vrijzinnig Protestantse Radio Omroep (VPRO)

De meeste leden melden zich echter bij de Algemene Vereniging Radio Omroep (AVRO). In 1930 regelt de regering via het radiozendtijdbesluit de verdeling van de zendtijd tussen de omroepverenigingen.

Wien Neêrlands bloed wordt in 1932 als officieel volkslied van Nederland vervangen door het *Wilhelmus*.

Volkslied

In de schilderkunst ontwikkelen de schilderijen van Piet Mondriaan zich verder in de richting van abstractie met als topstuk uit zijn oeuvre het strakke

Schilderkunst

FIGUUR 9.22 Canon van Nederland: De Stijl

lijnenspel van *Compositie met Rood, Geel en Blauw* (1921). Deze kleuren zijn, gecombineerd met zwart, wit en grijs, samen met het gebruik van rechte lijnen de hoofdkenmerken van de kunststroming De Stijl (figuur 9.22). Rondom het tijdschrift met dezelfde naam verenigt zich een aantal schilders en ontwerpers, kunstenaars als Van Doesburg, Van der Leck en Gerrit Rietveld, de ontwerper van de *Rood-Blauwe Stoel* uit 1918 en van het Rietveld-Schröderhuis in Utrecht uit 1924.

De Nederlandse schilderswereld heeft in tegenstelling tot het impressionisme minder aansluiting bij de elkaar snel opvolgende nieuwe -ismen als het expressionisme en het surrealisme. Expressionistisch zijn de werken van de Groningse schildersgroep *De Ploeg*, waartoe onder meer Jan Wiegers behoort. Magisch-realistisch is het beklemmende werk uit de jaren dertig van Carel Willink.

Architectuur

Het functionalisme staat hoog op de architectuuragenda: gebouwen met een grote openheid, door gebruik van veel glas in de gevels, wat mogelijk is dank zij skeletbouw van staal en / of beton. Het werk van architect J. Duintjer is daarvan een mooi voorbeeld: het Hilversumse sanatorium, de Openluchtschool in Amsterdam (figuur 9.23) en het monument op de Afsluitdijk uit 1933.

FIGUUR 9.23 Functionalisme: de Openluchtschool van Duintjer

9

In de tweede helft van de jaren dertig wordt door architecten van de Delftse school, met als belangrijkste bouwmeester Granpré Molière, weer in een meer historiserende stijl gebouwd. De strakke gebouwen uit staal, beton en glas maken plaats voor gebouwen uit baksteen, met zadeldaken en torentjes. In deze stijl worden onder meer gemeentehuizen en kerken gebouwd (figuur 9.24). De invloed van de Delftse school werkt ook na de Tweede Wereldoorlog door.

FIGUUR 9.24 Delftse School: de kerk in Haaren van Granpré Molière

Literatuur

Bekende dichters uit het Interbellum zijn Roland Holst, Bloem en Martinus Nijhoff. Belangrijke schrijvers zijn Menno ter Braak en E. du Perron. Van Simon Vestdijk verschijnt vanaf 1934 – *Terug tot Ina Damman* – bijna jaarlijks een nieuwe roman, waaronder ook verschillende historische. Internationaal beroemd is historicus Johan Huizinga met de werken *Herfsttij der Middeleeuwen* (1919) en *In de schaduwen van morgen* (1935).

Onderwijs

Inhoudelijk regelt de Lager-Onderwijs-wet dat het onderwijs in jaarklassen gegeven wordt volgens een vast te stellen rooster. Die wet luidt een periode

9

in van intensief financieel-administratief beleid vanuit het ministerie. De inhoud van het onderwijs behoort niet tot het ministerieel beleid. Geleidelijk wordt de leerplicht uitgebreid: in 1928 tot dertien jaar en in 1942 tot veertien jaar.
Herhaaldelijk wordt gesleuteld aan de leerlingenschaal, de koppeling van het aantal leerlingen aan het aantal onderwijsgevenden. In 1924 bestaat een school met 49 leerlingen uit een hoofdonderwijzer en een onderwijzer. In 1933 worden deze getallen bijgesteld: voor een school met een hoofdonderwijzer en een onderwijzer zijn 35 leerlingen genoeg, bij 76 leerlingen kan er een tweede onderwijzer aangesteld worden en bij 131 een derde (figuur 9.25).

FIGUUR 9.25 Schoolklas in de jaren dertig

Een voortdurend discussiepunt in de jaren dertig vormen de spellingsregels, onder meer de dubbele klinker aan het eind van een woord: 'Niet zoo, maar zo'. Maar ook het onderwijskundig concept staat – zij het nog maar op bescheiden schaal – ter discussie. De scholen die volgens de principes van Maria Montessori werken – in 1940 zijn dat er 40 in Nederland – krijgen in 1922 de vrijheid om af te wijken van het rooster. Vanaf 1924 vinden de ideeën van Helen Parkhurst over het werken met taken ingang. Vlak voor de Tweede Wereldoorlog telt Nederland 38 Daltonscholen.

Ten tijde van de economische crisis ontstaat ook onder onderwijzers werkloosheid, onder meer omdat scholen – met name openbare – opgeheven worden. Om de werkgelegenheid voor deze werkloze onderwijzers te bevorderen, krijgen vanaf 1937 gehuwde onderwijzeressen ontslag. De regering bezuinigt ook op het onderwijs, bijvoorbeeld door in 1934 de vierjarige opleiding voor onderwijzers en onderwijzeressen, de kweekschool, driejarig te maken.

Na de capitulatie probeert de Duitse bezetter greep te krijgen op het Nederlandse onderwijs en het in nationaalsocialistische zin te veranderen. Het departement van Onderwijs, Kunsten en Wetenschappen wordt gesplitst in een

Departement van Opvoeding, Wetenschap en Cultuurbescherming en een Departement van Volksvoorlichting en Kunsten. De wijziging van onderwijs in opvoeding past bij de doelen van de bezetter. Een commissie krijgt tot taak het lesmateriaal te controleren op anti-Duitse passages. Dat levert een lijst van 150 verboden boeken op. Ook een lijst van liederen, waartegen bezwaren bestaan, wordt opgesteld (figuur 9.26).

FIGUUR 9.26 'Liederen waartegen bezwaren bestaan', commissie van voorlichting voor leerboeken

Liederen, waartegen bezwaren bestaan:

Koninginnelied	Wijd open de vensters en uit met de vlag.
Kroningslied	Wees gegroet met jubeltonen.
Marslied	't Is plicht, dat ied're jongen.
Wij leven vrij	Wij leven vrij, wij leven blij.
Een Hollandse jongen	Een wakk're Hollandse jongen is opgeruimd van zin.
In 't Voorhout	Schildwachtje wend je hoofd zo niet.
Konings verjaardag	Op, op, het is een dag der vreugd.
Wees gegroet	Wees gegroet, o Wilhelmina, Koningin van Nederland.
Vaderlands lied	Zolang de zee haar golven stuwt langs 't vrije Nederland.
Holland	De kaerels van het lage land, de stugge levens, stijve zielen.
Prinsessenliedje	Zonneschijntje, zonnebloem, Cherubijntje, Prinsenkindje.
Koninginnelied	Geen schoner dag kan Holland vieren.
Koninginnelied	Ver over vlakten en bergen en zee.
Aan de Koningin	Komt jongens, meisjes, stemt nu in.
Liedje van een Holl jongen	Voor Koningin en Vaderland zal nu ons lied weerklinken.
Koningsmars	Heil Vorstinne, Koninginne.
Al is ons landje nog zo klein	Al is ons landje nog zo klein.
Oranjedag	Zie de vlaggen zwieren.
La Marseillaise	Allons enfants de la patrie.
God save the King	God save our noble King.
Oranje Boven	Oranje boven, 't fier geslacht.
Ons Vorstenhuis	Oranje leev', Oranje leev'.
Soldatenlied	Wij zweren land en koning trouw.
Kinderlied op den verjaardag der Koningin	Uit alle straat en stegen.
Prinsesselied	Geen vreemde koning, geen president.
Een Hollandsche feestdag	30 April, 30 April, weet je wat ons dat zeggen wil.
Feestlied op 31 Aug.	Blij wapperen van de Eems tot het Zwin.
Feestzang voor 31 Aug.	Hoort ge wel die schone zangen.
Op de verjaardag van Prinses Juliana	Kroonprinses der Nederlanden, heil U.
Volkenbondslied	De wapenen uit de handen.
O dierbaar plekje grond	O, dierbaar plekje grond, waar eens mijn wieg op stond.

Afbeeldingen van de Oranjes moeten uit de school verwijderd worden en scholen mogen niet meer genoemd worden naar nog levende Oranjes. Rood-wit-blauwe vlaggetjes mogen niet meer aan de fiets.
Het onderwijspersoneel moet in oktober 1940 een Ariërverklaring tekenen: een papier dat niet ingevuld kan worden door onderwijzers van Joodse afkomst. Die krijgen ontslag en mogen zelfs geen bijlessen meer geven. Niet alleen het Joods onderwijspersoneel wordt uit het onderwijs verwijderd, ook voor de Joodse leerlingen is er uiteindelijk geen plaats meer. Eerst wordt verboden dat zij samen met de andere leerlingen deelnemen aan het schoolzwemmen. Vervolgens moeten ze hun school verlaten om onderwijs te volgen aan speciale scholen voor Joden. Dit blijkt later een tussenstap in de richting van deportatie in het kader van de Endlösung te zijn.

Tegen het einde van de oorlog komt er van onderwijs niet zoveel meer terecht. Leerlingen blijven thuis, moeten mee op hongertocht of moeten aardappelen rooien of eikels, beukennootjes en kastanjes zoeken. Steeds meer onderwijzers worden ingezet om voor de Duitsers te werken, de Arbeitseinsatz. Schoolgebouwen worden gevorderd voor oorlogshandelingen. Bij de bevrijding in 1945 staat het onderwijs in Nederland er slecht voor. Onderdeel van het wederopbouwprogramma na de oorlog is het herstel van schoolgebouwen en van het onderwijs.

9

Literatuur, een selectie

Naslagwerken

Woltjer, J.J. (2005). *Nederland in de twintigste eeuw*. Amsterdam: Balans.

De Bosatlas van de Geschiedenis van Nederland (2011). *Naar een nationale identiteit (1840-1914)* (hoofdstuk 10, blz. 328-377), *Eerste Wereldoorlog en interbellum (1914-1940)* (hoofdstuk 11, blz. 378-417), *Tweede Wereldoorlog (1940-1945)* (hoofdstuk 12, blz. 418-459) en *Wederopbouw 1945-1960* (hoofdstuk 13, blz. 460-491). Groningen: Noordhoff Uitgevers bv.

Doel, W. van den (2011). *Zo ver de wereld strekt. De geschiedenis van Nederland overzee vanaf 1800*. Amsterdam: Bert Bakker.

Wilschut, A. (2006). *De Tijd van Wereldoorlogen en Crisis 1900-1950 (Kleine Geschiedenis van Nederland)*. Zwolle: Waanders.

Canonvensters

Moeyes, P. (2011). *Buiten schot. Nederland tijdens de Eerste Wereldoorlog: 1914-1918*. Amsterdam: De Arbeiderspers.

http://entoen.nu/eerstewereldoorlog

http://entoen.nu/stijl

www.rietveldschröderhuis.nl

Nuij, N.J. (2004). Het Jordaanoproer (1934). In: Kloek, E. (Red.). *Verzameld verleden*. Hilversum: Verloren.

http://entoen.nu/crisisjaren

Nuij, N.J. (2000). *'Gaat u maar rustig slapen'. Colijn en de mythe van mei '40*. Hilversum: Verloren.

Kok, R. & Somers, E. (2011). *Het grote 40-45 boek*. Zwolle / Amsterdam: Waanders / NIOD.

http://entoen.nu/tweedewereldoorlog

Frank, A. (2009). *Het Achterhuis*. Amsterdam: Bert Bakker.

http://entoen.nu/annefrank

Glissenaar, F. (2003). *Indië verloren, rampspoed geboren*. Hilversum: Verloren.

http://entoen.nu/indonesie

Ondersteuning via de website

Een uitgebreidere literatuurlijst en een selectie van museumcollecties bij dit hoofdstuk is te vinden op www.geschiedenisensamenleving.noordhoff.nl, evenals een samenvatting van dit hoofdstuk en een interactieve toetsenbank.

10 Tijd van Televisie en Computer

(vanaf 1950)

De *Tijd van Televisie en Computer* is de tijd van elkaar razendsnel opvolgende technologische innovaties, die diep ingrijpen in het dagelijks leven: onder meer de opmars van de computer en de verkenning van de ruimte.
Centrale vragen in dit hoofdstuk zijn:

- Wat waren de belangrijkste ontwikkelingen in de politiek in deze periode?
- Hoe verliep in Nederland de ontwikkeling naar een verzorgingsstaat?
- Hoe veranderde de Nederlandse samenleving van een industriële samenleving naar een informatiesamenleving?
- Hoe werd Nederland een multiculturele samenleving?

Voor het primair onderwijs zijn uit de Tijd van Televisie en Computer de belangrijkste onderwerpen:

Kenmerkende aspecten

- De blokvorming tussen Oost en West in de Koude Oorlog
- Sociaal-culturele veranderingen en toenemende pluriformiteit vanaf de jaren zestig

Canonvensters

- Willem Drees. *De verzorgingsstaat*
- De watersnood. *De dreiging van het water*
- Haven van Rotterdam. *Poort naar de wereld*
- Suriname en de Nederlandse Antillen. *De kolonisatie van de West*
- Srebrenica. *De dilemma's van vredeshandhaving*
- De gasbel. *Een eindige schat*
- Europa. *Nederlanders en Europeanen*
- De televisie. *Doorbraak van een massamedium*
- Annie M. G. Schmidt. *Tegendraads in een burgerlijk land*
- Veelkleurig Nederland. *De multiculturele maatschappij*

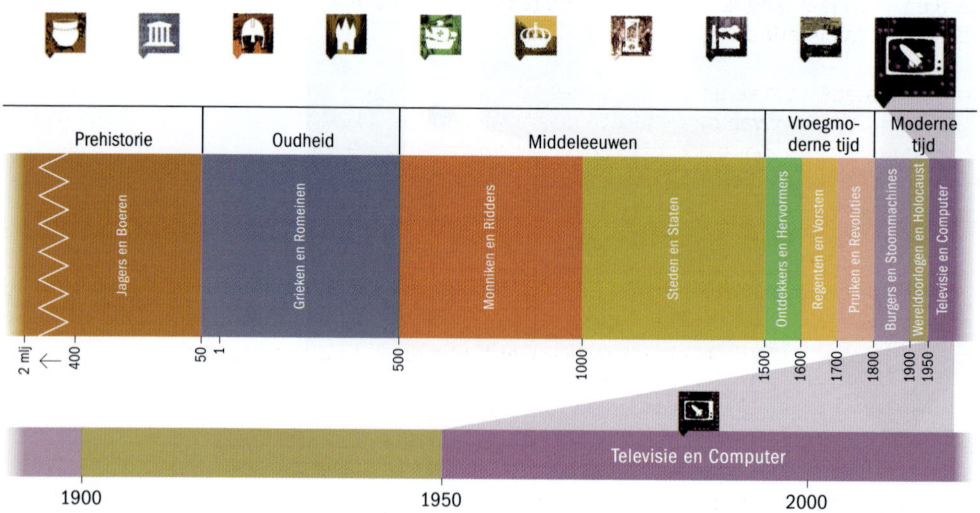

1950-1985 Industriële samenleving- vanaf 1985 Informatiesamenleving	
1951	Eerste officiële televisie-uitzendingen in Nederland
1952	Europese Gemeenschap van Kolen en Staal (EGKS)
1953	Watersnoodramp
1954	Statuut van het Koninkrijk
1957	Algemene Ouderdomswet (AOW) treedt in werking
1958	Europese Gemeenschap
1959	Aardgasbel Slochteren
1965	Provo-beweging
1969	Amerikanen landen op de maan (Neil Armstrong)
1975	Suriname wordt onafhankelijk
1980	Afstand koningin Juliana, opgevolgd door koningin Beatrix
1989	Einde van de Koude Oorlog: val van de Muur in Berlijn
1995	Val van Srebrenica
2007	Uitbreiding van de Europese Unie tot 27 lidstaten
2013	Afstand koningin Beatrix, opgevolgd door koning Willem-Alexander

10.1 Politieke ontwikkelingen in een veranderende samenleving

De samenleving verandert snel. Op het gebied van de binnenlandse politiek groeit de roep om democratisering, niet alleen in Nederland, maar ook in de West. Voor wat betreft de buitenlandse politiek gaat Nederland actief meedoen met allerlei internationale ontwikkelingen.

10.1.1 Binnenlandse politiek: de roep om democratisering en inspraak

KVP en PvdA

Van 1946 tot 1958 zijn de KVP en de PvdA de twee belangrijkste regeringspartijen. Tien jaar lang leidt Willem Drees (van 1948 tot 1958, figuur 10.1) een viertal ministeries.

FIGUUR 10.1 Canon van Nederland: Willem Drees

Deze ministeries zijn verantwoordelijk voor de sociale en economische wederopbouw, de groei van de welvaartsstaat en de opkomst van de verzorgingsstaat (zie hiervoor paragraaf 10.2). In de loop van de jaren vijftig groeien KVP en PvdA uit elkaar. Confessionele partijen nemen dan de leiding over.

Provo

D66

In de jaren zestig wordt de zittende generatie politici onder vuur genomen. Het politieke bedrijf is – volgens de jongeren – saai geworden. Midden jaren zestig wordt het gezag nadrukkelijk geprovoceerd door de Provo-beweging, prominent in Amsterdam actief in 1966 op de dag dat prinses Beatrix huwt met Claus von Amsberg. In datzelfde jaar wordt een nieuwe partij opgericht Democraten '66 (D66), die qua gedachtegoed lijkt op de vroegere linkse liberalen. Het is de partij bij uitstek van een nieuwe generatie, met hoog op de agenda verbetering van de parlementaire democratie.

Politieke discussiepunten

De belangrijkste politieke discussiepunten in deze tijd zijn:

- een gekozen formateur en gekozen bestuurders: de minister-president, de Commissaris van de Koning(in) en de burgemeesters
- besluitvorming via een referendum
- afschaffing van de Eerste Kamer
- verlaging van de kiesgerechtigde leeftijd
- decentralisatie en deregulering (minder regels) van de overheid

Er wordt een staatscommissie ingesteld, die op deze onderwerpen moet gaan studeren. In 1972 wordt de kiesgerechtigde leeftijd voor het actief kiesrecht teruggebracht naar 18 jaar en voor het passief kiesrecht naar 25 jaar.
De ontwikkeling binnen de politiek heeft in de vorm van buitenparlementaire acties een parallel in de maatschappij. Een groot aantal onderwerpen houdt grote delen van de bevolking bezig en leidt naast maatschappelijke discussies ook tot acties.

Maatschappelijke discussiepunten

Voorbeelden van maatschappelijke discussiepunten zijn:
- abortus
- het beleid van Amerika, met name naar aanleiding van de strijd in Vietnam (1955-1975)
- het woonbeleid (de kraakbeweging)
- het milieu, in 1968 verschijnt het rapport van de Club van Rome over de uitputting van de grondstoffen, in 1989 wordt in Nederland een nieuwe partij opgericht GroenLinks
- kernenergie, in 1986 vindt de ramp met de kerncentrale in Tsjernobyl plaats
- kernbewapening (figuur 10.2)

FIGUUR 10.2 Veel onderwerpen houden de mensen bezig, zoals abortus en kernbewapening

Kernwapens

Nederland sluit in 1950 een overeenkomst met de Verenigde Staten, waardoor Nederland de beschikking krijgt over Amerikaanse wapens en Amerika soldaten in Nederland kan legeren. De discussie of die wapens ook kernwapens moeten zijn, wordt in de volgende decennia een discussie waarbij via actiegroepen het hele volk betrokken wordt. Een groeiende groep verzet zich hiertegen en sluit zich in 1957 aaneen tot een politieke partij, de Pacifistisch

Socialistische Partij (PSP) met als leus 'Socialisme zonder atoombom'. Ook uit kerkelijke kring – het Interkerkelijk Vredesberaad (IKV) – wordt intensief deelgenomen aan deze discussie en acties.

Vanaf 1959 zijn er kernkoppen in Nederland, die overigens alleen maar ingezet mogen worden door de Amerikaanse president en in 1985 is plaatsing van kruisraketten aan de orde. Een handtekeningenactie tegen de kruisraketten levert 3,7 miljoen handtekeningen op. Optredende dooi in de Koude Oorlog maakt dat de plaatsing van de raketten niet meer nodig lijkt.

CDA

Na veel notities en lange discussies komen de drie Christelijke partijen, de Katholieke Volkspartij, de Anti-Revolutionaire Partij en de Christelijke-Historische Unie tot een bundeling van krachten: de oprichting in 1973 van het samenwerkingsverband Christen Democratisch Appèl (CDA). In 1977 wordt voor het eerst met één lijst deelgenomen aan de verkiezingen en in 1980 wordt tot fusie overgegaan.

Afstand koningin Juliana

In datzelfde jaar 1980 besluit koningin Juliana na 32 regeringsjaren afstand te doen van de troon ten gunste van haar dochter Beatrix.

Grondwetsherziening

In 1983 wordt de grondwet herschreven op basis van een nieuwe indeling met als opening nu de grondrechten. Nadrukkelijk is daarbij opgenomen het verbod tot discrimineren. De zittingsduur van de Eerste Kamer wordt teruggebracht van zes naar vier jaar. Het passief kiesrecht wordt verlaagd naar achttien jaar. Niet-ingezetenen krijgen actief en passief kiesrecht voor de Gemeenteraadsverkiezingen.

Politieke klimaat

Het politieke klimaat in de jaren tachtig is het beste te typeren als neoconservatief. Het economisch tij is gekeerd: de overheid heeft grote tekorten en de snelstijgende werkloosheid vraagt om overheidsmaatregelen. Grote bedrijven die het moeilijk hebben, kloppen bij de regering aan om overheidssteun, maar ook daar is een grens bereikt. Zelfwerkzaamheid en zelfredzaamheid van de burgers komen weer terug op de politieke agenda, evenals consequente doorvoering van deregulering. Duidelijk is dat de maatschappij uitermate ingewikkeld geworden is en daardoor moeilijk bestuurbaar en veranderbaar. De politieke interesse uit de voorgaande decennia daalt, wat zich onder meer uit in de opkomst bij de verkiezingen.
Het centrale thema voor de verkiezingen wordt steeds meer de geloofwaardigheid van de politiek. Enige nieuwe partijen melden zich met in hun program dit thema. In de verkiezingsstrijd krijgt het asielbeleid een belangrijke plaats via de leus 'Nederland is vol'. Een van die nieuwe partijen in 2002 is de Lijst Pim Fortuyn (LPF). Fortuyn weet met zijn uitdagingen aan de zittende politici veel aanhang te verwerven, maar hij wordt nog voor de verkiezingen op 6 mei 2002 vermoord. Rouw en woede helpen de LPF aan een aardverschuivingachtige opmars in het Nederlandse parlement, die al snel strandt door onderling geruzie. In 2004 wordt de Nederlandse samenleving wederom opgeschrikt door een brute moord, ditmaal op filmregisseur Theo van Gogh door een fanatieke moslim.
Het asielbeleid – vooral de komst van moslims – en het Europabeleid – met name het zogenaamde verlies van soevereiniteit aan 'Brussel' – zijn kernpunten van de in 2006 opgerichte Partij voor de Vrijheid (PVV) onder leiding van Geert Wilders. Bij de TweedeKamerverkiezingen in 2012 is de VVD de grootste partij, gevolgd door PvdA, PVV en SP.

In 2013 doet koningin Beatrix afstand van de troon. Haar zoon Willem-Alexandervolgt haar als koning op.

10.1.2 Suriname en de Nederlandse Antillen, dekolonisatie van de West

FIGUUR 10.3 Canon van Nederland: Suriname en de Nederlandse Antillen

De relaties tussen Nederland en de koloniën in 'de West', Suriname en de Nederlandse Antillen, zijn in de tweede helft van de twintigste eeuw ingrijpend veranderd' (figuur 10.3).

Statuut

Na de Tweede Wereldoorlog krijgen deze koloniën als overzeese gebiedsdelen regionale autonomie en algemeen kiesrecht. De nieuwe verhoudingen worden in 1954 vastgelegd in het 'Statuut voor het Koninkrijk der Nederlanden', een soort grondwet voor een transatlantisch koninkrijk met autonome rijksdelen.

Suriname onafhankelijk

Begin jaren zeventig – veel Afrikaanse en Aziatische landen zijn al gedekoloniseerd – gaan ook in Suriname stemmen op voor onafhankelijkheid. Nederland sluit daar, onder leiding van PvdA-premier Joop den Uyl, op aan. Binnen twee jaar stelt hij samen met Henck Arron, premier van de Surinaamse coalitieregering, een regeling op die uiteindelijk op 25 november 1975 leidt tot een unanieme aanvaarding van de onafhankelijkheid (figuur 10.4).

FIGUUR 10.4 Op 25 november 1975 worden in Paramaribo de Nederlandse en de (oude) Surinaamse vlag gestreken en vervangen door de nieuwe Surinaamse vlag

De spanning tussen de verschillende bevolkingsgroepen in Suriname in de aanloop naar de onafhankelijkheid, onzekerheid over de toekomst en de keuze die iedere inwoner moet maken tussen Surinaams of Nederlands

10

staatsburgerschap, leiden rond 1975 tot het vertrek van ruim 130.000 Surinamers naar Nederland (figuur 10.5). Dat betekende een bijdrage aan het veelkleurig Nederland.

FIGUUR 10.5 In verband met de naderende onafhankelijkheid van Suriname vindt er een massale uittocht naar Nederland plaats

In de relatie tussen Nederland en de Antillen blijft het Statuut van 1954 van kracht. **Nederlandse Antillen**
Economisch gaat het met het gebied niet erg goed, vooral wanneer vanaf 1950 de werkgelegenheid in de olieraffinage terugloopt. In twintig jaar gaan meer dan 15.000 banen verloren. Het toerisme blijft als de belangrijkste inkomstenbron over. In 1969 komt het ten gevolge van grote ontslaggolven tot ernstige ongeregeldheden in Willemstad, waarbij een deel van de stad in rook opgaat. Grote groepen inwoners van de Antillen zoeken hun heil in emigratie naar Nederland.
De onderlinge verhoudingen tussen de verschillende eilanden zijn niet steeds even goed. Er bestaat regelmatig het idee dat Curaçao te veel de baas speelt. Met name de bewoners van Aruba zit dit dwars (figuur 10.6) en in 1986 wordt geregeld, dat dit eiland een aparte plaats binnen het Koninkrijk krijgt, een status aparte. Vanaf dat moment telt de vlag van de Nederlandse Antillen vijf in plaats van zes sterren. **Nederlandse Antillen**

Vanaf 1996 is Aruba een eigen land in het Koninkrijk. Vanaf 2005 wordt ook met de andere eilanden gesproken over vernieuwing van de verhoudingen met Nederland. Sinds 2010 zijn Curaçao en St. Maarten net als Aruba landen binnen het Koninkrijk. De eilanden Bonaire, Sint Eustatius en Saba (de BES-eilanden) zijn bijzondere gemeenten en behoren bij Nederland.

10.1.3 Buitenlandse politiek: de grenzen open

Het einde van de Tweede Wereldoorlog brengt geen ontspanning; wel is het Duitse gevaar geweken, maar al spoedig dreigt het Russische gevaar. Rusland breidt zijn macht uit naar het Westen en maakt talrijke Oost-Europese staten tot satellieten.

FIGUUR 10.6 Aruba wil onafhankelijkheid (foto uit 1978)

Koude Oorlog

De Verenigde Staten en de Sovjet-Unie komen tegenover elkaar te staan: democratie en kapitalisme tegenover dictatuur en communisme: Koude Oorlog . De vraag is waar precies de grens tussen de twee invloedssferen ligt. Het was de Britse premier Churchill die voor die grens de term *IJzeren Gordijn* introduceert. De Verenigde Staten proberen te voorkomen dat die grens gewijzigd wordt doordat landen overstapten naar het communistische blok. De Verenigde Staten kiezen voor een politiek van containment (letterlijk: indamming) onder meer door economische hulp te verlenen (Marshallhulp). Duitsland is na de Tweede Wereldoorlog verdeeld in vier bezettingszones: Russisch, Amerikaans, Brits en Frans. In 1948 ontstaat een conflict over de stad Berlijn. Berlijn ligt in de Russische zone, maar is zelf ook weer verdeeld in vier zones. De Sovjetleider Stalin wil heel Berlijn in bezit hebben en sluit alle toegangswegen naar Berlijn af. Maar Amerikaanse vliegtuigen brengen voedsel en andere goederen naar de stad en in 1949 geeft Stalin zich gewonnen.

Nadat in 1948 door een communistische staatsgreep ook Tsjecho-Slowakije een Russische vazalstaat wordt, sluit Nederland met Groot-Brittannië en Frankrijk een verdedigingsverdrag met als hoofdprincipe wederzijdse bijstand bij een aanval door een andere mogendheid. Het wordt echter al snel duidelijk dat Amerikaanse steun hierbij onmisbaar is. In 1949 wordt de NAVO of NATO, opgericht, een militair bondgenootschap, waarin naast de West-Europese landen de Verenigde Staten en Canada deelnemen. Als tegenhanger richt de Sovjet-Unie in 1955 het Warschaupact op. Alle communistische staten in Oost-Europa worden lid van deze organisatie, met uitzondering van Joegoslavië.

NAVO

Korea-oorlog

In 1950 leidt de Koude Oorlog tot een echte oorlog in Korea: de Korea-oorlog (1950-1958), waar van westelijke kant onder de vlag van de Verenigde

Naties gevochten wordt. Er nemen aan deze strijd ook 1.700 Nederlandse vrijwilligers deel. Het resultaat van de strijd is dat Korea verdeeld wordt in een Noord- en een Zuid-Korea.

Er worden twee Duitse staten opgericht: West-Duitsland ofwel de Bondsrepubliek Duitsland (BRD) en Oost-Duitsland ofwel de Duitse Democratische Republiek (DDR). De grens tussen de BRD en de DDR wordt zwaar beschermd met muren en prikkeldraad. Het is bijna onmogelijk de grens over te komen. Dat ligt anders in Berlijn waar Oost-Duitsers vrij naar het westelijk deel kunnen gaan. Totdat in 1961 ook daar een muur gebouwd wordt: de Berlijnse Muur, die zal uitgroeien tot het symbool van de Koude Oorlog. Voortaan kunnen Oost-Duitsers hun land niet meer verlaten.

De Verenigde Staten en de Sovjet-Unie voeren inmiddels hun kernwapenvoorraad op en ontwikkelen raketten om deze kernwapens naar beoogde doelen te sturen. In 1962 leidt die wapenwedloop tot een nieuwe crisis als duidelijk wordt dat Sovjetleider Chroetsjov plannen heeft om kernwapenraketten te plaatsen op Cuba. De Amerikaanse president Kennedy weet te bewerkstelligen dat de Sovjet-Unie deze plannen opgeeft.

Sovjetleider Gorbatsjov komt in 1985 met plannen om de Sovjet-Unie te hervormen: enerzijds door grotere openheid (glasnost), anderzijds door staatkundige en economische hervormingen (perestrojka). Hij onderhandelt met de Amerikaanse president Reagan over het afbouwen van de wapenwedloop. Gorbatsjov kan de ineenstorting van het Oostblok echter niet voorkomen.

Einde Koude Oorlog

In 1989 komt een einde aan de Koude Oorlog met de val van de Berlijnse Muur. In 1990 houdt de DDR op te bestaan en wordt onderdeel van Duitsland. In 1991 stort het Oostblok in. De Sovjet-Unie wordt weer Rusland en de satellietlanden worden zelfstandig. Het Warschaupact wordt officieel ontbonden in Praag op 1 juli 1991. De NAVO blijft bestaan en telt anno 2015 28 leden, waaronder verschillende voormalige Oostbloklanden. De NAVO is onder meer betrokken bij vredesoperaties in voormalig Joegoslavië en Afghanistan.

Vredesoperaties

Het Nederlandse leger heeft vanaf het eerste uur meegedaan aan vredesoperaties van de Verenigde Naties, waarbij troepen namens de VN toezien op naleving van vredesakkoorden in verschillende gebieden. Zo zijn Nederlandse militairen actief of actief geweest in onder meer Libanon, Angola, Bosnië, Kosovo en Afghanistan.

Srebrenica

De meest omstreden operatie is wel die van Dutchbat ten tijde van de oorlogen in Joegoslavië van 1992-1995. Dutchbat moet de Bosnische moslimenclave Srebrenica beschermen. In juli 1995 trekken troepen van de Bosnisch-Servische generaal Mladic op naar de enclave (figuur 10.7).

FIGUUR 10.7 Canon van Nederland: Srebrenica

Zonder veel tegenstand lopen op 12 juli de aanvallers de veilige plaats voor moslims onder de voet. Luchtsteun voor Dutchbat bleef ondanks herhaalde verzoeken uit. De meeste moslimmannen hebben de enclave eerder verlaten in een poging te ontsnappen. Het merendeel van hen is echter in handen van de Serviërs gevallen. De Serviërs voeren de resterende moslims in bussen af nadat ze eerst met behulp van de Nederlandse militairen de aanwezige mannen van de vrouwen en kinderen hebben gescheiden (figuur 10.8).

10

FIGUUR 10.8 Srebrenica: de vrouwen en de mannen worden gescheiden (geschiedeniswandplaat Herinneringscentrum Kamp Westerbork van G. Schreuder)

De meeste mannen (omstreeks 8.000) worden door de Serviërs geëxecuteerd. De Nederlandse soldaten krijgen een vrijgeleide naar Zagreb.
Toen in Nederland doordrong welke ramp zich 'onder de ogen van Dutchbat' heeft voltrokken, rijst de vraag of de Nederlandse soldaten de enclave niet hadden moeten beschermen tegen de Serviërs en zo misschien deze genocide hadden kunnen voorkomen. Aanvankelijk wordt vooral naar de militairen gekeken, maar al snel blijkt dat de verantwoordelijkheid niet bij hen kan worden neergelegd. Hun mandaat verbood hen mee te doen in de oorlog. In september 1996 krijgt het Nederlands Instituut voor Oorlogsdocumentatie (NIOD) van de regering de opdracht onderzoek te doen naar de precieze toedracht. Als het NIOD-rapport in 2002 verschijnt, neemt premier Kok de politieke verantwoordelijkheid voor de ramp in Srebrenica, en treedt zijn kabinet af.
Srebrenica heeft diepe sporen nagelaten in Nederland. Het heeft geleid tot grotere huiver en meer voorzichtigheid bij het uitzenden van troepen. Maar het heeft niet tot gevolg gehad dat Nederland zich afzijdig houdt en internationale verzoeken om militaire steun afwijst. Want Nederland wil een rol blijven spelen in de internationale (vredes)politiek.

Afghanistan

In het najaar van 2005 komt er vanuit de NAVO een verzoek aan Nederland om ongeveer duizend militairen bij te dragen aan de wederopbouw van Afghanistan. Ondanks aanvankelijke twijfels van PvdA en D66 besluit de Nederlandse regering met steun van de Tweede Kamer tot uitzending van ongeveer 1.200 tot 1.400 Nederlandse militairen naar de provincie Uruzgan in het zuiden van Afghanistan. Zij hebben zich beziggehouden met het bevorderen van stabiliteit en veiligheid in de provincie. Na Uruzgan neemt Nederland vanaf 2012 deel aan een opleidingsproject voor Afghaanse politieagenten in Kunduz (Afghanistan).
Vanaf 2014 zijn Nederlandse militairen actief in Mali en met F-16 gevechtsvliegtuigen in Irak in de strijd tegen de Islamitische Staat.

Op 11 september 2001 9 / 11 boren vliegtuigen zich onder meer in wolkenkrabbers van het World Trade Center in New York (figuur 10.9). De impact van deze terroristische aanslag op de westerse wereld is groot. **9 / 11**

FIGUUR 10.9 Gekaapte vliegtuigen boren zich in het World Trade Center in New York (2001)

De vliegtuigen blijken gekaapt te zijn door moslims, behorend tot Al Qaida. Ruim 3.000 mensen komen door hun acties om. Amerika verklaart de oorlog aan het terrorisme en zet alles op alles om de leider van Al Qaida te pakken te krijgen. Dat lukt uiteindelijk in 2011. Een Amerikaans overvalteam schiet Osama bin Laden dood in zijn huis in Pakistan. Maar met de dood van Bin Laden blijkt de oorlog tegen het terrorisme niet afgelopen.

10.1.4 Nederland en Europa: Europese samenwerking

Na de Tweede Wereldoorlog zien staatslieden van een aantal West-Europese landen in dat de Europese toekomst moet liggen in samenwerking, om te helpen voorkomen dat er weer oorlog zal uitbreken. Het begint met samenwerking op het gebied van strategische grondstoffen. Omstreeks 1950 zijn dat kolen en staal. Steenkool is in die tijd de belangrijkste energiebron, staal is op grote schaal nodig om de infrastructuur van West-Europa weer op te bouwen. Zes Europese landen tekenen het Verdrag van Parijs en richten zo de Europese Gemeenschap voor Kolen en Staal (EGKS) (1951) op. Dat verdrag regelt onder meer vrijhandel in deze grondstoffen tussen de zes deelnemende landen: Nederland, België, Luxemburg, Frankrijk, Duitsland en Italië. In 1957 zetten de zes een volgende stap met de ondertekening van het Verdrag van Rome. Daarmee wordt de Europese Economische Gemeenschap

Kolen en Staal

Europese Economische Gemeenschap

(EEG) een feit: een douane-unie van de zes landen die vrije handel in alle producten garandeert. Al gauw start de EEG een gemeenschappelijk landbouwbeleid om de voedselvoorziening veilig te stellen en de inkomens van boeren te verbeteren. Het Verdrag van Rome regelt ook de instelling van EURATOM, een derde Europese gemeenschap, gericht op het onderzoek naar en de ontwikkeling van kernenergie voor vreedzame doeleinden. Later worden de drie Gemeenschappen samengevoegd onder één Europese Gemeenschap, tegenwoordig spreken we van de Europese Unie (EU figuur 10.10).

Europese Unie

FIGUUR 10.10 Canon van Nederland: Europa

De Europese samenwerking is al snel een groot succes. Tal van andere Europese landen willen ook lid worden. Eerst komen Groot-Brittannië, Denemarken en Ierland erbij (1973), later volgt de zuidelijke uitbreiding met Griekenland (1981), Spanje en Portugal (1986). In 1995 treden Oostenrijk, Finland en Zweden toe en komt het aantal lidstaten op vijftien. De allergrootste uitbreiding vindt in 2004 plaats, toen acht landen uit het voormalige Oostblok plus Malta en Cyprus lid zijn geworden. In 2007 volgen Bulgarije en Roemenië. In 2013 treedt Kroatië toe, waarmee het aantal lidstaten op 28 komt. Over mogelijk nieuwe lidstaten wordt onderhandeld.

Op 1 januari 2002 voert een aantal lidstaten de euro als munteenheid in. Sinds 1 januari 2015 maken 19 landen deel uit van de eurozone, de EU-lidstaten met de euro als munt.

10.2 Sociaaleconomische ontwikkelingen: opbouw van een verzorgingsstaat

Op sociaaleconomisch gebied ontwikkelt Nederland zich tot een welvaartsstaat en een verzorgingsstaat.

10.2.1 Opkomst van de welvaartsstaat

Marshallhulp

Watersnoodramp

Na de Tweede Wereldoorlog en het verlies van Indië (1949) wordt energiek gewerkt aan economisch herstel: de wederopbouw. Een belangrijke stimulans voor dit economisch herstel is in 1947 de hulp die de Verenigde Staten bieden: de Marshallhulp. In 1953 bericht de Nederlandse regering Amerika dat verdere hulp niet meer nodig is. De economie heeft zich wondersnel hersteld en maakt vanaf het begin van de jaren vijftig een enorme groei door. Terwijl Nederland nog bezig is zich te herstellen van de oorlogsschade, wordt het land opnieuw door een catastrofe getroffen. In de nacht van 31 januari op 1 februari 1953 worden Zuid-Holland, West-Brabant en Zeeland getroffen door een enorme watersnoodramp: de dijken blijken niet bestand tegen het geweld van de zee (figuur 10.11 en 10.12).

FIGUUR 10.11 Canon van Nederland: Watersnood

De balans na deze nacht is triest: meer dan 1.800 mensen vinden de dood, 72.000 mensen raken dakloos, 200.000 hectaren land overstromen, tienduizenden woningen blijken vernield en maar liefst vijfhonderd kilometer dijk is weggeslagen, waardoor grote gebieden onder (zout) water staan. Een nationale ramp. Heel Nederland zamelt kleding en geld in, evacués vinden een gastvrij onthaal en ook vanuit het buitenland komt hulp. Onder het motto 'Beurzen open, dijken dicht' wordt via de radio geld ingezameld.

FIGUUR 10.12 Watersnoodramp van 1953 richt grote schade aan

Nog voor de winter van 1953 zijn de dijkgaten gedicht, maar het inzicht groeit dat er drastischer maatregelen genomen moeten worden. In 1957 gaat het parlement akkoord met het Deltaplan: de Deltawerken kunnen beginnen (figuur 10.13). **Deltaplan**

FIGUUR 10.13 De Deltawerken 1957-1987

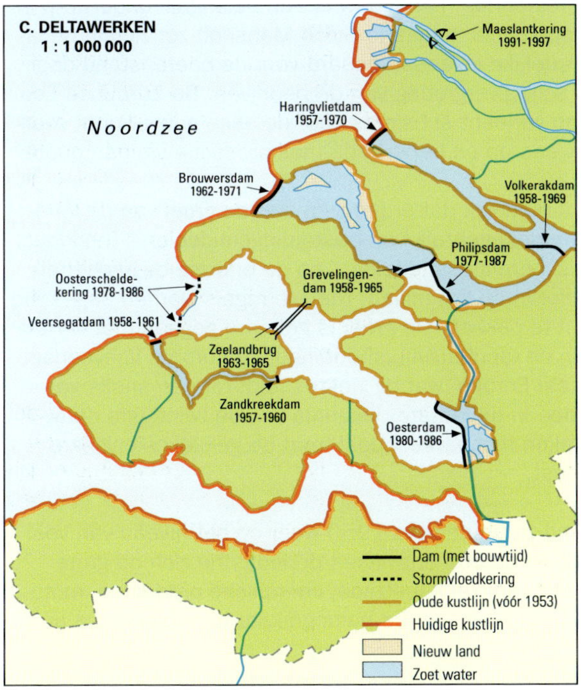

De zeegaten tussen Voorne-Putten en Walcheren worden stuk voor stuk afgesloten, met als laatste in 1987 de Oosterscheldedam, eerst gepland als een echte dam, maar na lange discussie in 1977 omgezet in een stormvloedkering, die alleen bij stormweer dicht gaat. Daardoor behoudt de Oosterschelde eb en vloed. De aanleg van wegen over de nieuwe dijken betekent dat de Zeeuwse eilanden hun isolement verliezen.
Alle zeedijken in Nederland worden op deltahoogte gebracht. Daarna worden ook de rivierdijken verhoogd en worden gebieden aangewezen voor tijdelijke opslag van water.

Haven van Rotterdam

Bij de wederopbouw van Nederland heeft het herstel van de haven van Rotterdam, de belangrijkste Europese haven, topprioriteit (figuur 10.14). Die haven is zwaar beschadigd uit de Tweede Wereldoorlog gekomen, bijna de helft is verwoest.

FIGUUR 10.14
Canon van Nederland: Haven van Rotterdam

De handel met het Duitse achterland herstelt zich. De groei gaat zo snel dat er in de jaren vijftig al uitbreidingen nodig zijn: de Eemshaven en Botlek worden aangelegd.
Ook in de laatste veertig jaar heeft de haven een voortdurende groei gekend, met bijvoorbeeld de aanleg van Europoort en de Maasvlakte. Er is de Nederlandse overheid veel aan gelegen de haven van Rotterdam concurrerend te houden. Net als luchthaven Schiphol is de Rotterdamse haven een mainport, een knooppunt in onze handelsrelaties met het buitenland. Nu de globalisering heeft gezorgd voor intensief goederenverkeer over de hele wereld en voor toename van de concurrentie, ook tussen havens, besteedt de overheid extra zorg aan de inrichting en de bereikbaarheid van de haven. De Betuweroute, een goederenspoorlijn tussen Rotterdam en Duitsland, en de aanleg van de Maasvlakte 2 zijn projecten om de haven toe te rusten voor de toekomst.

Landbouw

De productie in de landbouw is omstreeks 1950 weer terug op het niveau van voor de Tweede Wereldoorlog. Landbouw is een belangrijk onderwerp in Europees verband. Europees commissaris Sicco Mansholt zet zich in de jaren zestig in voor een redelijke levensstandaard voor de boerenstand door modernisering en door schaalvergroting van de bedrijven. De Europese Economische Gemeenschap verleent subsidies voor de akkerbouw, koopt overschotten van boter en vlees op en beperkt de melkproductie via een quoteringsstelsel.
In de jaren tachtig wordt duidelijk dat er grenzen aan de groei van de landbouw zitten. Het ongebreideld gebruik van bestrijdingsmiddelen – inmiddels omgedoopt in gewasbeschermingsmiddelen – en de enorme overschotten aan mest werken negatief in op het milieu. Nieuwe regels worden opgesteld om deze problemen aan te pakken. De groei is gepaard gegaan met verregaande vervlechting van de landbouwhuishoudingen in Europa. Veevoedsel en dieren reizen door heel Europa, wat bij ziektes leidt tot een snelle verspreiding. Zo krijgt Europa in de laatste decennia van de twintigste eeuw achtereenvolgens te maken met varkenspest, met de gekkekoeienziekte (BSE) en met de vogelpest.

Industrie

De industrie in Nederland zit omstreeks 1950 weer op het niveau van voor de Tweede Wereldoorlog en daarna ontwikkelt de industrie zich op grote schaal: auto's, vliegtuigen, radio's, kunstzijde, chemische producten, motoren, machines, voedingsmiddelen, om de belangrijkste te noemen. De pro-

ductiebedrijven ontwikkelen zich tot steeds grotere concerns. Philips is daar een mooi voorbeeld van: van gloeilamp tot medische apparatuur.
Belangrijke pijlers van de industrie zijn de staalproductie van de Hoogovens, de olieraffinaderijen in Rotterdam, de steenkoolwinning in Zuid-Limburg en de zoutwinning in Twente. Na de vondst van de olievelden in Drenthe en de gasvondsten in Noord-Nederland – de gasbel van Slochteren (1959) – wordt besloten om de mijnbouw in Limburg af te bouwen. In 1974 wordt de laatste staatsmijn gesloten (figuur 10.15).

FIGUUR 10.15 In 1973 en 1974 worden de laatste staatskolenmijnen in Limburg gesloten

Oliecrisis

In 1973 lijdt Nederland onder de eerste oliecrisis. De olieaanvoer naar Nederland wordt wegens de pro-Israëlhouding van Nederland door belangrijke olieproducerende landen stopgezet. De concurrentiepositie van de industrie wordt daardoor slechter. De regering wordt genoodzaakt een aantal autoloze zondagen in te stellen. Een tweede oliecrisis in 1979 staat aan het begin van een periode van economische achteruitgang. Doordat een groot aantal bedrijven moet sluiten stijgt in de jaren 80 de werkloosheid snel. De grootste problemen doen zich voor in de papierindustrie en de scheeps- en machinebouw. De multinationals weten te overleven, veelal dank zij afslanking. Toch verdwijnen de personenauto-industrie (DAF) en de vliegtuigbouw (Fokker) en moeten bedrijven als het staalconcern Hoogovens en de luchtvaartmaatschappij KLM aansluiting zoeken bij buitenlandse bedrijven.

10

Post-industriële samenleving

De term post-industriële samenleving komt in gebruik. Het grootste percentage van de beroepsbevolking is dan niet meer werkzaam in de industrie en de landbouw, maar in de dienstensector: de overheid, de zakelijke dienstverlening (onder meer de banken), de horeca, de gezondheidszorg en de gesubsidieerde dienstverlening.

Informatiesamenleving

Omdat de term 'post-industriële samenlevingvorm' niet duidelijk maakt welke werkzaamheden in de maatschappij centraal staan, ontstaan nieuwe begrippen als 'post-industriële dienstensamenleving' en 'informatiesamenleving'. De dienstensector is de belangrijkste werkgever in de samenleving geworden. Een van de pijlers van de dienstensector is de snelle informatieverzameling en informatieverlening. Daarbij speelt de ontwikkeling en het gebruik van de computer, mobiele telefonie en van ICT een belangrijke rol.

Ruimtereizen

De *Tijd van Televisie en Computer* is de tijd van de vierde fase van de ontdekkingsreizen: de verkenning van de ruimte, met in 1961 de eerste ruimtereis van de Rus Gagarin en in 1969 de maanwandeling van de Amerikaan Neil Armstrong. Met de levering van onderdelen en met de ruimtevaarders Wubbo Ockels en André Kuipers levert Nederland een bescheiden bijdrage aan deze ontdekkingsreizen.

10.2.2 Groei en grenzen van de verzorgingsstaat

Verzorgingsstaat

Willem Drees

De economische bloei vanaf de jaren vijftig van de vorige eeuw maakt het mogelijk om van Nederland een verzorgingsstaat te maken. Het fundament daarvoor wordt in 1947 gelegd door Drees met een noodwet, die regelt dat iedere Nederlander recht heeft op een ouderdomspensioen, de eerste in een rij van sociale voorzieningen. Willem Drees (1886-1988, figuur 10.1) is nauw verbonden met de periode van wederopbouw en herstel. Na de oorlog komt hij in het kabinet als minister van Sociale Zaken. Van 1948 tot 1958 is hij premier van de rooms-rode kabinetten. Zij bouwen samen de verzorgingsstaat op. In 1957 treedt de Algemene Ouderdomswet (AOW) in werking, die de noodwet vervangt, al moet er nu wel premie voor betaald worden. Elke Nederlander van 65 jaar en ouder krijgt een uitkering van de staat. Bejaarden spreken in die tijd over 'trekken van Drees', alsof Willem Drees dat geld uit zijn eigen portemonnee betaalt. In 1959 volgt de Algemene Weduwen- en Wezenwet (AWW), uitkeringen voor weduwen en wezen, waarvoor ook premie betaald moet worden. In 1962 de Algemene Kinderbijslagwet, die vroegere kinderbijslagregelingen vervangt en van kinderbijslag een recht maakt.

10

De nog steeds van kracht zijnde Armenwet van 1912 wordt in 1963 vervangen door de Algemene Bijstandswet: een plicht tot bijstand, te verlenen door burgemeesters en wethouders 'aan iedere Nederlander die hier te lande in zodanige omstandigheden verkeert of dreigt te geraken dat hij niet over de middelen beschikt om in de noodzakelijke kosten van bestaan te voorzien'. In aansluiting hierop wordt wettelijk het recht op een werkloosheidsuitkering, de Wet Werkloosheidvoorziening, geregeld. In 1966 komt er een wettelijke regeling voor een arbeidsongeschiktheidsverzekering, de WAO, en in 1970 de Algemene Wet Bijzondere Ziektekosten, die de vergoeding van bijzondere ziektekosten regelt.

Aan de verzorgingsstaat wordt voortdurend gesleuteld. Met name in de laatste decennia van de twintigste eeuw gaan geluiden op dat de staat wel heel erg ver gaat met de zorg. Die geluiden worden sterker wanneer in het begin van de eenentwintigste eeuw duidelijk wordt dat een aantal verzorgingsvoorzieningen in de toekomst – onder meer door de toenemende vergrijzing van de bevolking en door achteruitgang van de economie – niet meer betaalbaar is. Het ministerie Rutte II probeert vanaf 2012 de kosten van de verzorgingsstaat beheersbaar te maken.

10.2.3 Een veranderende samenleving

Vlak na de Tweede Wereldoorlog is er sprake van een 'babyboom' (figuur 10.16).

FIGUUR 10.16 De bevolkingsgroei vanaf 1900

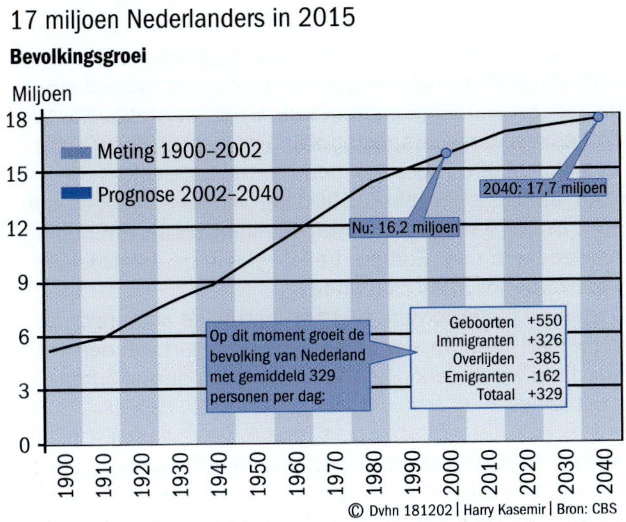

De eerste naoorlogse generatie wordt in de loop van de jaren zestig volwassen en begint zijn stempel te drukken op de maatschappij. Deze jongere generatie protesteert fel tegen de autoriteiten en instellingen van de welvaartsstaat. Ze voeren acties, demonstreren, bezetten aula's en schoolgebouwen en kraken huizen vanwege de woningnood. In 1965 ontstaat in Nederland de Provo-beweging. De provo's dagen de autoriteiten uit met ludieke acties zoals happenings rond het 'Amsterdamse Lieverdje', een beeld op het Spui, dat was geschonken door een sigarettenfabrikant. De kritiek was gericht tegen de consumptiemaatschappij, maar ook tegen de monarchie en het kapitalisme. Het gemeentebestuur en de politie weten met de acties niet goed raad en reageren met geweld, waardoor een grimmige sfeer ontstaat.

Provo-beweging

Na de jaren zestig dalen de geboortecijfers ten gevolge van de acceptatie van de anticonceptiepil. Het gemiddelde gezin in Nederland wordt dan een gezin met twee kinderen. Het sterftecijfer blijft laag; de groep bejaarden (65 jaar en ouder) groeit snel.

Anticonceptiepil

In de periode 1945-1960 is Nederland door vertrek van Nederlanders naar landen overzee een emigratieland. Vooral boerengezinnen zoeken hun geluk in Australië, Nieuw-Zeeland, Canada, de Verenigde Staten en Zuid-Afrika. Zij hopen daar op een beter bestaan, meer ruimte dan Nederland kan bieden en minder risico's bij een derde wereldoorlog. In deze periode vertrekken ongeveer 375.000 Nederlanders.

Van emigratie- naar immigratieland

Na 1960 is Nederland een immigratieland, deels door economische ontwikkelingen – de vraag naar arbeidskrachten –, deels door politieke ontwikkelingen. Behoefte aan arbeidskrachten in de jaren zestig leidt tot werving van personeel in de Zuid-Europese landen: Spanjaarden, Portugezen, Italianen en Grieken. Ze worden gastarbeiders genoemd. De volgende groepen gastarbeiders komen van verder weg, vooral uit Turkije en Marokko. Hun familie volgt. Ook verleent Nederland, net als veel andere Europese landen, asiel aan politieke vluchtelingen, en heft het binnen Europa zijn grenzen op. Hierdoor neemt de diversiteit van de Nederlandse samenleving in korte tijd toe; Nederland wordt dankzij deze migranten een multiculturele samenleving: veelkleurig Nederland (figuur 10.17).

Multiculturele samenleving

FIGUUR 10.17 Canon van Nederland: Veelkleurig Nederland

Er wordt asiel verleend aan Hongaren na de mislukte opstand in 1956, Tsjecho-Slowaken in 1968 en daarna vluchtelingen uit allerlei oorlogsgebieden, zoals het voormalige Joegoslavië, Afghanistan, Irak, Syrië en Afrika. Na 1985 stijgt het aantal asielverzoeken spectaculair. Het aantal ingewilligde verzoeken heeft een piek in 1996 (23.590), daarna dalen de cijfers. In 2010 en 2011 werden jaarlijks ongeveer 10.000 verblijfsvergunningen aan asielzoekers verstrekt. In 2015 stijgt het aantal asielaanvragen weer door de toestroom van asielzoekers naar Europa. Een deel van de asielzoekers die afgewezen worden, verdwijnt in de illegaliteit.
In de jaren zestig krijgen de nieuwkomers nog een hartelijke ontvangst; in de jaren negentig is hiervan geen sprake meer. Het verkrijgen van een verblijfsstatus voor Nederland wordt gekoppeld aan een groot aantal criteria, dat strenger toegepast wordt.

Vrouwenemancipatie

In de *Tijd van Televisie en Computer* krijgt ook de vrouwenemancipatie (feminisme) nieuwe impulsen. In 1956 is Marga Klompé namens de Katholieke Volkspartij (KVP) de eerste vrouwelijke minister (Cultuur, Recreatie en Maatschappelijk Werk). Het automatisch ontslag voor vrouwen werkzaam bij de overheid op hun trouwdag wordt ingetrokken. Voor gelijke werkzaamheden van mannen en vrouwen moet de beloning gelijk worden. En gehuwde vrouwen zijn niet langer juridisch handelingsonbekwaam. Desondanks blijft de maatschappelijke positie van vrouwen achter. Halverwege de jaren zestig, na het verschijnen van het artikel van Joke Smit: *Het onbehagen van de vrouw*, komen Nederlandse vrouwen in actie. Vanaf 1970 wordt Dolle Mina het symbool van het vrouwenprotest. De naam Dolle Mina is een herinnering aan Wilhelmina Drucker, een feministe uit de negentiende eeuw. Een activerende rol in het vrouwenprotest speelt de anticonceptiepil, die in 1962 in Nederland wordt geïntroduceerd. Voor het eerst in de geschiedenis krijgen vrouwen de 'technische' mogelijkheden om zelf te beslissen over het krijgen van kinderen.

Dolle Mina

10

Ondanks alle acties hebben vrouwen in het eerste decennium van de eenentwintigste eeuw nog op veel gebieden achterstand. Het aantal vrouwen in topfuncties, zowel in het bedrijfsleven als bij de overheid, is nog te gering. Ook het aantal fulltime werkende vrouwen is minder dan in andere landen. Daar staat tegenover dat het percentage vrouwen dat in deeltijd werkt in Nederland weer groter is.

10.2.4 Grenzen aan de groei

Gasbel

In 1959 wordt bij Slochteren in de provincie Groningen een enorme gasbel ontdekt (figuur 10.18). Het gaat om bijna 3.000 miljard kubieke meter: de op een na grootste toen bekende gasvoorraad ter wereld.

Dankzij de vondst is Nederland gaandeweg helemaal op gas overgegaan. Bijna alle huishoudens en een groot aantal bedrijven gebruiken aardgas. De gasbel wordt de kurk waarop de Nederlandse economie en welvaart drijven. Voor de Nederlandse overheid is het aardgas een zeer belangrijke bron van inkomsten. De staat bezit een winstaandeel. De vraag is alleen hoe lang Nederland nog kan profiteren van deze natuurlijke energiebron.

FIGUUR 10.18 Canon van Nederland: De gasbel

Aan het eind van de jaren zestig ontstaat het eerste verzet tegen de steeds maar groeiende consumptiemaatschappij. In 1972 komt een groep wetenschappers en industriëlen, de zogeheten Club van Rome, met het rapport ‘Grenzen aan de groei’. In dit rapport wordt onder meer gewezen op de dreigende gevaren van uitputting van de bodemschatten en grondstoffen en de snel toenemende milieuverontreiniging.

Club van Rome

Vanaf die tijd is het begrip milieuverontreiniging niet meer uit de belangstelling. Gaandeweg groeit het besef dat de aantasting van het milieu zeer ernstige gevolgen voor de mensheid kan hebben. De aarde warmt sinds het begin van de twintigste eeuw langzaam op door het verbranden van fossiele brandstoffen, ontbossing en bepaalde industriële en agrarische activiteiten (broeikaseffect). Modelberekeningen geven aan dat de temperatuur met 1,1 °C tot 6,4 °C stijgt tussen 1990 en 2100. Met name temperatuurstijgingen van meer dan 2 °C zouden grote veranderingen met zich meebrengen voor mens en milieu, door zeespiegelstijging, toename van droogte- en hitteperioden, extreme neerslag en andere effecten.

Toekomstige generaties zullen moeilijke politieke keuzes moeten maken. Kan Nederland het ook stellen zonder gasinkomsten? Kan het land voldoende overschakelen op andere energiebronnen?

10.3 Culturele ontwikkelingen: naar een multiculturele samenleving

De groeiende vrije tijd en de technologische ontwikkelingen hebben gemaakt dat de radio en de televisie niet meer weg te denken zijn uit de huiskamers. Het aantal radiotoestellen groeit na de Tweede Wereldoorlog snel. Nieuw in medialand wordt in de *Tijd van Televisie en Computer* het televisietoestel (figuur 10.19).

Televisie

FIGUUR 10.19 Canon van Nederland: De televisie

10.3.1 De ontwikkeling naar een ‘global village’ door de televisie

De eerste experimenten vinden al voor de Tweede Wereldoorlog plaats, maar de eerste officiële, regelmatige televisie-uitzendingen starten in 1951. Philips is in de jaren vijftig een van de grote drijvende krachten achter de invoering van de televisie in Nederland. De aanschaf van het apparaat loopt parallel met de welvaartsstijging in Nederland. Vanaf 1967 wordt er in kleur uitgezonden. De videorecorder begint na 1970 voorzichtig aan een opmars. Inmiddels is de video op zijn retour en hebben in de meeste huisgezinnen de videorecorders plaatsgemaakt voor dvd-recorders.

Rond 1970 zit de gemiddelde Nederlander zo’n anderhalf uur per dag voor de televisie, aan gezelligheidsspelletjes zoals kaarten en ganzenborden wordt veel minder tijd besteed. Critici vinden dat het kijkgedrag passiviteit en slaafs consumentisme in de hand werkt. Maar de verdedigers van het nieuwe medium wijzen op de gezelligheid die het in het gezin brengt en op de informatieve functie van de televisie. Het medium speelt ook een belangrijke rol in de meningsvorming over maatschappelijke onderwerpen. Omdat iedereen dezelfde programma's ziet (tot 1964 is er één kanaal, daarna komen er twee) kunnen de mensen kennisnemen van wat andersdenkenden vinden. Dat heeft grote invloed op de Nederlandse samenleving, want het draagt bij tot vermindering van de hokjesgeest en de verzuiling. Aan die verzuiling begint min of meer een einde te komen in de jaren zestig en zeventig. Met de introductie van de kabeltelevisie en de satelliet wordt het televisieaanbod veel uitgebreider en internationaler. De meeste mensen kijken nog veel meer uren dan in 1970, maar samen televisie kijken met het hele gezin gebeurt steeds minder, ook al omdat heel wat kinderen een eigen toestel hebben. Die individualisering zet zich door met het internet, via computer, laptop en smartphone, dat een nog ruimer venster biedt op de wereld waarbinnen de communicatielijnen steeds korter en sneller worden: de 'global village'. In 1976 komt Apple met de eerste computer voor thuisgebruik. IBM volgt in 1981 met Microsoftbesturing, eerst MS-DOS en later Windows. Sociale media als Facebook en Twitter spelen een steeds belangrijkere rol in de samenleving.

Annie M.G. Schmidt

In het Nederland van de jaren vijftig is Annie M.G. Schmidt een van de meest invloedrijke en tegelijk zachtaardigste critici van de brave, burgerlijke en verzuilde samenleving (figuur 10.20).

FIGUUR 10.20 Canon van Nederland: Annie M.G. Schmidt

Annie boekt in die jaren een geweldig succes met de veertiendaagse radioserie *De familie Doorsnee*. Iedereen in Nederland luistert ernaar, tot welke zuil hij of zij ook behoort. In de lotgevallen van deze familie wordt het eigentijdse leven van Nederlanders van na de oorlog geportretteerd. Ook in cabaretteksten en in musicals weet zij de tijdgeest te treffen. Op televisie verschijnt de serie *Pension Hommeles*, later gevolgd door de legendarische reeks *Ja zuster, nee zuster*, die in 2002 verfilmd wordt.

10.3.2 Literatuur en kunst: verwerking en vernieuwing

Literatuur

In de literatuur is sprake van een drietal auteurs met hoge leescijfers: W.F. Hermans, G.K. van het Reve (Gerard Reve) en Harry Mulisch. De verwerking van de Tweede Wereldoorlog is een thema dat in een groot aantal boeken aan de orde komt: bij Mulisch en Hermans, maar ook bij Simon Vestdijk en Armando. Naast literatuur is Armando ook met deze verwerking bezig in zijn schilderijen met titels als *Schuldig Landschap*.
In de overgang naar de jaren vijftig wordt in verschillende kunstvormen geëxperimenteerd. De Vijftigers schrijven experimentele poëzie en schilders als Karel Appel en Corneille maken spontane, experimentele schilderijen, geïnspireerd op onder meer kindertekeningen (figuur 10.21).

CoBrA

In 1947 vindt in het Stedelijk Museum een geruchtmakende internationale tentoonstelling van Experimentele Kunst plaats.De kunstenaars organiseren zich in een internationaal verband: CoBrA: Copenhagen, Brussel en Amsterdam.

10.3.3 Vernieuwingen in het onderwijs

Na de Tweede Wereldoorlog groeien de uitgaven voor onderwijs snel. In een groot aantal ministeries staat scholing hoog op de agenda, gekoppeld aan het idee dat alle talenten in de bevolking een kans moeten krijgen zich te ontplooien en aan het groeiend idee van de noodzaak van een voortdurende educatie, de *éducation permanente*.

FIGUUR 10.21 *Turbulance printanière* van Cobra-schilder Corneille uit 1968

Minister Cals neemt in 1958 het initiatief om met een voorstel te komen om het voortgezet onderwijs te reorganiseren. De wet wordt in 1968 doorgevoerd. De bestaande scholen voor voortgezet onderwijs worden geordend in voorbereidend wetenschappelijk, algemeen voortgezet en beroepsonderwijs. De hbs maakt plaats voor het zesjarige atheneum, dat voorbereidt op de universiteit, en de vijfjarige havo, die geen toegang geeft tot de universiteit. De oude ulo en mulo worden de drie- of vierjarige mavo-school. De wet creeert tussen de verschillende schooltypen zowel horizontale als verticale doorstroommogelijkheden. Naar aanleiding van de behandeling van het wetsontwerp in de Kamer is de wet bekend geworden onder de naam Mammoetwet. Dat woord krijgt ook een tijdsmarkerende betekenis: de kinderen zijn van voor of van na de Mammoetwet.

Mammoetwet

Ook het kleuter- en lager onderwijs worden via een nieuwe wet – eerst de Wet op het Basisonderwijs en later de Wet op het Primair Onderwijs – gereorganiseerd. Vanaf 1985 is er sprake van een integratie van het onderwijs voor 4- tot 6-jarigen met het onderwijs voor 6- tot 12-jarigen. De nieuwe school krijgt de naam basisschool. Na ingrijpende verbouwingen komen vrijwel al deze scholen onder één dak. In de nieuwe wetgeving wordt de voorbereiding op de multiculturele samenleving benadrukt, onder meer door de invoering van 'geestelijke stromingen'. Ook wordt gesteld dat iedere leerling de mogelijkheid moet krijgen zich individueel tijdens de schoolperiode te ontwikkelen.

Basisschool

10.3.4 Multiculturele samenleving, veelkleurig Nederland

Secularisatie

De *Tijd van Televisie en Computer* laat een grote terugloop van kerkelijke lidmaten zien. Dit proces wordt secularisatie of ontkerkelijking genoemd. Naast het aantal lidmaten daalt ook het aantal kerkbezoekers. Voor alle kerken levert dit ernstige problemen op financieel gebied op, waardoor grote aantallen kerken hun oorspronkelijke functie verliezen. Parallel aan deze ontwikkeling loopt binnen de rooms-katholieke kerk de daling in de aantallen priesterwijdingen en het toenemend aantal uittredingen. In de rooms-katholieke kerk zijn het gebruik van voorbehoedsmiddelen en het celibaat de discussiepunten, die in Rome onbespreekbaar zijn.
Niet-kerkelijken organiseren zich in 1946 in het Humanistisch Verbond, dat in de jaren tachtig erkend wordt als een levensbeschouwelijke organisatie van niet-kerkelijk gebonden Nederlanders.

Moslims

De immigratie van nieuwe bevolkingsgroepen heeft invloed op de godsdienstige kaart van Nederland. Het snelst in aantal groeien de moslims, die bouwen aan een eigen zuil met hun moskeeën met eigen voorgangers – de imams – en op verschillende plaatsen met eigen scholen. Daarnaast kent de Nederlandse samenleving vanuit Suriname aanhangers van het Hindoeïsme. Al deze groeperingen zorgen voor een versterking van het aandeel van de nieuwe Nederlanders in de Nederlandse samenleving. In het begin van de eenentwintigste eeuw maken de nieuwe Nederlanders 18,4% van de Nederlandse bevolking uit (bijna drie miljoen).

De veranderende samenleving leidt tot heftige politieke debatten. Met veelal als centrale vraag wat ‘Nederlanderschap’ inhoudt. Die vraag heeft onder meer geleid tot een groeiende aandacht voor de vaderlandse geschiedenis, uitmondend in de Canon van Nederland.

Literatuur, een selectie

Naslagwerken

Woltjer, J.J. (2005). *Nederland in de twintigste eeuw.* Amsterdam: Balans.
De Bosatlas van de Geschiedenis van Nederland (2011). *Wederopbouw (1945-1960)* (hoofdstuk 13, blz. 460-491) en *Hedendaagse geschiedenis (vanaf 1960)* (hoofdstuk 14, blz. 492-559). Groningen: Noordhoff Uitgevers bv.
Doel, W. van den (2011). *Zo ver de wereld strekt. De geschiedenis van Nederland overzee vanaf 1800.* Amsterdam: Bert Bakker.
Rooijen, J.-A. den & Speet, B. (2009). *De Tijd van Televisie en Computer vanaf 1950* (Kleine Geschiedenis van Nederland). Zwolle: Waanders.

Canonvensters

Henrichs, H. (2004). Vadertje Drees (1886-1988). In: Kloek, E. (red.) (2004). *Verzameld verleden.*Hilversum: Verloren.
http://entoen.nu/willemdrees
Slager, K. (2013). *De ramp. Een reconstructie van de watersnood van 1953.* Amsterdam: Olympus.
http://entoen.nu/watersnood
Gessel, R. van (2011). *Beeldenstorm. De rumoerige geschiedenis van 60 jaar televisie.* Amsterdam: Nieuw Amsterdam.
http://entoen.nu/televisie

Daalder, R. (red.) (2008). *Havens van Amsterdam en Rotterdam sinds 1870.* Zutphen: Walburg Pers.
http://entoen.nu/havenvanrotterdam
Zijl, A. van der (2010). *Anna. Het leven van Annie M.G. Schmidt.* Amsterdam: Querido.
http://entoen.nu/anniemgschmidt
Oostindie, G. (2012). *Gedeeld Koninkrijk. De ontmanteling van de Nederlandse Antillen en de vernieuwing van de trans-Atlantische relaties.* Amsterdam: Amsterdam University Press.
Dalhuizen, L. e.a. (red.) (2012). *Geschiedenis van Suriname.* Zutphen: Walburg Pers.
http://entoen.nu/surinameantillen
Graaf, B. de (2004). De val van Srebrenica (1995). In: Kloek, E. (red.) (2004). *Verzameld verleden.* Hilversum: Verloren.
http://entoen.nu/srebrenica
Scheffer, P. (2008). *Het land van aankomst.* De Bezige Bij.
http://entoen.nu/veelkleurignederland
Schenk, J. (2009). *Groningen-gasveld vijftig jaar. Kloppend hart van de Nederlandse gasvoorziening.* Amsterdam: Boom.
http://entoen.nu/gasbel
Vleuten, A. van der (red.) (2012). *De bestuurlijke kaart van de Europese Unie.* Bussum: Coutinho.
http://entoen.nu/europa

Ondersteuning via de website

Een uitgebreidere literatuurlijst en een selectie van museumcollecties bij dit hoofdstuk is te vinden op www.geschiedenisensamenleving.noordhoff.nl, evenals een samenvatting van dit hoofdstuk en een interactieve toetsenbank.

DEEL 2
Kennisbasis Didactiek

'Ik dacht dat u een mens was'
Clara Asscher-Pinkhof

11

Er was eens...

Waarover gaat *Geschiedenis & Samenleving* in de basisschool?

Er was eens... zo beginnen veel verhalen over vroeger. De vraag die centraal staat in dit hoofdstuk, is welke verhalen over verleden en heden aan de orde moeten komen in het basisonderwijs. Is dat ergens bepaald of geregeld?

In Nederland bestaat – vastgelegd in de Grondwet – onderwijsvrijheid. Dat betekent echter niet dat de overheid zich niet bemoeit met het onderwijs. Vanaf het begin van de negentiende eeuw kent Nederland (landelijk) geldende onderwijswetten. Daarnaast heeft de overheid vanaf het laatste decennium van de vorige eeuw per vakgebied kerndoelen geformuleerd. De plaats van *Geschiedenis & Samenleving* in de onderwijswetten en in de kerndoelen vormt het onderwerp van dit hoofdstuk.

Dit hoofdstuk draagt bij aan de basiscompetenties van een leraar basisonderwijs door middel van de volgende indicatoren:

I-1 De leraar is in staat voor de lessen *Geschiedenis & Samenleving* een lesrooster te realiseren dat recht doet aan de verplichtingen voortkomende uit de onderwijswetgeving.

I-2 De leraar is in staat om voor de lessen *Geschiedenis & Samenleving* leerstof te kiezen en te verantwoorden op basis van de inhoud van de onderwijswetgeving en de kerndoelen.

I-3 De leraar is in staat om de lessen *Geschiedenis & Samenleving* op basis van de onderwijswetgeving én de kerndoelen onderdeel te laten zijn van een doorgaande lijn voor *Geschiedenis & Samenleving* door de hele school.

11.1 Onderwijswetten

Vrijheid van onderwijs

Onderwijswetten

In de Nederlandse Grondwet is de vrijheid van onderwijs vastgelegd in artikel 23. Dat artikel bepaalt allereerst dat '*het onderwijs een voorwerp is van de aanhoudende zorg van de regering*' en vervolgens dat '*het geven van onderwijs vrij is, behoudens het toezicht van de overheid (...)*' Die vrijheid van onderwijs wil niet zeggen dat er niets geregeld is over wat er in het onderwijs moet gebeuren. Dat ligt vast in onderwijswetten met daaraan gekoppeld het toezicht van de Inspectie van het Onderwijs. Vanaf 1801 kent het Nederlandse onderwijs een wettelijke regeling, die van toepassing is voor heel Nederland. In de eerste onderwijswetten zijn de schoolvakken beperkt tot lezen, schrijven en rekenen. De onderwijswet van 1857 noemt voor het eerst geschiedenis en vanaf 1916 hoort daar ook staatsinrichting bij. In de onderwijswet van 1985 worden voor het eerst maatschappelijke verhoudingen en geestelijke stromingen expliciet genoemd.

WPO

WEC

In de Wet op het Primair Onderwijs (WPO, artikel 9) voor het reguliere basisonderwijs en voor de speciale basisscholen en in de Wet op de Expertisecentra (WEC, artikel 13) voor de scholen voor speciaal onderwijs komt de volgende omschrijving voor:
Het onderwijs omvat waar mogelijk in samenhang:
a zintuiglijke en lichamelijke oefening
b Nederlandse taal
c rekenen en wiskunde
d Engelse taal
e enkele kennisgebieden
f expressieactiviteiten
g bevordering van sociale redzaamheid, waaronder gedrag in het verkeer
h bevordering van gezond gedrag

Kennisgebieden

De wet stimuleert in algemene zin het aanbrengen van samenhang in het totale onderwijsaanbod. *Geschiedenis & Samenleving* is onderdeel van *enkele kennisgebieden.* In beide wetten worden die kennisgebieden als volgt nader uitgewerkt:
Bij de kennisgebieden wordt in elk geval aandacht besteed aan:
a aardrijkskunde
b geschiedenis
c de natuur, waaronder biologie
d maatschappelijke verhoudingen, waaronder staatsinrichting
e geestelijke stromingen

In de onderwijswetten is vastgelegd wat er op scholen moet gebeuren: onderwijs in geschiedenis, maatschappelijke verhoudingen, waaronder staatsinrichting en geestelijke stromingen. Meer geven de onderwijswetten niet aan: de leerstofinhoud van het onderwijs is in Nederland niet bij wet voorgeschreven.

11.2 Kerndoelen in het algemeen

Ondanks de veelgeprezen (maar ook bekritiseerde) vrijheid van onderwijs werd het toch als een gemis gezien dat er niets over de leerstofinhouden is vastgelegd. Daarvoor zijn verschillende argumenten genoemd, zoals:

Onderwijsaanbod

- Het onderwijsaanbod op de verschillende scholen vormt geen eenheid, het kan moeilijk onderling vergeleken worden en een leerling die tijdens de schoolperiode verhuist kan in de problemen komen.
- Er is geen vergelijkbare beginsituatie van de leerlingen die naar het voortgezet onderwijs gaan.

Kerndoelen

De oplossing is gezocht in het formuleren van kerndoelen:

> 'Kerndoelen zijn streefdoelen voor wat de leerling moet kennen en kunnen aan het einde van de basisschool.'

Voor het eerst werden die kerndoelen geformuleerd in 1993 met de afspraak om ze om de vijf jaar te evalueren en te herzien. In 1998 kwamen er nieuwe, meer uitgebreide omschrijvingen van de vakinhouden, de *Kerndoelen basisonderwijs 1998*. Een landelijke commissie oordeelde dat die kerndoelen echter veel te omvangrijk waren. Het moesten er minder worden. Daarnaast wilde het ministerie de scholen meer kans geven om zelf leerinhouden vast te stellen. In 2006 kwamen nieuwe kerndoelen voor het basisonderwijs tot stand.

11.3 Kerndoelen *Mens en Samenleving*

In de *Kerndoelen Basisonderwijs 2006* zijn alle wereldoriënterende activiteiten samengebracht onder de kop *Oriëntatie op jezelf en de wereld*. Dit zijn de kerndoelen 34 tot en met 53 (zie bijlage achter in het boek). Zodra deze kerndoelen gewijzigd worden, komt de nieuwe tekst op www.geschiedenisensamenleving.noordhoff.nl. Onderdeel daarvan is *Mens en Samenleving* en dat wordt als volgt geïntroduceerd:

> 'In dit leergebied oriënteren leerlingen zich op zichzelf, op hoe mensen met elkaar omgaan, hoe ze problemen oplossen en hoe ze zin en betekenis geven aan hun bestaan. (...) Kinderen zijn nieuwsgierig. Ze zijn voortdurend op zoek om zichzelf en de wereld te leren kennen en te verkennen. Die ontwikkelingsbehoefte is een aangrijpingspunt voor dit leergebied. Tegelijk stelt de samenleving waarin kinderen opgroeien haar eisen. Kinderen vervullen nu en straks taken en rollen, waarop ze via het onderwijs worden voorbereid. Het gaat om rollen als consument, als verkeersdeelnemer, als burger in een democratische rechtsstaat (...).'

Aan de laatste doelstelling in voorgaand citaat levert geschiedenisonderwijs een belangrijke bijdrage. Zo wijst de Commissie Geschiedenisonderwijs in haar rapport *Het verleden in de toekomst* (1998) op het aandeel van het vak voor de overdracht van cultuur, de overdracht van waarden en normen en op de rol van geschiedenisonderwijs voor burgerschapsvorming: 'historische kennis dient als één van de bouwstenen om als volwaardig staatsburger in de Nederlandse democratie te kunnen functioneren'.

In de kerndoelen voor *Mens en Samenleving* (kerndoel 34 tot en met 39) zijn twee kerndoelen opgenomen die de leerlingen vanuit geschiedenisonderwijs voorbereiden op deelname aan de democratische samenleving:

- Kerndoel 36
  De leerlingen leren hoofdzaken van de Nederlandse en Europese staatsinrichting en de rol van de burger.

- Kerndoel 38
  De leerlingen leren hoofdzaken over geestelijke stromingen die in de Nederlandse multiculturele samenleving een belangrijke rol spelen, en ze leren respectvol om te gaan met seksualiteit en met diversiteit binnen de samenleving, waaronder seksuele diversiteit (figuur 11.1).

FIGUUR 11.1 De gebedsruimte in de moskee, onderdeel van een hoofdstuk over de islam in de geschiedenismethode *Bij de tijd*, groep 8

Sociale integratie

Burgerschap

De kerndoelen 36 en 38 vloeien voort uit een in 2005 opgenomen formulering in de onderwijswetten WPO en WEC over burgerschap en sociale integratie: *Het onderwijs*:

- gaat er mede van uit dat leerlingen opgroeien in een pluriforme samenleving
- is mede gericht op het bevorderen van actief burgerschap en sociale integratie
- is er mede op gericht dat de leerlingen kennis hebben van en kennismaken met verschillende achtergronden en culturen van leeftijdsgenoten

Kerndoel cultureel erfgoed

Daarnaast is voor geschiedenisonderwijs ook kerndoel 56 van belang, als het gaat om de overdracht van cultuur en waarden en normen (zie hiervoor ook hoofdstuk 13):

- Kerndoel 56
  De leerlingen verwerven enige kennis over en krijgen waardering voor aspecten van cultureel erfgoed.

11.4 Kerndoelen *Geschiedenis / Tijd*

Oriëntatie op jezelf en de wereld

Ook geschiedenis valt in de *Kerndoelen Basisonderwijs 2006* onder de kop *Oriëntatie op jezelf en de wereld.* Daaronder worden niet meer de namen van de traditionele schoolvakken genoemd. Geschiedenis komt aan de orde als *Tijd.*

Oriëntatie op jezelf en de wereld wordt als volgt gekarakteriseerd:

> 'Leerlingen oriënteren zich ook op de wereld. Dichtbij, veraf, toen en nu en maken daarbij gebruik van cultureel erfgoed. (...) Ze ontwikkelen een historisch wereldbeeld. Dat betekent dat ze kennis hebben van historische verschijnselen in delen van de wereld en van chronologie.'

Dit resulteert in de volgende kerndoelen voor *Geschiedenis / Tijd:*

- Kerndoel 51
  De leerlingen leren gebruik te maken van eenvoudige historische bronnen en ze leren aanduidingen van tijd en tijdsindeling te hanteren.
- Kerndoel 52
  De leerlingen leren over kenmerkende aspecten van de volgende tijdvakken: jagers en boeren, Grieken en Romeinen, monniken en ridders, steden en staten, ontdekkers en hervormers, regenten en vorsten, pruiken en revoluties, burgers en stoommachines, wereldoorlogen en holocaust, televisie en computer.
  De vensters van de Canon van Nederland dienen als uitgangspunt ter illustratie van de tijdvakken.
- Kerndoel 53
  De leerlingen leren over belangrijke historische personen en gebeurtenissen uit de Nederlandse geschiedenis en kunnen die voorbeeldmatig verbinden met de wereldgeschiedenis.

Tien tijdvakken

Concreet moeten nu de namen van tien tijdvakken, die het verleden onderverdelen, geleerd worden en leren leerlingen over kenmerkende aspecten van de tien tijdvakken (kerndoel 52). In figuur 11.4 zijn deze dan ook opgenomen, samen met de omschrijvingen van de kenmerkende aspecten – voor de doorgaande lijn – voor de onderbouw van het voortgezet onderwijs. In de *Kennisbasis Inhoud* – het eerste deel van dit boek – staat in tien hoofdstukken steeds een tijdvak centraal en worden de kenmerkende aspecten van dat tijdvak beschreven.

De omschrijving van de inhouden voor geschiedenisonderwijs in de kerndoelen 52 en 53 blijft echter vaag: de kenmerkende aspecten van die tijdvakken in kerndoel 52 zijn niet uitgewerkt en evenmin wordt duidelijk wie en wat de belangrijke historische personen en gebeurtenissen van kerndoel 53 zijn. Dergelijke omschrijvingen maken dat al gauw een ieder voldoet aan de kerndoelen, waardoor deze niet meer beantwoorden aan het doel waarvoor ze destijds bedacht zijn.

11.5 De Canon van Nederland

De kritiek op de inhoudloosheid van deze kerndoelen en het groeiend idee dat het in Nederland niet zo goed gesteld is met het historisch besef leidden ertoe dat het ministerie van Onderwijs, Cultuur en Wetenschap een nieuwe commissie instelde. Deze commissie kreeg de opdracht een canon voor het onderwijs samen te stellen: basiskennis van de Nederlandse geschiedenis voor iedere Nederlander. Die commissie – bekend onder de naam commissie-Van Oostrom – kwam in 2007 met een lijst van vijftig chronologisch geordende onderwerpen (canonvensters), die in 2010 zijn opgenomen in de kerndoelen voor het basisonderwijs en voor de onderbouw van het voortgezet onderwijs. De commissie presenteert de vijftig canonvensters op een canonwandplaat (figuur 11.2) en biedt een overzicht op de website www.entoen.nu.

FIGUUR 11.2 De canonwandplaat met alle vijftig canonvensters

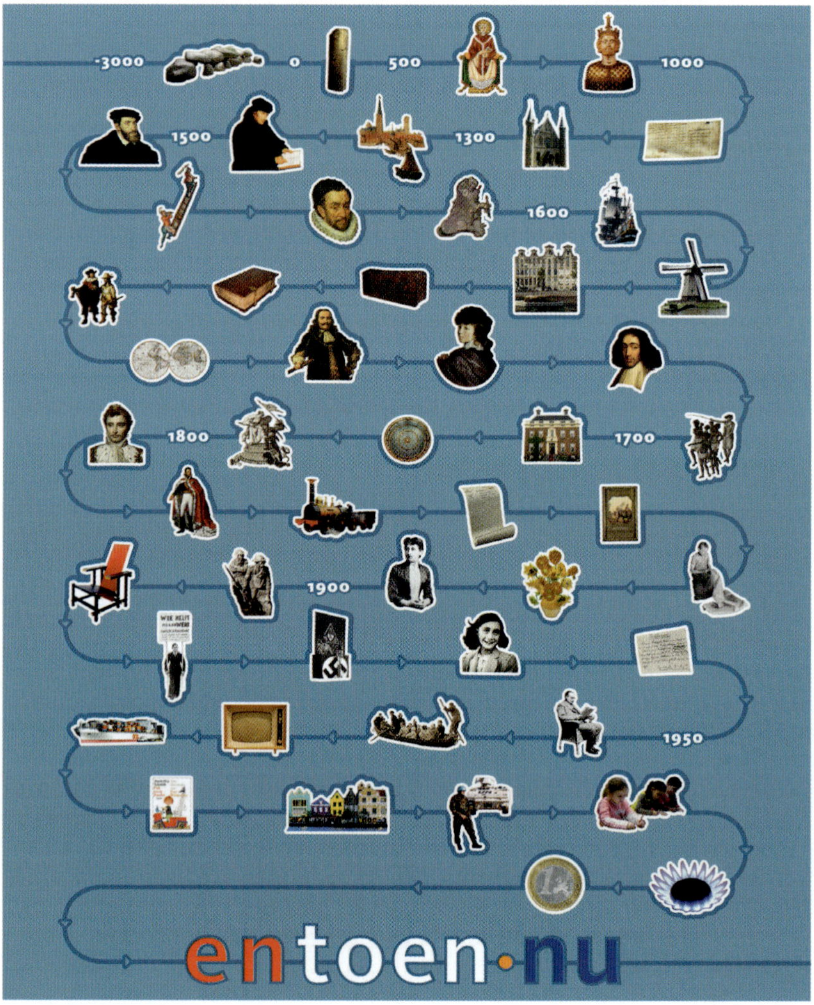

Volgens de nota van toelichting bij het kerndoelenbesluit wordt van de scholen gevraagd dat zij inzichtelijk kunnen maken dat in hun onderwijsaanbod de vensters geïntegreerd zijn in de behandeling van de tijdvakken.

Die vijftig vensters op het verleden zijn samen met de kenmerkende aspecten van de tien tijdvakken in schema gezet in figuur 11.3.

FIGUUR 11.3 Tijdvakken, kenmerkende aspecten en de canonvensters

	| TIJD VAN JAGERS EN BOEREN |	**3000 v. Chr.**

Kenmerkende aspecten basisonderwijs:
- de levenswijze van jagers-verzamelaars
- het ontstaan van landbouw en landbouwsamenlevingen

Kenmerkende aspecten onderbouw voortgezet onderwijs:
- de levenswijze van jagers-verzamelaars
- het ontstaan van landbouw en landbouwsamenlevingen
- het ontstaan van de eerste stedelijke gemeenschappen

Canonvenster:
- *Hunebedden. Vroege landbouwers (ca. 3000 v. Chr.)*

3000 v. Chr.	**| TIJD VAN GRIEKEN EN ROMEINEN |**	**500 na Christus**

Kenmerkende aspecten basisonderwijs:
- de verspreiding van de Grieks-Romeinse cultuur en de confrontatie met de Germaanse cultuur
- het christendom in het Romeinse Rijk, van verboden tot enig toegestane godsdienst

Kenmerkende aspecten onderbouw voortgezet onderwijs:
- burgerschap en wetenschappelijk denken in de Griekse stadstaat
- verspreiding van de Grieks-Romeinse cultuur en de confrontatie met de Germaanse cultuur
- het christendom in het Romeinse Rijk: van verboden tot enig toegestane godsdienst

Canonvenster:
- de Romeinse Limes, op de grens van de Romeinse wereld (47 tot ca. 400)

500 na Christus	**| TIJD VAN MONNIKEN EN RIDDERS |**	**1000**

Kenmerkende aspecten basisonderwijs:
- de verspreiding van het christendom tot in de Lage Landen
- hofstelsel en horigheid

Kenmerkende aspecten onderbouw voortgezet onderwijs:
- de verspreiding van het christendom in Europa
- ontstaan en verspreiding van de islam
- hofstelsel en horigheid
- de verhouding tussen heer en vazal

Canonvensters:
- Willibrord, verbreiding van het christendom (658-739)
- Karel de Grote, Keizer van het Avondland (742-814)

1000 | TIJD VAN STEDEN EN STATEN | 1500

Kenmerkende aspecten basisonderwijs:
- opkomst van handel en ontstaan van steden
- opkomst van de stedelijke burgerij en toenemende zelfstandigheid van steden

Kenmerkende aspecten onderbouw voortgezet onderwijs:
- de strijd tussen kerk en staat
- de opkomst van handel en ontstaan van steden
- opkomst van de stedelijke burgerij en toenemende zelfstandigheid van steden
- het begin van staatsvorming en centralisatie

Canonvensters:
- Hebban olla vogala, het Nederlands op schrift (ca. 1100)
- Floris V, een Hollandse graaf en ontevreden edelen (1254-1296)
- de Hanze, handelssteden in de Lage Landen (1356 tot ca. 1450)

1500 | TIJD VAN ONTDEKKERS EN HERVORMERS | 1600

Kenmerkende aspecten basisonderwijs:
- het begin van de Europese overzeese expansie
- de Opstand en het ontstaan van een onafhankelijke Nederlandse staat

Kenmerkende aspecten onderbouw voortgezet onderwijs:
- veranderend mens- en wereldbeeld van de Renaissance en het begin van een nieuwe wetenschappelijke belangstelling
- het begin van de Europese overzeese expansie
- de Reformatie en de splitsing in de christelijke kerk
- de Opstand en het ontstaan van een onafhankelijke Nederlandse staat

Canonvensters:
- Erasmus, een internationaal humanist (1466?-1536)
- Karel V, De Nederlanden als bestuurlijke eenheid (1500-1558)
- de Beeldenstorm, godsdienststrijd (1566)
- Willem van Oranje, van rebelse edelman tot 'vader des vaderlands' (1533-1584)

1600 | TIJD VAN REGENTEN EN VORSTEN | 1700

Kenmerkende aspecten basisonderwijs:
- ontstaan van handelskapitalisme en begin van wereldeconomie
- burgerlijk bestuur en stedelijke cultuur in Nederland

Kenmerkende aspecten onderbouw voortgezet onderwijs:
- ontstaan van handelskapitalisme en begin van de wereldeconomie
- burgerlijk bestuur en stedelijke cultuur in Nederland
- het streven van vorsten naar absolute macht
- de wetenschappelijke revolutie

Canonvensters:
- de Republiek, een staatkundig unicum (1588-1795)
- de Verenigde Oost-Indische Compagnie, overzeese expansie (1602-1799)
- De Beemster, Nederland en het water (1612)
- de grachtengordel, stadsuitbreidingen in de zeventiende eeuw (1613-1662)
- Hugo de Groot, pionier van het moderne volkenrecht (1583-1645)
- de Statenbijbel, het boek der boeken (1637)
- Rembrandt, de grote schilders (1606?-1669)
- de Atlas Major van Blaeu, de wereld in kaart (1662)
- Michiel de Ruyter, zeehelden en de brede armslag van de Republiek (1607-1676)
- Spinoza, op zoek naar de waarheid (1632-1677)
- Christiaan Huygens, wetenschap in de Gouden Eeuw (1629-1695)

1700 | TIJD VAN PRUIKEN EN REVOLUTIES | 1800

Kenmerkende aspecten basisonderwijs:
- slavenarbeid op plantages en de opkomst van het abolitionisme
- het streven naar grondrechten en naar politieke invloed van de burgerij in de Franse en Bataafse Revolutie

Kenmerkende aspecten onderbouw voortgezet onderwijs:
- het denken over staat en maatschappij in de Verlichting
- slavenarbeid op plantages en de opkomst van het abolitionisme
- het streven naar grondrechten en naar politieke invloed van de burgerij in de Franse en Bataafse Revolutie

Canonvensters:
- Slavernij, mensenhandel en gedwongen arbeid in de Nieuwe Wereld (ca. 1637-1863) (figuur 11.4)

FIGUUR 11.4 Slavernij: Brandmerken, hand- en voetboeien, afbeeldingen uit de geschiedenismethode Tijdstip, groep 7

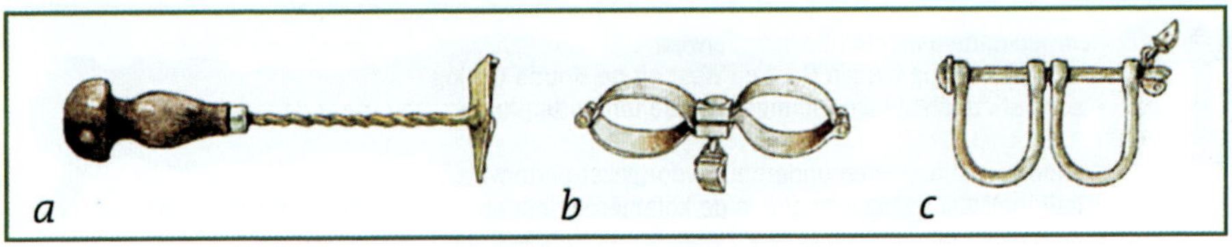

- Buitenhuizen, rijk wonen buiten de stad (zeventiende en achttiende eeuw)
- Eise Eisinga, de Verlichting in Nederland (1744-1828)
- de patriotten, crisis in de Republiek (1780-1795)
- Napoleon Bonaparte, de Franse tijd (1769-1821)

1800 | TIJD VAN BURGERS EN STOOMMACHINES | 1900

Kenmerkende aspecten basisonderwijs:
- het ontstaan van het parlementair stelsel en de toename van de volksinvloed
- de industriële revolutie en de opkomst van emancipatiebewegingen

Kenmerkende aspecten onderbouw voortgezet onderwijs:
- de politiek-maatschappelijke stromingen nationalisme, liberalisme, socialisme, confessionalisme en feminisme
- het ontstaan van een parlementair stelsel en de toename van volksinvloed
- de industriële revolutie en de opkomst van emancipatiebewegingen
- het moderne imperialisme

Canonvensters:
- Koning Willem I, het koninkrijk van Nederland en België (1772-1843)
- de eerste spoorlijn, de versnelling (1839)
- de grondwet, de belangrijkste wet van een staat (1848)
- Max Havelaar, aanklacht tegen wantoestanden in Indië (1860)
- verzet tegen kinderarbeid, de werkplaats uit, de school in (negentiende eeuw)
- Vincent van Gogh, de moderne kunstenaar (1853-1890)
- Aletta Jacobs, vrouwenemancipatie (1854-1929)

1900 | TIJD VAN WERELDOORLOGEN EN HOLOCAUST | 1950

Kenmerkende aspecten basisonderwijs:
- de economische wereldcrisis
- de Duitse bezetting en de Jodenvervolging

Kenmerkende aspecten onderbouw voortgezet onderwijs:
- het totalitair karakter van het communistisch politiek systeem
- de economische wereldcrisis
- het racistisch en totalitair karakter van het nationaalsocialisme
- de Duitse bezetting en de Jodenvervolging

Canonvensters:
- de Eerste Wereldoorlog, oorlog en neutraliteit (1914-1918)
- De Stijl, Revolutie in de vormgeving (1917-1931)
- de crisisjaren, samenleving in depressie (1929-1940)
- de Tweede Wereldoorlog, bezetting en bevrijding (1940-1945)
- Anne Frank, Jodenvervolging (1929-1945)
- Indonesië, een kolonie vecht zich vrij (1945-1949)

1950 | TIJD VAN TELEVISIE EN COMPUTER | heden

Kenmerkende aspecten basisonderwijs:
- de blokvorming tussen Oost en West en de Koude Oorlog
- sociaal-culturele veranderingen en toenemende pluriformiteit vanaf de jaren zestig

Kenmerkende aspecten onderbouw voortgezet onderwijs:
- nationalistische bewegingen in de koloniën en het streven naar onafhankelijkheid
- de blokvorming tussen Oost en West en de Koude Oorlog
- de Europese integratie
- sociaal-culturele veranderingen en toenemende pluriformiteit vanaf de jaren zestig

Canonvensters:
- Willem Drees, de verzorgingsstaat (1886-1988)
- de watersnood, de dreiging van het water (1 februari 1953)
- de televisie, doorbraak van een massamedium (vanaf 1948)
- haven van Rotterdam, poort naar de wereld (vanaf ca. 1880)
- Annie M.G. Schmidt, tegendraads in een burgerlijk land (1911-1995)
- Suriname en de Nederlandse Antillen, dekolonisatie van de West (vanaf 1945)
- Srebrenica, de dilemma's van de vredeshandhaving (1995)
- veelkleurig Nederland, de multiculturele maatschappij (vanaf 1945)
- de gasbel, een eindige schat (1959-2030?)
- Europa, Nederlanders en de Europeanen (vanaf 1945)

11.6 Leerlijnen en tussendoelen

Om scholen ondersteuning te bieden bij het vertalen van de kerndoelen naar de dagelijkse onderwijspraktijk, heeft de SLO in opdracht van het ministerie van OCW leerlijnen en tussendoelen geformuleerd.

Leerlijn Een leerlijn geeft voor een leergebied aan hoe een leerling van een bepaald beginniveau tot het kerndoel komt.

Tussendoel Een tussendoel is een moment in die leerlijn: een stap in de ontwikkeling van de leerlingen.

In het project *Tussendoelen & leerlijnen* (Tule) van de SLO zijn de kerndoelen van alle leergebieden uitgewerkt. Hierin wordt beschreven hoe de leerlingen van groep 1 tot en met groep 8 de kerndoelen kunnen bereiken.

De leerlijnen en tussendoelen zijn te vinden op de website http://tule.slo.nl. Daar worden ook activiteiten voor de leerlingen beschreven en wat de leraar daarvoor moet doen. In de rubriek 'doorkijkje' is een aantal praktische voorbeelden opgenomen. Op deze website worden voor tijdsbesef en omgaan met bronnen (kerndoel 51) suggesties gedaan voor onderwerpen die in de verschillende leerjaren aan bod kunnen komen (figuur 11.5). De leerlijn voor de tien tijdvakken en de canonvensters (kerndoelen 52 en 53) is veel minder gedifferentieerd uitgewerkt.

FIGUUR 11.5 Kerndoel 51 uitgewerkt in drie tussendoelen op Tule

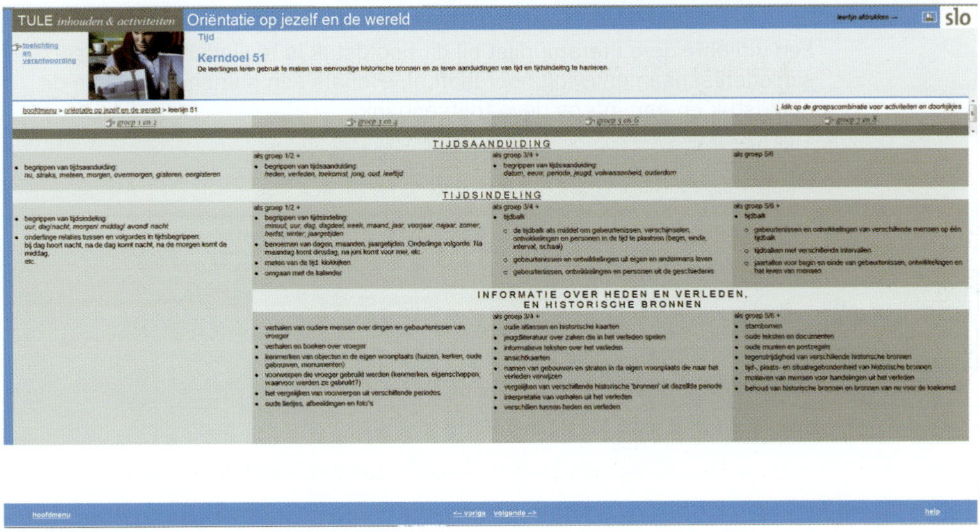

www.tule.slo.nl

Literatuur, een selectie

Kerndoelen
Kerndoelenboekje:
www.slo.nl: ga naar PO en zoek op kerndoelenboekje
www.rijksoverheid.nl/onderwerpen/basisonderwijs/documenten-en-publicaties/rapporten/2006/04/28/kerndoelenboekje.html
NB Dit Kerndoelenboekje bevat nog niet de aanvulling uit 2010 over de Canon van Nederland.

Canon van Nederland
www.entoen.nu
Commissie Ontwikkeling Nederlandse Canon (2006). *De Canon van Nederland*. deel A. Den Haag, Ministerie van OC&W (zie ook www.entoen.nu).
Commissie Ontwikkeling Nederlandse Canon (2007). *De Canon van Nederland*. deel C. Amsterdam: Amsterdam University Press (zie ook www.entoen.nu).

Leerlijnen en tussendoelen (Tule)
http://tule.slo.nl
Beker, Th. (2009). *Tule, oriëntatie op jezelf en de wereld: inhouden en activiteiten bij de kerndoelen van 2006.* Enschede: SLO (te downloaden van www.slo.nl/downloads/2008/tule-orientatieopjezelf2011.pdf (met de aanvulling uit 2010 over de Canon van Nederland).

Ondersteuning via de website

Een uitgebreidere literatuurlijst bij dit hoofdstuk is te vinden op www.geschiedenisensamenleving.noordhoff.nl, evenals een samenvatting van dit hoofdstuk en een interactieve toetsenbank.

Studie- en onderzoeksopdrachten

De studie- en onderzoeksopdrachten zijn ingedeeld naar propedeuse, hoofdfase en afstudeerfase.

Propedeuse

11.1 Het formuleren van kerndoelen voor het onderwijs door het ministerie is niet onomstreden. In de discussies valt wel eens het begrip 'staatspedagogiek'.

a Bedenk argumenten voor en tegen door de overheid opgestelde kerndoelen.

b Maak duidelijk wat hierin jouw mening is.

11.2 Scholen moeten volgens de onderwijswetten leerlingen voorbereiden op burgerschap.

a Waarom zou de wetgever dat bedacht hebben?

b Op welke manieren kan een school leerlingen voorbereiden op burgerschap?

11.3 De tien tijdvakken en de Canon van Nederland

a Verklaar de namen van de tien tijdvakken (kijk bij twijfel in de *Kennisbasis Inhoud*).

b Verdeel de canononderwerpen over drie rubrieken: politiek, sociaaleconomisch en cultureel.

- Is er sprake van een gelijkmatige verdeling over deze drie rubrieken?
- Wat vind je van die verdeling als je denkt aan basisschoolleerlingen?

c Analyseer hoe de canononderwerpen verdeeld zijn over de tien tijdvakken. Is die verdeling te verklaren?

11.4 **a** Onderzoek op een basisschool hoe het lesrooster van alle groepen eruitziet voor *Geschiedenis*.

b Doe hetzelfde voor *Samenleving*.

11.5 **a** Vergelijk de uitwerking van kerndoel 52 en 53 op de website www.tule.slo.nl/ Wat valt op?

b Kies een tijdvak uit en bedenk voorbeelden hoe je voor leerlingen voor dat tijdvak zinvolle verbanden kunt leggen tussen de Nederlandse en de Europese of wereldgeschiedenis.

Hoofdfase

11.6 **a** Analyseer schooldocumenten en kijk of er sprake is van een doorgaande lijn van groep 1 tot en met groep 8 voor *Geschiedenis*.

b Doe hetzelfde voor *Samenleving*.

11.7 Analyseer de inhoud van een geschiedenismethode van een basisschool.

a In hoeverre voldoet de methode aan de kerndoelen *Geschiedenis* (tijdvakken, kenmerkende aspecten en de Canon van Nederland)?

b In hoeverre wordt ook aandacht besteed aan staatsinrichting conform de kerndoelen *Samenleving*?

c In hoeverre wordt ook aandacht besteed aan geestelijke stromingen conform de kerndoelen *Samenleving*?

Afstudeerfase

11.8 Stel een rapport op over hoe de doorgaande lijn voor *Geschiedenis* en / of *Samenleving* in je stageschool in elkaar zit en doe aanbevelingen hoe die doorgaande lijn eventueel verbeterd zou kunnen worden.

12 Geschiedenis & Samenleving voor wie?

Kinderen vormen zich beelden van de werkelijkheid

In het vorige hoofdstuk is beschreven wat er inhoudelijk over *Geschiedenis & Samenleving* vastgesteld is in onderwijswetten en kerndoelen. Dit hoofdstuk gaat over de onderwijsdoelgroep: de leerlingen in de basisschoolleeftijd. Centraal staat de vraag welke ontwikkelingen leerlingen doormaken in de periode van vier tot en met twaalf jaar en welke consequenties die ontwikkelingen hebben voor het onderwijs in *Geschiedenis & Samenleving.* Visie op deze ontwikkelingen zit – vaak impliciet – in de opvattingen van onderwijsgevenden over de organisatie van het onderwijs, over de leerstofordening en de didactische aanpak.
Het gaat in dit hoofdstuk om een theoretische kennismaking met opvattingen en ideeën uit de ontwikkelingspsychologie en uit de leerpsychologie, die verderop in dit boek verbonden worden met de onderwijspraktijk. Beide elementen – theorie en praktijk – zijn in de volgende indicatoren reeds verwerkt.

Via dit hoofdstuk wordt gewerkt aan de basiscompetentie *Werken aan jezelf als leraar* met als indicatoren:

1.4 De leraar kan tijdens discussies over het onderwijs de ideeën over de ontwikkeling in het denken bij kinderen van Piaget (ontwikkelingsfasen) en van Vygotsky (zone van de naaste ontwikkeling) herkennen.
1.5 De leraar kan de betekenis van de representaties van Bruner en van de leerhandelingen van Galperin voor het onderwijsleerproces verwoorden en er gebruik van maken.
1.6 De leraar kan de betekenis van het begrip ‘wereld’ voor het ontwerpen van onderwijs in *Geschiedenis & Samenleving* onder woorden brengen en een plaats geven in de voorbereiding, uitvoering en evaluatie van lesactiviteiten.

1.7 De leraar kan bij de vormgeving van onderwijs de fasen van Egan als uitgangspunt nemen.
1.8 De leraar kan duidelijk maken welke invloed de ontwikkeling van tijdsbesef bij leerlingen heeft op de voorbereiding, uitvoering en evaluatie van onderwijsactiviteiten.
1.9 De leraar kan – zowel in theorie als in de onderwijspraktijk – aangeven welke bijdrage onderwijs in *Geschiedenis & Samenleving* kan leveren aan de ontwikkeling van kennis, houdingen en vaardigheden bij leerlingen.

12.1 Visies op de ontwikkeling van kinderen tussen vier en twaalf jaar

Pedagogen en psychologen hebben hun visies geformuleerd op de ontwikkeling van kinderen tussen vier en twaalf jaar. Van belang voor *Geschiedenis & Samenleving* zijn de visies van Piaget, Vygotsky, Bruner, Galperin, Kolb, Gardner en Marzano. Hun visies worden achtereenvolgens besproken, waarna nader wordt ingegaan op de invloed van deze visies op het onderwijs.

12.1.1 Visie van Piaget

Van belang zijn allereerst de ideeën over de ontwikkeling van het denken bij kinderen. De Zwitserse bioloog-psycholoog Jean Piaget (1896-1980) ontwikkelde door empirische onderzoekingen daarover een theorie.

Cognitieve structuur

Ieder kind beschikt over een *cognitieve structuur*, ook wel 'denkkader' genoemd. Deze structuur is niet statisch, maar voortdurend aan verandering onderhevig. Verandering van de cognitieve structuur vindt volgens Piaget plaats door aanpassing ('adaptatie'). Dit kan op de volgende manieren gebeuren:

- Er wordt nieuwe informatie over de werkelijkheid in de structuur opgenomen.
  Piaget noemt deze vorm van aanpassing 'assimilatie'.
- Reeds aanwezige informatie kan onder invloed van nieuwe worden herzien. Hiervoor introduceert Piaget het begrip 'accommodatie'.

Door beide manieren met elkaar in evenwicht te brengen (Piaget gebruikt hiervoor het begrip 'equilibratie'), wordt steeds weer een nieuwe cognitieve structuur ontwikkeld. Daardoor is er sprake van intellectuele ontwikkeling.

Ontwikkelingsfasen

Op basis van deze ideeën over de ontwikkeling van het denken bij kinderen kwam Piaget tot een fasenindeling voor de ontwikkeling van de cognitieve structuur, met empirisch vastgestelde leeftijdsgrenzen (figuur 12.1).

FIGUUR 12.1 De ontwikkelingsfasen van Piaget

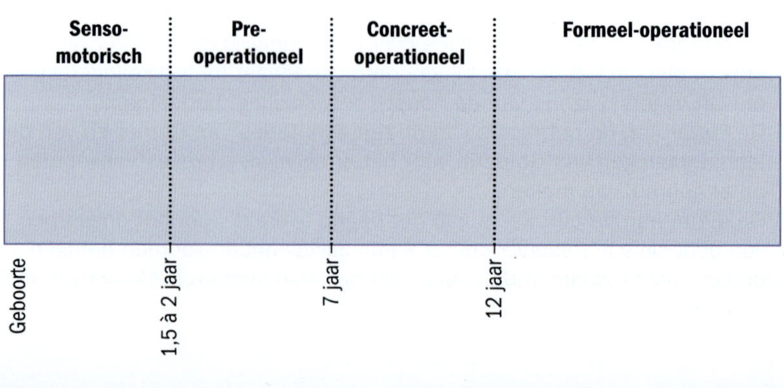

Piaget onderscheidt de volgende vier ontwikkelingsfasen:

1 De senso-motorische fase – vanaf de geboorte tot ongeveer 1,5 à 2 jaar. De eerste fase is bij Piaget de periode waarin de nadruk ligt op de zintuigen én de motoriek. In deze fase bestaat het denken uit het omgaan met de werkelijkheid: denken = doen. Het duidelijkste kenmerk in deze fase is dat het kind zichzelf centraal stelt: een vorm van egocentrisme. Er is geen onderscheid tussen het handelen en denken, tussen het kind zelf en de buitenwereld, of tussen het eigene en het vreemde.
2 De pre-operationele fase – van ongeveer 1,5 à 2 jaar tot ongeveer 7 jaar. In de tweede fase is er onder invloed van de ontwikkeling van de taal sprake van een begin van begripsvorming. De relatie van het kind met de omringende werkelijkheid is nog steeds egocentrisch. De benadering van die werkelijkheid gebeurt op een fantastisch-realistische manier: dieren kunnen bijvoorbeeld praten en dingen kunnen tot leven komen.
3 De concreet-operationele fase – van ongeveer 7 jaar tot ongeveer 12 jaar. In deze fase heeft het kind geleerd in gedachten handelingen te verrichten in zoverre deze betrekking hebben op de concrete werkelijkheid. Op dat niveau is het kind op zoek naar logische verbanden. De benadering van de wereld is naïef-realistisch.
4 De formeel-operationele fase – vanaf ongeveer 12 jaar.
Het kind is nu in staat theoretisch – in de vorm van hypothesen – met de werkelijkheid bezig te zijn. De benadering van die werkelijkheid kan het beste getypeerd worden als kritisch-realistisch.

12

Piagets visie in de praktijk

Piagets leeftijdsgrenzen tussen de fasen zijn wel eens te dogmatisch uitgelegd. Hij baseerde deze op uitkomsten van empirische onderzoekingen, uitgevoerd bij kinderen uit Genève. Die resultaten – zo hebben andere onderzoekers geconcludeerd – zijn sterk beïnvloed door allerlei culturele variabelen uit de omgeving van de kinderen. Onderzoekingen met andere kinderen leveren van Piagets fasenindeling afwijkende leeftijdsgrenzen op.
Belangrijker dan de exacte leeftijdsgrenzen is Piagets onderverdeling van de ontwikkeling van het denken en zijn inzicht dat ieder mens deze ontwikkelingsfasen doorloopt. Al kan niet met zekerheid gesteld worden dat ieder de eindfase – de formeel-operationele fase – bereikt.

Piaget heeft zijn ideeën over de ontwikkeling van het denken niet in een onderwijstheorie uitgewerkt. Zijn indeling in fasen heeft echter wel een grote invloed op het onderwijs. Deze indeling heeft het ontwikkelingsafhankelijk leren gestimuleerd. Onderwijsgevenden zoeken leerstof die past bij de ontwikkelingsfase waarin de cognitieve structuur van het kind zich bevindt (ook wel 'het leervermogen' genoemd). Dit blijkt bijvoorbeeld uit de volgende tekst waarin passages uit een aardrijkskunde- en een geschiedenisdidactiekboek zijn weergegeven:

Fasen in het aardrijkskunde- en geschiedenisonderwijs

Aardrijkskunde
Van 8 tot 10 jaar

Totaalbeeld: naïef realistisch
Ontmoeting: erop uitgaan om meer te weten te komen
Oriëntering: door vrij oppervlakkig waarnemen en onderbrengen in vrij willekeurige analogie- reeksen.

12

Geschiedenis
Groep 5 en 6

In groep 5 komt er meer geleding in de voordien meer globaliserende levenswijze van het kind. Het magisch-mythische element wordt minder overheersend en maakt plaats voor een naïef-realistische instelling. De zakelijke momenten worden sterker en mede daardoor krijgen activiteiten als verzamelen en experimenteren een belangrijke plaats. Ze willen 'er meer van weten', in hun honger naar verkenning hebben ze het altijd druk en oefent het onbekende een sterke bekoring uit. Het verre en het onbekende lokt vooral wanneer het gaat om 'echte' dingen. Sprookjes worden naar de achtergrond gedrongen en vooral bij jongens kan er zelfs minachting ontstaan voor 'die kinderachtige onzin'.

In later tijd is Piagets visie van verschillende kanten bekritiseerd. Kernpunten van kritiek zijn de onderschatting en miskenning van de betekenis van de taal, van de betekenis van menselijke contacten en van de betekenis van het onderwijs voor de ontwikkeling van het denken. Vooral de opvatting van Piaget dat de ontwikkeling in fasen niet wordt beïnvloed door het onderwijs, is sterk aangevallen. Volgens Piaget moet het onderwijs zich aanpassen aan de fase waarin het kind zit; andere onderzoekers wijzen zo'n visie op het onderwijs als al te passief af.

12.1.2 Visie van Vygotsky

Een andere visie op de ontwikkeling van het denken bij kinderen treffen we aan bij een tijdgenoot van Piaget, de Russische leerpsycholoog Lev Vygotsky (1896-1934). Hij verwerpt de opvatting van Piaget dat het onderwijs zich moet aanpassen aan het leervermogen van de kinderen. Volgens Vygotsky wordt de cognitieve ontwikkeling mede bepaald door het onderwijs. De school is volgens hem de plaats bij uitstek om de cognitieve ontwikkeling te stimuleren. Dat gebeurt onvoldoende door de leerlingen – overeenkomstig de fasen van Piaget – op eigen niveau te laten werken. Er moet in het onderwijs steeds een stapje verder gegaan worden: op zoek, zoals Vygotsky dat noemde, naar de '*zone van de naaste ontwikkeling*', het gebied waar de leerling al bijna kennis van heeft en waar hij met behulp van de onderwijsgevende echt kennis van kan krijgen.

Zone van de naaste ontwikkeling

Op basis van het leerprincipe van de 'zone van de naaste ontwikkeling' is de taak van onderwijsgevenden duidelijk anders dan op basis van de fasen van Piaget. Volgens de fasenleer van Piaget zoekt de leerkracht inhouden en activiteiten die passen bij de fase waarin het kind zich bevindt, totdat er sprake is van een spontane ontwikkeling naar een volgende fase. Volgens de ideeën van Vygotsky zoekt de onderwijsgevende inhouden en activiteiten die het leervermogen van het kind zo optimaal mogelijk tot ontwikkeling brengen, steeds maar weer een stapje verder. Voor Vygotsky is er geen specifiek op vier- of twaalfjarigen afgestemd onderwijs. Zulke faseringen ontkent hij; uitgaan van dergelijke fasen in het onderwijs kan volgens Vygotsky leiden tot ernstige onderschatting van het kind. Verder legt Vygotsky veel nadruk op het belang van taal en begripsvorming voor de ontwikkeling van het denken (zie ook paragraaf 12.4).

Piaget versus Vygotsky

In het West-Europese onderwijs hebben de ideeën van Piaget meer doorgewerkt dan die van Vygotsky. De ideeën van Piaget vormden lange tijd de basis voor de formulering van uitgangspunten voor visies op onderwijs. Zoals op het gebied van de leerstofselectie: van concreet naar abstract (formeel) of van dichtbij naar veraf. Daarbij gaat het niet om typische 'uitvindingen' van Piaget; deze ideeën treft men al aan bij denkers over het onderwijs ver voor Piagets tijd, bijvoorbeeld bij Comenius (1592-1670) en Pestalozzi (1746-1827). De fasenleer van Piaget heeft deze ideeën echter wel opnieuw bevestigd en versterkt. De visies van Russische leerpsychologen – Vygotsky en zijn navolgers, waaronder Galperin – zijn in het Westen lange tijd buiten beeld gebleven.

12.1.3 Visie van Bruner

Kritiek op de opvattingen van Piaget was er ook in het Westen. De Amerikaanse psycholoog Jerome Bruner (1915) ging in zijn theorie over de cognitieve ontwikkeling weliswaar ook uit van het begrip cognitieve structuur, maar hij verliet de weg van de indeling in ontwikkelingsfasen. Ook hij ziet de cognitieve structuur als een georganiseerd samenhangend geheel van gegevens, dat in de persoon aanwezig is. Dit samenhangend geheel is ook volgens Bruner steeds in beweging. Van belang voor het verdere verhaal in dit boek zijn Bruners ideeën over de manier waarop nieuwe informatie in de cognitieve structuur opgenomen kan worden.

Representaties

Die manieren noemde hij *representaties*:

1 *De 'motorische representatie'*. Deze representatie bestaat uit het handelend omgaan met de tastbare dingen: door ergens mee bezig te zijn, leer je het kennen.
2 *De 'iconische' representatie*. Nieuwe informatie wordt nu ook opgenomen door indirect contact met de dingen door middel van afbeeldingen in alle mogelijke vormen.
3 *De 'symbolische representatie'*. Deze representatie bestaat uit het leren via de taal of door het gebruikmaken van symbolen. Kennisname van de werkelijkheid in abstracte termen is mogelijk.

Net als Vygotsky wijst Bruner de visie af dat ontwikkeling op cognitief gebied een volstrekt spontaan, innerlijk proces is. Zijn onderscheiding van de representaties is dan ook geen fasenleer, maar legt accenten in een bepaald ontwikkelingsproces. Zelfs als het kind in staat is via de symbolische representatie nieuwe informatie op te nemen, dan nog zullen de beide andere representaties van belang blijven. Op grond daarvan komt Bruner tot de constatering, dat aan kinderen op elk moment alles geleerd kan worden als daarbij maar een goede keus wordt gedaan uit de verschillende representaties. Leren gaat volgens Bruner het beste als leerlingen zo vroeg mogelijk een enigszins compleet beeld krijgen van de structuur en de basisbeginselen van een vak. Deze kunnen daarna steeds op een hoger niveau worden toegepast. Bruner noemt dit een *spiral curriculum*.

12.1.4 Visie van Galperin

Leerhandelingen

Er zijn duidelijke overeenkomsten tussen de representaties van Bruner en de *leerhandelingen* van de Russische psycholoog Galperin (1902-1988). Deze onderscheidt de volgende vier leerhandelingen:

1 *Materieel handelen*. De leerlingen leren aan de hand van materialen, voorwerpen en hulpmiddelen.

2 *Perceptief handelen*. De leerlingen leren door te kijken naar de materialen zonder ze te hanteren.
3 *Verbaal handelen*. Leerlingen leren door de handelingen onder woorden te brengen (hardop of in zichzelf).
4 *Mentaal handelen*. De leerlingen leren door te denken.

12

Galperin ziet in deze verschillende vormen van handelen een opklimming van beginnend leren naar gevorderd leren. Ook bij Galperin leidt deze onderscheiding in manieren van leren niet tot een strikte indeling in fasen.

12.1.5 Visie van Kolb

Leercyclus Kolb

David Kolb (1939) is een leerpsycholoog en pedagoog uit de Verenigde Staten. Hij ontwikkelde en publiceerde de zogenoemde *Leercyclus volgens Kolb*. Effectief of duurzaam leren is volgens Kolb het resultaat van het cyclisch doorlopen van een proces waarbij een viertal gedragingen op elkaar inhaken. Daarbij staan de leeractiviteiten centraal en niet de leerstofopbouw: ervaren, reflecteren, concept en experiment (figuur 12.2).

FIGUUR 12.2 De leercirkel van Kolb

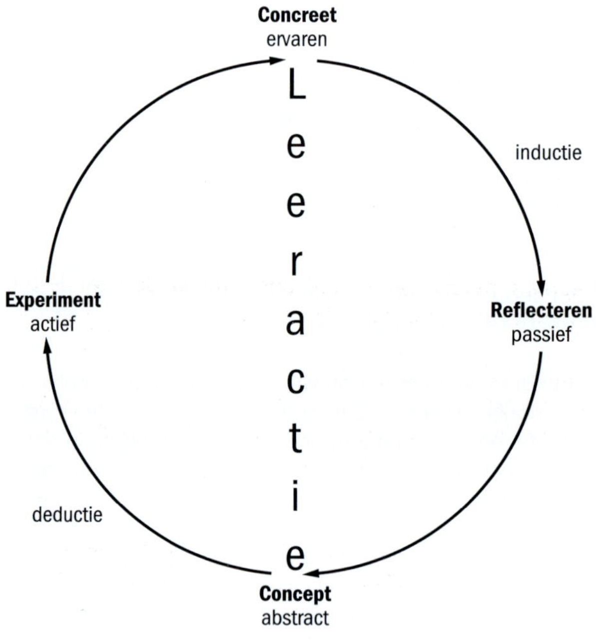

Leerstijlen

Deze vier gedragingen zijn gekoppeld aan vier typen leerstijlen:
1 *Concreet ervaren*. De *doener*, die werkt vanuit de directe ervaring.
2 *Waarnemen en overdenken*. De *bezinner*, die planmatig werkt.
3 *Abstracte begripsvorming*. De *denker*, die vraagstukken koppelt aan de theorie.
4 *Actief experimenteren*. De *beslisser*, die zoekt naar praktische oplossingen.

Zoals in figuur 12.2 te zien is, volgen de leerfasen elkaar op. Je kunt dus de leerfasen in elke mogelijke volgorde doorlopen. Je kunt zelfs een fase over-

slaan. Wanneer je fasen overslaat, daalt het leerrendement wel weer. Kolb heeft ook ontdekt dat mensen de neiging hebben vooral die leerfase te ontwikkelen waar ze toch al goed in zijn. Hij vindt dat mensen ook aandacht moeten besteden aan de leerfasen die ze nog niet zo goed ontwikkeld hebben. Op die manier kom je in aanraking met alle leerfasen en steek je van elke leerstijl wat op. Dit werkt het leerrendement dat je tijdens het leerproces opbouwt weer in de hand.
Wanneer je alle vier de leerstijlen goed beheerst, ben je een allrounder. Tegenwoordig wordt het ontwikkelen van alle vier de leerstijlen aangemoedigd.

Wanneer in het kader van het 'nieuwe leren' (zie paragraaf 14.3), de leerling moet 'leren te leren' dan kan dat volgens Kolb het beste wanneer alle vier leerstijlen beheerst worden.

12.1.6 Visie van Gardner

Meervoudige intelligenties

Howard Gardner is een Amerikaanse psycholoog (1943), die vooral bekend is geworden door de 'theorie over meervoudige intelligenties'. Intelligentie betekent volgens Gardner: *de bekwaamheid om te leren, om problemen op te lossen*. Dit kan volgens hem op verschillende (dus meervoudige) manieren. Dit betekent dat je op sommige manieren meer intelligent bent dan op andere. De verschillende soorten intelligentie, die hij onderscheidt, zijn:

- verbaal / linguïstische intelligentie (woordknap)
- logisch / mathematische intelligentie (rekenknap)
- visueel / ruimtelijke intelligentie (beeldknap)
- muzikaal / ritmische intelligentie (muziekknap)
- lichamelijke / kinesthetische intelligentie (beweegknap)
- interpersoonlijke intelligentie (mensknap)
- intrapersoonlijke intelligentie (zelfknap)
- natuurgerichte intelligentie (natuurknap)

Er zijn veel wetenschappers, psychologen en filosofen die vinden dat de theorie van Gardner regelrechte onzin is. Hun voornaamste argument hiervoor is dat er geen empirische aanknopingspunten voor zijn en de theorie kan dus niet empirisch ondersteund worden.
Zowel over leerstijlen als over meervoudige intelligentie zijn op internet vele tests te vinden waarmee je kunt onderzoeken wat je eigen leerstijl of intelligentie is.

12.1.7 Visie van Marzano

De Amerikaanse onderwijswetenschapper Robert J. Marzano ontwierp in *Dimensions of learning* een praktisch model, waarin hij vijf dimensies van leren / denken onderscheidt, die samen complexe leerprocessen beschrijven. Hij heeft zijn model ontwikkeld op basis van een grote hoeveelheid onderzoek over leren en beschouwt de vijf dimensies als de noodzakelijke ingrediënten voor actief en authentiek leren van leerlingen. Deze vijf dimensies kunnen als volgt (kort) omschreven worden:

1 *Een positieve houding en opvatting over het (eigen) leren*. In deze dimensie staan die aspecten centraal die voorwaarde zijn voor het leren van de leerlingen. Te denken valt aan het zich veilig voelen in de klas, zich geaccepteerd voelen door medeleerlingen en vertrouwen hebben in eigen kunnen.
2 *Het verwerven en integreren van nieuwe kennis*. In deze dimensie staat het aanleren van twee vormen van kennis centraal, namelijk declaratieve

kennis en procedurele kennis. Declaratieve kennis betreft informatie die leerlingen moeten kennen, zoals woorden, regels en principes. Procedurele kennis is kennis over handelingen, die leerlingen moeten doen. Dat betreft bijvoorbeeld kennis van het maken van een staartdeling, het lezen van een kaart of een tijdbalk.

3 *Het uitbreiden en verfijnen van kennis van vaardigheden*. In deze dimensie worden een achttal vaardigheden aangeboden waarmee leerlingen hun kennis kunnen uitbreiden en verfijnen: classificeren, inducere, deduceren, analyseren, construeren van ondersteuning, abstraheren en analyseren van perspectieven.
4 *Betekenisvol gebruik van kennis*. In deze dimensie gaat het om het ontwikkelen van kennis die in te zetten is in realistische contexten. Marzano onderscheidt vijf soorten betekenisvolle leertaken: besluitvormingstaken, onderzoek, experimenteel onderzoek, probleemoplossen en uitvinden / ontwerpen.
5 *Productieve leer- en denkgewoontes*. In deze dimensie beschrijft Marzano hoe leerlingen hun eigen leergedrag vorm kunnen geven. Hij besteedt daarbij aandacht aan zelfregulerend denken-leren, aan kritisch denken-leren en aan creatief denken-leren.

Marzano pleit ervoor om aan alle dimensies aandacht te besteden en er niet één achterwege te laten. Hij pleit daarbij voor een afwisseling van zowel docentgestuurde activiteiten als meer leerlinggestuurde activiteiten.

12.1.8 Invloed van de visies op het onderwijs

Wat leveren al deze ideeën, opvattingen en theorieën op voor het onderwijs in *Geschiedenis & Samenleving*? De Amerikaanse onderwijskundige Kieran Egan (zie paragraaf 12.2) stelt dat de onderwijspraktijk niet zo veel heeft aan de resultaten van het ontwikkelings- en leerpsychologisch onderzoek. Hij noemt die theorieën vage algemeenheden. Egan heeft gelijk; het zijn vage algemeenheden. Maar ook algemeenheden kunnen een functie hebben, bijvoorbeeld de functie van een spiegel. Kennisname van die algemeenheden kan leiden tot bewustwording van eigen, vaak impliciete, in de praktijk ontstane opvattingen en inzichten. Zo zitten in discussies over het onderwijs allerlei keuzes uit het voorgaande verstopt. Moet een leerkracht bijvoorbeeld alleen maar uitgaan van vragen van het kind of mag (of moet) de onderwijsgevende zelf ook met onderwerpen komen? Ontwikkelt het kind zichzelf spontaan (dit is in extreme vorm terug te vinden in de filosofie van het nieuwe leren) of moet het kind in zijn ontwikkeling begeleid worden? Ook in de vormgeving van de leerstof zien we deze discussie terug. Wanneer Bruner stelt dat alle leerstof geschikt te maken is, dan is het de grote uitdaging voor het onderwijs de meest geschikte representaties te kiezen. Bruners representatieoverzicht en de leerhandelingen van Galperin liggen dan ook ten grondslag aan het beeldvormingsschema, dat centraal staat in hoofdstuk 13.
De theorie van Kolb heeft vooral invloed op het opleidingsonderwijs op hogescholen en universiteiten. Vooral naar aanleiding van het leerstijlenonderzoek van Jan Vermunt (Universiteit van Utrecht) onder studenten is er in het huidige hoger onderwijs meer aandacht voor verschillende leerstijlen. Ook in het voortgezet onderwijs en het basisonderwijs vindt deze theorie steeds meer ingang.
In het basisonderwijs wordt daarnaast het begrip 'meervoudige intelligentie' steeds vaker gebruikt met als doel het onderwijs meer adaptief en gediffe-

rentieerd te maken. Er zijn zelfs scholen die hun hele onderwijsaanbod op deze theorie baseren.
De vijf dimensies van Marzano worden steeds meer toegepast in alle vormen van onderwijs in de organisatie van het curriculum, de instructie en in de wijze van beoordelen.

12.2 De wereld van het kind en de keuze van leerstof

Een algemeen uitgangspunt op leerpsychologisch gebied, dat vaak genoemd wordt, is de opvatting dat de leerstof moet aansluiten bij de wereld van het kind. Voor die wereld zijn allerlei termen in omloop: onder meer de belevingswereld, de ervaringswereld, de belangstellingswereld en de leefwereld. Opvattingen over omvang of inhoud van die wereld van het kind leiden in de onderwijspraktijk tot waardeoordelen. Zo wordt van lessen of van websites wel eens gezegd, dat ze inhoudelijk wel erg ver van de wereld van de leerlingen afstaan.

Begrip 'wereld'

Er is duidelijk verwarring te constateren rondom dit begrip 'wereld'. Wanneer in een publicatie van een lerarenopleiding basisonderwijs wordt gesteld dat de leerstof wordt gezocht in de wereld waarin studenten, docenten en basisschoolkinderen leven, dan kan met die wereld onmogelijk het begrip belevingswereld bedoeld zijn. Het lijkt erop, dat in veel onderwijspublicaties het begrip 'wereld' beperkt is tot de materiële wereld die het kind omgeeft. De wereld wordt dan opgevat als een ruimtelijk, geografisch begrip. Een dergelijke opvatting over het begrip 'wereld' is eenzijdig en ook maar zeer beperkt bruikbaar voor de leerstofkeuze.

Materiële wereld

Lang niet alles wat in de *materiële wereld* van het kind aanwezig is, behoort tot zijn belevingswereld. Lang niet alles wat tot de belevingswereld van kinderen behoort, is in de materiële omgeving terug te vinden! Met het voorgaande wil beslist niet gezegd zijn dat de materiële omgeving geen betekenis heeft voor de ontwikkeling van het kind. Vooral in de fase van de opbouw van de woordenschat speelt die materiële omgeving een belangrijke rol. Dat blijkt heel duidelijk als kinderen onder bijzondere omstandigheden opgroeien.
Zo verhaalt C. Asscher-Pinkhof in haar boek *Sterrekinderen* over een meisje dat tijdens de Tweede Wereldoorlog opgroeit in een concentratiekamp. Zij behoort tot een kleine groep Joden, die door de Duitsers wordt uitgewisseld. Als zij in een tweedeklastrein stapt, reageert ze *Gôh! Wat een mooie matrassen hebben ze in deze barak*. De vader van een ander kind dat in een concentratiekamp opgroeide, realiseerde zich dat zijn driejarige Tommy maar aan weinig dingen een naam kon geven. In het geheim maakte hij een tekenboek voor zijn zoon, waarin deze kon ontdekken dat er meer op aarde was dan het kleine beetje dat hij om zich heen zag. Zo ontstond het prentenboek van Bedrich Fritta *De dag dat Tommy drie werd* (figuur 12.3).

In de algemene leerpsychologische uitspraken speelt de indeling dichtbij-veraf een belangrijke rol. Er is zelfs een theorie voor leerplanontwikkeling op gebaseerd, die grote invloed heeft op de onderwijspraktijk. In die theorie en de daarop gebaseerde onderwijspraktijk wordt ervan uitgegaan, dat kennis systematisch opgebouwd moet worden volgens het principe *van dichtbij naar veraf*.

Van dichtbij naar veraf

FIGUUR 12.3 De dag dat Tommy drie werd

Die theorie is terug te vinden in de ordening van aardrijkskundestof: de eigen plaats, de eigen provincie, Nederland, Europa, de wereld. Ook bij geschiedenis is die theorie te ontdekken, niet alleen in de lange tijd wettelijk voorgeschreven beperking tot vaderlandse geschiedenis, maar ook in het idee dat kinderen, voordat ze toe zijn aan de historische tijd (het verleden), eerst de dagelijkse tijd (uren, dagen, maanden, jaren) op een rijtje moeten hebben.

Expanding horizons

Deze theorie van de 'dichtbijliggende verhoudingen' (in Amerika: '*the expanding horizons*') is van verschillende kanten bekritiseerd. Het is te verdedigen dat deze theorie op het kind van toepassing is tijdens de wieg- en boxperiode, maar op latere leeftijd is de materiële wereld, ofwel de fysieke nabijheid, niet meer allesbepalend.
Via de 'expanding horizons'-theorie wordt de wereld keurig stap voor stap aan de orde gesteld. De vraag is echter of dit overeenkomt met de manier waarop kinderen in de basisschoolleeftijd met de wereld bezig zijn. In een artikel in het onderwijstijdschrift *School* putte Rita Kohnstamm uit haar herinneringen:

> 'Eén keer in de week hing, als we om half twee op school terugkwamen, een grote wandplaat op het bord met een tafereel uit de vaderlandse geschiedenis. Het was volgens mij de enige les waarbij iedereen "hoi" riep. Ik kan me niet voorstellen dat iedere juffrouw of meester die ik heb gehad een begenadigd verteller was, maar dat hoefde kennelijk ook niet. De Grote Verhalen uit de geschiedenis waren spannend genoeg en moeilijk kapot te krijgen, zoals de overwintering op Nova Zembla, Jacoba van Beieren op de valkenjacht en de hagepredikers. Op de platen was voldoende te zien om je fantasie aan te zwengelen. Het zou me niet verbazen als tijdens zo'n les de verschillen tussen domme en slimme kinderen wegvielen... Uitgaande van de leefwereld van het kind zijn de bijbehorende verha-

len natuurlijk niet relevant meer. Noch Jacoba van Beieren, noch Kenau Hasselaar, noch de vrouw van Hugo de Groot, laat staan Michiel de Ruyter hadden in de verste verte iets met mijn leventje te maken. Misschien dat ik het daarom zo leuk vond over ze te horen – leuker dan een werkstukje te maken over "de straat waar ik woon" of "toen ik klein was", waarmee nu zo vaak de lessen wereldoriëntatie aanvangen.'

Op grond van haar eigen ervaringen maakt Rita Kohnstamm duidelijk wat kinderen aanspreekt.

Theorie van Egan

De Amerikaanse onderwijskundige Egan bouwde in zijn boek *Educational Development* (en in latere publicaties) op dat principe een hele onderwijstheorie. Centraal daarin staat dat in het onderwijs moet worden gezocht naar aansluiting bij wat kinderen bezighoudt. Daarbij is volgens Egan niet zozeer de werkelijkheid van belang, maar de vormgeving van de werkelijkheid. Die vormgeving moet zó zijn, dat het kind toegang kan krijgen tot de werkelijkheid.
In zijn theorie gaat Egan ervan uit dat zich in een mensenleven fasen ontwikkelen, die alle een eigen denkwijze, een eigen wijze van benadering van de werkelijkheid kennen. Wil onderwijs effectief zijn, dan zal in elke fase op die eigen benaderingswijze moeten worden ingespeeld. Egan benadrukt sterk de noodzaak dat een fase goed wordt doorlopen. Dat houdt onder meer in dat hij van onderwijsgevenden vraagt om uitingen of gedragingen van kinderen, die zijzelf afwijzen, goed te keuren als noodzakelijke overgangsfasen. Een te vroeg opleggen van ideeën van volwassenen wijst hij af omdat deze de meest ideale ontwikkeling van kinderen belemmeren.
Egans theorie kent vier fasen, waarvan de eerste twee voor de basisschool van belang zijn:
1 de mythische fase van 4/5-8/9 jaar
2 de romantische fase van 8/9-14/15 jaar
3 de filosofische fase vanaf 14/15-19/20 jaar
4 de ironische fase vanaf 19/20 jaar

Het gaat hier om denkwijzen die achtereenvolgens in een mensenleven dominant worden. Ze blijven bij ieder mens bestaan en levenslang relevant voor de manier waarop mensen leren.
In figuur 12.4 zijn deze fasen gekoppeld aan de Nederlandse onderwijspraktijk.

FIGUUR 12.4 De fasen van Egan in relatie met de Nederlandse schoolsituatie

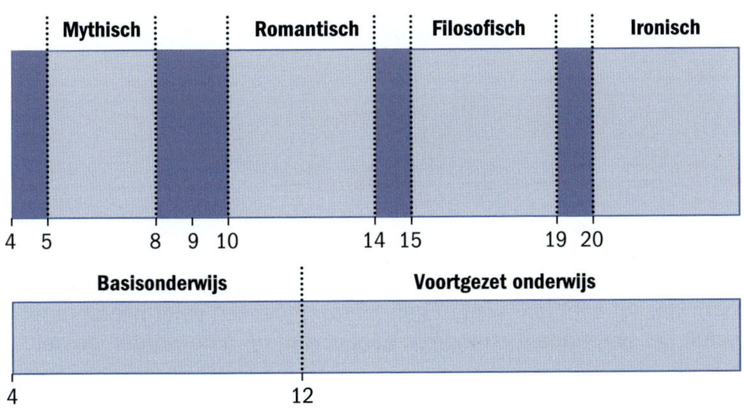

De mythische fase: ik ben de wereld

De mythische fase: ik ben de wereld kenmerkt zich door zwart-witdenken, fantasie en verpersoonlijking van de werkelijkheid (bijvoorbeeld sprekende dieren en bomen of auto's en locomotieven als personen). De wereld wordt opgevat als één groot samenhangend verhaal: sprookjesachtig, zonder duidelijk onderscheid wat 'echt' en wat 'verzonnen' is.
Kinderen maken nog geen onderscheid tussen zichzelf en de wereld (de autonome, objectieve wereld). Wanneer leerlingen in deze fase wordt gevraagd naar een mening over de met het oog op invaliden verlaagde stoepranden, is de kans groot dat ze verklaren dat deze zo makkelijk zijn voor de crossfiets. Tegenstellingen spreken hen sterk aan, zoals groot en klein, en veilig en angstig.
Wat kinderen in de mythische fase echter het meest bezighoudt, zijn emoties en morele opvattingen: liefde, haat, vreugde, verdriet, goed en kwaad. Aan de hand van dergelijke categorieën benaderen ze de werkelijkheid. Deze mythische fase kan dan ook getypeerd worden met 'ik ben de wereld', omdat vanuit het ik door middel van het emotionele en morele de wereld verkend en geordend wordt (figuur 12.5).

FIGUUR 12.5 'Ik ben de wereld': kind en wereld in de mythische fase

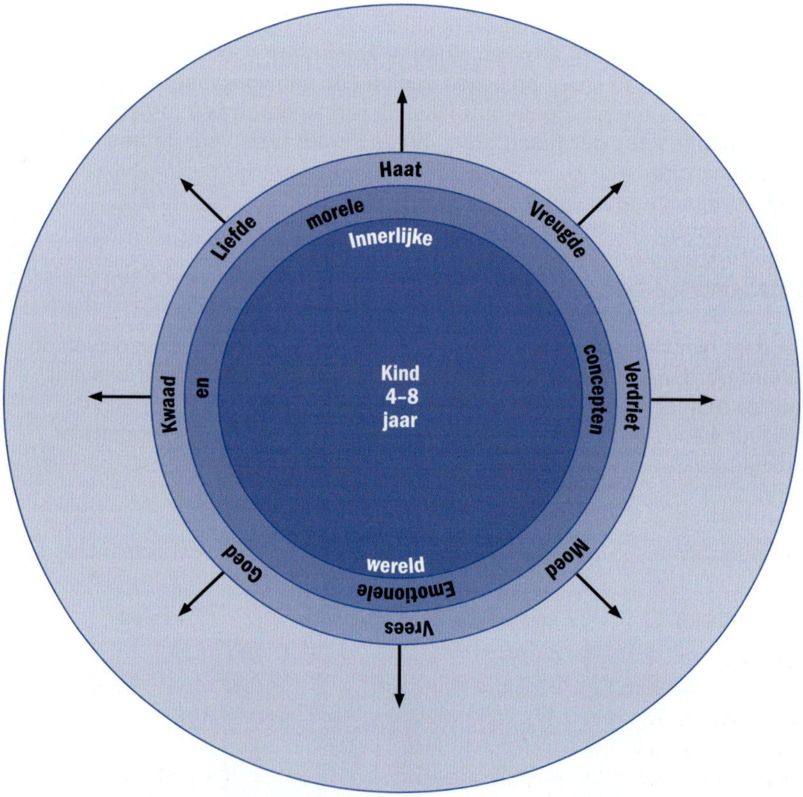

Bruner stelt dat in het onderwijs altijd alle onderwerpen mogelijk zijn. Voor de fase van vier tot acht jaar voegt Egan hieraan toe: dat geldt alleen maar als ze vanuit het emotionele en morele aspect aan de orde worden gesteld.

Romantische fase: Ik én de wereld

In een cultuur als de westerse, met een vrij algemene geschooldheid en geletterdheid, wordt het *mythische denken* al vrij snel naar de achtergrond gedrongen voor het *romantische denken*. Zodra duidelijk wordt dat je de wereld 'echt' kunt leren kennen, ontwikkelen kinderen de neiging dat ook uitputtend te doen. De overgang van de mythische naar de romantische fase valt samen met het leren lezen en schrijven. Kinderen willen dan 'van alles weten' om daaraan nieuwe zekerheden te ontlenen, nu blijkt dat sprookjes niet kloppen en Sinterklaas niet bestaat. Kinderen willen weten wat dan wel echt mogelijk is en wat de grenzen van het mogelijke zijn. Het kind ziet de wereld niet langer als een verlengstuk van zijn binnenwereld, maar als iets autonooms dat groot en dreigend tegenover hem staat. In deze fase is het 'ik ben de wereld' overgegaan in *ik én de wereld*. Het kind moet leren met die grote, dreigende wereld om te gaan. Vandaar dat kinderen zich identificeren met machtige, nobele en moedige mensen die de wereld de baas zijn. Deze identificatie leidt tot uitingen van zelfverheerlijking: 'Dat kan ik ook.' Deze zelfverheerlijking is nodig om zekerheid te vinden in de vreemde wereld. Kinderen in de romantische fase benaderen de wereld dus vanuit begrippen als moed, kracht, energie en creativiteit (figuur 12.6).

12

FIGUUR 12.6 'Ik én de wereld': kind en wereld in de romantische fase

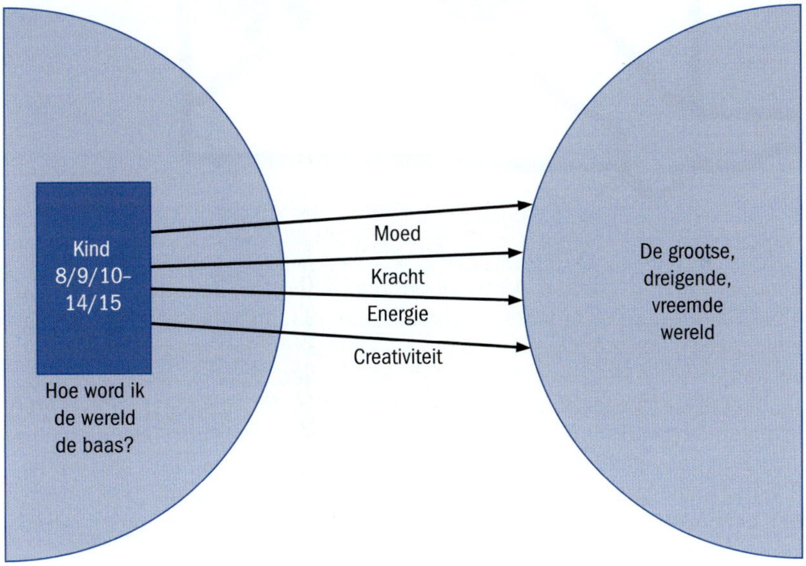

Een mooie illustratie daarvan is te vinden in het boek *Nathan Sid* van Adriaan van Dis. Nathan, een jongen van tien jaar, is ziek. Zijn moeder leest hem voor uit *Nils Holgersson* van Selma Lagerlöf. 'Nathan hield niet van die slome op die vogel. Hij hield alleen van Gulliver... Zo wilde Nathan ook zijn, mooi, zonder sproeten en galbulten. Met zo'n open bloes met haar en met zulke grote laarzen.' Toen Nathan beter was, kreeg hij nieuwe rubberlaarzen. 'Nu gloeide Nathan van trots. Op weg naar school sloeg hij de randen van zijn laarzen om. Toen hij op het fietspad langs een kring paddenstoelen kwam, smeet hij zijn fiets stoer tegen de grond. Hij plaste eens flink tegen een boom, spuugde een paar maal in het rond en vertrapte met open gulp en glanzende laarzen de paddenstoelen. Voor het eerst voelde hij zich echt een beetje Gulliver' (figuur 12.7).

FIGUUR 12.7 'Voor het eerst voelde hij zich echt een beetje Gulliver' (Charlotte Mutsaers)

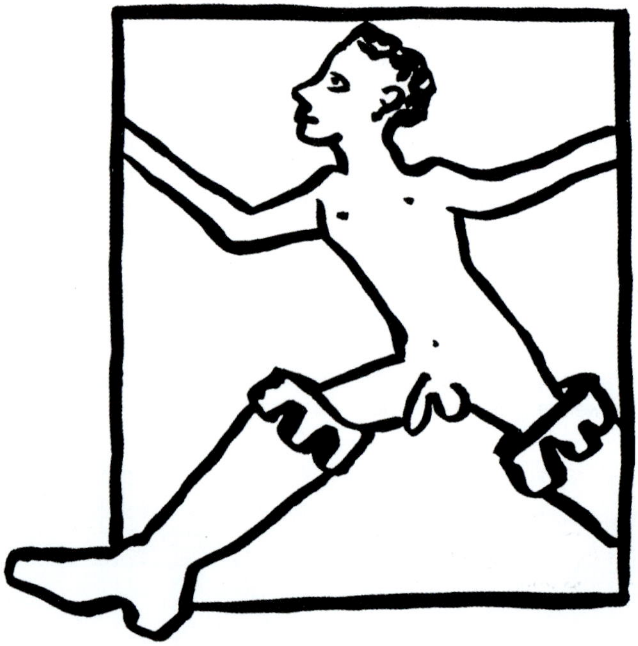

Kinderen zijn in deze fase gefascineerd door uitersten, door alle dingen die in het *Guinness Book of World Records* staan. Als uiting hiervan kan bijvoorbeeld ook de kortstondige manie om te adresseren met woonplaats, provincie, land, werelddeel, wereld, heelal gezien worden. Kennis van wat werkelijk, mogelijk en bovenal anders is, trekt de aandacht. Daarbij is er een grote belangstelling voor details van een bepaald onderwerp. Deze belangstelling uit zich in het verzamelen van alle mogelijke gegevens over een onderwerp of in het aanleggen van zo compleet mogelijke verzamelingen. Juist in deze fase beschikt het kind over een groot vermogen om gegevens in het geheugen op te nemen.

In deze fase moet het onderwijs goed gebruikmaken van het kinderlijke verlangen naar detailleren en verzamelen. Het verdient de voorkeur één onderwerp breeduit aan de orde te stellen. Dat slaat meer aan dan verschillende onderwerpen oppervlakkig af te werken. Ook moet het onderwijs goed gebruikmaken van de mogelijkheden van het geheugen van het kind in deze fase.
Verhalen en spelen zijn hierbij essentiële onderwijsingrediënten. Voor de onderwerpkeuze noemt Egan in *An Imaginitive Approach to Teaching* onderwerpen die de uitersten van ervaringen en de grenzen van de werkelijkheid verkennen, associaties met helden en thema's die het gevoel van verbazing en nieuwsgierigheid opwekken. Leerlingen worden in deze fase geboeid door

het verre en het vreemde en raken *bored out of their minds* door verantwoorde lessen die gaan over het verkennen van hun eigen omgeving.

Filosofische fase: de wereld en ik

In de *filosofische fase* verandert opnieuw de relatie tussen kind en wereld. Nu is die relatie het best te typeren als *de wereld en ik*, dankzij het groeiende inzicht dat de wereld van invloed is op het leven van het kind. De nadruk ligt nu op algemene, ordenende schema's. Details en feitjes worden voor de filosofische denker steeds minder belangrijk. Het gaat nu om het niveau van een samenhangend denksysteem, een filosofisch stelsel dat de wereld definitief kan verklaren.
Jongeren in de leeftijd van vijftien tot twintig jaar kunnen zich in deze fase ontwikkelen tot overtuigd aanhanger van een bepaalde denkrichting, bijvoorbeeld dierenactivisme en vegetarisme, politieke of politiek-filosofische stromingen of godsdiensten.

Ironische fase: geen schema

De *ironische fase* vanaf negentien, twintig jaar heeft als hoofdkenmerk het inzicht dat de werkelijkheid niet vast te leggen is in een schema, structuur of ideologie. De geldigheid van algemene wetmatigheden en theorieën wordt door de ironische denker kritisch bevraagd en ter discussie gesteld. Deze houding ontwikkelt zich echter meestal pas na de voortgezet-onderwijsleeftijd en niet bij ieder mens.

Didactische consequenties visie Egan

De visie van Egan op de wereld van het kind wijkt in zijn didactische consequenties enorm af van die van de 'expanding horizons'. In plaats van de fysieke nabijheid als leerstofkeuzecriterium pleit hij voor het uitgaan van fasen in de kinderlijke benaderingswijze van de wereld. In beide visies gaat het om dichtbij, maar ze leiden in de onderwijspraktijk tot totaal verschillende inhouden.

Voor *Geschiedenis & Samenleving* zijn bij ontwikkelingspsychologen verschillende aanwijzingen te vinden. De fasenleer van Piaget, vooral in de uitwerking van Bruner en Galperin, prikkelt om de vormgeving van het onderwijs te doordenken. Vygotsky en navolgers bieden gegevens over de cognitieve ontwikkeling, die voor de beeldvorming van de hedendaagse en historische werkelijkheid van groot belang zijn. Voor de leerstofselectie heeft Egan – al overdrijft hij in zijn afwijzing van alles wat 'gewoon' en 'dichtbij' is – interessante voorstellen, die het waard zijn verder onderzocht en beproefd te worden. Deze aspecten uit dit hoofdstuk zullen in dit boek dan ook steeds weer terugkomen.

12.3 Kind en tijd

Voor het onderwijs in *Geschiedenis & Samenleving* is de ontwikkeling van *tijdsbesef* bij kinderen van groot belang.

Tijdsbesef

Ondanks dat 'tijd' een vertrouwd en dagelijks verschijnsel is, is het niet eenvoudig om het begrip 'tijd' te definiëren. Dat realiseerde de kerkvader Augustinus zich al rond de vierde eeuw, toen hij schreef:

> 'Wat is dus de tijd? Wanneer maar niemand het me vraagt, weet ik het; wil ik het echter uitleggen aan iemand die het vraagt, dan weet ik het niet' (Augustinus, 354-430).

12.3.1 Soorten tijdsbesef

Tijd wordt wel onderscheiden in objectieve tijd en subjectieve tijd. Aan die vormen van tijd zijn verschillende soorten tijdsbesef gekoppeld. Hierna worden die soorten beschreven.

Objectieve tijd

Onder *objectieve tijd* wordt de tijd verstaan zoals deze als natuurverschijnsel gegeven is. De objectieve tijd wordt bepaald door de beweging van de hemellichamen en gemeten met klok- en kalendertijd. Mensen, dieren en planten vertonen door hun bestaan binnen de objectieve tijd een biologisch levensritme. Voor jonge kinderen is besef van tijd vooral gekoppeld aan hun biologische levensritme: het ritme van dag en nacht, tijd om te eten en tijd om te gaan slapen. Dit wordt *biologisch tijdsbesef* genoemd. Deze vorm van tijdsbesef blijft tijdens het hele leven belangrijk. Dat is te merken aan de 'biologische klok', die bijvoorbeeld danig verstoord kan raken door een snelle verplaatsing vanuit de ene tijdzone naar de andere.

Biologisch tijdsbesef

De klok- en kalendertijd is afgeleid van de biologische tijd. Hierbij gaat het om de dagelijkse begrippen die de tijd aanduiden, zoals de indeling van de dag, de dagen van de week, de maanden van het jaar en de seizoenen. Het gebruiken van deze begrippen valt onder het *dagelijks tijdsbesef*. Kinderen leren de samenhang tussen deze begrippen kennen door de dagelijkse gang van zaken, thuis en op school. Ook deze vorm van tijdsbesef blijft het hele leven belangrijk. Te denken valt aan het plannen van de agenda voor de studie en het maken van een jaarplanning voor het onderwijs in een basisschoolgroep.

Dagelijks tijdsbesef

Zowel bij biologisch als bij dagelijks tijdsbesef gaat het om de tijd als cyclus. De dagen van de week komen steeds weer terug, evenals de maanden en de seizoenen, die steeds in een vaste regelmaat terugkomen. Deze vormen van tijdsbesef worden dan ook wel *cyclisch tijdsbesef* genoemd.

Cyclisch tijdsbesef

Subjectieve tijd

Onder *subjectieve tijd* wordt de tijd verstaan zoals die door mensen beleefd en ervaren wordt. Begrippen als tempo, duur en intensiteit spelen hierbij een rol. Bij subjectieve tijd gaat het om ervaringen en gebeurtenissen die zich voordoen in de stroom van de tijd van verleden naar heden en toekomst. De subjectieve tijd krijgt vorm in verhalen die samenhang aanbrengen in afzonderlijke gebeurtenissen in de tijd. In die verhalen is ook de objectieve tijd aanwezig, onder meer omdat chronologie in verhalen veelal een belangrijke rol speelt.

Historisch tijdsbesef

De objectieve en de subjectieve tijd komen samen in het *historisch tijdsbesef*. Bij het historische tijdsbesef gaat het om de factor tijd als instrument om ontwikkelingen, processen, veranderingen te ordenen en inzichtelijk te maken. Door historisch tijdbesef kunnen leerlingen gebeurtenissen in de tijd plaatsen, zich er een voorstelling bij maken en verschillende tijden met elkaar en met 'nu' vergelijken. Dit is niet alleen belangrijk voor het geschiedenisonderwijs, maar ook essentieel voor de algemene ontwikkeling van kinderen. Kinderen leren hierdoor op een steeds hoger niveau historisch te denken en te redeneren, het heden te begrijpen en kritisch te denken. Een leerkracht van groep 6 formuleerde het belang van historisch tijdsbesef als volgt:

> 'Leerlingen moeten leren waarom we de dingen doen zoals we dat doen en dat het nu ook een keer geschiedenis wordt.'

Bij historisch tijdsbesef gaat het om het lineaire, niet-herhaalbare en unieke karakter van tijd. Wat gebeurd is, is voorbij en komt niet meer terug.

Waaruit kan nu blijken dat bij leerlingen historisch tijdsbesef ontwikkeld is? In figuur 12.8 is de inhoud van historisch tijdsbesef in kaart gebracht.

FIGUUR 12.8 Definitie voor historisch tijdsbesef bij leerlingen in het basisonderwijs

Leerlingen laten zien dat zij historisch tijdsbesef hebben doordat zij:	
1	aanduidingen van *tijd* en *tijdsindeling* hanteren, zoals oud - nieuw - lang geleden - vroeger - nu - verleden - heden - toekomst -jaartallen - eeuw – v. Chr. – na Christus;
2	historische perioden in een chronologische volgorde kunnen benoemen;
3	de tijdbalk als middel gebruiken om gebeurtenissen, ontwikkelingen en personen in de juiste tijd te plaatsen;
4	kenmerken van historische perioden herkennen en benoemen in teksten en afbeeldingen;
5	kenmerken van historische perioden gebruiken om gebeurtenissen, ontwikkelingen en personen in de juiste tijd te plaatsen;
6	kenmerken van historische perioden gebruiken om zich een beeld te vormen hoe mensen in deze tijden leefden;
7	vergelijkingen maken tussen historische perioden onderling en het heden en daarbij conclusies trekken over continuïteit en verandering.

Historisch bewustzijn

Ten slotte is er nog het historisch bewustzijn. Hieronder wordt over het algemeen verstaan het besef van het blijvende en het veranderende in het menselijke (samen)leven: het besef van continuïteit en verandering (zie hiervoor ook paragraaf 13.7). Historisch tijdsbesef is een voorwaarde om historisch bewustzijn te kunnen ontwikkelen.

12.3.2 De ontwikkeling van historisch tijdsbesef bij kinderen

In de eerste helft van de twintigste eeuw waren de meeste onderzoeken op het gebied van historisch tijdsbesef bij kinderen gebaseerd op de aanname dat het begrijpen van klok- en kalendertijd een voorwaarde was voor het begrijpen van de historische tijd. Onderzoekers concludeerden dat kinderen pas vanaf ongeveer 11-jarige leeftijd een volwaardig tijdsbesef konden ontwikkelen. Zij sloten hiermee aan bij de theorie van *Piaget* die beschreef dat kinderen voor de ontwikkeling van tijdsbesef een aantal fasen doorlopen. Hoewel het onderzoek van Piaget geen betrekking had op het historisch tijdsbesef, is zijn fasetheorie lange tijd van invloed geweest op studies naar de ontwikkeling hiervan. Onderzoekers concludeerden dat kinderen pas in de formeel-operationele fase toe zouden zijn aan de ontwikkeling van historisch tijdsbesef.

Piaget

Vanaf de jaren 70 en 80 van de twintigste eeuw hebben Engelse en Amerikaanse onderzoekers – onafhankelijk van elkaar – specifiek onderzoek gedaan naar de ontwikkeling van historisch tijdsbesef. Een voorbeeld is het onderzoek van Barton en Levstik, die negen afbeeldingen uit het dagelijks leven in de Verenigde Staten voorlegden aan leerlingen van vijf tot twaalf jaar. Vrijwel alle leerlingen konden deze afbeeldingen op chronologische volgorde leggen. Zij konden veranderingen in de tijd onderscheiden op basis

Barton en Levstik

van materiële, zichtbare factoren, zoals vervoer, kleding en bouwstijl. Onderzoek in Engeland en Ierland leverde overeenkomstige resultaten op. Uit deze onderzoeken blijkt dat kinderen al vanaf jonge leeftijd historisch tijdsbesef kunnen ontwikkelen en dat deze ontwikkeling niet afhankelijk is van het leren van klok- en kalendertijd.

Historisch tijdsbesef bij jonge kinderen

Hoewel jonge kinderen al blijken te beschikken over een begin van historisch tijdsbesef, start het geschiedenisonderwijs in Nederland op de meeste scholen als leerlingen acht of negen jaar zijn. In 1986 pleitte Cees van der Kooij in *Verleden, heden, toekomst* al voor een tweesporenbeleid: uitgebreide aandacht voor de dagelijkse tijd omdat basisschoolleerlingen nu eenmaal al die aspecten van de dagelijkse tijd 'onder de knie' moeten krijgen én aandacht voor de historische tijd (vroeger) in de onderbouwgroepen. Zijn visie op de relatie tussen kind en tijd in de basisschool is terug te vinden in figuur 16.7.

Niveaus van historisch tijdsbesef

Er zijn drie niveaus van historisch tijdsbesef bij leerlingen in het basisonderwijs te onderscheiden (figuur 12.9):
1 Niveau A: Ontluikend historisch tijdsbesef
2 Niveau B: Aanvankelijk historisch tijdsbesef
3 Niveau C: Voortgezet historisch tijdsbesef

FIGUUR 12.9 Leeftijden en groepen 1-2 t/m 8 bij de drie niveaus van historisch tijdsbesef

Niveau		Ontluikend historisch tijdsbesef		Aanvankelijk historisch tijdsbesef		Voortgezet historisch tijdsbesef	
Leeftijd	4/5	6/7	7/8	8/9	9/10	10/11	11/12
Groep	1-2	3	4	5	6	7	8

Ontluikend historisch tijdsbesef

Op niveau A, *ontluikend historisch tijdsbesef,* herkennen leerlingen het verleden als een tijd waarin dingen anders waren dan nu. Ze kunnen vergelijkingen maken tussen tijden op basis van indelingen als 'het langst geleden', 'heel lang geleden', 'lang geleden' en 'onze tijd'. Ze herkennen concrete kenmerken van het verleden in afbeeldingen en verhalen en kunnen verschillen in het dagelijks leven van mensen van vroeger en nu benoemen, bijvoorbeeld in de manier van leven, kleding, bouwstijl en vervoer.

Aanvankelijk historisch tijdsbesef

Op niveau B, *aanvankelijk historisch tijdsbesef*, begrijpen leerlingen dat het verleden kan worden onderverdeeld in tijdvakken met verschillende kenmerken. Ze begrijpen het gebruik van jaartallen na Christus. Ze herkennen de sociale en culturele kenmerken van tijdvakken, bijvoorbeeld van de meest recente tijdvakken en van de tijdvakken die het langst geleden zijn. Voor deze tijdvakken kunnen ze veranderingen, verschillen en overeenkomsten herkennen en benoemen.

Voortgezet historisch tijdsbesef

Op niveau C, *voortgezet historisch tijdsbesef*, hebben de leerlingen feitelijke kennis van en inzicht in het kader van de tien tijdvakken. Ze kunnen sociale, culturele, economische en politieke kenmerkende aspecten van tijdvakken herkennen en benoemen. Ze gebruiken jaartallen v. Chr. en na Christus. Ze kunnen veranderingen, verschillen en overeenkomsten tussen de tijdvakken herkennen en benoemen.

Aan deze niveaus zijn geen leeftijden gekoppeld. De grenzen tussen de niveaus zijn vloeiend en dat geldt ook voor de leeftijden. Figuur 12.10 geeft een indicatie op welke niveaus van historisch tijdsbesef leerlingen van de verschillende leeftijden en groepen kunnen presteren. Het gaat hier om een gemiddeld overzicht. Er zullen altijd leerlingen zijn die hoger of lager presteren. Ook voor de verschillende doelen van het model in figuur 12.10 kunnen hun prestaties variëren.

FIGUUR 12.10 Model met drie niveaus van historisch tijdsbesef

Doelen	**Niveau A** **Ontluikend historisch tijdsbesef**	**Niveau B** **Aanvankelijk historisch tijdsbesef**	**Niveau C** **Voortgezet historisch tijdsbesef**
1. Tijdsaanduidingen Toepassen van aanduidingen van tijd en tijdsindeling.	Toepassen van onbepaalde tijdsaanduidingen, zoals: het langst geleden - heel lang geleden - lang geleden - niet zo lang geleden - onze tijd.	Toepassen van de namen van de tijdvakken die het meest recent en het langst geleden zijn, zoals: *Televisie en Computer, Wereldoorlogen, Stoommachines, Romeinse tijd en de Middeleeuwen.* Herkennen van jaartallen na Christus	Toepassen van de namen van de tien tijdvakken en de aanduidingen *Prehistorie, Middeleeuwen* en *Gouden Eeuw.* Toepassen van jaartallen v. Chr. en na Christus en de relatie tussen jaartallen en eeuwen.
2. Chronologische volgorde Voorwerpen, situaties, gebeurtenissen en personen uit verschillende tijdvakken in chronologische volgorde plaatsen.	Op chronologische volgorde plaatsen van afbeeldingen van voorwerpen en situaties van het dagelijks leven, zoals levenswijze, kleding, bouwstijl en vervoer.	Op chronologische volgorde plaatsen van een aantal tijdvakken (doel 1) en afbeeldingen van bekende personen en concrete gebeurtenissen zoals bijv. uitvindingen.	Op chronologische volgorde plaatsen van, gebeurtenissen, personen en tijdvakken.
3. Tijdbalk Voorwerpen, situaties, gebeurtenissen en personen op een tijdlijn plaatsen.	Gebruiken van een eenvoudige tijdbalk met een tijdsverloop van (heel) lang geleden tot nu.	Gebruiken van een tijdbalk met de namen van tijdvakken (doel 1).	Gebruiken van een tijdbalk met jaartallen v. Chr. en na Christus
4. Kenmerkende aspecten Kenmerkende aspecten in plaatjes en teksten gebruiken / herkennen om voorwerpen, situaties, gebeurtenissen en personen in de juiste tijd te plaatsen.	Gebruiken / herkennen van kenmerkende aspecten van het dagelijks leven van tijdvakken uit het verleden (levenswijze, kleding, bouwstijl en vervoer).	Gebruiken / herkennen van sociale en culturele kenmerkende aspecten van een aantal tijdvakken (doel 1).	Gebruiken / herkennen van sociale, culturele, economische en politieke kenmerkende aspecten van de tien tijdvakken in de nationale, Europese en wereldgeschiedenis.
5. Continuïteit en verandering Verschillende tijdvakken met elkaar vergelijken met als doel het herkennen van overeenkomsten en verschillen in de levenswijze van mensen binnen een tijdvak en tussen verschillende tijdvakken.	Herkennen van verschillen in het dagelijks leven van mensen uit heden en verleden in concrete voorbeelden uit verschillende tijdvakken en gerelateerd aan de generaties van ouders en grootouders.	Herkennen van veranderingen, verschillen en overeenkomsten in de levenswijze van mensen *tussen* verschillende tijdvakken.	Herkennen van veranderingen, verschillen en overeenkomsten in de levenswijze van mensen *tussen* verschillende tijdvakken en *binnen* een tijdvak.

12.4 Kind, kennis, houdingen en vaardigheden

In het onderwijs worden doelen nagestreefd op het gebied van:

- het kennen (cognitieve doelen / kennis)
- het willen (affectieve doelen / houdingen)
- het kunnen (psychomotorische doelen / vaardigheden)

Vaak worden de cognitieve doelen boven de andere twee geplaatst, omdat voor het bereiken van affectieve en psychomotorische doelen kennis een voorwaarde is. In deze paragraaf komt aan de orde hoe deze doelen bij onderwijs in *Geschiedenis & Samenleving* bereikt worden En hoe binnen *Geschiedenis & Samenleving* aan de onderwijsdoelen voor de eenentwintigste eeuw, de zogenoemde 21st Century Skills, gewerkt wordt.

Cognitieve doelen

Onder invloed van Piaget is het idee ontstaan, dat de cognitieve structuur formeel-logisch of beter gezegd mathematisch in elkaar zit. Dat die structuur door nieuwe kennis stap voor stap uitgebreid wordt. De centrale vraag is nu of de ontwikkeling van het denken van kinderen op het terrein van *Geschiedenis & Samenleving* ook zo verloopt. Zowel voor de hedendaagse als de historische werkelijkheid verwerft een leerling doorlopend nieuwe kennis in de vorm van nieuwe feiten en nieuwe begrippen. Het is zinnig hier het onderscheid toe te passen dat Vygotsky gemaakt heeft, namelijk het onderscheid in spontane en wetenschappelijke begrippen. Spontane begrippen krijgen voor het kind inhoud in het dagelijks leven, bijvoorbeeld vader, politieagent of leraar. Wetenschappelijke begrippen zijn niet waarneembaar in het dagelijks leven of slechts heel indirect. Ze hebben een schematisch, modelachtig karakter. Voorbeelden daarvan zijn industriële revolutie, verzuiling en religie.
In tegenstelling tot Piagets visie van een formeel-logische begripsontwikkeling kwam Vygotsky met het idee van een associatieve begripsontwikkeling. Wetenschappelijke begrippen worden volgens Vygotsky pas na verloop van tijd echt ingevuld. In het begin zijn ze inhoudelijk nog onduidelijk en eenzijdig. Door allerlei nieuwe ervaringen (o.m. via onderwijs, het lezen van boeken, het kijken naar de televisie en het omgaan met mensen) wordt de inhoud van die wetenschappelijke begrippen steeds gevulder, complexer, rijker en 'beter'. Daarom kan ook beter over beelden gesproken worden dan over begrippen.

Taxonomie van Bloom

Kennis kan ook worden onderverdeeld in verschillende categorieën. Een model hiervoor is in 1956 ontwikkeld door Benjamin Bloom. Omdat het model een opklimming in moeilijkheidsgraad kent, wordt het een *taxonomie* (ordening) genoemd.

Taxonomie van Bloom

Bloom onderscheidt de volgende zes hoofdcategorieën:

1	Kennis:	je kunt je iets herinneren.
2	Begrip:	je kunt iets in eigen woorden omschrijven, samenvatten.
3	Toepassing:	je kunt informatie gebruiken in een nieuwe situatie en een probleem oplossen.
4	Analyse:	je kunt informatie opdelen en de onderdelen met elkaar in verband brengen.
5	Synthese:	je brengt onderdelen samen tot iets nieuws.
6	Evaluatie:	je hebt een beargumenteerd oordeel en een standpunt.

De ordening zit in het gegeven dat je volgens Bloom bijvoorbeeld bepaalde kennis pas kunt toepassen, wanneer je daarvóór het onderwerp waarover het gaat eerst hebt begrepen (2: begrip) en daarvóór is eerst noodzakelijk dat je iets gewoon weet (1). En om bijvoorbeeld te kunnen synthetiseren moet je van voren af aan eerst het onderwerp weten, begrijpen, kunnen toepassen en analyseren. Met andere woorden het gedrag in een bepaalde categorie kan pas worden uitgevoerd wanneer de leerling het gedrag van alle lagere categorieën reeds beheerst.
Bij het specificeren van doelstellingen voor *Geschiedenis & Samenleving* kan van deze eigenschap van de taxonomie van Bloom gebruikgemaakt worden. De categorieën van de taxonomie bieden verder een bruikbaar referentiekader voor het opstellen van overhoringen en toetsen (zie hiervoor ook hoofdstuk 14 *Van lesdoel tot evaluatie*).

Leerlingen in de bovenbouw van de basisschool (dus in de romantische fase) zijn zeer gespitst op kennis van allerlei zaken. Zij kunnen bijvoorbeeld kennisnemen van het feit dat Nederland in 1648 bij de Vrede van Münster onafhankelijk werd. Kinderen zijn in staat deze feitelijkheid braaf uit het hoofd te leren en te reproduceren. Er zou getoetst kunnen worden met de opdracht: *In ... werd Nederland bij de vrede van ... onafhankelijk*. Leerlingen kunnen zo'n opdracht feilloos uitvoeren; hun kennis op feitelijk niveau is perfect. Op het niveau van begrippen rijzen er vragen. De kans is groot dat het begrip 'Nederland' duidelijk is, maar hoe staat het met de begrippen 'onafhankelijk' en 'vrede'? Deze begrippen behoren niet tot de spontane, maar tot de wetenschappelijke begrippen. Ze kunnen in de basisschool een eerste invulling krijgen door de strijd tussen enige kleine gebiedjes in de Lage Landen en het machtige wereldrijk Spanje te schilderen. Er ontstaat een idee van onafhankelijkheid en van vrede. Het blijven echter mager ingevulde begrippen door het ontbreken van verklaringen en oorzaak-gevolgrelaties (causaliteiten). Pas in een latere fase kan het beeld verrijkt worden met culturele (religieuze), politieke en sociaaleconomische verklaringen voor de onafhankelijkheidsstrijd. Geleidelijk wordt het beeld rijker, voller, completer en complexer, met als gevolg dat ook het begrijpen, toepassen en oordelen steeds 'beter' worden.

Affectieve doelen

Over waarden op het gebied van *Geschiedenis & Samenleving* is al een en ander aan de orde gesteld in paragraaf 12.2. In zijn onderwijstheorie gaat Egan ervan uit dat kinderen in verschillende fasen op verschillende manieren de werkelijkheid benaderen. In die benadering speelt een grote rol wat kinderen belangrijk of waardevol vinden. Voor de affectieve doelen betekent dit dat kinderen er reeds vanaf de mythische fase gevoelig voor zijn en er aandacht aan schenken, maar dat de ontwikkeling van een waardesysteem voortdurend in beweging is en blijft (tot in de ironische fase). Dit betekent dat kinderen in de basisschool waarden kunnen hanteren, die volwassenen afwijzen (vergelijk het voorbeeld uit *Nathan Sid* in paragraaf 12.2). In deze periode zullen stereotypen en vooroordelen dan ook veelvuldig voorkomen. Als antwoord hierop bepleit Egan een uitgebreid kennispakket dat de leerlingen van pas zal komen in de volgende fase, wanneer ze zelf een waardensysteem opbouwen.

Psychomotorische doelen

De psychomotorische doelen voor *Geschiedenis & Samenleving* hebben betrekking op de ontwikkeling van vaardigheden. Geschiedenisonderwijs behelst meer dan alleen maar kennis opdoen van het verleden. Bij onderwijs

Historische vaardigheden

in *Geschiedenis & Samenleving* leren leerlingen die kennis ook toe te passen in historische vaardigheden, zoals:

- *Gegevens ordenen in de tijd*: het toepassen van tijdsaanduidingen, tijdvakken, perioden en samenlevingstypen.
- *Bronnen gebruiken*: informatie verzamelen door bronnen (in de ruimste zin van het woord) te raadplegen.
- *Inlevingsvermogen*: zich inleven in mensen uit andere tijden en andere culturen, waardoor ook meer begrip ontstaat voor andere mensen en andere culturen in het heden.
- *Vergelijkingen maken* tussen dingen die veranderen en dingen die hetzelfde blijven.
- *Verklaren*: Eenvoudige verklaringen geven voor historische verschijnselen en gebeurtenissen.

12

Historisch redeneren

21st Century Skills

Door het toepassen van deze vaardigheden leren leerlingen gebeurtenissen in het heden en het verleden op een historisch verantwoorde manier te benaderen: zij leren historisch denken en redeneren. Een aantal van deze historische denk- en redeneervaardigheden is een wezenlijk onderdeel van zogenoemde eenentwintigste eeuwse vaardigheden, zoals kritisch-analytisch denken, probleemoplossen, burgerschapscompetenties en digitale geletterdheid. Bij het bestuderen van historische ontwikkelingen en reflectie op de betekenis daarvan voor het heden, leren leerlingen onder andere causale verbanden leggen, vanuit verschillende perspectieven kijken, vergelijkingen maken en kritisch omgaan met historische en hedendaagse verhalen en afbeeldingen. Deze historische vaardigheden zijn niet alleen voor *Geschiedenis & Samenleving*, maar ook bij de andere vakken van belang. Ook in het dagelijkse leven: bij het lezen van de krant, televisie kijken of iets opzoeken op internet, is het belangrijk dat leerlingen leren van deze vaardigheden gebruik te maken. Ze kunnen de wereld om hen heen dan steeds beter begrijpen en verklaren (zie ook paragraaf 13.7).

Literatuur, een selectie

Barton, K.C. (2011). Enriching young children's understanding of time. *Primary History*, *59*, 16-18.
Dossier 21e eeuwse vaardigheden op: www.leraar24.nl
Egan, K. (2005). *An Imaginative Approach to Teaching*. San Francisco: John Wiley & Sons.
Gardner, H. (2002). *Soorten intelligentie, meervoudige intelligenties voor de 21ste eeuw*. Amsterdam: Nieuwezijds.
Groot-Reuvekamp, M. (2014). Historisch tijdsbesef in het basisonderwijs. Een vergelijking tussen Engeland en Nederland. *Kleio*, februari 2014, p. 46-51.
Hendriksen, J. (2007). *Cirkelen rond Kolb*. Bilthoven: Nelissen.
Marzano, R.J. (2005). *Leren in vijf dimensies. Moderne didactiek voor het voortgezet onderwijs*. Assen: Van Gorcum.
Wilschut, A. (2011). *Beelden van tijd. De rol van historisch tijdsbewustzijn bij het leren van geschiedenis.* Assen: Van Gorcum.
www.historischtijdsbesef.nl

Ondersteuning via de website

Een uitgebreidere literatuurlijst bij dit hoofdstuk is te vinden op www.geschiedenisensamenleving.noordhoff.nl, evenals een samenvatting van dit hoofdstuk en een interactieve toetsenbank.

Studie- en onderzoeksopdrachten

De studie- en onderzoeksopdrachten zijn ingedeeld naar propedeuse, hoofdfase en afstudeerfase.

Gemengde opdrachten (propedeuse en hoofdfase)

12.1 Ontwikkelingsfasen à la Piaget

a Piaget onderscheidt fasen in de ontwikkeling van het kind. Welke fasen zijn dit?

b In iedere fase heeft het kind een andere relatie met de wereld. Zet deze relaties op een rij.

c Wat betekent de fasenindeling van Piaget voor het geven van onderwijs in *Geschiedenis & Samenleving*?

d Wat is de belangrijkste kritiek op de toepassing van de ideeën van Piaget in het onderwijs?

12.2 De 'zone van de naaste ontwikkeling' van Vygotsky

a Welke kritiek heeft Vygotsky op de ontwikkelingsfasen van Piaget?

b Wat betekent Vygotsky's kritiek voor het onderwijs? Zet naast elkaar een onderwijsgevende die handelt op basis van Piagets fasen, en een andere onderwijsgevende die uitgaat van Vygotsky's zone van de naaste ontwikkeling. Waar zitten de verschillen?

c Wat betekenen de ideeën van Vygotsky voor het onderwijs in *Geschiedenis & Samenleving*?

12.3 De representaties van Bruner

a Welke kritiek heeft Bruner op de fasenleer van Piaget?

b Wat is de inhoud van Bruners representaties?

c Zet Bruners representaties en Galperins leerhandelingen eens naast elkaar. Wat valt op?

d Wat betekenen Bruners representaties en Galperins leerhandelingen voor het onderwijs in *Geschiedenis & Samenleving*?

12.4 De Leercirkel van Kolb

a Vergelijk de vier leerfasen van Kolb met de leerhandelingen van Galperin.

b Welke overeenkomsten zie je en wat is het verschil?

c Wat betekent Kolbs leercirkel voor het onderwijs in *Geschiedenis & Samenleving*?

d Onderzoek welke leerstijl jouw voorkeur heeft (zie testjes op internet). Wat betekent dat voor jouw manier van lesgeven?

12.5 Analyseer een hoofdstuk uit een methode geschiedenis voor groep 5 op basis van:

a Bruners representaties.

b Galperins leerhandelingen.

12.6 Bekijk de opdrachten van een willekeurig hoofdstuk van een werkboekje bij een geschiedenismethode en analyseer op welke intelligenties bij deze opdrachten een beroep wordt gedaan. Wat valt op?

12.7 De theorie van meervoudige intelligenties

a Van Gardner is de uitspraak: 'Het gaat er niet om hoe intelligent je bent, maar hoe je intelligent bent.' Verklaar wat hij daarmee bedoelt.

b Vergelijk de intelligenties van Gardner met de leerhandelingen van Galperin. Wat valt op?

c Onderzoek in welke intelligentie(s) jij het sterkst bent (zie testjes op internet). Wat betekent dat voor jouw manier van lesgeven?

12.8 De theorie van Marzano

a Vergelijk de theorie van Marzano met de taxonomie van Bloom. Wat valt op?

b Wat betekent de theorie van Marzano voor het onderwijs in *Geschiedenis & Samenleving*?

c Marzano beschouwt de vijf dimensies als de noodzakelijke ingrediënten voor actief en authentiek leren van leerlingen. Geef een voorbeeld van een situatie waarin je 'actief en authentiek leren' hebt ervaren in je eigen basisschooltijd of in je stage.

12.9 De relatie kind-wereld

a Wat is de kern van de theorie van 'the expanding horizons'?

b Welke kritiek is op deze theorie gegeven?

c In opdracht 12.1b is al een lijst gemaakt van de zich steeds veranderende relatie tussen kind en wereld. Zet deze lijst naast de relaties tussen kind en wereld in de fasen van Egan. Wat valt op?

12.10 Kind en tijd

a In paragraaf 12.3 wordt een onderscheid gemaakt tussen biologisch, dagelijks en historisch tijdsbesef.
- Definieer deze drie begrippen.
- Geef aan hoe ze samenhangen met de objectieve en subjectieve tijd.

b In het onderwijs is op basis van de fasentheorie van Piaget lange tijd gewerkt vanuit een bepaalde visie op de samenhang tussen de dagelijkse tijd en de historische tijd.
- Vat deze visie samen.
- Geef aan wat deze visie concreet betekent voor de start van het geschiedenisonderwijs in de basisschool.

c Welke drie niveaus van historisch tijdsbesef worden in subparagraaf 12.3.2 onderscheiden?
Geef met behulp van het model in figuur 12.10 bij ieder niveau een voorbeeld van een passende lesactiviteit.

d Geef voorbeelden van het werken met historische tijd in de groepen 1 t/m 4 van je stageschool.

12.11 Kind en kennis, houdingen en vaardigheden
In het onderwijs in *Geschiedenis & Samenleving* worden cognitieve, affectieve en psychomotorische doelen nagestreefd. Werk deze constatering uit voor de volgende voorbeelden:

a Dinosauriërs (zie *Kennisbasis Inhoud*, hoofdstuk 1).

b Willem van Oranje (zie *Kennisbasis Inhoud*, hoofdstuk 5).

c De Watersnoodramp van 1953 (zie *Kennisbasis Inhoud*, hoofdstuk 10).

d Geef enkele concrete voorbeelden hoe je historische vaardigheden kunt toepassen in actuele situaties.

Hoofdfase

12.12 Kies een willekeurig hoofdstuk uit een methode geschiedenis voor groep 6.
a Onderzoek welke cognitieve doelen de auteurs zich gesteld hebben.
b Idem welke affectieve doelen.
c Idem welke psychomotorische doelen.

12.13 Kies nu willekeurig een hoofdstuk uit een methode geschiedenis voor groep 8.
a Voer de opdrachten 12.12a, 12.12b en 12.12c opnieuw uit.
b Maak een vergelijking tussen de uitkomsten voor groep 6 en voor groep 8. Wat valt op?

12.14 Ontwerp voor *Geschiedenis & Samenleving* een lessenreeks of een project voor een bovenbouwgroep waarbij je individuele en groepsopdrachten ontwerpt waarbij alle acht de intelligenties aan bod komen met daarbij een theoretische verantwoording.

12.15 Voer een onderzoek uit naar het historisch tijdsbesef van leerlingen in verschillende groepen (onder- en bovenbouw) van je stageschool. Het onderzoek van Barton en Levstik – beschreven in subparagraaf 12.3.2 – kan als voorbeeld dienen. Zoek zelf geschikte afbeeldingen.

Afstudeerfase

12.16 Onderzoek in het schoolprogramma van een basisschool hoe de relatie tussen dagelijkse tijd en historische tijd in de doorgaande onderwijslijn van die school een plaats heeft gekregen en doe concrete voorstellen hoe deze lijn in de praktijk (nog) verder kan worden uitgewerkt.

12.17 Ontwerp voor *Geschiedenis & Samenleving* een lessenreeks of een project voor een bovenbouwgroep waarbij je de doelen en evaluatie verantwoordt vanuit:

- de niveaus van historisch tijdsbesef (figuur 12.10)
- de vijf dimensies van Marzano
- de taxonomie van Bloom.

Zorg daarbij voor een verantwoorde mix van instructie en zelfstandig werken en voor een goede verhouding tussen doelen op het gebied van kennis, houdingen en vaardigheden.

13 Beeldvorming

Een basisbegrip voor de ontwikkeling van historisch besef en historisch denken en redeneren

Geschiedenisonderwijs is voor de ontwikkeling van historisch besef van essentieel belang. Historisch besef omvat de samenhang tussen de interpretatie van het verleden, het begrijpen van het heden en het perspectief op de toekomst. Verleden, heden en toekomst. Deze drie begrippen staan centraal in *Geschiedenis & Samenleving.* Voor het vullen van die begrippen met inhouden gebruiken we de term 'beeldvorming' en spreken we van 'beelden van...': beelden van het verleden (de historische werkelijkheid), beelden van het heden (de hedendaagse werkelijkheid) en beelden van de toekomst (de toekomstige werkelijkheid).
In dit hoofdstuk gaat het over beeldvorming in het onderwijs. Beeldvorming en beeldvormers zijn een voorwaarde om te komen tot historisch besef en vormen de basis voor leerlingen om te komen tot historisch denken en redeneren. Daarom wordt dit hoofdstuk dan ook afgesloten met een paragraaf over historisch denken en redeneren.
Wat zijn beelden? Hoe komen beelden tot stand? Welke taak heeft het onderwijs in deze? En vervolgens de didactische uitwerking: op welke manieren kan in de lessen *Geschiedenis & Samenleving* het beste aan beeldvorming gewerkt worden? Het gaat om didactische werkvormen én om onderwijsleer- en hulpmiddelen, die beeldvormend werken. Al die mogelijke beeldvormers zijn samengebracht in een beeldvormingsschema: een geordend

overzicht, waaruit bij de voorbereiding van lessen een keuze kan worden gemaakt. Van elk onderdeel van het schema worden de vakdidactische aspecten besproken.

Via dit hoofdstuk wordt gewerkt aan de basiscompetentie *Werken aan jezelf als leraar* met als indicatoren:

1.10 De leraar kan bij de verantwoording van het onderwijsprogramma *Geschiedenis & Samenleving* onder woorden brengen wat bedoeld wordt met:
- samenhang tussen verleden, heden en toekomst
- historisch besef en historisch denken en redeneren

1.11 De leraar kan bij de verantwoording van het onderwijsprogramma aangeven welke betekenis het begrip 'beeldvorming' voor onderwijs in *Geschiedenis & Samenleving* heeft.

1.12 De leraar kan met voorbeelden duidelijk maken dat beelden van de hedendaagse en van de historische werkelijkheid persoons-, plaats- en tijdsgebonden zijn.

13

Via dit hoofdstuk wordt ook gewerkt aan de basiscompetentie 2 *Werken met kinderen* met als indicatoren:

2.1 De leraar kan bij de voorbereiding, uitvoering en evaluatie van lessen didactisch verantwoorde keuzes maken uit het beeldvormingsschema.

Daarbij kan de leraar:

2.2 de leerlingen op een verantwoorde en inspirerende wijze in contact brengen met cultureel erfgoed.

2.3 de schoolomgeving een plaats geven in het onderwijsprogramma.

2.4 excursies, educatieve paden en veldwerkopdrachten ontwerpen, uitvoeren en evalueren.

2.5 doelgerichte bezoeken van de leerlingen aan musea en tentoonstellingen voorbereiden, uitvoeren en evalueren.

2.6 kijkwijzers c.q. opdrachtbladen gericht op de eigen leerlingen ontwikkelen voor een museum- of tentoonstellingsbezoek.

2.7 technische apparatuur als digibord, video- / dvd-recorder, televisie, computer en beamer een didactisch verantwoorde plaats geven.

2.8 op een didactisch verantwoorde manier beeldvormers hanteren om lesonderwerpen op het gebied van *Geschiedenis & Samenleving* in de ruimte te plaatsen.

2.9 een gastspreker didactisch verantwoord en afgestemd op de leerlingen een plaats in het onderwijsprogramma geven.

2.10 de basisprincipes van het afnemen van interviews overdragen op de leerlingen.

2.11 speciale momenten van herdenken en vieren een plaats geven in het onderwijsprogramma.

13.1 Beeldvorming als didactisch begrip

Beeldvorming van de werkelijkheid

Het onderwijs in *Geschiedenis & Samenleving* zal zorg moeten dragen voor het ontwikkelen van een samenhangend beeld van de hedendaagse, historische en toekomstige *werkelijkheid*. Dat is geen eenvoudige opgave. Ieder mens heeft zijn eigen, per definitie beperkte ervaringen die tot *beeldvorming* leiden. Ieder bouwt zo zijn eigen beeld van de werkelijkheid op: door te handelen in de omgang met medemensen, door kennisname van de media, door onderwijs, enzovoort. Het is een fictie te denken dat iemand in staat is dé werkelijkheid volledig te leren kennen. Het zal altijd beperkt blijven tot een beeld van de werkelijkheid; een beeld dat voortdurend in beweging is door nieuwe kennis die wordt toegevoegd of die reeds bestaande vervangt, of door verschuivingen binnen het beeld ten gevolge van andere accenten.

Didactisch begrip

Beeldvorming wordt in dit boek gebruikt als een *didactisch begrip*: het proces om gericht via onderwijs beelden te ontwikkelen. Vandaar dat in dit hoofdstuk een beeldvormingsschema voor het onderwijs, speciaal ontworpen voor *Geschiedenis & Samenleving*, centraal staat. Als didactisch begrip is 'beeldvorming' een neutraal begrip, een beschrijving van een didactisch proces. Daardoor onderscheidt het begrip zich van een veelal negatief gebruik in de media.

Van leraren mag worden verwacht dat zij over een zo verantwoord en zo gevarieerd mogelijk beeld van de werkelijkheid beschikken. Daarnaast is het belangrijk dat leraren voortdurend hun eigen beelden van die werkelijkheid kritisch beschouwen en – waar nodig – vernieuwen, herzien en nuanceren. Van buiten de school komt een enorme hoeveelheid informatie op de leerlingen af. Hiervan zal de leerling maar weinig kunnen opnemen. Wat de leerling opneemt, zal met name datgene zijn wat verbonden kan worden met reeds bekende zaken. Het is het grote verschil tussen 'kijken' en 'zien'.

Structureren van beelden

Leerlingen kijken ontzettend veel, maar omdat ze veel dingen niet begrijpen (ofwel niet in een structuur kunnen plaatsen) zien ze weinig. In het onderwijs kan het zien geoefend worden door *gestructureerd* bij te dragen aan de beeldvorming van de werkelijkheid.

Detailleren van beelden

Naast het structureren is ook het *detailleren* van de werkelijkheidsbeelden een belangrijke opgave van het onderwijs. Door leerlingen planmatig veel ervaringen op te laten doen en door over die ervaringen grondig van gedachten te wisselen, historisch te redeneren, kunnen leraren proberen de werkelijkheidsbeelden van de leerlingen zo gedetailleerd en rijk mogelijk te maken. Niet-gedetailleerde beelden van de werkelijkheid zijn vaak schematische, eenzijdige of stereotiepe beelden. Dergelijke niet-gedetailleerde beelden kunnen ontstaan door gebrek aan kennis, onwetendheid, maar ook door onzekerheid of angst, zoals dat het geval is bij vijandbeelden.

Persoons-, plaats- en tijdsgebonden

Omdat de start van de beeldvorming plaatsvindt in het heden zal in de beelden van verleden en toekomst steeds het heden doorklinken en zullen beelden een persoons-, plaats- en tijdsgebonden karakter hebben.

Pre- en misconcepten

Voor leerlingen zijn beelden van het heden vaak zo bepalend dat zij geneigd zijn het verleden eenzijdig te beoordelen vanuit die hedendaagse beelden en ervaringen (presentisme), waardoor gemakkelijk pre- en misconcepten kunnen ontstaan (zie figuur 14.1 Germaans huis). Het is van belang dat leraren zich hiervan bewust zijn en pre- en misconcepten bij hun leerlingen onderkennen.

Programma

Op basis van het voorgaande heeft het onderwijs op het gebied van *Geschiedenis & Samenleving* als taak de leerlingen:

- vertrouwd te maken met de formele begrippen verleden, heden en toekomst en met hun onderlinge relaties (historisch besef en historisch denken en redeneren)
- te ondersteunen bij de opbouw en de steeds verdergaande structurering en detaillering van hun beelden van de hedendaagse werkelijkheid (het heden) en de historische werkelijkheid (het verleden) en te prikkelen om na te denken over de toekomstige werkelijkheid (de toekomst)

- te laten ontdekken dat er uiteenlopende beelden van de hedendaagse en historische werkelijkheid naast elkaar bestaan: enerzijds persoons- en plaatsgebonden (groeps-, volks-, cultuur- of zelfs werelddeel), anderzijds tijdsgebonden

13.2 Het beeldvormingsschema als hulpmiddel voor geschiedenisonderwijs

Beeldvormings-schema

Al meer dan honderdvijftig jaar – in 1857 wordt vaderlandse geschiedenis opgenomen in de onderwijswetgeving – is er in Nederland door voorgaande generaties geprobeerd geschiedenisonderwijs vorm te geven. Een hulpmiddel daarbij is het beeldvormingsschema, een overzicht van de manieren waarop aan beeldvorming gewerkt kan worden via zorgvuldig gekozen didactische werkvormen en door inschakeling van onderwijsleer- en hulpmiddelen (in de ruimste zin van het woord) (tabel 13.1).

TABEL 13.1 Beeldvormingsschema

A	**De werkelijkheid**
A.1	de schoolomgeving (dorp en stad, landschap, monument, straatmeubilair)
A.2	voorwerpen (museum)
B	**Afbeeldingen**
B.1	schilderij, prent, tekening, foto, ansichtkaart en karikatuur
B.2	dia, film, video / dvd, televisie / schooltelevisie, cd(-rom)
B.3	wandplaat, poster en bordtekening
B.4	prentenboek en strip
B.5	model en maquette
B.6	kaart (wandkaart en atlas)
C	**Het gesproken woord**
C.1	het verhaal: vertellen en voorlezen
C.2	de feiten: uitleggen, bespreken, verklaren en het gesprek
C.3	de gastspreker
C.4	het interview
C.5	historisch en hedendaags geluid (radio)
D	**Het geschreven of gedrukte woord**
D.1	verhalende teksten
D.2	informatieve teksten
D.3	schema's, tabellen en grafieken
D.4	informatieve bronnen (archief)
E	**Doen**
E.1	leven als...
E.2	spelen als...
E.3	spelen met...
E.4	schrijven, spreken, dichten en zingen
E.5	tekenen, bouwen en experimenteren
E.6	muurkrant en tentoonstelling
E.7	herdenken en vieren

Als ordeningscriteria voor het schema zijn ideeën van Bruner en Galperin over het leren gehanteerd: van tastbaar-concreet naar denkbeeldig (vergelijk

hoofdstuk 12). Dit wil echter niet zeggen dat bepaalde beeldvormingsmogelijkheden alleen voor jonge, en andere speciaal voor oudere kinderen zijn. Het hele schema is voor alle leerjaren steeds weer van belang.
In de volgende paragrafen worden de beeldvormingsmogelijkheden uit tabel 13.1 uitgewerkt. Hierbij wordt ingegaan op de voor- en nadelen en op specifieke kenmerken van de mogelijkheden waarmee bij de lesvoorbereiding rekening moet worden gehouden. Zo ontstaat een overzicht, waaruit voor concrete lessituaties verantwoorde keuzes kunnen worden gemaakt, zowel op het gebied van de didactische werkvormen en de leeractiviteiten als op het gebied van onderwijsleer- en hulpmiddelen.

Een aantal onderdelen van dit beeldvormingsschema valt onder het verzamelbegrip *cultureel erfgoed*. De officiële definitie van dit begrip is de volgende: **Cultureel erfgoed**

Cultureel erfgoed is datgene wat in tastbare zin is overgebleven uit het verleden en wat de samenleving als collectief van belang vindt om te behouden:
- in de gebouwde omgeving
- in de wijze waarop het landschap en de inrichting van de ruimte zijn vormgegeven
- in voorwerpen van kunst en cultuur, wetenschap en techniek en geschiedenis, die bewaard worden door musea, oudheidskamers en universiteiten
- in foto's en films
- in originele documenten in de archieven, maar ook
- de sporen van een verleden, onzichtbaar voor het blote oog, verborgen onder de grond

(Bron: Cultuurnota 1997-2000, *Pantser of Ruggengraat*)

Via het project *Cultuur en school*, gestart in 1996, stelde het ministerie van Onderwijs, Cultuur en Wetenschap financiële middelen beschikbaar om cultureel erfgoed een goede plaats te geven in het onderwijs. Dankzij dat project is de term 'erfgoededucatie' ingeburgerd en zijn er toenaderingspogingen tot stand gekomen tussen culturele instellingen en het onderwijs.

13.3 Beeldvorming door middel van de werkelijkheid

Werkelijkheid

De *werkelijkheid* in de zin van schoolomgeving, bebouwing (dorp en stad), landschap, monumenten en straatmeubilair, maar ook in de zin van tastbare voorwerpen (uit het heden en het verleden) vormt het onderwijsleer- en hulpmiddel bij uitstek. Dit is in de onderwijsgeschiedenis geen recente ontdekking. Wie zoiets beweert, bevindt zich in het boeiende gezelschap van Comenius (1592-1670), Pestalozzi (1746-1827), Rousseau (1712-1778), Decroly (1871-1932), Ligthart (1859-1916) en Freinet (1896-1966).
De geschiedenis van het onderwijs toont een voortdurende strijd tussen de opvatting dat het onderwijs zich binnen de muren van het klaslokaal moet afspelen en de opvatting dat de schoolklas om te leren de wereld in moet. Die strijd heeft vooral betrekking op de oudste leerlingen; dat jonge kinderen er op uit trekken om de wereld te verkennen, wordt vanzelfsprekender gevonden en geaccepteerd. De oudere leerlingen moeten leren en kennelijk doe je dat per definitie in het klaslokaal!

Het nadrukkelijk oefenen van allerlei vaardigheden heeft in het Nederlandse basisonderwijs geleid tot een opleving van het buiten werken met de klas. Aanvankelijk vindt dit het sterkst plaats op het gebied van de natuuroriëntatie in de vorm van wandelingen, speurtochten en speciaal ontworpen educatieve paden (een bomenpad in een park). De onderwerpen blijven echter niet beperkt tot de natuur. Sociaaleconomische en culturele onderwerpen, zoals bedrijven, beroepen, kerkgebouwen en communicatiemiddelen, komen in beeld. En ook historische onderwerpen: oude gebouwen, straatnamen, uithangborden, gedenkstenen, kanalen en wegen tonen aan dat zich in de bebouwde omgeving en het landschap heel wat sporen van vroeger bevinden, die wezenlijk kunnen bijdragen aan de beeldvorming van de leerlingen.

Voorwerpen

Om aspecten uit de werkelijkheid te ervaren, hoef je niet altijd met de groep naar buiten. Je kunt ook: *voorwerpen* uit het heden en uit het verleden in de klas halen. Dit kan al of niet in samenhang met een gastspreker gebeuren (vergelijk subparagraaf 13.5.3). Vanzelfsprekend geldt hier de beperking dat het maar om delen van de werkelijkheid gaat: de voorwerpen zijn uit hun omgeving gehaald. Met historisch redeneren kunnen deze voorwerpen onderzocht worden.
Door met elkaar vragen te stellen en antwoorden te zoeken op die vragen kunnen voorwerpen betekenis krijgen in de context van tijd en ruimte (contextualiseren).

13.3.1 De schoolomgeving

Schoolomgeving

School-programma

Wie in het onderwijs voorbijgaat aan wat de directe omgeving van de school te bieden heeft, beperkt zichzelf in de mogelijkheden tot beeldvorming. Wat voor zin heeft het in de school aan beeldvorming te werken, helemaal los van wat de leerlingen om zich heen (kunnen) zien? Toch komt dat in de onderwijspraktijk helaas voor, ofwel door onderschatting van de functie van het werken in de *schoolomgeving* voor de ontwikkeling van de leerlingen, ofwel door factoren als gebrek aan voorbereidingstijd. Want dergelijke activiteiten vereisen wel een grondige voorbereiding. In een goed *schoolprogramma* staat aangegeven bij welke leerstofonderdelen de schoolomgeving een nuttige functie kan vervullen. Het schoolprogramma is het middel om het gebruik van de schoolomgeving in de verschillende groepen op elkaar af te stemmen. Een leerling hoeft bijvoorbeeld niet acht keer op bezoek bij de bakker.
Bij de activiteiten in de schoolomgeving gaat het niet alleen maar om die schoolomgeving. De schoolomgeving is een middel om onderwerpen te concretiseren, te illustreren, te onderzoeken en te bestuderen. Voor het onderwijs is die schoolomgeving echter geenszins het eindpunt. Het gaat in het onderwijs immers niet alleen maar over het hier, maar voortdurend ook over het elders. Anders zouden er bij de leerlingen zeer beperkte en eenzijdige beelden ontstaan. Lokale overblijfselen uit vroeger tijd krijgen betekenis wanneer ze geplaatst worden in de tijd en in de ontwikkelingen in die tijd, bijvoorbeeld de industrialisatie in de *Tijd van Burgers en Stoommachines.*

Excursies

Gekoppeld aan de in het schoolprogramma vastgelegde onderwijsinhouden kunnen in de schoolomgeving *excursieobjecten* gekozen worden. Doelgerichte keuzes in de zin van kennismaken met verschillende beroepen (brandweerman, groenteman, computerwinkelier, boekhandelaar, vuilnisman en dergelijke) en met functies van allerlei gebouwen (gemeentehuis, politiebureau, kerk, ziekenhuis, station). Eerst een voorbereiding in de klas en daarna met de klas ernaartoe: samen kijken, samen onderzoeken, samen bevragen, samen een beeld opbouwen. Kinderen komen zo op plaatsen, waar ze anders vrijwel niet komen of onbewust aan voorbijgaan. Ze leren gerichter kijken en gaan meer nadenken over functies, verbanden en structuren. Terug in de klas kan dit door een gesprek en vervolgopdrachten nog verder worden gestimuleerd.

Regiocanons

Op de website van de Canon van Nederland, www.entoen.nu, zijn bij ieder canonvenster tips voor excursies opgenomen onder het kopje 'Er op uit'. Daarnaast is aan deze website ook de website voor de Regiocanons gekoppeld: de overkoepelende website voor regionale en lokale canons in Nederland met de verhalen over belangrijke momenten, personen en plekken uit het regionale en lokale verleden van de provincies op een rijtje. Hier kunnen leerkrachten inspiratie opdoen voor excursies waarin ze de vensters van de Canon van Nederland voor hun leerlingen kunnen vertalen naar hun eigen plaatselijke geschiedenis. Een uitgebreid overzicht van monumenten in Nederland, zowel in het bebouwde landschap als in de vorm van feesten en rituelen is te vinden in de *Bosatlas van het cultureel erfgoed* (Noordhoff).

Educatief pad

Naast klassikale excursies naar één object is een veel gehanteerde werkwijze het samenbrengen van onderdelen uit de schoolomgeving in een wandeling, speurtocht, puzzeltocht of *educatief pad*. Men kan denken aan algemene oriëntatiepaden in de omgeving van de school, individueel of in groepjes te lopen met ouders als begeleiders. Het kunnen echter ook specifieke, op een bepaald aspect gerichte paden zijn. Tijdens een lessenserie over bijvoorbeeld bouwen en wonen kan een huizenpad een goede bijdrage leveren. Kinderen inventariseren verschillende typen huizen, proberen de ouderdom te achterhalen en komen tot esthetische uitspraken. In het kader van een eerste kennismaking met het begrip verleden kan een oud-en-nieuw-pad een goede functie vervullen. En voor oudere kinderen is op geschiedenisgebied een sporenpad uitermate boeiend: in het heden op zoek naar het verleden in de vorm van onder meer jaartallen, gevelstenen, uithangborden, gedenktekens en monumenten. Het verleden kan ook ontdekt worden met behulp van digitale media. Een voorbeeld is de app *Street Museums* (Noord-Hollands Archief en Oneindig Noord-Holland). Op bepaalde plaatsen in Noord-Hollandse gemeenten kan met de app via oude foto's, ansichtkaarten en schilderijen het verleden naar het heden gehaald worden (figuur 13.1). Dergelijke apps worden steeds meer toegepast bijvoorbeeld voor de Romeinse limes rond Alphen aan den Rijn, voor het leven van Anne Frank in Amsterdam en voor de bevrijdingsroute tijdens WO II tussen Eijsden en Margraten.

Vaak ontmoeten leerlingen op deze wijze onderwerpen die in de school verder uitgezocht en besproken moeten worden. Oude foto's en (delen van) oude kaarten, vooral vogelvluchtkaarten (zie figuur 13.17), om ter plekke de situatie in het heden met die in het verleden te vergelijken, kunnen tijdens zo'n educatief pad goede diensten bewijzen om veranderingen vast te stellen. 'Waarom is die straat hier zo breed?', 'Hé, kijk eens, vroeger was hier water!'

De schoolomgeving ruimtelijk

Niet elke schoolomgeving heeft evenveel te bieden, maar *ruimtelijk* gezien is de schoolomgeving tijdens de acht jaren van de basisschool ook niet iets constants. Voor de jongste groepen kan de directe omgeving van de school een grens zijn, voor de middengroepen de loopafstand en voor de bovenbouw de fietsafstand (of met hulp van ouders zo nu en dan nog verder door middel van de auto).

FIGUUR 13.1 App van het heden naar het verleden

Veldwerk

Behalve de excursie en het educatieve pad is er steeds meer aandacht voor *veldwerk* of veldstudie: de onbebouwde en bebouwde omgeving als onderzoeksobject. Een kerk, een molen, een raadhuis, een dorpsnederzetting. Daarvoor leent zich heel goed de opzet 'Vraag het aan...' Er worden groepjes gemaakt, die allemaal eigen opdrachten krijgen. Oude afbeeldingen nodigen uit om vast te stellen waar de tekenaar, schilder of fotograaf heeft gestaan en om vergelijkenderwijs vast te stellen wat er in de tussenliggende tijd is veranderd. De leerlingen kunnen daartoe ook, voor de vergelijking, foto's of tekeningen van de hedendaagse situatie maken of in kopieën van afbeeldingen van vroeger met kleur de veranderingen aangeven. Die vaststellingen leiden tot vragen: Waarom? Waardoor? Dit zijn vragen die uitnodigen tot verder onderzoek (figuur 13.2a en b).

FIGUUR 13.2A Het klooster Frenswegen in 1834

FIGUUR 13.2B Het klooster tegenwoordig: waar is de kloosterkerk gebleven?

13.3.2 Voorwerpen (museum)

Door tijdens de lessen veel plaats in te ruimen voor voorwerpen kunnen leerlingen in contact gebracht worden met aspecten van de werkelijkheid. Deze voorwerpen hebben een belangrijke beeldvormende werking. Ze functioneren als *illustratiemateriaal* bij een verhaal of uitleg. Ze kunnen ook startpunt van onderwijs zijn: Wat is het? Waarvan is het gemaakt? Hoe kun je het gebruiken? Wie zou het gebruikt hebben? Wanneer? Zo is het nuttig in een les over de fiets in de onder- of middenbouw een fiets in de klas te halen en bij een les over verlichting (en de geschiedenis ervan) in de bovenbouw allerlei lichtbronnen, waaronder ook historische, aan de leerlingen te tonen. Wanneer de echte voorwerpen binnen handbereik zijn, verdient het gebruik hiervan de voorkeur boven andere beeldvormende hulpmiddelen. Natuurlijk zijn niet alle voorwerpen in de klas te halen. Beschikbaarheid is een belangrijke factor. Antiekcollecties van familie en kennissen kunnen – soms – uitkomst bieden. Ook kan het lonend zijn regelmatig rommelmarkten te bezoeken om zo een collectie van oude voorwerpen te verzamelen voor gebruik in de klas. Er zijn ook instellingen die *leskisten* of -koffers over bepaalde onderwerpen ter beschikking stellen. Zo heeft Schiphol een leskoffer over de luchthaven, het Nationaal Oorlogs- en Verzetsmuseum in Overloon diverse leskisten over de Tweede Wereldoorlog en de Brabantse Museumstichting een leskist over de Romeinse tijd in Brabant, om maar enige voorbeelden te noemen (figuur 13.3).

Voorwerpen als illustratiemateriaal

Leskisten

Sommige voorwerpen lenen zich goed voor een *tentoonstelling* achter in de klas of in de gemeenschapsruimte: een rustige plaats waar leerlingen kunnen kijken en onderzoeken. Zo kan in de school over een bepaald onderwerp een *ontdekhoek* ontstaan: een hoek met alle mogelijke materialen over een onderwerp, met daarbij opdrachten voor de leerlingen in de vorm van werkbladen of een werkboekje.

Tentoonstelling

Ontdekhoek

Het is mooi als de school zelf beschikt over een verzameling nuttige voorwerpen voor het onderwijs. Een *museum in de school* is al een oud idee, maar het is maar op zeer beperkte schaal gerealiseerd. Het zou een goede zaak zijn als schoolteams verzamelingen zouden aanleggen van allerlei voor het onderwijs bruikbare voorwerpen: bijvoorbeeld turf, steenkool, een strijkijzer uit het pre-elektrische tijdperk, speelgoed van vroeger en oude leermiddelen.

Museum in de school

FIGUUR 13.3 Aan het werk met materialen uit de leskist *De Romeinse tijd* in Noord-Brabant

Musea en oudheidskamers

Vooral als het gaat om voorwerpen uit vroeger tijd is het onderwijs voor de originele voorwerpen afhankelijk van *musea en oudheidskamers*. Allerlei onderwerpen uit het schoolprogramma kunnen zich lenen voor een bezoek aan een museum. Musea en oudheidskamers zijn voor het onderwijs belangrijke hulpmiddelen, maar tegelijkertijd zijn deze niet altijd even makkelijk te hanteren.

Een van de belemmerende factoren komt voort uit de geschiedenis van de musea. Deze zijn ontstaan als plaatsen waar kostbaarheden verzameld, gerestaureerd, geconserveerd en wetenschappelijk bestudeerd worden. In eerste instantie zijn musea niet opgericht als educatieve instellingen, maar als plaatsen waar de meest interessante overblijfselen – het culturele erfgoed – van voorgaande generaties voor het nageslacht worden bewaard. Vanzelfsprekend varieert dit per museum. In streekmusea kan men over het algemeen met kinderen op een heel andere manier met de collectie omgaan – voor een deel zelfs volgens het didactische belangrijke principe 'hands on' – dan in landelijke of provinciale musea. Juist regionale musea en oudheidskamers beschikken vaak over collecties die uitstekend aansluiten bij de onderwerpen in de school.

Educatieve functie musea

Relatief laat – in de jaren zestig van de vorige eeuw – ontstond het besef dat musea ook een *educatieve functie* hebben. Daartoe kregen de grootste musea een educatieve dienst, die de verantwoording kreeg voor het begeleiden van de bezoekers.

In het algemeen is de samenwerking tussen musea en onderwijs recentelijk enorm verbeterd. Vooral dankzij de stimulansen vanuit het ministerie van Onderwijs, Cultuur en Wetenschap in het kader van het hiervoor al genoemde project *Cultuur en school* zijn op verschillende plaatsen netwerken van scholen en musea (en andere erfgoedinstellingen) ontstaan. Een mooi voorbeeld van een hechtere samenwerking tussen onderwijs en musea is het experiment met juniorgidsen: basisschoolleerlingen die na een korte opleiding als juniorgids in het museum gaan functioneren.

Voor het welslagen van een schoolbezoek aan een museum zijn educatieve medewerkers in hoge mate afhankelijk van de leerkracht. Groepen die onvoorbereid een museum binnenkomen, zijn voor het museum een ramp. En helaas komt zoiets nog wel voor. Ook van de leerkracht wordt bij een bezoek aan een museum het een en ander verwacht. Allereerst dat leerlingen weten wat een museum is en wat je er allemaal kunt. Maar ook inhoudelijk: Waarom gaan we naar dat museum of die tentoonstelling? Wat kunnen we daar te weten komen? En hoe?

Aan het begin van alles staat dus de voorbereiding van de leerkracht. Deze bepaalt bij welke leerinhouden uit het schoolprogramma een museumbezoek wenselijk is. Overigens kan ook de actualiteit – een boeiende, tijdelijke tentoonstelling – tot zo'n besluit leiden, maar daardoor verandert de manier van voorbereiding niet. De leerkracht gaat eerst zelf naar het museum of de tentoonstelling, bekijkt wat voor de leerlingen interessant en bruikbaar is, probeert zich een idee te vormen wat er met de leerlingen door middel van het bezoek bereikt kan worden en besluit op grond daarvan wel of niet met de groep naar het museum of de tentoonstelling te gaan. Als dat besluit positief uitvalt, volgt een gesprek met de educatieve afdeling van het museum over wat deze te bieden heeft aan les- en illustratiemateriaal en aan begeleiding tijdens het bezoek.

Werkwijzen in een museum

Over het algemeen worden de volgende *werkwijzen* in een museum het meest toegepast:

- Ieder loopt en kijkt op eigen gelegenheid rond: vrij en ongestructureerd.
- Er wordt rondgeleid: de groep (oppassen met de grootte ervan) gaat in een van tevoren doordachte volgorde door de tentoonstelling of een deel van het museum en krijgt daarbij toelichting van iemand van het museum (met als pluspunt: uitleg van een vreemde, vaak een deskundige) of van de leerkracht (met als voordeel dat deze goed op de hoogte is van de beginsituatie van de leerlingen en weet wat hij wil bereiken met het museumbezoek).
- De leerlingen krijgen vragen en opdrachten en maken die individueel of in groepjes (figuur 13.4).

FIGUUR 13.4 Leerlingen aan het werk bij het altaar van Magusanus Hercules in het Rijksmuseum van Oudheden in Leiden

Kijkwijzer

Zo'n opdrachtenpapier wordt wel een *kijkwijzer* genoemd. Allerlei opdrachten zijn mogelijk: opdrachten waarin de leerlingen iets goed moeten bekijken, functies of de werking moeten omschrijven, verbanden moeten leggen, verklaringen moeten geven, moeten tekenen (eventueel ook het aanvullen of afmaken van reeds op de kijkwijzer afgedrukte tekeningen), kaartjes moeten invullen of aspecten in de tijd moeten ordenen. Als middel om in eigen (c.q. groeps)tempo bezig te zijn met de voorwerpen en alles zo goed te bekijken, is een kijkwijzer zeer geschikt. Het nadeel hierbij is echter dat kinderen er snel een wedstrijd van gaan maken: wie is het eerste klaar? In sommige musea wordt dit nog versterkt door prijzen in het vooruitzicht te stellen. Een negatief bijverschijnsel van het werken met kijkwijzers in wedstrijdvorm is, dat van goed en rustig kijken niet veel terechtkomt en er ook nauwelijks of geen aandacht besteed wordt aan voorwerpen waarover de kijkwijzer geen opdrachten vermeldt.

Figuur 13.5 biedt een overzicht van criteria voor kijkwijzers of opdrachtbladen.

FIGUUR 13.5 Criteria voor kijkwijzers en opdrachtbladen

- Leerlingen kunnen de opdrachten zelfstandig uitvoeren. De gebruikte taal en de ver eiste vaardigheden zijn daarbij geen belemmering, maar worden al beheerst (voorbereiding op school).
- De kijkwijzer is een hulpmiddel bij het (gericht) kijken.
- De antwoorden op vragen en oplossingen voor problemen moeten door waarneming in het museum (waar mogelijk door uitproberen – 'hands on') gevonden kunnen worden.
- De kijkwijzer omvat beperkte, in tijd haalbare opdrachten.
- De opdrachten en de beantwoording van de vragen kunnen zonder veel moeite plaatsvinden: vakken op het papier voor het invullen van antwoorden, intekenen of inkleuren binnen een gegeven kader en aanvullen van tekeningen binnen een bepaald kader.
- De kijkwijzer biedt ook ruimte voor een eigen vormgeving door de leerlingen in de vorm van onder meer het toevoegen van een eigen tekening of een eigen tekst.
- De kijkwijzer geeft aan wat er nodig is en wat er gedaan moet worden, soms heel precies en soms algemeen.
- Een kijkwijzer bevat gevarieerde opdrachten:
  - waarnemingsopdrachten
  - vergelijkingsopdrachten
  - beschrijvingsopdrachten (tekst of tekening)
  - tel- of meetopdrachten
  - ordeningsopdrachten (bijvoorbeeld in tijd)
  - aanvulopdrachten (zoek de ontbrekende onderdelen)
  - combinatieopdrachten (gegevens moeten gecombineerd worden)
  - verzamelopdrachten
  - herkenningsopdrachten (zoek onderdelen)
  - benoemingsopdrachten (bijvoorbeeld soorten)
  - verklaringsopdrachten (hoe komt het dat?)
  - waarderingsopdrachten
  - opdrachten die te maken hebben met plaatsing in tijd en ruimte

De kijkwijzer bevat waar mogelijk opdrachten voor de verschillende zintuigen.
De kijkwijzer heeft een uitnodigende lay-out.
De kijkwijzer is goed te beschrijven.

Bron: Vrij naar K. Both, Leren in Naturalis, een educatief model, Amersfoort: CPS, 1999, p. 17

Terug naar de leerkracht die zich aan het voorbereiden is. Na het overleg met de museummensen kan de planning beginnen. Allereerst moet er besloten worden of er in de groep nog apart aandacht moet worden besteed aan het 'verschijnsel' museum. Vervolgens moeten activiteiten worden voorbereid om de groep op school een zo goed mogelijke beginsituatie te bezorgen voor het museumbezoek. Dan moet er worden gekozen voor een werkwijze in het museum: vrij rondlopen, rondleiden of werken met een zelfgemaakte of door het museum verstrekte kijkwijzer. Ook hier is de beginsituatie weer van groot belang: zowel de beginsituatie op het gebied van de inhoud als die ten aanzien van de manier van werken. En tot slot – afgezien van overigens ook belangrijke organisatorische zaken als begeleiding, vervoer en kosten – moet nog worden nagedacht over een nabespreking of verwerking: waar moet dat gebeuren (in het museum of op school?) en waarover gaat die nabespreking? Dit gehele voorbereidingsproces, dat overigens ook van toepassing is bij het opzetten van excursies, educatieve paden en schoolreisjes, is in figuur 13.6 in beeld gebracht.

FIGUUR 13.6 Stappen in het voorbereidingsproces van een museum- of tentoonstellingsbezoek

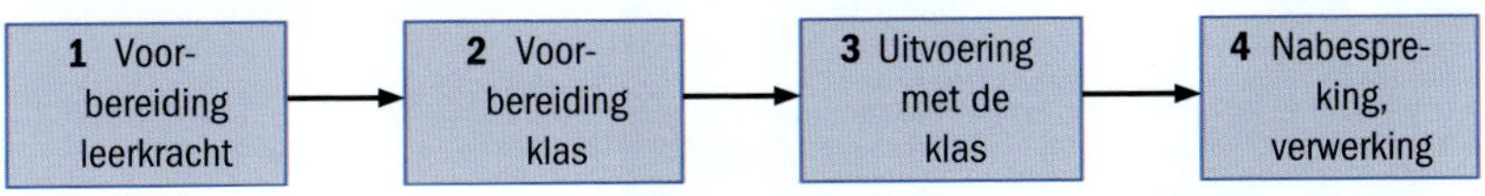

13.4 Beeldvorming door middel van afbeeldingen

Het is onmogelijk alles in de klas te halen of overal met de leerlingen naar toe te gaan. Het onderwijs zal zich vaak tevreden moeten stellen met replica's (afbeeldingen) van de werkelijkheid, zowel van de hedendaagse als van de historische. Er zijn echter heel wat mogelijkheden om de werkelijkheid te vervangen: de onderdelen B tot en met E van het beeldvormingsschema (tabel 13.1) bestaan allemaal uit dergelijke vervangende mogelijkheden.
Het is zaak voor elke les steeds de beste mogelijkheid te kiezen. Dat vereist kennis van de didactische aspecten van deze *werkelijkheidsvervangers*. Daarnaast is een overzicht nodig van de beschikbaarheid van dergelijke onderwijsleer- en hulpmiddelen. Over de vakdidactische aspecten gaan de volgende subparagrafen. In het bestek van dit boek is het onmogelijk een overzicht te bieden van alle beschikbare hulpmiddelen. Daarvoor moeten leermiddelengidsen, onderwijsinformatiecentra en bibliotheken of mediatheken worden geraadpleegd.

Werkelijkheidsvervangers

13.4.1 Criteria voor het beoordelen van afbeeldingen

Leerlingen kunnen zich door middel van *afbeeldingen* een beeld vormen. Deze afbeeldingen zijn door mensen gemaakt: ze tonen iets wat door mensen vervaardigd of vastgelegd is. Daarmee is meteen ook het hoofdprobleem van deze categorie hulpmiddelen aangeduid: is de werkelijkheid afgebeeld of zien we de 'werkelijkheid' van de maker? In schilderijen, films, op foto's, in prentenboeken, op kaarten en in modellen kunnen de vervaardigers aspecten van de werkelijkheid weglaten of nieuwe eraan toevoegen. Dat dit zelfs met historische foto's mogelijk is, toont figuur 13.7.

Afbeeldingen

FIGUUR 13.7 De werkelijkheid of een 'bewerkte' werkelijkheid? Op de bovenste foto (uit 1959) is tussen Fidel Castro (rechts) en een onbekende man Carlos Franqui te zien, op een latere versie is alleen zijn schaduw overgebleven

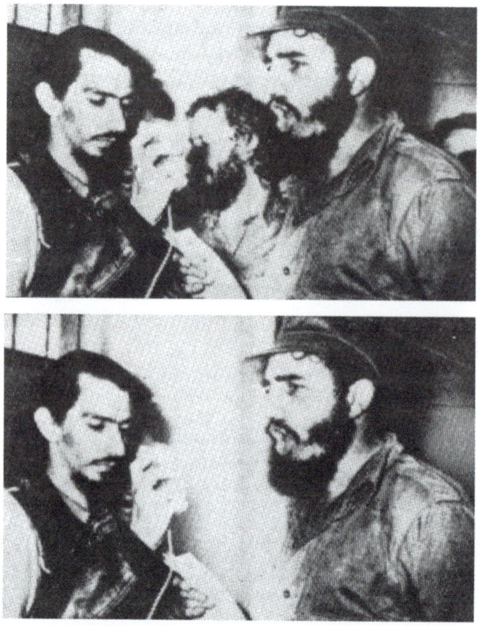

Keuzecriteria

Om een keuze te maken uit de onderwijsleer- en hulpmiddelen van groep B van het beeldvormingsschema (tabel 13.1) zijn de volgende criteria van belang:

- De doelgroep: voor wie zijn de afbeeldingen bestemd?
- De werkelijkheidswaarde van afbeeldingen van de hedendaagse werkelijkheid:
  - Gaat het om dé werkelijkheid, of om een vertekende of vervalste werkelijkheid?
  - Gaat het wel om de hedendaagse werkelijkheid of om een verouderde?
- De werkelijkheidswaarde van afbeeldingen van de historische werkelijkheid:
  - Gaat het om dé werkelijkheid, of om een vertekende of vervalste werkelijkheid?
  - Gaat het om een beeld van de werkelijkheid van een tijdgenoot of gaat het om een beeld van iemand die later leeft (reconstructie, fantasie)?
- Is de ethische lading van de afbeeldingen acceptabel?
  Het is de plicht van de leerkrachten ten aanzien van afbeeldingen zich af te vragen of ze vanuit ethisch oogpunt voor de leerlingen wel geschikt zijn. Zo kunnen voor onderwijsdoeleinden al te gewelddadige of al te uitzichtloze afbeeldingen ('no hope, no future') afvallen. Dit gebeurt op basis van de algemene uitgangspunten in het schoolprogramma en op basis van ideeën die men heeft over waar de grens tussen ethisch wel of niet geschikt voor de doelgroep getrokken moet worden.
- Is de esthetische kwaliteit van de afbeeldingen acceptabel?
  Op dit punt ligt het voor de hand dat verregaande concessies mogelijk zijn, bijvoorbeeld als er maar weinig keuze is. Er zijn echter grenzen. Zo is

het niet aanvaardbaar dat leerlingen een beeld krijgen van kinderspelen in de zestiende eeuw aan de hand van een volledig verkleurde afbeelding van Bruegels beroemde schilderij.

13.4.2 Schilderij, prent, tekening, foto, ansichtkaart en karikatuur

De afbeeldingen uit onderdeel B.1 van het beeldvormingsschema (tabel 13.1) leggen op verschillende manieren de werkelijkheid vast. Vaak zijn het afbeeldingen die zonder enige bijbedoelingen vervaardigd zijn, bijvoorbeeld omdat de maker getroffen werd door de schoonheid, compositie of zeggingskracht. Over het algemeen zijn de afbeeldingen uit onderdeel B.1 niet speciaal voor het onderwijs gemaakt. Een uitzondering vormen de speciale boekjes met lessen over de hedendaagse wereld voor jonge kinderen met foto's en / of tekeningen, zoals de boekjesseries *De Kijkdoos* en *Mini-Informatie*. Al deze beeldvormers zijn moeilijk in de klas te hanteren. Over het algemeen zijn ze te klein om ze tijdens de les te laten zien, zodat ze in een klassikale lessituatie niet goed functioneren. Uitzonderingen hierop vormen (reproducties van) schilderijen en posters van het formaat van de wandplaten (zie subparagraaf 13.4.4). Een oplossing is een *prikbord* of magneetbord in de klas, waar de afbeeldingen op bevestigd worden. Tijdens de instructie kan op de afbeeldingen worden gewezen; daarna kunnen leerlingen ze rustig bekijken. Wanneer het gaat om afbeeldingen die eenvoudig te reproduceren zijn, is het te overwegen alle leerlingen een afdruk van de afbeelding te geven als onderdeel van een werkblad of werkboekje. Een andere mogelijkheid is dat leerlingen in kleine groepjes opdrachten bij de afbeeldingen uitvoeren, bijvoorbeeld vragen beantwoorden, afbeeldingen vergelijken of meer informatie bij afbeeldingen zoeken. Dat kan eventueel in circuitvorm. Ook de computer kan – in combinatie met een scanapparaat, beamer en digibord – uitkomst bieden om leerlingen gericht naar afbeeldingen te laten kijken. Op internet – zie hoofdstuk 15 – zijn ook heel wat afbeeldingen te vinden. Daarbij is het belangrijk uit de veelheid aan afbeeldingen een weloverwogen keuze te maken, gebaseerd op de keuzecriteria uit subparagraaf 13.4.1. De leerkracht kan daarbij met de leerlingen de aard van de afbeeldingen bespreken met vragen als:

Prikbord

- Is dit een afbeelding die in het verleden gemaakt is?
- Is het een foto, een tekening, een schilderij of een prent uit die tijd zelf of later gemaakt?
- Wat vertelt deze afbeelding over de tijd?
- Hoe weten we of deze afbeelding betrouwbaar is?

Schilderijen, prenten, tekeningen, foto's en ansichtkaarten die de historische werkelijkheid weergeven, zijn van groot belang voor de leerlingen om inhoud te geven aan het begrip 'verandering'. Er moet zorgvuldig onderscheid worden gemaakt tussen afbeeldingen van de historische en de hedendaagse werkelijkheid. Hoe moeilijk dat onderscheid is, toont figuur 13.8.

Verandering

Leerlingen kunnen met oude foto's en ansichtkaarten op stap om ter plekke vergelijkingen tussen toen en nu te maken. Hetzelfde kan ook in de klas met twee afbeeldingen. Het vaststellen van veranderingen kan het startpunt voor zeer uiteenlopende lesonderwerpen zijn, bijvoorbeeld over kleding, vervoer, voorzieningen of huizenbouw. Verschillende afbeeldingen van deze of gelijksoortige thema's kunnen door leerlingen in de tijd worden geplaatst en aanleiding geven tot het stellen en beantwoorden van vragen en het bespreken van wat er veranderd en / of hetzelfde gebleven is en waarom.

Vergelijkingen tussen toen en nu

FIGUUR 13.8 Historische en hedendaagse werkelijkheid. Of alleen maar hedendaagse?

Rome, de hoofdstad van Italië **Rome, 2000 jaar geleden**

Karikatuur

Een speciale wijze van afbeelden is de *karikatuur*, een afbeelding waarin kenmerkende aspecten of onderdelen worden benadrukt, vaak op een symbolische, spottend-komische wijze. Ze werden en worden gemaakt voor tijdschriften en kranten en zijn belangrijke informatiebronnen voor ideeën en standpunten. Ze zijn veelal te problematisch voor kinderen in de basisschoolperiode, vooral de politieke karikaturen. Het vaststellen wat de tekenaar van een karikatuur duidelijk wilde maken, vereist denkstappen die in de basisschoolfase nog niet verwacht mogen worden. Vergelijk figuur 10.2 in de *Kennisbasis Inhoud.* Vandaar dat – anders dan voor het voortgezet onderwijs – afgeraden moet worden dergelijke afbeeldingen te gebruiken of het gebruik te beperken tot die karikaturen die voor de leerlingen makkelijk te begrijpen zijn.

13.4.3 Dia, film, video / dvd, televisie / schooltelevisie en cd(-rom)

Projectie-apparatuur

De ontwikkelingen op het gebied van *projectieapparatuur* gaan razendsnel. De dia- en de filmprojector staan in de school te verstoffen en de videorecorder en de dvd-speler zijn op hun retour. Steeds meer klaslokalen beschikken over een beamer en een digibord, waarvoor in toenemende mate software beschikbaar is.
Bij de beeldvormers uit de rubriek B.2 (tabel 13.1) gaat het – in tegenstelling tot de beeldvormers uit B.1 – om speciaal voor het onderwijs vervaardigde beeldvormers.
Via internet is inmiddels veel beeldmateriaal beschikbaar. Ook hier geldt dat leerkrachten een weloverwogen keuze moeten maken passend bij de doelgroep en de doelstellingen van de les (zie subparagraaf 13.4.1).

Van dia naar cd

Een veelgebruikt onderwijsleer- en hulpmiddel voor *Geschiedenis & Samenleving* was lange tijd de *dia*. Op verschillende scholen staan de sleden met dia's nog in de kast. De klassikale diales met een diaprojector (in een verduisterd lokaal) wordt zelden meer toegepast. Maar in opdrachten tijdens groepsonderwijs is een aantal dia's met een viewer nog steeds goed inzetbaar. Het is overigens technisch ook mogelijk om de diacollectie te digitaliseren. Nu er vooral digitaal gefotografeerd wordt, neemt de computer (al of niet in combinatie met beamer en digibord) de plaats van de diaprojector en -viewer in.

Film / schooltv / dvd

Films hebben in het onderwijs lange tijd de functie gehad van een snoepje: een extraatje of toegift voor de laatste schooldag. Didactisch gezien wordt daarmee ernstig tekortgedaan aan de enorme beeldvormende mogelijkheden van dit medium. Films of fragmenten van films zijn sterke beeldvormers voor een beeld van de historische werkelijkheid. Daarbij moet de leerkracht wel aandacht hebben voor de aard van de gebruikte film. Laat de film een beeld van de werkelijkheid van een tijdgenoot zien, bijvoorbeeld een filmpje over de werkverschaffing in de crisisjaren, in de tijd zelf opgenomen, of geeft de film een beeld van de werkelijkheid, gezien door de ogen van iemand die later leeft? Echt historisch filmmateriaal bestaat er niet van vóór de tweede helft van de negentiende eeuw. Films waarin beelden van nog vroegere tijden getoond worden, zijn gefingeerde of nagespeelde films. In dergelijke films is de relatie tussen de historische feiten en de fictie (het verzonnen deel) van groot belang. Per definitie is fictie vanuit het oogpunt van beeldvorming niet fout, maar er moet wel een goede relatie bestaan tussen feit en fictie (figuur 13.9). Deze aspecten kunnen ook heel goed in de les met leerlingen worden besproken als onderdeel van historisch redeneren, met als vraag *hoe weten we dat dit zo gebeurd is?*

FIGUUR 13.9 Een beeld van de werkelijkheid van een tijdgenoot of van iemand die later leefde? Een momentopname uit de schooltelevisieserie De Steentijd

(School)televisie

Het opnemen van schooltv-programma's is verleden tijd geworden. De website www.school.tv.nl biedt een uitgebreide videodatabase gevuld met educatieve en informatieve videoclips, filmpjes, fragmenten, liedjes, animaties en lesvideo's bij allerlei historische thema's. Bij veel onderwerpen zijn aanvullende lespakketten of werkbladen te downloaden of te bestellen (zie figuur 13.10).

FIGUUR 13.10 Schooltv-lespakket bij de serie *13 in de oorlog*

Filmpjes bij de canon

Op de website van de Canon van Nederland, www.entoen.nu, zijn bij de canonvensters korte filmpjes en canonclips opgenomen, geschikt voor gebruik in de groepen 5 / 6 en 7 / 8. Daarnaast zijn er van alle canonvensters *Klokhuis*uitzendingen gemaakt, die toegevoegd zijn aan de vensters op de canonwebsite en ook te vinden zijn op www.schooltv.nl.

Gebruik van educatieve films

Het gebruik van educatieve films of fragmenten van die films vereist een goede voorbereiding van de leerlingen, zowel inhoudelijk als ten aanzien van de manier van kijken. Het vergt voor leerlingen enige oefening om door te krijgen dat een film op school niet slechts passief geconsumeerd kan worden, maar dat je er ook van kunt leren. Het is aanbevelenswaardig hiermee rekening te houden bij de opstelling van de leerlingen. Behalve een goede voorbereiding vereist goed gebruik van de films ook een verwerking. Handleidingen voor de leerkrachten en leerlingenboeken maken het de leerkracht mogelijk zo'n film tot een goed doordacht en goed uitgewerkt onderdeel van het onderwijsprogramma te maken.

Gebruik van films en televisieprogramma's kan op verschillende momenten in de les: als startpunt om het onderwerp in te leiden of als beeldvormer tijdens de instructie. Gelet op de benodigde technische apparatuur en op de organisatie ligt het gebruik in frontale lessituaties voor de hand, al is het gebruik van films en televisieprogramma's bij groepswerk steeds beter mogelijk door de toename van het aantal computers en tablets per klaslokaal.

Ook dit soort opdrachten is uitstekend geschikt om op te nemen in een opdrachtencircuit.

Een bijzondere bron op dvd zijn de geboortejaar-dvd's, een serie dvd's over de jaren 1946 tot en met 1980: *Uw geboortejaar in beeld.* Het gaat hier om Polygoonbeelden met wereldnieuws, sportgebeurtenissen en aspecten van het dagelijks leven in dat jaar. Dvd's lenen zich vooral voor individueel gebruik of voor onderwijs in kleine groepjes. Maar met een beamer behoort klassikaal gebruik ook tot de mogelijkheden.

13.4.4 Wandplaat, poster en bordtekening

Aanschouwelijkheid

Vanaf ongeveer het midden van de negentiende eeuw staat *aanschouwelijkheid* hoog in het vaandel van het onderwijs. Op grond daarvan zijn speciaal voor het onderwijs wandplatenseries ontwikkeld, zowel over de hedendaagse als de historische werkelijkheid. Voor jonge kinderen zijn de posters uit de vijf Bas-series (Agteres / Jongbloed Educatief), ontwikkeld als hulpmiddelen op taalgebied, maar ook van belang voor *Geschiedenis & Samenleving* in de zin van begripsontwikkeling van de hedendaagse werkelijkheid. Elke poster bevat een begrippenbalk aan de onderzijde. Via de posters worden heel wat onderwerpen uit de hedendaagse werkelijkheid verkend, zoals de markt, het ziekenhuis, het postkantoor, de bakkerij en Koninginnedag. Deze posters zijn ook leverbaar voor het digibord.

Voor de bovenbouw zijn er posters in de handel op het gebied van staatsinrichting (Agteres). In schematische vorm brengt deze posterserie het ontstaan van onze democratie, het bestuur van gemeente, provincie, Rijk en Europese Unie en het ontstaan van wetten in beeld. Ook deze posters zijn er in een digitale versie.

Geschiedenis-wandplaten

Ook over de historische werkelijkheid verschenen er platen, bijvoorbeeld van J. Hoynck van Papendrecht (1858-1933) (figuur 13.11 en ook figuur 13.14).

FIGUUR 13.11 *De Romeinen in ons land* van J. Hoynck van Papendrecht

Verreweg de beroemdste geschiedeniswandplaten zijn gemaakt door J.H. Isings (1884-1977). Isings was een kunstenaar die – naast heel veel boekillustraties – aquarellen maakte voor een geschiedeniswandplatenserie. In 1911 leverde hij de eerste plaat af: 'Op den Dam, omstreeks 1665', in 1970 de 44ste: 'Columbus neemt Guanahani in bezit, 12 oktober 1492'. Zo produceerde hij een serie die – chronologisch geordend – begon met de 'Hunebedbouwers' en eindigde met 'Naar het concentratiekamp, januari 1945'. Ze verschenen in een serie onder de naam *Vaderlandse geschiedenis*. Deze serie bestaat uit 46 wandplaten (45 van Isings en één van Jetses). Een aantal van deze platen is ook opgenomen bij de betreffende canonvensters op de website van de Canon van Nederland: www.entoen.nu.

1 Hunebedbouwers
2 Romeinse legerplaats aan de Rijnmond (Valkenburg)
3 Willibrord, de apostel der Friezen, omstreeks 715
4 Ludger predikt in de Groninger Gouwen, 785
5 Karel de Grote te Aken, 808
6 Aan het hof van Karel de Grote (van Jetses)
7 De Noormannen voor Dorestad
8 Kruisvaarders voor Jerusalem, 1099
9 Floris V door de edelen gevangen genomen, 1296
10 Toernooi te Haarlem, 1305
11 Sprooksprekers in de Ridderzaal, 1394
12 Jacoba van Beieren voor Gorinchem, 1 december 1417
13 De Hanzestad Kampen, 1441
14 In een middeleeuws klooster
15 Columbus ontdekt Amerika, 12 oktober 1492
16 Brabants dorp in de vijftiende eeuw
17 Een stad in de middeleeuwen (figuur 13.12)
18 Een gilde-optocht in Antwerpen, 1520
19 Luther op de Rijksdag te Worms, 1521
20 Karel V doet afstand van de regering, 1555
21 Willem van Oranje in de Raad van State, 21 december 1564
22 Een hagepreek bij de Hoornbrug bij Rijswijk, augustus 1566
23 De Prins trekt over de Maas, 1568
24 In de drukkerij van Plantijn, Antwerpen 1570
25 Leidens ontzet, 3 oktober 1574
26 'Behouden Huys' op Nova Zembla, 1579
27 Op de rede van Bantam, 1598
28 De slag bij Nieuwpoort, 1600
29 Een vergadering van de Nationale Synode te Dordrecht, 1619
30 Frederik Hendrik voor 's-Hertogenbosch, 1629
31 Een zomermiddag met de Muiderkring, omstreeks 1632
32 De Grote Vergadering te 's-Gravenhage, 1651
33 Rembrandt in zijn 'Schildercaemer', 1665
34 Binnenkomende vloot voor Amsterdam, omstreeks 1665
35 Krijgsraad voor de Vierdaagse Zeeslag, 1666
36 De Dam te Amsterdam, omstreeks 1666
37 Landing van prins Willem III bij Brixham, 1668
38 Aan de Hollandse waterlinie, 1672
39 Een buitenplaats aan de Vecht, omstreeks 1740
40 Franse troepen trekken over de Lek, 15 januari 1795

41 Brand van Moskou, 16 september 1812
42 Hollandse infanterie aan de Berezina, 1812
43 Aankomst van Willem I te Scheveningen, 1813
44 Uit de tijd van trekschuit en diligence, omstreeks 1835
45 Stadsleven tegen het midden van de negentiende eeuw
46 Naar het concentratiekamp, januari 1945

De Isings-wandplaten waren (en zijn) ofwel als plaat of als poster in veel scholen aanwezig. Vrijwel ieder kind kreeg lange tijd met behulp van die platen geschiedenisonderwijs (zie ook Rita Kohnstamm in hoofdstuk 12). De platen duiken dan ook in menige nostalgische herinnering op, zoals in Willem Wilminks gedicht 'De oude School':

> 'Ach, zou die school er nog wel zijn,
> kastanjebomen op het plein,
> de zware deur,
> platen van ridders met een kruis
> en van Goejanverwellesluis
> geheel in kleur.'

FIGUUR 13.12 *Een stad in de middeleeuwen*, geschiedeniswandplaat van J.H. Isings

De wandplaat heeft het etiket 'ouderwets' gekregen, enerzijds door de opkomst van nieuwe audiovisuele media, anderzijds door de verbinding die meestal gelegd wordt tussen de wandplaten en de didactische werkvorm vertellen. Ook is gewezen op het gevaar van stereotypering door middel van deze platen. Toen de didactische werkvorm vertellen in de jaren zestig van de vorige eeuw plaats moest maken voor wat toen genoemd werd actief onderwijs, verhuisden de platen naar de gang om daar als wandversiering te dienen. Vandaar gingen ze naar de schoolzolder en uiteindelijk verdwenen heel wat platen via rommelmarkten uit de school.

Posters

In diezelfde jaren zestig ontstond een ware posterrage. In de posterseries, die alom te koop zijn, zitten ook educatieve posters, zowel over het heden als over het verleden: posters over steden, vervoermiddelen (hedendaagse en historische: auto's, treinen en fietsen bijvoorbeeld), maar ook reproducties van Ot-en-Sien-tekeningen van C. Jetses. De uitgever van de Isings-wandplaten haakte in op de posterrage en produceerde naast de linnen ook een papieren editie van deze wandplaten. De Isings-platen leven voort als illustratiemateriaal: in onder meer het deel *Kennisbasis Inhoud* van dit boek en heel prominent in het boek *Het Vooroudergevoel* over de vaderlandse geschiedenis van J. Blokker, J. Blokker Jr. en B. Blokker (2005).

Revival geschiedeniswandplaat

Inmiddels is de *geschiedeniswandplaat* aan een *revival* toe. Het Herinneringscentrum Kamp *Westerbork* heeft in 2003 het initiatief genomen om een nieuwe serie schoolwandplaten te ontwikkelen. De serie heeft betrekking op de periode 1938-1945. In het persbericht meldt het Herinneringscentrum:

> 'Daar waar Isings is geëindigd – met een plaat over de oorlog – gaat het Herinneringscentrum Kamp Westerbork verder. Het houdt didactische middelen die sinds lange tijden hun waarde meer dan bewezen hebben, graag in ere en gebruik. Maar het blijft ook zijn tijd graag vooruit: "de oorlog" is nooit in didactische reconstructietekeningen weergegeven. Dat nu heeft het Herinneringscentrum Kamp Westerbork gedaan.'

De serie – getekend door Geert Schreuder – bestaat uit de volgende tien platen:

1 Op de veemarkt in Winschoten, 1900
2 Na de Reichskristallnacht in Essen, 10 november 1938
3 In de synagoge in het vluchtelingenkamp Westerbork, 1939
4 Op appèl in het vluchtelingenkamp Westerbork, 1940
5 Een overval in Amsterdam, 1941
6 Een transport vertrekt uit kamp Westerbork, 1942
7 Sinterklaas in barak 66 van kamp Westerbork, 1943
8 Op transport vanuit kamp Westerbork, 3 september 1944 (figuur 9.15 in *Kennisbasis Inhoud*)
9 De bevrijding van kamp Westerbork, 12 april 1945 (figuur 13.13)
10 Settela, het meisje dat een ander was, 2000

Daarna volgt, eveneens van G. Schreuder, een wandplaat met als onderwerp *Srebrenica* (figuur 10.8). Het Hunebedcentrum in Borger heeft door J. Nijman een nieuwe wandplaat over Hunebedbouwers laten maken, als opvolger van de beroemde Hunebedbouwersplaat van Isings (figuur 1.24).

Gebruik van wandplaten / posters

Het idee bestaat dat de wandplaten en posters vertelplaten zijn, dat ze alleen maar goed functioneren in een vertelsituatie. Dat is maar betrekkelijk waar. Een plaat is een momentopname en aspecten van een plaat kunnen uitstekend dienen als startpunt voor een vertelling en als illustratie van aspecten van het verhaal. Maar op de plaat is vaak maar een klein gedeelte van het verhaal te zien: de dynamiek van een verhaal botst met de momentopname van de plaat. De *gebruiksmogelijkheden van platen (en posters)* zijn groter dan alleen maar het ondersteunen van een verhaal. De platen kunnen ook heel anders dan frontaal worden gebruikt. In een ontdekkende lessenserie kunnen allerlei opdrachten opgenomen worden, die de leerlingen aan de hand van platen en posters moeten uitvoeren. Ook kunnen leerlingen de platen gebruiken bij spreekbeurten.

FIGUUR 13.13 *De bevrijding van kamp Westerbork*, een geschiedeniswandplaat van G. Schreuder

Aan de hand van de wandplaten kan goed geïllustreerd worden wat hiervoor geschreven is over ethische en esthetische beoordelingscriteria. Geen van de nog in de handel zijnde wandplatenseries bevat uitgesproken wrede onderwerpen. Dat is niet altijd zo geweest. In 1910 verscheen voor het onderwijs de plaat *De verovering van Tjakranegara op Lombok (1894)*, gemaakt door J. Hoynck van Papendrecht. Hierop is de strijd tussen Nederlandse soldaten en de soldaten van de machthebbers van dat eiland te zien (figuur 13.14).

Deze plaat heeft een grote werkelijkheidswaarde, maar is op ethische gronden af te keuren als hulpmiddel voor het onderwijs. Wandplatenmakers uit later tijd legden de grenzen duidelijk anders. Isings maakte een wandplaat over de Tweede Wereldoorlog, waarop een groep mannen onder begeleiding van gewapende soldaten op weg is. Maar waar de groep naar toe gaat, is niet te zien. Isings maakte geen wandplaat over een situatie in een concentratiekamp; zijn plaat heet 'Naar het concentratiekamp'.
Isings' wandplaten zijn terecht geprezen om hun esthetische kwaliteiten. De grote zorg die hij besteedde aan compositie, uitbeelding van de personages en detaillering maakt het bekijken van zijn platen tot een feest.

Digibord

Het digitale schoolbord (of digibord) verschijnt op steeds meer scholen. Het digibord stelt leraren op een interactieve wijze in staat in hun lessen digitale toepassingen te gebruiken. Dat kan klassikaal als vervanger van het black- of whiteboard, maar ook om leerlingen te laten samenwerken aan opdrachten. Op www.entoen.nu zijn aan de vensters van de canon zogenaamde 'vensterplaten' toegevoegd, waarop leerlingen op interactieve wijze informatie kunnen vinden.

FIGUUR 13.14 *De verovering van Tjakranegara op Lombok (1894),* geschiedeniswandplaat van J. Hoynck van Papendrecht

Bij een digibord hoort speciale software voor het voorbereiden van interactieve presentaties, voor het opslaan van bordaantekeningen en voor het verwerken van interactieve vragen (figuur 13.15). Veel leerkrachten zijn bezig met het digitaliseren van lessen en ook uitgeverijen ontwikkelen materialen voor digitaal schoolbordonderwijs.

FIGUUR 13.15 Gebruik van het digibord kan een didactische meerwaarde bieden

13.4.5 Prentenboek en strip

Voor jonge kinderen bestaat er een voortdurend groeiende hoeveelheid prentenboeken. Kenmerkend voor deze boeken is dat ze weinig of geen tekst en veel plaatjes bevatten. Er zijn fantastische, spannende en ook specifiek leerzame prentenboeken. In *prentenboeken* worden aspecten van de *hedendaagse werkelijkheid* afgebeeld. Dat gebeurt in letterlijke, maar wel saaie zin in het werk van twee specialisten op het gebied van het afbeelden van aspecten van de wereld voor jonge kinderen: Alain Grée en Richard Scarry. Onafhankelijk van elkaar stelden zij over alle mogelijke onderwerpen prentenboeken samen. In die boeken worden tastbare aspecten van de werkelijkheid in beeld gebracht en veelal ook benoemd. Maar over het algemeen valt er in deze boeken weinig te beleven. Interessanter zijn boeken waarin de plaatjes een verhaal vertellen, zoals *Een jaar op het land* van A. en M. Provensen. In dit grootformaatboek wordt duidelijk wat er in de verschillende seizoenen op en om de boerderij gebeurt. Dergelijke prentenboeken geven belangrijke beeldinformatie over de hedendaagse werkelijkheid, die uitnodigt tot gesprek.

Prentenboeken hedendaagse werkelijkheid

Ook over de *historische werkelijkheid* bestaan *prentenboeken*, zoals het schitterende boek *Door de eeuwen heen* van J. Goodall. Hierin wordt een wegkruising getoond vanaf de veertiende eeuw tot en met de twintigste eeuw. De eeuwaanduidingen zijn de enige woorden. Via dit boek kan heel goed het abstracte begrip 'verandering' worden verduidelijkt. Het boek vraagt erom samen met de kinderen 'gelezen' te worden. De voorlezer bedenkt bij de plaatjes een verhaal en de luisteraars kijken mee. Het boek kan – net als zijn soortgenoten – een tijd uitnodigend in de lees- en kijkhoek in de klas liggen. Als er eerst klassikaal op geattendeerd is, zullen kinderen er graag naar grijpen en met plezier erin bladeren. De kans is groot dat dit bladeren tot een heleboel vragen leidt, die in de vorm van een gesprek aan de orde kunnen komen.

Prentenboeken historische werkelijkheid

Voor oudere kinderen blijft beeldinformatie in boeken van groot belang. Aangezien zij echter zelf kunnen lezen, verschuift het accent van de afbeeldingen naar de afbeeldingen én de tekst. In veel boeken, zoals in de uiterst informatieve boeken van D. Macaulay – onder meer *Het kasteel* en *De kathedraal* – is het illustratiemateriaal een integraal onderdeel van het boek. Hetzelfde geldt voor de tekst.

Kinderen krijgen ook beeldinformatie door het lezen van *strips*. Over alle mogelijke onderwerpen worden er tegenwoordig strips gemaakt, ook over allerlei informatieve onderwerpen. Zo zijn er strips over de heilige Franciscus, over de geschiedenis van de Olympische Spelen, over de werking van de staatsinrichting en over onderwerpen uit de Bijbel. De stichting EurEducation brengt educatieve strips uit bij een aantal canonvensters, zoals Michiel de Ruyter, Vincent van Gogh en kinderarbeid. Daarbij zijn ook lespakketten te bestellen. De educatieve stripboeken *De Ontdekking* en *De Zoektocht* met lesmateriaal van de Anne Frank Stichting zijn geschreven voor jongeren van 13 tot 16 jaar, maar ook bruikbaar in groep 8. Het stripboek *Nieuwe Vrienden*, ook in deze serie, is voor leerlingen van 11 tot 14 jaar. De al wat oudere stripserie over de vaderlandse geschiedenis *Van nul tot nu* van Thomas Roep en Co Loerakker is op veel scholen aanwezig. In vier delen wordt de hele vaderlandse geschiedenis doorlopen en deel 5 geeft een beeld van de ontwikkeling van het dagelijks leven (figuur 13.16).

Strips

FIGUUR 13.16 *Van nul tot nu*, afbeeldingen uit deel 1

13

Striptekenaars roepen met hun tekeningen beelden van de werkelijkheid op, zowel van de hedendaagse als van de historische. Leerkrachten hebben de taak deze beelden te beoordelen vanuit informatief, ethisch en esthetisch oogpunt.
Vooral met strips over het verleden is waakzaamheid geboden, omdat heel wat striptekenaars niet altijd zorgvuldig met de tijd omspringen. Bij herhaling verwerken ze anachronismen in hun verhalen: elementen uit verschillende tijden worden bij elkaar gebracht. Zo wordt in een van de delen van de bekende *Asterix*-serie Amerika ontdekt in dezelfde tijd dat Julius Caesar Bretagne probeert te onderwerpen. In een ander deel blijken de Noormannen tijdgenoten van Caesar te zijn. Aangezien kinderen onmiskenbaar uit strips kennis opdoen, is het van belang dat vanuit het onderwijs de vinger aan de tijd gehouden wordt. Kritische begeleiding van striplezers op het hiervoor genoemde punt is gewenst.

13.4.6 Model en maquette

Modellen
Maquettes

Tot de afbeeldingen behoren ook de meerdimensionale *modellen en maquettes*: het model van een schip of een maquette van een stad. Voor allerlei lesonderwerpen kan een maquette of een bouwpakketmodel een belangrijk beeldvormend hulpmiddel zijn, niet in de laatste plaats vanwege het meerdimensionale karakter ervan: een model en een maquette tonen iets van alle kanten en dat kan een foto of tekening niet. Bij een les over de hunebedden kan een verkleinde uitvoering van het hunebed 'De Papeloze Kerk' in Schoonoord, het enige hunebed dat voor de helft in oorspronkelijke staat is teruggebracht, goede diensten bewijzen. Hetzelfde geldt voor modellen van auto's of vliegtuigen of voor maquettes van nederzettingen, havens, sluizen en burchten.
Speciaal ten behoeve van het onderwijs vervaardigd materiaal is er op dit gebied nauwelijks voorhanden. Enerzijds is er enig aanbod in de vorm van speelgoed: (oude) treintjes, kastelen, tinnen soldaatjes. Anderzijds zijn er bouwpakketten van karton, plastic en zelfs van hout: molens, schepen, vliegtuigen, een stoel van Rietveld, allerlei historische gebouwen. zelfs de drukpers van Gutenberg of werkende modellen van een stoommachine. Omdat het gaat om afbeeldingen van de werkelijkheid op schaal, zijn dit uitstekende hulpmiddelen in de klas: om te tonen en te bespreken in een klassikale lessituatie, na afloop waarvan de leerlingen er nadrukkelijker zelf naar kunnen kijken, of als onderzoeksobject waarmee leerlingen met behulp van een vragenlijst aan het werk kunnen gaan. In samenhang met het prik-

bord kunnen modellen en maquettes, bijvoorbeeld op een tafel ervoor, langere tijd in het lokaal een functie vervullen. Modellen en maquettes kunnen ook door leerlingen zelf gemaakt worden.

13.4.7 Wandkaart en atlas

Tot slot van de afbeeldingen van de werkelijkheid aandacht voor de afbeeldingen van de ruimte in de vorm van kaarten. Via het aardrijkskundeprogramma wordt de ontwikkeling van het *ruimtebesef* bij kinderen gestimuleerd. Ook voor het programma *Geschiedenis & Samenleving* is het van belang te weten waar iets zich afspeelt of afgespeeld heeft.

Ruimtebesef

Kennis van de plattegrond maakt het mogelijk met de groep uit te zoeken waar gemeentelijke instellingen gevestigd zijn en welke functies deze hebben: onder meer het gemeentehuis, de brandweerkazerne, het marktkantoor, het zwembad, de sportvelden en het politiebureau. Ook andere onderzoekingen kunnen door middel van plattegronden worden uitgevoerd: de historische opeenvolging van woonwijken, de groei (in de loop van de tijd) van de recreatievoorzieningen en meer van dergelijke onderwerpen. Elke school zou zelf de beschikking moeten hebben over plattegronden of vogelvluchtkaarten uit vroeger tijd van de eigen woonplaats om ontwikkelingen en veranderingen vast te kunnen stellen (figuur 13.17).

Plattegrond

13

FIGUUR 13.17 Via vogelvluchtkaarten kunnen veranderingen worden vastgesteld (detail van een zeventiende eeuwse kaart van Groningen van Haubois)

Voor vergelijkingen tussen leefwijzen dichtbij en veraf is het van belang ruimtelijk een voorstelling te hebben: waar komt die andere leefwijze voor?

Atlas en globe

Wandkaarten, maar ook een *atlas* of een *globe*, bewijzen hier goede diensten. In atlassen zijn vaak ook heel andere gegevens dan topografische te vinden. De aanwezigheid van een goede atlas, bijvoorbeeld *De Kleine Bosatlas* of *De Grote Bosatlas* (beide Noordhoff), is voor de school een vereiste. Speciaal voor het basisonderwijs is er ook de *Bosatlas van de geschiedenis van de canon* (Noordhoff). Op de kaarten worden de canonvensters in beeld gebracht met onder aan de pagina's een tijdbalk en een koppeling van het venster met het tijdvak.

Historische (wand)kaarten

Voor onderwerpen uit het verleden is het van belang te weten waar deze zich hebben afgespeeld. Tijdens de lessen zal een leerkracht zich dan ook voortdurend bewust moeten zijn van de taak leerlingen duidelijk te maken waar iets gebeurd is. Specifieke hulpmiddelen in de vorm van *historische wandkaarten* en historische atlassen zijn geleidelijk allemaal uit de handel genomen en zelf historisch geworden. Zijn ze nog aanwezig in de school, dan kunnen ze goed ingezet worden. Voor plaatsing in de ruimte tijdens de lessen is de leerkracht daarom voornamelijk aangewezen op kaarten die opgenomen zijn in lesmaterialen, bijvoorbeeld in methoden, of op kaarten die te vinden zijn op internet. Op www.watwaswaar.nl zijn historische gegevens te vinden op historische kaarten van plekken in Nederland. De website www.cartografie-nederland.startpagina.nl biedt toegang tot een groot aantal historische kaarten van (delen van)Nederland.

13.5 Beeldvorming door middel van het gesproken woord

Over heel veel onderwerpen moeten leerlingen zich door middel van woorden, die ze horen, een beeld vormen. Het gesproken woord is alom in de school aanwezig. Het is ook omstreden omdat het natuurlijk niet optimaal werkt: via de woorden die leerlingen horen, moeten ze zich beelden vormen, maar hoe gaan die beelden eruitzien? Na het voorgaande zal duidelijk zijn dat het gesproken woord nooit de enige beeldvormer kan en mag zijn. Er zal steeds gezorgd moeten worden voor andere, ondersteunende beeldvormers. Het is echter onjuist beeldvorming door middel van mondeling frontaal onderwijs af te wijzen.

13.5.1 Het verhaal: vertellen en voorlezen

De beeldvormende betekenis van het vertelde of voorgelezen verhaal wordt in het onderwijs onderschat ten gevolge van de overwaardering van het 'ontdekken' en de onderwaardering van het 'inleiden in' (zie ook hoofdstuk 14). Langzaam maar zeker groeit de belangstelling weer voor de inleidende manier van beeldvormen, die in de geschiedenisles uitermate beproefd is. Juist voor basisschoolleerlingen is het van groot belang dat nieuwe onderwerpen bij hen geïntroduceerd worden in de vorm van een vertelling.

Identificatiepersoon

Centraal daarin staat een *identificatiepersoon* die ongeveer de leeftijd van de leerlingen heeft, of iets ouder is. Deze identificatiepersoon moet voor de leerlingen zo gaan leven, dat ze zich via deze persoon in het onderwerp van de les kunnen verplaatsen. Eenzijdige keuzes op het gebied van het geslacht van de identificatiepersoon (m / v) moeten voorkomen worden. Voor geschiedenisverhalen is het zaak niet de grote figuren als Napoleon of koningin Wilhelmina als hoofdpersoon te kiezen, maar iemand uit de omgeving van zo'n grote figuur ongeveer in de leeftijd van de leerlingen.

Verhalenbundels

Voor onderwijsdoeleinden zijn allerlei *verhalenbundels* in de handel. Leerkrachten kunnen daaruit een keuze maken en het verhaal navertellen. Mooie verhalenbundels voor oriëntatie in het verleden zijn *Lang geleden... De geschiedenis van Nederland in vijftig voorleesverhalen* van A. van Dam en A. de Wolf en *Van tijd tot tijd. Nederlandse geschiedenis in 50 verhalen* van A. van Heugten, A. Petermeijer e.a. De al wat oudere bundels korte verhalen als *Van rendierjager tot roofridder* van Tonny Vos-Dahmen von Buchholz en *Hoe het vroeger was* en *Honderd eeuwen*, beide van C. Wilkeshuis zijn ook nog altijd zeer geschikt om verhalen aan te ontlenen.

Eigenlijk zouden leerkrachten in staat moeten zijn zelf over elk gewenst onderwerp een verhaal te maken. Een goede inspiratiebron voor zulke verhalen is *De geschiedenis van Nederland* van H. Ulrich en E. van der Walle (*Wat iedereen over de vaderlandse geschiedenis moet weten*) (figuur 13.18). In hoofdstuk 14 wordt de opzet van vertellessen nader uitgewerkt.
Verhalen uit verhalenbundels kunnen ook voorgelezen worden. De didactische aspecten van het voorlezen komen eveneens ter sprake in hoofdstuk 14.

FIGUUR 13.18 De geschiedenis van Nederland

Vertellen of voorlezen

Beeldvorming door middel van het gesproken woord is zowel door *vertellen* als door *voorlezen* te bereiken. Beide werkwijzen zijn tijdens de hele basisschooltijd van belang. Tijdens vertel- en voorleesmomenten leren kinderen

zich te concentreren. Het zijn momenten van rust in veelal drukke schooldagen. Door het samen beleven van spanning en emoties kan er in de groep een bijdrage worden geleverd aan een positief pedagogisch klimaat.
Wanneer het echter mogelijk is een keuze te maken uit voorlezen en vertellen, gaat de voorkeur uit naar de vertelling, omdat deze levensechter in de klas overkomt dan het voorgelezen verhaal. De betrokkenheid van de leerlingen is dan het grootst. Juist aan de verteluurtjes hebben volwassenen als ze aan hun eigen schooltijd terugdenken vaak de beste herinneringen. Zo herinnerde Wiebe B. (geboren in 1897) zich van zijn lagereschooltijd: 'Meester kon zo mooi en boeiend vertellen (...). Zoals hij over de Indianen vertelde, prachtig. We hingen aan zijn lippen. Dat was machtig mooi...' (D. Walda e.a., *Vroeger*). Maar ook leerlingen in de eenentwintigste eeuw zijn aan te spreken door een goed verteld verhaal. Tijdens het afscheid van een leerkracht verzuchtte een leerling: 'Jammer, hij kon zo goed vertellen.'
In hoofdstuk 14 (subparagraaf 14.3.1) staan didactische aanwijzingen voor het voorbereiden en uitvoeren van een historische vertelling.

13.5.2 De feiten: uitleggen, bespreken, verklaren en het gesprek

Een van de paragrafen in de klassieker *Het vertellen* van W.G. van de Hulst is getiteld: 'Vertellen is geen mededeling van feiten alleen'. In het onderwijs kan echter niet alles in een verhaalvorm worden gegoten en dat hoeft en moet ook niet. Verhalen, zoals die in de vorige paragraaf beschreven zijn, moeten in het schoolprogramma goed gedoseerd over de week een plaats krijgen. Behalve de verhaalvorm zal in het onderwijs ook steeds de *zakelijke*, feitelijke *presentatie*wijze nodig zijn.

Zakelijke presentatie

De feiten worden uitgelegd, besproken, verklaard of in gesprek gebracht in een zakelijke, informatieve lessituatie. Net als bij het verhaal is bij de zakelijke presentatie het gevaar groot dat leerlingen zich door middel van de woorden verkeerde beelden vormen. Ook hier zijn andere beeldvormers als aanvulling op het gesproken woord nodig.

Uitleggen en bespreken

Bij zakelijke, informatieve lessituaties kan enerzijds worden gedacht aan het *uitleggen en bespreken*, waarbij gezorgd moet worden voor een logische opbouw en voor een niet al te opsommerige opzet. De feiten moeten kloppen én aanspreken. De leerkracht moet door toon, woordkeuze en opbouw weten te motiveren. Meer dan bij het verhaal is in zakelijke, informatieve lessituaties de wijze waarop de leerlingen bij het onderwerp worden betrokken van belang.

Gespreksvormen

Anderzijds behoren tot de zakelijke, informatieve lessituaties de *gespreksvormen*: groepsgesprekken (al of niet in de kring) en leergesprekken. Ook deze manieren om door middel van het gesproken woord bij de leerlingen beelden te vormen, vragen om een goede voorbereiding van de leerkracht. De inhoud moet van belang en informatief correct zijn (én blijven!), iets wat bij beide gespreksvormen door de leerkracht moet worden bewaakt. Bij leergesprekken moeten leerkrachten grondig overwegen waar ze met het gesprek op aan willen sturen en hoe ze dat willen bereiken. Op grond van reeds aanwezige kennis kan zo'n gesprek een goede werkwijze zijn om tot standpuntbepaling of meningsvorming te komen.
In hoofdstuk 14 staat meer informatie over het voeren van gesprekken met leerlingen.

In de onderwijspraktijk zullen alle mogelijke werkwijzen elkaar voortdurend moeten afwisselen. Het is voor de leerkracht een steeds weer terugkerende uitdaging om voor de leerlingen didactisch een zo afwisselend mogelijke dagopbouw te maken.

13.5.3 De gastspreker

Door in de groep een gastspreker uit te nodigen, kan aan het gesproken woord nog een extra dimensie worden toegevoegd. Een gastspreker vertelt zijn eigen belevenissen; de les is 'uit het leven gegrepen'. Tijdens de hele basisschoolperiode kunnen gastsprekers een belangrijke rol spelen. Vertegenwoordigers van allerlei beroepen (bijvoorbeeld een politieagent of een brandweerman) kunnen over hun werk vertellen (de hedendaagse werkelijkheid). Oudere mensen kunnen herinneringen ophalen aan de historische werkelijkheid, bijvoorbeeld aan de Tweede Wereldoorlog, de Watersnoodramp van 1953 of hun eigen lagereschooltijd. Het is voor leerlingen aantrekkelijk als een 'vreemdeling' in de klas iets komt vertellen. Dat kan extra motiverend werken (figuur 13.19).

FIGUUR 13.19 Een ex-Dutchbatter als gastspreker in de klas

Afhankelijk van het onderwerp kunnen gastsprekers ook andere beeldvormers hanteren. Figuur 13.20 is daarvan een mooie illustratie.

Voorbereidingsgesprek

Op basis van een *voorbereidingsgesprek* tussen leerkracht en gastspreker moet de gastles voorbereid worden. Overleg over een gastles mag niet ophouden zodra overeenstemming bereikt is over het onderwerp en het tijdstip. De leerkracht moet duidelijk maken welke kennis de leerlingen al hebben (de inhoudelijke beginsituatie). Ook de bedoeling van het gastoptreden moet goed worden doorgesproken: hoe diepgaand moet er op het onderwerp worden ingegaan? Een goede mogelijkheid om de gastles inhoudelijk af te bakenen, is een vragenlijst die de leerkracht samen met de leerlingen opstelt en die ter voorbereiding aan de gastspreker wordt gegeven.

FIGUUR 13.20 Een gastspreker gebruikt ook een andere beeldvormer

Desondanks blijft een gastoptreden didactisch gezien een uitermate spannend gebeuren. Weet de gastspreker de leerlingen te boeien? Er zijn immers ook langdradige, saaie vertellers! Weet de gastspreker voor de leerlingen de juiste woorden te vinden? Voelt de gastspreker de leerlingen goed aan en reageert hij goed op ze? Blijft de gastspreker bij het onderwerp en houdt de gastspreker zich aan de afgesproken tijd?
Als het allemaal goed gaat, kan zo'n les voor de leerlingen een onvergetelijke belevenis zijn. Hoe boeiend of beklemmend een leerkracht een verhaal over het leven in de crisistijd of over het onderduiken tijdens de Tweede Wereldoorlog ook kan vertellen, het resultaat zal nooit gelijk zijn aan het verhaal van iemand van wie de leerlingen weten dat deze er zelf bij geweest is en het zelf heeft meegemaakt.

Voor de onderwerpen Tweede Wereldoorlog (in Nederland en in Indië) en Srebrenica beschikt het Landelijk Steunpunt Gastsprekers WO II-Heden over een aantal (gecertificeerde) gastsprekers, die een scholing in het verzorgen van gastlessen gehad hebben.

13.5.4 Het interview

Niet iedereen die wat te vertellen heeft, kan in de klas gehaald worden. Een mogelijke oplossing voor dit probleem is het interview, ofwel door de leerkracht ofwel door leerlingen. Zo'n interview kan betrekking hebben op onderwerpen uit de hedendaagse en uit de historische werkelijkheid.

Aandachtspunten interview

Bij het afnemen van het interview moeten leerkrachten zich goed bewust zijn van de functie van beeldvormer die het interview in de klas krijgt. Het taalgebruik moet worden bewaakt, niet alleen voor wat betreft de moeilijkheidsgraad, maar ook met betrekking tot het tempo en de beeldvormende betekenis. Geïnterviewden hebben de neiging andere beeldvormers (foto's, voorwerpen en dergelijke) een rol te geven in het interview. Dat heeft alleen maar zin bij interviews met beeldregistratie. Ook hebben geïnterviewden de neiging allerlei begrippen als vanzelfsprekend bekend te veronderstellen. In dergelijke gevallen zal de bewakersfunctie van de leerkracht duidelijk zijn. Wanneer leerlingen een interview afnemen, moet hun voorbereiding goed zijn, zowel op technisch (de bediening van apparatuur) als op inhoudelijk gebied. Al is hier natuurlijk sprake van een leerproces: leerlingen leren van hun eigen ervaringen.

Enkele aanwijzingen voor het afnemen van een geluids- en beeldinterview zijn:

1. Introduceer eerst het onderwerp: deel op de band of het schijfje mee waarover het gaat (voorbereiding).
2. Introduceer de geïnterviewde: wie komt er aan het woord, hoe oud (afspreken)?
3. Maak de tijd en plaats waarover het in het interview gaat goed duidelijk (afspreken).
4. Stel duidelijk geformuleerde vragen die niet voor meer dan één uitleg vatbaar zijn (voorbereiding).
5. Stel maar één vraag tegelijk.
6. Verzoek om zo kort mogelijke, maar heldere antwoorden (afspreken).
7. Pas op voor storende bijgeluiden, bijvoorbeeld van de klok, de telefoon of de televisie (afspreken).
8. Bewaak de lengte van het interview (afspreken).

Voor beeldinterviews is nog van belang:

9. Zorg dat de cameraopstelling zo veel mogelijk gericht is op de geïnterviewde. Een vaste opstelling verdient de voorkeur.
10. Zorg voor duidelijke detailopnamen van wat de geïnterviewde laat zien (foto's, voorwerpen en dergelijke). Dit kan eventueel ook na afloop van het interview.

Gebruik interview

Voor onderwijsdoeleinden is het een goede zaak dat leerkrachten of leerlingen zelf via het interview gegevens verzamelen en zo proberen hulpmiddelen voor de beeldvorming samen te stellen. Het *gebruik* van deze hulpmiddelen kan zowel in een klassikale lessituatie als in een groepswerkopzet. Meestal is het nodig de geluids- of beeldopname te voorzien van een korte mondelinge of schriftelijke inleiding. Vooral bij de geluidsopname moet men erop bedacht zijn dat het luisteren enorm veel concentratie van de leerlingen vraagt, waardoor deze leeractiviteit niet te lang mag duren. Vanuit het oogpunt van beeldvorming is het aan te bevelen het interview met de groep na te bespreken.

13.5.5 Historisch en hedendaags geluid

Na verloop van tijd krijgt elk interview uit de vorige paragraaf het etiket 'historisch': het is historisch geluid geworden. In de geschiedenislessen kan historisch geluid, geluid uit vroeger tijd dat bewaard gebleven is, een nuttige beeldvormende functie vervullen. Authentiek historisch geluid is slechts over een beperkt deel van het verleden bewaard gebleven. Het oudste historische geluid heeft vaak alleen maar betrekking op de bovenlaag van de samenleving: vorsten, minister-presidenten en legeraanvoerders. Zo zijn uit de crisisjaren redevoeringen van Colijn, vakbondsbestuurders en vooraanstaande NSB'ers bewaard gebleven. Zulk historisch geluid, hoe interessant ook, is vaak niet geschikt voor de basisschool. De woordkeuze en zinslengte zijn niet afgestemd op deze doelgroep. Dat geldt trouwens ook voor de informatie: de sprekers konden destijds bij hun toehoorders veel meer bekend veronderstellen dan bij de leerlingen van nu mogelijk is. Het is dan ook niet voldoende als leerkrachten historisch geluid opsporen. Het moet ook grondig op bruikbaarheid worden beoordeeld. Daardoor valt heel wat historisch geluid voor de basisschool af. Desondanks is het een hele belevenis als basisschoolkinderen iets kunnen horen uit vroeger tijd, bijvoorbeeld het eerste nieuwsbericht van 10 mei 1940, waardoor duidelijk werd dat Duitse legers Nederland binnengevallen waren en dat ook voor Nederland de Tweede Wereldoorlog begonnen was.

Historisch geluid is onder meer verzameld door het Nederlands Instituut voor Beeld en Geluid in Hilversum (www.beeldengeluid.nl). Deze collectie bestaat uit opnamen vanaf 1930.

Gebruik historisch geluid

In de lessituatie kan *historisch geluid* voor bepaalde onderwerpen een belangrijke beeldvormende functie hebben. Het geluid kan een rol spelen in de inleiding of tijdens de instructie van een klassikale lesopzet. Zo kan het eerdergenoemde nieuwsbericht van 10 mei 1940 zowel in de inleiding als in de instructie een plaats krijgen. Het historisch geluid kan door middel van een recorder of computer met koptelefoon ook een onderdeel van een serie opdrachten zijn.

13.6 Beeldvorming door middel van het geschreven of gedrukte woord

Over bijna alle onderwerpen kunnen leerlingen zich via het geschreven of gedrukte woord een beeld vormen. De didactische aspecten van het werken met verschillende soorten geschreven of gedrukte woorden worden hierna beschreven.

13.6.1 Verhalende teksten

Verhalende teksten

Onder verhalende teksten zijn te rangschikken:

- korte verhalen (al of niet gebundeld)
- kinderboeken met een verhalend karakter
- strips met een verhalend karakter

Via verhalende teksten – bij voorkeur met een identificatiepersoon – kan een lezer een nieuw en rijker beeld van de hedendaagse en historische werkelijkheid krijgen. Door mee te leven met de identificatiepersoon krijgt de lezer een uitgebreider idee van wat er allemaal in de wereld gebeurt. De lezer doet – geestelijk – nieuwe ervaringen op, verwerft nieuwe kennis, overweegt en komt tot een eigen, nieuwe stellingname.
De betekenis van historische verhalende teksten is mogelijk nog groter dan die van hedendaagse. Kinderen kunnen de beelden van het heden, die ze via hedendaagse verhalende teksten opbouwen, toetsen aan de werkelijkheid. Die toetsing kan plaatsvinden aan de hand van eigen ervaringen, door observatie van (het gedrag van) andere mensen en door vergelijking met andere beelden van het heden, bijvoorbeeld via de televisie. Voor historische verhalen ligt dat anders: toetsing van beelden van het verleden uit verha-

lende teksten kan alleen maar op basis van informatie van de leerkracht en op basis van historische schriftelijke bronnen.
Hiervoor is reeds de betekenis van een verhaal voor kinderen aangegeven. Na het voorafgaande zal duidelijk zijn dat juist voor de beeldvorming van de historische werkelijkheid zulke verhalen onmisbare hulpmiddelen zijn. In 1974 benadrukte G.J. Schutte dit in een stelling bij zijn proefschrift: 'Jeugdliteratuur is veelal bepalend voor het beeld van het verleden.'
Naast specifieke bundels van korte verhalen, die hiervoor al zijn genoemd, zijn korte verhalen zowel over het heden als over het verleden te vinden in schoolboeken en methoden. Zo zijn er heel wat taal- en leesboekjes met korte verhalen op het gebied van *Geschiedenis & Samenleving.*

Boek en Jeugd

De jaarlijkse editie *Boek en Jeugd* biedt een geselecteerd overzicht van jeugdliteratuur, dat ook thematisch toegankelijk gemaakt is. Zo bevat *Boek en Jeugd* een register op onderwerpen met onder meer als trefwoorden religie, feesten, multiculturele samenleving, historische verhalen en – los daarvan – Tweede Wereldoorlog. Deze gids is digitaal beschikbaar onder www.boekenjeugd.nl.

Vertellers en uitleggers

Bij verhalen over het heden en het verleden gaat het om een mengeling van feit en fictie. De feiten worden in een verhaaljasje gestoken. Op basis hiervan zijn de schrijvers van verhalen in twee groepen in te delen: de *vertellers* en de *uitleggers* (figuur 13.21). In de groep uitleggers overheersen in de verhalen de feiten, het verhaal komt niet uit de verf. In de groep vertellers vormen feiten en fictie een harmonisch geheel.

FIGUUR 13.21 Vertellers en uitleggers

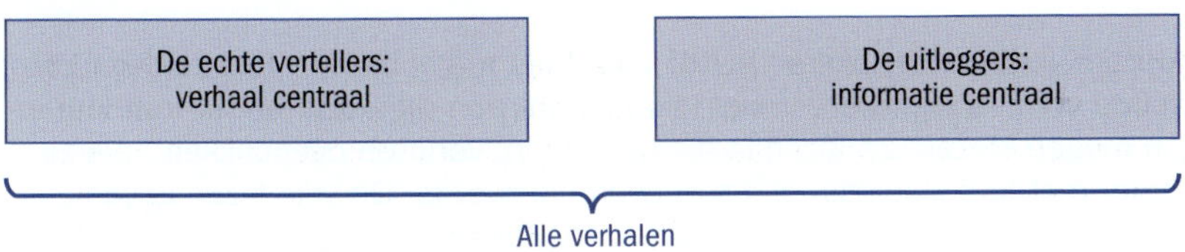

Egodocumenten

Historische verhalen kunnen onderverdeeld worden in drie groepen:
1 De eerste groep betreft de verhalen die echt gebeurd zijn: de *egodocumenten* in de vorm van dagboeken en memoires. Voorbeelden daarvan zijn *Het achterhuis* van Anne Frank en *De schuilplaats* van Johanna Reiss.
2 Een tweede groep wordt gevormd door verhalen die gebaseerd zijn op historische gebeurtenissen, maar die bestaan uit een mengeling van *feit en fictie*. Een voorbeeld hiervan is onder meer *Kruistocht in spijkerbroek* van Thea Beckman. In deze groep gaat het om verhalen over mensen die echt hebben bestaan en over mensen die niet echt hebben bestaan (figuur 13.22).
3 De derde en laatste groep bestaat uit verhalen met alleen maar een *historische sfeer*. Het zijn verhalen waarin de fictie de feiten verdrongen heeft, al blijkt duidelijk dat het verhaal zich afspeelt in vroeger tijd. Voorbeelden hiervan zijn *De brief voor de koning* van Tonke Dragt en *Ronja, de roversdochter* van Astrid Lindgren.

FIGUUR 13.22 Een combinatie van mensen die echt bestaan hebben en mensen die verzonnen zijn: *Kruistocht in spijkerbroek* van Thea Beckman

13

Gebruik verhalende teksten

Hoe zijn verhalende teksten in het onderwijs te *gebruiken*? Een veelvoorkomende vorm is vrij lezen. In het lokaal staat een rijtje boeken waaruit leerlingen mogen kiezen. Ze lezen in die boeken in 'verloren ogenblikken': als ze eerder met iets klaar zijn of als er even tijd over is. Dit vrije lezen is vaak ook vrijblijvend lezen: het is nuttig voor de leespromotie, maar het is onbelangrijk wat kinderen met de inhoud doen. Via leeskaarten met opdrachten bij de boeken en een aparte map voor de leerlingen, waarin ze verslag kunnen doen van hun leeservaringen, kan worden gestimuleerd uit de leesactiviteiten meer profijt te halen. Zo'n leeservaring kan andere leerlingen aanzetten tot lezen van het verhaal, zeker als het wordt gepubliceerd in de schoolkrant of op de website van de school.
In het onderwijsleerproces voor *Geschiedenis & Samenleving* kunnen verhalen (of delen ervan) een belangrijke rol spelen. Als er langere tijd aan één onderwerp gewerkt wordt, kan er in de groep door de leerkracht een verhaal worden voorgelezen. Korte verhalen of delen ervan kunnen als inleidende leestekst voor een les of lessenserie worden gebruikt. Bij het werken in groepjes zijn er vele mogelijkheden verhalen in te schakelen. Bijvoorbeeld voor het onderwerp 'slavernij'. Na een klassikale introductie van het onderwerp volgt een gesprek, dat moet uitlopen op het vaststellen van deelonderwerpen, die over groepjes leerlingen worden verdeeld. Deze gaan nu met teksten uit historische verhalen aan de slag. Deelonderwerpen kunnen bijvoorbeeld zijn:

- Waar kwamen de slaven vandaan?
- Hoe werd je slaaf?

- Hoe vond het vervoer van de slaven plaats?
- Wie waren de slavenhandelaars?
- Welk werk kregen de slaven op de plantages? Waar?
- Hoe was de behandeling van de slaven op de plantages?
- Hoe kwam er een eind aan de slavernij en hoe beleefden de slaven dat einde?

Voor dergelijke deelonderwerpen zijn uitstekende fragmenten te vinden in:
- H. Beecher-Stowe, *De negerhut van Oom Tom*
- M. Darke, *Het begon met Middernacht*
- M. Diekmann, *Marijn bij de Lorredraaiers*
- M. Diekmann, *Slavenarts*
- M. Diekmann, *Mens te koop* (eerder verschenen onder de titel *Geen mens is van een ander*)
- P. Fox, *Duvelstoejager op een slavenschip*
- M. Selber, *De slavenhalers*
- D. Verroen, *Slaaf Kindje Slaaf*

13.6.2 Informatieve teksten

Tot de zakelijk-informatieve teksten worden gerekend: korte zakelijke teksten, zakelijk-informatieve kinderboeken en strips, tijdschriften en kranten. Net als bij alle andere verbale beeldvormers is vrijwel altijd een combinatie met visuele beeldvormers gewenst.
In veel schoolboeken – zowel voor taal als voor de kennisgebieden – staan informatieve teksten. De nadruk ligt in deze teksten volledig op de feiten: er is geen moeite gedaan de feiten te verpakken tot een verhaal. Hoewel hiervóór benadrukt is dat voor kinderen – zeker in de basisschoolleeftijd – de verhaalvorm belangrijk is, mag in het onderwijs niet uit het oog worden verloren dat veel teksten in de samenleving louter feitelijk zijn. Oefening in kennisname en begrip van dergelijke teksten is dan ook een belangrijke opgave voor het onderwijs. Het toepassen van leesstrategieën uit de lessen begrijpend lezen kan ervoor zorgen dat de tekst beter toegankelijk en begrijpelijk wordt. Ook via zakelijk-informatieve teksten worden er beelden gevormd.
Behalve informatieve teksten in onderwijsmateriaal gaat het hier om boeken die speciaal voor kinderen geschreven zijn en waarin op een zakelijke wijze informatie gegeven wordt over onderwerpen uit de hedendaagse en historische werkelijkheid. Daaronder vallen de kleine boekjes voor het documentatiecentrum, de grotere, informatieve kinderboeken, maar ook de teksten op internet.

Boekjesseries

Over alle mogelijke onderwerpen, waaronder vele op het gebied van *Geschiedenis & Samenleving* zijn er korte, informatieve boekjes in serievorm verschenen, zoals:
- *De Kijkdoos*, bijvoorbeeld 'De boerderij'
- *Mini Informatie*, bijvoorbeeld 'De politieagent'
- *Informatie Junior*, bijvoorbeeld 'Klompen'
- *Informatie*, bijvoorbeeld 'Leeghwater'

Bij een aantal boekjes kunnen Plusboekjes met verwerkingsvragen en -opdrachten worden besteld.

Zakelijk-informatieve kinderboeken

Op het gebied van de *zakelijk-informatieve kinderboeken* is er een grote keuze. In veel gevallen gaat het om vertalingen of bewerkingen van buitenlandse uitgaven. Voorbeelden daarvan zijn de heel wat delen omvattende historische series van Ars Scribendi / Corona. Of de boeken van D. Macaulay, die door een geslaagde combinatie van tekst en zwart-wittekeningen beeldvormend werken, zowel voor de hedendaagse wereld (het boek *Ondergronds*) als voor de historische wereld (de boeken *De stad*, *De kathedraal*, *Het kasteel*).

Eisen zakelijk-informatieve boeken

Zakelijk-informatieve boeken moeten ook aan *eisen* voldoen, willen ze voor het onderwijs als beeldvormer acceptabel zijn. Het gaat om dezelfde criteria als voor het verhaal: de feitelijke juistheid van de informatie, de relevantie van de onderwerpkeuze, de plaatsing in tijd en ruimte, het normen- en waardenpatroon en de samenhang met illustratieve beeldvormers. Vooral op het gebied van vertalingen is grote voorzichtigheid geboden. Er zijn buitenlandse boeken die in vertaling uitstekend voor Nederlandse kinderen bewerkt worden, maar er is – om een voorbeeld te geven – in Nederland ook een uit het Engels vertaald boekje verschenen met als titel *Julius Caesar*, dat bij nadere beschouwing alleen maar blijkt te gaan over Caesars korte verblijf in Engeland. Zo'n boekje heeft uit het oogpunt van beeldvorming een uiterst misleidende titel.

Gebruik informatieve teksten

Informatieve teksten lenen zich voor allerlei activiteiten in het onderwijsleerproces. Ze kunnen dienen om een les(senserie) in te leiden: de tekst wordt eerst samen gelezen. Maar ze kunnen ook tijdens de instructie gelezen en geanalyseerd worden. Aan informatieve teksten zijn makkelijk allerlei opdrachten te verbinden, waardoor ze geschikt zijn voor opdrachtencircuits bij groepsonderwijs.

Tijdschriften

Tijdschriften en kranten verdienen aparte aandacht vanuit het oogpunt van *Geschiedenis & Samenleving*. Er zijn voor kinderen enkele jeugdbladen, zowel los van het onderwijs als er nauw bij betrokken, waarin informatieve teksten voorkomen. Voor jonge kinderen is er bijvoorbeeld het tijdschrift *Bobo*, dat bestaat uit een knappe combinatie van tekst en illustratie. Voor oudere kinderen staan er informatieve teksten in onder meer *Taptoe*, *Kijk*, *National Geographic Junior* en *Zo zit dat.*

Krant

Een zakelijk-informatieve beeldvormer bij uitstek is de *krant*. De krant is voor het onderwijs een moeilijk hanteerbaar medium vanwege de leesproblemen: moeilijke woorden en veel benodigde voorkennis. Een kindereditie – *Kidsweek* – is een goed alternatief voor de 'moeilijke' krant. Het is mede de taak van de school kinderen vertrouwd te maken met deze beeldvormer, door er belangstelling voor te wekken, ermee te werken en het lezen ervan te stimuleren.

Berichten uit de krant kunnen verschillende rollen vervullen in het onderwijs. Leerlingen kunnen – zodra hun leesvaardigheid voldoende is – uitgenodigd worden berichten die hen aangesproken hebben uit de krant te knippen en mee naar school te nemen. In de kring kunnen deze berichten besproken worden, waarna ze enige tijd een plaats kunnen krijgen op een prikbord. Geleidelijk kan deze open, vrije vorm gezelschap krijgen van een gerichter gebruik van de krant als informatiebron. Kinderen krijgen de opdracht, vooruitlopend op een lessenserie of project, knipsels te verzamelen over een bepaald onderwerp. In het kader van lessen over bijvoorbeeld racisme worden de leerlingen uitgenodigd thuis artikelen en foto's uit de krant te knippen en deze op school in hun map te plakken. Naar aanleiding daarvan kunnen bepaalde opdrachten worden uitgevoerd. Ook kunnen de leerlingen zelf een krant of tijdschrift maken. De *Stichting Krant in de Klas* (KIK), de educatieve organisatie van de Nederlandse dagbladen, stelt haar dagbladen gratis beschikbaar voor gebruik in het onderwijs en maakt daarbij ook lespakketten voor groep 5 t/m 8 (zie www.krantindeklas.nl).

Internet

Kinderen zoeken op school informatie op internet. Deze activiteit vraagt om een goede begeleiding door de leerkracht. Veel teksten op het internet zijn moeilijk geschreven of ze bevatten onjuistheden. Het gebruik van internet vraagt om een goede voorbereiding door de leerkracht, waarbij een aantal betrouwbare sites wordt geselecteerd waar leerlingen de relevante informatie kunnen vinden.
In hoofdstuk 15 staat meer informatie over het gebruik van internet.

13.6.3 Schema's, tabellen en grafieken

Schema's

Om samenhang duidelijk te maken kunnen *schema's* gehanteerd worden, zoals figuur 13.23 over het bestuur van een provincie.

FIGUUR 13.23 Het bestuur van een provincie

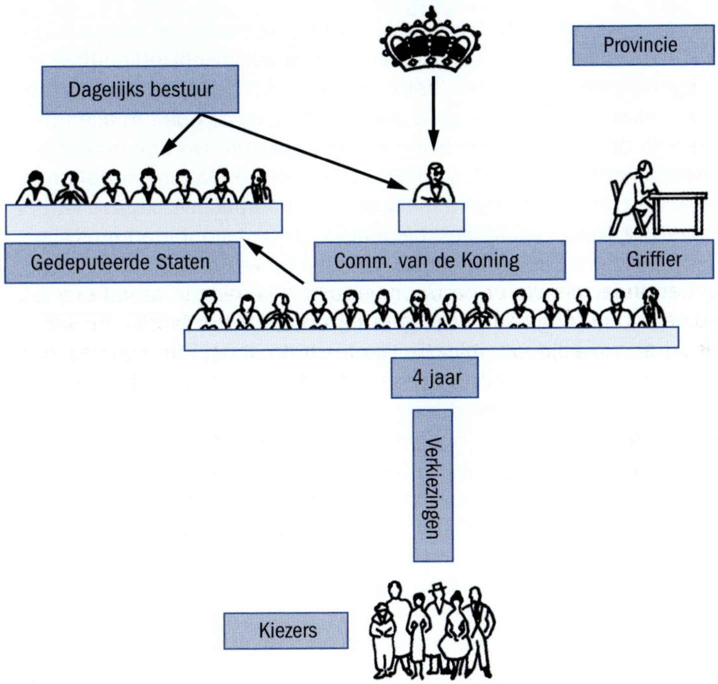

Zulke schema's worden gekenmerkt door een hoge graad van abstractie. Leerlingen moeten niet alleen beschikken over kennis van de gehanteerde begrippen, ze moeten ook weten hoe ze zo'n schema moeten lezen. Waar moeten ze beginnen? Wat drukken de pijlen uit? Wanneer een schema voor leerlingen toegankelijk geworden is, kan het een belangrijke bijdrage leveren aan de beeldvorming door bijvoorbeeld inzicht te geven in hoe de samenhang is. Een specifieke schemavorm voor het geschiedenisonderwijs is de tijdbalk (zie hoofdstuk 16).

Tabellen en grafieken

Ook voor *tabellen en grafieken* moeten leerlingen eerst vaardigheden verwerven om ze als beeldvormers optimaal te kunnen benutten. Tabellen en grafieken vereisen inzicht in wat er in beeld gebracht wordt en hoe er conclusies uit kunnen worden getrokken. Vanzelfsprekend gebeurt dit gecoördineerd met rekenen-wiskunde. Statistische gegevens zijn uitstekend oefenmateriaal om de klas met deze beeldvormers vertrouwd te maken, zeker wanneer deze tegelijkertijd inhoudelijk functioneren in een thema, lessenserie of project.

13.6.4 Informatieve bronnen (archief)

De laatste groep beeldvormers uit de categorie het geschreven en gedrukte woord, zijn de informatieve bronnen. Het gaat om documenten die iets duidelijk maken over het heden of verleden. Voor de hedendaagse wereld gaat het om een enorme voorraad documenten die in het onderwijs een nuttige rol als beeldvormer kunnen spelen. Er is ook een benadering van een andere kant mogelijk: in de samenleving hebben allerlei documenten zo'n onmisbare functie gekregen, dat het een taak van de school is leerlingen te leren ermee om te gaan. Voorbeelden zijn er te over, zoals een identiteitsbewijs, passen voor bank en bibliotheek en rijbewijzen.

13

Voor kennisname van de historische wereld zijn geschreven of gedrukte documenten – in de ruimst mogelijke zin van informatief-zakelijke schriftelijke bronnen – onmisbaar. Daarbij gaat het niet alleen om de historische versies van hiervoor genoemde hedendaagse documenten, maar ook om alle andere geschreven en gedrukte overblijfselen, die bewaard worden in *archieven*: stadsrekeningen, kronieken, kranten, gemeenteverslagen, wetteksten en dergelijke. Een mooie illustratie hiervan biedt de speciale uitgave van *Elsevier: Erfgoed. De Nederlandse geschiedenis in 100 documenten* met als ondertitel *Van de eerste Nederlandse zin tot en met de Europese Grondwet.*

Archieven

De meeste van deze bronnen zijn voor basisschoolleerlingen veelal ontoegankelijk, zowel op grond van het taalgebruik als op grond van de inhoud. Hoe verder terug in de tijd, des te moeilijker is het handschrift te lezen. In archieven worden wel aparte cursussen gegeven om oude handschriften te leren lezen, maar die zijn bestemd voor volwassenen.
Veel archieven zijn tegenwoordig ook online te raadplegen. Een goede ingang daarvoor is www.archief.startpagina.nl. In de provinciale archieven zijn onder kopjes als 'lokale geschiedenis' en 'persoonlijke verhalen' vaak interessante bronnen te vinden, die deels bruikbaar zijn in de geschiedenislessen.
In de meeste archieven zijn kranten te raadplegen op microfilm. Voor basisschoolleerlingen is het interessant na te gaan wat er gebeurde op hun geboortedag, een mooi startpunt voor een nader onderzoek of een project. *De Volkskrant* biedt herdrukken van historische voorpagina's aan vanaf 01-10-1919 (met uitzondering van 05-10-1941 tot 08-05-1945) (www.volkskrant.nl). In toenemende mate worden oude kranten gedigitaliseerd (www.delpher.nl). Andere bronnen in het archief zullen in de basisschool alleen maar kunnen functioneren in de vorm van bewerkingen, waarbij de beginsituatie van de leerlingen het hoofdcriterium voor de bewerking is.

13.7 Beeldvorming door middel van doen

Het onderwijs kreeg en krijgt herhaaldelijk het verwijt te veel de nadruk te leggen op intellectuele vaardigheden en te weinig aandacht te besteden aan de creatieve en expressieve kant van de leerlingen. Dit verwijt is terecht,

wanneer voor de beeldvorming alleen maar gebruikgemaakt wordt van de onderdelen A tot en met D van het beeldvormingsschema (tabel 13.1). Belangrijke manieren van beeldvorming zijn echter nog niet aan de orde geweest, zoals onderdeel E: beeldvorming die tot stand komt door zelf iets te doen, iets uit te proberen, iets te maken, ergens mee te experimenteren, iets te demonstreren en door te herdenken en te vieren.
Door inleving in iemand anders (*standing in other people's shoes*, wat ook al gestimuleerd wordt in de onderdelen C.1 en D.1 van het beeldvormingsschema, tabel 13.1) en door te proberen na te gaan hoe die ander denkt en handelt, kan een goed beeld ontstaan. Of kunnen vragen rijzen die uitnodigen tot verder onderzoek. Beeldvorming door middel van doen kan worden uitgevoerd in de vorm van leven als..., spelen als..., spelen met..., schrijven, spreken, dichten en zingen, tekenen, bouwen en experimenteren, een muurkrant en tentoonstelling maken en herdenken en vieren.

13.7.1 Leven als...

De meest intensieve wijze van beeldvorming door middel van doen is proberen te leven zoals andere mensen leven, bijvoorbeeld wanneer stadskinderen een tijd doorbrengen in een gezin op een boerderij. Moeilijker ligt dat als het gaat om leven in vroeger tijden. Dat is duidelijk te zien in een inmiddels al wat oude schooltelevisieserie *Als in het stenen tijdperk*, waarin mensen getoond worden die in de Flevopolder proberen te leven als in de prehistorie. Vanuit de *experimentele archeologie* zijn impulsen gegeven om door middel van doen uit te vinden hoe mensen in de prehistorie gehandeld hebben. Een interessante publicatie daarover is *Vakmanschap in vuursteen* van J.B. Beuker. In Denemarken zijn enige centra, waarin geprobeerd wordt vroegere tijden te laten herleven. Specifiek voor de prehistorie gebeurt dit in het prehistorisch centrum in Lejre. Voor alle tijden vanaf de prehistorie herleeft 's zomers het verleden in het Deense openluchtmuseum Hjerl Hede (figuur 13.24).

Experimentele archeologie

FIGUUR 13.24 Leven als... in de steentijdnederzetting Hjerl Hede (Denemarken)

Ook enkele Nederlandse musea, zoals het Themapark Archeon in Alphen aan den Rijn, het Historisch Openlucht Museum Eindhoven en het Openluchtmuseum te Arnhem, kennen demonstratiedagen.

Actief leven als in vroeger tijd is ook voor Nederlandse schoolkinderen mogelijk. In de bossen bij Apeldoorn zijn twee ijzertijdboerderijen gebouwd, waar leerlingen enige dagen kunnen leven alsof het 2.500 jaar geleden is. In de buurt van Eindhoven, in de Flevopolder, in Borger en bij Orvelte zijn ook prehistorische boerderijen gereconstrueerd, waar allerlei activiteiten gericht op 'leven als...' kunnen worden ontwikkeld.

13.7.2 Spelen als...

In de praktijk zal het 'leven als' als onderdeel van het schoolprogramma beperkt blijven tot incidenten. Daarentegen kan er in de school wel op ruime schaal gespeeld worden: het spelen van winkeltje, het zelf drukken van een krant, het spelen van een heksensabbat, van de eerste treinreis of van de leefsituatie van een onderduiker.
Deze vorm van doen is eigen aan kinderen, zoals het volgende citaat uit *Christiane F. Verslag van een junkie* illustreert.

> 'Toen we steeds gekkere dingen gingen uithalen, bouwden ze een zogenaamde avonturenspeelplaats. Ik weet niet wat de mensen die zoiets bedenken onder avonturen verstaan. (...) Er was echt gereedschap, mooie gladgeschaafde planken en spijkers. Je mocht er dus iets bouwen. (...) Ik heb zo'n jeugdwerker eens verteld hoe we vroeger bouwden, grotten en echte boomhutten. Zonder hamer en zonder één spijker. Van planken en takken die we gevonden hadden. (...) In het begin kwamen we zelf nog op ideeën wat we op de avonturenspeelplaats konden doen. We wilden bijvoorbeeld op een keer spelen dat we in het stenen tijdperk leefden en boven een vuur een stevige erwtensoep maken. De jeugdwerker vond het een prima idee. Maar helaas, zei hij, erwtensoep koken, dat ging niet. Of we niet een hut wilden bouwen. Met een hamer en spijkers – in het stenen tijdperk! Al gauw ging de speelplaats weer dicht.'

Voor het 'spelen als' zijn vaak enkele eenvoudige attributen nodig, die voor de leerlingen het spelen vereenvoudigen. Voor de jongste leerlingen zijn dat attributen die vaak voorhanden zijn in hun speelgoed. Deze attributen moeten zo echt mogelijk lijken. Voor oudere leerlingen is die precieze gelijkenis van de attributen niet direct een voorwaarde, als ze maar een beetje gelijkenis vertonen met de echte. Behalve de attributen hebben de spelers om zich in te leven enige voorbereidingstijd nodig. Verder moet er gezorgd worden voor een goede speelruimte en een gerichte observatieafspraak met de 'toeschouwers'. Met deze aanwijzingen komt de nadruk te liggen op het dramatiseren, een mogelijke verwerkingsvorm voor lessen.

Rollenspelen, simulatiespelen, hoorspelen

Maar er zijn ook andere vormen van 'spelen als', bijvoorbeeld *rollenspelen*, *simulatiespelen* en *hoorspelen*. Deze kunnen door de leerkracht zelf ontworpen worden of deze kan kant-en-klare spelen gebruiken. Een simpele vorm van een rollenspel kan bestaan uit het aan de hand van een tekst naspelen van een situatie van vroeger. Zo lenen passages uit de enquête van 1886 naar de arbeidsomstandigheden in de fabrieken zich uitstekend voor zo'n aanpak.

Midden in het lokaal bevindt zich het bureau van Regout, de directeur van de aardewerkfabriek in Maastricht, en daartegenover staat een stoel voor de enquêteur. Tussen beide heren vond het volgende gesprek plaats:

Vraag: Die arbeid voor fondeurs en stokers is dan toch nogal inspannend?
Antwoord van de fabrikant: Jawel, maar zij beklagen er zich nooit over, in 't minst niet. Indertijd heb ik hun aangeboden met behoud van hun geld een dag in de week vrij te geven, maar zij hebben het niet gewild.
Vraag: Waarom niet?
Antwoord: Och, zij zijn dat werken zo gewoon.
Vraag: Laten wij elkander eens goed verstaan. Gij hebt, zegt gij, die mensen een dag vrij willen geven met behoud van hun loon en zij hebben daarvoor bedankt?
Antwoord: Jazeker.
Vraag: Dus naar uw verklaring was de liefhebberij in het werken zo groot, dat zij zeiden: neen, Mijnheer, wij bedanken u voor de vrije dag, laat ons maar liever werken, wij zijn dat zo gewoon?
Antwoord: Ja.
Vraag: En wanneer hebt gij dat voorgesteld?
Antwoord: Een jaar of tien geleden.
Vraag: Na die tijd zijt gij zeker niet op die zaak teruggekomen?
Antwoord: Neen.
Vraag: Gij zult me moeten toestemmen, dat het wel wat fabuleus klinkt? En dat het al heel zonderling schijnen moet dat, wanneer men niet alleen wat uw fabriek betreft, maar in het algemeen aan een arbeider of wie ook zegt: ik zal u een dag in de week vrijaf geven en toch uw volle loon betalen, dat dan de arbeider antwoordt: ik dank u vriendelijk, laat mij maar werken. Dat grenst aan het exorbitante! Is het inderdaad wel zo?
Antwoord: Het is toch zo.
Vraag: En hebt gij nooit meer geprobeerd die mensen die weldaad te bewijzen?
Antwoord: Neen.
Vraag: Dus gij laat werken van 1 januari tot 31 december, met vier dagen in het hele jaar vrij?
Antwoord: De stokers hebben geen enkele vrije dag.
Vraag: Goed, die dus hebben van 1 januari tot 31 december niet een enkele dag vrij. En de anderen hebben vier dagen vrij in het hele jaar?
Antwoord: Ja.
Vraag: Zodat de mensen geen zondag vrij hebben? Nooit?
Antwoord: Neen.

Deze tekst maakt duidelijk dat aan het te gebruiken materiaal eisen moeten worden gesteld in relatie met de beginsituatie van de groepen. Eisen als begrijpelijkheid en leesbaarheid. De spelers moeten enige voorbereidingstijd krijgen om zich in hun rol in te leven. Het spel vraagt om enige inleidende zinnen, onder meer over plaats en tijd. In de rolverdeling kunnen wel eens mannenrollen aan meisjes en omgekeerd gegeven worden. Aanbevelenswaardig is het zorgvuldig af te wegen wie van de groep minder aangename rollen te spelen krijgt.
Wanneer er gespeeld wordt op basis van alleen maar een roltypering, dus zonder precies omschreven teksten, wordt het rollenspel een simulatiespel. Simulatie opgevat als 'doen als'.

13.7.3 Spelen met...

De beeldvorming kan ook gestimuleerd worden door het 'spelen met', zoals het spelen met allerlei speelgoed (conducteurset, theeservies, winkeltje) en het spelen met spelletjes: ordenings-, rubriceer- en volgordespelletjes (bijvoorbeeld: vroeger-nu), memory, kwartetten, ganzenborden en legpuzzels. Het spelen met speelgoed (de werkelijkheid in het klein) benadert nog het meest het 'spelen als'. Bij spelletjes is de beleving in het algemeen gering, omdat het spanningselement (het willen winnen) al snel de overhand krijgt.

Kwartetspel

Via een *kwartetspel* kan de samenhang tussen onderdelen van een geheel duidelijk worden. Zo kan het kwartetten bijdragen aan het leren classificeren. Het is echter de vraag of er tijdens het spel veel van de inhoud van een kwartet tot de spelers doordringt. Observatiegegevens van kwartetspelers wijzen op het tegendeel. Wanneer het kwartetspel in de klas gebruikt wordt, kan na het spel een soort analyse van de inhoud volgen, waardoor die inhoud sterker benadrukt wordt. De kunstgreep om meer informatie op de kwartetten te plaatsen, zoals gebeurd is in het *Politiek Dier Kwartet* van H.L. van Mierlo (figuur 13.25), werkt tijdens het spel nauwelijks.

FIGUUR 13.25 Informatie in een kwartetspel

Wanneer spelers al die teksten onder het spel moeten lezen, zit er totaal geen vaart in het spel en gaat het speelplezier verloren. Die teksten functioneren dus pas in een situatie na het spel.

Ganzenbordspelen

Voor allerlei onderwerpen uit het onderwijsprogramma *Geschiedenis & Samenleving* zijn *ganzenbordspelen* te bedenken. In de ganzenbordspelvorm is het – in vergelijking met het kwartetspel – beter mogelijk informatie kwijt te raken en dus aan beeldvorming te doen. Van alle hier genoemde spelletjes is het ook de vorm met de meeste belevingsmogelijkheden. Onderweg kunnen allerlei opdrachten inzicht geven in de werkelijkheid. Zo is er een spel te maken over de ontdekkingsreizen, waarin door de opdrachten, de boetes en de extra plaatsen voor- en achteruit duidelijk wordt voor welke onverwachte problemen ontdekkingsreizigers kwamen te staan.

Legpuzzels

Legpuzzels, al of niet zelfcorrigerend, leveren een bijdrage aan de visuele beeldvorming: niet door beleving, maar door de figuur (onderdeel B.1 van het beeldvormingsschema, tabel 13.1). Zo zijn er legpuzzels van de historische wandplaten van Isings en is de wandplaat van de Canon van Nederland als legpuzzel verkrijgbaar. Ook het LOCO-systeem (Noordhoff) is gebaseerd op het legpuzzelprincipe, met een zelfcorrectie op de achterkant. Legpuzzelspelen zijn ook zelf te maken. Posters met afbeeldingen van de woonplaats (hedendaagse of historische) of uitvergrote tekeningen van bijvoorbeeld Macaulay zijn zeer geschikt om er zelf puzzels van te maken.

Zelf spelen maken

Deze vorm van doen wordt intensiever, wanneer groepjes leerlingen *zelf* zulke spelen bedenken en uitvoeren: zelf kwartetten ontwerpen, zelf ganzenbordspelen bedenken, zelf legpuzzels maken. Doordat ze zelf bezig zijn, worden leerlingen zich extra goed bewust van wat bij een onderwerp essentieel is.

13.7.4 Schrijven, spreken, dichten en zingen

Schrijven

Doen kan ook inhouden: ergens over berichten, een verslag maken, een verhaal *schrijven*. Zo'n verhaal kan voor de eigen map zijn, voorgelezen worden in de klas, gebruikt worden in de taaldrukwerkplaats of gepubliceerd worden in de schoolkrant of op de website van de school. De opdracht kan worden gekoppeld aan de leerlijn voor schrijfonderwijs bij taal. Door deze schrijfactiviteiten oefenen de leerlingen de bij taal geleerde schrijfvaardigheden in een betekenisvolle en inhoudsrijke situatie. Als een leerling de opdracht krijgt over een onderwerp een verslag te maken, moet hij op zoek naar het kenmerkende van dat onderwerp. Wat dat kenmerkende betreft heeft het schrijven veel overeenkomst met *spreken*: de spreekbeurt of presentatie.

Spreken

In veel scholen is het de gewoonte dat de leerlingen allemaal aan de beurt komen voor een spreekbeurt of presentatie. Daarvoor zijn er, afhankelijk van het schoolprogramma, twee mogelijkheden. De leerlingen zijn vrij in de keuze van hun onderwerp, wanneer de spreekbeurt gehouden wordt in het kader van de open wereldoriëntatie. Of de spreekbeurt is een onderdeel van het vaststaande programma en dan is de onderwerpkeuze voor de leerlingen niet vrij. In hoofdstuk 15 wordt nader ingegaan op het gebruik van de mediatheek in de voorbereiding van spreekbeurten en presentaties.

Dichten

Een variant op het schrijven, die als afwisseling wel eens geprobeerd kan worden, is het *dichten*: al of niet op rijm in enige zinnen een onderwerp vorm proberen te geven. Het lijkt wat vergezocht in het kader van *Geschiedenis & Samenleving*, maar er zijn leerlingen die genieten van deze vorm van doen en die met aansprekende producten voor de dag komen. In het kader van de 4 mei-herdenkingen is er jaarlijks de actie *Doe Maar Dicht Maar.* Het winnende gedicht wordt dan tijdens de herdenking voorgelezen. Figuur 13.26 toont een van de inzendingen, een tekst – weliswaar van een achttienjarige – die voor basisschoolleerlingen ook toegankelijk is.

FIGUUR 13.26 Mijn oorlog, van J. v.d. Berg

Zingen

Sluitstuk in de rij van deze doe-activiteiten is het *zingen*. Het zingen van liedjes over het heden of verleden past uitstekend bij een les of in een lessenserie. Vooral wanneer langer aan een onderwerp wordt gewerkt, kan zo'n lied een uitstekend bindmiddel zijn. Overal in het land circuleren nog oude volksliedjes. Een voorbeeld daarvan is het volgende liedje, dat herinnert aan de tijd van de trekschuit.

Mouder, doar komt snikjong aan,
Hai komt van de Stad!
Moak hom gaauw wat eten kloar,
Hai het nóg niks had.

Van belang is dat de leerlingen weten wat ze zingen. De tekst moet samen worden bekeken en besproken. In het Gronings is een snik een trekschuit en een snikjong het jagertje. En in Groningen is er maar één 'Stad': de stad Groningen.
Op deze manier inhoudelijk gericht zingen betekent dat dit onderdeel verbonden wordt met andere onderdelen uit het schoolprogramma. Bij die andere onderdelen vormen de liedjes samenbindende elementen: liedjes over de trein bij een lessenserie over de spoorwegen, liedjes over de kruidenier bij een lessenserie over het winkelen, liedjes over onderdelen uit de geschiedenis, zoals *Hop Marjanneke* over de Franse tijd. Bij de Canon van Nederland zijn drie cd's uitgebracht met liedjes bij de 50 canonvensters, inclusief een karaokeversie: *Liedjes bij de geschiedeniscanon.* De cd's staan vermeld in de webwinkel van de Canon van Nederland. Fragmenten van deze liedjes staan ook bij de canonvensters op www.entoen.nu.

13.7.5 Tekenen, bouwen en experimenteren

Tekenen en bouwen

Een andere vorm van doen is het een- of meerdimensionale uitbeelden van een onderwerp: het *tekenen* of het *bouwen.* Over allerlei onderwerpen kunnen leerlingen zich een beter beeld vormen door er zelf mee bezig te gaan. Er moet onderscheid worden gemaakt tussen natekenen en het in elkaar zetten van een bouwpakket, en het zelf op basis van verzamelde gegevens tekenen en bouwen.
Over allerlei onderwerpen zijn er bouwpakketten in de handel. Veel musea hebben in hun winkel bouw- en kijkdoosplaten te koop. Ook het zelfstandig nabouwen van een onderwerp is een uitstekende beeldvormende activiteit. Leerlingen moeten zich daarvoor verdiepen in de details van een onderwerp, of het nu gaat om een prehistorische boerderij, een middeleeuws kasteel (zie figuur 13.27) of de eigen woonplaats op basis van de eerste kadasterkaart.

FIGUUR 13.27 Een kasteel van blokken, gemaakt door leerlingen van SBO 't Hoge Holt in Roden

Hiervoor werd al gewezen op het nut van het zelf ontwerpen en vervaardigen van allerlei spelletjes. Tot het 'bouwen' kunnen ook gerekend worden het zelf ontwerpen en vervaardigen van kleding.

Experimenteren

Vooraf aan dit bouwen gaat het *experimenteren*. Daarmee moet al vroeg worden begonnen. Jonge kinderen kunnen spelend experimenteren in de bouwhoek (een hoek in het lokaal waar leerlingen met blokken kunnen bouwen). Andere experimenteerplaatsen zijn de zandbak (buiten), de zandtafel (binnen) en de waterbak. Voor jonge leerlingen zijn dit belangrijke hulpmiddelen die 'het doen' stimuleren. Zandtafel en waterbak kunnen, mits toegespitst op meer zakelijk gebruik, ook een belangrijke functie vervullen voor oudere kinderen, bijvoorbeeld voor het maken van een nederzetting van de Noormannen aan een fjord of voor het bouwen van een sluis. Jongere kinderen kunnen in de zandbak voor het eerst kennismaken met archeologie, als een creatieve leerkracht daarin van tevoren een aantal potscherven heeft begraven. Als de leerlingen die daarna ook nog aan elkaar mogen lijmen, is het feest compleet.

13.7.6 Muurkrant en tentoonstelling

Wanneer 'doen' wordt uitgelegd als rapporteren in de ruimste zin van het woord, kunnen er allerlei combinaties worden gemaakt, bijvoorbeeld van onderdelen uit de subparagrafen 13.7.4 en 13.7.5. Schriftelijke verslagen kunnen met tekeningen en foto's uitgroeien tot *muurkranten*. Aan de hand van deze muurkranten kunnen groepjes leerlingen aan elkaar verslag uitbrengen, aan andere groepen van de school of aan ouders. Muurkranten vragen om grote vellen papier. Van belang is dat samenstellers van het begin af aan rekening houden met de toekomstige lezer: lettergrootte, compositie en vlakvulling, illustratie en kleurgebruik.

Muurkranten

Tentoonstelling

Ter afsluiting van een lessenserie kan ook een *tentoonstelling* worden gemaakt. Alle hiervóór genoemde beeldvormers kunnen een onderdeel vormen van zo'n tentoonstelling: tekeningen, muurkranten, tafels met zelfgemaakte beeldvormers, zoals maquettes, nagemaakte voorwerpen, ingerichte zandtafels en waterbakken en zelf ontworpen spelletjes. Ook beeldvormers uit vorige onderdelen, zoals wandplaten, 'aangeklede' tijdbalken, fotoseries (al of niet op de computer te bekijken) en interviews op band die via een koptelefoon te beluisteren zijn, kunnen een plaats in zo'n tentoonstelling krijgen. De leerlingen kunnen in bijpassende kleding de bezoekers rondleiden en toelichting geven.

13.7.7 Herdenken en vieren

Herdenken en vieren

De laatste vorm van 'doen' is het *herdenken en vieren*. In een schooljaar zijn er verschillende belangrijke momenten om te herdenken en allerlei feesten om te vieren. De school is de aangewezen plaats om aan herdenkings- en feestdagen aandacht te besteden. Meer en meer heeft de samenleving deze taak aan de school toebedeeld en niet ten onrechte. Scholen kunnen in het lesprogramma zorgen voor een verantwoorde voorbereiding op datgene wat herdacht of gevierd gaat worden. Elke school kan een lijst van zulke herdenkings- en vieringsdata in het schoolprogramma opnemen en daarbij afspraken noteren hoe er in de verschillende groepen aandacht aan besteed zal worden.

Herdenkings- en feestdagen die in het schoolprogramma een plaats kunnen krijgen, zijn:

- de folkloristische feestdagen, zoals Sint Maarten en Sint Nicolaas

- de wisseling van de seizoenen en Dierendag
- de religieuze feestdagen (christelijke en niet-christelijke)
- de landelijk vastgestelde herdenk- en feestdagen als 4 mei, 5 mei en Koninginnedag
- de internationale themadagen, zoals de Dag van Europa, de Dag van de Mensenrechten, de Dag tegen het Racisme, de Dag van de Vrede
- belangrijke momenten uit de lokaal-regionale geschiedenis, zoals het tijdstip van het verlenen van stadsrechten (zoveel-jarig bestaan) en plaatselijke feestdagen, zoals Leidens Ontzet, de inname van Den Briel en Groningens Ontzet

Indien een school naar iemand genoemd is, kan het beste in het schoolprogramma opgenomen worden hoe er aandacht aan deze naamgever besteed wordt: J.F. Kennedy, A. Jacobs, A. Schweitzer, M.L. King of C. Jetses om maar enkele schoolnaamgevers te noemen.
Zijn in de directe omgeving van de school gedenktekens of monumenten aanwezig, dan kunnen deze bij de herdenkingen en vieringen betrokken worden (figuur 13.28).

FIGUUR 13.28 Leerlingen leggen op 4 mei bloemen bij een monument op een Joodse begraafplaats

Minstens eenmaal in de basisschooltijd zouden leerlingen gezamenlijk gedenktekens of monumenten moeten bezoeken om een idee te krijgen waarom deze opgericht zijn. Ze moeten weten dat het gaat om plaatsen met een betekenis of een boodschap en om plaatsen die niet beklad of vernield mogen worden. Zo'n bezoek aan een gedenkteken of monument wordt in de klas goed voorbereid. Veel scholen hebben een monument, herinnerend aan de Tweede Wereldoorlog, geadopteerd.

Herdenk- en feestdagen gaan vaak aan jongeren voorbij, omdat ze voor hen geen betekenis gekregen hebben. Het verhaal dat bij zo'n dag hoort, ontbreekt. De dag is alleen maar een vrije dag; het gedenkteken of monument blijft een dood ding, een onderdeel van het straatmeubilair, waar achteloos en gedachteloos aan voorbijgegaan wordt. Hier ligt duidelijk een taak voor het onderwijs in *Geschiedenis & Samenleving.*

13.8 Historisch besef en historisch denken en redeneren

Er zijn mensen, die alleen maar in het heden (richting toekomst) leven. Bewust of onbewust is er in hun denken geen plaats voor het verleden. Zij kunnen datgene wat ze in het heden om zich heen zien, niet plaatsen in een ontwikkelingsperspectief vanuit het verleden.

Historisch besef
Historisch redeneren

Zij hebben geen *historisch besef* en zij zijn niet in staat tot *historisch redeneren*. In hun beleving van de werkelijkheid ontbreekt de historische dimensie.

De essentie van historisch besef en van historisch denken is het inzicht in de samenhang van verleden, heden en toekomst, of in de woorden van de Nederlandse dichter Bilderdijk (1756-1831):

> 'In 't voorleden ligt het heden,
> in het nu, wat worden zal.'

Kernachtig bracht Bilderdijk zo onder woorden dat het heden enerzijds het resultaat is van wat eraan voorafgegaan is en dat het anderzijds het startpunt is voor toekomstige ontwikkelingen: het heden als een continu opschuivend moment in de tijdstroom. Aan het heden is een hoeveelheid tijd, die ooit zelf eens heden is geweest, voorafgegaan: de verleden tijd. Er is ook tijd die nog heden moet worden: de toekomstige tijd (vergelijk figuur 13.29).

FIGUUR 13.29 Verleden – heden – toekomst

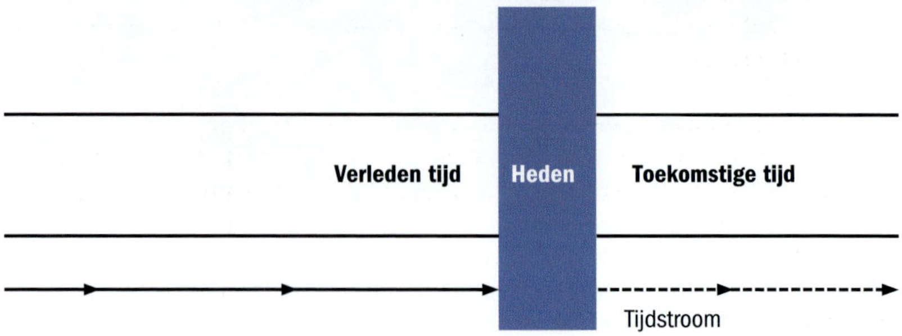

Het steeds in de tijd opschuiven van het heden is een natuurlijk proces, waarvan de mens een onderdeel is. Alle mensen tezamen geven steeds weer opnieuw inhoud aan de toekomstige tijd ofwel aan het nieuwe heden. Elk nieuw heden draagt de overblijfselen of sporen van het verleden in zich. Elk nieuw heden heeft ook de ontwikkelingsmogelijkheden voor de toekomst in zich. Voor het onderwijs neemt het heden een belangrijke plaats in. Het heden is voor het onderwijs het startpunt. Vanuit dat punt leren kinderen de samenhang van het heden met het verleden én met de toekomst – zowel formeel als inhoudelijk – te ontdekken, te begrijpen én te benutten.

Beelden van het heden en van het verleden zijn de bouwstenen voor historisch denken en redeneren. Op basis van het verzamelen van gegevens over aspecten van het verleden, het ordenen van die gegevens en het verklaren van die gegevens ontstaat een beeld van die aspecten. Ze krijgen betekenis.

Historisch denken en redeneren

Voor het verantwoord interpreteren van gebeurtenissen en ontwikkelingen in het heden en het verleden zijn kennis en vaardigheden nodig. Het gaat dan om vormen van *historisch denken en redeneren*: het beschrijven van processen van verandering en continuïteit, het verklaren van historische verschijnselen en het vergelijken van historische verschijnselen of perioden.Voor deze benaderingswijze zijn enerzijds informatie- en onderzoeksvaardigheden (zoals het verzamelen, beoordelen en interpreteren van bronnen) en anderzijds beeldvormende vaardigheden (zoals het onderscheiden van continuïteit en verandering of van oorzakelijke verbanden) belangrijk:

- het kunnen stellen van historische vragen
- het plaatsen in een historisch context van de tijd (contextualiseren)
- het hanteren van historische begrippen
- het inzicht hebben in metabegrippen het ondersteunen van beweringen met argumenten gebaseerd op historisch bewijs

Bij historische vragen gaat het niet om feitelijke vragen, zoals 'Wanneer begon de Tweede Wereldoorlog?' maar om vragen die een redenering vereisen, zoals 'Waarom brak de Tweede Wereldoorlog uit?' of 'Was Michiel de Ruyter een belangrijke zeeheld?'. Bij het beantwoorden van een historische vraag moeten leerlingen historische gebeurtenissen, ontwikkelingen of personen in de context van de tijd plaatsen (contextualiseren). Daarbij maken ze gebruik van historische begrippen, als Eerste Wereldoorlog, economische crisis en de Republiek. Bij de metabegrippen gaat het bijvoorbeeld om continuiteit en verandering, oorzaak en gevolg, tijd- en standplaatsgebondenheid, feiten en meningen en bedoelde en onbedoelde gevolgen. Vergelijkingen tussen het verleden en het heden zijn hierbij belangrijk, omdat ze bijdragen aan het besef dat het verleden anders is en dat zaken om ons heen een geschiedenis hebben.

Bij het beantwoorden van historische vragen is het belangrijk dat leerlingen hun argumenten ondersteunen met bewijs. Daarbij is historische kennis onmisbaar. Bij historisch denken en redeneren laten leraren hun leerlingen denken met historische kennis. Met historische vragen kunnen zij de interesse van leerlingen wekken. Daarnaast is het belangrijk dat ze in de vragen die leerlingen stellen de vragen herkennen die historisch denken en redeneren kunnen bevorderen.

Door op een steeds hoger niveau historisch te denken en te redeneren, kunnen leerlingen het heden beter begrijpen en leren zij kritisch te denken.

Literatuur, een selectie

Beker, T. & Kooij, C. van der (2002). *Bewaard verleden. Cultureel erfgoed in het primair onderwijs en de lerarenopleiding basisonderwijs*. Enschede: SLO.

Boxtel, C. & Van Drie, J. (2004). Historisch redeneren. Verschillen tussen beginners en experts. in: *Kleio 1*, p. 8-14.

Blokker, J., Blokker, J. jr, & Blokker, B. (2005). *Het vooroudergevoel. De vaderlandse geschiedenis. Met schoolplaten van J. H. Isings.* Antwerpen: Uitgeverij Contact.

Dam, A. van & Wolf, A. de (2013). *Lang geleden.* Houten: Unieboek Het Spectrum.

De Bosatlas van de Geschiedeniscanon (2008). Groningen: Noordhoff Uitgevers bv.

De Bosatlas van de Geschiedenis van Nederland (2011). Groningen: Noordhoff Uitgevers bv.

De Bosatlas van het cultureel erfgoed (2014). Groningen: Noordhoff Uitgevers bv.

Erfgoed. De Nederlandse geschiedenis in 100 documenten (2005). Amsterdam: Elsevier, speciale editie.

Grever, M. & Boxtel, C. van (2014), *Verlangen naar tastbaar verleden. Erfgoed, onderwijs en historisch besef.* Hilversum: Verloren.

Heugten, A. (et al.) (2012). *Van tijd tot tijd. Nederlandse geschiedenis in verhalen.* Drunen: Delubas.

Mols, P. (2003). *Speurtochten naar vroeger. Ideeën voor het werken met erfgoed op de basisschool*. Baarn: Bekadidact, JSW-boek nr. 32.

Schaik, P. van (et al.) (2004). *En dat vieren wij! Feesten en vieringen van kinderen in kleurrijk Nederland*. Amsterdam: PlanPlan.

Schep, M., Boxtel, C. van & Noordegraaf, J. (2015).Wat je kunt leren van een educatieve museumrondleiding in: *Cultuur + Educatie,* 15 (42).

Straaten, D. van (red.) (2012). *Historisch redeneren. Basisboek voor de vakdocent.* Assen: Van Gorcum.

Thomése, M. (2008). *ErfGoedonderwijs op de basisschool.* Assen: Van Gorcum.

Ulrich, H. & Walle, E. van der (2005). *De geschiedenis van Nederland.* Houten: Van Goor / Unieboek, Notedop Junior.

Ondersteuning via de website

Een uitgebreidere literatuurlijst bij dit hoofdstuk is te vinden op www.geschiedenisensamenleving.noordhoff.nl, evenals een samenvatting van dit hoofdstuk en een interactieve toetsenbank.

Studie- en onderzoeksopdrachten

De studie- en onderzoeksopdrachten zijn ingedeeld naar propedeuse, hoofdfase en afstudeerfase.

Studieopdrachten propedeuse en hoofdfase

13.1 In dit hoofdstuk wordt de stelling verdedigd dat heden, verleden en toekomst onlosmakelijk met elkaar zijn verbonden.
Bedenk – in het algemeen of uit je eigen leven – voorbeelden die de stelling kunnen illustreren.

13.2 Centraal staat in dit hoofdstuk het begrip 'beeldvorming'.
a Wat wordt onder 'beeldvorming' verstaan?
b Ga na hoe je zelf aan bepaalde beelden gekomen bent.

13.3 In dit hoofdstuk wordt beweerd dat beeldvormingsprocessen starten in het heden.
a Hoe is die bewering te verklaren?
b Wat zijn de consequenties van die bewering voor *Geschiedenis & Samenleving* in de basisschool?

13.4 Stelling: *Met de toename van het aantal beeldvormingsmogelijkheden buiten de school heeft de school op dit gebied een nog belangrijker plaats gekregen.*
a Deze stelling lijkt onlogisch, maar is het niet. Waarom niet?
b Bedenk enkele concrete voorbeelden ter illustratie van de stelling.

13.5 Stelling: *Voor leerlingen zijn beelden van het heden vaak zo bepalend dat zij geneigd zijn het verleden eenzijdig te beoordelen vanuit die hedendaagse beelden en ervaringen.*
a Geef bij deze stelling een voorbeeld en licht dit toe.

13.6 Samenhang van verleden, heden en toekomst is vertaald in een opdracht voor het onderwijs.
a Hoe luidt die opdracht?
b Bedenk voorbeelden van tijd- en plaatsgebonden beelden.

13.7 Bij iedere les over aspecten van de hedendaagse en de historische werkelijkheid wordt gewerkt aan beeldvorming van die aspecten.
a Omschrijf in eigen woorden wat hier wordt beweerd.
b Het begrip 'beeld', zoals het als onderwijskundig begrip geïntroduceerd is, omvat meer dan een plaatje of figuur van. Waaruit bestaan beelden – volgens de definiëring van het onderwijskundig begrip?

13.8 Bij iedere les over aspecten van de hedendaagse en de historische werkelijkheid maakt een leerkracht bij de voorbereiding keuzes uit het beeldvormingsschema.

a Welke functies kan het beeldvormingsschema concreet tijdens de lesvoorbereiding vervullen?

b De opbouw van het schema wordt beschreven als van 'tastbaar-concreet naar denkbeeldig'. Analyseer het schema op deze opbouw.

c Niet alle onderdelen uit het schema zullen even vaak in de onderwijspraktijk voorkomen. Hoe is dat te verklaren?

13.9 De schoolomgeving is een onmisbare beeldvormer voor het onderwijs.

a Probeer de betekenis van de schoolomgeving voor de beeldvorming aan te geven vanuit het begrip 'beginsituatie'.

b Voor aspecten van de historische werkelijkheid is de schoolomgeving geen gemakkelijke beeldvormer. Probeer dit aan de hand van een concreet voorbeeld uit te werken.

c Voorstanders van beeldvorming via de schoolomgeving vinden dat scholen nog veel te weinig van deze beeldvormingsmogelijkheid gebruikmaken. Hoe is dat te verklaren?

13.10 Beeldvorming via afbeeldingen is belangrijk, maar...

a Inventariseer beoordelingscriteria voor het gebruik van afbeeldingen als beeldvormers.

b Het hanteren van afbeeldingen in een les is niet altijd even eenvoudig. Welke problemen kunnen zich voordoen en hoe zijn deze eventueel op te lossen?

c Voor een les over een middeleeuws kasteel is er de keuze uit een wandplaat of een maquette als beeldvormer. Welke keuze ligt voor de hand? Beargumenteer dit.

13.11 Beeldvorming vindt vooral plaats via het gesproken en het geschreven / gedrukte woord.

a Wanneer beeldvorming plaatsvindt via het gesproken en het geschreven / gedrukte woord, zijn er geen garanties voor een goede beeldvorming. Waarom niet?

b Waaraan moet worden gedacht bij het gebruik van een historisch interview op geluidsdrager als beeldvormer in de klas?

c Wat zijn de pluspunten van verhalende teksten als beeldvormer boven informatieve teksten?

13.12 Beeldvorming door middel van doen wordt in het onderwijs onderschat.

a Wat pleit voor beeldvorming door middel van doen?

b Wat is de taak van een school op het gebied van herdenken en vieren? In hoeverre is die taak ook beeldvormend?

c Vergelijk de mogelijkheden voor beeldvorming via 'leven als', 'spelen als' en 'spelen met'. Wat zijn de verschillen?

13.13 Bij historisch redeneren is het stellen van goede historische vragen een belangrijke activiteit.

a Formuleer bij vijf canonvensters (naar keuze) een historische vraag en geef aan bij welke vorm van historisch redeneren deze vragen aansluiten.

b Werk voor een van de vijf vragen uit hoe je op basis van deze vraag kunt contextualiseren en welke historische begrippen daarbij bruikbaar zijn.

Onderzoeksopdracht propedeuse

13.14 Onderzoek welke beeldvormers uit het schema vooral aanwezig zijn in de onderwijswerkplaats / mediatheek van de lerarenopleiding en welke in een basisschool.

Onderzoeksopdrachten hoofdfase

13.15 Ga na welke beelden leerlingen van een basisschool van verschillende leeftijden – bijvoorbeeld onder-, midden- en bovenbouw – van de toekomst hebben.

13.16 In dit hoofdstuk staan de begrippen 'beeld' en 'beeldvorming' centraal.

a Onderzoek bij leerlingen aan de hand van een drietal concrete onderwerpen welke beelden ze van die onderwerpen hebben en zo mogelijk ook hoe ze aan die beelden komen.

b Het gebruiken van beeldvormers veronderstelt vaak bepaalde vaardigheden bij de leerlingen. Onderzoek die gewenste vaardigheden door leerlingen bewust te laten werken met enkele voorbeelden uit B.1, C.5, D.3 en D.4 van het beeldvormingsschema.

13.17 Observeer een geschiedenisles en onderzoek in hoeverre de vormen en activiteiten van historisch redeneren in deze les zichtbaar zijn.

Onderzoeksopdracht afstudeerfase

13.18 Onderzoek welke rol de onderdelen A.1 (schoolomgeving) en A.2 (museum) van het beeldvormingsschema in het onderwijs van een basisschool spelen:

a door middel van interviews met leerkrachten.

b door middel van analyse van het schoolprogramma.

c Analyseer de uitkomsten van je onderzoek en doe daarna concrete aanbevelingen hoe deze beeldvormers een meer structurele plaats in het onderwijsprogramma van de verschillende groepen kunnen krijgen. Werk daarvoor samen met een culturele instelling, bijvoorbeeld een museum in de omgeving van de school.

13.19 Onderzoek in hoeverre er in je stagegroep gewerkt wordt met historisch denken en redeneren in de geschiedenislessen:

a door middel van een interview met de leerkracht.

b door middel van interviews met de leerlingen.

c door middel van observaties.

Analyseer de uitkomsten van je onderzoek en doe daarna concrete aanbevelingen hoe het werken met historisch redeneren in de geschiedenislessen verbeterd kan worden.

14
Van lesdoel tot evaluatie

Lesgeven in *Geschiedenis & Samenleving*

In dit hoofdstuk staat het lesgeven centraal. Na een korte beschouwing over de begrippen 'beeld' en 'beeldvorming' komen de onderdelen van het lesvoorbereidingsproces aan de orde: het lesdoel of de lesdoelen en de beginsituatie, de introductie van de les, de didactische werkvormen en de daarmee samenhangende leeractiviteiten, de verwerking en de evaluatie.

Via dit hoofdstuk wordt gewerkt aan de competenties *Werken met leerlingen* op het gebied van *Geschiedenis & Samenleving* met de volgende indicatoren.

De leraar kan bij de voorbereiding, uitvoering en evaluatie van lessen voor *Geschiedenis & Samenleving*:

2.12 de begrippen 'beeld' en 'beeldvorming' als didactische begrippen hanteren
2.13 doelen formuleren, die enerzijds aansluiten bij de beginsituatie van de leerlingen en anderzijds voortkomen uit de kerndoelen voor *Geschiedenis & Samenleving*
2.14 zowel de hedendaagse als de historische beginsituatie als uitgangspunt voor lesonderwerpen formuleren
2.15 de onderdelen in het lesproces onderscheiden (de introductie, de leskern, de verwerking, de evaluatie) en deze vloeiend in elkaar over laten lopen
2.16 op basis van de functies van introducties voor lessen *Geschiedenis & Samenleving* aansprekende introductievormen bedenken

2.17 verantwoorde keuzes maken voor afwisselende didactische werkvormen voor lessen *Geschiedenis & Samenleving*: inleiden in én ontdekken
2.18 optimaal profiteren van de pluspunten van de verschillende didactische werkvormen voor lessen *Geschiedenis & Samenleving* én realiseert zich de minpunten van die didactische werkvormen
2.19 de leerdoelen omzetten in verwerkingsopdrachten over nieuwe leerstof, die ingeleid of door de leerlingen ontdekt is
2.20 uit de verschillende vormen van verwerkingsopdrachten gevarieerde en op de leerlingengroep afgestemde verwerkingsopdrachten samenstellen
2.21 op individueel en op groepsniveau het onderwijs in *Geschiedenis & Samenleving* op een afwisselende manier evalueren
2.22 consequenties trekken uit de evaluatiegegevens op individueel en op groepsniveau en deze verwerken in de lesaanpak voor individuele leerlingen of voor de hele groep
2.23 de vorderingen van de leerlingen op het gebied van *Geschiedenis & Samenleving* systematisch bijhouden in een leerlingvolgsysteem

14.1 Beeldvorming via lessen *Geschiedenis & Samenleving*

Beeldvorming in het algemeen taalgebruik

Beeldvorming is het centrale begrip in de vakdidactiek *Geschiedenis & Samenleving*. Hoe kunnen kinderen zich beelden vormen van aspecten van de hedendaagse en historische werkelijkheid, zoals die omschreven zijn in de kerndoelen?
De begrippen 'beeld' en 'beeldvorming' – die geïntroduceerd zijn in hoofdstuk 13 – duiken steeds meer op in het *algemeen taalgebruik*. De mens is voortdurend bezig zich beelden te vormen van aspecten van de werkelijkheid. Ieder mens heeft een hoeveelheid beelden in het hoofd, beelden, die ooit eens ontstaan zijn, die voortdurend in ontwikkeling zijn en nooit afgerond zijn. Na een reis door Egypte hebben we een beeld van (het leven in) dat land, na het lezen van een boek of het bekijken van een documentaire op de televisie over de postkoets is ons beeld van dat vervoermiddel uitgebreid, na lessen over de industriële revolutie hebben we een meer uitgewerkt beeld van die maatschappelijke revolutie.
De beelden die we opbouwen en steeds verder uitbouwen, bestaan uit feitelijke en daarmee samenhangende inzichtelijke kennis en uit daarop gebaseerde meningen, standpunten en houdingen (attitudes).

Beeldvorming als onderwijskundig begrip

Het begrip 'beeld' is niet alleen een begrip uit het algemeen taalgebruik, het is ook een *onderwijskundig begrip*. Het is de taak van het onderwijs doelbewust en gericht te werken aan de beeldvorming van de hedendaagse en de historische werkelijkheid.
Beeldvorming in het onderwijs is geen eenvoudige zaak. Iedere leerling heeft over allerlei onderwerpen via buitenschoolse ervaringen al eigen beelden. Aan die beelden wordt in het onderwijs verder gewerkt. Hoe moeilijk dat is en hoe zorgvuldig onderwijsgevenden met beeldvormingsprocessen moeten omgaan, blijkt uit het volgende, op zichzelf onschuldige voorbeeld.

Beeldvorming van een Germaans huis

In groep 6 van een basisschool vertelt de onderwijsgevende over het dagelijks leven van de Germanen. In verhaalvorm wordt onder meer informatie gegeven over hoe de Germanen woonden: welke bouwmaterialen ze gebruikten, hoe ze hun woningen verwarmden, hoe de rook hun woningen verliet via een gat in het dak...

Aan het einde van de les kregen de leerlingen een aantal verwerkingsopdrachten, onder meer de opdracht een Germaanse woning te tekenen. Een van de leerlingen maakte de volgende tekening (figuur 14.1).

FIGUUR 14.1 Mislukte beeldvorming van een Germaans huis (leerling groep 6)

De leerling had goed opgelet, getuige het gat in het dak voor de rook. De beeldvorming van het uiterlijk van de woning was echter mislukt. Het beeld van een woning in de hedendaagse werkelijkheid had nog geen plaats gemaakt voor een beeld van een woning in de historische werkelijkheid. Deze interpretatie van het verleden vanuit hedendaagse beelden en ervaringen wordt presentisme genoemd. Het is een voorbeeld van een pre- of misconcept. **Presentisme**

Dit praktijkvoorbeeld maakt twee zaken duidelijk. Allereerst dat bij beeldvorming van de historische werkelijkheid leerlingen uitgaan van hun beelden van de hedendaagse werkelijkheid. In de tweede plaats, dat bij de voorbereiding van lessen zorgvuldig gekozen moet worden uit de beeldvormingsmogelijkheden. In het voorbeeld was het vertellen van een verhaal voor deze leerling onvoldoende om tot goede beeldvorming te komen. Behalve woorden waren voor deze leerling andere beeldvormers uit de categorie afbeeldingen nodig geweest.

De doelstelling van lessen op het gebied van *Geschiedenis & Samenleving* is beeldvorming van de hedendaagse en van de historische werkelijkheid. Via het zorgvuldig kiezen van didactische werkvormen en daarbij behorende leeractiviteiten wordt aan beeldvorming gewerkt. Om verantwoorde beelden van heden en verleden op te roepen, zijn er verschillende mogelijkheden. Het beeldvormingsschema uit hoofdstuk 13 is een geordend overzicht van al deze mogelijkheden.

Lesonderwerp en doelen

De voorbereiding van een les voor *Geschiedenis & Samenleving* begint met het kiezen van een *lesonderwerp*, met daaraan gekoppeld één of meer *lesdoelen*. Zo'n lesonderwerp komt voort uit het schoolprogramma dat het team vastgesteld heeft (zie hoofdstuk 16) en kan ontleend worden aan een methode (zie hoofdstuk 15). De lesdoelen sluiten vanzelfsprekend aan bij de kerndoelen voor *Geschiedenis & Samenleving* (hoofdstuk 11). Die doelen zijn geformuleerd op dezelfde wijze als de competenties en indicatoren aan het begin van elk hoofdstuk van dit boek.
In figuur 14.2 staan de lesdoelen en een lijst van begrippen en personen, die horen bij de les *Bakkers en zadelmakers* uit de methode *Tijdstip* (voor groep 6).

FIGUUR 14.2 Lesdoelen, begrippen en personen bij een les uit een geschiedenis-methode

20 Bakkers en zadelmakers

Lesdoelen
- De leerlingen kunnen enkele beroepen uit de Middeleeuwen noemen.
- De leerlingen kunnen vertellen wat een gilde was.
- De leerlingen kunnen voor- en nadelen van een gilde noemen.
- De leerlingen kunnen aan de hand van sommige straatnamen vertellen hoe deze straten aan hun naam komen.

Begrippen en personen
gilde – gildenhuis – uithangbord – leerling – gezel – meester – gildenmeester – meesterproef – beun

Doelen kunnen op de volgende drie verschillende niveaus geformuleerd worden (zie ook hoofdstuk 12):
1 *Cognitieve doelstellingen*. Wat moeten de leerlingen naar aanleiding van de les(sen) kennen? Bijvoorbeeld: begrippen en structuren.
2 *Vaardigheidsdoelen*. Wat moeten leerlingen naar aanleiding van de lessen kunnen? Bijvoorbeeld: het invullen van een tijdbalk.
3 *Gedragsvorming*. Bijvoorbeeld: het herkennen van vooroordelen.

Meestal zullen de doelen betrekking hebben op de eerste twee categorieën. De taxonomie van Bloom kan bij de formulering van doelen goede diensten bewijzen (vergelijk paragraaf 12.4).

Als het lesonderwerp en de doelen vaststaan, wordt de kern van de leerinhouden vastgesteld. Hierbij kan de methode een rol spelen, maar ook moet in deze fase nagegaan worden hoe de leerinhouden aansluiten bij de reeds aanwezige kennis van de leerlingen. Daarbij gaat het zowel om kennis van de historische werkelijkheid uit eerdere lessen als om kennis van de hedendaagse werkelijkheid, waarin de leerlingen verschijnselen en begrippen uit het verleden kunnen herkennen: het gaat om continuïteit én verandering.

Eerst is een lijst van de *begrippen* die in de les(sen) geleerd moeten worden nodig met daarbij hoe de beeldvorming rondom deze begrippen bij de leerlingen vorm en inhoud gaat krijgen en welke beeldvormers daarbij het meest geschikt zijn (zie ook hoofdstuk 13).

Lesvoorbereidingsproces

In het *lesvoorbereidingsproces* is de onderwerpkeuze met de daarbij behorende leerinhouden en lesdoelen fundamenteel. Het inhoudelijke geraamte van de les ligt daarmee vast. De verdere uitwerking van de les is onder te verdelen in:

- het kiezen van de meest geschikte beeldvormers (zie hoofdstuk 13)
- het bedenken van een aansprekende introductie van de les, de inleiding
- het kiezen van een geschikte didactische werkvorm, met daarmee verbonden leeractiviteiten
- het formuleren van verwerkingsactiviteiten

De afsluiting van het lesvoorbereidingsproces – veelal niet na één les, maar na afronding van een lessenserie of na behandeling van een tijdvak – is de evaluatie: wat is op het gebied van beeldvorming bereikt, welke hedendaagse en historische begrippen hebben inhoud gekregen en welke beelden zijn ontstaan van de hedendaagse en van de historische werkelijkheid? In figuur 14.3 zijn de onderdelen van het lesproces in schema gezet.

FIGUUR 14.3 De onderdelen van de lesvoorbereiding

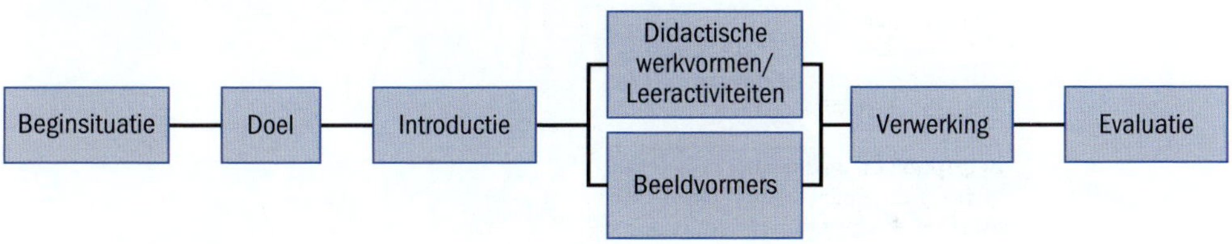

14.2 Introductie van een les en lessenserie

Introductie

Van groot belang voor de start van een lessenserie en van elke les is de *introductie*, ook wel de instap genoemd. Nadat leerlingen een tijd gewerkt hebben aan taal of rekenen, wordt overgeschakeld op een les *Geschiedenis & Samenleving*. Die overgang wordt gemaakt via een introductie van de nieuwe les(senserie). Bij de start van een nieuwe lessenserie – bijvoorbeeld over een nieuw tijdvak – zal die introductie uitgebreider zijn, dan bij een van de volgende lessen uit die serie.

Functies introductie

De *introductie* van de les(senserie) heeft verschillende *functies*. De eerste functie is het opwekken van de nieuwsgierigheid van de leerlingen. Ze moeten gemotiveerd worden voor het (nieuwe) lesonderwerp. De introductie kan echter ook nog andere functies vervullen. Via de introductie kan bij de leerlingen de voorkennis (de beginsituatie) geactiveerd worden. Daarnaast kan de leerkracht via de introductie lesinhouden alvast ordenen.
Er zijn talloze mogelijkheden om deze functies gezamenlijk te verwerken in een introductie van een les(senserie). De leraar kan starten met een kort introductieverhaal, een stukje film, een bijzonder voorwerp, een gast in de klas of een plaat. Aansluitend volgt dan een klassengesprek, waarin ener-

zijds de beginsituatie 'opgefrist' en anderzijds de nieuwe leerstof geproblematiseerd wordt door het formuleren van vragen waarop in de lessenserie antwoorden gezocht zullen gaan worden.

Een introductie in deze vorm is te vinden in verschillende geschiedenismethoden: een lessenserie over een tijdvak start met een kleurrijke plaat (figuur 14.4) veelal over twee bladzijden heen, waarop veel te ontdekken is (zowel het eendere als het andere) en waarover een goed gesprek met de leerlingen mogelijk is, dat uitloopt op een bespreking van de komende les(sen) uit de lessenserie.

FIGUUR 14.4 Een voorbeeld van een introductieplaat van de *Tijd van Burgers en Stoommachines* uit de methode *Tijdstip*, groep 8

Bij deze voorbeelden van introduceren gaat het om het nieuwsgierig maken, het motiveren om zich te verdiepen in een nieuw onderwerp, het activeren van de beginsituatie en het schetsen van wat de leerlingen te wachten staat qua aanpak van de lessenserie.

Bij de volgende lessen in een lessenserie zal de nadruk meer liggen op het teruggrijpen op de lessen die al geweest zijn (de beginsituatie) en de concrete werkwijze in deze specifieke les.

14.3 Didactische vormgeving van de les: inleiden in en ontdekken

Didactische werkvormen

Op het gebied van *didactische werkvormen* en de daarmee samenhangende leeractiviteiten vertoont de geschiedenis van het onderwijs slingerbewegingen tussen twee uitersten: het *inleiden in*, waarbij het initiatief ligt bij de leerkracht die uitlegt, vertelt of voorleest, en het *ontdekken*, waarbij het initiatief ligt bij de leerling die zelf op onderzoek uitgaat.

Vertellen en zelfontdekkend leren

Vooral voor geschiedenis was het vertellen traditioneel de meest aangewezen én de meest toegepaste didactische werkvorm. Het luisteren naar een verhaal en je dan zelf een beeld vormen van hoe het vroeger geweest zou kunnen zijn, was generaties lang het kenmerk van geschiedenisonderwijs. Velen herinneren zich juist dit aspect uit hun schooltijd (zie de voorbeelden in hoofdstuk 12 en hoofdstuk 13).
Vanaf de jaren zestig van de vorige eeuw werd het vertellen als didactische werkvorm minder populair. De leerlingen zouden bij het vertellen veel te passief zijn, terwijl ze in het onderwijs juist actief moeten zijn. De geestelijke arbeid die een goed luisterend kind verricht, werd behoorlijk onderschat. Het zelf actief zijn (het zelf onderzoeken en ontdekken) stond hoog aangeschreven en moest dus ook in het geschiedenisonderwijs centraal komen te staan. Vertellen raakte 'uit', het werd ouderwets: zoiets deed je niet meer. Het ging nu om zelfontdekkend of zelfstandig leren.

Het nieuwe leren

Rol van de leerkracht

Halverwege de jaren negentig van de twintigste eeuw introduceert de Utrechtse hoogleraar Robert Jan Simons de term *het nieuwe leren*, waarin samenwerkend leren, dichter bij de praktijk leren en zelfstandiger werken centraal staan. In de discussie over de onderwijsvernieuwing die rond het nieuwe leren op gang kwam, bestaat vaak verwarring over de rol van de leerkracht. Het idee dat het nieuwe leren 'zelfstandig werken' is, met een minimale rol voor de leerkracht, is hardnekkig. Vanuit het idee dat kinderen zelfstandig moeten werken, heeft de leerkracht de neiging de ondersteuning tot een minimum te beperken maar dat werkt bij het nieuwe leren onproductief: leerlingen gaan zwemmen, raken teleurgesteld en gedemotiveerd. Voor goed zelfstandig werken aan groepsopdrachten is het allereerst van belang dat de kwaliteit van de opdrachten goed is, zodat de kinderen wel aan de slag kunnen. In het begeleiden van groepsprocessen is de rol van de leerkracht buitengewoon belangrijk. De leerkracht zal zich werkelijk moeten verdiepen in de leertaak en de leerdoelen van elke groep en daarbij een balans moeten vinden tussen intensief feedback geven aan de groepjes en overzicht houden over de groep als geheel. Tot slot is het belangrijk te constateren dat het nieuwe leren niet alleen én uitsluitend bestaat uit zelfstandig werken. Simons pleit alleen voor het verschuiven van accenten en zeker niet voor de afschaffing van klassikaal onderwijs met een vakkundige docent.

Aan het eind van de twintigste eeuw groeide het besef (ook internationaal), dat het niet goed is een eenzijdige keuze te maken voor inleiden in of ontdekken. Dit doet enerzijds onrecht aan leerlingen, die met verschillende leerstijlen moeten leren werken. Anderzijds hangt de keuze van werkvormen ook af van het onderwerp: er zijn onderwerpen die uitstekend geschikt zijn om te vertellen en er zijn onderwerpen die heel goed door de leerlingen zelf kunnen worden ontdekt. Het is geen kwestie van het een óf het ander. Het onderwijs is erbij gebaat dat – afhankelijk van het onderwerp – een bewuste keuze uit beide didactische werkvormen wordt gemaakt.

Werkvormenschema

In tabel 14.1 zijn in schemavorm de keuzemogelijkheden op het gebied van inleiden in en ontdekken aangegeven. Het schema bestaat uit drie didactische werkvormen:
1 het klassikaal onderwijs of inleiden in met werkvormen als doceren en uitleggen
2 het groepswerk, dat overeenkomsten vertoont met ontdekken en met het nieuwe leren
3 het groepsonderwijs als een soort mengvorm van beide, zowel inleiden in als ontdekken

TABEL 14.1 Inleiden in en ontdekken

	A	B	C
	Klassikaal onderwijs	**Groepsonderwijs**	**Groepswerk**
Probleemstelling	door de leerkracht	door de leerkracht	door de leerlingen
Taakstelling	door de leerkracht	door de leerkracht	door de leerlingen
Groepsindeling	n.v.t.	verplicht	vrijwillig
Uitvoering taken	individueel	in groepen	in groepen
Evaluatie	door de leerkracht	door de leerkracht	door de leerlingen

Zoals elk schema is ook dit schema nogal star. In de praktijk zijn er voor de onderdelen van het schema verschillende variaties te bedenken. Zo kan bijvoorbeeld bij klassikaal onderwijs de uitvoering van de taken ook wel in duo's of groepen plaatsvinden.

Bij onderwijs in *Geschiedenis & Samenleving* kan voor een deel van de activiteiten, bijvoorbeeld eigen keuzes van leerlingen, de werkvorm 'groepswerk' worden toegepast, zeker in de bovenbouwgroepen. De leerstofinhouden die de school van belang vindt voor alle leerlingen in de bovenbouw, lenen zich voor een klassikale aanpak én voor groepsonderwijs. Een dergelijke aanpak veronderstelt, dat bij de activiteiten in de onder- en de middenbouw afwisselend wordt gewerkt met klassikaal onderwijs en groepsonderwijs en dat in die groepen al met enige aspecten van het groepswerk wordt geoefend.

Voor het verwerven van werkelijkheidsbeelden door kinderen (de beeldvorming) is het dus aan te bevelen de drie onderscheiden werkvormen (met de daarbij behorende leeractiviteiten) in het onderwijsprogramma een zo goed mogelijke plaats te geven.

14.3.1 Didactische werkvorm: inleiden in

Klassikaal onderwijs

Bij *klassikaal onderwijs* of inleiden in ligt het initiatief bij de leerkracht:
- de leerkracht legt uit of presenteert
- de leerkracht vertelt
- de leerkracht leest voor

Deze didactische werkvormen worden meestal gevolgd door een gesprek met de leerlingen over de leerinhoud.

Uitleggen of presenteren

Bij het *uitleggen* heeft de leerkracht voor zichzelf de leerstof gestructureerd om stap voor stap zicht te geven op gebeurtenissen, verschijnselen, ontwikkelingen en personen. De leerkracht kan het lesonderwerp eerst in de vorm van een woordspin, ook wel woordveld genoemd, analyseren en vervolgens de onderdelen van de woordspin in een educatieve structuur plaatsen. Speciale aandacht krijgt daarbij het concretiseren van abstracte begrippen. Dankzij die structuur biedt een dergelijke uitleg of presentatie de leerlingen de mogelijkheid zicht te krijgen op samenhang en ontwikkeling.
Om voor de leerlingen het volgen van de denkstappen te vergemakkelijken, wordt tijdens de instructie een schematische weergave van de les op het (digi)bord opgebouwd. Ter ondersteuning is voor geschiedenislessen een chronologische ordening van belang: de plaatsing van de ontwikkelingen in

de les in de tijd op een klassikale tijdbalk. PowerPoint-presentatie, kan hierbij uitstekend worden gebruikt.
Een uitlegles mag niet te lang duren: er is een grens aan het concentratievermogen van de leerlingen. Die grens verschilt per leerling, maar meestal is tien à twintig minuten het maximum.

Interactieve instructie

Bij het geven van uitleg of een presentatie is het natuurlijk wel nodig de leerlingen bij de inhoud te betrekken. Ook al is de leerkracht bij deze vorm zelf veel aan het woord, dat wil nog niet zeggen dat de leerlingen alleen maar moeten luisteren. Ze moeten actief meedoen. De leerlingen zijn gesprekspartners. De leerkracht sluit aan bij hun voorkennis en speelt in op hun reacties.

Vertellen

De drie vormen van inleiden in – het uitleggen, het vertellen en het voorlezen – behoren tot dezelfde didactische familie. In alle drie de werkvormen staat de leerkracht centraal: die uitlegt, vertelt of voorleest. Er zijn aspecten van de hedendaagse of historische werkelijkheid die het beste uitgelegd kunnen worden – bijvoorbeeld hoe een wet tot stand komt –, andere aspecten vragen meer om een vertelvorm, bijvoorbeeld kinderarbeid in een fabriek in de *Tijd van Burgers en Stoommachines*. Die keuze is aan de leerkracht.

14

Vertellen is de oudste vorm van literatuur: de orale of mondelinge literatuur. Vertellers hebben door de geschiedenis heen vorm gegeven aan de wereld. Bij een vertelling wordt de taal gebruikt om bij de leerlingen beelden op te roepen via de oren. Voorwaarde daarvoor zijn aansprekende verhalen om te vertellen en leerkrachten die plezier hebben in het vertellen van verhalen.
Voor een instructie in verhaalvorm in het programma *Geschiedenis & Samenleving* zijn de volgende stappen te onderscheiden:

- stap 1: de keuze van het onderwerp
- stap 2: de inhoudelijke voorbereiding: het geraamte van feiten van het verhaal
- stap 3: de verhaaltechnische voorbereiding
- stap 4: de uitvoering (inclusief de nabespreking)
- stap 5: de evaluatie

‘Vertellen leer je door te doen, want iedereen kan het leren’ is de boodschap van de Stichting Vertellen. En die boodschap is zeker ook van toepassing op vertellen in het onderwijs: doen, veel doen op basis van de vijf hiervoor genoemde stappen.

De eerste stap voor een instructie in verhaalvorm is de keuze van het onderwerp. Is er gekozen voor vertellen, dan kan de leerkracht zelf – stap 2 – een verhaal maken rondom een gefingeerde hoofdpersoon – het jongetje Klaas dat ’s ochtends vroeg met zijn ouders naar de fabriek moet – of een verhaal uit een verhalenbundel nemen. In hoofdstuk 13 worden enige, goed bruikbare verhalenbundels besproken, die als inspiratiebron kunnen fungeren. Korte verhalen hebben veelal ook een plaats gekregen in de geschiedenismethoden. Zo bevat bijvoorbeeld de methode *Bij de tijd* verhalen van onder meer Jan Terlouw, Wim Hofman en Rien Broere, verhalen die zich goed lenen om bewerkt te worden tot een vertelling.
Het zelf schrijven van een verhaal en de bewerking van een bestaand verhaal tot een goede vertelling bestaat uit twee stappen. Allereerst moet op basis van het lesdoel vastgesteld worden welke bijdrage aan de beeldvorming het verhaal moet leveren. Het gaat om het geraamte van feiten in het

verhaal. Vervolgens moet rondom dit feitelijk geraamte de verhaalstructuur geweven worden met een voor de leerlingen duidelijk herkenbare identificatiefiguur. En dan volgt de verhaaltechnische voorbereiding.

Verhaaltechnische voorbereiding

Die verhaaltechnische voorbereiding bestaat uit de volgende trefwoorden:

- De keuze van een beginzin (bijvoorbeeld: *Er was eens* of *Dit is een waar gebeurd verhaal over*).
- De keuze van een identificatiepersoon: m / v, met een leeftijd in de buurt van de leeftijd van de leerlingen, bij voorkeur een beetje ouder; een identificatiepersoon, die goed geïntroduceerd wordt en die tijdens het verhaal ook goed 'vastgehouden' wordt.
- Rondom de feiten van het verhaal een spanningslijn, toewerkend naar een climax (figuur 14.5).
- In de verhaallijn het stemgebruik aangeven (in relatie tot de spanningslijn): variëren in stemvolume (hard, zacht, fluisterend, hoog, laag) en in vertragingen c.q. stiltes, met de daarbij behorende mimiek.
- De afronding van het verhaal: de slotzin.
- De lengte van het verhaal.
- De eventuele voorwerpen (rekwisieten) bij het verhaal.

FIGUUR 14.5 Een voorbeeld van een verhaalopbouw

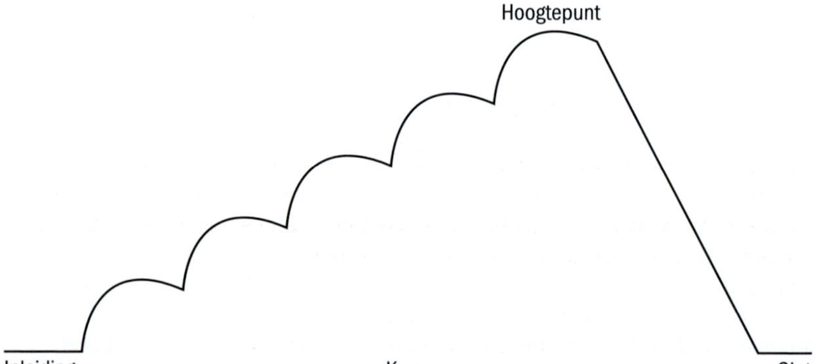

Inhoudelijke eisen

Naast verhaaltechnische zijn er ook inhoudelijke eisen op het gebied van *Geschiedenis & Samenleving* waaraan het verhaal moet voldoen:

- Het verhaal bevat historisch juiste feiten, die relevant zijn voor de groep.
- De ethische aspecten van het verhaal zijn verantwoord (zorg dat leerlingen niet worden geconfronteerd met gebeurtenissen die voor hun leeftijd te gruwelijk zijn).
- Het verhaal heeft een goede plaatsing in de ruimte (waar) en in de tijd (wanneer).

Zeker voor een beginnende leerkracht betekent dat oefenen voor de spiegel voordat stap 4, de uitvoering, aan de beurt is. Bij de uitvoering zelf zijn de volgende aandachtspunten van belang:

Aandachtspunten

- Er is een goede opstelling gemaakt, bijvoorbeeld de kring: leerlingen kunnen elkaar zien en ze kunnen allemaal de verteller goed zien.

- Er is gezorgd voor een goede sfeer door naar het verhaal toe te werken door eerst alle overbodige spullen op te ruimen, het bord schoon te maken en dergelijke.
- Verteller en vertelling zijn één: de leerlingen ervaren dat het verhaal helemaal uit de leerkracht komt: de leerkracht is het verhaal.
- De verteller spreekt duidelijk en is goed verstaanbaar (ook als er gefluisterd moet worden).
- De verteller houdt contact met de leerlingen en heeft oog voor hun reacties.

Andere beeldvormer

Een vertelling kan het beste afgesloten worden met een gesprek over het verhaal, toegespitst zowel op de feitelijke inhoud als op de ethische kant: de normen en waarden in het verhaal en de sociaal-emotionele beleving. Hierna (bij 'voorlezen') staan voorbeelden van vragen die daarbij gesteld kunnen worden. In zo'n afsluitend gesprek kunnen het beste andere beeldvormers – bijvoorbeeld platen – gebruikt worden. Gebruik van dergelijke beeldvormers tijdens de vertelling betekent veelal een te lange onderbreking van het verhaal. Maar beeldvorming alleen door woorden is niet altijd genoeg, zoals al gebleken is in figuur 14.1.
Na afloop rest nog een korte terugblik voor de leerkracht zelf. Hoe ging het verhaal? Hoe reageerden de leerlingen? Welke aspecten gingen goed, waar moet nog meer op gelet worden? Is het verhaal dusdanig bevallen dat het geschikt is om te bewaren om het later nog eens te gebruiken? Als ergens *al doende leert men* van toepassing is, dan geldt het zeker voor deze didactische werkvorm.

Voorlezen

Het voorlezen van verhalen op het gebied van *Geschiedenis & Samenleving* als didactische werkvorm vertoont veel parallellen met het vertellen. Dat geldt bijvoorbeeld voor de eisen, waaraan een verhaal moet voldoen.
Er zijn twee aspecten van het voorlezen, die in vergelijking met het vertellen extra aandacht vragen. Dat is allereerst de taal. Tijdens een vertelling zal de leerkracht automatisch de taal laten aansluiten bij de leerlingengroep. Bij het voorlezen gaat het om een kant-en-klare tekst, die eerst grondig geanalyseerd moet worden qua woordkeus en zinslengte. Waar nodig vinden aanpassingen van het verhaal plaats. Ervaren onderwijsgevenden kunnen dit vaak improviserenderwijs. Een goede voorbereiding in de vorm van een doordachte aanpassing van het verhaal aan de doelgroep blijft echter aanbevolen.
Een ander aandachtspunt is het contact met de leerlingen bij het voorlezen. Ook tijdens het voorlezen is regelmatig oogcontact tussen de voorlezer en de leerlingen gewenst. Dit bevordert de betrokkenheid van de leerlingen (figuur 14.6). Zulke contacten onder het voorlezen zijn alleen maar mogelijk als het verhaal goed voorbereid is.

Het gesprek

Na de uitleg of het verhaal (verteld of voorgelezen) door de leerkracht, volgt meestal een gesprek. Er zijn veel verschillende soorten gesprekken, zoals kringgesprekken, leergesprekken, uitwisselingsgesprekken, discussies, debatten en klassenvergaderingen. Bij een uitleg of presentatie kan voornamelijk de leerkracht aan het woord zijn, maar dit kan ook in de vorm van een leergesprek. Ook na een verhaal volgt meestal een leergesprek. De leerkracht draagt dan kennis over in een interactieve vorm. In dat gesprek is het doel dat de leerlingen nieuwe kennis opbouwen samen met elkaar en met de leerkracht. Het belangrijkste middel dat de leerkracht daarbij in handen heeft, zijn vragen.

FIGUUR 14.6 Ook tijdens het voorlezen is veelvuldig oogcontact gewenst

14

Vragen stellen

Met vragen kun je ontwikkeling in gang zetten en interactie stimuleren. Je kunt ermee controleren of de leerlingen iets weten. En door het stellen van vragen kan de leerkracht een gesprek in de door hem gewenste richting sturen. De leerkracht moet dus in zijn lesvoorbereiding goed nadenken over de vragen die hij wil stellen. Vragen kunnen in soorten verdeeld worden met oplopende ruimte voor de leerlingen. Aanwijsvragen, ja / nee-vragen en gesloten vragen (Wie leidde de Nederlandse opstand? Wanneer was de Tweede Wereldoorlog? En Waar kwamen de slaven in Amerika vandaan?) leiden amper tot een gesprek. Het zijn vragen die je kunt inzetten als je gericht wilt controleren of leerlingen iets weten. Beter is het om te werken met open vragen, zoals: 'wat zie je hier?'. Ook hoe- en waarom-vragen, die stimuleren om te komen tot historisch redeneren, zijn heel geschikt. Hetzelfde geldt voor vragen naar eigen ervaringen van leerlingen. Open vragen kunnen leerlingen ook aanzetten tot het zoeken van nieuwe informatie: 'Hoe kunnen we dat te weten komen?', 'Waar kunnen we dat opzoeken?'.
Een leerkracht moet didactisch spelen met het stellen van vragen om meer effecten te krijgen. Betrek bijvoorbeeld alle kinderen bij het nadenken over een vraag door ze hun antwoord eerst te laten opschrijven. Vraag door en beantwoord niet zelf de vragen. Als je na een antwoord niet direct aangeeft of het goed of fout is, kun je in het gesprek de aandacht van de leerlingen beter vasthouden.
Kijk bij de voorbereiding van je vragen nog eens goed naar de doelen en de begrippen, die centraal staan in de les(sen). Het doel van het gesprek is altijd dat bij de leerlingen beeldvorming tot stand komt in relatie tot de doelen en de leerinhoud.

14.3.2 Didactische werkvorm: ontdekken

De leerkracht geeft les en de leerlingen luisteren naar de nieuwe leerstof, die ze proberen te verbinden met de al aanwezige kennis, en na de instructie mogen ze in de verwerking – zie paragraaf 14.4 – aan de slag met de nieuwe leerstof. Moet het altijd zo of zijn er ook mogelijkheden om in zo'n didactisch model voor *Geschiedenis & Samenleving* afwisseling te brengen? Allerlei opvattingen over hoe leerlingen het beste leren zijn in de laatste decennia gelanceerd, die alle gemeen hebben dat ze gebaseerd zijn op *actief leren*. Actief leren houdt in dat de leerlingen in kleine groepjes aan verschillende taken werken. Ze ondernemen verschillende leeractiviteiten, zoals het opzoeken van informatie en het verwerken van die informatie in een presentatie. De rol van de leerkracht verandert hierbij van het voornamelijk kennis overdragen naar het begeleiden en faciliteren van de leerprocessen bij leerlingen. De resultaten van actief leren zijn in hoge mate afhankelijk van de feedback die de leerkracht geeft. Goede feedback is gericht op de leerdoelen, op het samenwerkend leren en het proces van zelfsturing door de leerlingen.

Actief leren

Feedback

In het didactischewerkvormenschema in tabel 14.1 zijn twee vormen van actief leren opgenomen. Allereerst het groepsonderwijs, waarin de leerkracht duidelijk de regie heeft en delen van het onderwijsleerproces door de leerlingen in groepen plaatsvindt. En daarnaast het groepswerk, waarin de leerlingen zelf de regisseursrol overnemen.
Figuur 14.7 brengt een veelvoorkomende vorm van werken in groepen in beeld. Na een gezamenlijke fase, waarin het onderwerp geïntroduceerd wordt en de taken geformuleerd worden, gaan groepen leerlingen aan de slag. Die groepen presenteren na enige tijd hun bevindingen.

FIGUUR 14.7 Werken in groepen

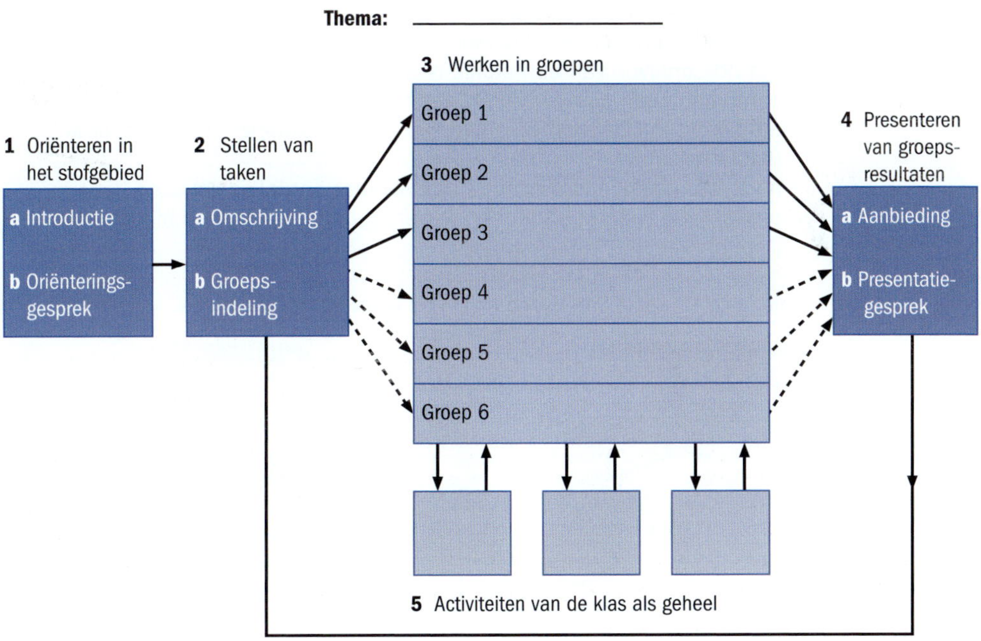

Een didactische werkvorm waarbij het initiatief voor een belangrijk deel bij de leerlingen ligt en waarin veel in groepen gewerkt wordt, is het *verhalend ontwerpen*. Het is een in Schotland door Steve Bell in de jaren zeventig van de vorige eeuw ontwikkelde onderwijsaanpak, die de betrokkenheid van de leerlingen bij het leerproces centraal stelt. Bell noemde zijn aanpak de *story-line approach*, in Nederland vertaald met verhalend ontwerpen.

Verhalend ontwerpen

In verhalend ontwerpen is de leerstof gekoppeld aan een verhaallijn, die opgedeeld is in episodes, die qua uitkomsten bijgehouden worden op een wand in het lokaal (het wandfries). De leerkracht bedenkt een startsituatie voor het verhaal en 'leidt' het vervolg van het verhaal door voortdurend vragen aan de leerlingen te stellen, de zogenoemde sleutelvragen. De leerlingen proberen dan met elkaar van sleutelvraag tot sleutelvraag het 'verhaal' in te vullen. Daarbij worden leerlingen zelf verantwoordelijk gemaakt voor de stappen in het onderwijsleerproces, met als resultaat: een grote betrokkenheid bij een verhaal. Dat verhaal blijft veelal niet binnen één vakgebied: in het verhaal worden alle mogelijke vakgebieden geïntegreerd. Maar ook specifieke onderwerpen uit één vakgebied lenen zich voor deze storylinebenadering. Veel verhalendontwerpprojecten eindigen met een feest rondom het wandfries, waar de hele verhaallijn vastgelegd is en waarbij veelal ook ouders uitgenodigd worden.

Sleutelvragen

Een voorbeeld uit de verhalendontwerpliteratuur op het gebied van geschiedenis is Vasco da Gama, een reis over de wereld en door de tijd. Startpunt is een door de leerkracht gemaakte brief van de koning van Portugal, Manuel de Tweede, aan Vasco da Gama met het verzoek voor hem op ontdekkingsreis te gaan.
De volgende episoden ontstonden:

1 Vasco da Gama heeft schepen, bemanningsleden, voedsel en wapens nodig; de leerlingen maken van al deze onderwerpen afbeeldingen voor het wandfries
2 de vaarroute (figuur 14.8)
3 het bijhouden van een dagboek
4 het herschrijven van een stukje reisverslag
5 combinatie van reisverslag en route
6 aankomst in Lissabon en ontvangst door de koning: een groot feest (figuur 14.9)
7 andere ontdekkingsreizigers – tijdbalk met ontdekkingsreizen
8 presentatie voor de ouders en andere groepen leerlingen bij het wandfries

FIGUUR 14.8 De route van Vasco da Gama komt op het wandfries

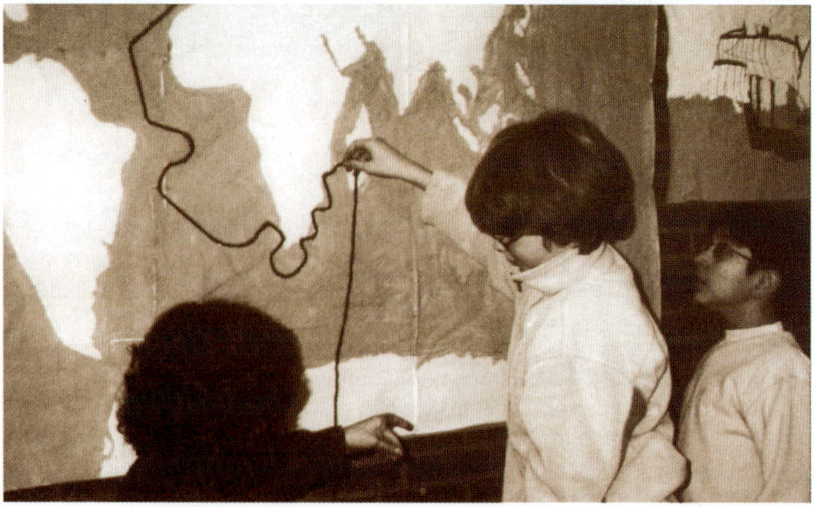

FIGUUR 14.9 Koning Manuel en koningin Isabella van Portugal ontvangen Vasco da Gama na terugkeer van zijn reis

De didactische werkvorm verhalend ontwerpen legt de nadruk op betrokkenheid van de leerlingen bij de leerstof door ze zelf verantwoordelijkheid te geven in het uitwerken van de sleutelvragen. Onderwerpkeuze en de formulering van de sleutelvragen zijn de verantwoordelijkheid van de leerkracht.

14

14.4 Verwerking

Begripsafbakening

Hoe bepalen leerkrachten het resultaat van hun onderwijs? In de onderwijskunde worden voor de bepaling van resultaat twee begrippen gehanteerd, die vaak door elkaar gebruikt worden. Het gaat om de begrippen 'verwerking' en 'evaluatie'. De ontwerpers van het (lesvoorbereidings)model *Didactische Analyse* hebben geprobeerd deze begrippen te scheiden.
Verwerking reserveren zij voor activiteiten die de leerlingen uitvoeren om met de nieuwe leerstof te oefenen. *Evaluatie* betekent in hun optiek het vaststellen of de doelen wel of niet bereikt zijn.
In de praktijk is er dus sprake van een verschil in tijd: de verwerking vindt plaats na de introductie van de nieuwe leerstof, de evaluatie vindt enige tijd later plaats. Dit houdt ook in dat de verwerking met behulp van de onderwijsgevende of groepsgenoten kan plaatsvinden en dat de evaluatie individueel gebeurt. De evaluatie is de echte bepaling van resultaat, die doorwerkt in de beoordeling van de vorderingen van de leerlingen.
Het is een goede zaak leerlingen uit te dagen aan het werk te gaan met nieuwe stof. Dat kan direct na het inleiden in of al tijdens het onderzoeken. Antwoorden op vragen en opdrachten kunnen duidelijk maken of de nieuwe leerstof bijgedragen heeft tot de beeldvorming van de leerlingen. Hierbij is het mogelijk de hiërarchie van deeldoelen (kennis, vaardigheden en attitu-

des) naast de verrichtingen van de leerlingen te leggen, evenals de doelen in de taxonomie van Bloom (vergelijk paragraaf 12.4).

Ook op het gebied van *Geschiedenis & Samenleving* is het van belang dat leerlingen de gelegenheid krijgen met nieuwe stof in oefensituaties te werken. Dat geldt zowel voor nieuwe kennis (en houdingen) als voor nieuwe vaardigheden.

De verwerkingsopdrachten vallen in twee hoofdgroepen uiteen: de gesloten opdrachten en de open opdrachten.

Gesloten opdrachten

De *gesloten opdrachten* zijn weer onder te verdelen in:

- *Meerkeuzevragen*. Bij een vraag worden verschillende – veelal drie of vier – antwoorden gegeven, waaruit de leerling het goede antwoord (of als dat aangegeven is: verschillende goede antwoorden) uit moet kiezen.
- *Invuloefeningen met antwoorden*. In een tekst staan zo nu en dan stippeltjes waarop woorden ingevuld moeten worden, die in een rij naast de tekst staan.
- *Ordeningsopdrachten*. In de zin van begrippen of afbeeldingen ordenen in de tijd of ordenen onder twee rubrieken, of uit twee kolommen begrippen of afbeeldingen zoeken die bij elkaar horen.
- *Stellingen ter beoordeling*. Een citaat, stelling of een uitspraak moet door de leerlingen beoordeeld worden: goed / fout, juist / onjuist, waar / niet waar of ja / nee.

14

Open opdrachten

Voorbeelden van *open opdrachten* zijn:

- vragen die beginnen met hoe, waarom ...
- de (kruiswoord)puzzel
- invuloefeningen, zoals bij de gesloten opdrachten, maar dan zonder antwoorden
- vragen die een uitgebreider antwoord vergen: een beschrijving of een betoog

Het is gebruikelijk dat in methoden opdrachten voor de verwerking zijn opgenomen. Vrijwel alle methoden bevatten dergelijke *verwerkingsopdrachten* in de leerlingenboeken, in een apart werkboek of -schrift of als kopieerblad. Die verwerkingsopdrachten zijn veelal *kennisvragen*: het terugvragen van zaken uit de tekst, het afmaken van zinnen en het invullen van ontbrekende woorden. Figuur 14.10 toont een willekeurig gekozen pagina uit een werkschrift voor groep 8.

Moeilijker dan de kennisvragen zijn de begrips- en toepassingsvragen. Bij begripsvragen moeten leerlingen bijvoorbeeld de belangrijkste leerstof onderkennen en in eigen woorden weergeven, een verklaring geven of verschillen en overeenkomsten weergeven. Bij toepassingsvragen moeten ze de nieuwe kennis toepassen in onbekende situaties, door bijvoorbeeld een plan te ontwikkelen of een probleem op te lossen.
Vragen op het gebied van analyse (verbanden leggen), synthese (onderdelen samenbrengen tot iets nieuws) en evaluatie komen het minste voor. Vooral vragen waarbij leerlingen op basis van nieuwe informatie een oordeel of een mening moeten geven, worden vaak moeilijk gevonden.

FIGUUR 14.10 Een voorbeeld van verwerkingsopdrachten uit de methode *Speurtocht*, groep 8

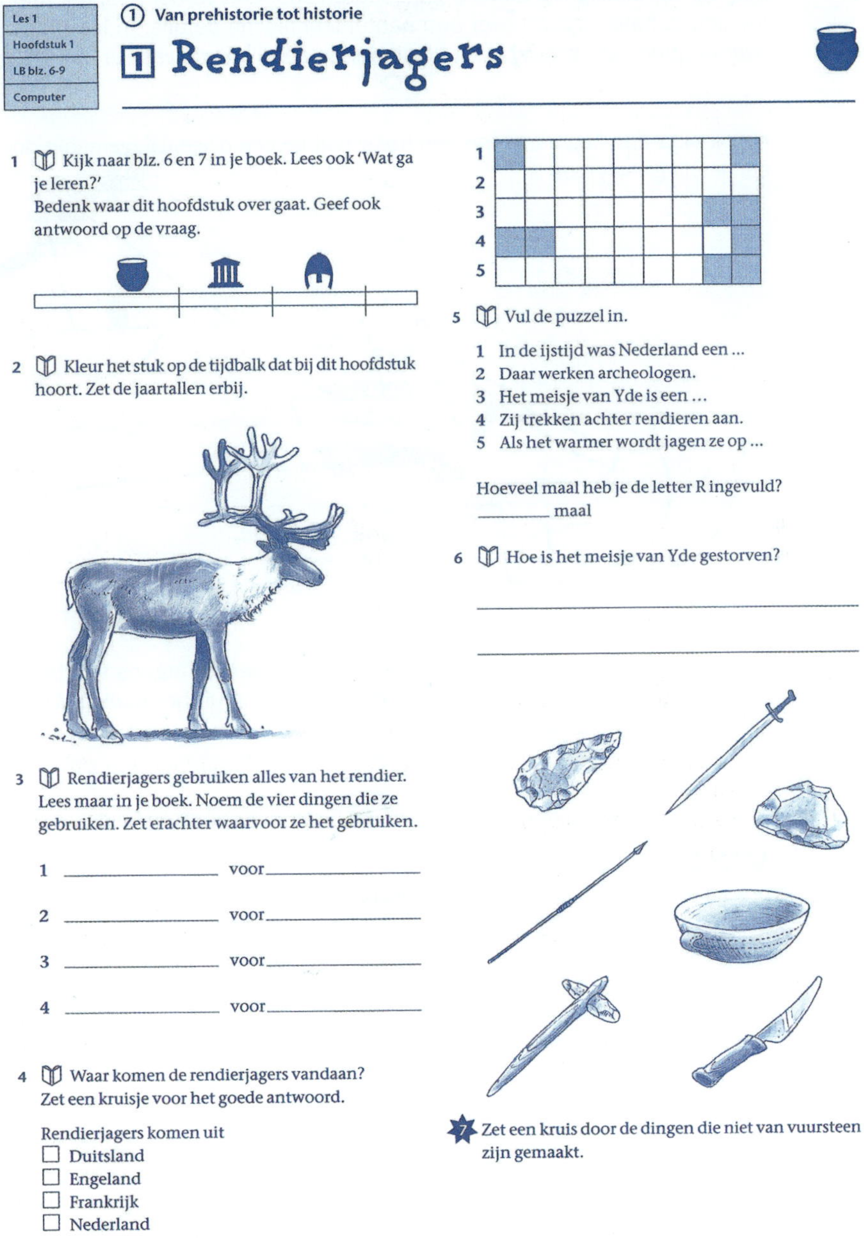

Les 1
Hoofdstuk 1
LB blz. 6-9
Computer

① Van prehistorie tot historie

1 Rendierjagers

1 Kijk naar blz. 6 en 7 in je boek. Lees ook 'Wat ga je leren?'
Bedenk waar dit hoofdstuk over gaat. Geef ook antwoord op de vraag.

2 Kleur het stuk op de tijdbalk dat bij dit hoofdstuk hoort. Zet de jaartallen erbij.

3 Rendierjagers gebruiken alles van het rendier. Lees maar in je boek. Noem de vier dingen die ze gebruiken. Zet erachter waarvoor ze het gebruiken.

1 ____________ voor ____________

2 ____________ voor ____________

3 ____________ voor ____________

4 ____________ voor ____________

4 Waar komen de rendierjagers vandaan? Zet een kruisje voor het goede antwoord.

Rendierjagers komen uit
- ☐ Duitsland
- ☐ Engeland
- ☐ Frankrijk
- ☐ Nederland

1									
2									
3									
4									
5									

5 Vul de puzzel in.
1 In de ijstijd was Nederland een ...
2 Daar werken archeologen.
3 Het meisje van Yde is een ...
4 Zij trekken achter rendieren aan.
5 Als het warmer wordt jagen ze op ...

Hoeveel maal heb je de letter R ingevuld?
________ maal

6 Hoe is het meisje van Yde gestorven?

____

____

7 Zet een kruis door de dingen die niet van vuursteen zijn gemaakt.

Door de benadrukking van het begrip 'beeld' is het ook mogelijk bij *Geschiedenis & Samenleving* de leerstof op een creatieve manier te verwerken. Van beelden kan men ook een indruk krijgen als leerlingen iets doen. In feite kunnen voor een observerende onderwijsgevende de meeste activiteiten uit onderdeel E van het beeldvormingsschema (zie tabel 13.1) een verwerkende functie hebben. Zo is figuur 14.11 gemaakt door een leerling van groep 3 naar aanleiding van een les over trekschuiten en diligences. Na afloop van de les mochten de kinderen over dit onderwerp tekenen. Uit deze tekening zijn verschillende aanknopingspunten voor een verder gesprek met de leerling te halen, vooral over een aantal technische details. In ieder geval over de prachtige vondst de trekschuit aan de diligence vast te maken.

FIGUUR 14.11 Een impressie van een trekschuit en een diligence, gemaakt door een leerling van groep 3

Een vergelijkbare manier om het beeld dat een leerling ergens van heeft te toetsen, is te zien in figuur 14.12. Het is afkomstig uit het boekje *Wij en de tijd*, dat bestemd is voor groep 5.

FIGUUR 14.12 Toetsing van een beeld van de historische werkelijkheid

wat is er fout?

Zo was het heel vroeger, ongeveer **500 jaar geleden.**
Maar het klopt niet helemaal.
Want sommige dingen horen niet op de tekening thuis.
Die zijn van deze tijd.

14.5 Evaluatie

Verwerkingen geven onderwijsgevenden inzicht in de effecten van het leerproces. Aan de hand van de resultaten van verwerkingen kunnen ze bepalen of er nog langer verwerkt moet worden of dat een onderdeel rijp is voor evaluatie. In toenemende mate besteden methoden aandacht aan de evaluatie. Zo zijn er methoden die een hoofdstuk afsluiten met een overzicht, een samenvatting of een studieschema, gevolgd door een toets. Bij verschillende methoden zijn aparte toetsboeken verschenen (zie ook hoofdstuk 15).

Toetsen

Het Centraal Instituut voor Toetsontwikkeling (Cito) ontwikkelt *toetsen* op het gebied van *Geschiedenis & Samenleving* in het kader van de *Eindtoets Basisonderwijs*, die jaarlijks op een groot aantal scholen afgenomen wordt in groep 8. Deze vragen zijn meerkeuzevragen (figuur 14.13).

FIGUUR 14.13 Voorbeelden van vragen voor geschiedenis en geestelijke stromingen uit de *Eindtoets Basisonderwijs* van het Cito

10 Man met fiets

In welke tijd zag men zulke fietsen?

- **A** in de Romeinse tijd (200-300)
- **B** aan het einde van de Middeleeuwen (1450-1500)
- **C** tijdens de Industriële Revolutie (1870-1900)
- **D** tijdens de Tweede Wereldoorlog (1940-1945)

20 Reclame voor een televisieprogramma

In de krant stond deze aankondiging van een televisieprogramma. Wie staat er op het plaatje afgebeeld?

- **A** Boeddha
- **B** Jezus
- **C** Mohammed
- **D** Wodan

Voor de evaluatie kunnen in principe dezelfde manieren aangewend worden als bij de verwerking, als er maar individuele resultaten uit komen. Dat betekent dat een evaluatie uit een aantal zakelijke vragen kan bestaan. Maar het betekent ook dat de opdracht van figuur 14.12 voor een evaluatie geschikt is, vooral wanneer ook nog wordt gevraagd naar een verantwoording of toelichting bij de antwoorden. Zelfs menings- en houdingsvragen zijn voor evaluatie geschikt, als er maar gekeken wordt naar de manier waarop er wordt geargumenteerd en – vooral ook – naar de manier waarop de bekend te veronderstellen kennis wordt gebruikt.

De doelen voor *Geschiedenis & Samenleving,* zoals deze zijn weergegeven in hoofdstuk 11, tonen duidelijk de mogelijkheden én de beperkingen om de vorderingen van basisschoolleerlingen op deze terreinen te evalueren.
Het is een voorwaarde dat onderwijsgevenden op alle onderdelen van de doelen de vinger goed aan de pols houden om de leerlingen in hun ontwikkeling te volgen en daarop de voortgang van het programma te baseren. *Registratie van de vorderingen* is zowel voorwaarde om de leerlingen goed te kunnen begeleiden, maar ook om aan ouders en collega's te kunnen rapporteren. Die registratie hoeft niet altijd het resultaat te zijn van speciale toetsen, maar kan ook worden opgebouwd aan de hand van (observaties van) door de leerling verrichte werkzaamheden of via een portfolio, een (digitale) map met 'producten' van de leerling.

Registratie van de vorderingen

Naast individuele evaluatie is het de taak van de onderwijsgevenden om op groeps- en op schoolniveau te evalueren in het kader van de bewaking van de kwaliteit van het onderwijs in *Geschiedenis & Samenleving.*

Onderzoek inspectie

In 2004 deed de Inspectie van het Onderwijs een onderzoek naar de kwaliteit van het onderwijs in geschiedenis. Het onderdeel 'vastleggen van prestaties' ('prestaties van de leerlingen systematisch met methodegebonden en methodeonafhankelijke toetsen te volgen en vast te leggen in groepsoverzichten en leerlingdossiers') scoorde van alle vakdidactische aspecten voor geschiedenis het slechtst: op maar 42% van de scholen was dit in voldoende mate aanwezig. Uit gesprekken met de directies van de scholen concludeerde de inspectie dat geschiedenis nauwelijks of niet opgenomen is in het systeem van kwaliteitszorg en dus ook 'niet jaarlijks of ten minste regelmatig wordt geëvalueerd. Daarmee is voor veel scholen niet duidelijk wat de kwaliteit van hun geschiedenisonderwijs is'.
In 2015 deed de Inspectie van het Onderwijs een onderzoek naar de stand van zaken van de wereldoriënterende vakken in het basisonderwijs. Hieruit blijkt dat de meeste scholen de vorderingen van leerlingen volgen met methodetoetsen. Minder dan een kwart van de scholen trekt uit foutenanalyses conclusies, bijvoorbeeld om te bepalen welke leerstof herhaald moet worden aangeboden of om na te gaan welke leerlingen meer aankunnen en welke aanvullende of verdiepende stof relevant is. De ontwikkeling van vaardigheden bij leerlingen blijkt op maar heel weinig scholen te worden gevolgd. De Inspectie concludeert dat de kwaliteitszorg bij wereldoriëntatie nog in de kinderschoenen staat.

PPON

Het Cito verzorgt sinds de jaren negentig van de twintigste eeuw – ook op het gebied van *Geschiedenis & Samenleving* – het onderzoek naar het onderwijsniveau: de Periodieke Peiling van het Onderwijsniveau (PPON). In dit onderzoek ligt de nadruk op het cognitieve aspect. In 2010 verscheen het rapport van het vierde peilingonderzoek voor geschiedenis: *Balans van het geschiedenisonderwijs aan het einde van de basisschool 4*, dat de uitkomsten beschrijft van de peilingen in 2008. Deze balans rapporteert over de kennis en inzichten van leerlingen betreffende de onderwerpen van het domein *Geschiedenis en Samenleving*. Daarbij betreft het onder meer kennis van de tijdvakken en tijdsbesef. Enkele van de conclusies uit dit rapport zijn dat geschiedenis voor de meeste leraren van de groepen 6, 7 en 8 een apart vak is, dat wordt gegeven volgens een geschiedenismethode en waarbij in toenemende mate gebruik wordt gemaakt van internet en het digitale schoolbord. Met betrekking tot de kennis over de tijdvakken bereiken te weinig leerlingen – net als in de peiling van 2000 – het gewenste niveau. Het tijdsbesef is met het gebruik van een nieuwe tijdbalk met de tien tijdvakken iets verbeterd ten aanzien van de resultaten uit 2000. De vraag van Cito is nog wel of leerlingen de nieuwe tijdvakken ook onderling en in de tijd beter kunnen positioneren dan de traditionele tijdvakaanduidingen, zodat niet zonder meer kan worden geconcludeerd dat de nieuwe tijdvakaanduidingen ook tot een beter tijdsbesef leiden.

In 2009 heeft het Cito voor het eerst een PPON-onderzoek gedaan naar de resultaten van burgerschapsonderwijs. Uit dit rapport blijkt dat een groot deel van de leerlingen in groep 8 van de basisschool (inclusief speciaal basisonderwijs) het voor die leeftijd gewenste niveau van burgerschap niet bereikt. Slechts 1 op de 4 leerlingen beschikt over voldoende kennis in het domein politiek burgerschap en 42% van de leerlingen over voldoende burgerschapskennis in het sociaal-culturele domein.

De gegevens van de PPON-onderzoeken kunnen door schoolteams gebruikt worden om de kwaliteit van hun eigen onderwijs tegen af te zetten.

Beelden bij kinderen

Wanneer kinderen voor het eerst naar de basisschool gaan, hebben ze een bepaald beeld van de werkelijkheid. Acht jaar later is dat een totaal ander beeld geworden. Deze ontwikkeling op het gebied van de beeldvorming is een van de boeiende aspecten tijdens het werken met leerlingen in de basisschoolperiode. In hoofdstuk 13 is hier inhoudelijk al uitgebreid aandacht aan besteed.
Cognitieve aspecten zijn essentiële onderdelen van de beeldvorming. Juist deze aspecten, bijvoorbeeld het beeld van de ontwikkeling die de maatschappij in de loop van de tijd heeft doorgemaakt, zijn te evalueren. De teneur van paragraaf 12.2 was echter dat voorzichtigheid is geboden, als het erom gaat het beeld van de werkelijkheid dat volwassenen hebben te confronteren met dat van basisschoolleerlingen. Ook de visie dat leerlingen dat beeld niet formeel-logisch stap voor stap opbouwen en dat dat beeld tijdens de hele basisschoolperiode in de ogen van volwassenen onvolkomen blijft, moet worden opgevat als een waarschuwing tegen al te ver doorgevoerde toetsingen.
Al deze ontwikkelingen in het kind vragen een leerkracht die over kennis van deze ontwikkelingen beschikt en die – op basis daarvan – observeert wat er op het gebied van de kinderlijke beeldvorming gebeurt. Daarbij heeft de leerkracht de belangrijke taak om te stimuleren zonder te forceren.

Literatuur, een selectie

Beek, W. van & Verhallen, M. (2004). *Taal, een zaak van alle vakken. Geïntegreerd taal- en zaakvakonderwijs op de basisschool.* Muiderberg: Coutinho.

Berends, R. (2007). *De leraar taalvaardig, 13 praktische taaldoelen voor studenten aan de pabo*. Assen: Van Gorcum.

Bergh, L. van den & Ros, A (2015). *Begeleiden van actief leren*. Bussum: Coutinho.

Praxisbulletin, januari 2003: De klas is de wereld, themanummer over verhalend ontwerpen (hierin het Vasco da Gama-verhaal).

Hoogeveen, P. & Winkels J. (2014). *Het didactisch werkvormenboek. Variatie en differentiatie in de praktijk* (8e druk). Assen: Van Gorcum.

Inspectie van het onderwijs (2015). *Wereldoriëntatie, de stand van zaken in het basisonderwijs*. Utrecht (www.onderwijsinspectie.nl/publicaties).

Munnik, C. de & Vreugdenhil, K. (2012). *Ontwerpen van onderwijs* (3e druk). Groningen: Noordhoff.

Vos, E., Dekkers, P. & Reehorst, E. (2007). *Verhalend ontwerpen. Een draaiboek*. Groningen: Noordhoff.

Wagenaar, H., Schoot, F. van der & Hemker, B. (2010). *Balans van het geschiedenisonderwijs aan het einde van de basisschool 4* (PPON-reeks nummer 42). Arnhem: Stichting Cito Instituut voor Toetsontwikkeling.

Wagenaar, H., Schoot, F. van der & Hemker, H. (2011). *Balans Actief burgerschap en sociale integratie. Uitkomsten van de peiling in 2009.* PPON-reeks nummer 45. Arnhem: Stichting Cito Instituut voor Toetsontwikkeling.

Walta, J. (2003). *Meesterverteller. Verhalen vertellen in het onderwijs* (JSW-boek 31). Baarn: Bekadidact.

www.vertellen.nl (Stichting Vertellen)

Ondersteuning via de website

Een uitgebreidere literatuurlijst, een samenvatting en een interactieve toetsenbank bij dit hoofdstuk zijn te vinden op www.geschiedenisensamenleving.noordhoff.nl.

Studie- en onderzoeksopdrachten

De studie- en onderzoeksopdrachten zijn ingedeeld naar propedeuse, hoofdfase en afstudeerfase.

Studieopdrachten propedeuse en hoofdfase

14.1 Geef een omschrijving van het onderwijskundig begrip 'beeld'.

14.2 Maak een keuze uit een van de volgende lesonderwerpen: 'Vikingen' (*Tijd van Monniken en Ridders*); '1648, Vrede van Münster' (*Tijd van Regenten en Vorsten*); '1848, de Grondwet van Thorbecke' (*Tijd van Burgers en Stoommachines*); '1953, De Watersnoodramp' (*Tijd van Televisie en Computer*).

a Formuleer voor deze les cognitieve doelen, vaardigheidsdoelen en doelen op het gebied van gedragsvorming.
b Maak een lijst van begrippen die in de les geleerd moeten worden.
c Welke didactische werkvorm uit tabel 14.1 kies je voor deze les? Verantwoord je keuze.

14.3 Didactische werkvorm: inleiden in

a Maak een voorbereiding voor een interactieve presentatie bij een les over de Nederlandse Opstand, waarbij je rekening houdt met de aandachtspunten uit subparagraaf 14.3.1.
b Maak een vergelijking (overeenkomsten en verschillen) tussen de didactische werkvormen vertellen en voorlezen.
c Kies een verhaal uit de bundel *Lang geleden.*
- Als je dit verhaal wilt voorlezen in groep 5 zijn er dan aanpassingen nodig? Zo ja, welke?
- Bedenk enkele vragen die je gaat stellen in het nagesprek met de leerlingen.

14.4 Verwerking en evaluatie

a De begrippen 'verwerking' en 'evaluatie' zijn niet altijd even helder afgebakend. Doe zelf een poging tot afbakening.
b Maak een analyse van de opdrachten uit figuur 14.12. Wat moeten de leerlingen kennen en kunnen om deze opdrachten uit te kunnen voeren?
c Bij toetsing ligt de nadruk veelal op het cognitieve aspect. Hoe is dat te verklaren?
d In dit hoofdstuk wordt beweerd, dat ook menings- en houdingsvragen informatie kunnen geven over beeldvorming. Toch worden deze vragen weinig gebruikt bij de toetsing. Hoe is dat te verklaren?

Onderzoeksopdrachten propedeuse

14.5 Onderzoek bij leerlingen hoe zij aan beelden komen van een tweetal onderwerpen uit de hedendaagse werkelijkheid en een tweetal onderwerpen uit de historische werkelijkheid.

14.6 **a** Onderzoek hoe in jouw stagegroep de vorderingen van leerlingen voor geschiedenis worden bijgehouden.
b Wat doet de leerkracht met deze gegevens?

Onderzoeksopdrachten hoofdfase

14.7 Maak een foutenanalyse bij een geschiedenistoets die je zelf hebt afgenomen.
a Bij welke onderwerpen is op groepsniveau nog herhaling of extra verdieping nodig?
b Bij welke leerlingen is nog herhaling of extra verdieping nodig?

14.8 Analyseer steekproefsgewijs enige opdrachten in een geschiedenismethode voor groep 6 en voor groep 8. Inventariseer eventuele verschillen en probeer die – met behulp van hoofdstuk 12 – te verklaren.

Onderzoeksopdracht afstudeerfase

14.9 Maak een verhalend ontwerp naar aanleiding van een (of meer) canonvenster(s), waarbij je verantwoordt hoe dit ontwerp aansluit bij visies op ontwikkeling van kinderen van vier tot twaalf jaar (zie hoofdstuk 12) en jouw eigen visie op actief leren.
Bij het ontwerp hoort ook:
- een beschrijving van de doelen
- een begrippenlijst
- een lijst met sleutelvragen
- een evaluatie, waarvoor je zelf de vorm kiest.

15 Werken met lesmaterialen

Onderwijsleermiddelen voor *Geschiedenis & Samenleving*

Een leerkracht zou over de vaardigheden van een educatief ontwerper moeten beschikken, aldus hoogleraar Zwanenberg (Open Universiteit): 'De professionele leraar moet zich tot ontwerper en uitvoerder van onderwijs ontwikkelen, in plaats van schoolboekauteurs te volgen'.
Het ideaal kan zijn, dat een leerkracht alle onderwijsmaterialen zelf ontwerpt, maar dat ideaal is in de dagelijkse onderwijspraktijk niet realiseerbaar. Daarom zal een leerkracht altijd ook met onderwijsmateriaal van anderen werken. Maar ook dan is de leerkracht een educatief ontwerper, namelijk degene die onderwijsmaterialen die door anderen gemaakt zijn, geschikt maakt voor de eigen leerlingen.
Zulke lesmaterialen zijn de schoolboeken (methoden) én incidenteel lesmateriaal – lesbrieven en projecten – voor *Geschiedenis & Samenleving*. Ook de inhoud van het documentatiecentrum – de mediatheek en van de dagelijks groeiende hoeveelheid websites op internet zijn beeldvormende hulpmiddelen voor het onderwijs. Aspecten van het werken met deze specifieke beeldvormers en de keuze ervan staan centraal in dit hoofdstuk.

Via dit hoofdstuk wordt gewerkt aan de competenties op het gebied van *Werken met leerlingen* met als indicatoren:

- De leraar kan bij de voorbereiding, uitvoering en evaluatie van lessen voor *Geschiedenis & Samenleving*:

2.24 de methode en / of het incidenteel lesmateriaal voor *Geschiedenis & Samenleving* een didactisch goed doordachte, afwisselende plaats in het onderwijsleerproces geven
2.25 optimaal profiteren van de voordelen van een methode en / of incidenteel lesmateriaal voor *Geschiedenis & Samenleving* en kan de nadelen opvangen
2.26 de inhoud en opzet van een methode en / of incidenteel lesmateriaal afstemmen op de leerlingen, de omgeving en de actualiteit
2.27 de mogelijkheden van het documentatiecentrum – de mediatheek optimaal benutten
2.28 de doelen van en de werkwijze voor het documentatiecentrum – de mediatheek koppelen aan de doelen van het onderwijs in *Geschiedenis & Samenleving*
2.29 de leerlingen begeleiden in het ontwikkelen van vaardigheden voor het zoeken van gegevens op internet (zoekvaardigheden)
2.30 de doelen van *Geschiedenis & Samenleving* koppelen aan de mogelijkheden van internet
2.31 leerlingen op een stimulerende wijze – didactisch goed doordacht – begeleiden bij het maken van presentaties (mondeling en schriftelijk) op het gebied van *Geschiedenis & Samenleving* met gebruikmaking van het documentatiecentrum – de mediatheek en internet
2.32 in de weekplanningen presentaties een plaats geven in het programma voor *Geschiedenis & Samenleving*

Daarnaast wordt gewerkt aan de competenties op het gebied van *Werken met collega's in teamverband* met als indicatoren:
3.1 De leraar is in staat om een visie op de inhoud en de didactiek van het geschiedenisonderwijs mondeling – in een teamvergadering – te verwoorden en schriftelijk in kernpunten op papier te zetten.
3.2 De leraar is in staat om beredeneerd in de criteriumlijst voor het kiezen van een geschiedenismethode aan te geven wat didactisch gezien de belangrijkste beoordelingscriteria zijn voor het kiezen van een nieuwe geschiedenismethode.
3.3 De leraar is in staat om het belang aan te geven van zorgvuldige analyse van incidenteel lesmateriaal en in staat om via mondelinge of schriftelijke rapportage aan te geven of nieuw verschenen lesmaterialen aangeschaft moeten worden als aanvulling op de methode, als vervanging van een deel van de methode of als extrastofmateriaal.
3.4 De leraar is in staat om beredeneerd in de criteriumlijst voor het kiezen van lesmateriaal op het gebied van staatsinrichting aan te geven wat didactisch gezien de belangrijkste beoordelingscriteria zijn.
3.5 De leraar is in staat om weblessen te beoordelen op basis van het criteriumapparaat voor het kiezen van digitaal lesmateriaal.

15.1 Werken met methoden voor *Geschiedenis & Samenleving*

Methoden

Educatieve uitgeverijen geven schoolboeken (methoden) uit. Daarvoor zoeken zij auteurs die leerstof, gericht op de leerlingen, verzamelen en vormgeven, met daarbij verwerkingsopdrachten. In de meeste gevallen wordt er voor de leerkracht een handleiding bijgeleverd, met daarin een algemene toelichting, de doelstellingen en aanwijzingen voor de lessen (vaak ook met de antwoorden op de verwerkingsopdrachten). Zulke methoden hebben – in samenhang met de activiteiten van de leerkrachten – een belangrijke beeldvormende functie.

15.1.1 Methoden als beeldvormers

Methoden en beeldvorming

Hoe is de relatie tussen een methode voor *Geschiedenis & Samenleving* en de onderdelen A tot en met E van het beeldvormingsschema (zie tabel 13.1)? Aan onderdeel A – de werkelijkheid – kunnen auteurs van een methode vrijwel geen aandacht besteden. De lokaal-regionale werkelijkheid kan hoogstens bij toeval in de methode staan en figureert verder slechts in de verwerkingsopdrachten: 'Heeft jullie woonplaats ook...?'
Voor onderdeel B – afbeeldingen – van het schema kan de methode vooral aandacht besteden aan B.1 in de vorm van illustraties en aan B.6 in de vorm van kaartjes. In de loop van de tijd zijn methoden steeds rijker voorzien van illustraties. Het gebruik van kleur in de methoden is norm geworden. Steeds vaker geven methodes ook software uit, waarmee de afbeeldingen en teksten uit de methode en bijpassende filmpjes op het digibord kunnen worden geprojecteerd. Onderdeel C – het gesproken woord – komt hoogst zelden in de vorm van extra materiaal bij de methode voor; onderdeel D – het geschreven en gedrukte woord – daarentegen is volop vertegenwoordigd. De meeste methoden bieden afwisselend verhalende en zakelijke informatie. Schema's, tabellen en grafieken zijn erin opgenomen en vaak zijn zowel historische als hedendaagse documenten (bronnen) afgedrukt.
Via de verwerkingsopdrachten en de handleiding wordt er in de methoden wel eens geattendeerd op de mogelijkheden voor beeldvorming via onderdeel E – het doen –, maar zoiets kan in een methode niet centraal worden gesteld. Wel kan in de tekst aandacht worden besteed aan onderdeel E.7: herdenken en vieren.
Samenvattend kan worden gesteld, dat een schoolboek of methode een onderwijsleer- en hulpmiddel is dat beeldvorming nastreeft door middel van teksten en van bepaalde soorten afbeeldingen. Daarin ligt zowel de kracht als de beperking van een schoolboek.

Leerkrachten en methoden

Op grond van het voorgaande moet geconcludeerd worden dat aan het gebruik van schoolboeken voor- en nadelen verbonden zijn. Of dat in de praktijk ook te merken is, hangt helemaal af van de leerkracht. Weet deze goed gebruik te maken van de voordelen en weet hij de nadelen op te vangen? Daarvoor is een kritisch en creatief gebruik van de methode een voorwaarde. Helaas komt het in de praktijk herhaaldelijk voor dat leerkrachten heel anders met de methode omgaan.
Vaak is de methode op school – in plaats van een hulpmiddel – een doel op zichzelf geworden. Dat blijkt onder meer uit de opstelling van de leerkracht tegenover de inhoud van de methode. Er wordt dan geredeneerd in de trant van: deskundigen hebben deze inhoud gekozen, die inhoud zal dus wel belangrijk zijn. Daarom moet die inhoud van A tot Z worden doorgenomen.
In de methode staat, volgens deze opvatting, 'de stof'. Dat betekent voor een geschiedenismethode dat er de 'hele' geschiedenis in staat. Zo is er een illusie van volledigheid ontstaan. Daarbij wordt volledig voorbijgegaan aan het feit dat de auteurs van een methode voortdurend keuzes hebben gemaakt.

Gebruik methoden

In de klas kan het slaafs volgen van de methode geestdodend werken, omdat verschillende methoden weinig variatie hebben in de hoofdstukopzet. Eén stramien herhaalt zich voortdurend; dat heeft als pluspunt dat het vertrouwd wordt voor de leerlingen en als minpunt dat de lessen voorspelbaar worden. De meest geestdodende vorm van onderwijs via methoden is het lezen van het boek en het maken van opdrachten. Wie zo werkt, getuigt van een wel zeer beperkte visie op (geschiedenis en samenleving)onderwijs. Helaas komt dit in de praktijk nog regelmatig voor.
Leerkrachten dragen zelf de verantwoordelijkheid voor de inhoud van het onderwijs, dat voor hun groep via het schoolprogramma is vastgelegd. Voor de inhoud kan gebruikgemaakt worden van één of meer methoden, maar dan wel zó, dat er uiteindelijk voor die éne speciale groep een zo ideaal mogelijk programma ontstaat. Dat vraagt een kritische houding ten opzichte van de inhoud van een methode: zijn dit de leerinhouden die wij als schoolteam belangrijk vinden voor onze leerlingen?
Creativiteit is vereist in de realisering van het onderwijsleerproces: de taal (een methode bevat per definitie schooltaal, waarover hierna meer) en de opzet van de methode worden bewerkt en aangepast voor de eigen leerlingen. De lokaal-regionale werkelijkheid en de actualiteit worden erbij betrokken en in het onderwijsleerproces opgenomen.
Beeldvormende mogelijkheden die in een methode per definitie niet goed uit de verf komen, krijgen verspreid over het schooljaar een plaats (bijvoorbeeld museumbezoek, het lopen van een educatief pad en doe-activiteiten in de klas).
In figuur 15.1 staan alle leerkrachten op een lijn.

FIGUUR 15.1 Uitvoerders, scheppers en de middenweg

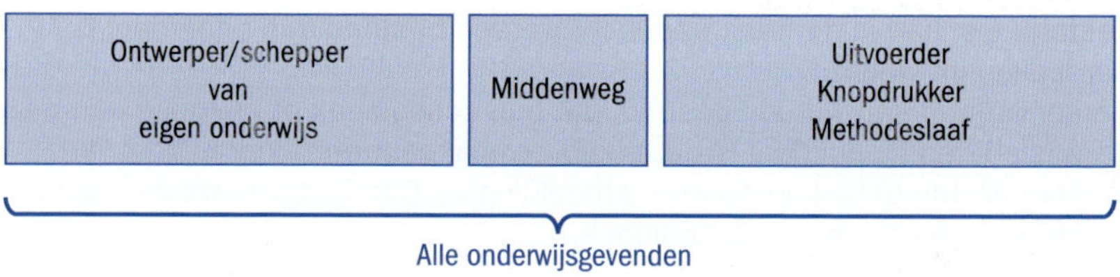

De uiterste rechterkant wordt gevormd door de uitvoerders en knopdrukkers, fraai in beeld gebracht in de tekening van Ralph Steadman (figuur 15.2). De uiterste linkerkant bestaat uit de ontwerpers en scheppers: de leerkrachten die hun onderwijsmateriaal helemaal zelf maken.

Van leerkrachten mag worden verwacht dat ze de middenweg bewandelen. Ze maken gebruik van educatieve materialen, die te koop of te downloaden zijn. Maar ze maken er kritisch en creatief gebruik van. Ze analyseren en bewerken het materiaal zó, dat er een educatief pakket ontstaat, dat optimaal is voor de eigen leerlingen, voor de eigen regio en de eigen tijd.

Methoden en taal

De schooltaal in zaakvakmethoden is vaak lastig voor leerlingen. Zinnen zijn ingewikkeld en lang en er worden moeilijke woorden gebruikt. Het inzetten van visueel materiaal helpt wel, maar op de langere termijn biedt dat geen oplossing. Kinderen krijgen in hun verdere onderwijsloopbaan uiteindelijk toch te maken met die ingewikkelde schoolse teksten. Het is daarom belangrijk dat leerkrachten erover nadenken hoe ze omgaan met teksten van de methode, door deze teksten vooraf goed te analyseren op mogelijke struikelblokken voor de leerlingen. Daarna is het van belang dat de leerlingen zorgvuldig voorbereid worden, voordat ze de tekst gaan lezen. Stappen in dit proces zijn:

1 aanbrengen van voorkennis over het onderwerp
2 leerlingen vertrouwd maken met moeilijke woorden die ze gaan tegenkomen
3 inzetten van zoveel mogelijk concreet materiaal

FIGUUR 15.2 Leerkrachten als knopdrukkers: de leerling leert, zittend in de natuur, over de natuur via het beeldscherm

15

Hierdoor is sprake van een win-winsituatie: de taalontwikkeling van kinderen wordt gestimuleerd en ze maken zich de lesstof eigen.

15.1.2 Methoden voor *Geschiedenis & Samenleving*

De eerste geschiedenismethode

Op het gebied van geschiedenismethoden bestaat er een lange traditie. Op de overgang van de achttiende naar de negentiende eeuw ondernam de Maatschappij tot Nut van het Algemeen allerlei initiatieven ter verbetering van het onderwijs. Een van die initiatieven was het uitschrijven van een wedstrijd voor een 'Schoolboek over de Geschiedenissen van ons Vaderland'. In 1800 werd de inzending van de Groninger onderwijzer Hendrik Wester met de gouden erepenning bekroond. Zijn *Schoolboek over de geschiedenis van ons vaderland* werd een belangrijke uitgave: binnen vijftig jaar verschenen er van dit boekje elf drukken. Figuur 15.3 geeft een indruk van deze methode.

Omloopsnelheid

Na Westers schoolboek volgden er vele, zoals *Van hunebed tot heden* van S. van der Werff en S.H. Woudsma in de periode vlak na de Tweede Wereldoorlog. Vanaf de laatste decennia van de vorige eeuw wordt de omloopsnelheid van een methode steeds korter en volgt de ene nieuwe uitgave op de andere. De introductie van de *tien tijdvakken* (2006) en van de *Canon van Nederland* (2010) in de kerndoelen was voor veel educatieve uitgevers aanleiding om nieuwe geschiedenismethoden op de markt te brengen.

FIGUUR 15.3 Gesprekken van vader Kroostlief met zijn kinderen, uit de methode van Hendrik Wester

DERDE GESPREK.

Hendrik. Gelieft vader nu de Vaderlandsche Geschiedenissen met ons te vervolgen? Ik heb mijn schetsje al gereed.

Vader. Van de *Romeinen* hebben wij laatst gesproken; wat staat er nu verder in uwe schets?

Hendrik. Er staat ook, dat onze voorouders vervolgens, min of meer, van hunne vrijheid berooid werden door de *Franken*: wat volk was dat?

Vader. Dat waren de *Franschen*, die weleer *Gallen* genoemd werden, doch toen *Franken*.

Hendrik. *Gallen!* naar hun Land, denk ik, dat eertijds *Gallië* heette?

Vader. Ja; *Gallië* staat er ook nog op sommige landkaarten.

In het Peilingsonderzoek van Cito (PPON) dat genoemd wordt in paragraaf 14.5, blijkt dat in 2008 een derde deel van de scholen een methode met de nieuwe tijdvakindeling gebruikte en dat meer dan 80% van de leraren de gebruikte geschiedenismethode volledig volgt.
Uit een onderzoek naar de stand van zaken van wereldoriëntatie in het basisonderwijs van de Inspectie voor het Onderwijs, *Wereldoriëntatie in het basisonderwijs* (2015) blijkt dat 92% van de scholen met een geschiedenismethode werkt, waarvan 10% de methode combineert met thema's en projecten (figuur 15.4).

FIGUUR 15.4 Percentage scholen met leerstofaanbod voor geschiedenis (n = 42)

Aanbod	Domein Tijd
Methode	82
Combinatie van methode en thema's en projecten	10
Thema's en projecten	8
Totaal	**100**

Overzicht beschikbare methoden

Op www.wikiwijsleermiddelenplein.nl vindt een schoolteam voor geschiedenis een groot aantal methoden, waaronder ook een aantal die aardrijkskunde, geschiedenis en natuuronderwijs geïntegreerd of thematisch aanbieden (zie figuur 15.5). Op deze website worden de meeste methoden beschreven en soms zijn recensies toegevoegd. Ook is het mogelijk methoden op de website met elkaar te vergelijken.

Opzet van methoden

Methoden voor geschiedenisonderwijs bestaan uit een zeer gevarieerd pakket van lesmaterialen. Het startpunt van de methoden varieert, zoals in figuur 15.5 in de kolom *groep* is aangegeven.

FIGUUR 15.5 Overzicht van methoden voor geschiedenis in 2015 op www.wikiwijsleermiddelenplein.nl

Naam methode	Geschiedenis GS of Thematisch TH	Groep	Uitgeverij en jaar van uitgifte
Er is geschied	GS	5-8	*Jongbloed Educatief / Groen Educatief 1995-2004*
Een Zee van tijd, 2e editie	GS	4-8	Zwijsen, 2002-2008
Bij de Tijd, 3e editie	GS	3-8	Malmberg, 2005-2009
Geschiedenis Anders	GS	5-8	*Klasse(n)Advies 2009*
De Trek	GS	4-8	Zwijsen, 2007-2010
Brandaan	GS	5-8	Malmberg, 2008-2012
Argus Clou geschiedenis	GS	3-8	Malmberg, 2012
Topondernemers 2.0	TH	3-8	*Jongbloed Educatief / Groen Educatief 2005-2013*
Wijzer door de tijd	GS	3-8	Noordhoff, 2006-2013
Speurtocht	GS	3-8	ThiemeMeulenhoff, 2011-2013
Tijdzaken, digibordmethode	GS	5-8	Zwijsen, 2013
Eigentijds, digitale methode	GS	3-8	Blink educatie, 2013
DaVinci, wereldverkenning	TH	1-8	*DaVinci, 2013*
Venster op Nederland	GS	5-8	*Jongbloed Educatief / Groen Educatief, 2012-2014*
Alles-in-1	TH	4-8	Alles-in-1, 2005-2015
Wijzer! Geschiedenis	GS	5-8	Noordhoff, 2015
Samen op aarde	TH	1-8	*DaVinci, 2015*

De kern van het lesmateriaal vormt meestal het leerlingenboek met de leerstof – de zakelijk-informatieve en verhalend-informatieve teksten en de afbeeldingen – met de verwerkingsopdrachten. Voor de verwerking zijn er werkschriften of werkboeken, in sommige gevallen aangevuld met kopieerbladen en antwoordboeken. Daarnaast beschikt een aantal methoden over aparte toetsboeken. Ook klassikale tijdbalken maken deel uit van sommige methoden, onder meer van *Bij de tijd*, *Speurtocht* en *Een zee van tijd* (figuur 15.6).

FIGUUR 15.6 Gedeelte van de klassikale tijdbalk *Het verleden in beeld* van uitgeverij Zwijsen te gebruiken bij *Een zee van tijd*

De meeste methoden hebben een methodesite met informatie voor de leerkracht en met downloads voor de lessen. Enkele methoden zijn bijna volledig digitaal, zoals *Tijdzaken, Eigentijds, Wijzer* en *Topondernemers 2.0* (zie figuur 15.7). Voor de leerkracht is er bij alle methoden per deel een handleiding met lesaanwijzingen.

FIGUUR 15.7 Een voorbeeld uit de methode *Tijdzaken* voor het digibord

Leerstofordening in methode

Bij de meeste methodes start de geschiedenis van de tien tijdvakken in groep 5. De thematische methodes *DaVinci* en *Samen op aarde* bieden activiteiten aan voor de groepen 1-2, over de seizoenen van het jaar. Bij de methoden die starten in groep 3 en 4 bestaat het aanbod voor geschiedenis uit thema's uit de leefwereld, de omgeving, familiegeschiedenis en het recente verleden. De leerstof van groep 5 t/m 8 is in de meeste methodes (semi)concentrisch (zie hoofdstuk 16) opgebouwd, wat inhoudt dat de tien tijdvakken in vier jaar twee tot vier keer aan bod komen. *Brandaan* en *De Trek* behandelen bijvoorbeeld in de groepen 5 en 7 de tijdvakken 1 t/m 5 en in de groepen 6 en 8 de tijdvakken 6 t/m 10. In *Bij de tijd* komen de tien tijdvakken in de groepen 5, 6, 7 en 8 verschillende keren aan de orde, per groep steeds zes tijdvakken chronologisch geordend. In *Speurtocht* komen de tien tijdvakken voor de eerste keer voor de helft in groep 5 en voor de andere helft in groep 6 aan bod en daarna nog twee keer respectievelijk in groep 7 en groep 8.

Werken met methoden in de lespraktijk

Met al dat leerlingenmateriaal proberen de uitgevers bij te dragen aan een uitdagend en inspirerend geschiedenisonderwijs met veel verschillende activiteiten en ontdekkingsmogelijkheden. Of dat ook echt lukt, hangt echter af van de leerkracht. Die kan al dat materiaal tot leven wekken in een gevarieerde didactische opzet. Het werken met een geschiedenismethode vraagt om een creatieve doordenking van de mogelijkheden die het materiaal biedt. Wanneer elke les begint met 'pak je boek op bladzijde ...' en de les vervolgens bij toerbeurt klassikaal hardop gelezen wordt, waarna de verwerkingsopdrachten gemaakt worden, dan is de lol er voor de leerlingen snel af.

De beschrijving van het lesproces in hoofdstuk 14 is hier van toepassing. Voor elk tijdvak is een afgebakende hoeveelheid tijd beschikbaar, voor de *Tijd van Jagers en Boeren* bijvoorbeeld vier weken met elke week één lesuur. De doelen van de behandeling van het tijdvak staan op een rij, de (sleutel)begrippen zijn gedefinieerd, evenals de jaartallen, die nodig zijn om het tijdvak in de tijdstroom een plaats te geven. Nu volgt de didactische invulling van de vier lessen, waarbij het materiaal van de methode een plaats krijgt:

- Wat gebruiken we als introductie: iets uit de methode of de actualiteit of ...?
- Wat doen we met de zakelijk-informatieve of verhalend-informatieve tekst en met de afbeeldingen in het leerlingenboek?
- Welke aanvullende materialen uit de methode geven we een plaats?
- Welke aanvullende beeldvormers gebruiken we naast of (deels) in plaats van de methode?
- Hoe laten we de leerlingen de nieuwe leerstof verwerken (differentiatie)?
- Hoe evalueren we de nieuwe leerstof?
- Wat doen we met de uitkomsten van de evaluatie?

Wanneer er andere beeldvormers in de school of de schoolomgeving aanwezig zijn, waardoor de gestelde doelen nog beter bereikt kunnen worden, zal niet geschroomd moeten worden om die in de lessen te gebruiken, in plaats van onderdelen uit de methode. Het doel van geschiedenisonderwijs is dat leerlingen een beeld krijgen van het verleden; het doel is niet dat de geschiedenismethode behandeld wordt. Die methode is een hulpmiddel en moet dat ook blijven.

15.2 Het kiezen van een geschiedenismethode

Een schoolteam dat een nieuwe geschiedenismethode wil gaan aanschaffen, heeft een ruime keuze. Op www.wikiwijsleermiddelenplein.nl staat van de meeste methodes een analyse op basis van criteria. Voor het keuzeproces zijn de volgende stappen aanbevelenswaardig.

Stappenplan keuzeproces

Stap 0: Financiën

Bepalen of er voldoende financiële middelen zijn om een nieuwe methode aan te schaffen (stapsgewijs per jaargroep of in één keer voor alle groepen). Gemiddeld moet een geschiedenismethode zo'n acht à tien jaar mee, maar dan moeten er in die tijd wel gelden gereserveerd zijn om die aanschaf mogelijk te maken. Een volledig nieuwe methode kost bij 25 leerlingen per groep tussen de € 2.500 en € 4.500.

Stap 1: Kernpunten noteren over huidige methode
Ter voorbereiding op een teamvergadering worden alle teamleden uitgenodigd om kernpunten te noteren (plus en min) over de in gebruik zijnde methode (of over de werksituatie zonder een methode).

Stap 2: Doelen verwoorden
In een teamvergadering bespreekt de schoolleider (of de leerkracht, die het geschiedenisonderwijs in zijn takenpakket heeft) de kerndoelen voor geschiedenis en worden de algemene uitgangspunten van het geschiedenisonderwijs van de school, zoals ze zijn verwoord in het schoolplan, kort samengevat. Vervolgens krijgen de teamleden de gelegenheid om hun visie te geven op de in gebruik zijnde methodematerialen (of over de werksituatie zonder een methode). Ieder levert het kernpuntenpapier in.

Stap 3: Een document met kernpunten
De schoolleider (of de leerkracht, die het geschiedenisonderwijs in zijn takenpakket heeft) maakt van alle papieren met kernpunten één document en dit gaat samen met de notulen van de teamvergadering naar de teamleden.

Stap 4: Werkgroep instellen
De volgende teamvergadering staat in het teken van: wat nu? Er komt een besluit om door te gaan op dezelfde manier of om een oriëntatieproces te beginnen ten aanzien van een nieuwe methode. Bij de laatste keuze wordt een werkgroep ingesteld, bij voorkeur bestaande uit minstens één teamlid dat enthousiast is over het geven van geschiedenisonderwijs en één teamlid, dat geschiedenisles geeft omdat het nu eenmaal op het rooster staat. Deze werkgroepleden krijgen voor een bepaalde tijd de werkzaamheden van de werkgroep in hun takenpakket. Een streefdatum voor de rapportage door de werkgroep wordt vastgelegd.

Stap 5: Werkgroep oriënteert zich
De leden gaan aan het werk. Zij oriënteren zich op de website www.wikiwijsleermiddelenplein.nl of ze bezoeken een Onderwijsinformatiecentrum in hun buurt (bij een pabo of een schoolbegeleidingsdienst) en maken op basis daarvan – aangevuld met publicaties en rapporten over de methoden – een eerste selectie. Die methoden vragen ze op als beoordelingsexemplaren en daarmee gaan de werkgroepleden aan de slag. Daarbij kunnen ze gebruikmaken van het hierna besproken criteriumapparaat.

Stap 6: Werkgroep maakt top 3
De werkgroepleden proberen op grond van de bestudering van het methodemateriaal tot een duidelijk beredeneerde en beargumenteerde top 3 te komen. Contact met scholen die met deze methoden werken behoort tot de mogelijkheden. De werkgroep zet de beargumenteerde top 3 op papier. Deze notitie gaat naar de teamleden. De beoordelingspakketten liggen intussen ter inzage voor de teamleden.

Stap 7: Besluit voor nieuwe methode
In een teamvergadering wordt de notitie van de werkgroep besproken en zo wordt mogelijk een keuze gemaakt: het besluit om een nieuwe methode aan te schaffen. Bij dit besluit hoort ook het invoeringstraject: voeren we de methode jaar voor jaar in of in één keer voor alle groepen? De voorkeur heeft de eerste werkwijze: geleidelijke invoering jaar voor jaar, maar soms is de 'nood' zo hoog dat invoering tegelijk in alle groepen – met de nodige overgangssituaties – noodzakelijk is.

Stap 8: De methode implementeren

De methode is aangeschaft en nu start de invoering. Nieuwe methoden vergen de nodige implementatietijd, die goed gepland moet worden in het takenpakket voor de teamleden. Naast de ruime mogelijkheid voor ieder teamlid om zich in te werken in de nieuwe methode moet er ook tijd in de teamvergaderingen gereserveerd worden om regelmatig als team van gedachten te wisselen over de ervaringen met de nieuwe methode.

Beoordelen van geschiedenismethoden

Op www.wikiwijsleermiddelenplein.nl is het mogelijk verschillende methodes met elkaar te vergelijken. Na het aanvinken van de keuzes komt een vergelijking in beeld met informatie over een aantal criteria (zie het overzicht hierna in figuur 15.8. Daarnaast heeft iedere methode een detailpagina met specifieke informatie over de methode en de prijzen van alle materialen die bij de methode horen.

FIGUUR 15.8 Overzicht van criteria bij de methodevergelijking op www.wikiwijsleermiddelenplein.nl

Criteria	Informatie over
Doelgroep(en)	De groepen van het basisonderwijs waarvoor de methode bestemd is.
Samenstelling	De aanwezigheid van handleidingen, leerlingenboekjes, werkboekjes, antwoordenboeken, kopieermappen, toetsboeken, software, digibordlessen, audio-cd's, een klassikale tijdbalk enz.
Vormgeving	Gebonden of slappe kaft, steunkleuren voor de jaargroepen, vormgeving van de tijdbalk enz.
Didactische uitgangspunten en doelstellingen	Historische inhouden, zoals de tien tijdvakken en de canon. Doelstellingen als werken aan tijdsbesef en het stimuleren van kritisch denken en van een onderzoekende houding. Didactische uitgangspunten, zoals opvattingen over leren, werken met verschillende invalshoeken, omgaan met verschillen tussen leerlingen.
Leerstofinhoud	Keuzes voor thema's, tijdvakken, canonvensters, schoolomgeving, aandacht voor taalontwikkeling enz.
Leerstofordening	De ordening over de leerjaren: chronologisch, progressief of regressief; concentrisch of semiconcentrisch; thematisch.
Planning / tijdsinvestering	De tijdsduur van een les en het aantal lessen per leerjaar
Didactiek (instructie en werkvormen)	Leerkrachtgebonden lessen en zelfstandig werken. De rol van de tijdlijn, verhalen, films, software enz.
Zelfstandig werken	Werkvormen voor zelfstandig werken en zelfstandig corrigeren, gebruik in combinatieklassen.
Differentiatie	Mogelijkheden voor goede en zwakke leerlingen, differentiatie in tempo, niveau, interesse, leerstijl. Basis en extra lessen. Herhalingslessen. Differentiatie naar taalniveau.
Evaluatie / toetsing	Evaluatie en toetsing tijdens en na de lessen. Aanwezigheid van aparte toetsen, toetslessen of een toetsboekje. Aanwezigheid van een toetsregistratieformulier en normeringen.
ICT	Aanwezigheid van software, digibordlessen, digibordboeken, cd-roms, methodesite.
Aansluiting / afstemming / implementatie	Lesbeschrijvingen in de handleiding, aansluiting bij andere vakken, aandacht voor taalontwikkeling.

Criterium-apparaat

Gericht op de handleiding en op de leerlingenboeken volgt hier een voorbeeld van een criteriumapparaat voor een geschiedenismethode. Aan de hand hiervan kunnen belangrijke geschieddidactische aspecten van een methode geanalyseerd worden.

A Handleiding

A1 Op welke uitgangspunten van geschiedenisonderwijs is de methode gebaseerd?
- Visie op ontwikkeling van tijdsbesef en historisch besef bij 4- tot 12-jarigen.
- Relatie met de kerndoelen voor geschiedenis (inclusief de Canon van Nederland).
- Visie op doorgaande lijn van groep 1 tot en met 8.
- Samenhang met andere vak- en vormingsgebieden / wereldoriëntatie.

A2 Zijn de uitgangspunten gespecificeerd in leerdoelen?
- Algemene doelen van de methode.
- Doelen per leerjaar, per lessenreeks, per les.
- Doelen op het gebied van kennis, inzicht, vaardigheden en attitudes. Waarop ligt de nadruk?

A3 Wordt de leerstofkeuze verantwoord?
- Aandacht voor de eigen geschiedenis van de leerling.
- Aandacht voor lokale, regionale, Nederlandse en mondiale geschiedenis.
- Aandacht voor de multiculturele samenleving en roldoorbreking.
- Aandacht voor burgerschap.

A4 Wordt de leerstofordening verantwoord?
- Welke leerstofordening? Progressief / regressief / concentrisch / semiconcentrisch / thematische lengtedoorsnede / thematische dwarsdoorsnede.
- Aandacht voor de ontwikkeling van tijdsbegrip en de tijdbalk.
- Wijze van periodiseren: de traditionele indeling in geschiedenisperioden / de indeling naar samenlevingsvormen / de tien tijdvakken uit de kerndoelen.

A5 Worden er concrete didactische aanwijzingen gegeven voor adaptief en gedifferentieerd onderwijs?
- Basisstof- en keuzestofactiviteiten.
- Aanwijzingen voor (inter)actief en zelfstandig leren, individueel en in groepen.
- Aanwijzingen voor het omgaan met verschillen tussen leerlingen.
- Aanwijzingen voor het gebruik in combinatieklassen.

A6 Is er een register?
- Bevat de handleiding een register met didactische trefwoorden?
- Bevat de handleiding een register met geschiedenistrefwoorden?

Leerlingenboek

B1 De uitgangspunten, herkenbaar in:
- De leerdoelen.
- De leerstofkeuze.
- De leerstofordening.

15

B2 De leerstof historisch verantwoord en juist in:
- De teksten.
- De afbeeldingen.
- De kaarten.

B3 De afbeeldingen
- Oorspronkelijk historisch materiaal?
- Hedendaagse illustraties?
- Verantwoorde tekeningen?

B4 Taalgebruik
- Afgestemd op de verschillen in de doelgroep (schooltaal / thuistaal)?

B5 Kernbegrippen / sleutelbegrippen
- Zijn de kernbegrippen / sleutelbegrippen duidelijk aangegeven?
- Is er sprake van een duidelijke opbouw in kernbegrippen / sleutelbegrippen?

B6 Factor tijd
- Tijdvakken uit de kerndoelen als indelingsprincipe.
- Duidelijke tijdbalken, tijdlinten, stambomen.
- Zorgvuldige selectie jaartallen.

B7 Factor ruimte
- Plaatsing in de ruimte van de onderwerpen.
- Kaartgebruik.

B8 Register
- Persoonsnamen.
- Kernbegrippen / sleutelbegrippen.

15.3 Het kiezen van een samenlevingsmethode

Methoden

Wie op de website www.wikiwijsleermiddelenplein.nl op zoek gaat naar methoden voor maatschappelijke vorming en geestelijke stromingen constateert dat voor deze leergebieden vrijwel geen aparte methoden ontwikkeld zijn. Het maakt duidelijk dat beide leergebieden met nog maar een korte onderwijstraditie niet een vergelijkbare plaats op het lesrooster gekregen hebben als ruimte, tijd en natuur. Wat overigens niet wil zeggen dat deze leergebieden verwaarloosd worden door het onderwijs.

Burgerschap

Door de wettelijke verplichting dat scholen aandacht moeten besteden aan burgerschap (zie hoofdstuk 11) wordt dit vormingsgebied steeds vaker geïntegreerd in methodes voor geschiedenis, aardrijkskunde en wereldoriëntatie. In 2009 heeft het Cito binnen de Periodieke Peiling van het Onderwijsniveau deze leergebieden onderzocht in de peiling van het geschiedenisonderwijs. In 2009 is er voor het eerst een peilingsonderzoek voor *Actief Burgerschap en sociale integratie* (PPON-reeks nummer 45). Uit deze peiling blijkt dat leraren voor hun lessen burgerschapsvorming vooral actuele informatie gebruiken uit kranten en van de televisie. Daarnaast maken ze ook veelvuldig gebruik van de leerstof over burgerschap in de methoden voor geschiedenis en aardrijkskunde. Een minderheid van de leerkrachten (37%) maakt gebruik van specifieke methodes of materialen (o.m. lesbrieven). Meer dan 90% van de leerkrachten haalt de wereld in de klas door minstens één keer per jaar actuele gebeurtenissen te behandelen of uitzendingen te vertonen van maatschappelijk belang. 81% van de leerkrachten geeft aan er minstens één keer per jaar op uit te trekken met hun klas om maatschappelijke of overheidsinstanties te bezoeken. Desondanks laten de PPON-resultaten zien dat een groot deel van de leerlingen in groep 8 van de basisschool school (inclusief speciaal basisonderwijs) het voor die leeftijd gewenste niveau van burgerschap niet bereikt (zie paragraaf 14.5).

Staatsinrichting

Voor het onderdeel *staatsinrichting* van maatschappelijke verhoudingen bestaat er al een lange traditie. Vanaf 1873 – het verschijnen van het boekje *De Nederlandsche Staatsburger* geschreven door de directeur van de Groningse Rijkskweekschool G. van Milligen – heeft de Nederlandse onderwijsgeschiedenis een rijk palet aan staatsinrichtingmethoden gekend. Didactisch gezien is het niet zo eenvoudig om dergelijke methoden goed in te vullen, want staatsinrichting leent zich voor saai, opsommend onderwijs. Verschillende methoden in het verleden maakten van staatsinrichting dan ook iets wat je moest opdreunen: staatsinrichting als feitenkennis (figuur 15.9).

FIGUUR 15.9 Staatsinrichting als feitenkennis

IV. VAN PROVINCIËN EN GEMEENTEN.

77. Hoe wordt het Koninkrijk der Nederlanden verdeeld?	in elf provinciën en deze in honderden gemeenten.
78. Wie is het hoofd van de provincie?	De Commissaris der Koningin.
79. Hoe heet die in onze provincie?	
80 Wie helpen hem in het besturen?	De Provinciale Staten.
81. Wie wijzen deze mannen aan?	De kiezers uit de provincie.
82. Welke macht hebben Commissaris en Provinciale Staten?	de macht om regelingen te maken, betreffende: provinciale wegen, kanalen, bruggen, waterschappen en zo meer.
83. Wie maken de voorstellen op?	De Commissaris en de Gedeputeerde Staten.
84. Wie zijn de Gedeputeerde Staten?	6 van de knapste leden gekozen uit en door de Provinciale Staten.
85. Noem eens een van die heren in onze provincie.	

Bijna alle sindsdien verschenen staatsinrichtingmethoden zijn inmiddels uit de handel. Je kunt je ook afvragen of voor staatsinrichting een methode wel de beste beeldvormer is. In een methode wordt staatsinrichting zakelijk en abstract. Per definitie ontbreekt onderdeel A uit het beeldvormingsschema (tabel 13.1): de lokale en regionale situatie, het eigen gemeentehuis, het provinciehuis, het politiebureau, de rechtbank. Ook de actuele situatie kan niet in de methode voorkomen, terwijl juist voorbeelden uit de actualiteit (B.2 en D.2 bijvoorbeeld) de abstracte stof kunnen verhelderen. Daar waar in de methode toch actuele zaken voorkomen, zijn deze gauw gedateerd. Beter is het, wanneer leerkrachten op basis van bestaand materiaal een eigen pakket maken, aangepast aan de leerlingen, de regio en de actuele situatie.

Tot 1985 was staatsinrichting in de onderwijswetgeving gekoppeld aan geschiedenis. Bij de invoering van het basisonderwijs is staatsinrichting onderdeel van maatschappelijke verhoudingen geworden (zie ook hoofdstuk 11). De oorspronkelijke koppeling van geschiedenis en staatsinrichting werkt nog door in geschiedenismethoden, waarin expliciet lessen voorkomen over staatsinrichting. Zo'n methode is bijvoorbeeld *Bij de tijd* (zie figuur 15.10).

FIGUUR 15.10 In het gemeentehuis, uit de geschiedenismethode *Bij de tijd*, groep 7

In het gemeentehuis staan mensen voor het loket Burgerzaken. Ze vertellen wat ze hier komen doen.

Staatsinrichting is een dankbaar onderwerp voor incidenteel lesmateriaal: lesbrieven en projecten over plaatselijke en regionale aspecten, zoals het gemeente- en het provinciehuis en over actuele ontwikkelingen, zoals de verkiezingen (zie bijvoorbeeld figuur 15.11).

Kiezen van lesmateriaal voor staatsinrichting

Voor de keuze van lesmateriaal voor het onderdeel staatsinrichting volgen hierna enkele criteria:

- de ordening van de stof bij voorkeur (maar niet uitsluitend) vanuit het kind (gemeente – provincie – Nederland – Europa – wereld, in plaats van het omgekeerde)
- taalgebruik dat afgestemd is op de doelgroep (niet te zakelijk en abstract)
- inhoudelijk bij de tijd (bijgewerkt tot het heden)

- veel aandacht voor lokaal-regionale en actuele zaken
- ook aandacht voor de rechtspraak (een nogal eens in de basisschool verwaarloosd onderdeel)
- duidelijke, voor kinderen begrijpelijke schema's
- illustraties met een goede beeldvormende functie, die niet al te gedateerd zijn
- aandacht voor internationale organisaties: Europa en de VN
- in de lessen (en de verwerkingen) veel aandacht voor onderdeel E van het beeldvormingsschema (tabel 13.1): 'doen'

FIGUUR 15.11 Voorbeeld van incidenteel lesmateriaal voor *Geschiedenis & Samenleving: De Derde Kamer, lesprogramma over de Eerste en de Tweede Kamer en de Nederlandse politiek*

15.4 Incidenteel lesmateriaal

Behalve de officiële leermiddelenuitgevers bestaat er een groot aantal alternatieve lesmateriaalproducenten: onder meer voorlichtingsbureaus, culturele raden, musea, stichtingen en belangengroeperingen. Deze produceren lesmateriaal in de vorm van lesbrieven, katernen, projecten, werkmappen en weblessen (de laatste komen aan de orde in paragraaf 15.6). Er wordt naar aanleiding van bijzondere gebeurtenissen steeds vaker incidenteel lesmateriaal geproduceerd, zowel door officiële als door alternatieve uitgevers: herdenkingen, vieringen, verkiezingen en dergelijke.

Lesbrieven

Het is onjuist al dit lesmateriaal zonder meer in de prullenmand te gooien. Het kan goede bijdragen leveren aan de beeldvorming. Doorbladeren van het materiaal geeft al een indruk of het interessant is en of het geen doublure van al aanwezig materiaal is. Maar dan? Alvorens tot aanschaf over te gaan, zou een van de teamleden een analyse moeten maken en op grond daarvan het team een voorstel doen. Voor zo'n analyse is hierna een criteriumapparaat opgenomen.

Het gebruik van incidenteel lesmateriaal – nadat de hiervoor genoemde beoordeling een positief resultaat heeft – kan variëren, zoals:
- Materiaal dat een deel van de in gebruik zijnde methode vervangt en klassikaal wordt gebruikt.
- Materiaal dat een (actuele) aanvulling op de methode vormt en aanvullend op de methode wordt gebruikt.
- Materiaal dat gebruikt wordt als extra stof voor individuele leerlingen of voor een groepje leerlingen.

Bij klassikaal gebruik neemt het incidenteel lesmateriaal tijdelijk de plaats van de methode in of wordt het tijdelijk als aanvulling op de methode gebruikt. Er wordt op dezelfde manier door alle leerlingen mee gewerkt. Bij inzet van het materiaal als extra stof wordt een leerling of een groepje leerlingen ermee aan het werk gezet, wat eventueel kan resulteren in een spreekbeurt of een werkstuk.

Criteriumapparaat voor incidenteel lesmateriaal

Hierna volgt een criteriumapparaat voor het kiezen van incidenteel lesmateriaal. De volgorde van de criteria is niet dwingend; zowel op idealistische als op pragmatische gronden kan gekozen worden voor een andere ordening van de criteria.
Deze criteria zijn:
1 de prijs (wat kost het materiaal?)
2 de doelstellingen (waarom is dit materiaal gemaakt?)
3 de doelgroep (voor wie is dit materiaal?)
4 de inhoud (waar gaat het lesmateriaal over?)
5 de didactische opzet (hoe zit het materiaal didactisch in elkaar?)
6 de handleiding (is er ook materiaal voor de leerkracht?)

Prijs

Ad 1 De prijs (wat kost het materiaal?)
Hoe mooi en goed het materiaal ook is, een school kan niet alles aanschaffen. Er is maar een beperkt budget. Dat leidt tot de volgende vragen:
- Hoe duur is het materiaal?
- Is dat geld op te brengen?
- Heeft de school er het geld voor over?

Een dergelijke, louter financiële benadering houdt een zeker risico in. Vooral wanneer deze omgekeerd gaat werken: 'Ach, het kost toch (haast) niets, laten we het maar bestellen.' Goedkoop materiaal is niet per definitie goed. Daarom moet het materiaal beoordeeld worden, voordat tot aanschaf overgegaan wordt.

Doelstellingen

Ad 2 De doelstellingen (waarom is dit materiaal gemaakt?)
Lesmateriaal – zeker op het gebied van *Geschiedenis & Samenleving* – wordt altijd met een bepaalde bedoeling gemaakt. Die doelstellingen kunnen nogal uiteenlopen. Met een lesbrief over het provinciaal bestuur van een voorlichtingsdienst van de provincie worden andere doelen nagestreefd dan met een lesbrief van een belangengroepering.
Het is helaas weinig gebruikelijk dergelijke doelstellingen nadrukkelijk te vermelden. Als de doelen gevonden zijn, moet er worden gekeken of deze passen binnen de doelstellingen van de school. Het schoolprogramma fungeert hier als zeef. Dit leidt tot de volgende vragen:
- Wat zijn de doelstellingen van het materiaal (expliciet / impliciet)?
- Passen de doelstellingen in die van de school?

Doelgroep

Ad 3 De doelgroep (voor wie is dit materiaal bestemd?)
Makers van lesmateriaal voor het hele onderwijs werken aan iets wat bestemd is voor een niet bestaande doorsneegroep leerlingen. Voortdurend moeten ze keuzes maken. Op die keuzes zijn de volgende vragen gebaseerd:

- Is in het materiaal een doelgroep vermeld?
- Passen de doelen (criterium 2) bij de doelgroep?
- Komt de beginsituatie die de samenstellers veronderstellen overeen met de beginsituatie van de leerlingen? (Denk aan de aspecten belevingswereld, taal, inhoudelijke kennis en vaardigheden op het gebied van *Geschiedenis & Samenleving*.)
- Indien de beginsituaties niet overeenkomen, is dan – vooraf – de beginsituatie van de doelgroep te verbeteren of zijn de problemen zo groot, dat het lesmateriaal ongeschikt is?

Inhoud

Ad 4 De inhoud (waar gaat het lesmateriaal over?)
Via doelstelling en doelgroep komt nu de inhoud voor een nadere analyse aan bod:

- Dekt de titel de inhoud van het lesmateriaal?
- Geeft het materiaal (via tekst en afbeeldingen) verantwoorde informatie, zowel inhoudelijk als ethisch?
- Is de informatie volledig (in de zin van: zijn er geen ernstige hiaten)?
- Is er ruimte voor eigen inbreng in het materiaal door de leerkracht en / of de leerlingen, bijvoorbeeld vanuit de eigen regio?

Didactische opzet

Ad 5 De didactische opzet (hoe zit het materiaal didactisch in elkaar?)
Leerlingen moeten met het materiaal kunnen werken. Niet al het lesmateriaal is in elke onderwijssituatie bruikbaar. Criteria daarvoor hebben betrekking op de opzet en uitvoering van het materiaal, de benodigde werktijd en de manier waarop ermee kan worden gewerkt:

- Past het materiaal qua didactische aanpak bij de doelgroep?
- Is de vormgeving van het materiaal voor de leerlingen voldoende uitnodigend en aantrekkelijk?
- Is de inhoud van het materiaal voor de leerlingen voldoende leesbaar, boeiend en afwisselend?
- Bevat het materiaal voldoende illustraties (foto's en / of tekeningen, zwart-wit en / of kleur)?
- Is er sprake van een goede samenhang tussen de tekst en de illustraties?
- Zijn de opdrachten voor de leerlingen voldoende afwisselend?
- Kan er met het materiaal zelfstandig worden gewerkt of moet er door de leerkracht doorlopend toelichting worden gegeven?
- Is het materiaal geschikt voor gedifferentieerd gebruik (naar niveau en / of naar activiteiten)?
- Hoeveel tijd vergt de uitvoering van het materiaal en past dit in de ruimte die er is voor *Geschiedenis & Samenleving*?
- Bevat het materiaal op het niveau van de leerlingen een opgave van literatuur en verwijzingen naar de hedendaagse werkelijkheid: het landschap en de musea?

Handleiding

Ad 6 De handleiding (is er ook materiaal voor de leerkracht?)
Het is wenselijk dat lesmateriaal voorzien is van aanwijzingen ten behoeve van de leerkrachten:

- Is er bij het leerlingenmateriaal een handleiding voor de leerkracht met didactische aanwijzingen
- Is er achtergrondinformatie en literatuuropgave?

Vanzelfsprekend zijn voor de beslissing niet alle criteria doorslaggevend; bij het opstellen van een eindoordeel moet er dan ook gekwalificeerd worden gewogen. Een probleem bij incidenteel materiaal – de naam zegt het al – is dat het maar korte tijd verkrijgbaar is. Afgezien van aanschaf voor de groep kan ook nog bekeken worden of het zinvol is enkele exemplaren voor het documentatiecentrum – de mediatheek aan te schaffen.

15.5 De mediatheek als beeldvormer

Documentatiecentrum, mediatheek, open leercentrum

In navolging van voorbeelden op Engelse scholen ontstond in de jaren zeventig van de vorige eeuw het idee voor een nieuw hulpmiddel: het *documentatiecentrum*.
Dit hulpmiddel bestond eerst uit een collectie boeken, maar groeide uit tot een verzameling van alle mogelijke beeldvormers: onder meer dia's, kaarten, stempels, knipsels, cassettebandjes en voorwerpen. Dit alles op een centrale plaats in de school en toegankelijk gemaakt voor de leerlingen via een ordeningssysteem. Sinds op de meeste scholen het documentatiecentrum is uitgebreid met computers, waar leerlingen via internet en dvd's informatie kunnen zoeken, wordt steeds vaker de naam *mediatheek* of ook wel *open leercentrum* gebruikt.
Voor het onderwijs heeft de mediatheek een belangrijke functie: voor leerlingen om er antwoorden op vragen te vinden en voor leerkrachten om er beeldvormers voor de lessen te kiezen (figuur 15.12).

FIGUUR 15.12 De mediatheek als hulpmiddel bij beeldvorming

De mediatheek is meestal nog steeds een centrale ruimte, maar nu meer in de vorm van een werkplaats. Er staan boeken, maar ook digitale hulpmiddelen, zoals computers met internetverbinding, scanners en digitale foto- en / of filmcamera's en dvd's. Die centrale ruimte moet leerlingen uitdagen om antwoorden te zoeken op vragen, door informatie te verzamelen, te verwerken en vorm te geven in een mondelinge of schriftelijke presentatie (spreekbeurten en werkstukken).

In de mediatheek kunnen alle beeldvormers uit het beeldvormingsschema verzameld en voor leerlingen toegankelijk gemaakt worden. Dankzij opnamen met de digitale hulpmiddelen kan de mediatheek ook uitgebreid worden met de schoolomgeving, zodat ook onderdeel A van het beeldvormingsschema (tabel 13.1) verbonden wordt met de mediatheek.

Inhoud van de mediatheek

Uitgevers reageerden op de invoering van het documentatiecentrum met series informatieve boekjes. Daarvan zijn alleen de boekjes van *De Ruiter's Documentatiecentrum*: *De Kijkdoos* (groep 1-4), *Mini-Informatie* (groep 3-5), *Junior Informatie* (groep 5-7) en *Informatie* (groep 7-8) (Noordhoff Uitgevers) nog series die jaarlijks uitgebreid wordt (figuur 15.13). Deze series bevatten verschillende deeltjes die betrekking hebben op *Geschiedenis & Samenleving*.

FIGUUR 15.13 *De Ruiter's Documentatiecentrum*

Daarnaast zijn er series zakelijke en verhalende informatieve boeken met ook delen die een bijdrage kunnen leveren aan de beeldvorming op het gebied van *Geschiedenis & Samenleving*, zoals de series:

- *Ooggetuigen* (uitgeverij Standaard): onder meer *Rome* en *Wereldoorlog II*
- *Het beste boek over ...* (uitgeverij Gottmer): onder meer *Ridders en Kastelen* en *Ontdekkingsreizigers*
- *Mijn eerste boek over ...* (uitgeverij Gottmer): onder meer *De Oertijd* en *Dinosauriërs*
- *Kididoc* (uitgeverij Biblion / Davidsfonds): onder meer *Seizoen in, seizoen uit* en *Ridders en Burchten*
- *Notedop Junior* (uitgeverij Van Goor): onder meer *De geschiedenis van Nederland* en *De Olympische Spelen*
- *Kijk in het verleden* en *Terug in het verleden* (uitgeverij De Lantaarn): onder meer *Opkomst van de industrie* en *Zo leefde men in middeleeuws Europa*

- *Waanzinnig om te weten* (uitgeverij Kluitman): onder meer *Die rare Romeinen* en *Ruige Ridders en Kille Kastelen*

Tot de inhoud van de mediatheek behoren ook dvd's, die in hoofdstuk 13 reeds aan de orde kwamen.
De inhoud van de mediatheek zal voortdurend nauwlettend in het oog gehouden moeten worden: ontbreken er geen belangrijke onderwerpen, zijn er inmiddels geen betere beeldvormers verkrijgbaar, moet er niet het een en ander verwijderd worden omdat het verouderde beelden oproept? In verschillende scholen staat bijvoorbeeld nog het allereerste deeltje van de Informatieserie van *De Ruiter's Documentatiecentrum* uit 1970: *Elke dag de krant*. Daarin wordt beschreven hoe kranten gemaakt worden, maar zo gaat het tegenwoordig al helemaal niet meer. Goede afspraken in het team – met een verantwoordelijke voor de mediatheek – moeten ervoor zorgen dat de mediatheek bij de tijd blijft.

Gebruik van de mediatheek

Het hulpmiddel mediatheek is gericht op leerlingen die op zoek zijn naar informatie, ingekaderd in het onderwijsprogramma in de zin van het voorbereiden van spreekbeurten en presentaties, mondeling, schriftelijk of in de vorm van een collage. Dit onderwijstraject wordt nog steeds door de leerkracht aangestuurd en begeleid, maar is meer dan voorheen gericht op de individuele leerbehoefte van de leerling. In de mediatheek zorgt de leerling ervoor dat reeds aangeleerde kennis en vaardigheden geïntegreerd worden met nieuwe, zelf verworven kennis en vaardigheden.

Stappen voor het maken van een werkstuk of presentatie

Belangrijke stappen in dit onderwijstraject – vanaf het formuleren van de zoekvraag (al of niet gestimuleerd door werkbladen of webwandelingen, webpaden of webquests) tot en met de terugblik op de presentatie – zijn de volgende:
- het formuleren van de zoekvraag
- het oriënteren op de meest bruikbare bronnen
- het verzamelen van informatie (met een zorgvuldige bronnotitie)
- het bewerken en verwerken van de verzamelde informatie
- het vormgeven van de presentatie
- het verzorgen van de presentatie
- het discussiëren over de presentatie
- de terugblik op de presentatie: de reflectie

In paragraaf 15.6 wordt nader ingegaan op het gebruik van het hulpmiddel internet.

De leerkracht heeft in dit hele proces een belangrijke taak: hij begeleidt, geeft feedback, stimuleert, corrigeert en beoordeelt. Voor de hele school kan op dit gebied een doorgaande lijn gemaakt worden met per groep nieuwe elementen: van eenvoudig naar 'professioneel'. Op basis van zo'n doorgaande lijn kan een planning gemaakt worden van het gebruik van de mediatheek volgens een rooster per groep. Die tijd kan betrekking hebben op de tijd voor begrijpend en studerend lezen, voor zelfstandig werken, voor thematisch werken of voor aardrijkskunde, natuur en *Geschiedenis & Samenleving*. Allerlei vormen van presentaties – werkstukken, kranten, videofilmpjes, PowerPoint en zelfs websites – kunnen verzameld worden en voor andere leerlingen weer een bron vormen.

15.6 Internet

Iedere basisschool heeft tegenwoordig computers waar leerlingen in de mediatheek en in het klaslokaal aan kunnen werken. Daarnaast vinden ook steeds vaker tablets hun weg naar de klaslokalen. Door de verbinding met internet is een enorme hoeveelheid extra informatie beschikbaar. Fundamenteel is de vraag of opzoeken kennis kan vervangen, maar ook de vraag hoe leerlingen met internet omgaan: hoe ze naar informatie leren zoeken en vooral hoe ze met die informatie leren omgaan. Deze algemene onderwijskundige aspecten van internet zijn natuurlijk ook van groot belang voor het werken met internet op het gebied van *Geschiedenis & Samenleving*.

Opzoeken en de functie van kennis

De ontwikkeling van het World Wide Web (1991) heeft een nog steeds groeiende invloed op onze samenleving en dus ook op het onderwijs. Dankzij internet zijn er nieuwe mogelijkheden voor het onderwijs om informatie te zoeken en te verzamelen: van antwoorden op vragen (feiten) tot en met complete lesprogramma's.

De beschikbaarheid van internet leidde opnieuw tot vragen over de noodzaak van kennis. Als er op internet zoveel kennis te vinden is, moeten we dan in het onderwijs nog kennis overdragen? *Dat zoeken we op* is een algemeen gangbare leuze geworden, maar voor het onderwijs is die leuze een bedrieglijke valkuil. Zinvol zoeken lukt pas als je weet wat je wilt zoeken en je tijdens je zoektocht beschikt over een hoeveelheid basiskennis. Zonder die kennis kun je geen betekenis geven aan wat je opzoekt.

15

Basiskennis en zoekvaardigheden

Het is de opdracht van het onderwijs zulke *basiskennis* – in dit verband dan ook wel *oriëntatiekennis* genoemd – aan te dragen, vanzelfsprekend in samenhang met het leren van zoekvaardigheden (als aspect van leren leren). Het is niet het een of het ander: in het onderwijs moet basiskennis worden bijgebracht én moeten *zoekvaardigheden* worden aangeleerd en beoefend. Internet biedt een enorme, dagelijks toenemende hoeveelheid informatie. Het is volstrekt onmogelijk om te overzien wat op internet allemaal aanwezig is. Je kunt via links van website naar website oneindige reizen maken op internet, reizen die achteraf moeilijk reconstrueerbaar blijken te zijn. De vaardigheid voor effectief en efficiënt gebruik van media- en ICT-bronnen wordt ook wel *ICT-geletterdheid* genoemd, de enige echt nieuwe vaardigheid voor de eenentwintigste eeuw. ICT-geletterdheid valt ook wel onder de noemer mediawijsheid, waarvoor in het onderwijs steeds meer aandacht wordt gevraagd want leerlingen moeten leren omgaan met de bedreigingen en de mogelijkheden van nieuwe media.

ICT-geletterdheid

Kritische beoordeling

De informatie in de media vraagt om een kritische beoordeling. De informatie op internet veroudert snel. Iedereen kan van alles op internet zetten met als gevolg dat de informatie voortreffelijk kan zijn, maar ook gebrekkig en zelfs onjuist. Op verschillende websites – om maar een voorbeeld te noemen – wordt gemeld dat de Holocaust een verzinsel is. Vandaar dat in de aanbevelingen voor internetgebruik regelmatig de tip voorkomt om steeds gegevens uit een site te vergelijken met andere gegevens.

Beeldvormers

Internet biedt van het beeldvormingsschema een combinatie van D *het geschreven en gedrukte woord* met B *afbeeldingen* (veelal ook driedimensionaal) (tabel 13.1). Teksten en afbeeldingen kunnen op de computer gelezen, bekeken en bestudeerd, maar ook geprint worden, waardoor ze bruikbaar zijn voor andere lessituaties: internet als leverancier van materiaal. In die zin is internet van belang voor de leerkracht én voor de leerling.

Zoeken met zoekmachines

Een eerste stap om zinvol met internet om te gaan, is leren *zoeken*: hoe vind je gegevens op internet? Reizen op internet start bij een *zoekmachine.* De meest populaire is Google. Het intikken van zoekwoorden kan al een probleem zijn, maar het omgaan met de zoekresultaten is nog een heel ander verhaal.
Google geeft bijvoorbeeld voor het zoekwoord 'kinderarbeid' 407.000 resultaten (30 juli 2015).

Hoe kan een leerling uit die veelheid aan gegevens informatie verzamelen? Dat is een vrijwel onmogelijke opgave. Afgezien van de hoeveelheid zoekresultaten is het vaak moeilijk om uit de korte omschrijving op te maken of het zinvol is de website aan te klikken tijdens een zoektocht naar informatie over kinderarbeid.

Zoekmachines voor kinderen

Zoekmachines zijn een mooie uitvinding, maar het is duidelijk dat voor het gebruik van internet in het primair onderwijs een andere zoekmogelijkheid moet worden gecreëerd. Daartoe zijn er speciaal voor kinderen ontwikkelde websites, zoals meestersipke.nl, jeugdbieb.nl en koekelen.nl. Voor leerkrachten (en leerlingen) is er www.netwijs.nl.
De brochure *Slimmer zoeken, informatievaardigheden op de basisschool* helpt scholen met het aanleren van informatievaardigheden bij kinderen. Doel is om leerkrachten in de bovenbouw van het primair onderwijs het belang van informatievaardigheden te laten inzien, hen te inspireren en hen met ondersteuning van de bibliotheek te helpen informatievaardigheden een vaste plek in het onderwijs te geven (zie figuur 15.14).

FIGUUR 15.14 De brochure *Slimmer zoeken, informatievaardigheden op de basisschool*

Zoeken in een online encyclopedie

De algemene zoekmachines verwijzen regelmatig naar trefwoorden (lemma's) uit de online encyclopedie *Wikipedia*. Deze encyclopedie is een wereldproject niet alleen voor iedere wereldburger, maar ook van iedere burger: iedereen kan bijdragen leveren en iedereen kan veranderingen aanbrengen in reeds bestaande teksten. De naam slaat voor het deel *wiki* op snel, vlug en beweeglijk en voor het deel *pedia* op aan te vullen en te bewerken door iedereen.
De meest klemmende vraag voor gebruik in het onderwijs is de betrouwbaarheid. Volgens het wetenschappelijke tijdschrift *Nature* (2005) is Wikipedia vrijwel even betrouwbaar als de Encyclopædia Britannica. Dit houdt echter niet in dat Wikipedia volledig betrouwbaar is, maar wel dat Wikipedia als informatiebron niet minder goed te gebruiken is dan andere informatiebronnen. Een kritische houding blijft echter van belang: nooit blind vertrouwen op één bron. De oprichter van Wikipedia Larry Sanger is het daar volledig mee eens: 'Wikipedia moet niet gebruikt worden als enige bron van informatie over wat dan ook.' Wel wordt er gewerkt aan een programma (*WikiTrust*) om teksten op Wikipedia een achtergrondkleur te geven die de mate van betrouwbaarheid weergeeft. Daarnaast moet een team van eindredacteuren gaan bepalen of bepaalde wijzigingen doorgevoerd mogen worden. Aanpassingen zullen pas zichtbaar worden als ze groen licht hebben gekregen van een van de eindredacteuren.

Voor leerlingen op de basisschool is het taalgebruik van de lemma's op Wikipedia vaak nog te moeilijk. Daarom is er speciaal voor kinderen het programma Wikikids. Op www.wikikids.nl is ook een speciaal deel ingericht voor geschiedenis: het *GeschiedenisPortaal*. Hier kunnen leerlingen uit de bovenbouw informatie vinden over de geschiedenis van Nederland, België en de rest van de wereld. Er is ook een *OnderwijsPortaal* voor leraren en studenten.

Wikikids

De opbouw en de werking van Wikikids is vergelijkbaar met Wikipedia. Ook hier kunnen gebruikers nieuwe pagina's aanmaken of bestaande pagina's aanvullen. Op deze manier kunnen leerlingen ook bijdragen aan het vullen van deze online encyclopedie.

Beeldvormers

Websites bevatten ook lesmateriaal. In die zin verouderen ze net zo snel als gedrukt materiaal, wanneer de website niet zorgvuldig bijgehouden wordt. Internet is voortdurend aan verandering onderhevig. Er verdwijnen websites – sommige zoekmachines zijn niet bijgewerkt en verwijzen nog naar zulke sites –, maar er komen ook dagelijks veel sites bij: rijp en groen, nuttig of totaal zinloos voor het onderwijs.

Webquest

Een bijzondere vorm van lesmateriaal op internet is de webquest. Een webquest is een gestructureerde zoekopdracht op het internet die leerlingen veel houvast kan bieden. Op het internet zijn inmiddels veel webquests beschikbaar. De zoekopdrachten van de webquests zijn van verschillende aard. Sommige opdrachten zijn open, andere daarentegen zijn gesloten.

Geschiedeniswebsites

Een bonte verzameling van geschiedeniswebsites is te vinden op www.geschiedenis.startpagina.nl. Er bestaan verschillende websites die als naslagwerk voor de leerkracht te gebruiken zijn. Voorbeelden van dergelijke sites voor leerkrachten zijn:

- www.entoen.nu/po-docent, met veel informatie over de Canon van Nederland
- www.histoforum.net, met digitaal lesmateriaal voor primair en voortgezet onderwijs

- www.digischool.nl/geschiedenis
- www.onsverleden.net
- www.schooltv.nl

Voorbeelden van dergelijke sites voor leerlingen zijn:
- www.entoen.nu/po, met informatie voor leerlingen van groep 5 / 6 en groep 7 / 8
- www.geschiedenisvoorkinderen.nl
- www.schooltv.nl

Daarnaast zijn er websites met compleet lesmateriaal. Op www.entoen.nu staan bij veel canonvensters uitgewerkte lessen en op www.kennisnet.nl staan voorbeelden van lesmateriaal met toepassing van ICT.

15.7 Het kiezen van digitaal lesmateriaal

Kwaliteitscriteria educatieve weblessen

Los van het feit dat iedere leerkracht steeds weer zal moeten beoordelen of lesmateriaal op internet geschikt is voor de eigen groep, zijn er ook objectieve criteria om de kwaliteit van educatieve weblessen (of: websites) vast te kunnen stellen. Kennisnet heeft hiervoor een set van kwaliteitscriteria ontwikkeld. Deze *kwaliteitscriteria* hebben in de eerste plaats betrekking op de inhoud van de weblessen en in de tweede plaats op de meerwaarde van digitale leermiddelen ten opzichte van de traditionele (papieren) leermiddelen. Op basis van deze criteria is het volgende criteriumapparaat ontwikkeld, gericht op het beoordelen van de bruikbaarheid van een webles als lesmateriaal voor geschiedenis en samenleving.

Criteriumapparaat voor weblessen

Criteriumapparaat voor weblessen

A Inhoud

A1 De Kerndoelen Tijd en Mens en Samenleving

Al het lesmateriaal voor geschiedenis en samenleving moet voldoen aan de kerndoelen *Tijd* en *Mens en Samenleving*:
- In hoeverre past de inhoud van de webles bij deze kerndoelen? (Zie voor die kerndoelen hoofdstuk 11.) NB Niet alle makers van educatieve weblessen blijken op de hoogte te zijn van deze kerndoelen, zodat deze eerste 'check' fundamenteel is. De conclusie kan zelfs zijn: leuk, maar niet passend!
- In hoeverre sluit de inhoud van de webles aan op de leerdoelen voor geschiedenis en samenleving en op de voorkennis van de leerlingen?

A2 Kwaliteit van de inhoud

Weblessen moeten voldoen aan dezelfde criteria als ander lesmateriaal:
- In hoeverre is de inhoud van de webles (feitelijk) juist / betrouwbaar / bij de tijd?
- In hoeverre is de inhoud van de webles vrij van vooroordelen?
- In hoeverre is de inhoud van de webles volledig?

NB Er zijn weblessen die feitelijk onjuiste, onvolledige, onevenwichtige en zelfs misleidende informatie bevatten. Kennisnet adviseert om te kijken welke organisatie achter de webles zit als een mogelijke waarborg voor de kwaliteit van de informatie.

A3 Relatie met ander lesmateriaal
De weblessen over geschiedenis en samenleving moeten nader bekeken worden in relatie tot het lesmateriaal dat in de klas gebruikt wordt:
- Wat is de relatie van de inhoud van de webles met de in gebruik zijnde methode / lesmaterialen?
- Kan de webles delen van de methode / het lesmateriaal vervangen?
- Een serie weblessen kan aansluiten op de methode (methode-uitbreiding), maar ook – na grondige toetsing – delen uit de methode of ander lesmateriaal vervangen (methodevervanging).
- Een serie weblessen kan ook als extra stof gebruikt worden voor individuele leerlingen of een groepje leerlingen.

B Meerwaarde digitale leermiddelen
Makers van weblessen hebben andere mogelijkheden dan de makers van methoden / lesmaterialen op papier. Deze mogelijkheden hebben vooral betrekking op de presentatie, de authenticiteit en de actualiteit:

B1 De presentatie
- Is de totale opzet van de webles aantrekkelijk / uitnodigend / stimulerend?
- Is de lay-out van de webles aangenaam en praktisch (denk ook aan kleurgebruik)?
- Is er sprake van een goede verhouding tussen tekst en afbeeldingen?
- Zijn de onderdelen van de webles goed op elkaar afgestemd?

Het maken van een webles vergt de nodige doordenking. Het eindresultaat is niet altijd boeiend en motiverend: zo zijn er onaantrekkelijke weblessen, opsommerige weblessen met een slechte lay-out en te drukke weblessen.

B2 De gebruikte beeldvormers
- Wordt het onderwerp van de webles via origineel bronmateriaal in beeld gebracht?
- Wordt zo veel mogelijk gewerkt met historisch beeldmateriaal (bijvoorbeeld als er gekozen kan worden voor echte foto's of nagemaakte tekeningen)?
- Zijn de mogelijkheden om specifieke beeldvormers een plaats in de webles te geven voldoende benut? Te denken valt aan beeldvormers uit de volgende onderdelen van het beeldvormingsschema: *B Afbeeldingen, C Het gesproken woord, E Doen* (tabel 13.1).

NB Er zijn uitermate saaie weblessen, waar totaal geen sprake is van originaliteit, lessen die niet boven het niveau van gescande lesmaterialen uitkomen.

B3 Didactische aspecten van de weblessen
- In hoeverre is in de weblessen de plaatsing in de tijd en ruimte goed doordacht?
- In hoeverre bevatten de weblessen spelletjes, die een bijdrage leveren aan de beeldvorming van het onderwerp en die passen bij de inhoud van de weblessen en bij de doelgroep?

- In hoeverre bevat de webles verwerkingen / toetsen, die goed afgestemd zijn op de inhoud van de webles en op de doelgroep?

Ook weblessen moeten bij onderwerpen op het gebied van *Geschiedenis & Samenleving* zorgvuldig aandacht besteden aan plaatsing van het onderwerp in tijd en ruimte. Zowel op het gebied van tijdbalken als op het gebied van kaarten hebben websites creatievere mogelijkheden (beweging) dan een papieren hulpmiddel.
Een onderdeel dat educatieve weblesmakers veelvuldig opnemen is het spelletje. Ook hier is de webles in het voordeel ten opzichte van de papieren hulpmiddelen, alleen het niveau in relatie tot de doelgroep en de kwaliteit laat nogal eens te wensen over. Het gaat natuurlijk om 'leuk', anders spreekt het de leerlingen kennelijk niet aan, maar het dient ook te gaan om inhoud!
Ook voor verwerkingen en toetsen heeft de webles creatievere mogelijkheden dan papieren hulpmiddelen.

B4 De actualiteit
- In hoeverre is de informatie verbonden met de actualiteit?

Weblesmakers hebben de mogelijkheid om hun webles voortdurend bij te werken en moeten daarbij oog hebben voor de actualiteit: de inhoud van hun webles kunnen ze voortdurend plaatsen in de tijdstroom van verleden, heden, toekomst (zie figuur 13.29). In hoeverre is het mogelijk en wenselijk de inhoud van de webles te verbinden met de actuele ontwikkelingen? Voor leerlingen die ermee werken is dit een belangrijk element. Methodeschrijvers moeten wachten tot hun uitgave toe is aan de volgende druk.

Fundamenteel zijn en blijven de criteria onder A1. Wanneer die niet van toepassing zijn, valt de webles in ieder geval af.

15

Literatuur, een selectie

Beek, W. van & Verhallen M. (2012). *Taal een zaak van alle vakken, geïntegreerd taal- en zaakvakonderwijs op de basisschool*. Bussum: Uitgeverij Coutinho.

Blankensteijn, H. (2005). Wie het weet mag het schrijven, *NRC-Handelsblad,* 19 februari 2005 (over *Wikipedia*).

'De leraar als ontwerper', in: *Didaktief*, april 2005, p. 16.

Inspectie van het Onderwijs (2015). *Wereldoriëntatie, de stand van zaken in het basisonderwijs.* Utrecht (download: www.onderwijsinspectie.nl/publicaties).

Praxisbulletin, januari 2005, themanummer *Dat zoeken we op! Over het verwerken en presenteren van informatie.* Hierin o.m. Asten, J. van & J. Walta. *Opzet en beheer van de schoolmediatheek.*

Reints, A. & Wilkens, H. (2012). *Wat bepaalt de kwaliteit van digitaal leermateriaal?* In: *Weten Wat Werkt en Waarom. 4W* 1 (1), blz. 28-59. Utrecht: CLU. Expertisecentrum leermiddelenontwikkeling (download: http://4w.kennisnet.nl/artikelen).

SIOB, Kennisnet en Stichting Mijn Kind Online (2013). *Slimmer zoeken. Informatievaardigheden op de basisschool.* Den Haag: Stichting Mijn Kind Online (download: www.kn.nu/slimmerzoeken).

Wagenaar, H., Schoot, F. van der & Hemker, B. (2010). *Balans van het geschiedenisonderwijs aan het einde van de basisschool 4.* PPON-reeks nummer 42. Arnhem: Stichting Cito Intstituut voor Toetsontwikkeling.

Wagenaar, H., Schoot, F. van der & Hemker, H. (2011). *Balans Actief burgerschap en sociale integratie. Uitkomsten van de peiling in 2009.* PPON-reeks nummer 45. Uitgave Arnhem: Stichting Cito Instituut voor Toetsontwikkeling.

Ondersteuning via de website

Een uitgebreidere literatuurlijst bij dit hoofdstuk is te vinden op www.geschiedenisensamenleving.noordhoff.nl, evenals een samenvatting van dit hoofdstuk en een interactieve toetsenbank.

Studie- en onderzoeksopdrachten

De studie- en onderzoeksopdrachten zijn ingedeeld naar propedeuse, hoofdfase en afstudeerfase.

Studieopdrachten propedeuse en hoofdfase

15.1 Schoolboeken als beeldvormers voor *Geschiedenis & Samenleving*

a Ga aan de hand van een recent verschenen basisschoolboek voor *Geschiedenis & Samenleving* na welke onderdelen uit het beeldvormingsschema het best tot hun recht komen in dat schoolboek. Geef argumenten.

b Schoolboeken wekken de indruk de complete leerstof te bieden. In hoeverre klopt dit? Probeer dit steekproefsgewijs vast te stellen.

c Wat wordt bedoeld met het pleidooi voor 'kritisch en creatief gebruik' van een methode voor *Geschiedenis & Samenleving* door een leerkracht?

15.2 Geschiedenismethoden

a Ga naar www.wikiwijsleermiddelenplein.nl en kies op het beginscherm voor *Methodes zoeken / vergelijken* en *Primair Onderwijs.* Kies dan voor methodes zoeken en kies op *vak* voor *geschiedenis.* Je kunt de gevonden methoden selecteren op datum of op alfabet.
Kies uit de gevonden methoden vier methoden die je met elkaar wilt vergelijken. Let op; er zijn verschillende pagina's waar je je keuze uit kunt maken.
Wat valt op als je kijkt naar:

- De doelgroepen
- De samenstelling
- De leerstofinhoud
- De leerstofordening?

b Welke van de door jou vergeleken methodes spreekt je het meest aan? Waarom?

15.3 Staatsinrichtingmethoden

a Uit de tekst van paragraaf 15.3 blijkt dat staatsinrichtingsonderwijs een slechte reputatie heeft en dat staatsinrichtingmethoden daaraan bijgedragen hebben. Verklaar dit.

b In paragraaf 15.3 worden voor- en nadelen van het werken met een staatsinrichtingmethode genoemd. Wat weegt het zwaarst?

15.4 Mediatheek

a In paragraaf 15.5 wordt voor het documentatiecentrum – de mediatheek een dubbele functie bepleit. Welke twee functies worden bedoeld?

b Het idee dat alles op te zoeken is, kan nooit het uitgangspunt van een schoolteam zijn. Waarom niet?

c Bedenk bij de beschrijving van het zoekproces in paragraaf 15.5 (van het formuleren van de zoekvraag tot en met de terugblik op de presentatie: de reflectie) welke ondersteuning de leerkracht bij elke stap kan c.q. moet bieden.

15.5 Internet

a Zoek op internet informatie over dinosaurussen en de geschiedenis van de televisie. Beschrijf hoe je bij die informatie terechtgekomen bent. Hoe kunnen leerlingen dit leren? Is de gevonden informatie toegankelijk voor leerlingen?

b Wikipedia is op internet een makkelijk toegankelijke zoekbron, maar ook wel een bedenkelijke. Waarom?

Onderzoeksopdrachten propedeuse

15.6 Onderzoek steekproefsgewijs het gebruik van de geschiedenismethode in verschillende groepen van dezelfde school: hoe wordt ermee gewerkt (vergelijk figuur 15.1)?

15.7 Ga met een tweetal leerlingen uit de bovenbouw op zoek naar informatie op internet over een onderwerp dat recent in de klas aan de orde geweest is. Analyseer hoe de leerlingen zoeken en in hoeverre er van uitbreiding van reeds bestaande kennis gesproken kan worden.

15.8 Bekijk de boekjes van *De Ruiter's Documentatiecentrum* en bedenk:

a Welke delen zijn bruikbaar voor *Geschiedenis & Samenleving*?

b Hoe zouden leerlingen met deze boekjes kunnen werken?

15.9 Bestudeer een klassikale tijdbalk. Denk daarbij aan vormgeving, de ophangmogelijkheid, de omvang, de tijdsindeling, de afbeeldingen en de mogelijkheden voor gebruik.

Onderzoeksopdrachten hoofdfase

15.10 Vergelijk twee geschiedenismethoden op hun bijdrage aan de beeldvorming. Maak eerst een inventarisatie van beeldvormers. Kom daarna tot een beoordeling per methode en vervolgens tot een vergelijking.

15.11 Ook methoden op het gebied van *Geschiedenis & Samenleving* lijden onder het verschijnsel schooltaal. Probeer hiervan een beeld te krijgen door stukjes tekst met leerlingen te analyseren.

15.12 Onderzoek door middel van interviews en observaties hoe in een basisschool wordt gewerkt met de mediatheek in de verschillende 'bouwen' van een basisschool.

15.13 Volg via de kinderzoekmachines *meestersipke.nl*, *jeugdbieb.nl*, *koekelen.nl* en *netwijs.nl* de zoekweg naar de onderwerpen *Gouden Eeuw* en *Industriële Revolutie*. Beoordeel de zoekweg en de resultaten.

15.14 Analyseer een recent verschenen voorbeeld van incidenteel lesmateriaal. Pas het criteriumapparaat erop toe en kom tot een voorstel: wel of niet aanschaffen.

15.15 Kies een van de lessen op *www.histoforum.net/lesmateriaal2/bo.htm* en pas op deze les de criteria voor weblessen toe. Wat zijn de conclusies?

Onderzoeksopdrachten afstudeerfase

15.16 Kies van een recente geschiedenismethode één deel en neem de handleiding, het leerlingenboek en, indien aanwezig, het werkschrift en het toetsboek. Pas op dit materiaal het criteriumapparaat van paragraaf 15.2 toe. Wat zijn de uitkomsten?

15.17 Neem van twee recente geschiedenismethoden delen voor dezelfde groep en vergelijk de aanwijzingen die gegeven worden voor het werken in combinatiegroepen. Wat zijn de conclusies?

15.18 Loop het hele criteriumapparaat voor het kiezen van een geschiedenismethode door en bepaal beargumenteerd welke criteria minimaal positief moeten scoren om tot aanschaf over te gaan.

15.19 Analyseer aan de hand van het criteriumapparaat in een recente geschiedenismethode de leerstof op het gebied van staatsinrichting. Wat zijn de conclusies?

15.20 Een school moet een nieuwe geschiedenismethode gaan aanschaffen. Analyseer de wensen van het schoolteam door interviews af te nemen bij de directeur en enkele leerkrachten en vergelijk verschillende recente methodes op basis van het criteriumapparaat in paragraaf 15.2. Doe op basis van je onderzoek een beargumenteerd voorstel voor de aanschaf van een nieuwe geschiedenismethode voor deze school.

16

Een schoolprogramma voor *Geschiedenis & Samenleving*

Een doorgaande lijn voor *Geschiedenis & Samenleving* in de basisschool

In voorgaande hoofdstukken is herhaaldelijk in de tekst verwezen naar een schoolprogramma, het programma voor *Geschiedenis & Samenleving* van een school. Hoe ziet een schoolprogramma voor *Geschiedenis & Samenleving* eruit? Om welke leerstof gaat het? Hoe is die leerstof over de verschillende groepen geordend in doorgaande lijnen? Dat zijn de vragen die centraal staan in dit hoofdstuk. Zij worden in algemene zin beantwoord. Een nadere uitwerking van het schoolprogramma behoort niet tot de mogelijkheden. Het schoolprogramma is van één bepaalde school, gebaseerd op de keuzes van het schoolteam (en de ouders), gericht op de eigen leerlingen.

Via dit hoofdstuk wordt gewerkt aan de competenties op het gebied van *Werken met collega's in teamverband* met als indicatoren:

3.6 De leraar kan de algemene uitgangspunten voor het schoolprogramma *Geschiedenis & Samenleving*, gebaseerd op menselijke waardigheid, vorm geven in de dagelijkse onderwijspraktijk.

3.7 De leraar kan in teamvergaderingen een constructieve bijdrage leveren aan de steeds voortgaande discussie in het team over de manier waarop de multiculturele samenleving en oorlog en vrede in relatie tot de hedendaagse maatschappelijke ontwikkelingen in het schoolprogramma *Geschiedenis & Samenleving* aan de orde komen.

3.8 De leraar kan in de weekplanningen van het onderwijs vorm en inhoud geven aan de samenhang van de onderdelen van *Geschiedenis & Samenleving*.

De leraar kan bij de voorbereiding, uitvoering en evaluatie van zijn lessen en door inbreng in de teamvergaderingen:

3.9 De samenhang aangeven tussen de vier onderdelen van *Geschiedenis & Samenleving*: tijd, heden, verleden en toekomst.

3.10 De voor- en nadelen van de verschillende leerstofordeningen voor 'oriëntatie in het verleden' verwoorden en met die voor- en nadelen in de praktijk rekening houden.

3.11 Voor het onderdeel 'oriëntatie in het verleden' de verschillende indelingen van het verleden – in perioden, samenlevingsvormen en tijdvakken – hanteren.

3.12 De criteria, waaraan (klassikale) tijdbalken moeten voldoen, toepassen.

3.13 De doorgaande lijn voor *Geschiedenis & Samenleving* door de hele school, zowel op het gebied van inhouden als op het gebied van vaardigheden, overzien.

16.1 Algemene uitgangspunten

In hoofdstuk 11 is aangegeven wat de wettelijke taak van een school is. Die taak moet verder uitgewerkt en geconcretiseerd worden in een schoolprogramma. Iedere deelnemer aan een discussie over het schoolprogramma heeft eigen ideeën over hoe mensen en maatschappijen zijn of zouden moeten zijn. Dat heeft in heel wat vergaderingen over de inhoud van het onderwijs steeds weer tot zeer uitgebreide discussies geleid.

Het Nederlandse onderwijs is verdeeld in openbare en bijzondere scholen. Het openbaar en het bijzonder onderwijs hebben algemene uitgangspunten, die bepalend zijn voor een schoolprogramma.

Openbaar onderwijs

De algemene uitgangspunten van het *openbaar onderwijs* zijn vastgelegd in artikel 46 van de Wet op het primair onderwijs. Dit artikel luidt:

46.1 Het openbaar onderwijs draagt bij aan de ontwikkeling van de leerlingen met aandacht voor de levensbeschouwelijke en maatschappelijke waarden zoals die leven in de Nederlandse samenleving en met de onderkenning van de betekenis van de verscheidenheid van die waarden.

46.2 Openbare scholen zijn toegankelijk voor alle kinderen, zonder onderscheid van godsdienst of levensbeschouwing.

46.3 Openbaar onderwijs wordt gegeven met eerbiediging van ieders godsdienst of levensbeschouwing.

De wet typeert de openbare school als een ontmoetingsplaats voor allerlei visies en opvattingen, gekoppeld aan het bepaald niet statische begrip 'de Nederlandse samenleving'. Deze wettelijke uitgangspunten hebben vanzelfsprekend consequenties voor het schoolprogramma, zeker ook voor het onderdeel *Geschiedenis & Samenleving.*

Bijzonder onderwijs

Door de vrijheid van onderwijs kent Nederland ook niet-openbare scholen: het *bijzonder onderwijs*. Daartoe behoren de algemeen-bijzondere of de bijzonder-neutrale scholen, evenals de scholen, die gesticht zijn op basis van een religieuze overtuiging, zoals de rooms-katholieke, de protestants-christelijke en de islamitische scholen. In deze scholen zal de religieuze overtuiging in het hele onderwijs doorklinken. In het schoolprogramma komt dit tot uitdrukking in de leerstofselectie, in de presentatie van de leerstof en in de waardeoordelen, die worden uitgesproken.

Of het nu om openbare of bijzondere scholen gaat, alle scholen hebben een aantal algemene uitgangspunten op het gebied van mens en maatschappij gemeen, die richtinggevend zijn voor de inhoud van het onderwijs in het algemeen en voor de inhoud van *Geschiedenis & Samenleving* in het bijzonder. Centraal staat de *menselijke waardigheid*, zoals ook verwoord in één van de motto's van dit boek: *Ik dacht dat u een mens was.* Onderwijzen vraagt om een houding van respect en eerbied voor de mens en dus ook voor het kind. Deze houding behoort bij voortduring tot uitdrukking te komen in de activiteiten van de leerkrachten en bij voortduring ontwikkeld en gestimuleerd te worden bij de leerlingen: *menselijke waardigheid* als norm voor de onderwijsactiviteiten.

Menselijke waardigheid

Die menselijke waardigheid komt tot uitdrukking in het hanteren van de *Rechten van de Mens* (10 december 1948) als norm, bij de strijd tegen discriminatie en racisme en vóór respect, tolerantie en emancipatie (figuur 16.1).

Rechten van de Mens

FIGUUR 16.1 De rechten van de mens

Algemeen

I Mensenrechten voor iedereen: verbod op iedere vorm van discriminatie

Mensenrechten gelden voor iedereen zonder onderscheid op grond van

- ras
- kleur
- geslacht
- taal
- godsdienst
- politieke of andere voorkeur
- afkomst
- eigendom
- geboorte of status

Individueel

II Burgerlijke en politieke rechten

Burgerlijke rechten
- verbod van willekeurige arrestatie
- verbod van marteling
- verbod van moord
- verbod van verdwijning
- recht op privacy

Politieke rechten
- vrijheid van godsdienst en levensovertuiging
- vrijheid van meningsuiting en persvrijheid
- vrijheid van vereniging en vergadering
- vrijheid van vakbonds- en politieke activiteiten
- recht om te kiezen en gekozen te worden

III Economische, sociale en culturele rechten

Recht op basisbehoeften:
- voedsel
- gezondheidszorg
- onderwijs
- huisvesting

Economisch-sociaal recht op:
- levensstandaard
- sociale zekerheden en sociale voorzieningen
- werk

Cultureel recht op:
- eigen cultuur
- vrijheid voor culturele activiteiten

Collectief

IV Recht op zelfbeschikking

1 Alle volken bezitten het zelfbeschikkingsrecht. Zij bepalen in alle vrijheid hun politieke status en streven vrijelijk hun economische, sociale en culturele ontwikkeling na.

2 Alle volken kunnen vrijelijk beschikken over hun natuurlijke rijkdommen en hulpbronnen. In geen geval mogen een volk zijn bestaansmiddelen worden ontnomen.

In de Nederlandse Grondwet is de menselijke waardigheid vastgelegd in artikel 1:

> 'Allen die zich in Nederland bevinden worden in gelijke gevallen gelijk behandeld. Discriminatie wegens godsdienst, levensovertuiging, politieke gezindheid, ras, geslacht of welke grond dan ook, is niet toegestaan'.

Met deze zowel internationaal als nationaal vastgelegde Rechten van de Mens is een absoluut criterium voorhanden om de werkelijkheid te toetsen. Voor het onderwijs betekent het dat de gekozen leerstof doordrongen zal moeten zijn van de menselijke waardigheid óf van het ontbreken van die waardigheid. Mensenrechten gelden voor alle mensen. Discriminatie op grond van geslacht, ras en kleur, maar ook op grond van godsdienst en levensovertuiging is verboden. Zo staat het in de *Universele Verklaring van de Rechten van de Mens* (artikel 1 en 2) en de Nederlandse Grondwet (artikel 1).
Deze artikelen hebben een extra dimensie gekregen door de vestiging van grote groepen nieuwe Nederlanders in de Nederlandse samenleving. In de Wet op het primair onderwijs is deze ontwikkeling als volgt verwoord:

Multicultureel

> 'Het onderwijs gaat er mede van uit dat de leerlingen opgroeien in een multiculturele samenleving' (artikel 8, lid 3).

16

De Rechten van de Mens zijn gebaseerd op een situatie van vrede. Oorlog en geweld staan haaks op de *Universele Verklaring van de Rechten van de Mens* (figuur 16.2).

FIGUUR 16.2 Oorlog en geweld staan haaks op mensenrechten: terugkeer in de woonplaats in 1945

Oorlog en vrede

Vandaar dat specifieke aandacht voor *oorlog en vrede* tot de algemene uitgangspunten voor het schoolprogramma behoort. Met name het geschiedenisonderwijs heeft een trieste traditie als het verhaal van oorlogen. Oorlogen die in de boekjes vaak voorgesteld worden als iets onontkoombaars, ja zelfs als iets vanzelfsprekends. Maar zo hoeft en moet het niet. Het geschiedenisverhaal kan er ook heel anders uitzien! Geschiedenis kan ook duidelijk maken dat er veranderingen mogelijk zijn en dat de mens de producent is van de toekomst.

In het kader van oorlog en vrede is het de vraag of leerlingen in de basisschool al geconfronteerd moeten worden met wereldproblemen. Die confrontatie komt vanzelf wel is een veelgehoorde redenering. Maar een dergelijke aanpak heeft weinig zin. In haar rede *Pedagogie in de schaduw van het jaar 2000 of Hulde aan de hoop* wijst Lea Dasberg uitstel van de confrontatie met wereldproblemen af:

> 'We moeten sociale en politieke problemen niet weer gaan verdoezelen voor kinderen, maar we moeten ze bij presentatie aan hen wel pedagogisch vertalen. (...) De pedagoog moet bij zijn invoering van kinderen in de wereld deze wereld niet alleen pedagogisch vertalen, hij moet er ook zelf in geloven. Hij moet voor zichzelf helderheid hebben, en dat ook kunnen overdragen, volgens welke waarden en normen het hopen op de toekomst gerechtvaardigd is. Angst voor hel en verdoemenis heeft mensen nog nooit fatsoenlijker gemaakt. Integendeel, radeloosheid leidt tot agressie en destructie. Er bestaat geen andere pedagogie dan de pedagogie van de hoop.'

16

Vóór in het boekje met de tekst van haar rede staat dan ook de volgende opdracht:
'Aan de nagedachtenis van mijn moeder, die haar kinderen ondanks de Holocaust voorleefde hoezeer het leven de moeite waard is.'

Er zijn verschillende mogelijkheden om de hiervoor genoemde algemene uitgangspunten te verwerken in een schoolprogramma. Zo is er wel voor gepleit om hiervoor aparte lesprogramma's te maken onder de verzamelnaam de *educaties*: onder meer mensenrechteneducatie, intercultureel onderwijs, mondiale vorming, ontwikkelingseducatie en vredeseducatie of vredesopvoeding. Met zulke aparte lesprogramma's is het risico aanwezig dat aandacht voor zo'n algemeen uitgangspunt beperkt blijft tot een losstaand gebeuren, een incident, bijvoorbeeld in de vorm van een les of een lessenserie. Meer effect wordt bereikt als die uitgangspunten doorlopend aan de orde gesteld worden in het schoolprogramma.

Educaties

16.2 Plaats van *Geschiedenis & Samenleving*

De vraag naar de plaats van *Geschiedenis & Samenleving* in het schoolprogramma kan op zeer uiteenlopende manieren worden beantwoord (vergelijk figuur 16.3).
Daarvoor zijn de termen *cursorisch* en *thematisch* onderwijs in gebruik.
De eerste mogelijkheid is dat gekozen wordt voor aandacht voor elk *kennisgebied afzonderlijk*. De consequentie daarvan is dat op het lesrooster de lesuren voor geschiedenis, de lesuren voor maatschappelijke verhoudingen, waaronder staatsinrichting, en de lesuren voor geestelijke stromingen apart vermeld staan. Voor alle drie onderdelen van *Geschiedenis & Samenleving* zijn er dan cursorische programma's. In de praktijk kan zó gewerkt worden, maar gelet op de beschikbare tijd past zo'n opzet niet in alle leerjaren. Dan

Cursorisch en thematisch

Afzonderlijke kennisgebieden

moet op basis van zelf te stellen prioriteiten op grond van een duidelijk geformuleerde doorgaande lijn een verdeling van de tijd voor deze kennisgebieden over de acht leerjaren worden gemaakt.

FIGUUR 16.3 Vijf programmeringsmogelijkheden

1. *Thematisch onderwijs*
(uitsluitend thema's)
Als totaal:

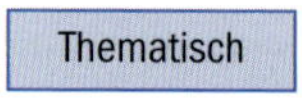

In tijd:

2. *THEMATISCH-cursorisch*
(overwegend thema's aangevuld met een paar korte cursussen)
Als totaal:

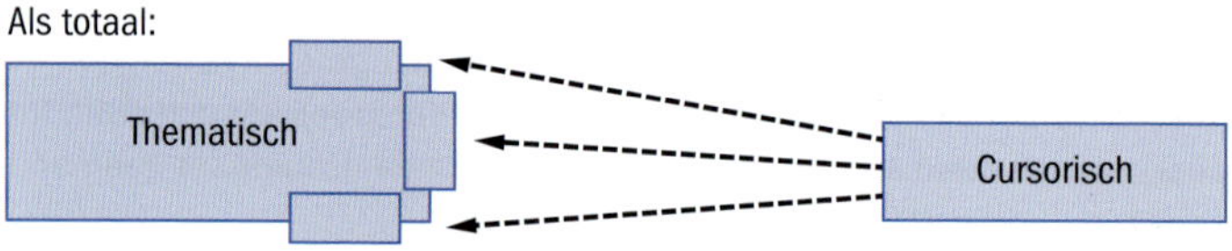

In tijd:

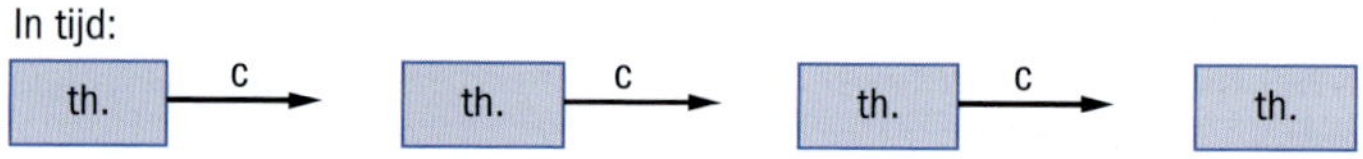

3. *THEMATISCH-CURSORISCH*
(voor de helft thema's, voor de helft vakken die elkaar aanvullen en uitdiepen)
Als totaal:

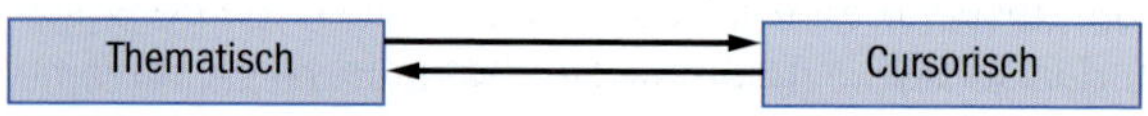

In tijd:

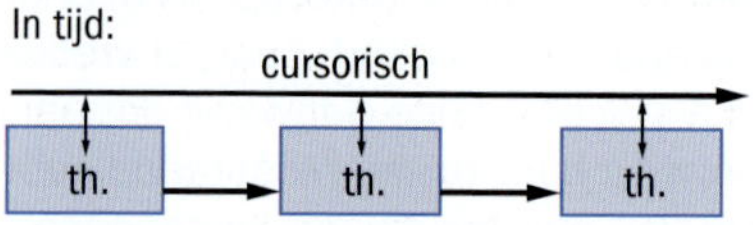

4. *CURSORISCH-thematisch*
(overwegend vakken aangevuld met enkele thema's)
Als totaal:

In tijd:

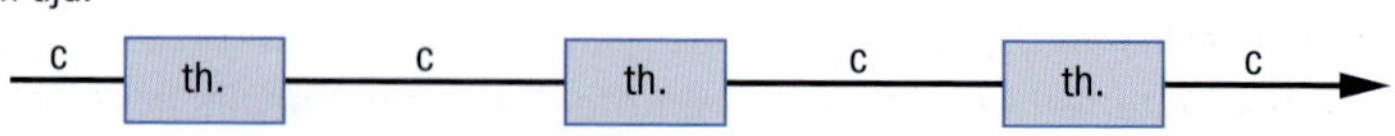

5. *Cursorisch onderwijs*
(uitsluitend vakken die onderling gecoördineerd worden)
Als totaal:

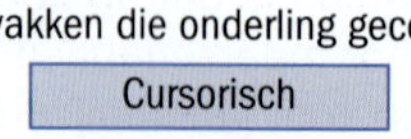

In tijd:

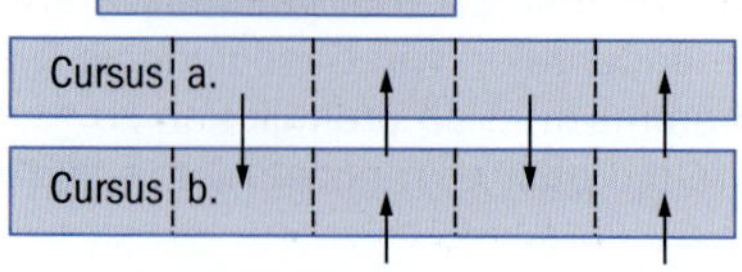

Kennisgebieden in onderlinge samenhang

Meer voor de hand liggend is echter dat deze *kennisgebieden in onderlinge samenhang* aan de orde komen. De programma's voor geschiedenis, maatschappelijke verhoudingen en geestelijke stromingen worden als het ware in elkaar geschoven, zoals verschillende geschiedenismethoden voor het basisonderwijs ook doen. *Geschiedenis & Samenleving* komt dan cursorisch aan de orde.

Raakvlakken in een schoolprogramma

Een samenhangend programma *Geschiedenis & Samenleving* heeft vanzelfsprekend *raakvlakken* met programma's van andere onderdelen van het schoolprogramma. Onderwijs werkt voor leerlingen vervreemdend wanneer raakvlakken in de programma's (systeemscheiding) genegeerd worden. Er kan op drie manieren met die raakvlakken worden omgegaan:

1 *De programmaonderdelen blijven volstrekt apart.*
Er wordt geen aandacht besteed aan de raakvlakken.

2 *De programmaonderdelen worden gecoördineerd.*
Waar wenselijk en mogelijk worden de inhouden van de onderdelen op elkaar afgestemd. Zo is het goed mogelijk dat onderdelen uit *Geschiedenis & Samenleving* gecoördineerd worden met onderdelen uit de aardrijkskunde, of met expressie- of taalactiviteiten. Uitgangspunt daarbij is dat de planning van *Geschiedenis & Samenleving* daarvoor niet hoeft te worden aangepast. Het gaat hier om incidentele mogelijkheden die in het schoolprogramma al opgenomen zijn.

16

3 *De programmaonderdelen worden geïntegreerd.*
De verschillende onderdelen gaan op in een groter geheel. Voor geïntegreerd onderwijs wordt meestal de term *thematisch onderwijs* gebruikt. Een thema is een onderwerp dat vanuit verschillende onderwijsinhouden ingevuld wordt. Thematisch onderwijs kan betrekking hebben op alle onderwijsonderdelen die onder de noemer kennisgebieden ('wereldoriëntatie') thuishoren. Thematisch onderwijs kan ook uitgebreider worden opgevat met ook taal, rekenen en expressie erbij: totaliteitsonderwijs. Thematisch onderwijs kan structureel zijn: het hele onderwijs is thematisch. Het kan echter ook incidenteel zijn: de lesprogramma's van de onderwijsonderdelen worden doorbroken door een thema (een project). Er zijn ook nog allerlei tussenvormen. Het volledig integreren van het programma voor *Geschiedenis & Samenleving* in thematisch onderwijs maakt dat de eigen structuur van dit programma verloren gaat.

Thematisch onderwijs

Het is belangrijk op het lesrooster tijd te reserveren voor thematisch onderwijs. Actuele onderwerpen, die door de leerlingen of de leerkracht worden aangedragen, kunnen in die tijd aan de orde gesteld worden. Ook het werken in de mediatheek (zie hoofdstuk 15) is in die tijd mogelijk. Zowel de actuele als de opzoekonderwerpen zullen aspecten van *Geschiedenis & Samenleving* in zich hebben.

Projecten

Er zijn ook scholen die cursorische programma's incidenteel afwisselen met thematisch onderwijs in de vorm van *projecten*. Ook hieraan kan het programma *Geschiedenis & Samenleving* nuttige bijdragen leveren. Voorwaarde is dan wel dat deze bijdragen functioneel en essentieel zijn (zowel voor de onderwerpen als voor de leerlingen). In de praktijk wordt met name voor geschiedenis maar al te vaak te werk gegaan op de manier van 'o ja, er moet ook nog een historisch aspect bij'.
Bij beide vormen van thematisch werken (via het lesrooster en incidenteel) moet steeds goed de *beginsituatie* van het cursorische programma *Geschiedenis & Samenleving* in het oog worden gehouden.

Samengevat betekent dit voor *Geschiedenis & Samenleving*:

- De onderwijsinhouden geschiedenis, maatschappelijke verhoudingen en geestelijke stromingen komen geïntegreerd aan de orde.
- Deze onderwijsinhouden vormen samen een apart programma (cursorisch), dat incidenteel gecoördineerd kan worden met andere vakgebieden uit het schoolprogramma.
- *Geschiedenis & Samenleving* levert daarnaast bijdragen aan de actualiteitsonderwerpen in de vorm van thematisch onderwijs, dat in het lesrooster opgenomen is.

16.3 Interne structuur van het programma *Geschiedenis & Samenleving*

Het programma *Geschiedenis & Samenleving* bestaat uit vier onderdelen die in onderling verband aan de orde komen:

1 *Oriëntatie in de tijd*.
Een globale invulling van het werken met de dagelijkse én met de historische tijd.

2 *Oriëntatie in het heden*.
De nadruk ligt op de ontwikkeling van een begrippenapparaat om greep te krijgen op de hedendaagse werkelijkheid. De kennis van de hedendaagse werkelijkheid fungeert als beginsituatie voor lessen over de historische werkelijkheid.

3 *Oriëntatie in het verleden*.
Beeldvorming van het verleden, toegespitst op de ontwikkelingen in de tien tijdvakken en op de inhoud van de vijftig canonvensters.

4 *Oriëntatie op de toekomst*.
Als vanaf het negende jaar het begrip toekomst voor kinderen steeds meer gaat leven, kan het onderwijs daaraan bijdragen door vanaf groep 6 de oriëntatie op de toekomst in positieve zin te stimuleren door bij lessen over heden en verleden de toekomst te betrekken.

16

16.4 Een programma voor onder- en middenbouw

Oriëntatie in de tijd

Dagelijkse tijd

Voor het programmaonderdeel *Oriëntatie in de tijd* in de groepen 1 tot en met 4 wordt begonnen met de oriëntatie in de *dagelijkse tijd*. In deze periode van hun leven leren de kinderen de seizoenen (de biologische tijd), de tijdsbegrippen van de klok en de kalender: uren, dagen, maanden, jaren. De leerkrachten van deze vier groepen maken onderling afspraken over de opbouw van zo'n programma dagelijkse tijd. Voor die opbouw is de concentrische opzet het beste: veel herhaling, maar ook uitbreiding en verdieping. De kinderen in de groepen 1 en 2 zijn nog vrijwel niet in staat tijdsperioden te overzien. Vaste ritmen in het groepsgebeuren en constante aandacht voor de tijd in de kringgesprekken kunnen ertoe bijdragen, dat tijdsbegrippen van de dagelijkse tijd voor hen inhoud gaan krijgen. In eerste instantie gaat het om begrippen als ochtend, middag, avond, dag en nacht, gevolgd door de dagen van de week (figuur 16.4).

FIGUUR 16.4 Vaste ritmen: de dagen van de week

Voor alle vier de groepen geldt dat er op een ongedwongen manier aan deze onderwerpen wordt gewerkt. Geen lessen met de doelstelling: na afloop van deze les kennen de leerlingen de volgorde van de dagen van de week, maar voortdurend afwisselende activiteiten, waarin tijdsaspecten verstopt zitten. Daarvoor zijn versjes, liedjes, verhaaltjes en spelletjes van groot belang. Leerkrachten van deze onderbouwgroepen doen er goed aan een soort ideeenboek aan te leggen, waarin materiaal over de dagelijkse tijd wordt verzameld. Juist de verpakking (het versje, het verhaal) moet het onderwerp voor de leerlingen toegankelijk maken.
Om op het gebied van oriëntatie in de tijd met de groepen 1 tot en met 4 verantwoord concentrisch te kunnen werken, is het van belang de ontwikkeling die de kinderen doormaken vast te stellen. Gesprekjes of oefeningen zijn nodig om te bepalen of het kind toe is aan uitbreiding of verdieping, of dat er door middel van herhaling eerst nog een pas op de plaats gemaakt

moet worden. In één groep kunnen de vorderingen op het gebied van oriëntatie in de tijd enorm verschillen. Door de vorderingen te registreren in het leerlingvolgsysteem kan de voortgang worden bijgehouden en kunnen leerkrachten gericht actie ondernemen om hun leerlingen te stimuleren in de ontwikkeling van het dagelijks tijdsbesef.

Leerlingvolgsysteem

Tijd visualiseren

In de praktijk worden verschillende manieren gehanteerd om de *tijd* te *visualiseren*. Zo wordt de vorm van de klok niet alleen voor de klok gebruikt, maar ook voor de dagen van de week, de seizoenen, de maanden van het jaar. De klokvorm wordt ook wel beperkt tot de klok alleen en voor de week, seizoenen en het jaar wordt overgegaan op een balk. Deze twee verschillende manieren houden verband met twee verschillende aspecten van de tijd. Wie de tijd in de klokvorm oefent, wil benadrukken dat de tijd uit een cyclus bestaat. Na elke zondag komt een maandag; na juni komt juli. Dit *cyclische aspect* van de tijd is het beste te leren door de uren, dagen, maanden en seizoenen in een klokvorm te presenteren (figuur 16.5).

Cyclische aspect

FIGUUR 16.5 De tijd als cyclus: de jaarklok

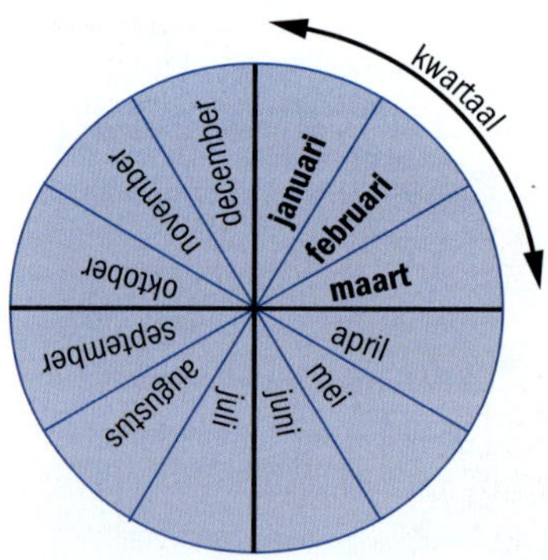

Behalve het formele herhalingsaspect heeft de tijd ook een inhoudelijk aspect: weliswaar komt er na de zondag altijd een maandag, maar op de maandagen gebeurt niet altijd hetzelfde. Inhoudelijk herhaalt de tijd zich niet. Dit niet-herhaalbare aspect van de tijd kan het beste lineair uitgebeeld worden in de vorm van een lijn, *balk* of lint. Deze vorm maakt duidelijk dat de tijd die geweest is, voorbij is en dat er steeds weer een nieuwe tijd voor handen is. Het gebruiken van zo'n lijn, balk of lint is een mooie voorbereiding op de tijdbalk voor de oriëntatie in het verleden (figuur 16.6).

De balk

FIGUUR 16.6 De lineaire afbeelding van de tijd: de weekbalk

De week

Daarnaast bevat het programma voor de groepen 1 tot en met 4 activiteiten op het gebied van de *historische tijd* (*vroeger*). Ook hiervoor is het belangrijk dat de leerkrachten van deze vier groepen onderling afspraken maken over de opbouw van zo'n programma. Het model met de drie niveaus van histo-

Historische tijd (vroeger)

risch tijdsbesef in hoofdstuk 12 (figuur 12.6) kan hiervoor uitgangspunt zijn. Startpunt voor activiteiten op het niveau ontluikend historisch tijdsbesef in de groepen 1 tot en met 3 kunnen opmerkingen zijn die kinderen in de kring maken over bezoeken aan opa's en oma's, over eigen herinneringen of over voorwerpen uit vroeger tijd die thuis ontdekt zijn. Gasten in de klas, een tentoonstelling van oude voorwerpen, bijvoorbeeld speelgoed van vroeger en foto's van de eigen levensgeschiedenis zijn goede mogelijkheden om het begrip 'vroeger' te concretiseren. Ook de eigen levensgeschiedenis van de leerkracht kan daarbij een (voorbeeld)rol spelen.

Ontluikend historisch tijdsbesef

Steeds kan met de leerlingen besproken worden wat verschillen zijn tussen vroeger en nu. Er kan gewerkt worden met een eenvoudige tijdbalk zonder jaartallen, met een ordening van 'het langst geleden' – 'heel lang geleden' – 'lang geleden' – 'nu' (of 'onze tijd'). Bij deze balk kunnen leerlingen rubriceeroefeningen doen met voorwerpen en / of afbeeldingen (figuur 16.7).

FIGUUR 16.7 Eenvoudige tijdbalk, gebruikt bij een thema in groep 1-2 over de Tijdmachine

Voor de meeste leerlingen vindt in groep 4 de overgang plaats van ontluikend naar aanvankelijk historisch tijdsbesef (zie paragraaf 12.3). Dat houdt in dat zij de indeling van de eenvoudige tijdbalk van groep 1-2 kunnen gaan combineren met enkele namen van tijdvakken die het meest recent en het langst geleden zijn. Eventueel kunnen daarbij ook al jaartallen gebruikt worden, maar die hebben meer de functie van kennismaking dan dat leerlingen ze al moeten gebruiken of kennen.

Aanvankelijk historisch tijdsbesef

In toenemende mate worden voor deze groepen door uitgevers onderwijsmaterialen over de historische tijd op de markt gebracht. Dergelijke uitgaven zijn nuttig voor leerkrachten om er ideeën aan te ontlenen. Het is echter beter de eerste activiteiten op het gebied van de historische tijd niet met een boekje uit te voeren. De onderwerpen daarvoor kunnen beter worden gekozen op basis van de inbreng van de kinderen, vanuit onderwerpen in de

schoolomgeving en vanuit verhalen, afbeeldingen en filmpjes die de leerkrachten weloverwogen kiezen.
Behalve deze activiteiten over het recente verleden via tastbare en concrete overblijfselen zijn ook mythologische verhalen over essentiële zaken als 'Hoe komt de mens aan vuur?' of 'Kan de mens vliegen?' van belang. Deze door de leerkracht te vertellen verhalen doen de kinderen beseffen dat zich vóór het heden al heel wat afgespeeld heeft en dat alles ergens een begin heeft. Zeker als deze verhalen worden ondersteund met afbeeldingen, bijvoorbeeld op het digibord.
Ook voor de historische tijd is het van belang dat de leerkracht de ontwikkeling van de leerlingen volgt en registreert. Bijvoorbeeld het kunnen toepassen van tijdsbegrippen als 'heel lang geleden'en 'onze tijd' of van al enkele namen van de historische tijdvakken.

Groep 5 dagelijkse tijd

Groep 5 is op tijdsgebied een duidelijke overgangsgroep (zie figuur 16.8). Hier vindt de afronding van de *dagelijkse tijd* plaats. Hier komt het jaartal nadrukkelijker aan bod, in samenhang met de beginsituatie van de kinderen op het gebied van getallen (> 1.000). Leerlingen die om welke reden ook achterstand in de ontwikkeling van hun dagelijks tijdsbesef opgelopen hebben, krijgen extra aandacht en zorg. De overige leerlingen moeten het onderwerp dagelijkse tijd nu zo beheersen, dat er geen sprake meer is van terugval in de kennis en beheersing.

16

FIGUUR 16.8 Dagelijkse en historische tijd

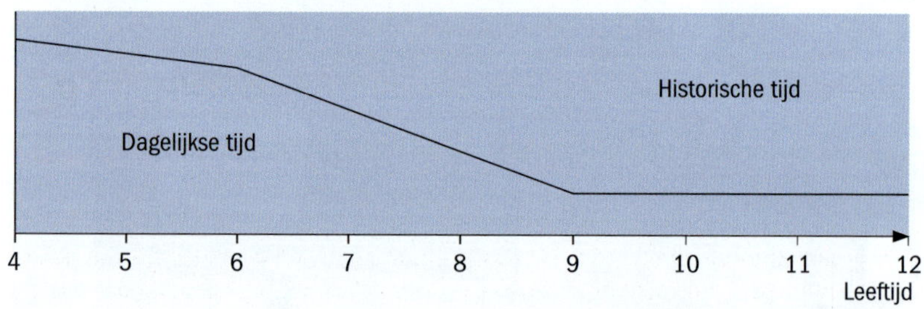

Groep 5 historische tijd

Tegelijk is groep 5 de groep waar verder gewerkt wordt aan het aanvankelijk historisch tijdsbesef. Via concrete onderwerpen ontdekken de leerlingen – nu grondiger dan in de groepen 3 en 4 – dat er een verleden bestaat en dat zich in dat verleden ontwikkelingen voorgedaan hebben (het begrip 'verandering').

In toenemende mate hebben methodeschrijvers groep 5 betrokken bij hun vastliggend programma (zie hiervoor het overzicht in figuur 15.5). Beter nog dan via boekjes kan aan dit onderdeel worden gewerkt door middel van voorwerpen, verhalen, afbeeldingen, gastsprekers en datgene wat de eigen omgeving op dit terrein te bieden heeft.

Oriëntatie in het heden

In de groepen 1 tot en met 5 wordt er ruime aandacht besteed aan de *oriëntatie in het heden*. Deze oriëntatie zal voor een groot deel van het kind zelf uitgaan: het kind stelt vragen en wil de dingen een naam geven. De drang naar kennis en daarmee verbonden de trots over het weten is groot. Het is belangrijk dat ouders en leerkrachten deze vragen serieus nemen en de kinderen altijd het antwoord geven, dat past bij hun leeftijd en belevingswereld.

Een vast omschreven programma voor de oriëntatie in het heden is niet noodzakelijk, al hoeft het ook niet zo te zijn dat de onderwerpen alleen voortkomen uit de vragen van het kind. Uitgaande van de opdracht van het onderwijs bij te dragen aan de uitbreiding van de belevingswereld van de kinderen behoort het ook tot de taak van de leerkracht zelf met onderwerpen te komen.
Van groot belang bij de opzet en de uitwerking van de onderwerpen, is het inspelen op de manier waarop kinderen de wereld beleven. Figuur 16.9 uit het boek *Kinderen beleven hun omgeving. Kleuters voorbereiden op de wereld van vandaag en morgen* van Karla Vortisch laat fraai zien hoe kinderen in een supermarkt de werkelijkheid beleven.

FIGUUR 16.9 De werkelijkheid van kinderen in een supermarkt

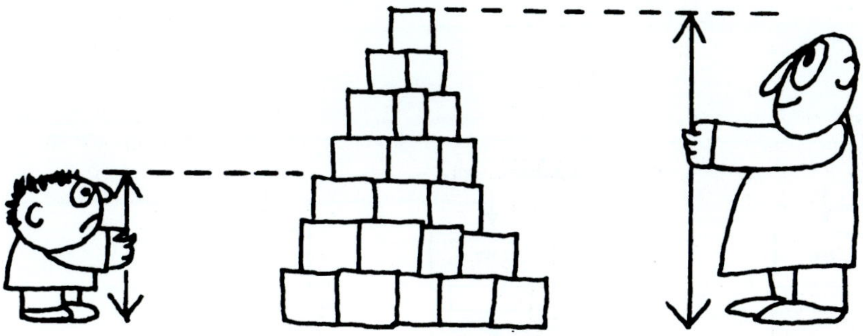

16

Een dwingende noodzaak om tot een inhoudelijke leerstofplanning te komen, is in deze jaren nog niet aanwezig. Speciale methoden zijn hiervoor dan ook niet noodzakelijk. Het is heel goed mogelijk aan te sluiten bij het taalonderwijs, bij thema's uit bijvoorbeeld *Schatkist* voor groep 1-2 en vanaf groep 4 bij thema's uit bijvoorbeeld *Nieuwsbegrip.*
Belangrijker dan een inhoudelijke leerstofplanning zijn afspraken tussen de leerkrachten over de onderwerpkeuze en over de manier waarop de onderwerpen aan de orde worden gesteld. Herhaling van onderwerpen – een concentrische opzet – kan ook hier geen kwaad, als er maar aangesloten wordt bij wat al opgebouwd is. Daartoe is het aanbevelenswaardig dat de leerlingen een soort *wereldmap* aanleggen of zelf een *wereldboek* maken dat kan worden meegenomen naar de volgende groepen.

In deze fase in de ontwikkeling van de kinderen is het van belang het zelf zoeken van gegevens op plaatjes en in boeken te stimuleren. Ook voor de groepen 1 tot en met 5 hebben veel basisscholen materialen in de mediatheek (zie paragraaf 15.5). Aan de hand van die materialen kan worden gewerkt aan de ontwikkeling van de benodigde *vaardigheden*. **Vaardigheden**

16.5 Een programma voor de bovenbouw

Achtereenvolgens komen in dit bovenbouwprogramma aan de orde de oriëntatie in de tijd in de groepen 6 tot en met 8 en de leerstofordening van *Geschiedenis en Samenleving* in de groepen 5 tot en met 8.

16.5.1 Oriëntatie in de tijd in de groepen 6 tot en met 8

Oriëntatie in de tijd

Voortgezet historisch tijdsbesef

Oriëntatie in de tijd speelt een belangrijke rol in de groepen 6, 7 en 8. Hier vindt de overgang naar het niveau van voortgezet historisch tijdsbesef plaats. Na het jaartal is het begrip *eeuw* voor de leerlingen van belang, met als moeilijk element voor hen de wijze waarop de eeuwen geteld worden.

Tijdbalk

Visualisering van de tijd – de lijn uit de vorige groepen wordt doorgetrokken – vindt plaats door middel van een *tijdbalk* of tijdlint. Omdat de volledige tijd in een balk niet goed uit te beelden is, zal zowel aan de linker- als aan de rechterzijde de suggestie gewekt moeten worden dat de tijd niet volledig in beeld gebracht is. Aan dit criterium voldoet bijvoorbeeld figuur 16.6 niet. In tijdbalken worden links en rechts wel pijlen geplaatst, of men geeft de balk zaagtandranden. Het probleem van het begin- en eindpunt van een tijdbalk is ook op te vangen door er een tijdlint, dat oprolbaar is, van te maken (figuur 16.10).

FIGUUR 16.10 Een tijdlint

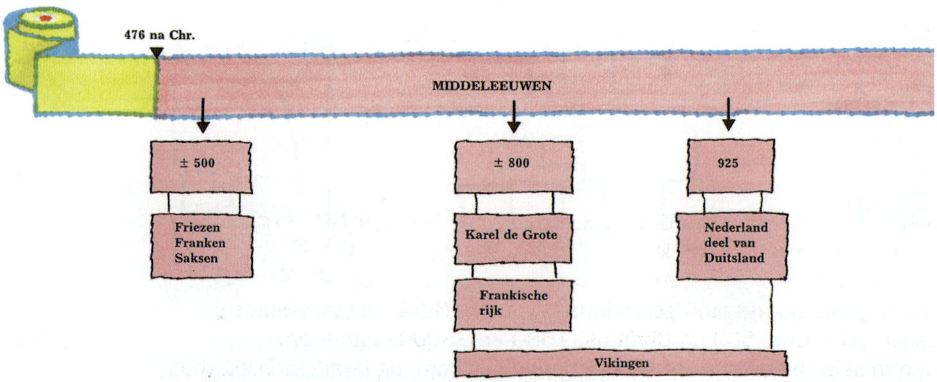

16

Wil een tijdbalk goed functioneren, dan is het schaalprincipe van belang. Om te beseffen hoe ver een tijd van het heden afstaat of hoe lang een tijd geduurd heeft, moeten de tijdsperioden op gelijke schaal afgebeeld worden. Dat brengt met zich mee, dat er wel eens erg weinig ruimte is om gegevens bij de balk te vermelden. Dan is het mogelijk een deel van de balk uit te vergroten op een tweede balk, zoals consequent gebeurt in het *Tijdboekje* behorend bij de methode *Bij de tijd*. Doordacht kleurgebruik kan in tijdbalken zeer verhelderend werken.

De tijdbalken in de figuren 16.6 en 16.10 zijn horizontaal en moeten van links naar rechts worden gelezen. Het is ook mogelijk om tijdbalken verticaal te maken. Deze tijdbalken moeten van boven naar beneden worden gelezen (figuur 16.11).

De verticale vorm heeft het voordeel dat er in vergelijking met de horizontale balk meer ruimte is om er iets bij te schrijven. Gelet echter op de hiervoor bepleite doorgaande lijn verdient de horizontale balk de voorkeur.
Zo'n balk zou in elk lokaal van de groepen 6, 7 en 8 op een wand aanwezig moeten zijn. Verschillende methoden zoals *Bij de tijd*, *Een zee van tijd* en *Speurtocht* bieden zo'n klassikale tijdbalk. Veelal zijn ze niet kant-en-klaar, maar kunnen ze tijdens het schooljaar opgebouwd worden. Op www.historischtijdsbesef.nl/tijdbalk staan voorbeelden van tijdbalken en een bestand

waarmee de leerkracht, eventueel samen met de leerlingen, een klassikale tijdbalk kan maken.

FIGUUR 16.11 De tijdbalk verticaal

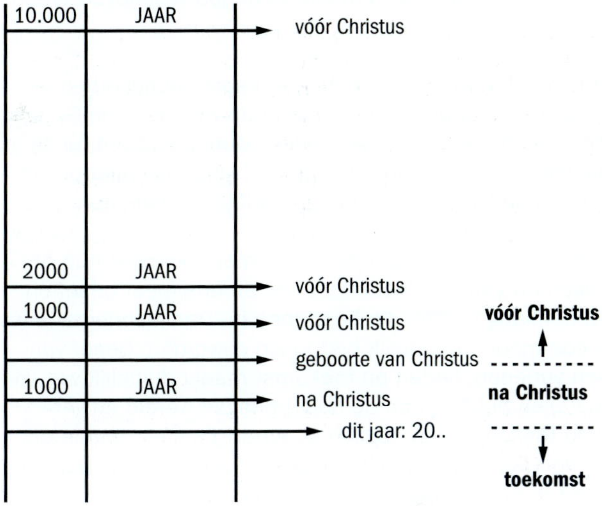

16

De tijdbalk kan onderverdeeld worden in *perioden*, elk met een andere kleur. Traditioneel worden de perioden prehistorie, oude geschiedenis, middeleeuwen, vroegmoderne (of nieuwe) en moderne (of nieuwste) geschiedenis als afbakening van tijdsruimten gebruikt met voor de Nederlandse situatie de jaartallen 50 v. Chr., 500 na Christus, 1500 en 1800 als grenzen. **Perioden**

De Commissie Historische en Maatschappelijke Vorming kwam in 2001 met het voorstel om gekoppeld aan ronde jaartallen de traditionele periode-indeling van het verleden te vervangen door de tien *tijdvakken*, elk met een eigen symbool. Het ministerie van OCW heeft deze indeling in tien tijdvakken overgenomen door deze in 2006 een plaats te geven in de kerndoelen geschiedenis voor het basisonderwijs (zie hoofdstuk 11). Die tien tijdvakken vormen ook de ordening van het eerste deel van dit boek, de *Kennisbasis Inhoud*. Figuur 16.12 is een voorbeeld van een tijdbalk waarin enige traditionele periodenamen en de tien tijdvakken geïntegreerd zijn. **Tijdvakken**

FIGUUR 16.12 Een tijdbalk met de traditionele periode-indeling, gecombineerd met de indeling in eeuwen en met de tien tijdvakken

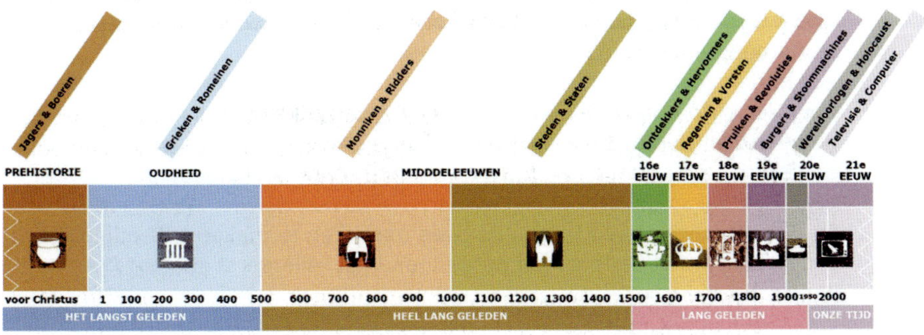

Er bestaat ook een periode-indeling aan de hand van samenlevingsvormen: een samenleving van jagers-verzamelaars, een landbouwsamenleving, een agrarisch-stedelijke samenleving, een industriële samenleving en een informatiesamenleving. Voor de Nederlandse situatie zijn dan de grenzen: 5300 v. Chr., 1200 na Christus, 1850 en 1985. In het eerste deel van dit boek, de *Kennisbasis Inhoud,* is deze indeling vermeld op de jaartallenoverzichten bij de tijdvakken.

Het is goed te bedenken dat jaartallen slechts een kapstokfunctie hebben. Ze zijn pas zinvol als ze ergens naar verwijzen, of in de woorden van G. de Jong in *Kind, school en geschiedenis*: 'De jaartallen vormen niet het fundament van het geschiedenisgebouw, maar slechts de pijltjes die naar de volgende zaal van de tentoonstelling wijzen.' Het zijn oriënteringspunten.

Verleden, heden, toekomst

Met de tijdbalk hebben de begrippen *verleden*, *heden* en *toekomst* hun onderlinge plaats gekregen en gaan de leerlingen ook steeds meer beseffen hoe de onderlinge samenhang tussen die begrippen is. De tijdsoriëntatie is van puur formeel steeds meer inhoudelijk historisch geworden. Besef van de samenhang tussen verleden, heden en toekomst maakt duidelijk wat vorige geslachten bijgedragen hebben aan de hedendaagse wereld en versterkt het besef dat de toekomst een opgave is. Albert Einstein drukte dit besef als volgt uit: *'Jeden Tag denke ich daran, dass mein äußeres und inneres Leben auf der Arbeit der jetzt Lebenden sowie schon verstorbenen Menschen beruht, dass ich mich anstrengen muss um zu geben, im gleichen Ausmaß, wie ich empfangen habe und empfange.'* Als een dergelijk inzicht aanwezig is, kan van een volwaardige afronding van de oriëntatie in de tijd gesproken worden.

16

Dagelijkse tijd

In de groepen 6, 7 en 8 is er ook nog plaats voor de *dagelijkse tijd* (vergelijk figuur 16.7), al is dit in het Nederlandse onderwijs geen sterk ontwikkeld onderdeel. In de groepen 1 tot en met 5 is gewerkt aan kennis op het gebied van de dagelijkse tijd, de wijze van uitbeelding van die tijd en de wijze waarop je je kunt oriënteren (de klok, de kalender). Maar aan de tijd zitten nog meer aspecten, die beoefend kunnen worden in de groepen 6, 7 en 8. In de bovenbouw van de basisschool moeten leerlingen leren omgaan met tijdsplanning en tijdsbesteding: bijvoorbeeld inzicht in de tijd die nodig is voor uitvoering van taken en het stellen van prioriteiten. Dit is een onderschat onderdeel van het onderwijs, maar van belang voor hun verdere opleiding en voor het latere leven.
Eveneens kan in de bovenbouw het beste aandacht worden besteed aan de manier waarop de tijd beleefd wordt: wanneer gaat de tijd snel en wanneer gaat de tijd langzaam, hoe wordt er tegen de toekomst aangekeken? In de bovenbouwgroepen gaan de kinderen nadenken over hun eigen levensmogelijkheden. Met het naderen van het eindpunt van de basisschool wordt dit onderwerp steeds concreter. In de vorm van enkele lessen kan aan het toekomstperspectief aandacht worden besteed.
Het is ook goed erbij stil te staan hoe verschillende generaties tegen de tijd aankijken. Hoe de leerlingen zelf ernaar verlangen om snel ouder te worden, groot te zijn, te mogen doen wat volwassenen doen. Maar dat tegelijkertijd oudere mensen de tijd tegen willen houden of in het verleden gaan leven.

De bovenbouwgroepen krijgen op twee manieren te maken met oriëntatie in het heden, in het verleden en op de toekomst. Allereerst gebeurt dat via

Thematische activiteiten

thematische activiteiten, die in feite de voortzetting zijn van wat in de groepen 1 tot en met 5 gebeurd is. Voor deze activiteiten is er geen vast programma, maar er is wel roostertijd voor gereserveerd. De onderwerpen kunnen uit de vragen van de leerlingen komen, bijvoorbeeld in de kring of via een vragenbus in het lokaal. Het zijn onderwerpen die de leerlingen bezighouden, vaak onderwerpen uit de actualiteit. Leerkrachten kunnen ook stimuleren dat bepaalde onderwerpen nader bestudeerd worden door deze zelf te introduceren als onderwerp voor een kringgesprek, spreekbeurt of onderzoek in de mediatheek.
Belangrijke hulpmiddelen hierbij zijn de televisie (Schooltv of het Jeugdjournaal bijvoorbeeld), de krant en de mediatheek met internet. Het is de taak van leerkrachten erop toe te zien dat de onderwerpkeuze niet al te eenzijdig wordt. Onderlinge afspraken tussen leerkrachten – bijvoorbeeld ook doordat leerlingen hun zelfgemaakt *wereldboek* door de school heen 'meenemen' – is eveneens voor deze groepen van belang.

16.5.2 Leerstofordening in de groepen 5 tot en met 8

Cursorische activiteiten

Leerstofordeningen

De tweede vorm van oriëntatie in het heden, verleden en op de toekomst bestaat uit *cursorische activiteiten*: een programma voor de groepen 5, 6, 7 en 8, dat omschreven staat in het schoolprogramma. De kern van dit cursorische programma wordt gevormd door de oriëntatie op het verleden, de lessen geschiedenis. Voor het geschiedenisonderwijs zijn uiteenlopende *ordeningen* voor de leerstofinhouden bedacht. De belangrijkste zijn:

- de progressieve of successieve
- de regressieve
- de concentrische
- de semiconcentrische
- de thematische volgens de lengtedoorsnede
- de thematische volgens de dwarsdoorsnede

Al deze ordeningsmodellen hebben met elkaar gemeen dat de onderwerpen in een bepaalde tijdsvolgorde zijn geplaatst. Ze zijn chronologisch van opzet. Ze verschillen echter van elkaar in de vormgeving van die chronologie.

Progressieve leerstofordening

De *progressieve leerstofordening* gaat ervan uit dat de leerlingen van groep (5), 6, 7 en 8 de geschiedenis doorlopen van het verleden naar het heden (progressief: vooruitgaan in de tijd; successief: opeenvolgend). In de groepen 5 en 6 komt dan vaak de geschiedenis tot 1500 na Christus aan de orde, in groep 7 de tijd tussen 1500 en 1800 en in groep 8 de tijd na 1800 (figuur 16.13).

FIGUUR 16.13 De progressieve leerstofordening

Basisschool	Groep 5 en 6	Groep 7	Groep 8	
Progressief	Tot 1500	1500-1800	1800-heden	

Een dergelijke leerstofordening is nog in enkele geschiedenismethoden voor de basisschool te vinden, bijvoorbeeld in de methoden *Er is geschied* en *Wijzer door de tijd.*

Regressieve leerstofordening

Theoretisch is ook het omgekeerde mogelijk: vanuit het heden teruggaan in de tijd. Dat is de *regressieve leerstofordening*. Deze is ook chronologisch, maar in de omgekeerde volgorde. Bij de progressieve aanpak wordt van kinderen gevraagd alles wat in het heden aanwezig is weg te denken en als het ware uit het niets alles weer op te bouwen. Zo beleven de kinderen mee hoe de voorouders de wereld vormgegeven hebben. Bij de regressieve aanpak wordt van de kinderen gevraagd stap voor stap dingen uit het heden weg te denken door vanuit het heden terug te gaan in de tijd (figuur 16.14).

FIGUUR 16.14 Een regressieve weg

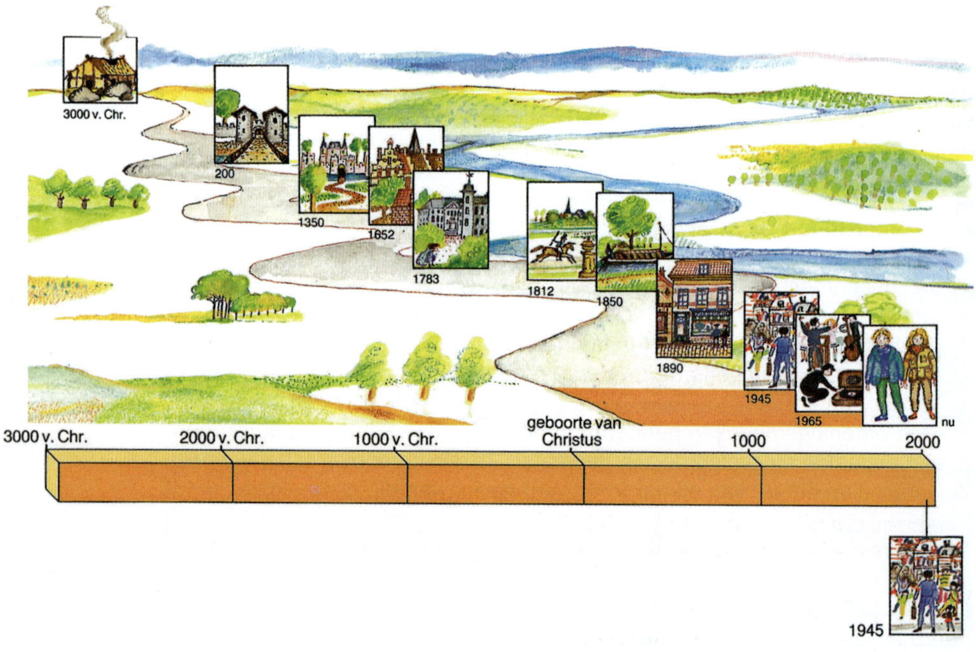

Deze structurering van de oriëntatie in het verleden komt in het basisonderwijs alleen maar incidenteel voor. Figuur 16.14 – te lezen van rechts naar links, startend in het nu en teruggaand tot 3000 v. Chr. – is de opzet van een boekje voor groep 5, uit de vroegere methode *Geschiedenis in onderwerp en opdracht*. In dit boekje volgen twee kinderen, Ben en Nel, aan de hand van gevonden voorwerpen het spoor terug in de tijd tot in 3000 v. Chr.

Concentrische leerstofordening

Hoofdkenmerken van de *concentrische* structuur voor onderwijsinhouden zijn herhaling, uitbreiding en verdieping. De progressieve structuur van oriëntatie in het verleden kan in principe vier keer – in de groepen 5, 6, 7 en 8 – worden doorlopen. Elke groep krijgt dan de 'hele' geschiedenis (figuur 16.15).

FIGUUR 16.15 De concentrische leerstofordening

Basisschool	Groep 5	Groep 6	Groep 7	Groep 8
Concentrisch	De 'hele' geschiedenis	De 'hele' geschiedenis	De 'hele' geschiedenis	De 'hele' geschiedenis

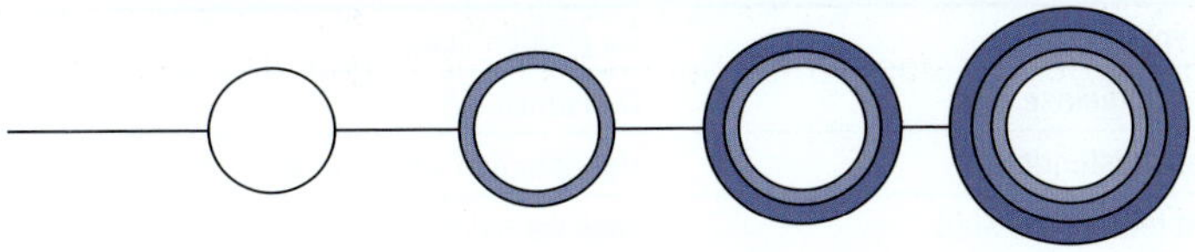

Een variant op de concentrische opzet is de *semiconcentrische leerstofordening*. In plaats van vier keer doorlopen de leerlingen bij deze ordening de geschiedenis twee of drie keer. In figuur 16.16 is uitgebeeld hoe deze leerstofordening in de groepen 6, 7 en 8 vorm kan krijgen. Sinds de invoering van de tien tijdvakken wordt deze leerstofordening in methoden steeds vaker toegepast.

Semiconcentrische leerstofordening

FIGUUR 16.16 De semiconcentrische leerstofordening

<table>
<tr><td>Basisschool</td><td>Groep 6</td><td>Groep 7</td><td>Groep 8</td><td></td></tr>
<tr><td>Semi-concentrisch A</td><td>De 'hele' geschiedenis</td><td colspan="2">De 'hele' geschiedenis</td><td></td></tr>
<tr><td>Semi-concentrisch B</td><td colspan="2">De 'hele' geschiedenis</td><td>De 'hele' geschiedenis</td><td></td></tr>
</table>

Vaak wordt ook groep 5 erbij betrokken: één keer de 'hele' geschiedenis in groep 5 en daarna de 'hele' geschiedenis nog een keer verspreid over de groepen 6, 7 en 8 en een opzet van de 'hele' geschiedenis in de groepen 5 en 6 en daarna nog een keer in de groepen 7 en 8. De laatste variant is de opzet van de geschiedenismethode *Brandaan* (zie tabel 16.1). Een andere variant biedt de methode *Speurtocht*. In groep 5 komen de eerste vijf tijdvakken aan de orde en in groep 6 de volgende vijf. In zowel groep 7 als groep 8 staan alle tijdvakken centraal.

TABEL 16.1 Geschiedenismethode *Brandaan*

Groep 5	**Groep 6**
Leven als jager of boer	Handel overzee
Romeinen in Nederland	Slavernij
De middeleeuwse stad	Industrie in Nederland
Leven als ridder	De Tweede Wereldoorlog
De wereld ontdekken	Welvaart in Nederland
Groep 7	**Groep 8**
Egypte	De gouden eeuw
Het Romeinse Rijk	De Franse tijd
Het christendom	Het ontstaan van een democratie
Het leven in de stad	Twee wereldoorlogen
Een nieuwe tijd	Opnieuw oorlog

Thematische lengtedoorsnede

Voor de oriëntatie in het verleden is ook geprobeerd een thematische structuur te bedenken. De oudste vorm daarvoor is de *lengtedoorsnede*: één aspect van de werkelijkheid, bijvoorbeeld oorlog en vrede, wordt chronologisch van verleden tot heden behandeld. Daarna volgt een ander aspect en zo verder, drie jaar achter elkaar (figuur 16.17).

FIGUUR 16.17 De thematische lengtedoorsnede

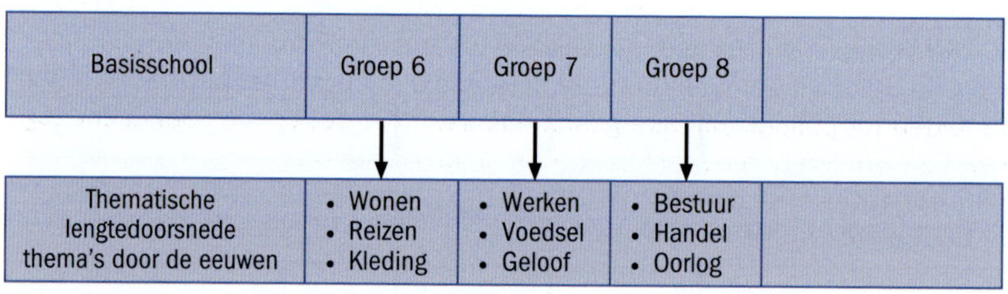

NB Het aantal thema's is bij wijze van voorbeeld.

Zo doorlopen de leerlingen aan de hand van allerlei aspecten enige keren de geschiedenis, waarbij ze zelf aspecten uit dezelfde perioden met elkaar moeten verbinden. Zo'n ordeningsprincipe is toegepast in de inmiddels niet meer verkrijgbare methode *Hoe het is, hoe het was*.

Al deze structuren voor leerstofinhouden hebben plus- en minpunten. Voor schoolboekschrijvers en -uitgevers was dat de reden te zoeken naar combinaties van de verschillende soorten leerstofordeningen. Een voorbeeld van zo'n combinatie is de thematische structurering volgens de *dwarsdoorsnede*. In deze opzet zijn de progressieve ordening en de thematische lengtedoorsnede verenigd. In de thematische dwarsdoorsnedeopzet wordt de geschiedenis progressief doorlopen. Van elke periode wordt een dwarsdoorsnede gemaakt, waarin steeds dezelfde aspecten van de samenleving aan de orde komen: onder meer het wonen, het werken en het onderwijs (figuur

Thematische dwarsdoorsnede

16.18). Wanneer na drie jaar de 'hele' geschiedenis is doorlopen, kunnen van die facetten lengtedoorsneden worden gemaakt, bijvoorbeeld: het wonen van de prehistorie tot heden.

FIGUUR 16.18 De thematische dwarsdoorsnede

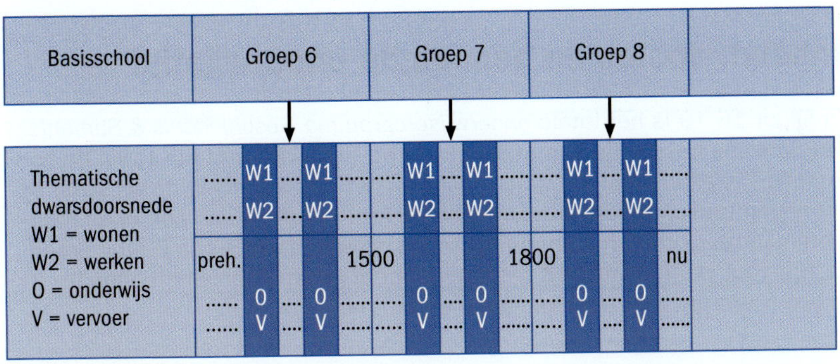

NB Het aantal dwarsdoorsneden en het aantal aspecten van een dwarsdoorsnede is bij wijze van voorbeeld.

| | = dwarsdoorsnede ...... = lengtedoorsnede

Leerstofordeningen in de praktijk

De progressieve opzet wordt nog vaak geassocieerd met de 'ouderwetse', politiek-militaire geschiedenis. Het aantrekkelijke van de thematische lengtedoorsnedeopzet zou zijn, dat onderwerpen uit het dagelijks leven aan de orde komen. In feite gaat het hier om een schijntegenstelling. De progressief of semiconcentrisch opgezette methoden, die hiervoor genoemd zijn, hebben duidelijk gemaakt dat een progressieve opzet niet per definitie hoeft te leiden tot politiek-militaire geschiedenis, maar dat er ruim aandacht gegeven kan worden aan aspecten van het dagelijks leven.
Als voor de inhouden alle ordeningsvormen mogelijk zijn, zou bij een keuze het effect van die vormen op het onderwijs de doorslag moeten geven. De auteurs van methoden met een concentrische leerstofordening geven aan dat hun keuze gebaseerd is op de principes van herhaling en verdieping met als doel dat een overzicht van het verleden eigendom geworden is van de leerlingen. In het kader van de pleidooien van de Commissie Historische en Maatschappelijke Vorming voor basiskennis (oriëntatiekennis) gekoppeld aan een tijdvakkenstructuur valt hiervoor wat te zeggen, maar er zijn op dit gebied geen onderzoeksgegevens beschikbaar.
In de praktijk van het onderwijs wordt de ordening van de leerstofinhouden vaak bepaald door de opzet van de methoden. Daarom is het van groot belang dat de keuze voor een methode door het schoolteam zorgvuldig wordt overwogen (zie hoofdstuk 15).

Vaardigheden

Bij de realisering van dit gesloten programma zijn allerlei *vaardigheden* van groot belang. Allereerst de vaardigheden om onderwerpen in de tijd te kunnen plaatsen, zoals hiervoor al aan de orde gesteld is in het onderdeel 'oriëntatie in de tijd'.
Ook moeten de leerlingen een idee krijgen wat bronnen zijn (zie de inleiding voor de *Kennisbasis Inhoud*) en welke betekenis ze hebben, met als volgende stap het al enigszins kritisch kennis kunnen nemen van teksten.

Tot de te ontwikkelen vaardigheden behoort ook het in staat zijn zelf gegevens te verzamelen, te ordenen en te presenteren. Het gaat hierbij niet alleen om vormen van begrijpend lezen en teksten schrijven, maar ook om het afnemen van interviews, het hanteren van de inhoud van de mediatheek, inclusief het zoeken op internet, en het werken met presentatieprogramma's, zoals PowerPoint.

16.6 Inhoud, doelen en benodigde onderwijstijd

In figuur 16.19 is het totale *onderwijsprogramma Geschiedenis & Samenleving* voor de basisschool in beeld gebracht. In dit schema zijn zowel de horizontale (longitudinale) ontwikkelingslijnen per onderdeel als de verticale samenhang tussen de onderdelen aangegeven. De grens van een open naar een meer gesloten programma ligt bij de overgang van groep 5 naar groep 6. Hiervoor werd al vermeld dat steeds meer geschiedenismethoden in groep 5 starten met het gesloten programma.

FIGUUR 16.19 *Geschiedenis & Samenleving* in de basisschool

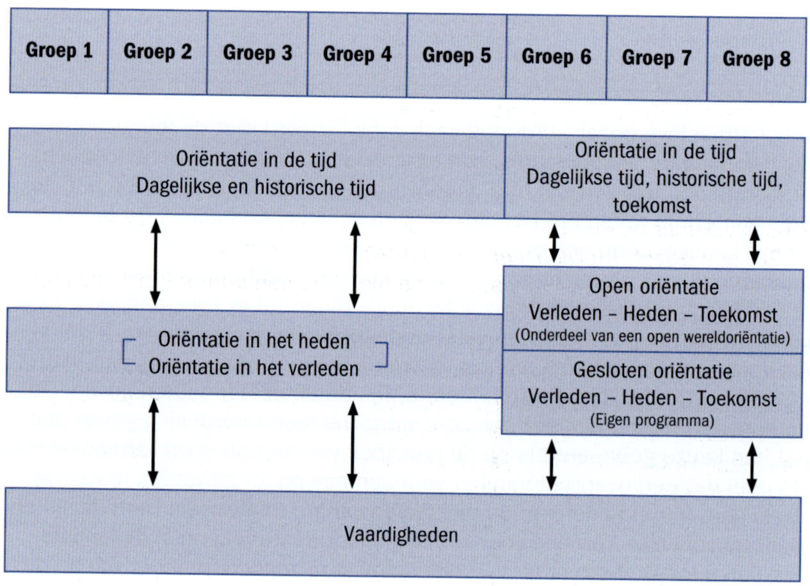

Zo is het onderwijsprogramma dat in hoofdstuk 11 nog maar in heel algemene zin omschreven is, specifiek voor het basisonderwijs uitgewerkt in een pakket van *doelen*: kennis, inzicht, houdingen en vaardigheden.

Doelen

Dit pakket kan als volgt worden samengevat:

- De leerlingen beheersen de aspecten van de dagelijkse tijd.
- De leerlingen weten inhoud te geven aan de begrippen verleden, heden en toekomst en aan hun onderlinge samenhang.
- De leerlingen beschikken over de eerste basiskennis van sociaaleconomische, politieke en culturele aspecten van de hedendaagse en van de historische samenleving op basis van de indeling in tien tijdvakken met de vijftig canonvensters.

- De leerlingen beschikken over de vaardigheid om met een tijdbalk te werken die is ingedeeld in de tien tijdvakken.
- De leerlingen beschikken over vaardigheden om via uiteenlopende soorten bronnen informatie te verwerven, te selecteren en te presenteren.

Onderwijstijd

Voor de realisering van een onderwijsprogramma is *tijd* nodig. Voor geschiedenis, maatschappelijke verhoudingen en geestelijke stromingen, op voornoemde wijze gerealiseerd, is in de groepen 1 tot en met 4 minimaal 1 lesuur per week en voor de groepen 5 tot en met 8 gemiddeld 1,5 lesuur per week nodig, bijvoorbeeld voor de groepen 5, 6, 7 en 8 respectievelijk 1, 1,5, 1,5 en 2 uur. Dit is exclusief de tijd voor het open, thematische (actualiteits) gedeelte.

Literatuur, een selectie

Bas, J. de (2008). *Burgerschapsvorming. Vroeg gedaan, oud geleerd. Visies en instrumenten. JSW-boek.* Amersfoort: ThiemeMeulenhoff.

Commissie Historische en Maatschappelijke Vorming (2001). *Verleden, heden en toekomst.* Enschede: SLO.

Commissie Ontwikkeling Nederlandse Canon (2006). *De Canon van Nederland* (deel A en B). Den Haag: Ministerie OCW (ook op www.entoen.nu).

Commissie Ontwikkeling Nederlandse Canon (2007). *De Canon van Nederland* (deel C). Amsterdam: Amsterdam University Press (ook op www.entoen.nu).

Dasberg, L. (1980). *Pedagogie in de schaduw van het jaar 2000 of Hulde aan de hoop.* Meppel / Amsterdam: Boom.

Groot-Reuvekamp, M. (2013). Geschiedenislessen in de onderbouw? Gewoon doen!. In: *Didactief,* oktober 2013, blz. 6-7.

Kooij, C. van der (red.), 'Stilstaan bij de tijd', Themanummer Praxisbulletin, november 1999.

Ploeg, P. van der e.a. (1999). 'De school, de leer en het leven'. In: *De overheid als bovenmeester.* Baarn: Intro, p. 85-100 (over educaties).

Tuinier, J.D. & Visser, G. (2007). *Vredeseducatie. De praktijk van alledag.* JSW-boek. Amersfoort: ThiemeMeulenhoff.

Wagenaar, H. (red.) (2008). *Geschiedenis voor de basisschool. Een domeinbeschrijving als resultaat van een cultuurpedagogische discussie* (2e druk). Arnhem: Citogroep Primair Onderwijs.

Wagenaar, H., Schoot, F. van der & Hemker, B. (2010). *Balans van het geschiedenisonderwijs aan het einde van de basisschool 4.* PPON-reeks nummer 42. Arnhem: Stichting Cito Instituut voor Toetsontwikkeling.

Wagenaar, H., Schoot, F. van der & Hemker, B. (2011. *Balans Actief burgerschap en sociale integratie. Uitkomsten van de peiling in 2009.* PPON-reeks nummer 45. Arnhem: Stichting Cito Instituut voor Toetsontwikkeling.

www.historischetijdsbesef.nl

Ondersteuning via de website

Een uitgebreidere literatuurlijst bij dit hoofdstuk is te vinden op www.geschiedenisensamenleving.noordhoff.nl, evenals een samenvatting van dit hoofdstuk en een interactieve toetsenbank.

Studie- en onderzoeksopdrachten

De studie- en onderzoeksopdrachten zijn ingedeeld naar propedeuse, hoofdfase en afstudeerfase.

Propedeuse en hoofdfase

16.1 Algemene uitgangspunten

a Wat kunnen voor onderwijs in *Geschiedenis & Samenleving* verschillen zijn tussen openbare en bijzondere scholen?

b Geef een voorbeeld hoe artikel 1 van de Nederlandse Grondwet doorwerkt in de dagelijkse onderwijspraktijk.

16.2 Het programma voor *Geschiedenis & Samenleving*

a Geef aan op welke manieren *Geschiedenis & Samenleving* in het lesprogramma verwerkt kunnen worden.

b Geef aan hoe *Geschiedenis & Samenleving* was verwerkt in het programma van de basisschool waar jij vroeger les kreeg.

c Wat vind jij een ideale programmering voor *Geschiedenis & Samenleving*? Licht je antwoord toe.

16.3 Interne structuur onderwijsprogramma

a Welke interne structuur heeft het programma *Geschiedenis & Samenleving*?

b Welke rol spelen de onderdelen van deze interne structuur in respectievelijk de onder- en middenbouw en de bovenbouw?

16.4 Een programma voor de onder- en middenbouw

a Waarom is het gebruik van een leerlingvolgsysteem voor tijd in groep 1-2 zinvol?

b Wat pleit voor het gebruik van de klokvorm en wat pleit voor gebruik van de balkvorm bij oriëntatie in de dagelijkse tijd?

c Hoe kun je in groep 5 op een goede manier doorbouwen op activiteiten met historische tijd, waarmee in groep 3 en 4 is gestart, zodat de overgang van een open naar een gesloten programma voor *Geschiedenis & Samenleving* soepel plaatsvindt? Geef hiervoor concrete voorbeelden.

16.5 Een programma voor de bovenbouw

a Bedenk voor- en nadelen van horizontale en verticale tijdbalken.

b Welke drie periodenindelingen zijn mogelijk voor klassikale tijdbalken?

c Welke indeling heeft jouw voorkeur? Licht je antwoord toe.

d Op welke manieren moet je ook in de bovenbouw aandacht besteden aan de dagelijkse tijd en waarom is dat belangrijk?

e Maak aan de hand van een voorbeeld duidelijk wat bedoeld wordt met een thematische dwarsdoorsnede als leerstofordening.

f In hoeverre verschilt de thematische dwarsdoorsnede van de andere vormen van leerstofordening?

g Bedenk voor- en nadelen van de verschillende leerstofordeningen voor de oriëntatie in het verleden.

16.6 Inhoud en onderwijstijd
Bedenk argumenten voor en tegen de voorstellen in paragraaf 16.6 over de benodigde tijd voor het programma *Geschiedenis & Samenleving*.

Onderzoeksopdrachten propedeuse

16.7 Ga in een school na of de kennisgebieden van *Geschiedenis & Samenleving* apart of in onderlinge samenhang aan de orde komen. Welke argumentatie zit achter de keuze?

16.8 Onderzoek op je stageschool met welke activiteiten er gewerkt wordt aan besef van dagelijkse tijd in de verschillende groepen van de onder- en de bovenbouw.

16.9 Analyseer een klassikale tijdbalk en beoordeel deze op bruikbaarheid in het programma *Geschiedenis & Samenleving*. Gebruik de criteria uit paragraaf 16.5.

Onderzoeksopdrachten hoofd- en afstudeerfase

16.10 Analyseer een geschiedenismethode qua leerstofordening op basis van paragraaf 16.5.

16.11 Maak een vergelijking tussen een drietal methodedeeltjes voor geschiedenis voor groep 5: zowel qua inhoud als qua ordening van de leerstof.

16.12 Inventariseer de omgeving van een school en zoek verbindingen met het programma voor *Geschiedenis & Samenleving* voor de onder-, midden- en bovenbouw.

16.13 Onderzoek of de in paragraaf 16.6 gedane voorstellen voor tijdsinvestering overeenstemmen met de praktijk (of niet). Zoek naar een argumentatie.

16.14 Onderzoek in hoeverre de inhoud van figuur 16.19 in een (stage)school terug te vinden is.

a Analyseer de verschillen en overeenkomsten.
b Zoek voor de verschillen naar verklaringen.

16.15 Analyseer het programma voor *Geschiedenis & Samenleving* van je stageschool en doe aanbevelingen voor verbeteringen.
Daarvoor kun je de volgende onderzoeksmethoden toepassen:

a analyseren van de teksten over wereldoriëntatie en geschiedenis in de *Schoolgids*
b analyseren van de gebruikte methode
c interviews met de directeur en met een (of meer) leerkracht(en)
d interviews met leerlingen
e observeren van enkele lessen in verschillende groepen (in alle bouwen).

Bijlage
Kerndoelen Basisonderwijs*

Oriëntatie op jezelf en de wereld

Karakteristiek
In dit leergebied oriënteren leerlingen zich op zichzelf, op hoe mensen met elkaar omgaan, hoe ze problemen oplossen en hoe ze zin en betekenis geven aan hun bestaan. Leerlingen oriënteren zich op de natuurlijke omgeving en op verschijnselen die zich daarin voordoen. Leerlingen oriënteren zich ook op de wereld, dichtbij, veraf, toen en nu en maken daarbij gebruik van cultureel erfgoed.
Kinderen zijn nieuwsgierig. Ze zijn voortdurend op zoek om zichzelf en de wereld te leren kennen en te verkennen. Die ontwikkelingsbehoefte is een aangrijpingspunt voor dit leergebied. Tegelijk stelt de samenleving waarin kinderen opgroeien haar eisen. Kinderen vervullen nu en straks taken en rollen, waarop ze via onderwijs worden voorbereid. Het gaat om rollen als consument, als verkeersdeelnemer, als burger in een democratische rechtstaat. Kennis over en inzicht in belangrijke waarden en normen, en weten hoe daarnaar te handelen, zijn voorwaarden voor samenleven. Respect en tolerantie zijn er verschijningsvormen van.
Bij het leren kennen van de wijze waarop mensen hun omgeving inrichten spelen economische, politieke, culturele, technische en sociale aspecten een belangrijke rol. Het gaat daarbij om datgene wat van belang is voor betekenisverlening aan het bestaan, om duurzame ontwikkeling, om (voedsel) veiligheid en gezondheid en om technische verworvenheden.
Bij het oriënteren op de natuur gaat het om jezelf, om dieren en planten en natuurverschijnselen. Bij de oriëntatie op de wereld gaat het om de vorming van een wereldbeeld in ruimte en tijd. Leerlingen ontwikkelen een geografisch wereldbeeld aan de hand van gebieden en met behulp van kaartvaardigheden. Ze ontwikkelen een historisch wereldbeeld. Dat betekent dat ze kennis hebben van historische verschijnselen in delen van de wereld en van chronologie. Leerlingen leren hun wereldbeeld (over henzelf en de wereld), aan de hand van actuele onderwerpen, voortdurend 'bij de tijd' te brengen.
Waar mogelijk worden onderwijsinhouden over mensen, de natuur en de wereld in samenhang aangeboden. Dit komt het 'begrijpen' door leerlingen ten goede en draagt voorts bij aan vermindering van de overladenheid van het onderwijsprogramma. Ook inhouden uit andere leergebieden worden betrokken op de 'oriëntatie op jezelf en de wereld'. Te denken valt aan het lezen en maken van teksten (begrijpend lezen), het meten en het verwerken van informatie in onder andere tabellen, tijdlijn en grafieken (rekenen / wiskunde) en het gebruik van beelden en beeldend materiaal (kunstzinnige oriënta-

* Zodra deze kerndoelen gewijzigd worden komt de nieuwe tekst op www.geschiedenisensamenleving.noordhoff.nl.

tie). Onderwijs is er immers vooral op gericht om leerlingen zicht te geven op betekenis en samenhang.

Kerndoelen

Mens en samenleving

34 De leerlingen leren zorg te dragen voor de lichamelijke en psychische gezondheid van henzelf en anderen.

35 De leerlingen leren zich redzaam te gedragen in sociaal opzicht, als verkeersdeelnemer en als consument.

36 De leerlingen leren hoofdzaken van de Nederlandse en Europese staatsinrichting en de rol van de burger.

37 De leerlingen leren zich te gedragen vanuit respect voor algemeen aanvaarde waarden en normen.

38 De leerlingen leren hoofdzaken over geestelijke stromingen die in de Nederlandse multiculturele samenleving een belangrijke rol spelen, en ze leren respectvol om te gaan met seksualiteit en met diversiteit binnen de samenleving, waaronder seksuele diversiteit.

39 De leerlingen leren met zorg om te gaan met het milieu.

Natuur en techniek

40 De leerlingen leren in de eigen omgeving veelvoorkomende planten en dieren onderscheiden en benoemen en leren hoe ze functioneren in hun leefomgeving.

41 De leerlingen leren over de bouw van planten, dieren en mensen en over de vorm en functie van hun onderdelen.

42 De leerlingen leren onderzoek doen aan materialen en natuurkundige verschijnselen, zoals licht, geluid, elektriciteit, kracht, magnetisme en temperatuur.

43 De leerlingen leren hoe je weer en klimaat kunt beschrijven met behulp van temperatuur, neerslag en wind.

44 De leerlingen leren bij producten uit hun eigen omgeving relaties te leggen tussen de werking, de vorm en het materiaalgebruik.

45 De leerlingen leren oplossingen voor technische problemen te ontwerpen, deze uit te voeren en te evalueren.

46 De leerlingen leren dat de positie van de aarde ten opzichte van de zon, seizoenen en dag en nacht veroorzaakt.

Ruimte

47 De leerlingen leren de ruimtelijke inrichting van de eigen omgeving te vergelijken met die in omgevingen elders, in binnen- en buitenland, vanuit de perspectieven landschap, wonen, werken, bestuur, verkeer, recreatie, welvaart, cultuur en levensbeschouwing. In ieder geval wordt daarbij aandacht besteed aan twee lidstaten van de Europese Unie en twee landen die in 2004 lid worden / werden, de Verenigde Staten en een land in Azië, Afrika en Zuid-Amerika.

48 Kinderen leren over de maatregelen die in Nederland genomen worden / werden om bewoning van door water bedreigde gebieden mogelijk te maken.

49 De leerlingen leren over de mondiale ruimtelijke spreiding van bevolkingsconcentraties en godsdiensten, van klimaten, energiebronnen en

van natuurlandschappen zoals vulkanen, woestijnen, tropische regenwouden, hooggebergten en rivieren.

50 De leerlingen leren omgaan met kaart en atlas, beheersen de basistopografie van Nederland, Europa en de rest van de wereld en ontwikkelen een eigentijds geografisch wereldbeeld.

Tijd

51 De leerlingen leren gebruik te maken van eenvoudige historische bronnen en ze leren aanduidingen van tijd en tijdsindeling te hanteren.

52 De leerlingen leren over kenmerkende aspecten van de volgende tijdvakken: jagers en boeren; Grieken en Romeinen; monniken en ridders; steden en staten; ontdekkers en hervormers; regenten en vorsten; pruiken en revoluties; burgers en stoommachines; wereldoorlogen en holocaust; televisie en computer. De vensters van de canon van Nederland dienen als uitgangspunt ter illustratie van de tijdvakken.

53 De leerlingen leren over de belangrijke historische personen en gebeurtenissen uit de Nederlandse geschiedenis en kunnen die voorbeeldmatig verbinden met de wereldgeschiedenis.

illustratieverantwoording

Algemene geschiedenis der Nederlanden, Deel 11, Fibula-Van Dishoeck: p. 165, 166
Algemene geschiedenis der Nederlanden, Deel 12, Fibula-Van Dishoeck: p. 172 (rechts)
Algemene geschiedenis der Nederlanden, Deel 13, Fibula-Van Dishoeck: p. 183
Algemene geschiedenis der Nederlanden, Deel 14, Fibula-Van Dishoeck: p. 197, 200, 224 (onder)
Algemene geschiedenis der Nederlanden, Deel 15, Fibula-Van Dishoeck: p. 226
Algemene geschiedenis der Nederlanden, Deel 9, Fibula-Van Dishoeck: p. 152 (boven), 153
Annie M.G. Schmidt-school: p. 354, 355
ANP: p. 16
Avonturen aan de wilde kust, De geschiedenis van Suriname met zijn buurlanden, A.W. Sijthoff: p. 225
Bibliotheek Bilthoven: p. 383
Bij de tijd, groep 7, Malmberg: p. 379
Bij de tijd, informatiebrochure, Malmberg: p. 253 (midden)
Bosatlas van de Geschiedeniscanon, Noordhoff Uitgevers, Groningen: p. 231 (onder)
Bosatlas, Geschiedenis van Nederland, Noordhoff Uitgevers, Groningen: p. 76 (boven), 89 (onder)
Buchjournal 9.85, Börsenverein des Deutschen Buchhandels: p. 400
C.G. van der Kooij: p. 44, 94, 112 (boven), 206, 293
Canon van Nederland: p. 25, 43 (midden), 51, 63 (boven), 71, 74, 77, 85, 89 (boven), 101, 103, 107, 113, 115, 118 (links), 118 (rechts), 119, 123, 124, 129, 137, 139 (onder),140 (boven), 140 (onder), 143 (boven), 143 (onder), 144 (boven), 144 (midden), 144 (onder), 145, 147, 149, 152 (onder), 156, 159 (rechts), 161, 164, 167, 170 (links), 172 (links), 177, 178 (onder), 179, 184, 189, 192 (links), 199, 203 (onder), 207 (rechts), 211, 214 (boven), 219, 221, 224 (boven), 227, 230 (boven), 230 (onder), 232, 236, 237 (boven), 237 (onder), 238, 250, 251, 252, 253 (boven), 253 (onder), 254
Charlotte Mutsaers: p. 272
CITO: p. 359
Das Augustiner-Chorherrenstift Sankt Marienwolde in Frenswegen, Verlag Heimatverein der Grafschaft Bentheim: p. 292 (onder)
De bevrijding van kamp Westerbork, Herinneringscentrum Kamp Westerbork: p. 307
De dag dat Tommy drie werd, Bedrich Fritta & Mies Bouhuys, Omniboek: p. 268
De fascinerende wereld van de hunebedbouwers, Edu'Actief: p. 45 (boven)
De geschiedenis van Nederland, Van Goor: p. 313
De Hanze, Aula-boeken: p. 100 (onder)
De kleurrijke wereld van de VOC, Nationaal Jubileumboek VOC 1602-2002, Uitgeverij THOTH: p. 142
De Romeinen in Nederland, Fibula-Van Dishoeck: p. 57, 63 (onder)
De Romeinen in ons land, Wolters-Noordhoff, Groningen: p. 303
De Stad, Het verhaal van de Romeinse stedenbouw, Ploegsma: p. 58
De verovering van Tjakranegara, Wolters-Noordhoff, Groningen: p. 308 (boven)
De voorhistorische mens, Zuid-Nederlandse Uitgeverij, Centrale Uitgeverij: p. 28
Faculteit Archeologie Leiden, foto Jan Paupit: p. 18 (links)

Familie Achterop, Mort Walker & Dik Browne, Libelle; p. 405
Geschiedenis der Nederlanden, Deel 1 Winkler Prins, Elsevier: p. 73, 88, 95
Geschiedenis der Nederlanden, Deel 2, Winkler Prins, Elsevier: p. 122
Geschiedenis in Onderwerp en Opdracht, Groep vijf, Meulenhoff: p. 414
Groningen in de kaart gekeken, Een toch door het 17e-eeuwse Groningen, Groninger Museum/Ubbo Emmius: p. 311
Groningen op glas, Egbert Forsten & Profiel: p. 17
Groot Museumboek, Meulenhoff: p. 82, 125
Gulden Sporen, Wolters-Noordhoff, Groningen: p. 92 (boven)
Hanzestad Kampen in 1441, Wolters-Noordhoff, Groningen: p. 100 (boven)
Herinneringscentrum Kamp Westerbork: p. 208, 228
Het "zwarte verleden" van Limburg, Historisch Nieuwsblad, p. 233
Het Haagse Schoolboek, Waanders Uitgeverij: p. 185
Het Nederlandse aandeel in de slavenhandel, Fibula-Van Dishoeck: p. 158
Het oude Egypte, De Lantaarn: p. 55
Het Rijk van Insulinde, Uitgeverij Aereopagus: p. 212 (links), 212 (rechts)
Het Roode Vaandel volgen wij, Kruseman's Uitgeversmaatschappij: p. 180
Het verleden in beeld, informatiebrochure, Zwijsen: p. 371
Historie van Groningen, Stad en Land, Tjeenk Willink bv & Bouma's Boekhuis bv: p. 154
Hjerl Hedes Frilandsmuseum Stone-Age Settlement, Denemarken: p. 325
http://www.tule.slo.nl: p. 255
Hunebedden, Monumenten van een Steentijdcultuur, Uitgeverij Uniepers: p. 43 (onder), 46
I. van der Kooij-Sjouken: p. 331
Jacob Dijkstra: p. 358 (onder)
Joke Nijman/Hunebedcentrum Borger: p. 45 (onder)
Kinderen beleven hun omgeving, Callenbach: p. 409
Kruistocht in spijkerbroek, Thea Beckman, Lemniscaat: p. 320
Lager onderwijs in de spiegel der geschiedenis, 1801-1976, Staatsuitgeverij, 's Gravenhage: p. 192 (rechts), 216
Landelijk Steunpunt Gastsprekers WOII-heden, Herinneringscentrum Kamp Westerbork: p. 316
Lineair: p. 380, 384
Luther op de Rijksdag te Worms 1521, Wolters-Noordhoff, Groningen: p. 117
Marc Bolsius, Rosmalen: p. 295
Mens en mammoet, Drents Museum: p. 32 (onder)
Mijn oorlog, J. v.d. Berg, p. 330
Museumbezoek Haarlem, Vereniging tot bevordering van het esthetische element in het voortgezet onderwijs: p. 159 (links)
Noordhoff Uitgevers, Groningen: p. 79
NRC Handelsblad, 22 september 1984: p. 298
NTR, Hilversum: p. 302
Oermensen in Nederland, Meulenhoff: p. 31, 32 (boven)
Oneindig Noord-Holland, Amsterdam: p. 292 (boven)
Onze pruikentijd, Over het dagelijks leven in ons land in de 18ᵉ eeuw, J.H. Kok, N.V.: p. 150 (onder)
Op goede gronden, Rijksmuseum van Oudheden: p. 39, 42
Op weg naar het staatsburgerschap 1, Wolters-Noordhoff, Groningen: p. 378
Op zoek naar vroeger 1, Jacob Dijkstra, Groningen: p. 300
Politiek Dier Kwartet, Nieuwsblad van het Noorden: p. 328
Renville als keerpunt in de Nederlands-Indonesische onderhandelingen, A.W. Sijthoff: p. 213
Reuters/Novum: p. 229
Rijksmuseum van Oudheden: p. 41 (boven), 43 (boven)

Romeinse legerplaats aan de Rijnmond (Valkenburg) Wolters-Noordhoff, Groningen: p. 64, 66 (onder)
Ronald Peeters, Tilburg: p. 175
Schooltelevisiegids 1985, Hilversum: p. 301
Sesam, Geïllustreerde, alfabetische encyclopedie in twaalf delen, Bosch & Keuning, p. 104
Sint Dries en de IJsheiligen, De Harmonie: p. 222
Smart Technologies: p. 308 (onder)
Spaarnestad Photo: p. 194
Stad in de Middeleeuwen, Wolters Noordhoff, Groningen: p. 305
Stichting Brabantse Regionale Geschiedsbeoefening/Brabantse Museum Stichting: p. 294
Stichting Mijn Kind Online: p. 387
Thieme Meulenhoff: p. 357
Tijdstip, handleiding, Wolters-Noordhoff, Groningen: p. 344
Toernooi te Haarlem 1305, Wolters-Noordhoff, Groningen: p. 92 (onder)
Uitgeverij Zwijssen: p. 372
Vaderlandse geschiedenis, Deel 1, Wolters-Noordhoff, Groningen: p. 90, 114, 120, 126 (boven), 126 (onder), 133, 139 (boven), 141
Vaderlandse geschiedenis, Deel 2, Wolters-Noordhoff, Groningen: p. 178 (boven), 198
Van nul tot nu 1, Oberon: p. 310
Van rendierjager tot roofridder, Sijthoff: p. 36, 37 (onder)
Van zeventien naar zeven provincies, Sdu Uitgevers: p. 134, 135, 136
Verleden land, Archeologische opgravingen in Nederland, Meulenhoff informatief: p. 41 (onder)
Vlucht, de Vikingen komen, Meulenhoff Educatief: p. 81
Vrij Nederland, 07-05-1977: p. 369
Welvaart in zwart-wit, Sdu Uitgevers: p. 231 (boven)
Willem Barentsz, Terschellinger ontdekkingsreiziger, Uitgeverij Van Gorcum: p. 112 (onder)
Wolters-Noordhoff, Groningen: p. 38, 346

Onbekend: p. 15, 18 (rechts), 27 (onder), 29, 35, 37 (boven), 40, 48, 54, 61, 62,66 (boven), 67, 69 (boven), 69 (midden), 69 (onder), 76 (onder), 99, 110, 150 (boven), 169, 170 (rechts), 181, 182, 186, 196, 203 (boven), 204, 207 (links), 209, 214 (onder), 215, 217, 239, 248, 315, 333, 343, 352, 358 (boven), 370, 410

Register deel 1

R

S

W

Z

Register deel 2

Z